U0134307

吳耀宗全集

吳崇書題

吳耀宗全集

第四卷 上冊
1950–1979
中共建國至晚年

邢福增 編

《吳耀宗全集》第四卷上冊：中共建國至晚年 （1950–1979）
　　邢福增 編

本書由基督教中國宗教文化研究社設計、編輯及製作，並由香港中文大學出版社出版。

國際統一書號（ISBN）： 978-962-996-768-0（平裝本上、下兩冊）
　　　　　　　　　　　　978-962-996-672-0（精裝本上、下兩冊）

出版： 香港中文大學出版社
　　　 香港 新界 沙田・香港中文大學
　　　 傳眞： +852 2603 7355
　　　 電郵： cup@cuhk.edu.hk
　　　 網址： cup.cuhk.edu.hk

The Collected Works of Y. T. Wu
Volume 4, Book 1: From the Founding of the PRC to Wu's Late Years (1950–1979)
(in Chinese & English)
　 Edited by Ying Fuk-tsang

ISBN: 978-962-996-768-0 (Paperback, Books 1 & 2)
　　　 978-962-996-672-0 (Hardcover, Books 1 & 2)

Published by　The Chinese University of Hong Kong Press
　　　　　　　The Chinese University of Hong Kong
　　　　　　　Sha Tin, N.T., Hong Kong
　　　　　　　Fax: +852 2603 7355
　　　　　　　E-mail: cup@cuhk.edu.hk
　　　　　　　Website: cup.cuhk.edu.hk

Printed in Hong Kong

卷一、卷二、卷三〈日記摘錄〉及〈日記存稿〉中的「穎」和「穎齡」應爲「頴」和「頴齡」。「穎」是「頴」的異體字。

本全集的出版經費
蒙吳宗素先生贊助

特此鳴謝

編輯委員會及顧問名單

contents

目錄

第一部分　論文

一、1950 年

二、1951 年

三、1952 年

四、1953 年

五、1954 年

六、1955 年

第二部分 序

第三部分 聯署、聯合發言

吳序

父親全集出版在即，我願意講幾句話，祝賀這件大事終於成爲現實。

人生接近謝幕之際，我有三個夙願，也是我的使命。

第一，將父母骨灰從交通不便的北京遠郊遷回上海。他們在上海工作了半個多世紀，成家立業，在此作爲最後長眠之地，順理成章。父親誕生一百周年前夕的 1993 年，三自曾考慮把父親骨灰安葬在上海龍華的宋慶齡陵園。按照父母的遺願，兩人應該合葬，但最後不得不作罷，因爲上層認爲母親的政治級別未達要求。2006 年，克服重重困難，未經有關單位同意，我們終於將骨灰遷出北京，安葬於上海青浦的福壽園基督教陵園。由於基督教三自的干預，陵墓比原先設想的大了好幾倍，有違我們的理念。爲此，時常感到內疚不安；青浦原是良田萬頃，而今大片土地被墓園佔用，情何以堪。

第二，父親是個有爭議的歷史人物，正面的褒和反面的貶，分明有如涇渭。爲了去除偏頗，還原一個眞實的父親，我寫了〈落花有意，流水無情〉一文，其中寫的都是憑良知道義而發的眞話實話，有根有據，揭露謊言，揭示眞相，希望能經受歷史的考驗，但卻遭到封殺，在一元化的控制下，竟然找不到願意發表的刊物。2010 年香港中文大學舉辦父親的研討會，在自由的環境中，才有機會發表我的紀念文。雖然此文受

到大陸的杯葛，但通過各種管道，已慢慢滲透入去，讀者的回饋認為對父親的評價公允持平。我相信，隨著時代的演變，我國一定會變得更開放更包容，能回歸文明的主流，不再動輒禁文禁書。

　　第三，就是出版父親的全集，就是現今所要慶祝紀念的。父親一生作過無數的演講，寫過眾多的文章。要了解他，研究他，要跟蹤他思想發展變化的軌跡，就必須系統看他所寫的所講的。言為心聲，我認為父親光明磊落坦蕩，並無嘩眾取寵，並無言不由衷，他所寫的，他所講的，就是他所想的，主要是指 1949 年前的著作。全集的出版就給學者讀者提供了全面研究的可能。

　　父親並不是一個偉人大師，但作為一個中國社會基督教信仰者，他也有他的代表性。雖然他是三自運動的領頭人，雖然他是中共的竭誠的擁護者，在社會主義意識形態的主導下，基督教已被邊緣化，被閹割，當局不可能會鼓勵人們去全面疏理研究父親的思想，特別是上世紀三四十年代的思想，也不可能動用人力物力出版他的全集。為此，全集的出版只能在境外進行，不能不令人感到遺憾。數年前我就委託香港中文大學教授邢福增先生進行此項極其浩瀚繁雜的任務。先生對中國基督教研究有年，代表性的專著有：趙紫宸神學論集，陳崇桂的神學思想，

王明道、倪柝聲的研究及中國共產黨與基督教等許多論文，並曾撰寫幾篇力作，對父親詳細論述，以及為台灣出版的《黑暗與光明》一書編註和撰寫前言。先生學風嚴謹，一絲不苟，所採用的資料，務必謹慎核實，為我紀念文所作的註釋，更是詳盡信實，委託他主持全集出版，實是深慶得人。先生承接以來，奔波各地，遠及歐美，收集到的資料，有的極其珍貴，如 1947 年，在英國愛丁堡青年會代表大會演講的英文記錄稿。這次會議的主題是「基督教與共產主義」，父親是三個被邀發言者之一。發言的最後一部分，強調了要用基督教的方法看問題，強調了基督教意識形態的優越性。發言受到廣泛的好評。那是中共奪得政權的前兩年。

最後，全集共收中文約 150 萬字，英文約 18 萬字。在此，對先生的辛勤努力，表示感謝敬佩。

全集包括的文章，大部分寫於 1949 年前，也有的發表於「解放」後，那都是經過嚴格的審查，敬請讀者審視當時的時代背景。

1949 年前後發表的文章有很大區別。不同點在於，前者反映了父親真實的思想——為社會現實鳴不平，為民請命，對百姓當時的苦痛不幸無望，百般同情，對基督教寄託無限的希望，期待它能拯救世人，創造一個平等博愛民主自由的新世界。有些思想（如唯愛），無論國人能否認同，也是父親當年的真情實意，代表了基督教一方思潮。

1945 年勝利以後，他的激進言行，已受到國民黨政權的特別注意。李公樸、聞一多都是父親往來很多的好友，慘遭暗害後，當局有一份數百人的黑名單，父親也名列其中。沒有下手，因為父親國外關係密切，顧忌到國際，特別是美國輿論的反響。1949 年政權轉手前夕，這份黑名單又再度出籠。

當年父親主編的《天風》，有偏激色彩，傾向性明顯，民主問題是關注的重點，因此從第三期以後，幾乎每一期都有一兩篇文章被當局所刪，或被扣呈重慶圖審會。

　　我本人對《天風》1946 年的復刊詞，對 1948 年〈甘地不朽〉，對 1947 年在浙江大學所作的兩次演講等，深有共鳴。這些文章鏗鏘有力，發人深省，時至今日，依然有現實意義，依然有生命力。

　　明顯對照，1949 年以後的文章，已很少有自己的真知灼見，有的是，秉承執政者的意圖，改造教會，和資本主義劃清界限，使之適應社會主義。還有大量文章，主要是表態支持現行的政策，對新政權歌功頌德，如擁護歪曲歷史真相的抗美援朝。這也難怪，當局蓄意掩蓋歪曲真相，大部分國民被愚弄至今，父親豈能例外？令人最難認同的是〈光輝燦爛的十年〉一文。那是 1959 年反右運動後，55 萬（三百餘萬）知識分子入了另冊，淪為賤民，那是餓死幾千萬人大饑荒的開始，我們都親身經歷過，那是階級鬥爭的十年，冤假錯案如山，現實絕非光輝，也絕不燦爛。

　　有人懷疑，父親有些文章和講話有背後的捉刀人。丁光訓 1988 年就私下派學生去上海了解，父親晚期發表在《天風》和報刊上的一些文章是否本人親自撰寫。參看余杰訪談孫家驥（發表於《大地的麥子》，台灣雅歌出版社，2013 年），孫曾就讀於南京金陵協和神學院。

　　一九八八年冬，丁派我們研究科七位學生去上海採訪一些「老三自」，為要編出《吳耀宗小傳》。當時，全國兩會的「老三自」沈德溶已經出版了一本《吳耀宗小傳》，沈德溶曾在上海與吳耀宗共事多年，我們幾個學生憑著幾天的採訪，無論如何都不會寫出比《吳耀宗小傳》更有價值的東西。但這個看似多此一舉的行動，實際上是附帶另一個「秘密使命」——丁私下吩咐我和另一位來自上海的同學，要我們特別瞭解，但又不能公開詢問的一件事兒：吳耀宗晚期發表在《天風》和報紙上的一些文章是不是他本人寫的。後來我意識到，丁是有遠見的，他不想在晚年神志不清的時候被人利用。

有人曾經問我對上述引言的回應。我亦有所聞，但查無實據。但有一點可以肯定，我常有機會參加父親和親近同事的午餐會（常在上海粵菜館新雅飯店），在座的百分之百是「左派」。三自每日相處的關鍵人物秘書長就是李儲文。父親完全被「左派」所包圍，他所寫的文章報告，有人代筆，不是沒有可能。即使沒有人代筆，也絕對要經過討論修改過濾。接見外賓，必定有「陪同」（經常是施如璋、劉良模、李儲文），以保證談話沒有偏離主流，大方向正確。有照為證。

全集不可能成為暢銷書，目前也不可能進入國內公開發售。出版的目的，是立此存照，為歷史留下一個忠實的紀錄，因此，我願意出資印行。

至今，三個夙願都已實現，我是否就可以心安理得，安度餘下的歲月？否。縈縈於懷，揮之不去的還有父親四十大本的日記。父親去世後沒有幾天，當局就派人來取走全套日記。說是暫借，可是言而無信，扣壓了三十年後依然拒絕歸還家屬。這樣的處理，於情於理於法，實在難以理解，與正在崛起的泱泱大國形象並不相稱。

說名人的日記是國家的財產，不能歸還。名人如何定位界定？是否有國家法理依據？還是某些人士心血來潮的恣意所為？父親即使歸入中國名人之列，那也是過氣的名人，邊緣化的名人，早就是一個不便多提及的歷史人物。如今有幾個國人還知道有吳耀宗其人？即使在基督教界，大多也是只聞其名，不知其實。當年由京遷葬上海時，我們原先選中的一小塊墓地，鄰近沈以藩墓，但是福壽園基督教園區的負責人，卻不同意給我們，說是預留給基督教的知名人士，至少是主教級別以上。

日記歸家屬所有，已成為世界不成文的慣例。扣住不還，徒增國際輿論的詬病。多年來有不少友人表示願意幫忙索還日記，甚至提議訴諸法律途徑，本人深知國情，只有沉默搖頭以對。其實，歸還日記只是國家大事中一件芝麻小小事，但走出這一小步，可以改善國際觀感，展示我們的軟實力。

2013 年 4 月 24 日中央黨校主辦的《學習時報》發表了國家宗教局王作安局長答記者問。

> 改革開放以來，宗教工作最深刻的變化，就是由主要依政策辦事向依法管理轉變。用法制的方式處理宗教問題。
> ……管理要有理、有據。

試問，按照新政，「用法制的方式處理……有理、有據」，是否應該主動歸還父親的日記？我今年（2014）已經 84 歲了，餘下的日子已經無多，有生之年，是不是還能見到父親的日記完璧歸趙？希望這不是奢望，希望不再令我失望！

上文寫就至今，又有一段時間，其間曾作最後努力，去信中央及上海統戰部負責人，再次婉請歸還家父日記。遺憾的是，去信，依然一如過往，石沉大海，渺無音訊。我的希望轉爲失望，徹底的失望。如今求告無門，收回日記，已不現實。一個政權，號稱是先進的，人民的政權，竟然銳化到有法不依，言行不一，言而無信。在日記處理上，跡近強取豪奪。得民心者得天下，失民心者失天下，誠哉斯言。

在目前的條件下，只有將手頭已有的日記摘抄和「自述」（檢查交代），和全集一併發表，這些都是父親的思想在不同時期、不同條件下，不同的表達，這樣處理應當是合情合理，可以理解的。父親的摘抄是爲了寫檢查，秘書計瑞蘭的摘抄是爲了寫傳記，即其後《吳耀宗小傳》的原稿。兩份摘抄各有側重，但都是全部四十冊日記的一部分，極小的部分。檢查交代原本是要上交入檔的，竟然遺留了一部分（前半部）在我手中，則純屬意料之外。

　　希望全集有助於對中國基督教歷史的研究，對了解評價真實的父親有所裨益。

吳宗素

裴序

　　吳耀宗（1893–1979）是二十世紀中國教會史上的傑出人物。有人稱許他為有遠見的基督徒代言人，亦有人認為他是背棄信念的卑鄙之徒。學術界雖已對他作過不少評價，然而至今仍未見具代表性的吳氏傳記問世。此外，對吳氏之學術研究仍不免帶有偏見，或過於簡化。事實上，在 1910 至 1960 年代期間的當代中國基督教歷史裏，吳耀宗的角色極之重要。

　　在我看來，要全面和公正地重新評估吳耀宗的生活和工作，必先收集他現存的所有著作和論文，而邢福增教授和他的同事經過歷年的耕耘，已完成了這項任務。吳耀宗本身著述極豐，這套全集所收集的文獻數量之巨，確實令人驚歎。當中不少文章原載於鮮為人知的出版物，至今才呈現在學者眼前。故此，從可用性和素質而言，本套全集值得讚賞。

裴士丹（Daniel H. Bays）*

卡爾文學院（Calvin College）榮休教授

* 裴士丹教授於 2019 年 5 月 9 日安息主懷，享年 77 歲。

編者序

　　吳耀宗（1893–1979）是中國基督教界的著名人物，也是一位極具爭議的歷史人物。他早年任職中華基督教青年會，積極參與中國基督教學生運動及基督教文字出版工作，也是中國基督教界內少有關注，甚至捲入時局的實踐者。在神學思想上，吳氏受自由主義神學洗禮，致力探索基督教如何面對現代科學及新思潮的挑戰，反省基督教如何參與中國社會的改造。1931 年九一八後，他積極投入抗日救亡運動，加入救國會，在思想上逐步偏離唯愛主義（Pacifism）。因應時局發展，他開始批判資本主義帶來的問題及罪惡，並進一步認同社會主義，在思想上探索如何調和基督教與唯物論。國共內戰期間，他進一步傾向中共，成為基督教界著名的民主人士，並在思想上企圖調和基督教與共產主義，成為中國基督教界內思想左傾的激進神學思想家。1949 年中共建國後，獲周恩來等中央領導垂青，成為基督教革新及愛國運動的領袖。

　　吳耀宗雖是基督教人士，但其生平及思想發展，也可視為中國自由主義知識分子的寫照，他既接受了中國啓蒙運動激起的新思潮的洗禮，又隨著時局轉移，走上認同中共，但最後卻成為被邊緣化的愛國人士。他在解放前的文章，大量涉及對時局的評論，其神學立場也表達了跟社會政治的對話，呈現頗激進的反省。解放後的文章，則反映出一位曾經敢言的基督教人士的調整與改變，成為黨國建制一部分的困境。

　　學術界關於吳耀宗的研究，已有一定成果。但在資料運用方面，仍有許多局限。其中不少研究仍主要集中在吳氏流傳較廣的幾本著作，如《社會福音》、《沒有人看見過上帝》及《黑暗與光明》等，以及若干曾刊於幾部較易查索的期刊（如《真理與生命》、《天風》等）之文章。對於筆耕甚勤，積極以文字來回應時代的吳耀宗而言，學界對其著作的掌握，仍不夠全面，有許多欠缺之處。全面搜集吳耀宗的中英文著作，以至未刊文稿，對吳耀宗研究及中國基督教研究，可說意義重大。

　　《全集》計劃出版四卷（七冊），將按吳耀宗生平思想分期編輯，每卷按文章出版日期編排，另附未刊文稿及日記摘錄。每卷有導論，介紹及闡釋有關階段吳耀宗的生平及思想要旨，以便讀者認識及掌握其思想。各卷分期如下：

第一卷（1909–1931）：早期思想

第二卷（1932–1941）：九一八至太平洋戰爭時期，分兩冊

第三卷（1942–1949）：抗戰後期及國共內戰時期，分兩冊

第四卷（1950–1979）：中共建國至晚年，分兩冊

　　《吳耀宗全集》全面呈現了一位二十世紀積極投入大時代的中國基督徒思想家的反省及掙扎，不僅有助了解二十世紀中國基督教的發展，對重構當代中國政治社會的面貌，也具重大意義。

　　在此交代《吳耀宗全集》的編輯源起。早於 2007 年 3 月，筆者有機會認識吳宗素先生。宗素先生是吳耀宗長子，自 1980 年代移居美國。那次訪港期間，他跟鄧肇明、梁家麟、姚西伊及筆者等人在油麻地的青年會見面。對我們這群關心及研究中國基督教的學者而言，能夠跟宗素先生面談，並從他口中了解吳耀宗，可說是極其興奮的事。後來，筆者有機會再跟宗素先生交談，大家均認同出版吳耀宗全集的價值與重要。於是，筆者便負責籌組編委會，邀請了鄧肇明、梁家麟、姚西伊諸位一起商討，並蒙吳宗素、查時傑、段琦及徐以驊等擔任顧問。編委會各人雖然各有繁重的工作，但也就基本方向達成一些共識。2009 至 2011 年間，筆者獲香港研究局撥款資助，進行中共建國後基督教人物吳耀宗與王明道的研究，乘此機會全力投入搜集吳耀宗的資料，期間亦曾赴美訪問宗素先生，並就全集工作徵詢其意見。

　　為推廣對吳耀宗的研究，筆者又於 2010 年 6 月在香港籌辦了「吳耀宗與中國基督教」學術研討會，並於翌年出版了《大時代的宗教信仰——吳耀宗與二十世紀中國基督教》論文集。是次研討會匯聚一群中外學者，大家均支持全集的出版。同時，筆者又多次到上海、北京、及美國的檔案館及圖書館，希望能盡最大努力，務求令全集的內容更「全」更「廣」。經過數年的努力，筆者整理及搜集了吳耀宗的著作，並編製目錄，內含條目五百多條，合共中文約 150 多萬字，英文約 18 萬字。同時，吳宗素先生也提供了其珍藏的未刊文稿。

　　在全集籌備出版的過程，先後有基督教全國兩會的《吳耀宗文選》（2010）及「中國近代思想家文庫」的《吳耀宗卷》（2014）出版，前者選編了 70 篇文章，後者則收錄了三本著作及 65 篇文章。同時，筆者也蒙「漢語基督教經典文庫」邀請，負責編註吳著的《社會福音》、《沒

有人看見過上帝》及《黑暗與光明》，其中後者已於 2012 年出版，前兩本的合集則已於 2016 年出版。上述文集的出版，突顯基督教界及學術界對吳耀宗思想的重視。期間一直收到關心全集出版的人士詢問，何時能一睹全集全豹？

《吳耀宗全集》的出版，要向以下人士表達衷心致謝。首先是諸位編委及顧問積極提供意見，在百忙中亦關心出版進度。後來西伊兒轉赴美國任教，也曾協助搜集資料。由於種種原因，全集後期編輯工作主要由本人負責，但仍須銘記他們的貢獻。當然，全集若有任何失誤，筆者要承擔最大的責任。此外，要感謝上海社會科學院宗教研究所特約研究員張化女士，她是國內對吳耀宗素有研究的專家，在資料搜集方面也花了一番工夫。蒙其分享其整理的吳耀宗著作目錄，部分條目極其珍貴，爲筆者提供了重要的線索，使本全集更臻完美。再者，必須感謝香港中文大學出版社甘琦社長，願意支持全集的出版，並蒙其專業團隊，特別是編輯楊彥妮博士及余敏聰先生，提供意見，令全集以更佳的面貌呈現。兩位匿名評審對全集的價值，予以充分肯定。基督教中國宗教文化研究社特約編輯伍美詩女士、編輯吳秀麗女士在編務方面，也對全集面世作出不可或缺的貢獻。還有三位中國基督教史的專家學者：裴士丹（Daniel H. Bays）教授、王成勉教授及阮漢生教授（Thomas H. Reilly），爲全集賜序及撰文推介，令全集生色不少。在整個編輯過程中，基督教中國宗教文化研究社提供了全方位的後援，否則單憑一己之力，實難以完成是項工作。

最後，也是最重要的，是由始至終對全集鼎力支持的吳宗素先生。除了提供其珍藏文刊及照片外，更在財政上承擔全集的出版經費。筆者兩度乘赴美公幹之便，在加州與他見面交談，蒙宗素先生及夫人熱情接待，並分享彼此對吳耀宗的理解。他雖是吳氏長子，但卻未有爲親者諱，願意支持全面及客觀的吳耀宗研究。他對筆者信任有嘉，獨家授權本人負責全集的編輯及出版，又爲全集撰序及題字。宗素先生一直希望早日

出版全集，筆者對於一再延誤，深感歉疚。去年不幸承擔了繁重的行政工作，令進度再受影響。雖蒙宗素先生體諒，內心仍有極大不安。現在「全集」將陸續出版，也令筆者略感抒懷。沒有宗素先生的支持，全集肯定無法呈現予漢語學術界。

　　吳耀宗先生安息已經三十多年，其在中國基督教史及現代史的位置，仍有待重新評估。筆者盼望在全集的基礎上，整理多年的研究，早日完成吳耀宗傳記餘下部分。執筆之際，想起吳耀宗筆下對中國時局及教會時代角色的反省，愛之深，責愈切。再放眼當下香港及中國，其批判及諍言，竟仍擲地有聲，似是對此時此地的發聲。這是時代的輪迴，還是歷史的諷刺？誠然，吳氏並非完美聖人，他在時代洪流中的選擇，也展現了中國當代基督徒知識分子的困局與悲哀。那麼，面對當下變局，我們又如何面對時代？能否擺脫命運的困局與悲哀？

邢福增

香港中文大學崇基學院神學院

2015 年 8 月 6 日

2017 年 8 月修訂

卷四導論[1]

　　《吳耀宗全集》卷四收錄了 1950 至 1979 年間吳耀宗的著作（出版及未刊），呈現其自中共建國後至逝世前的思想狀況。

擁抱新中國，倡導革新

　　1949 年，中國共產黨在內戰取得壓倒性的勝利，國民黨退守台灣。隨着中華人民共和國在 10 月 1 日成立，標誌着中國歷史進入嶄新階段。經過近半世紀的分裂與戰亂後，中國可以重歸統一，誠然實現了國人多年的夢想。1949 年的政治變局，一方面是由於抗戰結束後國民黨各方面的失誤，特別是其獨裁及貪腐問題，也令民心轉向共產黨。[2] 但另方面，

1　本文部分內容參考了以下四篇拙文：（一）〈吳耀宗的生平、思想與時代〉，吳耀宗著，邢福增編注：《黑暗與光明》（新北市：橄欖，2012），頁 xxxvi–lix；（二）〈「愛國」與「愛教」——中共建國前後吳耀宗對政教關係的理解〉，邢福增編：《大時代的宗教信仰——吳耀宗與二十世紀中國基督教》（香港：基督教中國宗教文化研究社，2011），頁 494–506；（三）〈基督教與共產主義的調和——試論中共建國後吳耀宗的思考及其實踐困境〉，《道風——基督教文化評論》期 45A 特別號（2016 年 12 月），頁 249–296；（四）〈中共建國初期吳耀宗的神學再思〉，《漢語基督教學術論評》期 18（2014 年 12 月），頁 89–118。

2　關於國共內戰期間民心的轉向，詳參 Suzanne Pepper, *Civil War in China: The Political Struggle 1945–1949* (Berkeley: University of California Press, 1978).

民心的轉移，仍無法否定不少人心目中，仍然對共產主義產生疑慮，在欣慶之餘也難掩其對中共進行激烈社會改造的憂慮。對中國教會而言，因着中共政權的無神論背景，對前景仍有許多的不確定及憂心。

可以說，吳耀宗是懷着無比興奮的心情，來迎接這個時代的巨變。

1949 年也是吳耀宗個人生命的分水嶺。1949 年前，他以民間獨立（基督徒）知識分子的身分來追求民主、自由、平等，無懼政治壓逼，批判執政國民黨政府的腐敗與專橫。1949 年後，他以基督教民主人士身分，出席了中國人民政治協商會議，成為宗教界的首席代表，其後更參與多項公職。[3] 毋庸置疑，吳的「民間」身分漸漸褪色，被國家權力吸納，成為建制的一部分。

中共建國後，最能體現吳耀宗與中共間密切的合作關係，無疑是他在基督教革新運動中扮演的重要角色。1950 年 7 月，在周恩來的啟發下，他發起以〈中國基督教在新中國建設中努力的途徑〉宣言為名義的簽名運動，號召全國基督教人士參與。宣言提出中國教會必須承認過去被帝國主義利用的事實，並肅清基督教內部的「帝國主義影響」；同時又主張要實現以自治、自養及自傳（三自）為目標的基督教革新。[4] 宣言發表後，不少教會人士對其中關於基督教與帝國主義的關係定性有所抵制。9 月 23 日，《人民日報》把宣言全文及首批簽名名單刊在頭版，並發表題為〈基督教人士的愛國運動〉的社論，將宣言及簽名與愛國運動等同，表達了對吳氏的絕對支持。[5] 在黨國政治力量的護航下，基督教內部的反

3　建國後，吳耀宗被選為第一至五屆全國人民代表大會代表、常務委員；第一、二屆全國政協常務委員、第三、四屆全國政協委員；上海市第一至五屆人民代表大會代表，並擔任政務院法律委員會委員、華東軍政委員會委員、華東文教委員會委員、中國人民救濟總會副主席等職務。

4　〈中國基督教在新中國建設中努力的途徑〉，《天風》期 233–234（1950 年 9 月 30 日），頁 2。參於宣言的背景及發起經過，參邢福增：〈反帝愛國與宗教革新——論中共建國初期的基督教「革新宣言」〉，《中央研究院近代史研究所集刊》期 56（2007 年 6 月），頁 103–116。

5　〈基督教人士的愛國運動〉，《人民日報》，1950 年 9 月 23 日。

革新力量受到重大打擊，簽名運動得以順利推展，基督教革新運動的序幕徐徐揭開。

五十年代初，中共巧妙地將民族主義與社會主義結合，高舉「反帝」及「愛國」兩面鮮明旗幟來鞏固新生政權。在這背景下，以割斷帝國主義關係，肅清帝國主義毒素，實現中國教會獨立自主爲目標的基督教革新運動（簡稱三自運動），本質上就是中共建國後在全國範圍展開的反帝愛國運動的一環。表面上，三自運動被官方宣傳爲由中國基督徒所「自發」推動，但實際上，整個運動是中共宗教政策的重要部分，不論在宏觀背景以至微觀領導上，均無法擺脫黨國的影響。[6] 1951 年 4 月，在黨國支持下，吳氏當選爲中國基督教三自革新運動籌委會（1954 年改爲中國基督教三自愛國運動委員會）主席。吳耀宗、三自運動、三自組織自此便成爲不可分割、榮辱與共的命運共同體。

對吳耀宗而言，基督教的革新，不僅是時代巨變下教會不得已的應變之道，也是他長期的積極反省與堅持。長久以來，他對有現實的基督教（中國教會）未能有效回應時代挑戰，一直耿耿於懷。隨着時局的變化，吳的失望之情日益積累而變成絕望。因此，他將當前的變革洪流，視爲上帝對不理想（甚至腐敗）的教會現狀所施行的審判，目的是讓基督徒悔改，並起來推動教會革新的工作。在這個過程中，他一方面認定教會已失去了基督原有的革命精神，唯有自我革新方能在新時代下存活，另方面，他又將新政權視作「眞理」的化身，並合理化中共爲鞏固政權而採取的過激政治運動及鬥爭手段。[7] 雖然他起初堅持基督教仍具批判角色，[8] 但隨着其民間獨立性格的逐漸消失，吳也跟同時代許多知識分子一樣，全面接受了共產黨的思想改造與學習。

6　邢福增：〈反帝愛國與宗教革新〉，頁 91–141。

7　同上，頁 127–130。另邢福增：〈「愛國」與「愛教」〉，頁 479–498。

8　邢福增：〈「愛國」與「愛教」〉，頁 487–489。

順服上帝旨意，投身三自革新

　　1951 年初，吳耀宗在青年會一次同工會上，分享了他對自己加入青年會三十週年紀念的感受。他總結為四點：

（一）他從海關轉到青年會工作，完全是「宗教信仰的力量，控制着我的主要生活方向」。「卅年來，我不斷地追求真理，服從真理，不管這樣做會有甚麼後果。每逢我躊躇的時候，我好像聽見上帝的呼召……」；

（二）「真理與光明在甚麼地方？卅年來，我的經驗告訴我：不一定在教會裏面，不一定在稱呼『主呀主呀』的人裏面。卅年來，我的思想經過很多轉變，有時與同道們背道而馳。有的同道，甚至以為我出賣了基督教。我認為上帝的真理，時常會顯示在別的地方，甚至在我們想不到的方面」；「但上帝的真理，無論在甚麼地方顯現，我們都應當服從。……表面上的信與不信，不能作為標準。卅年來，只要我認為是上帝的啟示，不管它從那一方面來，我都願意服從」；

（三）「我卅年來的經驗是鬥爭的經驗……我隨時讓上帝的領導指示着我，支持着我。……鬥爭是痛苦的；鬥爭當時好像是脫離群眾，可是這並不一定是錯的。耶穌從一開始就有人反對他，本鄉的人也不容他，最後連門徒也離棄了他，使他孤獨地走上十字架。我們在鬥爭的痛苦中，看了十字架，就可以得到很多的安慰。」

（四）「我的經驗告訴我：不顧一切，服務上帝的旨意，是可以得到平安的。在晚上，當我躺在床上，對着上帝，省察自己，我覺得問心無愧，非常平安。在這些時候，如果我發覺錯誤，就勇敢地糾正自己。無論怎樣，我知道上帝是我的可靠的領導者。」「卅年來，宗教信仰控制着我。有時上帝領導我到不願去的地方去。當時我想擺脫一切，到偏僻的地方，過安靜的生活，然而我不能這樣的逃避，因為

　　上帝的聲音在呼召我，我只有不由自主地跟着這聲音走。」[9]

　　吳耀宗把中國革命的進程，革新基督教的主張，以及與新政府間的合作，視爲上帝的眞理及啓示的領導；是上帝揀選他在這個特殊的時代中去改革中國基督教，讓基督福音與革命運動辯證地結合。爲了順服上帝的旨意，即使受到其他教會人士的批評與攻擊，也義不容辭。

學習與改造

　　建國初期，吳耀宗成爲當時中國教會界內，極少數能爲新政權接受並備受重用的基督教人士。作爲教會內最早接受共產主義的「少數派」與「先覺者」，吳期望能幫助其他落後於形勢者更快地認識新時代。爲此，他特別策劃了「新時代學習叢書」，由青年協會書局出版，是當時基督教界文字工作方面最積極回應新時代之舉。[10] 其中《辯證唯物論學習手冊》及《基督教革新運動學習手冊》，便分別由吳撰寫及編輯。[11]

　　不過，「進步」如吳耀宗，也無法完全趕上革命的潮流及形勢。作爲三自革新運動的領導者，很快便要在席捲全國的控訴運動中以身作則，樹立榜樣。[12] 他承認基督徒參與控訴是「困難」的事，但他認爲，控訴能夠成功進行的關鍵，就是因爲「認識了帝國主義的罪惡」這個「新的觀

9　李儲文記：〈青年會的宗教基礎──吳耀宗同工講〉，《同工》新卷 5 期 1、2（1951年 2 月），頁 11。

10　邢福增：〈消毒改造──建國初期的基督教出版事業（1951–1957）〉，氏著：《基督教在中國的失敗？──中國共產運動與基督教史論》（香港：漢語基督教文化研究所，2008），第 4 章。

11　吳耀宗：《辯證唯物論學習手冊》（上海：青年協會，1950）及《基督教革新運動學習手冊》（上海：青年協會，1952）。按原有計劃，吳耀宗尚負責撰寫《馬列主義學習手冊》、《基督教與新時代》及《基督教與世界和平》，但三書最終未有出版。

12　關於控訴運動，參邢福增：〈打掃房子──一九五一年的基督教控訴運動〉，《基督教在中國的失敗？》，第 2 章。

點」。[13] 1951 年 6 月，吳在上海一次萬人控訴大會上，對美帝國主義如何利用基督教侵略中國作出總控訴：（一）來華傳教士偽裝傳福音，實際上是進行情報間諜活動；（二）美帝利用基督教散佈反共毒素，破壞中國人民爭取解放的革命事業；（三）中國教會領袖不少是美帝走狗敗類；（四）美帝利用「屬靈派」散佈「超政治」錯誤思想；（五）美帝通過文字及教育事業，進行「文化侵略」；（六）基督教普世運動是美帝侵略中國、東南亞以至全世界的工具。他最後說：

> 我們中國基督徒，過去因為長期受了美帝國主義的影響，看不清美帝國主義利用基督教侵略中國的陰謀。我們要特別感謝毛主席和中國共產黨，因為在他們的領導下，中國得到了解放，而中國基督教也從美帝國主義的影響與控制下獲得了解放⋯⋯我們看清了美帝國主義利用基督教侵略中國的全部陰謀，因此，我們要在全中國與全世界人民面前對美帝國主義這個罪行提出控訴。我們要潔淨上帝的聖殿，洗清中國基督教的污點，澈底實現中國基督教的自治、自養、自傳，把百餘年來美帝國主義對中國人民的文化侵略最後地、徹底地、永遠地、全部地加以結束。[14]

7 月，他又在青年會的控訴大會上，控訴美帝如何通過基督教青年會，利用「改良主義」的手段來抵制革命。在控訴詞中，吳對這個曾經在其生命中重要的事奉機構，並且服務了長達三十年的組織，作出全面的否定：

13　吳耀宗：〈中國基督教的新生〉，《天風》期 266（1951 年 6 月 2 日），頁 2。

14　吳耀宗：〈對美帝國主義利用基督教侵略中國的罪行的控訴〉，《天風》期 268–269（1951 年 6 月 21 日），頁 3–4。

青年會的格言是「非以役人，乃役於人」。過去，青年會並沒有
為人民服務，我們卻為美帝國主義、封建主義與官僚資本主義的
利益而服務。我們的工作僅僅是：粉飾太平，和緩並阻礙階級鬥
爭，延長帝國主義、封建主義和官僚資本主義在中國的統治。由
於中國共產黨的英明領導與中國人民的鬥爭，中國已經得到解放；
帝國主義、封建主義與官僚資本主義在中國的統治已經完結。中
國人民已經站立起來，我們青年會也要在這時候在全國人民面前
承認我們過去的錯誤，把屋子打掃乾淨，肅清美帝國主義的一切
影響，使中華基督教青年會真正能為中國人民服務，為建設新中
國而努力。[15]

　　我們很難想像吳耀宗公開宣讀這兩篇控訴文時的心情。毋庸置疑，
他一直對基督教與帝國主義及資本主義打成一片，失卻原有的革命精神
有所不滿，但是這並不代表其對歐美基督教，以及其藉傳教運動在中國
的事業及各種工作的全盤否定。打從 1918 年受洗以來，美國、傳教士、
基督教青年會、基督教文字及出版、基督教教育事業、基督教的社會改
革⋯⋯根本就是他三十多年來基督徒歷史的總結與縮影。如今要作全盤
性的否定，並以美帝國主義侵華作全稱性的概括及定性，無疑是對其自
身成長歷史的徹底撕裂。[16] 而令他以嶄新的角度來審判自己及歷史，顯然

15　吳耀宗：〈控訴美帝國主義在青年會內利用改良主義侵略中國的罪行〉，《人民日報》，
　　1951 年 7 月 29 日。

16　即使吳耀宗在簽名運動發起初期，他仍沒有全盤否定傳教運動的貢獻：「中國的教會在
　　過去一百多年當中，在人材和經濟方面，得到西方教會大力的培養與支持，這是我們非
　　常感激的。從物質方面來說，我們需要這種幫助；從精神方面來說，我們也需要這種幫
　　助，因為基督教會，是一個普世的教會，一個普世的教會需要物質的互助，和靈性的交
　　流⋯⋯ 西方教會經濟人材的援助，是不可能完全同帝國主義的作用分開的，帝國主義
　　是可以利用這些媒介來進行它的陰謀的。這並不是說，西方的經濟人材都是為帝國主義
　　所利用的，而只是說，這個利用的可能是存在着的。」參吳耀宗：〈展開基督教革新運
　　動的旗幟〉，《天風》期 233–234（1951 年 9 月 30 日），頁 15。但 1952 年吳將此文收
　　入《基督教革新運動學習手冊》時，卻將之刪改為：「中國的教會在過去一百多年當中，

就是作爲「眞理」化身的中國共產黨。

　　1951 年 7 月，適值中共建黨三十週年的大日子，吳在〈共產黨教育了我〉一文中，總結了共產黨對他的「教育」：（一）了解唯愛主義是帝國主義的麻醉工具；（二）認識了帝國主義的眞面目；（三）清楚了解「革命」的意義；（四）認識了無產階級的立場；（五）認識了理論與實踐的聯繫。第一至四點，均指向基督教與帝國主義的關係，特別是從不同層面被利用作侵略工具的指控。但第五點卻最特別，所謂理論與實踐的聯繫，是指中共以實際行動教育了他，「打破了我的空想與迷夢」。那麼，吳的「空想與迷夢」是甚麼呢？打從信仰基督教以來，他一直企盼着「天國的降臨」這崇高的理想，但對如何實現之，卻沒有具體可行的辦法。如今，中國共產黨在短短三十年間，卻能「領導中國人民，完成這個古老國家的革命事業」，以行動及實踐證明其理論的正確，無疑將基督教徹底比下去。中共使「幾千年受着壓迫、剝削的中國人民站立起來」，這就是「空前的神蹟」，同時，這「也把基督教從帝國主義的枷鎖中解放出來」。[17]

　　1952 年，全國厲行三反五反鬥爭，吳耀宗呼籲中國教會亦要全情投入，藉「三反」將基督教的「污毒」除去。[18] 不過，他的太太楊素蘭的姪女楊淑英，在工作的華東軍政委員會印刷工廠中受三反五反牽連，被指爲「有貪污行爲」，最後「跳樓自殺」。[19]

　　在人材和經濟方面，得到西方教會的支持的。這種援助，從今天的觀點看來，是同帝國主義利用基督教來進行侵略的事實分不開的，同時也是阻礙了中國教會實行三自的。」參《基督教革新運動學習手册》，頁 28。

17　吳耀宗：〈共產黨教育了我——為中國共產黨建黨三十週年紀念作〉，《天風》期 271（1951 年 7 月 7 日），頁 6-7。

18　吳耀宗：〈在毛澤東思想的領導下把基督教三自革新運動推進一步〉，《人民日報》，1952 年 6 月 30 日。

19　「日記摘錄」，1952 年 3 月。

從神學革新到團結愛國

在吳耀宗心目中，牢牢地綑鎖着基督教的，除了帝國主義外，也有基督教自身的封閉神學傳統，有待解放。對此，他特別從「自傳」的角度來闡釋其對「革新」的願景。他以「傳甚麼」來界定「自傳」，意思是，「中國信徒必須自己去發掘耶穌的福音的寶藏，擺脫西方神學的羈絆，清算逃避現實的思想，創造中國信徒自己的神學系統」。[20] 換言之，吳對中國神學的建構及革新工作，抱有極大的期望，認爲此乃中國基督教能否在新中國立足的關鍵。這裏涉及兩個重要的內容：其一，是對他心目中「逃避現實」的神學思想作清算；其二，是建立基督教與唯物主義間的調和關係。這都可以追溯到吳在解放前的神學根源。

不過，吊詭的是，吳耀宗這兩個神學願景，卻未獲黨國支持。一方面，「革新」基督教神學的主張激起基督教內「屬靈派」的強烈反彈，認爲此乃「自由派」改造信仰之舉，並以「信仰」理由反對三自運動；另方面，吳氏企圖「調和」基督教與共產主義的主張，又觸及中共的意識形態禁區。職是之故，吳在建國初期關於新神學建構的兩條戰線，均不見容於現實政治，因而無法展開。其中對吳最大的制約者，其實就是黨國的政治力量。[21]

爲了擴大三自運動的團結，爭取「屬靈派」參加運動，1954 年，吳耀宗在全國基督教會議上，不得不作公開的自我批評：

在我們的工作裏面，還存在着不少的缺點……在三自革新運動中，曾經或多或少地存在着「宗派」的傾向，我們常把沒有參加這個

20　吳耀宗：〈基督教革新運動的新階段〉，《光明日報》，1951 年 1 月 14 日。

21　詳參邢福增：〈基督教與共產主義的調和〉，頁 249–296；另〈中共建國初期吳耀宗的神學再思〉，頁 87–126。

運動的同道看作是落後的。我們沒有深入地瞭解別人的情況，發
現別人的問題，從而尋求可以和別人合作的共同點。[22]

他提出要「承認各教會、各宗派、各個神學觀點間的區別，確立互
相尊重的原則」。更重要的是，吳不得不遵從中共的指示，除去三自革
新運動的「革新」兩字，並易名爲基督教三自「愛國」運動：[23]

「革新」兩字容易使人聯想到教會歷史上的宗教改革運動。因此，
一部分同道就對這個運動有了模糊不清的看法。有些同道誤認「革
新」要「革掉教會的制度」；也有些同道恐怕「革新」會干涉自
己的信仰……這種情況的存在，就妨礙了我們的團結……[24]

面對政治現實，吳耀宗不得不在神學建構方面作自我約束，以維持
中國教會的團結。我們在中共建國後，很少再看見他公開發表深入的神
學論述，原因也在於此。取而代之的，是站穩愛國的立場，爲拓展基督
教的反帝愛國陣營，並在此基礎上團結屬靈派而努力。

對中國教會前途的思考

在中國共產黨的「眞理」面前，基督教無法洗脫帝國主義侵華工具
的「原罪」。作爲基督教反帝愛國運動的領袖，吳耀宗只有全心全意地

22　吳耀宗：〈中國基督教三自革新運動四年來的報告〉，《天風》期 425-427（1954 年 9
月 3 日），頁 7。

23　吳在日記中説：「中央建議將三自革新改為三自愛國，因有些人誤認為革新是改革宗
教信仰」。「日記摘錄」，1954 年 7 月 2 日。

24　吳耀宗：〈中國基督教三自革新運動四年來的報告〉，頁 8。

爲基督教的「潔淨」工作而努力。爲此，他緊隨政治形勢，在中共建國
初期各起政治運動（如土改、鎮壓反革命、思想改造、三反五反、肅清
反革命等）中，全力配合中共的反帝鬥爭，全力肅清各批隱藏在基督教
界內的「反動分子」、「壞分子」，甚至「反革命集團」。他心底期盼
着，經過革命洗禮後的中國基督教，不僅能夠重新樹立「愛國」的形象，
也能在新社會發揮其應有的貢獻。

　　1954 年全國基督教會議後，三自運動高舉「團結」及「互相尊重」
的旗幟，成功爭取不少「屬靈派」背景的宗派及教會人士加入。其實，
這些新近參加三自的「屬靈派」人士，與原先已參加的教會領袖（如陳
崇桂、江長川、楊紹唐等），均抱持共同的立場，就是願意在「愛國」
的政治立場上表態，希望換取更大的宗教空間，從事教會建設的工作。[25]
不過，當時在全國範圍內，基督徒會堂的王明道及基督徒聚會處卻成爲
「反三自」的重要陣地。爲了徹底清算這些反三自勢力，中共在 1955 年
下半年至 1956 年初，便先後針對性地破獲王明道及倪柝聲的基督教反革
命集團，瓦解了反三自的主要勢力。[26]

　　中共巧妙地利用這兩起反革命集團案形成的「壓力」，轉化成擴大
三自運動的團結面的「推力」，令部分原先反三自的教會，也參加了三
自運動。爲此，中國基督教三自愛國運動委員會特別在 1956 年 3 月，在
北京召開第二次全體（擴大）會議，出席及列席的代表合共 249 人，比
1954 年的全國基督教會議的出席者還多。值得留意的是，會議增補了 13
人爲委員及 4 人爲常委，其中便包括了新參加三自的屬靈派人士。會上，

25　參邢福增：《反帝‧愛國‧屬靈人——倪柝聲與基督徒聚會處研究》（香港：基督教
　　中國宗教文化研究社，2005），頁 116–117、192–196；又《中國基要主義者的實踐與
　　困境——陳崇桂的神學思想與時代》（香港：建道神學院基督教與中國文化研究中心，
　　2001），第 7 章。

26　關於王明道及倪柝聲反革命集團案，參邢福增：〈革命時代的反革命——基督教「王
　　明道反革命集團案」始末考〉，《中央研究院近代史研究所集刊》期 67（2010 年 3 月），
　　頁 97–147；另《反帝‧愛國‧屬靈人》，第 4 章。

好些「屬靈派」人士先後發言，如賈玉銘、楊紹唐、孫漢書、左弗如、閻迦勒等。難怪有人形容，這次會議的「親密團結」深深感動了他，「充滿着眞誠的空氣，是以往的會議所沒有的」。[27]

更重要的是，吳耀宗在會上作了〈關於中國基督教三自愛國運動的報告〉，提出了「三大見證·十大任務」的主張。所謂「三大見證」，即：實現中國教會三自的見證、參加社會主義的見證、爲保衛世界和平而努力的見證。在闡釋「三自的見證」時，他說：

> 中國的基督教是從外國傳來的。傳福音本是美好的事；多少國外敬虔愛主的信徒，曾在傳揚福音的工作上獻上許多禱告，捐助許多金錢。但是，不幸帝國主義利用了傳教來進行侵略活動，把差會制度和殖民主義緊密地結合起來……
>
> 數年來的事實充分證明中國教會能夠、而且完全應當擺脫差會的關係和殖民主義的綑綁；中國的基督徒，借着上帝在基督耶穌裏豐盛的恩典，能夠團結起來，並且能夠建立和興旺自己的教會。今天，上帝已爲我們的教會開了一條又新又活的自治、自養、自傳的道路……
>
> 三自愛國運動的基本意義就是要中國信徒管理自己的教會。中國信徒管理自己的教會並不等於中國教會脫離了各國基督徒間在靈性上的團契。我們反對的是殖民主義和殖民國家的侵略，而不是別的國家的基督徒和人民。我們相信：「所有在各處求告我主耶穌基督之名的人，基督是他們的主，也是我們的主。」各國教會的信徒，彼此互爲肢體，基督是我們共同的元首。
>
> 完全實現了自治、自養、自傳的中國教會，使中國的信徒更能效

---

27 謝永欽：〈相見以誠的會議——參加中國基督教三自愛國運動委員會第二次全體委員（擴大）會議後的想想〉，《天風》期 503（1956 年 4 月 30 日），頁 3。

忠於基督，更能為基督的福音作美好的見證。我們非常重視兩千
年來全世界基督教的豐富遺產，這個寶貴的遺產印證了聖靈在各
時代、各地區的信徒中所做的工作。但我們同時相信：在今天的
時代，聖靈還是在各地區的信徒中進行祂的工作。我們相信：由
於中國基督教所處在的特殊的歷史情況，中國基督徒擔着一個重
大的使命，就是去更多地、更深刻地發掘福音的寶藏。我們相信：
完全實現了三自的中國教會，對全世界基督徒的靈性團契，應當
可以有更多的貢獻。[28]

　　吳在此所闡述的「三自」，不再是以鬥爭及控訴為主，而是還原了
更多宗教的含意。基督教與帝國主義的關係，也沒有控訴運動期間那種
本質上的連結，而是退回「被利用」的層次之上。更重要的是，他在當
下闡釋「三自」的使命時，並沒有過往的排外傾向，既承認歷史上外國
基督徒在宗教情操推動下的傳福音工作，也肯定中國教會與普世基督徒
在靈性上的交流，以及中國教會對二千年教會傳統與遺產的承繼及發揚，
為「三自」賦予了嶄新的內容。

　　而他在「十大任務」的報告時，也展現了對建設教會的構想與方向，
「十項任務」中，三項是政治及社會性的（積極參與社會主義建設事業、
為世界和平努力、推動愛國主義學習），其餘七項均是以教會為中心的：
鞏固及擴大團結，互相尊重、健全教會的機構、成立自養促進委員會、
推動自傳研究、推動出版，滿足信徒靈性、強化神學研究、培養人才。[29]
吳氏關於「建設教會」的主張，對經歷數年間政治運動衝擊，並且高舉「鬥
爭」的中國教會而言，確實帶來嶄新及寬鬆的氣氛。

　　得指出，當時外在政治環境的氛圍，也有助倡導及凝聚建設教會的

28　吳耀宗：〈關於中國基督教三自愛國運動的報告（1954 年 7 月 –1956 年 3 月）〉，《天
　　風》期 502（1956 年 4 月 16 日），頁 10–11。

29　同上，頁 13–14。

討論。1956 年 4 月及 5 月，毛澤東發表了兩次重要講話（〈論十大關係〉
及〈百花齊放，百家爭鳴〉），表明中共對經濟發展的關注及給予知識
分子更大自由的決心。[30] 1957 年 2 月，毛發表〈關於正確處理人民內部
矛盾問題〉的講話，並提出「革命時期的大規模的急風暴雨式的群眾階
級鬥爭基本結束」的說法。[31] 1957 年 3 至 4 月，第八次全國統戰工作會
議召開，中央統戰部長李維漢在會上闡釋宗教的矛盾問題，指「宗教矛
盾已經從既是人民內部的矛盾又是敵對階級的矛盾，轉化爲基本上成爲
人民內部信仰的矛盾」。[32] 在這情況下，作爲「人民內部矛盾」的基督教，
既已完成肅清帝國主義影響及毒素的任務，自然可以進入「建設教會」
的階段。

在現實中認識教會

　　1949 年前後，吳耀宗分別以青年會幹事及三自運動的領袖的身分來
參與中國基督教運動。嚴格而言，青年會是基督教運動的強屬機構，而
三自組織更具有濃厚的政治色彩，兩者的本質均屬於教會體制，他也從
來未在教會組織中擔任領導位置。吳耀宗較強烈的「改教者」形象，甚
至與建制教會間，形成張力。在三自運動推展過程中，他的背景便成爲
不少反三自的教會領袖非議之處。

　　1954 年 10 月，中華基督教會全國總會常務委員會在上海召開會議，
表示經全體執行委員以通信投票方式，全體一致推舉吳耀宗爲全國總會

30　毛澤東：〈論十大關係〉，氏著：《毛澤東選集》，卷 5（北京：人民出版社，
　　1977），頁 267–288。另中共中央文獻研究室編：《毛澤東傳（1949–1976）》，上冊（北
　　京：中央文獻出版社，2003），頁 491–492。

31　毛澤東：〈關於正確處理人民內部矛盾問題〉，《毛澤東選集》，卷 5，頁 368。

32　李維漢：〈在全國統戰工作會議上的發言（1957 年 4 月 4 日）〉，中共中央統戰部
　　研究室編：《歷次全國統戰工作會議概況和文獻》（北京：檔案出版社，1988），頁
　　324–326。

會長。[33] 當然，吳被選為中華基督教會全國總會會長，並不意味着他對具體的會務有重大影響。事實上，他在 1955 年 5 月及 8 月間先後以會長身分出席該會浙江大會及江南大會的年會時，其演說重點，仍是三自愛國運動。[34] 這反映其主要的關注所在。中華基督教會會長的身分，似乎並未有對吳思考教會問題帶來重大的影響。

　　有趣的是，反倒是 1955 年 11 月及 1956 年 11 月，吳耀宗以全國人大代表身分到山東及安徽兩省視察，讓他能在最基層及前線的角度，來了解教會發展的問題。這兩次考察，除了解當地農業及工業發展外，吳特地到訪當地城鄉大小教會，了解其近況及面對的困難。《天風》報導他與陳見真主教及鄧裕志的山東之行時，特別提及基層（小城及鄉村）的幹部對宗教工作「重視不夠」的問題，指「有些教會問題未能及時得到解決，或者沒有得到處理」。此外，他們也了解到城市教會在自養方面有困難，傳道同工要兼職，影響到教會事工。同時，又有些農村教會「還沒有恢復聚會」。[35]

　　到 1957 年 1 月，相信是受到「百花齊放，百家爭鳴」的氛圍影響，《天風》報導安徽之行時，更詳細地指出教會內部存的問題以及宗教政策落實問題。在教會內部問題方面，吳此行更深地了解到基層教會負責人的人手缺乏以及訓練不足。同時，自養問題未能改善，令傳道人需要兼職，影響教會事工發展，在不少城市教會更是極普遍的情況。更特別的是，《天風》不避諱地提出貫徹宗教政策的問題。例如，阜陽內地會鄉下共有 52 處分堂，但 35 處卻停止聚會。不少地方教會的房屋家具被機關團

33　〈中華基督教會全國總會召開常務委員會，吳耀宗先生當選為總會會長〉，《天風》期442（1954 年 12 月 13 日），頁 5。

34　吳耀宗先生講，厲一飛記：〈世界和平運動與三自愛國運動〉，《浙江三自》期 3（1955年 4 月），頁 1–5；許道武記：〈吳耀宗會長在江南大會第三屆常會代表會議上的講話〉，《公報》，卷 27 期 11（1955 年 11 月），頁 2–12。

35　〈全國人民代表大會代表吳耀宗先生、陳見真主教、鄧裕志先生在山東進行了考察〉，《天風》期 497（1956 年 1 月 23 日），頁 9、12。

體佔用，或幹部干預教會事務的情況，也常有發生。[36]

　　這兩次視察，對吳耀宗的影響是毋庸置疑的。他在 1956 年 3 月的報告中特別關心自養及傳道人的訓練，相信也是從山東的考察中得到的總結，這令他更多從「建設」而非「革新」的角度來思考中國教會的問題。吳耀宗的兒子吳宗素指出，期間，吳耀宗也曾到浙江、福建、廣東及廣西等地訪問教會，更多地掌握了各地宗教政策的偏差問題。[37]

　　其實，早於 1949 年底至 1950 年中，吳跟其他教會人士合組訪問團，到各地了解中國在解放後教會的情況時，便了解到不少教會房產被佔的問題。到他跟周恩來見面時，更提出希望中央政府下達通令，要求各地人民政府執行宗教信仰自由的規定，以助解決問題。但是，周恩來卻把問題的重心，改為基督教應如何割斷與帝國主義的關係，由此揭開了三自運動的序幕。[38] 對 1956 年前後的吳耀宗而言，他心底不禁問：經過數年的努力，三自運動在割斷基督教與帝國主義關係及肅清其對中國教會的影響方面，已取得一定的成果。為何各地教會仍受到干預及歧視？宗教信仰自由政策的落實，仍有着極大的改善空間。

　　吳耀宗對中國教會面對的各種困難，一直憂心不已。上海宗教事務處處長羅竹風表示，1956 年 8 月他與吳在黃山期間，吳便跟他談及「中國基督教向何處去？前途怎樣？」的問題。[39] 大約在 1956 至 57 年間，吳更曾向教會領袖散發文件，其中表達了相當負面的情緒：

　　　　在以馬列主義和無神論為領導思想的新中國，基督徒，特別是年

36　〈全國人民代表大會常務委員會委員吳耀宗、全國人民代表大會代表鄧裕志視察安徽省教會的情況〉，《天風》期 520（1957 年 1 月 14 日），頁 11–12。

37　吳宗素：〈落花有意，流水無情〉，邢福增編：《大時代的宗教信仰》，頁 571。

38　參邢福增：〈反帝愛國與宗教革新〉，頁 95–101。

39　羅竹風：〈緬懷吳耀宗先生，堅持「三自愛國」道路〉，《回憶吳耀宗先生》，頁 205。

青的一代，處處都受到影響和限制，這樣基督教是不是有發展的
可能，甚至有無維持現狀的可能？即使宗教信仰是自由的，新中
國的環境是不是把這個信仰自由的政策打了一個折扣？[40]

顯然，文件反映出吳耀宗經過七年緊隨黨的路線後，對當前宗教信
仰自由政策的落實，產生了極大的疑問，甚至對宗教政策作出負面的評
價。當然，不論是吳氏的立場，或是文件表現的開放態度，事實上也是
在 1956 年至 1957 年反右鬥爭前中共較寬鬆的政治環境下促成的。[41]

1957 年 3 月，吳耀宗以全國政協常委身分出席中國人民政治協商會
議第二屆全國委員會第三次全體會議。由於這次會議舉行期間，正值「鳴
放」運動進行之際，各委員在會上的發言，也反映出一定的自由及開放。
吳以〈關於貫徹宗教政策的一些問題〉作發言，希望能夠得到當局的正
視。

吳在肯定建國以來宗教信仰自由政策的成績後，便把重點放在各地
的落實問題上。這包括：（一）全國若干地區仍有教會，在土改期間停
止聚會後，迄今仍未恢復聚會；（二）不少地方教會的房屋及家具被機
關佔用，影響宗教活動；（三）幹部用行政手段限制宗教活動。除了上
述的「有形」問題外，吳更特別指出一些影響政策貫徹的「無形」問題。
他所指的，就是無神論與有神論的矛盾與對立關係。中共以馬列主義的
無神論為指導思想，令不少機關及學校的基督徒受到歧視，因為宗教信
仰被視為「落後因素」。吳特別指出，當前出版不少批判宗教的書刊，
部分內容是「片面的、主觀的、不符合事實的、一筆抹煞的」，把所有
的宗教作「總的宣判」——「宗教是陳腐的反動思想和觀念的體現者，

40　〈關於今後基督教工作的一些意見〉（1957 年 2 月），頁 1–2，上海市檔案館藏，B22-
1-71-8。

41　Ying Fuk-tsang, "The CPC's Policy on Protestant Christianity, 1949–1957: An Overview and
Assessment," *Journal of Contemporary China* 23: 89 (September 2014): 894–897.

是一切腐朽東西的支柱」。吳以爲，這些批判宗教的宣傳，對宗教信仰自由的落實，帶來了負面的影響。他最後作出兩點建議：（一）中央及各級部門應作更全面的宣傳教育，消除基層幹部對宗教的片面看法；（二）中央根據憲法的宗教信仰自由條文，「考慮制訂一些與貫徹宗教政策有關的補充條文」。[42]

　　除吳耀宗外，另一位基督教的政協代表陳崇桂也就宗教政策問題發言。兩人的發言，打開了基督教內的「鳴放」局面。[43] 不過，這種寬鬆的政治環境並沒有持續很久，隨着毛澤東發動「反右派鬥爭」便告中止。1957 年 10 月，毛在中共八屆中央委員會三次全體會議上，更宣稱當前社會的主要矛盾，仍然是無產階級同資產階級、社會主義道路同資本主義道路的鬥爭。[44] 結果，在急劇逆轉的政治形勢下，反右鬥爭也在基督教界內推展。1957 年 10 月召開的三自常委第十次（擴大）會議上，五位基督教人士被打爲「右派」分子。而曾在政協發言的陳崇桂，在會上也受到批判，後來也載上右派的帽子。[45] 全國各地教會也捲入反右運動的漩渦之內。反右運動不僅令許多教會人士被打成右派，促使中國基督教領導層全面「左」傾，更徹底粉碎了吳耀宗原有的「建設教會」藍圖。三自運動的發展，再一次回到激烈的鬥爭路線之上。[46]

42　吳耀宗：〈關於貫徹宗教政策的一些問題〉，《人民日報》，1957 年 3 月 9 日，另《天風》，期 524（1957 年 3 月 18 日），頁 3–5。

43　邢福增：〈反右派鬥爭與中國基督教〉，《二十一世紀雙月刊》期 164（2017 年 12 月），頁 21–25。

44　毛澤東：〈做革命的促進派〉，《毛澤東選集》，5: 475。

45　邢福增：《中國基要主義者的實踐與困境》，第 8 章。

46　邢福增：〈反右派鬥爭與中國基督教〉，頁 25–32。

極「左」路線中的困惑

1958 年，毛澤東發動大躍進，宣告向共產主義社會過渡，也標誌着「冒進」及極「左」路線的時代降臨。在這背景下，中國教會也受到嚴峻的衝擊。

1958 年是中國教會發展的分水嶺。大躍進的推行，嚴重干預了教會的活動。在舉國一片冒進浮跨之風下，共產主義天堂儼然要在中國社會實現。因此，中國基督教會的存在形態，特別是其宗派林立的局面，便成為走社會主義道路的阻礙。在這種情況下，中共的宗教政策也愈趨激進，政府在部分地區（如浙江省溫州），更推動「無宗教區」的實驗，提出消滅宗教的可能。[47] 同時，在各國範圍內，三自組織更以改變「半殖民地」面貌為名，紛紛實施聯合禮拜。[48] 各宗派的基層堂會採取按地區與同一地區的其他宗派堂會聯合的辦法，基層堂會的數目大幅削減。例如，上海在 1950 年時有 208 所教堂，到聯合禮拜後，只開放 22 所，後來再減至 8 所。[49] 北京在 1949 年時有 65 處教堂，到 1958 年更合併至 4 所。[50] 聯合禮拜後，由於宗派體制無法運作，故各級三自組織成為城鄉基層教會的上級領導機關。這種「三自」全面領導「教會」的局面，可說是在政治權力粗暴干預下，根本改造了中國基督教的體制，其實也是國家高度集中的一元化領導體制的必然結果。

---

47 沈德溶：《在三自工作五十年》（上海：中國基督教全國兩會，2000），頁 70–71。另何虎生：《中國共產黨的宗教政策研究》（北京：宗教文化出版社，2004），頁 140。當時有某省的報告指出，「宗教工作的最終目的就是消滅宗教」，參何虎生：《中國共產黨的宗教政策研究》，頁 110。

48 〈粉碎帝國主義「分而治之」的陰謀，徹底改變中國基督教的半殖民地面貌〉，《天風》期 561（1958 年 9 月 22 日），頁 20–23。

49 〈徹底改變上海基督教的半殖民地面貌──上海市各教會成立聯合禮拜〉，《天風》期 561（1958 年 9 月 22 日），頁 18–19。

50 沈德溶：《在三自工作五十年》，頁 43–44。

　　此時，吳耀宗名義上仍是中國基督教三自愛國運動委員會的主席，但據其兒子吳宗素指出，吳獲指示不用回辦公室上班，甚至有人婉轉地請他「靠邊站」。當時吳在三自組織內，實際上已不掌實權。[51]

　　在這情況下，吳耀宗公開發表的言論，反映出他只能順應形勢作政治表態，為基督教及基督徒揹負的「原罪」作自我批判與改造。例如：1958 年 2 月，吳耀宗在第一屆全國人大第五次會議上發言，表示中國基督徒要堅決擁護社會主義道路，重申其在反帝愛國方面的工作及使命。他特別強調，基督徒必須徹底消除與社會主義相抵觸的思想感情，「取得人民的立場、人民的觀點才能愉快地走社會主義道路」。他又修正自己在 1956 至 57 年間的說法，指在當前社會主義建設的時候，基督徒要關注的問題，不是「信與不信的人民內部矛盾的問題」，而是「如何同全國人民在一起，建設社會主義的問題」。[52]

　　1959 年是中共建國十週年。當時吳在《天風》刊登了〈光輝燦爛的十年〉，高度讚美新中國在這十年間的偉大成就。[53] 此時，全國各地卻因大躍進政策的嚴重失誤，出現前所未有的大饑荒，[54] 但吳對此卻噤若寒蟬，只能違心地發出歌頌之聲。1960 年吳出席全國人大二屆二次會議時，更肯定「總路線的光輝照耀下，全國人民正在發揮着無窮無盡的智慧和力量；新中國正呈現着一幅萬馬奔騰、百花齊放的雄偉絢麗的圖畫」。面對社會主義教育的需要，吳呼籲基督徒必須更迫切地進行「自我改造」。他指出，基督徒仍然受資產階級「自私自利的個人主義思想」影響，帝國主義的毒素「曾經深入了我們的骨髓」，故此更須要在政治

51　吳宗素：〈落花有意，流水無情〉，頁 581。1962 年，吳耀宗身邊長期跟從他的秘書計瑞蘭也被調走，由曹聖潔取代。曹聖潔口述，羅偉虹撰稿：《曹聖潔口述歷史》（上海：上海書店，2016），頁 91。

52　吳耀宗：〈愛國就是愛社會主義的祖國〉，《人民日報》，1958 年 2 月 11 日。

53　吳耀宗：〈光輝燦爛的十年〉，《天風》期 585（1959 年 9 月 21 日），頁 4–6。

54　Frank Dikötter, *Mao's Great Famine: The History of China's Most Devastating Catastrophe* (New York: Walker & Co., 2010).

立場和思想上，作深刻的自我改造。其中最重要的，就是警惕帝國主義
利用基督教對中國進行侵略的陰謀，肩負基督徒的反帝愛國任務。[55] 誠如
他在基督教界的社會主義教育中所言：基督徒因着過去「違反人民利益
和不利於社會主義的言行」，更要「徹底地、痛快地、全部地、無保留
地，把這些醜惡的東西自覺地、勇敢地拿出來交給黨、交給人民、交給
祖國」，這樣才能「洗清思想上的污毒」，「爲偉大的社會主義建設事
業而奮鬥」。[56]

　　毋庸置疑，中國基督教在 1960 年代以後，面對着更嚴峻的局面。
1960 年 11 月，中國基督教召開第二屆全國會議。是次會議原應在 1958
年舉行，但由於反右鬥爭及大躍進關係而延期。[57] 吳耀宗在會議作出開幕
及閉幕總結，並再次被選爲中國基督教三自愛國運動委員會主席。 在總
結發言中，吳指出，過去以「教會本位來發展，享宗教特權，是違反國
家利益」，現在「經學習知這要求是錯誤，應以革命出發，社會第一」。
因此，中國教會必須繼續加強「自我改造」。[58]

　　1962 年毛澤東在中共八屆十中全會上重提「階級鬥爭爲綱」的口號，
把階級鬥爭擴大化和絕對化，[59] 因此，以「反帝」爲中心的階級鬥爭無可
避免地成爲基督教工作的指導思想。1962 至 63 年數次涉及宗教工作的會
議及座談會，均明確提出用階級鬥爭的觀點來認識宗教問題，「要揭開
宗教掩蓋下的階級鬥爭的蓋子」。[60]

　　爲回應基督教如何配合這場嚴峻的階級鬥爭，吳耀宗在 1962 年 2 月
2 日的《人民日報》發表〈美帝國主義「傳教事業」新策略〉一文，強調

55　吳耀宗：〈基督徒要努力進行自我改造〉，《天風》期 599（1960 年 4 月 18 日），頁 7–9。

56　吳耀宗：〈讓我們基督教界都向黨交心〉，《天風》期 554（1958 年 6 月 16 日），頁 6。

57　沈德溶：《在三自工作五十年》，頁 45。

58　吳耀宗：〈大會總結〉，中國基督教第二屆全國會議總結講話筆錄。原文爲手抄本。

59　《毛澤東傳》，下冊，頁 1251、1260。

60　何虎生：《中國共產黨的宗教政策研究》，頁 111–112。

美帝仍千方百計利用基督教來實現其「反共」的陰謀。他最後呼籲中國基督徒:「我們還應當對美帝國主義利用基督教的新陰謀,繼續提高警惕,對它進行針鋒相對的鬥爭。」[61]

　　雖然吳耀宗公開發表了不少支持黨中央政策的言論,但卻難掩其內心的憂戚。他承認「對社會主義生活」有時仍有「抵觸情緒」,「在大躍進中,我覺得我是落後了,我自己趕不上形勢,還以為別人走得太快」。[62]對大躍進期間各地基督教受到的衝擊「很有意見」,常流露出「如臨深淵,如履薄冰」之感。[63]如果他在 1957 年的「鳴放」言論反映其對宗教政策的不滿,則在大躍進以後,受極「左」宗教政策影響,各地教會的困難處境亦只會更形險峻。對此,吳氏又能怎樣回應呢?據曹聖潔憶述,吳耀宗在大躍進期間,也有「『想不通』的苦惱」,但「囿於他的身份,他只向領導同志提出,向可信任的同事吐露」。[64]

　　上海實行聯合禮拜後,吳耀宗仍到鴻德堂參加主日崇拜。受到政治形勢的影響,當時出席聚會人數銳降,但他卻以一己的行動來表達對基督教信仰的堅持。[65]從吳耀宗的日記中,保留了他的心路靈程:1958 年 11 月 23 日,他在日記中記下:「常看菊花,種類之多,結構之纖巧美麗,不能不想到造物主之存在」。1963 年 6 月 4 日,他寫道:「晚飯後步行,夜有月,坐在公園椅子上,玄想宇宙間無數神奇現象」。1964 年 3 月 5 日,他說:「夜,在室內步行時得一思想 —— Have faith in God. Thy will,

---

61　吳耀宗:〈美帝國主義「傳教事業」新策略〉,《人民日報》,1962 年 2 月 2 日,另《天風》期 616–617（1962 年 2 月 28 日）,頁 3–8。又 Wu Yao-tsung, "U.S. Imperialism's 'New Strategy' in the 'Missionary Movement,'" *Peking Review* 22 (June 1, 1962): 10–13.

62　吳耀宗:〈我對共產黨的認識〉,《天風》期 555（1958 年 6 月 30 日）,頁 12。

63　沈德溶:《在三自工作五十年》,頁 71。

64　曹聖潔口述,羅偉虹撰稿:《曹聖潔口述歷史》,頁 94。曹聖潔記載了一件事,1964 年,上海市政協組織愛國人士去奉賢參觀「四清」運動,當時受政治運動衝擊,大多農村幹部都被列為鬥爭對象。吳跟一道參觀的羅冠宗說:「如果農村幹部的絕大多數都是壞的,為甚麼農業生產連年都獲得好收成?」

65　姚民權:「基督福音的勇士——我心中的吳耀宗先生形象」,未刊手稿。

not mine, be done。」3 月 11 日，他又寫道：「昨夜心神不安，經長時間祈禱，心境復趨平靜。聽到的啓示：信靠上帝，一切的事都將對你有益。你求告我，我就答應你，把又大又難的事告訴你，我還要你作許多工作，我將保護你，給你力量」。[66]

對中國教會前途的思考

1958 年 6 月，正值大躍進期間，吳在〈我對共產黨的認識〉一文中，公開表達了對教會前途的看法：

> 在我們基督教同道中，有人對教會的前途表示憂慮。究竟有神無神的矛盾，是不是像帝國主義和右派分子要我們相信那樣嚴重的問題呢？我自己從來沒有對基督教的前途發生過疑問。我的理由很簡單。我想：如果基督教信仰是真理，它就會永久存在下去；如果基督教信仰不是真理，它遲早必定會消亡。我信仰基督教已經有四十年之久，從我自己的經驗中，我認識了基督的福音是「道路、真理、生命」，因此，我不需要為基督教的前途擔心。共產黨有宣傳無神論的自由。但這並不構成對基督教信仰的「威脅」。……在社會主義的新中國裏，我們基督徒最急迫的問題，不是有神無神矛盾的問題，而是如何站穩立場，改造自己，同全國人民在一起，堅決走社會主義道路的問題。[67]

吳坦言教會同道對中國教會的前途「表示憂慮」。對此，他認為不

66　沈德溶：《吳耀宗小傳》（上海：中國基督教三自愛國運動委員會，1989），頁 71–72。

67　吳耀宗：〈我對共產黨的認識〉，《天風》期 555（1958 年 6 月 30 日），頁 12。

需要擔心。原因在於（一）作為真理的基督教信仰，「會永久存在下去」；（二）基督教必須繼續改造自己，堅決走社會主義道路。前者是內在因素，而後者是外在條件。問題是，中國教會的外在環境，自 1958 年起即急劇惡化，中國教會為了自我改造，業已遭受嚴重的衝擊。對此，吳耀宗又豈會視若無睹？因此，筆者認為，吳認為不需要擔心的原因，主要仍是在於前者。1959 年 11 月，他在日記記下：「只要還有人相信，宗教便有前途」。[68] 據悉，吳耀宗曾向青年會總幹事羅冠宗表示：「現在基督教會越來越小，人越來越少，也許還會少下去，但是只要我們有幾十人，我們是認識了基督教信仰的，總有一天基督教還會被人認識的。」[69]

1960 年 2 月，吳耀宗召集了一次基督教上層人士的會議，討論由他提出的「總結十年來三自愛國運動的提綱」。討論中，有人對當前教會發展表示「不滿」，希望能把「教會『辦好』，多搞宗教活動」。吳耀宗在會上形容，教會的發展進入「新階段」，接下來「可以考慮有些『創造性發展』」。吳又提出，「三自是一個反帝愛國運動，是否同時又是愛教的運動」。綜合而言，是次會議主張中國教會工作「走群眾路線」，特別是在「著重抓勞動人民中的信徒，作為建設教會的骨幹」。[70] 後來，他跟江文漢見面時，仍提出希望為中國基督教的發展，作長遠的規劃。[71]

3 月，他跟中央統戰部部長李維漢等人見面時，李對他透露了在當前政治形勢下，宗教的前景並不樂觀：（一）「宗教影響日少」；（二）「宗教起源於對自然的無知及社會的壓迫。此兩條件若不存在，宗教亦消滅」；（三）「對宗教不用行政手段消滅，亦不提倡使之發展」；（四）「宗教工作者要適應目前環境及情況」。當時吳即回應：「宗教信仰者可接

68　「日記存稿」，1959 年 11 月 10 日。

69　曹聖潔口述，羅偉虹撰稿：《曹聖潔口述歷史》，頁 92。

70　〈基督教上層人士對教會情況和今後方針的看法〉，1960 年 2 月 16 日，新華通訊社編：《內部參考》，1960 年 2 月 16 日。

71　江文漢：〈吳耀宗──中國基督教的先知〉，《懷念吳耀宗先生》，頁 57。

受馬列主義到百分之九十九點九，其餘一點（有神無神），亦對我無矛盾」。「有形式的宗教可能消滅，但宗教本身是永恆的」。[72]

　　4月，吳耀宗參加宗教事務局安排的宗教參觀團，到了瀋陽、撫順、鞍山、長春、西安、成都等地考察，宗教局局長何成湘全程參與。吳在5月29日的日記中，有「何局長對於在各城市講話，涉及馬列主義極不贊成」一語。[73] 後來，在重慶召開全國宗教工作會議上，吳在各地參觀訪問時的講話，被形容爲「大量的系統的反馬列主義、反毛澤東思想」，因而決定在隨即召開的全國四教會議上對吳耀宗進行批判。後來，批判吳耀宗一事，未獲中央統戰部支持而擱置。[74]

　　不過，儘管吳耀宗願意緊隨黨的路線，不斷作自我改造，但卻無法改變中共的宗教政策對基督教構成的重大「威脅」。1964年12月27日，他以人大代表身分出席全國人大會議，毛澤東語帶譏諷地跟他說：「你的那個上帝現在不太靈了。」[75] 他回到上海後，跟秘書曹聖潔透露，毛的這句話，使他「無言以對」。[76] 但他在1965年11月15日，在日記記下「關於基督教前途我提出『快馬加鞭』口號」。[77]

72　「日記摘錄」，1960年3月12日。

73　同上，1960年5月29日。

74　〈徹底揭發批判陳同生、王致中、趙忍安、吳康在黨派、宗教、僑務工作方面的反革命修正主義罪行〉，上海市統一戰線工作方面大批判站編印：《劉少奇在上海統戰部門的黑爪牙——陳同生、王致中、趙忍安罪行錄》，輯3（1967年10月），頁4–5。
　　曹聖潔指出，主力批評吳的這位高錄幹部，後來調離了宗教工作崗位。曹聖潔口述，羅偉虹撰稿：《曹聖潔口述歷史》，頁92。據沈德溶指出，在成都會議上力批吳耀宗者，正是何成湘。何後來從宗教局局長調為甘肅省副省長。沈德溶：《在三自工作五十年》，頁71。

75　「日記摘錄」，1964年12月27日。

76　曹聖潔口述，羅偉虹撰稿：《曹聖潔口述歷史》，頁92。

77　「日記摘錄」，1965年11月15日。

文革的衝擊

　　1966 年毛澤東發動文化大革命，中國社會陷入長期的動亂之中。隨着統戰部及宗教局被扣上「執行投降主義、修正主義路線」，包括基督教三自組織在內的宗教團體也順應革命潮流而解散，各地的宗教活動場所也成為紅衛兵衝擊的目標，公開宗教活動陷於停頓。[78] 7 月，青年會已貼出三百多張大字報。[79]

　　文革期間，宗教界人士悉被視為「牛鬼蛇神」、「專政對象」而遭批鬥。吳耀宗也無法倖免。文革剛開始，三自實權派李壽葆的兒子李亞平更跟吳的妻子說：「你們的吳耀宗完了」。[80] 1966 年 8 月 23 日，他在日記記下「紅衛兵進入國際禮拜堂，撕毀與宗教有關的用具，男女青年會同工自動在大門口焚燒聖經」，並形容這是「暴風急雨的一天」。[81] 8 月 25 日晚，吳耀宗在青年會的群眾大會上，是七位被揪出來的牛鬼蛇神之一，要「向群眾低頭認罪」。[82] 12 月 1 日，他又將 470 本中英文藏書撿出，送至青年會。[83] 未幾被勒令每天到位於香港路的銀行公會大樓內的隔離室寫檢討材料。[84] 在一次批鬥會上，吳承認自己是「牛鬼蛇神的總頭子」。[85] 期間，他更一連昏倒兩次。[86] 1967 年 2 月 20 日起，多日留在家中寫交代及檢討文。[87] 現存的「我的經歷」（1966 年 11 月 4 日）及「十七年的外

78　何虎生：《中國共產黨的宗教政策研究》，頁 143。

79　「日記摘錄」，1966 年 7 月 22 日。

80　吳宗素：〈落花有意，流水無情〉，頁 593。

81　「日記摘錄」，1966 年 8 月 23 日。

82　同上，1966 年 8 月 25 日。

83　同上，1966 年 12 月 1 日。

84　吳宗素：〈落花有意，流水無情〉，頁 589。

85　曹聖潔口述，羅偉虹撰稿：《曹聖潔口述歷史》，頁 95。

86　吳宗素：〈落花有意，流水無情〉，頁 589。

87　「日記摘錄」，1967 年 2 月 20 日、6 月 10 日。

交工作」（1967 年 5 月 9 日），便是留下來的檢討材料之一。[88]

　　1967 年 10 月，上海市統一戰線工作方面大批判站編印的黑爪牙罪行材料中，在批判從事宗教工作的幹部時，形容吳耀宗為「基督教頭子」、「思想反動的傢伙」，「一貫來妄圖在全國範圍內恢復宗教失去的陣地，到處叫囂，到處放毒，要搞甚麼『馬列主義宗教』，『社會主義宗教』，胡說甚麼『宗教仍有其真理，上帝與馬列主義沒有矛盾，宗教對人不但沒有麻醉作用，還有益處』，『宗教消滅不了』，等等。」[89]

　　1969 至 71 年間，上海二百位教會工作人員被集中進行「清理階級隊伍」的學習。會場上充斥着對基督教的批判。當時已七十多歲且身體虛弱的吳也被傳喚來「觸靈魂」。有次主持人對吳說：「你看，如此烏煙瘴氣的基督教，你還要用愛國、三自來為它粉刷」，對此，吳只有緘口不語。又有一次，主持者問吳：「吳先生，你倒評評看，是毛澤東思想偉大還是你們基督教偉大？」當時吳輕聲道：「四卷毛澤東選集是很偉大的宏文，但聖經對我卻更為寶貴」。這位工作隊頭子聽罷，只得高呼「毛澤東思想萬歲」來作掩飾。[90] 文革期間，他曾跟江文漢表示：「甜、酸、苦、辣都嘗到了」。但他仍相信「『真理』具有無上的權威」。[91]

　　不過，文革後期，中共出於外交需要，仍多次安排吳耀宗接待來訪的外國賓客，如陸慕德（Maud Rusell）、鮑大可（Arthur Doak Barnett）及文幼章（James Gareth Endicott）夫婦等。[92] 1975 年 1 月，吳以世界和平理事會理事身分，出席全國四屆人民代表大會。[93] 大會通過了新的憲

88　吳耀宗：「我的經歷」，1966 年 11 月 4 日，未刊手稿；「十七年的外交工作」（1967年 5 月 9 日），未刊手稿。

89　〈徹底揭發批判陳同生、王致中、趙忍安、吳康在黨派、宗教、僑務工作方面的反革命修正主義罪行〉，頁 4。

90　姚民權：「基督福音的勇士」。當時姚是在場的小組長。

91　江文漢：〈吳耀宗──中國基督教的先知〉，頁 58。

92　「日記摘錄」，1972 年 11 月 18 日、21 日、12 月 31 日、1973 年 2 月 5 日。

93　吳宗素：〈落花有意，流水無情〉，頁 596。

法，其中把 1954 年憲法的「中華人民共和國公民有宗教信仰的自由」，修改爲「有信仰宗教的自由和不信仰宗教、宣傳無神論的自由」。[94] 在文革的極「左」形勢下，這部高舉「階級鬥爭」的憲法獲全國人大通過。吳在「對新憲法、張春橋報告及周恩來報告的感想」中，表達了順應當前政治形勢的立場。[95] 他充分支持 1975 年憲法新修訂的宗教條款，指出，「隨着社會主義革命的深入發展，宗教的活動形式和範圍可能有所不同。我們要特別警惕國內外階級敵人的造謠、破壞，利用宗教信仰自由政策進行各種陰謀活動。」[96]

最後歲月

　　1976 年 1 月及 9 月，周恩來及毛澤東先後病逝，1977 年四人幫下台，預示着中國新時代的開始。不過，當時接任的華國鋒，仍提出「兩個凡是」的主張，「凡是毛主席做出的決策，我們都堅決維護；凡是毛主席的指示，我們都始終不渝地遵循。」吳耀宗對中國共產黨領導及華國鋒的路線，仍然表示擁護。[97] 他在 1977 年 12 月底，撰寫了「關於宗教政策問題」，一方面批評文革是「反基督教運動」，但另方面又指出毛發動文革是「完全必要」的。「沒有文化大革命，劉少奇等一大批資產階級分子就要篡奪政權，將國家改變顏色。」那麼，他又如何理解正確的文革中基督教的遭遇？他提及在文革後，收到許多信徒的來信，提出一系列有關信仰自由的問題。不過，「**我覺得無法答覆，就將這些信都已轉給上海和中央的有關部門，但從來沒有得到處理。**」（粗體部分後來他刪去）。他進一步指出：

94　許崇德：《中華人民共和國憲法史》（福州：福建人民出版社，2003），頁 494。

95　吳耀宗：「對新憲法、張春橋報告及周恩來報告的感想」，1975 年 1 月，未刊手稿。

96　吳耀宗：「四屆全國人大會議發言」，1975 年 1 月 14 日，未刊手稿。

97　吳耀宗：「春節前市委領導同志接見時的講話」，1977 年 2 月 9 日，未刊手稿。

> 文化大革命是我們完全擁護的。它挽救了許多人，包括宗教信仰
> 者在內。文化大革命的主要對象和主要矛盾是劉少奇一夥的走資
> 本主義道路當權派。文化大革命對宗教的矛盾是次要的矛盾。次
> 要矛盾應當服從主要矛盾。

　　顯然，雖然文革業已結束，但華國鋒在政治路線仍未作出根本改變。因此，吳耀宗對宗教在中國政治形勢下的前景仍不抱樂觀，他一度認為「公開宣佈恢復宗教組織和宗教活動是不適宜的」，因為反動分子會「借此來搞反動活動」。同時，「由於宗教與社會主義是有抵觸的，也未必有多少人肯出來擔任宗教工作」。但這些猶疑的表述，後來他又在手稿上將之刪去，卻保留了「但是如果不宣佈恢復，許多人對宗教信仰自由問題，將還存在着疑問」。最後，他表示「對這個問題，我提不出什麼意見，但我相信以華國鋒主席為首的黨中央，在粉碎『四人幫』以後，對宗教問題也一定是胸有成竹的。中央領導部門一定能夠按目前的具體情況，做出適當的安排」。[98]

　　1978 年 2 月，五屆全國人大召開，決定修改 1975 年憲法，其中涉及宗教信仰的部分，仍保留了「有信仰宗教的自由和不信仰宗教、宣傳無神論的自由」的條款。吳雖出席會議，但因身體關係，在會上提交「書面發言」，對「四人幫」倒台後中國的發展，寄予厚望。[99] 針對宗教信仰自由的條款，吳認為「1954 年憲法，是中國第一個社會主義類型的憲法。二十年來證明，這憲法是正確的」，因此，他建議應恢復 1954 憲法中「公民有宗教信仰自由」的表述。[100] 查 1978 年的憲法雖在文革後頒布，但當時整體環境仍未開放，故仍殘留着不少「左」的色彩。[101] 在這情況下，

98　吳耀宗：「關於宗教政策問題」，1977 年 12 月 31 日，未刊手稿。

99　吳耀宗：「吳耀宗書面發言」，1978 年 2 月 27 日，未刊手稿。

100　吳耀宗：「憲法報告」，1979 年 2 月，未刊手稿。

101　許崇德：《中華人民共和國憲法史》，頁 534–535。

吳耀宗及其他宗教界人士的意見，並沒有被採納。據羅冠宗指出，吳耀宗後在醫院時，仍希望爭取修改 1978 年憲法中宗教信仰自由條款。[102]

　　1978 年，吳耀宗已是八十五歲的多病老人。這時他初瞥中國政局終能走出文革陰霾，在一篇紀念周恩來的文章末段，流露了對未來的憧憬：

> 在這春風送暖，黨把工作重點轉移到社會主義現代化建設上來的日子裏，我們紀念周總理八十一歲誕辰，我好像感覺到周總理依然和我們同在，我仿佛見到當日他和我會晤時那種從容不迫、充滿自信的談吐風度；聽到他循循善誘的教導。我似乎看見四化實現之日，百花爭艷之時，他在叢中笑的情景！[103]

　　對於中國教會在新時代中如何重建及其角色，晚年的吳耀宗並沒有留下任何構想。但可以肯定的，是他十分關心文革結束後宗教活動何時能公開恢復的問題。1978 年底，中央召開全國宗教工作會議，對恢復宗教工作機構及各宗教愛國組織的活動與編制、經費、宗教團體房產問題進行研究。[104] 當時曾有政府人士向吳表示，出於對外宣傳的需要，希望早日把「中國基督教三自愛國運動委員會」的牌子重新掛起來。吳卻明確表示：「只要禮拜堂不能禮拜，我決不答應三自掛牌子」。[105]

　　1979 年 6 月，上海市基督教三自組織率先恢復工作，其他地方的三

---

102 羅冠宗：〈愛國愛教，明辨是非——紀念吳耀宗先生〉，《回憶吳耀宗先生》，頁 174–175。

103 吳耀宗：〈立場堅定，旗幟鮮明，艱苦樸實，平易近人——紀念周恩來同志誕辰八十一周年〉，《解放日報》，1979 年 3 月 5 日。又上海人民出版社編：《人民的好總理——周恩來同志永遠活在我們心中》，續篇三（上海：上海人民出版社，1979），頁 280。

104 赤耐編：《當代中國的宗教工作》，上冊（北京：當代中國出版社，1998），頁 141–143。

105 姚民權：「基督福音的勇士」。

自組織也陸續重組。[106] 當時吳因健康情況未如理想，需住院治療。但當他得悉上海三自召開首次會議時，堅決表示要參加。最後由其兒子推着輪椅，讓吳在會場與各代表見面。9月2日，上海沐恩堂恢復主日崇拜聚會，吳雖堅持參加，但卻不獲醫生同意。9月17日，吳在醫院病逝，享年八十六歲。[107]

浴火重生的中國基督教

1980年2月，全國三自召開常委（擴大）會議，標誌着全國三自組織正式恢復工作。[108] 吳耀宗未能目睹及參與文革後中國基督教的重建，對他而言未嘗不是一件憾事。不過，這也預示了，隨着吳耀宗的逝世，中國教會也將揭開新的時代。

大約在1976年6至7月間，吳著手整理自己留下的日記，並作摘要。回首過去，相信他不會忘記六十年前（1919年）立志將自己奉獻給上帝時曾說：

> 我們若能體會這些道理，就如同保羅所說，穿上上帝全身的鎧甲。
> （以6:11）那裏復有懼怕？不但沒有，還能令我們生一個靠賴的
> 心，令我們得着能力；因為我們所靠賴的，是能力之源，取之不盡，
> 用之不竭，他就是愛我們的上帝。[109]

---

106 趙天恩、莊婉芳：《當代中國基督教發展史（1949–1997）》（台北：中國福音會，1997），頁276–277。

107 吳宗素：〈落花有意，流水無情〉，頁598–599。

108 〈一次耶路撒冷會議——記中國基督教三自愛國運動委員會常務（擴大）會議〉，《天風》復刊號（1980年10月），頁4–6。

109 吳耀宗：〈尋找我們一生服務的地方〉，頁14。

　　吳在二十世紀前期中國基督教舞台上的反省與實踐，就是靠着這股信仰的力量。早於 1951 年，當時吳耀宗仍滿懷壯志地迎接新中國及新生的中國基督教。他應邀到燕京大學的主日崇拜證道，分享了他對基督教基本信仰的理解，結束時他指出，隨着更多的眞理「被發現」，將來基督教的形式也有所改變。但無論如何，有兩件事是永遠不變的：（一）對「眞實」（Reality）的謙卑態度，也是對上帝的謙卑態度。「當我勇敢地實踐我所知道的事時，我必須記住今天的眞理也許是明天的錯誤。眞理是在張力之中逐漸彰顯出來的」；（二）超自然的神秘感。在仰望星辰、凝視飛蟲時，能夠領悟到：「在看見的世界之外，是有待我們探索的看不見的世界。而在那個看不見的世界裏，隱藏着耶穌復活的奧秘，我們不能也不敢否認的基督教的基本事實」。[110]

　　吳耀宗說得對，當時他所認定的「眞理」在往後的歲月中被火紅的時代判定爲「錯誤」。那時，吳活在一個謊言充斥，但仍被包裝成眞理的時代之中，甚至他自己也成爲謊言世界的一部分。或許這時，吳耀宗只能在這個「看見的世界」之外的「看不見的世界」中，經驗上帝、耶穌及聖靈的同在的眞實，並從中得着安息。誠如他在中國教會遭逢巨變的 1958 年時持守的信念及盼望：

> 如果基督教信仰是真理，它就會永久存在下去；如果基督教信仰不是真理，它遲早必定會消亡。我信仰基督教已經有四十年之久，從我自己的經驗中，我認識了基督的福音是「道路、真理、生命」，因此，我不需要為基督教的前途擔心。[111]

---

110 當時在燕京大學數學系任教的賴樸吾記錄了吳講道的內容，見 Ralph and Nancy Lapwood, *Through the Chinese Revolution* (Westport, CT: Hyperion Press, 1973), 206–207. 另見拉甫・賴普吾記（Ralph Lapwood）：〈吳耀宗先生訪問燕京大學時的講道記錄〉，《回憶吳耀宗先生》，頁 215。

111 吳耀宗：〈我對共產黨的認識〉，頁 12。

　　中國基督教走過動盪劇變的二十世紀，留下了不少爭議的課題。吳耀宗誠然也是這段爭議歷史的參與者及見證人，他本身也成爲極富爭議的歷史人物。我們無法知悉晚年的他如何總結及評價自己的一生——也許一切成敗得失，是非功過，只得由歷史及上帝來作判定。但當他離世時，最少可以肯定的是，從眾多基督徒（也包括他自己）能渡過這段漫長而黑暗的日子，在在見證着基督的福音是道路、眞理與生命，基督教信仰也是屹立於時代的「眞理」。

凡例

（一）　本卷因篇幅關係，分上下兩冊，上冊包括三部分，第一部分收入吳
耀宗於 1950 至 1979 年間發表的中英文文章，一律以文章出版的年
月為次序編排；第二部收入吳耀宗為其他書籍撰寫的序言；第三
部分收入他曾聯署的聲名及聯合發言。下冊包括六部分，第一部分
為 1950 至 1979 年間出版的文集及專著；第二部分為未刊文稿，包
括其他未刊文章，及 1950 至 1979 年間的「日記存稿」及「日記摘
錄」；第三部分為補遺，收入卷一至三未收文章；第四部分為詩詞；
第五部分為悼念及家人分享；第六部分為吳耀宗研究的書目整理。

（二）　迄今未見吳耀宗在 1961 年公開出版的文章，未刊講話則收卷四下。

（三）　1950 至 1979 年間，吳耀宗曾出版著作《基督教講話》（1950）、《辯
證法唯物論學習手冊》（1950）及編著《基督教革新運動學習手冊》
（1952）、*Religion is Free in China*（1952）、《關於中國基督教三
自愛國運動的報告》（1956）、*Touring China's Churches*（1958）。
由於《基督教講話》主要是他在 1943、1945 至 1947 年間的文章結
集，反映該時期的思想及政治取向，故仍按各文章出版時間，收入
卷三上，本卷僅列出條目。又《基督教革新運動學習手冊》內亦收
入非吳氏文章數篇，考慮到全書的一致性，故亦收入本卷內。

（四）　1955 年起，中國政府開始推行漢字簡化，部分報刊（如《人民日報》開始使用簡體字。1956 年起，隨着國務院通過〈漢字簡化方案〉，基督教刊物全面使用簡體字。本文集悉轉為正體中文字。

（五）　所有用字、遣辭、標點，皆依原文，除少數確認為錯訛及誤植文字會作訂正外，悉保持原文。

第一部分

論文

一、

1950
年

1 /《世界知識》對中國革命的貢獻

原刊於《世界知識》21 卷 1 期（1950 年 1 月 1 日），頁 6。

　　我最初對國際問題發生興趣是因為讀了《生活週刊》裏面短小精桿的關於國際大勢的論文，執筆的好像是胡愈之先生（用「伏生」的筆名）。那是一九三五至三六年之間。就在這時候，我讀了英國名作家杜德的《世界政治》，那眞是一本好書，分析得很清楚，引證非常豐富。這本書開了我的眼界，使我認識國際問題的重要性。從此以後，我便開始尋求關於這個問題的比較專門的知識，而《世界知識》便是我找到的最寶貴的資料。抗戰期中，我在成都住了五年，不容易看到《世界知識》；那時候，我最欣賞的、每週必讀的，是喬木先生在《新華日報》撰寫的「國際述評」。在其餘的十年中，除了旅行的時間和該刊因政治壓迫而短期停刊外，我始終是《世界知識》的忠實讀者。

　　《世界知識》使我們了解國際問題的聯繫性，使我們看清楚帝國主義的眞面目，使我們認識了弱小民族和一切被壓迫者革命的途徑。《世界知識》裏面的圖表、漫畫、和比較輕鬆的文字更增加了讀者的興趣，使這個期刊變成抗日戰爭和解放戰爭時期中一個不可缺少的讀物。我不知道中國有那一個帶有政治性的期刊，能像《世界知識》那樣，維持到十五年之久。這並不是因為《世界知識》處境的容易。相反，它是用巧妙的方法，來應付驚濤駭浪的局面的。這是最值得我們敬佩的。

2 /「階級鬥爭」呢？「彼此相愛」呢？
——吳耀宗先生答

原刊於《天風》196 期（1950 年 1 月 14 日），頁 11。
本文爲《天風》內的「天風信箱」專欄，解答讀者的來信。

　　敬啓者，敝人對於此次我國人民民主革命的勝利，深爲欣喜，隨處見到解放軍及共產黨之克〔刻〕苦爲人精神，更是異常欽佩。然而，共產黨素持階級鬥爭學說，吾輩基督信徒，則始終提倡彼此相愛，此二者之間，是否有可協調之處，敬希賜與指示，是所感禱，此致

天風週刊編輯先生

錢爲文拜上　　十二月十四日

　　「階級鬥爭」固然是共產黨所提倡的學說，但這個學說並不是共產黨憑空造出來的，而是有歷史的根據的，因爲人類社會幾千年的歷史，就是一部階級鬥爭的歷史。資產階級表面上是反對階級鬥爭的，其實，他們自己就是階級鬥爭的主角，他們的目標就是要維持一個不平等的、有階級的社會。相反地，共產黨的提倡階級鬥爭，是要建立一個平等的、沒有階級的社會。同是提倡階級鬥爭，共產黨的態度是鮮明的，而資產階級的態度則是虛僞的，這二者之間，究竟那一個是合乎基督教的精神呢？

　　有人以爲共產黨主張用武力去進行階級鬥爭，這是違反了基督教愛

的教訓的。事實上，統治者要維持他們的統治也是用武力的——過去是用無形的武力，那就是他們所控制的政治機構，而現在法西斯化的統治階級，都用了有形的武力。除非我們主張「唯愛主義」，不然，我們就必須用武力去推翻一個壓迫人民的統治，因爲統治者是不肯自動地、和平地放棄他們的統治的。（至于我們是否能用「唯愛主義」來達到社會革命的目的，這是在本題範圍以外，我們不能在這裏討論。）事實上，共產黨並不把流血的鬥爭認爲是絕對的，在社會條件許可之下，他們也會贊成一個和平的轉變的。但是，即使我們主張流血的革命，那也並不違反基督教愛的精神，因爲大多數的基督徒，並不像基督教裏面的唯愛主義者絕對不主張用武力，只要使用武力的動機和目標是合乎愛的精神的。從這一點說，共產黨的主張階級鬥爭，是合乎愛的精神的，因爲它的目標是要解放人類，建立一個平等自由互助的社會。

最後，從中國共產黨目前的政綱來說，他們在中國所主張的，一方面固然是階級鬥爭，但另一方面却是統一戰線。所謂階級鬥爭，就是對三個敵人的鬥爭，那就是：帝國主義、封建主義、和官僚資本主義；所謂統一戰綫，就是：工人、農民、小資產階級、民族資產階級所組成的；他們是鬥爭的主力，在敵人的力量被消滅以後，他們就要對這些敵人的殘餘力量「專政」，這就是「人民民主專政」。

從以上的這幾點看來，共產黨階級鬥爭的學說，同基督徒的提倡彼此相愛，是沒有衝突的。

吳耀宗

一九五〇年一月九日

3 / 基督教與新中國
——人民政協基督徒代表的話

原刊於《消息》，1950 年 1 月 25 日，頁 2。

1. 基督教在新中國的地位決定於兩個因素：第一，它本身的弱點是否能夠改正。它的弱點就是：過去有意無意之中，同帝國主義和封建力量的結合，經濟和人才的依賴外力，以及宗教信仰中的迷信成份。第二，它能否本耶穌基督博愛犧牲的精神，真正為人民服務。如果它能做到這兩點，它的前途是光明的。

2. 基督教對新中國的貢獻：
   一‧提倡生產及合作運動；提倡識字運動；民眾教育；衛生醫藥事業及正當娛樂。
   二‧在個人及團體生活中表彰耶穌的精神，為愛的福音作見證。
   三‧與一切民主力量共同爭取世界持久和平。

3. 基督徒學生當前的任務：
   一‧加緊學習。
   二‧加深對基督教的認識。
   三‧尋求對同學及民眾服務的機會。

4 / The Reformation of Christianity [1]

Originally published in *Christianity and Crisis* 9:24 (January 23, 1950): 187–190. 本文乃吳耀宗的〈基督教的改造〉一文的英文節譯版。〈基督教的改造〉原刊於《大公報》1949 年 7 月 16 日至 18 日，後在《天風》及其他刊物轉載。最後收入吳耀宗的《黑暗與光明》（1949）。中文版收入卷三下。英文版刊於 *China Weekly Review*, August 27, 1949, 231–232，收入卷三上。本節譯版附有美國傳教士 Robbins Strong 的回應文。

… In the past as well as at present, imperialists have certainly "used" Christianity for purposes of aggression, exploitation, treachery, and suppression of the Chinese people. This has probably not been the intention in the minds of Western missionary societies and missionaries. They probably think that they came to China with pure motives, but actually religious faith and thought are not able to escape the influence of the social system and environment. We cannot deny that the countries that send missionaries, like America and England, are capitalistic and imperialistic nations. Because of this the Christianity that they brought to China can quite naturally not escape the influence of that social system. Many of China's unequal treaties in the past arose from "religious cases." The Christianity that foreign missionaries preached was mostly conceived and nourished in the thought pattern of capitalism. The schools that were run by the Christian church, especially in the past, were filled with the opiate of imperialism and other enslaving elements…

In the last two years the relations of Christianity and imperialism have

---

1   This article is made up of selections from a series of articles by Y. T. Wu who is one of the Chinese Christian leaders who most fully welcomes the Communist regime. This article will enable American Christians to understand how recent events appear to some Christians in China who support communism on the political level while they retain their Christian loyalty. It is followed by a letter by an American missionary, the Rev. Robbins Strong, written in criticism of Dr. Wu's position.

become more acute and manifest. It can be said without hesitation that the U. S. A. is responsible for the last three years of China's civil war. It is extremely painful that some American world-famous Christian scholars have not only not opposed this aggressive foreign policy of the United States, but on the contrary have been its defenders and apologists. Their attitude is thoroughly anti-Soviet and anti-Communist. The Chinese Revolution led by the Chinese Communist Party is also included among the things they oppose. Because these scholars are all important Christian leaders, their speeches have deeply influenced the policy of foreign missions and, as a result, in China the personnel, finance, and direction of the work has been influenced by this. This is not only true of America but of other countries and of many international Christian organizations. The Chinese church at present, while being in name independent, has in reality not left the direct and indirect influence and control of Western Mission Boards. Thus in a situation like this if we say that Chinese Christianity has no relationship to imperialism at all it is not in accordance with the facts. Besides this imperialistic influence the Chinese Christian church has many other defects. The gospel that it preaches is for the most part not the revolutionary gospel of Jesus that liberates people. It is either the opiate laden gospel of individual salvation or it is a superfluous gospel that gives the *bourgeoisie* and leisured classes a feeling of peace and comfort. The gospel is far from the masses and the refining reality of the present conflagration. It cannot give suffering humanity a way out…

But I have not lost hope for Christianity. I have been a Christian for 31 years and at present I am still a loyal and sincere Christian. In the past ten years my Christian faith has been refined and purified, but the basic elements of this faith I have held on to tightly without discounting them at all. There is no conflict or opposition between this faith and the new thought I have come into contact with in the last ten years. On the contrary they have been thoroughly brought together and blended as mutually complementary. My kind of religious faith, while in matters of form it is very similar to the prevailing Christian faith, is in matters of content and spirit very different. I dare not say how closely my faith approximates the revolutionary gospel of Jesus, but I can say without hesitation that the prevailing Christian faith not only does not show this revolutionary faith but contradicts it, betraying the gospel. This kind of Christianity, if it is not willing to get out of its old ruts, to repent and change its way of life, will be eliminated by the tides of the times and finally relegated to the museum as an historical relic…

How shall we reform the Christian church so that it can be filled with new life? In the 16th century Martin Luther led the Protestant Church in a religious revolution away from the Roman Church. The period of the religious revolution was also the period of the industrial revolution. The industrial revolution overthrew feudalism and produced capitalism. The religious revolution caused this newborn power that came out of Catholicism to break the deep grip of the feudalistic system and become a new Christianity based, as was capitalism, on the theory of individualism. Both in form and spirit Protestantism and capitalism were identified. These historical facts explain why the whole period of capitalism's ascendency was also the golden era of Protestantism, and why in a capitalistic society Protestantism was reduced to a comfortable, easy-going sort of thing. But now the times have changed. Capitalism is decadent and quite natural the Christianity that grew up in the hot-house of capitalism will decay with it.

If what we have said is correct then we can point out the direction of the Christian reform and the path along which it should exert itself. First, I believe that Christianity should make an effort to separate itself from the capitalistic and imperialistic systems. This is not easy but it is necessary. Present Christianity is a parasite on the bourgeoisie. It may be that separation from this class amounts to death in its financial and its long-announced principles of independence, self-support and self-propagation and become a genuine down-to-earth Chinese church. The Western church was raised in the hot-house of capitalism; the Chinese church and its work has for the most part been raised in the hot-house of missionary societies. Thus if it really wants to be independent, self-supporting and self-propagating it is possible that in its finances and work this will amount to partial death, but it is just this death that will be its new life.

Secondly, Christianity must know the present period and its own past history. Its history has some bright spots: it gave birth to present civilization and the old type of democracy; it has been a teacher in social work and the source of humanitarianism. But there are also some dark sides to its history: its superstition, its decadence, its snobbishness, its cruelty, its connection with the ruling classes; all have made it a light placed under a bushel and salt which has lost its flavor. Faced with this history it should repent and criticize itself seriously. In the spirit of deep repentance it should try to understand this new period.

O ye bigoted and reactionary Christians who compare communism to the ravages of a great flood and the wild animals; who compare Soviet Russia to the Prince of Evil and destroyer of the world; who compare the political power of the People's Democracy to the dark period when Protestantism was oppressed by Roman Catholicism and who regard the fear and flight of vacillating and ignorant people as being martyrdom and a righteous sacrifice—you must wipe out all of these old-fashioned reactionary thoughts. Christianity must know: this is the period of the people's liberation, a period of bankruptcy for the old regime and Christianity should get rid of the old period and accept the new. Christianity must know: it itself has crucified Christ anew and again bound him up tightly in burial clothes. Christianity must know: it no longer has a monopoly on the remedies necessary for the healing of the world's suffering, on the contrary God has already taken the key of salvation out of its hands and given it to others. In one word, Christianity must deeply and thoroughly understand that the old must be buried so that the new life can appear.

Finally, Christianity must enter into the "wave of the present" and join hands with all those who love peace and democracy, who oppose all imperialists that secretly plot to stir up a new war who oppose the old powers that exploit and oppress the masses, all who under the banner of the New Democracy strive together for the building of a new China. The church does contain some socially conscious groups such as the YMCA and the YWCA which will naturally do this. Those churches that place their emphasis on devotions and worship should also enter into this "wave of the present." In the last two years because of the demands of reality and local mistakes many church buildings have been occupied and borrowed. We hope that this is a temporary phenomenon of the war period and that when the situation is more settled the government will thoroughly carry out its policy of religious freedom and strenuously eliminate all actions which are contrary to this policy.

If we look at all this from the point of view of the church we feel that it should adopt a more positive attitude. In most churches the sanctuary is only used for worship services one or two hours a week and the rest of the time it is empty. Why can't we change this so that the church can be a community center for social movements. Perhaps some will say that this will defame the Holy Place and be contrary to the idea of holiness in worship. But God is not necessarily in an empty church; He can also be in the masses who are seeking His will.

If the church is able to change its spirit and attitude then it will be able to unite with the masses and will not longer be despised by them. Then it will be able to encourage them and lead them. I will be able to use Christianity's exalted spirit of love and service, toleration and forgiveness, sacrifice and self-denial to influence them so that in these disordered times they can dispassionately and objectively solve all problems. If the church is able to do this then Christianity can become a constructive force in the new period. This kind of change of heart will not only enable it to rise from death to life but will help to influence the world church to leave its old ruts and enter on a new path.

In the last two years during the war of liberation many Christians have had feelings of fear waiting for the situation to develop. It is as if they felt that their destiny was in someone else's hands. If what we have said above is correct then we can conclude that the destiny of Chinese Christianity is not in the hands of any person, but in the hands of the Christians themselves. I hope that all the Christians of China will in a positive, daring, and joyful mood welcome this unprecedented period in China's history.

Dear Y. T.:

You ask that your readers express their opinions on what you have written and in that light I venture a few remarks. With your general political analysis I have little quarrel. That is, I would agree that the world as a whole is moving towards socialism, if by that you mean the ownership and / or control of the main means of production by the state. This is certainly true of England, so much so that at present one can hardly, with honesty, call England a capitalistic country. It is much more socialistic.

And even the U.S.A. has in the last 15-20 years moved so far along the lines of control of business interests, of the stock market, of the use of capital, towards higher progressive taxation and social security, along with recognition labor unions, that it can hardly be called a purely capitalistic country. Certainly it is not the type of capitalism which Marx knew. Thus I have no quarrel with the idea that the whole world is moving towards socialism, even the "capitalistic" U.S.A. In fact I have a suspicion that some of the venom expressed by the Communists really arises from that point, namely that the U.S.A. is not developing as Marxian theory would have it, a factor which is very disturbing to Marxian fundamentalists.

Another of your basic political assumption is that the U.S.A. is imperialistic. This is one of the requirements of Marxian theory and therefore that is not much point in discussing it. I feel that it is a matter of point of view and definition. I can well understand how the U.S.A. will be thought imperialistic. It is probably inevitable that any world power will appear to be imperialistic. There is no way that such can be avoided in our closely related world. The possession of power such as the U.S.A. or the U.S.S.R. has in the present world is such that their very words and deeds influence the rest of the world and lay one open to the criterion of imperialism. This is as true of the U.S.S.R. as of the U.S.A. In fact now that words such as imperialism, capitalism, democracy, and freedom have become fighting words, it is difficult to use them in any accurate sense other than for the emotional content one puts into them. They can only be used accurately after a long semantic introduction.

But enough of political discussion. Now for some of the theological issues raised by your articles. First as to the matter that Christian missions have been "used" by imperialism for purposes of aggression. No one in his right mind would deny that missionaries coming from America are influenced and molded by the social environment in which they grew up. This is unavoidable unless you would have missionaries raised on the moon or a desert island. But to conclude that because of this there is a sinister plot of aggression seems to be unnecessarily cynical and Machiavellian. Furthermore it is only half the truth. The majority of missionaries of my generation at least, are quite aware of the background from which they came, are clear in their own minds that their mission is to preach Christianity and not Western civilization in any form or character. They regret that Christianity and Western civilization are mixed up in their own lives and consciously try to discount the latter and sort out the parts that are purely Christian. This is not easy (for a Chinese or American) but we are certainly aware of the problem and the danger, thanks to Karl Barth, Reinhold Niebuhr, Emil Brunner and Hendrik Kraemer. Furthermore one of the motives of many missionaries is just that they want to do what they can to offset some of the more sordid aspects of Western economic and diplomatic encroachment on Asia. They feel a responsibility along that line. I believe that in many cases you will find that not only individual missionaries, but church groups have stood opposed to the policy of their own government when they believed it unfair. The stand of the King Li Hui in 1927 is a case in point. I would also add that your generalization is quite unfair in the case of Swiss, Danish, Norwegian, and Swedish missionaries. They can hardly be called capitalistic, since they come from some of the most advanced socialist countries in the world.

No one would disagree that the church in China, as elsewhere, needs a rather thoroughgoing revival and reformation. Your feeling is that what is needed is a new Luther. Politically perhaps there are many similarities between Luther's period and the present period in China. One of the important external factors in the Reformation was the political situation in Europe. It is doubtful whether Luther would have succeeded had it not been for the support of some of the German princes who chafed at the "foreign" domination of the Holy Roman Empire. Luther was able to ride the crest of a growing nationalism and capitalize on that in his break from Rome. One of the bad effects of the Reformation was Luther's subservience to the German princes. From it grew a concept of relations between church and state which made it possible for Hitler to come to power without any great opposition on the part of the rank and file of Christians. I might point out that the period of religious reformation was not the period of the industrial reformation. That came some 300 years after the Reformation.

But looking at the Reformation from the religious point of view it seems to me that the type of reformation for which you call in China is not similar to Luther's. Unless I misunderstand Luther, his great emphasis was on faith rather than works. What you are calling for is essentially an increase of works of good deeds, of social activity along the lines of the New Democracy and that along these lines lies the salvation of the church in China. While not wishing to disparage for a moment the need for this kind of development, I believe that Luther was dead against any salvation through works. Works are the product of faith and what is needed is a renewal of faith, faith in God's saving power in Jesus Christ rather than faith in any particular political alignment.

The place where I would perhaps take greatest issue with you is in your concept of the church. Incidentally if you have been in any country churches you will know that most of them do not have sanctuaries used only a couple of hours a week. In fact they have no sanctuaries at all, meeting in an empty classroom or a few "chien" in some Christian's home. And many, although not all, of the churches that I have known in towns use the sanctuary for school assemblies and other meetings throughout the week.

However, back to your concept of the church. Your main emphasis is that it is a thing determined by the environment, an organization molded by the social pattern in which it lives. This is good Marxian doctrine which contains an element of truth. We have underestimated the influence of the environment on church life and organization. But there is another side of the picture, one of which you are certainly aware as you admit at one point that Christianity has given birth to our present civilization. But an organization which can give birth to a civilization can hardly be purely a reflection of its environment, which of course the church is not. There is a transcendental element in the church. It is the body of Christ as well as the body of believers, and although it is in the world it is not of it. Unless there is a supernatural element in the church it has no grounds on which to fight totalitarianism. If it is purely a congregation, a group of believers gathered by their own fellowship, then it quickly learns to live alongside of totalitarianism.

Thus I am wary of your emphasis of a rather complete identification of the church with the New Democracy or any other social system. That way the church will die and it will die unto death and not unto life. Come to terms with the New Democracy the church certainly must. My hope for the good of China is that the People's Government will succeed; there is no other hope for China. But identity with it is another matter. You rightly criticize the church for a too close identification with bourgeois capitalism. Amsterdam did the same, Reinhold Niebuhr has been doing it for years. But to go to the other extreme and become identified with the New Democracy is just as dangerous. This is not an easy path to follow but the path of the Christian has never been an easy one.

Finally let me thank you again for your articles. I am glad that you wrote them. I regret that they were published in a daily paper, for they will be misunderstood by non-Christians and those who have only a little understanding of Christianity. However, they are essential reading for Chinese Christian leaders, missionaries and mission societies.

Robbins Strong

Nanking, China

5 / 俞慶棠先生的回憶

原刊於《文匯報》，1950 年 1 月 29 日。另政協江蘇省太倉縣委員會文史資料研究委員會編：
《太倉文史》13 輯「俞慶棠紀念文集」（1997），頁 189-190。

我認識俞慶棠先生已經有十幾年了，但從來沒有一個彼此密切接觸的機會。偶爾在一個什麼會上碰見，或者聽別人說到她所辦的事業，和她的家庭生活，雖然都是浮光掠影般的因緣，她的人格却在不知不覺之中，深深地印在我的腦際。我所得到的印象是：她是誠懇的、勤勞的，對一切的事都是忠心的，對一切的人，尤其是需要她服務的人，都是抱着赤子之心的。還記得在抗戰前，她曾在《大眾生活》上，發表過一篇〈寫給上海請願學生的信〉，裏面是充滿了熱情和正義感的。在抗日和解放戰爭期中，雖然不常看見她的名字，或她所發表的言論，我可以想像得到她的思想的趨向，和努力的途徑。

去年八月底，我到北京去出席人民政治協商會議，我住在東四頭條的華文學校裏面。出乎意料之外，裏面住客中，我第一個碰到的，就是俞慶棠先生。和藹可親的面貌，老是帶着笑容；見到舊的朋友，總是親切得像見到自己家裏的人；握手是熱烈的、愉快的；說話是客氣的，謙和的，然而沒有半點虛偽。

出席政協會議的時候，我同俞慶棠先生、茅以升先生、巴金先生是被派定同乘一輛小車，所以在每次開會前後，總是在一起的。俞先生每次踏進車廂裏面，就好像有一股祥和之氣跟着她進來。在政協會閉會的

那天晚上，我還記得她告訴我們：當她看見那面五星紅地的新國旗，第一次在主席台上面展開的時候，她是被感動到流出淚來。十月一日的晚上，她參加了天安門開國典禮的盛會以後，她又告訴我們：我們看見了這一個偉大的歷史場面，真是沒有虛度此生。她的言語、她的表情，都顯出他〔她〕內心極度的愉快。

政協會開完以後，住在華文學校的代表們，都紛紛離開北京，或搬到別的地方去。俞先生本來也急着回上海，因爲她從美國回來，就一直到北京參加政協會議，還沒有到過上海的家裏。有一天我問她：爲什麼還不走？她就告訴我，周總理要她暫等一等，有事要和她商量，後來才知道是要請她做社會教育司司長。在政協開會期前，我們五十歲上下的代表，都由招待處派醫生來量我們的血壓，俞先生的血壓是相當高的。當她聽到要她留在北京做事的消息的時候，她的血壓更高了。碰巧這時候我的妻楊素蘭醫師，也從上海到了北京，同我住在俞先生的隔壁，她同俞先生也是舊識，所以常到她那裏談話，并替她量血壓。在我們離開北京的前幾天，俞先生不得不到醫院去了。可是到了醫院以後，她的血壓更高起來。朋友們都不了解爲什麼會有這樣的發展。我想我是了解的，因爲我看見了俞先生內心的矛盾。如果我沒有看錯，她是希望回到上海工作，而不願意留在北京的．這并不是因爲她怕北京的工作的艱苦，而只是因爲她不忍丟開她在上海的事業和家庭。然而她決定把國家的事放在第一：政府對她的呼召，應當是最高的呼召。這是理智和情感的衛〔衝〕突，這個衝突就是她到了醫院血壓反而增加的原因。在我們離開北京的那天早晨，教育部長馬叙倫先生到了華文學院來看我們，我就把我所觀察得到的關於俞先生的事告訴他，希望他做適當的處置。沒有想到，十一月底我離開上海到華中旅行，就在路上聽到俞先生去世的消息，更沒有想到，俞先生並不死在醫院裏，而是死在她的工作崗位上。

俞慶棠先生的死耗，給了我無限的悲哀。她可以不死，然而她是爲她的國家，爲她的職務而死了。她的責任心使她把個人的健康，個人的生死置之度外，她的死是光榮的。我們不會忘記她；我們應當效法她，用她積極負責的精神，去負起新中國建設的責任。

一九五〇年一月十九日

6 / 努力推銷人民勝利折實公債

原刊於《同工》新 4 卷 1 期（1950 年 1 月 31 日），頁 169。

中央人民政府決定於一九五〇年內，發行人民勝利折實公債二萬萬分，分兩期發行。第一期一萬萬分，從一月五日起，至三月底止。折實公債的發行，是要彌補國家概算上的赤字，收縮通貨，平穩物價，安定民生，使生產可以逐漸恢復，建設事業可以穩步前進。現在台灣、海南、西藏還待解放，軍費佔支出總數的百分之三八‧九，是目前國家最大的開支。我們必須於最短期間，完成中國全部的解放，使我們能夠平衡支，加速建設。人民勝利折實公債的發行，就是應付這個問題的最好辦法。因此，全國的人民應當踴躍認購，使公債發行總額，在預定的期間，不只能夠達到，並且能夠超過。這樣，我們在戰後所面臨的種種困難，就必定能夠順利地克服。

現在國家公債的發行，同過去國民黨反動政府所發行的公債是完全不同的。以前的公債是欺騙，是剝削，是浪費；現在的公債是由中央人民政府完全負責的，是建設性的，是有保障的。人民政府是真正為人民服務的政府，是我們可以完全信任的政府。我們購買公債，不只是幫助了國家，也是對我自己有利的，因為折實公債是一種最可靠的儲蓄。

在上海，已經成立了一個「人民勝利折實公債上海市推行委員會」，宗教界和慈善界是其中的一個分會。在這個分會裏面，基督教是一個支會。基督教的支會，已經在一月六日成立，全市的基督教團體都熱烈地

參加。預定的目標是一萬分，但我們希望超過這個目標。青年協會一星期前由幹、職、工認購，總數是五百餘分，後來接到女青年協會來信挑戰，結果在半天之內，就加了一倍，再加上協會本身的認購，總數已經到了一千五百分。我們有了這個成績以後，又由本會工會負責人寫信到各基督教機關挑戰。我們相信，最後的成績一定是美滿的。

我們希望全國的青年會都能忠心地、熱烈地負起這個推銷公債的任務。青年會向來有嚴密的組織，也有號召羣眾的力量。我們並沒有忘記，大多數的青年會會員都有其他的身份，都可能在宗教以外的單位認購。但是，青年會還是可以發動社會的許多不屬於任何單位的人去認購。當然，青年會的幹事、職員、工友更應當以身作則，起一種帶頭的作用。

青年會在新時代中，有許多服務國家、服務人民的機會，推銷公債就是我們目前最急迫、最重要的任務，我們應當一致起來，負起這個光榮的任務。

一九五〇年一月二十五日

7 /「天風」二百期

原刊於《天風週刊》200 期（1950 年 2 月 11 日），頁 2–3。

「天風」已二百期了，這是一個值得提說的數目，特請「天風」創辦人、現任天風社社長吳耀宗先生寫了這篇紀念性的文章；最近吳先生在華東軍政委員會上的一篇演講，想本刊讀者和朋友們定也都喜歡能夠讀到，乃乘這個好機會——並附載於後。

——編者

　　天風週刊現在已經出到二百期了，它是一九四五年二月十日在成都創刊的。我所以向當時的基督教聯合出版社提議創辦這個週刊，有兩個原因：第一，那個時候是中國抗戰中最黑暗的時期，敵人的軍隊在大後方橫衝直撞，威脅到戰時的首都——重慶。一般的情緒與空氣，是悲觀，是失望，是疑惑，是徬徨。我覺得基督教的福音，在這時候應當起一種振奮人心、指示方向的作用。我在「天風」的發刊詞上說：「在現在憂患交煎的時候，我們願意同着讀者，彷彿登了一個高山，仰觀俯察，顧後瞻前，讓天上飛來的清風，把我們混亂了的腦筋，吹得清醒一點，把我們迷糊了的視線，弄得明亮一點，把我們沉悶了的心情，煽得火熱一點，『天風』的意義，如此而已。」

　　但我所以要創辦天風週刊，還有一個原因。我覺得耶穌的福音，是永恆的真理，是人類在任何的時代都需要的真理，而這個真理，又應當在一切時代和歷史的演變中，被它表彰出來。

　　儘管「天風」有着這樣一個崇高的目標，從它出生以後，它就經歷了無數的災難。甚至它還沒有出生的時候，便有人想用怠工的方法，給它打擊，使它流產。還有些人為着思想和信仰的原故，批評它，謾罵它，給它製造許多謠言。這個初生的嬰兒一直是在驚濤駭浪中生長起來的。但我一點沒有灰心。我對自己說，也對愛護「天風」的朋友說：「天風」要活下去，「天風」應當活下去，「天風」有它對新中國的使命。

　　一九四六年的夏天，在日本投降以後，「天風」從成都搬到上海。就在那年八月十五日，從第三十三期起，「天風」在上海復刊。從遷滬到解放前的兩年多當中，因為受的打擊太大，「天風」幾乎夭折了。反對的焦點，是「天風」的「左傾」。因為「天風」是基督教聯合出版社所主持的，所以連這個主持者的本身也受到反對。一九四八年一月一日為了使「天風」取得一個新的立場，並使它不致影響它所隸屬的團體，這個刊物就在「天風社」這個組織下成為一個獨立的機構。然而這並沒有減少它基本上的困難。不滿的情緒積累起來，終於演成一個大爆炸，這個大爆炸的導火線，就是我在「天風」一九四八年四月十日所發表的「基督教的時代悲劇」。在某些人看來，這是一篇離經叛道的文章，不只因為它提倡基督教思想的改造，也因為它牽涉到這些人所忌諱的資本主義和帝國主義的問題。在這個暴風雨來臨的時候，為了使「天風」繼續下去，我實際上是完全與它脫離關係了。

　　想不到，過了僅僅一年多一點，一個新的時代來臨了。時代轉變了，人的思想也跟着逐漸轉變了。客觀的形勢，把許多人主觀的成見打破，使他們對過去的一切加以新的估價。在這時候，「天風」在基督教的思想界中，也取得了新的地位。這並不是說，「天風」所有的讀者和一般同道，對於「天風」所一貫採取的立場有了完全的同意和擁護。在一個短的時期中，這樣的轉變是不可能的。但是，我相信：他們對「天風」至少是採取了一種新的——我認為是完全合乎基督教精神的——態度，

那就是：容忍的態度。這種態度，說得更清楚一點，就是虛心地聽取別人的意見，在不同之中，找出共同之點，在不同之中，保持彼此相愛的精神。這就是已故劉廷芳先生所說過的名言：「不強求同，決心相愛」的註釋。這是一個可喜的現象。在這種新的形勢中，我們希望「天風」能夠逐漸得到廣大基督徒羣眾的擁護，吸收他們的意見，接受他們的批評，使「天風」變成他們自己所心愛的刊物。這樣，「天風」就更能在新時代中發揮它的積極作用。

8 / 吳耀宗先生在華東軍政委員會上的講話

原刊於《天風週刊》200 期（1950 年 2 月 11 日），頁 3–4。

　　在中國人民政治協商會議閉幕的那天下午，毛主席同全體代表在北京天安門的廣場上，在莊嚴肅穆的空氣中，爲人民英雄紀念碑行了一個奠基典禮。這個奠基典禮，除了它本身的意義以外，是一個很好的象徵，因爲政協會議的召開，和中央人民政府的成立，就等於替新中國這個美侖美奐的大廈，行了一個奠基典禮。現在華東軍政委員會成立了，這就是爲這個大廈的建造加了幾塊磚瓦，樹上一根棟樑。我們參加這個成立會，心情是愉快的，態度是積極的，因爲現在中國全部的大陸，除了西藏，都已經解放；封建殘餘的力量，正在陸續地肅清；帝國主義，在我們的領土上面，已經沒有立足的餘地。我們革命鬥爭的最艱苦階段已經過去；從今以後，我們就要進入建設的時期。如果我們還有許多問題要解決，許多困難要克服，那不過是我們在建設的歷程中，所必須負起的任務。我們對這個任務的完成，是有辦法的，有希望的，有信心的。

　　華東軍政委員會將要通過幾個重要文件，都是根據人民政協會議的憲章，解放區多年的經驗，和華東的具體情況擬成的。這些文件都給了我們一個清楚而深刻的印象：它們是以客觀的、合理的態度，去建立必需的政治機構，規定今後的工作任務，和處理許多複雜的問題。處理這些問題，並不是一件容易的事，因爲我們有了幾千年的封建傳統，一百多年的帝國主義侵略，和二十幾年的國民黨反動統治。我們一面要負起

這個歷史包袱，一面又要開闢新的道路，樹立新的根基。我們一面要倚靠理論的指導，一面又要接受經驗的訓練。由於上述這些複雜因素的存在，這幾種文件不可能是百全百美的；在執行的時候，它們可能顯出若干缺點，發生若干困難，然而，這幾種文件所提供的辦法，是我們目前所能擬定的最好的辦法。因此，我們應當號召全華東的人民，對它們予以有力的支持與擁護。

華東軍政委員會工作任務的完滿執行，當然要靠廣大地方幹部的力量。這些幹部為中國的解放，有了卓越的貢獻和光榮的成績。在教育羣衆，組織羣衆，生產救災，剿匪反惡霸等工作上，他們都表現了大公無私、艱苦奮鬥、為人民服務犧牲的精神。但是，由於解放後的特殊情勢，和國民黨反動統治所給我們遺留下來的許多困難，在個別的地方，在政策執行的時候，還不免發生若干偏向。中共中央華中局在「關於整頓幹部作風，糾正鄉村工作中，亂打亂殺錯誤的決定」一個文件中說：「在勝利前進中，許多地方却發生了無政府、無紀律的錯誤，……如任其自由發展下去，將會嚴重地脫離羣衆，妨害羣衆運動的發展；而難以完成組織廣大羣衆，實現社會改革的任務。」解放日報一月三十日的社論關於同一題目，也發表了同樣的意見。這種現象，得到當局這樣深切的注意，使我們感到非常欣慰。因此，我們相信：上述這些錯誤，和其他方面的偏向，在一個相當時間，都能得到改正。

還有一件應當注意的事，就是落後羣衆的教育與改造。落後的羣衆是容易犯近視病的。他們不滿意於舊的秩序，但他們覺得：新的秩序，似乎沒有給他們帶來什麼幸福，反而給他們增加了新的困難。他們還沒有看見一個新中國的遠象；他們對新中國建設的艱苦歷程，也沒有了解。他們只看見局部，沒有看見全體；只看見現在，沒有看見將來；他們從模糊的認識出發，去散播消極悲觀的毒素。這些落後的羣衆，我們必需廣泛地、深入地、技巧地、耐心地去爭取與說服。

華東軍政委員會的工作任務，如果有了廣大地方幹部的正確執行，和廣大民衆的了解與擁護，是一定能夠順利完成的。在這樣的情形下，在台灣解放以後，一個新華東的建設，必定會突飛猛進。

9 / 基督教與新時代
——吳耀宗先生講詞

原刊於《基督教叢刊》24 期（1950 年 3 月），頁 65-69。由何慈洪筆記，後吳耀宗校正。

中華全國基督教協進會於一九五〇年一月廿四至廿六日召開擴大執行委員會，以「基督教與新時代」爲題，請了吳耀宗、崔憲詳、趙紫宸、涂羽卿等四位基督教的長者，分別演講，謹按每日演講的先後爲序，作爲筆記，並承吳、崔、涂三位先生親加校正，將渠等三篇講詞刊登基督教叢刊，以供國內宗主弟兄的參閱。

一、吳耀宗先生 （青年協會編輯部主任）

二、崔憲詳先生 （中華基督教會全國總會總幹事）

三、涂羽卿先生 （青年協會總幹事）

吳耀宗先生講：基督教與新時代

各位同道，今天我要講的題目，是「基督教與新時代」，我要從國內和國際兩方面來討論這一個題目。

（一）國內方面的認識

在中國的國內方面，新時代的意義是什麼？好的方面，大家都看得清楚，沒有什麼問題。例如：解放後的中國，已經建立了新政權，成立了聯合政府，由共產黨來領導。雖然是共產黨領導的，却有各黨派的民主分子參加在內，這個新政權乃是眞正的民主政權，各黨派的參加不是形式上的參加，而是眞的民主的參加。怎麼知道是眞的呢？民主的呢？個人如有言之成理的良好意見，並不會因爲提出意見的人不是共產黨員而不被採納；如果理由是對的，就被接受了；如果批評是對的，也同樣地被接受。新政權的政策乃在實現眞正的民主，我們接受共產黨的領導，是因爲共產黨有實行的精神，有服務人民的意願。

新政權中的主要成分，是共產黨員。共產黨的獲得勝利，是由於正確的領導，在新政權中，正確的領導，也是非常重要的，所以我們接受共產黨的領導是必要的。

在共產黨的領導之下，許多地方的風氣也改變了。例如：上海電車上的揩油惡習已澈底消除了，這是幾十年來沒有過的事。又如車站上搬伕的不取分外的賞錢，這也是想不到的事。共產黨來了，風氣的轉移，就是這樣的澈底迅速！我們可以說，貪污是幾乎完全消滅了。他們有的是刻苦耐勞的犧牲精神，並沒有居功驕傲的心理。不管帝國主義者如何叫囂，如何封鎖，都不要緊。我們像一隻船有了一個好舵工，一定可以平安地到達彼岸。這一切都是好的方面，基督教內的同道們都會有這樣的認識。

至於有些人認爲壞的方面，我們也需要加以解說。有些人因爲這種問題的存在，對於新時代的看法，便模糊起來了。例如對於職工問題、徵糧、房捐、地稅等等，以及公務員對待老百姓的態度等等，都需要說明的。

有些人在家裏關起門來，發出怨聲。把一切的責任都推到共產黨身上，這都是因爲對共產黨沒有認識，對中國革命也沒有認識。現在在若干地方，在政策執行的時候，誠然發生一些偏差，在基督教也是如此，

在別的方面，也是如此。但我們應當知道，這些偏差的所以發生，除了幹部人才的缺乏以外，大部分是由於歷史的因素。在基督教方面，有許多困難，也是要由我們自己負責的。這些偏差已經得到政府極大的注意，並隨時得到迅速的處理。在一個相當期間，我們相信它們都可以被完全改正的。

如果我們單看現在，我們是容易悲觀的；如果我們放遠眼光，中國的前途是無限光明的。

（二）國際方面的認識

現在再來談談國際方面的問題，尤其是美國的問題。過去我們受了美國的影響，在基督教方面，我們的經濟、人才、政策等等，都同美國發生了密切的關係。所以美國對中國基督教思想的影響很深。在世界歷史中，美國扮演了一個悲劇，美國的基督教會也是在此悲劇之中，在中國的美國宣教士，也免不了牽入在其中。

美國好比是個財主，但是身內有病，而且病得很怪，表面上看不出來，吃喝如常，但若用愛克斯光線來透視，則會發現有着嚴重的疾病，可是病人却不承認有病。自以爲身體很胖，可是早晨起來，總覺得有點不舒服，疼痛不知是從何處來的。他就以爲大概是那個流氓放了點毒藥，或者念了符咒，要來對付他。他總覺得如果有人來毒害他，他就是設法對付，並且把所有的人都包括在他要對付的人們之內。於是，他就拿拳向空中狠打，但不過是在打空氣。他不在自己身內找出病根來，却始終以爲外邊有人來圖謀害他。如此下去，這個怪病就會愈變愈壞。——這是描寫美國的一幅漫畫，來說明美國所扮演的一幕悲劇。

很痛心的，就是有不少純潔的美國基督徒朋友們在內，他們也看不懂。請看看「白皮書」及艾奇遜的談話，都顯示了矛盾百出的毫無政策。如果中國的基督徒不明瞭這些，他就不會有清楚的認識。

一般美國的基督徒朋友及中國基督徒們，頭腦中的幻想，總以爲美國的生活方式是最好的，是不能忘懷的，是最寶貴的，那就是所謂：自

由主義，個人主義。

如果這個「美國的生活方式」祇是在美國，則沒有問題，但是現在的世界不能如此。因爲美國「財主」的怪病愈來愈厲害，他時時在懼怕魔鬼來侵犯，於是就用種種防備的方法來抵抗。可是他所懼怕的那東西，即共產主義，却天天在發展，「財主」的懼怕便隨着加重起來了，所以他的防備也更緊。但却不知道這個發展，有它的客觀原因在，那就是它自己社會制度中的矛盾。美國的外交政策即在這種矛盾心理狀態中進行着，以爲我的生活方式最好，魔鬼的生活方式最壞，用了防備的方法，立下了萬里長城，企圖在中國的邊境把它擋住。蔣介石一敗塗地，而美國國務院仍在幫助他，即是爲此。

這麼一來，就發生了一個可笑的現象。美國是帝國主義，她干涉了中國的內政。但是美國人自認爲我們是在保護美國生活方式，所以見義勇爲，來替別人保護自由主義和個人主義。這眞是歷史中的一個大悲劇。美國的政治當局做了主角，我們不怪他；美國的基督徒們也牽入在悲劇之中，也不能怪他們；在中國的美國傳教士們受了這些影響，則就不好了。若是連中國的基督徒們，也牽連在內，則是件可哀的事。我們應當對美國的這種帝國主義的政策表示反對，這才是一個基督徒所應有的立場。

蘇聯三十二年來是個謎，是反動者製造謠言的對象。但是了解蘇聯並不困難，她的社會制度是合情合理的，她的人民是安居樂業的，人民的宗教信仰是完全自由的。蘇聯已走上了建設新社會的康莊大道。蘇聯的問題同中國的問題是常常被連在一起的，希奇的是美國人對中國的看法有個很深的成見，以爲中國共產黨的革命只是一個農民革命，那倒不要緊，但是如果中國共產黨與蘇聯結合起來，則就有大問題了。他們眞是對共產主義，連最初步的知識都沒有。

要知道，共產主義是具有地方性與國際性的。共產主義是不能自外輸入的。中國的共產黨若不是道地的中國共產黨，則她決不會成功的。美國人誤會了中國共產黨有莫斯科在背後牽線。然而中國共產黨的所以能成功，當然也是由於有了國際的聯繫，因爲它是與國際革命力量分不開的。美國人以爲中國共產黨若與蘇聯一刀兩斷，那就好了。這眞是美

國對蘇聯的一個牢不可破的成見。他們以為單單是中國的共產黨是不可怕的，可怕的是中國同蘇聯聯結合起來，變成革命強大的堡壘。

再回過來說到蘇聯，她的力量是日益強大了。第二次世界大戰時，英美軍隊在西線怠工，德國軍隊就向東攻打蘇聯，然而蘇聯在斯大林格勒擋住了德國，足見蘇聯人民的偉大力量。我此次在蘇聯見到比聲音還快的飛機，蘇聯也有了原子彈；美國就怕這個「混世魔王」，一旦長了翅膀則如何得了！他們沒有曉得共產主義的存在有它客觀的條件——社會的不公平，貧窮的問題，殖民地的問題。這條洪流，是怎麼也擋不住的。美國當政的人，對於這股洪流，真是手足無措。美國一般的人卻還以為美國的制度基本上是好的，以為世界和平的問題關鍵只在蘇聯，這真是個歷史的大悲劇。

（三）中國基督教應採取的態度

中國基督教運動，基於以上的認識，應採取怎樣的態度呢？

在解放之前，基督教會是有着懷疑、觀望、懼怕的態度。原因乃在共產黨是相信唯物論的，是反對宗教的，同時西方資本主義的宣傳也很厲害，稱蘇聯是「赤色的帝國主義」，與極權國家同樣可怕。

在解放之後，基督教會同道們比較放心一點了，在共同綱領中已明文規定了「宗教信仰自由」。尤其在新民主主義下，共產黨以外的各民主黨派與宗教界等，都包括在統一戰線之內；人民政協會議中還有五位基督教的代表；對於這些，同道們有點放了心。但在物質波動、反動派的宣傳之下，已經放下了的心又掀動起來了。我盼望上面這一些的說明，可以使各位又放下了心。現在讓我們來談一談，在新時代下基督教會應做的幾件事。

（一）教會革新——以前教會中所有的腐敗陳舊的東西要設法去掉；自立、自養、自己的人才，生產運動，各宗派的聯合，擬一個共同綱領，以具體的工作來表現博愛的精神，為人民服務，進行切實的教會革新運動。

　　基督教訪問團在華東華中各地訪問時，作了兩件事：(1) 對教會同道解釋目前基督教所遇見的困難，大部分要由我們自己負責。例如基督教與帝國主義的關係。(2) 把基督教的困難報告給政府知道，請幫忙解決。我們訪問團所經過的五省，都替教會與政府間建立了聯繫，政府也指定了與什麼首長接洽事務，同時也把政府的計劃與政策傳達給教會。深信我們的確做了橋樑的工作，我們相信許多問題在一個相當時期之內，一定都可以得到解決。

　　基督教與共產黨，在統一戰線中，可以有長時期的合作，在共同綱領下爲建設新中國而共同努力。

　　（二）反對美帝國主義──有人以爲這個說法是消極的。我已經解說明白，美帝國主義給中國造了很多孽。這個帝國主義有一套思想，強迫別人接受，在中國，她是幫助反動派來強迫人民接受她的擺佈。因爲美帝是違反中國人民的利益的，所以就要反對他。我們拿了美國的錢，又來反對美帝國主義，似乎說不過去。我却說，反對美帝，並不等於反對美國的國家，亦不等於反對美國人民。我們所反對的是美國的帝國主義政策，不是反對美國的教會以及美國的基督徒及西差會。中美的傳統友誼，是中美人民的友誼，我們是贊成的。

　　美國差會的機關，給了錢，並沒有說要去反對共產主義或者幫助國民黨，他們很尊重中國教會同道的看法和決定。但也有一些差會或宣教師勸我們：「最好不要談政治，要多給耶穌作見證。」這句話的含義，可能是：「不要擁護共產主義。」但我相信，在大體上講，幫助我們的美國教會朋友，在幫助的時候，後面並沒有線子牽着。在我們反對美帝時，不會妨害到我們同他們的友誼。

　　（三）基督教應當贊成中國在國際關係上與蘇聯和一切眞正民主的國家站在一條戰線上，這就是「一邊倒」的道理。有些人說，基督教是超然的，不要有所偏袒。過去在國民黨時代，我們可以這樣說。但現在的所謂一邊倒，並不違反基督教的原則，看是倒向那裏，如果倒向眞理的一邊，那是對的。切不可以模棱兩可，在中間站着。我們要倒向蘇聯，倒向新民主主義國家一邊。這是很多人不能同意的。我並不是說，這些

國家是完全代表眞理的，我們只是說他們的方向是對的。我們是倒向建設、和平、民主的一邊。

（四）中國基督教的今後

提到中國基督教的將來，在聽了上面的一番話之後，或者有人會問：基督教是不是沒有自己的立場了呢？

我們可以回答說：基督教是有自己的立場的，但基督教對新時代中一切與它教義不違反的趨勢都可以採取一個贊成和合作的態度。

那麼，基督教對新時代的時殊貢獻是什麼呢？那就是耶穌基督福音裏面關於人與人、人與上帝、以及其他一切做人的道理。基督教以外的人，也未嘗沒有這些道理。他們是憑着經驗，一點一點學習得來的。但耶穌基督是「道成肉身」，是超越古今的上帝的啓示。他看透了人生和宇宙的眞理，他的福音是對世界的一個亘古的貢獻。

人是有偏向的，在別的人是這樣，在基督徒又何嘗不是這樣。人的社會是罪惡，都是有機體的。並且就是時代改進了，也可能有新的偏向出現。所謂「道高一尺，魔高一丈」，基督教的所謂救恩，就是要叫人看見一種更高超的景象，使人悔過自新，現在新時代所給我們開展的遠象，它的意義和效力，是同基督教的所謂救恩一致的。

基督教有它永恆的眞理，但這個眞理並沒有被現在有組織的基督教表現出來，這是基督教的弱點。由於這個弱點，現在基督教是被人反對的，至少是被人輕視的。如果基督教能努力把耶穌所顯示的永恆的眞理表彰出來，它將來還是會被人瞭解，被人接受的。它甚至可能同現在時代的主要潮流綜合起來，成爲一個辯證的發展。如果我們忠於耶穌的眞理，基督教是有前途的。

10 / 新時代中基督教問題解答 —— 吳耀宗先生答

原刊於《天風週刊》203 期（1950 年 3 月 4 日），頁 9。
本文爲《天風》內的「天風信箱」專欄。

問：地方政府不許教會信徒獻捐；牧師不得專職，必須有生產工作；教會不得接受外國教會接濟；以上三項，是否果有其事？

答：在個別的地方可能有這種情形發生，但在大多數的地方，我們並沒有聽到這樣的事。信徒獻捐，如果是出于自願的，是不應當受到干涉的。根據宗教信仰的原則，做牧師當然也應當算是一種職業，不一定要另做生產的工作，因爲牧師的職業也是一種勞動，不過是腦力勞動而不是體力勞動而已。至于外國教會的接濟，只要是沒有政治意義的，教會是可以接受的。

問：教會房產被政府機關佔用，是否可以發還？

答：政府機關佔用教會房屋，如果是雙方同意的，當然可以繼續下去。如果教會需要自用，但政府的需要更爲急迫，則教會也應當照顧政府的需要。如果沒有這些特殊的情形，這些房產是應當發還的。

11 / 基督教訪問團華中訪問記

原刊於《天風週刊》204 期（1950 年 3 月 11 日），頁 5–7。

　　人民政協會議閉幕以後，宗教界代表裏面的五位基督教同道，便覺得他們應當把政協的意義和議決案，傳達給各地方的基督教團體。上海幾個全國性的基督教組織，因爲感到各地的基督教團體，在解放後有許多問題要應付，也正計劃着派人到各地方訪問。因此，去年十月底我回到上海以後，便同各方面磋商，組織訪問團，到全國各主要城市去訪問。我們決定：訪問團定名爲「基督教訪問團」，由人民政協宗教界代表裏面的基督教份子，及中華全國基督教協進會，中華基督教青年會全國協會，中華基督教女青年會全國協會等四個單位組成，訪問的地區暫定爲：華東，華中，華北，西北，東北，華南，華西。第一個出發的訪問團，是到華中去的，因爲我自己參加了這個訪問團，所以我要爲這一次的訪問做一個綜合的報導。被訪問的幾個地方都有他們自己詳細的報告，有些曾在「天風」上發表過，所以我就不預備在這裏重複，只將一般的印象和我自己的感想寫出來，供讀者的參考。

一、訪問的城市日期與團員

　　華中區的訪問團，政協代表方面有劉良模先生和我自己，全國基督教協進會有吳高梓先生，青年協會有涂羽卿先生，還有一位教會的代表艾年三先生。訪問的地點和日期如下：

　　杭州——一九四九年十一月十八日至二十一日

　　南昌——十一月二十三日至二十五日

　　長沙——十一月二十八日至十二月三日

　　漢口——十二月四日至十日

　　武昌——十二月八日至九日

　　開封——十二月十二日至十五日

　　應當補充一句：開封本來沒有在我們訪問計劃之內，但因爲在武漢的時候，幾位河南的代表，懇切地要求我們訪問，我們就去了。九江也兩次來電要我們去，但因爲去了開封，就只好把九江之行取消。

二、與地方首長的聯繫

　　我們所到的每一個城市，基督教同道都熱烈地歡迎我們。全城的基督教團體都派代表來參加會議；在長沙，附近的地區也派人來參加；在開封，河南全省各個重要區域的代表都趕來出席。如果我們說：他們希望我們來，就像大旱之望雲霓，這也許不是一句誇張的話。他們所以這樣熱切地盼望我們來，是有原因的。解放後的基督教面臨着許多困難。這些困難，地方的基督教團體是不容易求得解決的。基督教的困難是什麼呢？一方面基督教本身有許多毛病；它的信仰、思想、生活、事工，有許多地方都與時代脫了節，因而變成革命對象的一部分。另一方面，許多人對基督教抱着成見；這個成見是有來歷的，是有着歷史的因素的。這些困難在多方面表現出來；最普遍的是教堂被佔用，用具被沒收，教會工作被干涉，和教會工作人員因某種嫌疑而被短期拘留。處理這些問題，並不是一件容易的事，尤其是因爲基督教團體與地方當局向來很少聯繫。訪問團對各地方基督教團體的一個具體的貢獻，就是幫助他們同地方當局取得這個聯繫。我們每逢到一個城市，首先就同着地方的基督教領袖拜訪當地的首長。我們覺得非常慶幸的，就是每一個地方的首長

都很優待我們，不但接見我們，與我們討論關于基督教的許多問題，並且設宴款待我們，爲我們開特別的晚會。我們藉着這些機會，就把基督教的問題，和我們對政府的期望，向他們提出。他們對我們所提出的事，都予以同情的、週詳的、迅速的考慮。有的時候在會議當中，當局就馬上派人把我們的問題解決。在武漢的時候，我們到了三天，湖北省政府就下了一個保護教堂的通令。我們所接觸到的許多首長，都給了我們一個非常良好的印象：他們是誠懇的、坦白的、刻苦的、勤勞的。他們做事情是認眞的、爽快的、敏捷的，沒有半點官僚的習氣。他們一面聽取了我們的意見，一面也把政府的政策和態度坦白地告訴我們。也有的時候他們供給我們一些我們所不曉得的關于基督教活動的情報。這些接觸的機會都使政府和基督教團體彼此有了一個更清楚的認識。由于這些接觸，我們得到一些結論：基督教目前所遭遇的困難是暫時的；困難的所以發生，大部分是由于基督教本身的錯處與弱點；即使這些困難的一部分是由于地方幹部執行政策上的偏差，這個偏差也是有着客觀的因素和歷史的因素，而這些因素，主要的也要由基督教本身負責的。我們曉得：地方當局是很誠意執行宗教信仰自由的政策，和解決地方上所發生的一切困難；但問題是複雜的、多方面的，如果我們單從主觀的、片面的立場去做判斷，我們就很容易犯錯誤。

　　爲要建立基督教團體和地方當局間的關係，我們在南昌、長沙、武漢、開封，都請各該地方的基督教聯合會推出五六位代表，與政府經常聯繫。通過這樣的聯繫，他們的問題可以直接向政府提出，而政府對基督教團體有所諮詢或指示的時候，也可以由他們傳達。我們回到上海以後，從各地方來信所報導的看來，我們所建立的這些關係，已經發生相當良好的效果。

三、政協意義的傳達

　　我們每到一個地方，至少有一次大會報告政協的意義與成就，請全城的基督教同道來參加。有的時候，這個會爲着交通的原故，分兩個或三個地方舉行；參加的人數從二三百到一千多。雖然關于政協的消息，

報紙上記載的很多，我們向基督教團體做報告還是非常需要的，因為我們的報告是針對着基督教聽衆的問題和需要而做的。我自己的報告，經常地包括三點：一、政協是最具體、最有力的統一戰線的表現；這個統一戰線包括了基督教。二、共同綱領是最能適合目前中國形勢的綱領。三、民主集中原則在政協會議、及人民政府機構中的表現，和這個原則一般的應用。在報告中我有時也談到宗教信仰自由的問題，我所說的話，大致是與上面所說的話相同的。

劉良模先生因為在美國住了九年，對美國的情形很熟悉，所以除了報告對政協的一般印象外，又引用許多事實來說明美國怎樣變成一個帝國主義的國家，和我們為什麼要反對美帝國主義。為許多的基督徒，這個報告是新鮮的，這一個觀點的介紹，開了他們的眼界，幫助他們消除了對美國的幻想。關于對美國的認識，劉君和我都着重地指出：反對美帝國主義，幷不等于反對美國大多數的良善人民；也不等于反對這些良善的美國人民，尤其是美國的許多基督教同道，所曾給過我們，或繼續給我們的許多幫助。

這個傳達政協意義和成就的工作，我們相信，是收到相當的成效的。我們的報告使一般的基督徒更了解新中國所走的方向；統一戰線的意義和共產黨領導的重要性；基督教在新時代中的地位和應有的努力。訪問團的一切工作，都可以說是「橋樑」的工作，因為它一方面把基督教的具體情況和問題傳達給政府，另一方面把政府的政策和態度傳達給基督教人士。各地基督教同道和地方當局對我們的歡迎，證明了在目前的階段中，這個「橋樑」的工作是需要的。

四、基督教革新的要求

訪問團在出發以前，曾通函有關地方的教會團體，請他們對下列題目先行分組研究，提出具體意見：（一）教會事工；（二）教會經濟；（三）教會與差會關係；（四）地方教會團體的聯合；（五）全國基督教會議。關于這些問題，雖然大家還是在摸索之中，不容易馬上提出具體的意見，

但是一般的趨向，是比較清楚的。現在簡略地把這些趨向敘述出來。

第一，是自立自養的問題。基督教從西方傳到中國，已經有一百四十二年的歷史，中國信徒的人數已達一百萬。中國教會自立自養自傳的口號，在二十七八年前就已經提出來。地方的教會能夠自立自養的已經不少。現在時代轉變了，我們應當把這個運動推進一步，使中國的基督教事業能夠有計劃地、有步驟地在最短期間走上完全自立自養的地步。

第二，是教會經濟的問題。現在許多基督教事業和全國性的基督教機關，還要靠外國差會和其他基督教團體的經濟來維持。如果中國的基督教事業要自立自養，我們就必須有步驟地去實現一個經濟自給的計劃。一方面我們要提倡中國信徒的捐輸；另一方面，我們應當根據精簡節約的原則，緊縮非必需的事業，藉以減少開支，同時我們也要極力提倡生產事業以開展經濟來源。關于最後這一點，各地基督教團體都已有了普遍的覺悟，例如：華北基督教聯合會就在最近設立了一個生產委員會；上海基督徒建設協會也曾經多次討論過這個問題。

第三，是中國教會與西方差會的關係。西國宣教師在解放後的中國，幾乎已經完全失去他們過去的重要性；在一個短的時期中，他們對中國教會甚至是一個累贅。然而這並不是說，我們以後就永遠不需要外國的宣教師。沒有帝國主義色彩的有專門技能的人材，和靈性高深、學問淵博的人士，還是我們所需要的。至于差會對中國教會的經濟援助，在一個相當的時期中，還是需要的。但這種援助應當是無條件的；所謂條件，就是政治的條件。現在的世界已經清楚地分成兩個對立的營壘；而解放後的中國，正是這個對立的焦點。因此，中國的基督徒和西方一般的基督徒，在彼此的關係中，就很容易發生思想上和見解上的矛盾。如果西方差會在援助中國教會的時候，企圖從這個矛盾出發，去支配經濟的用途，那是不幸的，也是中國教會所不能容許的。如果這種發展是不可避免的，中國的教會就寧可另求開源節流的辦法，更快地走上自我更新的道路。

第四，是教會的事工。基督教的主要工作，除了社會性的基督教團

體，像青年會的工作以外，本來是屬于靈性方面的；但是靈性的生活，却必須表現于社會的生活中。教會所辦的學校、醫院、和許多慈善事業，就是教會的社會生活的具體表現。在過去，基督教的社會工作做得不夠，也做得不澈底。學校和醫院是有過它們重要的貢獻的，但它們以後的繼續存在就很有問題，因爲這些事業將來都應當完全由國家辦理。教會和基督教團體其他方面的服務事業，多半是枝節的，改良主義的，對于社會的基本改造沒有多少貢獻。基督教如果要在新時代中得到應有的地位，就必須在社會服務的工作上有更深刻更具體的表現。一方面，它應當配合政府的建設計劃；另一方面它也要發展自己的專長。如果它能在具體的工作表現上，取得教外人士的了解與同情，它目前所遭遇的困難必定會逐漸減少，它在新中國的地位，也必定會日益提高。

　　第五，是教會的團結與合一。由于宗派與信仰的分歧，基督教的力量是分散的。基督教不能團結就不容易克服它的弱點，戰勝它的困難，更不容易在積極方面有特出的貢獻。現在教會合一的要求是很普遍的。許多從西方傳來的宗派，在新中國的環境裏，已經失去它們的意義；過一個相當的時期，宗派的聯合與統一，不是不可能的。但這個聯合與統一，在事工上比在信仰上更容易。基督教向來就有所謂屬靈和屬世之分，同時也有個人福音和社會福音，基要派和現代派之分；在新中國建設的艱苦歷程中，在一個相當時期內，這種信仰上的分歧，不但不會減少，反而會更加顯著。但是工作上的聯合是可能的，也是必需的。在我們所到過的地方，基督教團體在城市範圍內的聯合，事實上已經存在；湖南和河南兩省，并且準備着成立一個全省的聯合機構。在長沙和武漢兩個地方，佛教和回教都開始與基督教聯繫；在北京和上海，也有同樣的發展，這是值得欣慰的。

　　第六，是基督教全國會議的召開。在這新時代的起頭，大家都感覺到基督教應當召開一個全國性的會議，藉以檢討過去，策畫未來，一方面應付基督教目前所遭遇的困難，一方面負起基督教本身的時代使命。現在在全國基督教協進會主持之下，基督教全國會議已決定于本年八月十九至二十六日在北京舉行。在這個會議中，大家都覺得應當通過一個

共同工作的綱領，通過一個表示基督教態度的對內對外的宣言。這是基督教一個劃時代的會議，我們預視這個會議的完滿成功。

最後，我們要說到現在一般基督徒對學習的要求。一般基督徒對新時代缺乏認識，是一個事實；這個事實是造成目前基督教的困難主要原因之一。但現在却有一個可喜的現象，就是許多基督徒因爲要認識時代，就要求學習。學習小組的組織雖然還不普遍，但多數人都感到學習的需要；只要有適當的材料和領導，這個學習的風氣，一定很快地就可以促成的。上海青年協會書局爲應付這個需求，將出版一套「新時代學習叢書」，內容是介紹基督徒在新時代應有的知識，並討論基督教當前的一般問題。我們希望：這是基督教新思想運動的起點。

五、旅行的觀感

這次在一個月的旅行中，所見所聞都使我們感到興奮。我們所到的都是新解放區，然而在解放後的短短時期中，地方上應興應9革的事，如剿匪反霸，生產備荒，確定勞資關係，保障僱工生活等，都已經有了適當的處理。江西省受戰爭的損失最大，人口從兩千多萬減到一千多萬；江西湖南兩省都有數十萬過境的軍隊，給養的負擔也很重；河南以上土匪著稱，還有不少潛伏着的反動力量；但是這些地方都很快地進入一個安定的狀態，大部份的交通也迅速地恢復，種種建設事業也在積極進行；每一個大城市都已經開過一次或兩次各界人民代表會議。困難不是沒有的；不但戰爭的創痍還待醫治，我們還要根據共同綱領，改造舊的制度，創造新的社會。在這個除舊佈新的過渡時期中，我們還有許多困難要克服，然而，在各個地方人民政府的正確領導下，一切的問題都可以順利地解決的。從徐州到上海，我們本來要購二等臥舖，但結果只能購到三等臥舖。三等能有臥舖，已經出乎意料之外，更沒有想到車子是完全新的，並且有暖氣，這就使我們想到十幾年前平滬路藍鋼車的黃金時代。不但破壞了的鐵橋都已經有了臨時的建築，就是每一個破壞了的車站，也重新建造起來；這一切都給人一個積極勇進的、鮮明愉快的印象。官僚政治的舊時代是過去了，現在是人民民主的新時代，這個人民民主的

政權是能夠克服一切困難的。

六、其他地區的訪問

除了華中區的訪問以外，已故政協代表張雪岩先生曾于去年十一月初到濟南訪問。在華東區內政協代表沈體蘭先生、吳貽芳女士、及女青年協會蔡葵女士、基督教協進會潘玉梂女士，曾于十一月一至四日到南京訪問。十二月七至十一日有協進會的林永俁先生、及廣學會的劉美麗女士到杭州訪問；十一月十五至十七日有沈體蘭先生、潘玉梂女士、及中華基督教會全國總會蔡志澄先生到蘇州訪問。這幾個地方的訪問，性質同華中的訪問大致是相同的。

還有其他地區的訪問，有的是暫定了日期，有的還不能做具體的計劃。現在把這些地區開列如下：

北京　　一九五〇年四月二至八日（暫定）

太原　　四月十一至十五日（暫定）

西安　　四月十九至二十三日（暫定）

徐州　　四月二十六至二十八日（暫定）

此外還有華南，華西，東北等區域，及其他多次要求訪問的城市，因人力及時間的限制，暫時恐怕不能有訪問團去訪問，好在今年夏天將要舉行全國基督教會議，即使訪問團不能到每一個地方去，這個缺憾也多少可以得到彌補。

12 /「上帝創造世界」與「階級的存在」
——吳耀宗先生答

原刊於《天風週刊》204 期（1950 年 3 月 11 日），頁 9。
本文爲《天風》內的「天風信箱」專欄。

編者先生：

在《中國青年刊》三十二期上看到〈到底是不是上帝創造世界〉又〈小資產階級爲什麼有超階級思想〉二文，使我發生一個疑問，基督教與共產主義有否違背之處？

我相信天地萬物是上帝創造，且信上帝是有的，階級也是有的，這樣的思想是否合乎眞理，素仰

貴報爲前進的基督教週刊，請抽暇示覆爲盼，此請
台安

讀者朱　清啟

來信所說的兩篇文章，我沒有看到，現在只就「是不是上帝創造世界」及「階級的存在」這兩個問題，作一個答覆。

「上帝創造世界」

　　現在一般的說法是：「勞動創造世界」；這似乎與基督教所說的：「上帝創造世界」完全相反。如果你是一個正統派的基督教徒，如果你相信聖經裏面的每一個字都是上帝所默示的，那麼，「勞動創造世界」的說法，的確是同基督教的信仰相反的。但如果你不是一個正統派的基督徒，如果你用歷史的眼光去看聖經，並且在你信仰上帝的時候，並不完全否定理智的作用，那麼，「勞動創造世界」同「上帝創造世界」這兩個說法是沒有絲毫的衝突的。「勞動創造世界」是一個眞理，因爲世界上的一切都是人所創造的。恩格斯說：「人離開狹義的動物愈遠，就愈是有意識地自己來創造他們的歷史，那不能預見的作用，那不能控制的力量，對這一歷史的影響也就愈小，而歷史的結果和預先確定的目的也就愈加符合」。（「從猿到人」第十七頁，解放社版）恩格斯所說的「不能預見的作用」，「不能控制的力量」，我們基督徒平常都稱之爲「上帝」；根據恩格斯的說法，却是人創造自己的歷史，而不是「上帝」。

　　但是，如果我們把「上帝」這個名詞解釋爲：「創造及維繫宇宙的力量與眞理」，那麼，「上帝創造世界」那一句話，還是一點不錯的，因爲世界之所以成爲世界，是依靠着一切物質的眞理的；人之所以成爲人，是依靠着生物的眞理的；人之所以能創造世界，是依靠着物質、生物、歷史和其他的眞理的。根據我們的解釋，上帝的能被人體驗到的方面就是眞理；因此，人是上帝創造的，世界和宇宙的一切，也都是上帝所創造的。

「階級的存在」

　　階級並不是從始就有的，原始的共產主義社會就是沒有階級的。有階級的社會就是人剝削人的社會，「在階級的社會裏，是用種種方法從勞動者身上榨取剩餘生產品的。榨取剩餘勞動的方式，可使這一階級剝削的形式與另一階級剝削的形式區別開來。歷史上已有三種剝削制度的形式，即奴隸佔有制度、封建制度、資本主義。」（「社會發展簡史」

第四十頁，解放社版）你說：「階級也是有的」，這是一個歷史的事實，但歷史是要演變的；過去的歷史是這樣的，將來的歷史就不是這樣的，也不應當是這樣的。從資本主義轉變到社會主義和共產主義，是歷史必然的趨向；到那時候，階級就被消滅了。沒有階級的社會是平等的社會，也是自由的社會；這不是比一個有階級的社會更合乎基督教的理想嗎？

吳耀宗

13 /「復活」與「受洗」
——吳耀宗先生答

原刊於《天風週刊》205 期（1950 年 3 月 18 日），頁 9。
本文爲《天風》內的「天風信箱」專欄。

耶穌的復活，應當作何解釋？究竟有沒有復活？如果有，是肉體的、還是精神的？

受洗的意義是什麼？

（吳宗素問）

復活

我不預備在這裏引經據典來答復這個問題，我只能對這個問題作一個很簡單的說明。

根據傳統的說法，耶穌是童貞女生的；耶穌死後，屍體是不見了。這都是奇蹟。關于奇蹟，我們可以採取兩種看法：一種是信仰的看法，一種是批評的看法。信仰的看法是很省事的，因爲你不需要考慮信仰和理智的衝突的問題。批評的看法就麻煩了，也不容易得到一個很清楚的答案。我個人的看法，可以說是一種批評的信仰。以下便是我的意見。

耶穌是否童貞女所生，和耶穌的肉體是否復活了，我認爲都不是重要的問題，因爲我們對耶穌的信仰，並不需要建築在神蹟上面。在一個

信仰上帝的人的眼光中，世界上的一切都是神蹟，上帝不需要在耶穌身上顯示特別的神蹟，使我們相信他。耶穌自己所做的事情，有些是超乎平常的人的能力之上的，但我們也不一定要把這些事情稱爲神蹟，因爲這些事情也必定是按照自然律發生的，無非這些自然律，在我們現在的知識水準之上，我們還沒有瞭解就是了。因此，我們就不能說，凡是不合乎「常識」的，就不可能發生，但我們也不能說，一切違反「常識」的事，都是可能發生的。

根據上面的看法，我們對復活的問題，就可以得到這樣一個結論：耶穌的復活，是一個事實，因爲歷史上的耶穌，不只在我們靈性中有一個深刻的影響，他也是我們生活中一個磅礡的力量，因此，這個歷史上的耶穌，已經變成我們經驗中的基督。我們不需要相信耶穌的復活是肉體的；但如果耶穌的復活是精神的，這個精神的復活，是一個什麼樣的存在，我們就沒有法子知道，甚至沒有法子想像。

基督教不只相信耶穌的復活，也相信人的「永生」。究竟「永生」是一種什麼樣的生活，究竟什麼人在什麼條件下才能得到「永生」，對這些問題我們就不能有一個清楚具體的答復。我們所以相信永生，就是因爲一個在死後還能繼續發展的生命，比較死亡是一切的終了，至少從我們現在的觀點看，是更有意義的。

受洗

受洗不過是一種形式，表示你正式加入了基督教的團契，那就是教會。有的人把「洗」字同受洗者的「罪」聯繫起來，認爲受洗就是把罪洗掉，如果你把這句話當作一個象徵的說法，也是可以的。

14 / 吳耀宗先生答

原刊於《天風週刊》207 期（1950 年 4 月 1 日），頁 9。
本文爲《天風》內的「天風信箱」專欄。

　　天風編輯先生：關於聖經上所說的天國和共產主義社會有幾個問題，希望在天風信箱答覆並提出討論：

一、　共產主義實現之日，是否即天國降臨之日？

二、　耶穌明説「我的國不屬這世界」，不是明明表示出天國決非共產社會嗎？

三、　聖經明載天國降臨是在耶穌再來之日，耶穌是天國之王，諸重生聖徒（包括已死衆聖徒）是天國之民，共產主義根本否認耶穌（再來爲王），二者豈非本質上不同嗎？

四、　聖經明説天地要被廢去，另有新天新地；共產主義社會實現之日，即能説是新天新地的來到嗎？

一天風讀者上

　　「天國」究竟是什麼東西，聖經裏並沒有一個很具體的說明。耶穌自己在解釋這個名詞的時候，也不過說天國是像這個、像那個而已。有的時候，他說：天國就在你們中間，但有的時候，他又把天國的降臨放在遙遠的將來。至于它什麼時候來到，就沒有人知道，只有上帝知道。這樣看來，「天國」只是一個抽象的理想。如果我們一定要給它一個比

較具體的說明，那麼，天國的降臨，就是上帝的旨意「行在地上如同行在天上」。如果我們自己實行了上帝的旨意，那麼，不管其他的人怎麼樣，天國就在我們中間。至于整個世界都完全實行了上帝的旨意，這個階段什麼時候能來到，我們就沒有法子曉得。

共產主義就完全不同了；它是很具體的，是可以根據一個實際的方案來實現的，那就是從資本主義社會到共產主義社會的社會革命。在蘇聯，這個革命已經完成了，雖然蘇聯現在還只是在社會主義的階段。我們中國也是在這個革命過程的當中。共產主義的理想，就是要實現一個沒有階段、沒有剝削的自由平等的社會，在裏面「各盡所能，各取所需」。這樣的一個社會，不再需要政府，因爲人們彼此的關係都是互相尊重、互相服務的。然而，共產主義的內容，也不過就是這樣，至于它將來發展的具體情況，我們當然是不可能預言的。

根據上面關于共產主義和天國的解釋，我們就可以得到以下的結論。共產主義是從人的物質生活出發的，而「天國」的理想却是從人的精神生活出發的。共產主義並不忽視人的精神生活，但它認爲精神生活是建築在物質生活上面的。天國的理想也不忽視人的物質生活，因爲實行上帝的旨意是包含了建立一個合理的社會的。因此，雖然共產主義和基督教這二者的宇宙觀是不同的，出發點是不同的，但是它們要解放人類（包括物質的解放和精神的解放），使人類追求眞理服從眞理，這個目標却是一致的。

我們不能說天國的降臨同耶穌的再來有什麼必然的聯繫（關于福音書中許多預言的解釋，我們不能在這裏討論），就是基督徒裏面也有許多人不相信耶穌會再來的。因此，我們就不能因爲共產主義者不相信宗教（當然也不相信耶穌再來），就認爲共產主義同天國的理想在本質上必然是不同的。至于共產主義實現之日，是否即天國降臨之日，這個問題我們根本就不能回答，也不需要回答，因爲我們說過：天國是一個抽象的理想，而共產主義雖然可以用具體的步驟去實現，也不是一個新社會建設的藍圖，因此，我們就無法把這兩樣東西來做什麼比較。

吳耀宗

15 / 青年會的前途
——在全國青年會總幹事會議講演

原刊於《同工》新 4 卷 6 期（1950 年 6 月），頁 241–242。由趙復三筆記。後收入《上海青年》
50 卷 4 期（1950 年 10 月）「基督教青年會五十周年紀念特刊」，頁 8–9；另《中華基督教青
年會全國總幹事座談會記錄》（上海：該會，1950），頁 11–14。刊於《上海青年》略經行文
修略，《中華基督教青年會全國總幹事座談會記錄》與《上海青年》相同。今據《上海青年》版。

　　解放後的大時代是一個熔爐，基督教在其中受到攷〔考〕驗。今天一般人對基督教有兩種看法：一種是否定的，一種是肯定的。抱否定態度的，認為基督教是與帝國主義有關係的，是沒有前途的。[2] 他們對基督教抱一個很深的成見，甚至把基督徒的一些貢獻，[3] 也一筆抹煞。

　　抱肯定態度的，認為：（一）基督教有民主的成分，應當被包括在統一戰線裏面；（二）從歷史唯物論的觀點看，宗教的存在有它的社會條件，它的存在甚至比民族資產階級的存在還要長。當然他們認為基督教最後是要消滅的，那是在它完成了歷史的任務以後。

　　基督教當前的問題是我們對新社會有無貢獻。在肯定與否定基督教這兩種態度之間，我們能走的路是很窄的，因此，我們就應當戰戰兢兢地走這條窄路。

　　基督教現在遭遇很多困難，如果我們自己不努力革新，以求對社會

2　刊於《同工》時，原文並沒有「是沒有前途的」。
3　刊於《同工》時，「基督徒」作「基督教」。

有所貢獻，我們是會被時代的潮流所淘汰的。被淘汰的當然不是耶穌自己的福音，而只是沒有實行他的教訓的基督教的組織。

　　一般地說，青年會似乎比教會進步一些，但我覺得青年會所受的時代的挑戰，比教會更為嚴重。教會是應付人的精神的需要的，只要這個需要存在，教會就會存在；但青年會的工作，却是一般的工作，如果它在這些工作上沒有特殊的貢獻，它的存在便變成不必需的了。[4]

　　肯定基督教不是無條件的，而是有條件的，最重要的條件有三個：

　　（一）鮮明的政治立場：這個立場包括二點：（1）對帝國主義的態度。所謂帝國主義，並不衹限於它的有形的活動，而它的更普遍的表現，是它在我們的思想中的影響，那就是一些人對帝國主義的幻想，甚至崇拜。凡是在某種程度上同情帝國主義政策的，就是受帝國主義影響的。現在還有許多人不承認美國是帝國主義，這便是一個例子。又如許多人對歐美式的民主仍然抱着仰慕的態度，對中國的新民主主義還是看不清楚，這也是受帝國主義思想的影響的。因此，我們要下大決心，把思想中帝國主義的影響肅清。[5]（2）對人民政府的態度。我們要擁護新民主主義和共同綱領。教會中許多人對人民政府還有不了解的地方，這是不認識人民政府的確為人民服務的。有些人幻想着第三次世界大戰就要爆發，將來政權還可能改變，這完全是一種空想。我們應當同政府合作，我們的合作是在共同綱領的基礎上的。[6]

4　刊於《同工》時，「不必需的了」作「非必要」。

5　刊於《同工》時，此部分作「對帝國主義的態度。所謂帝國主義，並不衹限有形的活動，而更普遍的是在我們的思想中所存在着的對帝國主義的幻想，甚至崇拜……這便是一例子。又如許多人對歐美式的民主，仍然抱着仰慕的態度，對中國的新民主主義還是看不清楚，這也是受帝國主義思想的影響。因此我們要下大決心，把思想中帝國主義的影響肅清。」

6　刊於《同工》時，此部分作「對新政府的態度。我們要擁護新民主主義和共同綱領。教會中許多人對新政府**還**在懷疑，這是不認識共產黨與人民政府是為人民服務的。有些人幻想着第三次世界大戰就要爆發，將來政權可能改變，這完全是一種空想。我們應當同政府合作，但**我們不可能在一切的事情上同政府合作，因為我們有我們宗教的特殊立場，我**們的合作是在共同綱領的基礎上的。」（**標楷體**部分為較重要刪減）

（二）**我們的工作**：青年會過去幾十年在社會工作上是一個開路先鋒，但今天它似乎是作了尾巴了。其實作頭作尾毫無關係。許多社會工作都由政府和青年團做了，但只要我們好好做，青年會是有前途的。中國還有很廣大的中間落後羣衆，這就是青年會的園地，因此，我們的工作機會還是很多的。[7]

（三）**自力更生**：這在今天不是容易的。各市會經濟問題都很嚴重，但祇要我們有自信心，自尊心，自力更生一定可實現。檢討整理，精簡節約，便是達到自力更生的途徑。

以上是對基督教採取肯定態度所包含的三個條件。

實現上述三條件的兩個武器：

（一）**學習**：要艱苦勤奮地、誠心地、徹底地學習。不以學習做招牌，不是膚淺地看幾本書，而是要把握理論，並使理論與實踐結合。我確信假若我們眞能如此，對工作開展會更順利，同時，這會使我們對基督教教義更加了解。[8]

（二）**批評與自我批評**：如果我們今天自我檢討一下，就不得不承認基督教，無論是教會或青年會，內部都有許多缺點，尤其是一切從自我中心出發的缺點。今天政府，共產黨都要整風。我們也要問自己：我們是否愛上帝，愛眞理，愛人民，若眞如此，我們的信仰才能發生力量。[9]

7　刊於《同工》時，此部分作「……許多社會工作，政府和青年團都作了，但我們祇要好好作，是有前途的。中國還有很廣大的中間落後羣衆，這就是青年會的園地，因此，我們的工作機會還是很多的。」

8　刊於《同工》時，此部分作「要艱苦地、誠心地、徹底地學習。不以學習作招牌，不是膚淺地看幾本書，而是要把握理論，並使理論與實踐結合。我確信假若我們眞能如此，**外面的人對我們的認識會大大改變**，工作開展會更順利……」（**標揗體**部分為較重要刪減）

9　刊於《同工》時，此部分作「如果我們今天自我檢討一下，就不得不承認基督教無論是教會、青年會，內部都有許多缺點，尤其是一切從自我中心出發的缺點。今天政府，共產黨都要整風。我們也要問自己：我們是否眞的愛上帝，愛眞理，愛人民？若眞如此，**我們的信仰才是眞的**，它也才能發生眞實的力量。」（**標揗體**部分為較重要刪減）

今天青年會從表面上看來似乎無大問題，實際上是站在歧路上。[10] 我們是要肯定自己，因而被人肯定，還是要被人否定呢？我們要把握自己，走上愛人服務，犧牲克己的道路。這權柄不在別人，而在我們自己。

10　刊於《同工》時，此句作「今天青年會從表面上看來無大問題，實際上是站在歧路上。」

16 / New China Marches on

Originally published in *China Monthly Review*, September 1950, 7–9.
See also *China Monthly Review*, September 1950, 7–9.

Mr. Y. T. Wu (吳耀宗) is one of the Christian representatives on the PPCC. Long active in Christian and social work, Mr. Wu is recognized as one of the leading progressive Christians in China. A native of Kwangtung, Mr. Wu, following completion of his studies in China, attended the Union Theological Seminary and Columbia University in the United States. He is the author of "Christianity and Materialism" and a number of other works. His last article in the *Review* appeared in the August 27, 1949 issue.—Editor.

Progress of past year proves that neither internal difficulties nor foreign interference can halt the Chinese people in their drive for a better and more rational life.

On June 14, and for eight days, the National Committee of the People's Political Consultative Conference held its second plenary meeting in the Huai Jen Tang where the PPCC itself made history for China last September. I expected a routine business meeting; but, instead, I was thrilled. It was a lively meeting, again a historic one—a meeting that gave full evidence that new China is marching on.

The meeting was attended by 174 members of the National Committee and 424 visitors. It was a very representative gathering which took in people from all walks of life, including illiterate industrial workers, members of backward minority groups and warlords who turned against the reactionary Kuomintang regime before the liberation. These people came not just to listen to proceedings, but to bear testimonies of what they had experienced—how they became enthusiastic supporters of the new government.

Ex-Warlord's Speech

The words of Mr. Liu Wenhui, former Szechuen warlord, won prolonged applause. He said: "In the past I was concerned with personal interests; I wanted to be a hero. I opposed Chiang Kai-shek, but only because he threatened to take away my sphere of influence. Only now am I really standing with the revolutionary forces." Then he added: "I am a big landlord. I want to present my land unconditionally and unreservedly to the government for division among the farmers."

Mr. Liu is typical of the many whose eyes are opened by the things they saw after the liberation.

It was only eight short months since the inauguration of the new government in Peking on October 1, 1949. But who was not moved by the reports of government officials who told us how peace and order have been restored, how new laws have been promulgated, how the control of national finance and economics has been unified, how prices and currency have been stabilized and, above all, how the famine of this spring, so much capitalized upon by ill-wishers of the new regime, was fought and conquered?

These are not easy tasks: the accomplishment of some of them even sound miraculous. For example, the stopping of the endless inflation and the skyrocketing of prices which had been a nightmare to every housewife and every business manager before the liberation.

Only a government which adopts a merciless logic about principles to be observed, which imposes an iron discipline on itself as well as on others and which possesses an unchangeable and indomitable will to serve the people, can hope to tackle and accomplish such a task.

The central theme of the meeting was the Agrarian Reform Act. This is the most revolutionary reform to which the government will address itself during the next two or three years.

Its aim is to abolish the landlords as a class and to replace the feudalistic ownership of land with ownership by the tillers. This will take away the fetters of rural economics, liberate the productive forces of the countryside and prepare the way for the industrialization of new China. The act was based on the rich experience of the Communist Party and thoroughly discussed in small groups by every member of the Plenary Meeting.

Already 145,000,000 people in the countryside have undergone agrarian reform and 264,000,000 more will go through the process during the next two and a half years. This is a systematic and violent struggle in which many delicate problems are involved and which requires handling with the utmost care. But the government is doing its best to avoid mistakes and excesses.

Liberation of Farmers

When the reform is completed, 80 percent of China's population—the farmers—will have been liberated from the yoke of oppression and exploitation and start on the road to freedom and equality.

The agrarian reform, the many measures to put the country's economy on a sound basis and the numerous pieces of constructive work that have been put through, all combine to inspire confidence that the government is really a "people's government" and that China's future is safe in the hands of such a government.

Not only in big things, but in small things as well, do we see the light of a new nation gleaming. I happened to look through the report which gave an account of the way the resolutions passed at the first PPCC meeting have been dealt with. In it I noted a resolution brought up by Mr. Tan Ka Kee, well-known overseas Chinese industrialist from Singapore, which suggested that the free supply of cigarettes to government employees be stopped. I was delightfully surprised by the report that this has been done. I cannot imagine such a thing happening under the Kuomintang regime, which passed resolutions by the thousands but never carried them out.

During my stay in Peking this June I was deeply impressed by the dredging of the "Three Seas" inside the old Imperial Palace which have accumulated silt for a century through the neglect and corruption of officials, thus creating an insanitary situation for the city. The drainage system of the city was also thoroughly overhauled and largely rebuilt.

Railway Reconstruction

All along the Peking-Shanghai Railway—mostly in war-torn areas—new stations have been built. The Huaiho bridge at Pengpu, blown up by retreating Kuomintang troops, was completely repaired in a year. The wreck presented a hopeless picture each time I passed by it going over the improvised wooden bridge.

At the stations and in the trains, the passengers are surprised by another fact—the refusal of "tips" by red-caps, waiters and stewards. Once, a red-cap taking our baggage had to go a much longer distance than ordinarily required. We gratefully offered him some extra money, but he politely declined.

In the street-cars in Shanghai, "squeeze" by the conductors used to be considered, even by passengers, not only right but also patriotic—the trams being foreign-owned. Now such a practice simply goes out of existence. These may be small things, but they have big significance.

They signify at least two new trends; first, a corporate sense of honor which forbids the workers to cheapen themselves by malpractices; second, a new political awareness which replaces their former self-centeredness by a revolutionary mind.

Naturally there are complaints and grumblings. The government has already performed miracles, but some people seem to expect super-miracles. Why such heavy taxes? Why is business so hard pressed? Why so many *p'ien hsiangs* (deviations from policies) among local government workers?

There are people who curse the Communist Party behind the doors, who even look forward to a third world war, when they believe the Kuomintang will "victoriously return." These include rich people who can no longer make fat profits from speculation; owners of fashionable restaurants and tailor-shops and gold and silver-ware makers who found their business dwindling after liberation; short-sighted industrialists, merchants and ordinary householders who fail to see the meaning of the present revolution, the radical readjustment which the country has to go through, and the price which every one of us, more or less, has to pay for it.

Shanghai is hit worse because of its abnormal character and because of the blockade. I have likened the former prosperity of Shanghai to a person having a goiter. To a superficial observer, a goiter is a lot of flesh and a credit to its owner, but the doctor advises operation. Operation is painful and for the time being means loss of weight, but it will eventually restore the health of the patient, which is what he actually is. But the readjustment is being gradually made and most people begin to see with Chairman Mao that the financial and economic life of the country has taken the first steps towards a change for the better and that the basic change will come in about three years.

The prevalence of *p'ien hsiangs* in government administrations has also caused many questionings. Rude manners, inflexible rulings, lack of appreciation of difficulties of people affected and over-anxiety to accomplish an assigned task—these are among the common complaints made against local government workers. The difficulties which so many of the country churches, and some of the city ones, experience are not unique, but part of this total situation. Why do these things happen? Not because the government wills them. They happen simply because the government has not yet had time to make the situation better.

Many parts of the country were liberated much ahead of schedule and the government did not have enough trained political workers to cope with the situation. Workers drawn from old liberated areas are not always acquainted with conditions in the newly liberated areas—especially when rural workers are asked to serve in cities. Very often, due to lack of personnel, former employees of the old regime are taken over and their unregenerated ways and manners find expression in their jobs.

Again, satisfactory handling of a situation requires tact, patience and a "dialectical" view of things, which local government workers do not always possess and which instructions from above cannot hope adequately to provide. When we take these various factors into account, we shall begin to gain a more understanding view of the problems we face.

Complicating Factor

The situation of the churches is complicated by another factor—the relation between Christianity and imperialism. The average church-goer is both confounded and indignant when he is told that imperialism has made use of Christianity, and that Christianity is actually involved in imperialism. "What is imperialism? I have never seen it, at least not in my church!" The matter is worse when he is told about "American imperialism," "Impossible! Most of the American missionaries I know are good people; they came to China with a pure motive and none of them has been known to be a commissioned agent of his government."

In spite of these protests the fact remains that it is a very wide spread view that Christianity is connected with imperialism, and many of the problems the churches and their related organizations are facing have to do with this fact. How shall we explain this seeming contradiction?

When we take the historical view, the matter immediately becomes clear. Christianity in China was spread with the help of the imperialistic domination of the Western Powers over China through extra-territoriality, spheres of influence and a host of other special privileges which the "unequal treaties" guaranteed. Many of these "unequal treaties" were concluded as a result of cases in which missionaries were involved. Missionaries living in such a state, consciously or unconsciously, take on an imperialistic and superior air, both in thought and deed.

The cultural impact from the West, which both missionaries and Chinese educated in the West bring to China, is also colored by imperialism. If culture is ideological, it cannot escape the dominating political influence of the country from which it comes.

What Is Imperialism?

But what is imperialism? It is simply this: what one country imposes on another by political or military power, whether it be merchandise, capital, an ideology or a political system. What the United States did to the Chinese people since 1947 is just such an act of imperialism. It upholds the reactionary Kuomintang regime, which the Chinese people hated and spat on, and it refuses to recognize the new government which the Chinese people support. And it does this in the name of democracy and freedom!

The United States is now making the same tragic and fatal mistake in Korea.

We shall not go into the question of who started the war, for that will never be settled by argument. The main point is that the United States, in the name of the United Nations, is resorting to military intervention to impose its will on the internal affairs of a people who are fully able to deal with them themselves.

Truman's decision to use military means to prevent the liberation of Taiwan by China, in contravention of the Cairo and Potsdam declarations which the United States signed, is the final stroke which completely unveils the imperialistic motive of American policy in regard to China.

Imperialism is destined to failure, for it is against the will of the people on which it works. It has failed in China; it is failing in Korea; it will fail everywhere else in the world.

The fact that many good Christian people in China do not know what imperialism means, and fail to realize the connection between Christianity and imperialism, is itself a good proof that imperialistic influence has been at work in Christianity in China. This ignorance is understandable, for imperialism is not just guns and airplanes, spies and power politics which can be seen, but also cultural taints and ideological subtleties which can be veiled and camouflaged.

Eyes Gradually Opening

But the eyes of Christians in China, thanks to the above-mentioned events, are gradually being opened. On August 1, thirty-one outstanding Christians in Shanghai issued a statement against American aggression in Taiwan and Korea. Among the signatories were 10 pastors who used to be shy of politics and repugnant to any declaration of condemnation. A widespread movement is now under way aiming at the eradication of imperialistic influence in the Christian movement and the ushering in of a truly indigenous Chinese Church.

When the Christian church in China has cut itself off entirely from imperialistic influence, it will have removed the biggest obstacle standing in the way of the full realization of religious freedom which the Common Platform of the PPCC guarantees. There is not the slightest doubt that the government is not only sincere but emphatic about the observation of this principle, for it is part and parcel New Democracy. But Christianity must do its part by putting its own house in order.

The Communist Party in China and the new government which it leads have made mistakes. They never try to conceal these mistakes. On the contrary, they lose no time in exposing them and they spare no efforts to correct them. During recent months, the Communist Party and many important government officials have made repeated statements urging party members to learn to cooperate with non-members and to welcome their criticism. A nation-wide movement has been inaugurated to correct *p'ien hsiangs* among local government workers, especially those which are liable to be committed in relation to the impending agrarian reform. Self-criticism and the acceptance of criticism from others—this is one of the mightiest weapons with which the Communist Party is armed to inoculate itself against deterioration and to guarantee its purity of purpose.

Another important factor which must go to the credit of the Communist Party and the new government is the absence of corruption. People may complain about *p'ien hsiangs*, but they never doubt that what is taken from the people is used for the people and that many of the mistakes have been made simply because a basically good thing is overdone or wrongly done.

No person with a little common sense can help being optimistic about the future of China. China is marching on; she is heaping one victory on another; and she is doing this under the serious handicap which history has laid on her through the reaction of the Kuomintang and the imperialistic designs of foreign powers.

But it will be a long time before the ordinary American or Britisher or anyone steeped in bourgeois democracy can fully understand new China and the thought-forms which arm, inspire and unify all those who support her. The most common and fatal mistake is to imagine that there is a "free world" represented by the bourgeois countries and an "iron curtain" represented by the Soviet Union and the countries that stand with her. It would take another article to explain why this is so.

But let the citing of one fact suffice: the "free world" is experiencing difficulties and frustrations everywhere and is falling to pieces, while the "iron curtain" is daily gaining strength and becoming more consolidated and better able to serve the real interests of the people. History speaks, but it can only be heard when prejudice is removed and self-interest forgotten.

Should Face Facts

It is tragic that the bourgeois countries—or those who actually rule them—refuse to look facts in the face. Instead of seeing the source of their troubles in their own capitalistic and imperialistic system and the social contradictions to which this system gives birth, they turn eyes outward, chasing and fighting the will-o'-the-wisp which forever eludes their grasp.

Instead of seeing the will and power of the common people in ideas and movements that have weathered the storm, withstood persecution and grown like wild grass, they hold fast to imaginary treasures and everywhere manufacture puppets and robots to safeguard them and become perplexed and bewildered when these puppets and robots collapse at the first touch of the mighty arm of the people.

The bourgeois countries have persistently refused to learn the lesson from the Soviet Union. Will they learn the lesson from the 475 millions of Chinese who are the most practical people in the world and who are now making a gigantic effort in nation-building? The answer to this question has much to do with the weal and woe of the coming generations.

—Y. T. Wu

17 / 為一年來偉大勝利而歡呼
——各界人民國慶節發表感想

原刊於《解放日報》，1950 年 10 月 1 日。

今年六月，我參加了中國人民政治協商會議全國委員會第二次會議；七月，我又參加了華東軍政委員會第二次全體會議。我聽了政府首長許多關於新中國建設的施政報告；我深深地被這些報告所感動。在人民政府成立後的短短幾個月中，能夠有這樣的努力，這樣的成功，這幾乎是不可想像的。然而，這些都是事實。這些事實給我們呈現了一個新中國光明的遠景；這些事實有力地擊破了帝國主義和反動派一切惡毒的宣傳。

基督教在前幾天所發表的宣言，表示了全中國的基督徒迎接這個新時代的積極態度。他們要為新中國的建設而努力；他們要肅清基督教裏面帝國主義的力量與影響；他們要提倡基督徒自尊自信的心理，和愛國民主的精神。

18 / 帝國主義垂死的掙扎

原刊於《人民日報》，1950 年 10 月 19 日。另《上海大公報》，
1950 年 10 月 28 日；《天風》239 期（1950 年 11 月 11 日），頁 4。

一年以來，帝國主義者製造戰爭的企圖，已經從準備和宣傳的階段，進展到行動的階段；美帝的侵略朝鮮台灣，就是這一個新階段的開端。從表面上看，這一種行動似乎是帝國主義者力量的表現，但實際上它們是外強中乾，「實逼處此」，因爲全世界和平民主力量的增漲，使它們感受到嚴重的威脅，使他們不得不用冒險的行動來作最後的掙扎。在戰爭販子們的急進派中，甚至有人想在時機沒有成熟的時候，發動第三次大戰，以先發制人之舉，做孤注之一擲。但是，在今天全世界人民反戰的強大力量之下，大戰的發動，恐怕不是他們所想像那麼容易的。退一步說，即使他們不顧一切，眞的發動大戰，我們可以斷然地說：那將是帝國主義的末日。

19 / 怎樣推進基督教革新運動

原刊於《光明日報》，1950 年 10 月 20 日。另《人民日報》，
1950 年 10 月 22 日及《上海新聞日報》，1950 年 10 月 22 日，
後收入《天風》237 期（1950 年 10 月 28 日），頁 3–4。今據《人民日報》。

　　基督教的宣言「中國基督教在新中國建設中努力的途徑」於九月二十三日在北京人民日報發表了，隨後在全國的報紙也發表了。第一批簽名一五二七人，第二批一七四一人；第三批簽名正在陸續寄到，在半個月之內已超過兩千人。[11] 這個簽名運動，正在蓬勃地發展，許多地方要我們把簽名單大批地寄去，以便廣泛徵求簽名。我們估計在今年年底，簽名人數將超過一萬；這就把全國基督教大部分的負責人士，和一個相當數目的基層群眾都包括在裡面。這是基督教傳到中國以後一百多年來的一件大事。今後的基督教，將朝着一個新的方向發展，逐步地實現自治、自養、自傳的目標，為新中國的建設而努力。

　　在簽名運動的進行中，我們發現了幾個為大家所最關心的問題。如果我們要把基督教革新運動穩步地推進，我們就必須對這幾個問題加以深切的注意。

　　第一個問題是實現自治、自養、自傳的目標的具體辦法。國內有不少的教會已經完全走上自治、自養的道路，但有許多教會和他們所辦的

11　收入《天風》時，「第一批」、「第二批」及「第三批」，改「第一批（八月份）」、
　　「第二批（九月份）」及「第三批（十月份至今已超過三千人）」。

事業，如學校、醫院等，及全國性的或區域性的行政機構，還是全部地或部分地依靠國外的經濟援助的。這些教會和機構，應當怎樣地精簡節約，怎樣地開闢經濟來源，怎樣地使它們工作的計劃和經濟的需要適應新中國的環境——這些問題都應當由基督教人士加以詳細的研究和妥善的解決。很可慶幸的，現在大家已經開始為這些問題用思想了。我們相信，只要我們能充分地發揮信徒們自尊自信的心理，和愛國愛民主的精神，這些問題，在一個不會太長的時期內，都會獲得滿意的解決。

其次，是肅清帝國主義在基督教裡面的力量與影響的問題。對這個問題，還有不少的基督徒沒有得到清楚的了解。有些人對帝國主義，尤其是美帝國主義，還抱着幻想；有些人認為除了「白色」的帝國主義以外，還有「赤色」的帝國主義：也有些人不承認基督教裡面有帝國主義的力量與影響，或不承認他們自己與這個力量與影響有什麼關係。這些情況都表示着基督教對它的信徒群眾，必須進行一個長期的，反帝國主義、反封建主義、反官僚主義、反官僚資本主義的教育。

再其次，是一些基督徒對基督教在新中國的前途的顧慮。他們懷疑共同綱領中宗教信仰自由的原則，是否可以完全實現；他們也顧慮到在新中國的社會發展中，基督教是否能夠永久地保留着它的合法地位。這些問題是不容易得到若干信徒所要求的澈底的解決的，因為它們不只是政治上的問題，同時也是思想上的問題，信仰上的問題。但我們至少可以肯定地、堅決地指出：宗教信仰自由的原則，在不違反人民利益的條件下，在新民主主義階段中，以至在社會主義的階段中，必定能夠完全實現，這是毫無疑問的。至於基督教是否能夠永久存在，那就要看基督教能否在社會裡發生它所應當發生的作用。如果基督教不能發生這些作用，即使在法律上給它一個保障，它自己也是會消滅的。相反地，如果基督教對人民有貢獻，如果基督教能夠隨着時代的進展而進展，基督教就不只能夠存在，並且會被人重視。至於基督教是否可以，或應當，永久保存着它現在的形式，和思想的範疇，那就是一個歷史演變的問題，不但教外的人不能替我們回答，就是我們自己也不能對它做什麼肯定的預言。

　　基督教革新運動，是必將發展下去的，因爲這個運動是整個中國革命運動的一環。我們謹以至誠期望着這個革新運動的成功。

（原載《光明日報》）

20 / 人民時代的基督教文字事業

原文為〈中國基督教文字事業座談會紀要〉，由應元道記錄，
刊於《天風週刊》237 期（1950 年 10 月 28 日），頁 10。
本文只摘錄背景資料和吳耀宗演講部分，其餘以「……」省略。

時間——十月二十二日（星期日）下午一時半至三時半

地點——南京西路國際飯店三樓

主席——繆秋笙（出版協會執行委員會主席）

出席——出席中華全國基督教協進會年會代表一百二十人，暨參加東道
之十個基督教出版機關之代表二十餘人。

主辦團體——中華基督教出版協會

參加東道——廣協書局、中華聖經會、天風社、中華基督教宗教教育促
進會、青年協會書局、廣學會、浸會書局、中國主日學合會、
勉勵會、福音書房。（以參加先後為序）

……

二、主席請吳耀宗先生講演「人民時代的基督教文字事業」，為時約十
分鐘。茲記其大意如下：

我們的一種大毛病便是閉戶造車，任何事情都由少數人來決定，不
肯協商，所以不能收集思廣益之效。今天的會，就是要糾正這樣的
錯誤。

今天的題目裏有「人民時代」這幾個字，這所謂人民時代，便是解

放時代。既然說是解放時代，那麼解放以後的基督教文字事業，自然應當與解放以前大不相同。這不同之點究竟在那裏？

（1）　解放以前，基督教文字事業大部分由外國教士來主持，中國人僅處於次要地位。但是今天我們的會裏沒有一個外國人。今後基督教文字事業應當由我們中國人自己來負責。

（2）　過去有好些可以譯的書，到今天已不能翻譯了，（例如 Stanley Jones 和 John C. Bennett 的著作），原因是：這些書是站在資產階級觀點的，因此是反人民的，所以不適用於人民時代。

（3）　以前大部分印書的錢是從國外捐來的，今後應當計劃走上自力更生的道路，以求符合自治、自養、自傳的目標。

此外還有兩點，也是我們應當注意的：

（1）　應該多有創作——國人自己的著作，不要專靠外國的出品。

（2）　應該大眾化——聖經和有關經典的書固然是需要的，但是小冊子則更需要。這一類小冊子的內容，必須能適合新時代的精神，同時也能應付讀者精神上的需要。

末了，青年協會書局最近出版了《新時代叢書》和《宗教與生活叢書》。請各位發意見：這兩套叢書是否能適合讀書的要求？還有那些應出而未出的書？均請不吝指教。

21 / 宗教界在上海保衛世界和平反對美國侵略代表會議上的發言

原刊於《天風週刊》244 期（1950 年 12 月 16 日），頁 6–7。

　　美帝國主義對朝鮮台灣的瘋狂侵略，和繼續擴大侵略戰爭範圍的企圖，已經引起全中國人民的憤怒。中國人民對於這樣的侵略是不能置之不理的。我們完全擁護劉長勝主席關於保衛和平，抗美援朝工作的報告與意見。我們認爲中國志願部隊抗美援朝的行動，表示了中國人民鮮明而堅決的意志，這個表示，使美帝國主義知道中國人民是不能欺侮的，是不受威脅的。如果美帝國主義不自量力，胆敢繼續冒險，發動全面戰爭，我們相信：中國人民有足夠的力量，可以把帝國主義的侵略擊敗。我站在宗教界的立場，可以向大會保證，我們必定拿出最大的力量，號召全國宗教界人士，以具體的行動，對抗美援朝、保家衛國的工作，予以全力的支援。

　　在過去，宗教界人士對政治是不感興趣的，因而對各種愛國運動，也沒有廣泛地參加。但是，解放以後，由於人民政府正確的領導，宗教界人士已經逐漸地覺悟：國家的事，就是他們自己的事，一般人民所應有的責任，也就是他們應有的責任。在過去半年多當中，宗教界對國內外重要事件，尤其是對保衛世界和平運動，有過不少的表示。本年四月，全國宗教界領袖，曾在北京發表擁護和大號召的宣言；從七月到十一月間，上海宗教界曾舉行過多次會議，推動和平簽名，幷發表宣言，反對

美帝侵略台灣朝鮮，擁護抗美援朝、保家衛國運動。

　　基督教在過去一百多年當中，曾經受了帝國主義不少的影響，因此，基督教人士更感覺到他們在整個愛國運動中所應當負起的責任。本年九月二十三日，北京人民日報發表了「基督教在新中國建設中努力的途徑」這個革新宣言。這個宣言最主要的內容就是澈底擁護共同綱領，肅清帝國主義在基督教裏面的影響，警惕帝國主義，尤其是美國帝國主義，在基督教裏面培養反動力量的陰謀。爲要割斷基督教與帝國主義的關係，宣言提出「自治、自養、自傳」的主張，這個主張的目標就是要使中國教會成爲中國人民自己的教會。從七月底到十一月底這四個月中，全國基督教負責人士，和一般教徒，在宣言上簽名的，已達二五，六一〇人。各地的教會，對這個宣言，正熱烈地展開宣傳與學習，幷擬定實現三自運動的辦法。

　　除了發表革新宣言以外，許多地方的基督教團體也發表了抗美援朝的宣言，幷通過座談會、演講會、書報、標語、漫畫等方式，進行教育宣傳的工作。上海佛教方面，也曾舉行過幾次抗美援朝座談會，幷做了一些文字宣傳的工作。

　　關於今後宗教界的工作綱領，我們願意在政府領導之下，同各民主黨派，各人民團體，全心全意地參加一切愛國活動。我們希望大會能夠通過一個爲全體上海市民共同遵守的愛國公約。宗教界對於救護工作，向來是熱心的；如果客觀情勢的發展，需要這樣的工作，我們是必定踴躍參加的。

　　宗教界還有一個很重要的任務，就是對自己的羣眾，進行宣傳教育的工作。一般教徒羣眾的政治水準，是比較低的。在基督徒當中，由於基督教過去與美國經濟文化的關係，他們對美帝國主義，還保存着若干幻想；對美帝國主義的面目，還沒有認識清楚；對美帝力量的估計，還殘存着唯武器論的看法。我們必須以最大的努力，用耐心的方法，把這些不健全的思想，從一般教徒的意識中清除。

　　美國自命爲基督教的國家，但美帝國主義所做的一切，都違反了基

督教基本的教義。美國又自命爲自由國家，尤其強調它的所謂宗教自由，但我們知道，今日美國人民的自由，幾乎被美帝的統治者剝奪淨盡。美國的宗教有不少的成分也變成資產階級的工具。我們要揭穿美帝虛僞民主的面目；我們決不容許美帝用宗教自由的口號去進行挑撥離間的陰謀。我們應當配合抗美援朝的運動，使美帝國主義在中國宗教界中的文化侵略，再沒有立足的餘地。

22 / 基督教革新運動
——在全國基督教協進會年會演講摘要

原刊於《協進》9 卷 4 期（1950 年 12 月），頁 4–7。

基督教的基礎是耶穌基督；耶穌基督是上帝最高的啓示，是道成肉身。我們做基督徒的相信耶穌是世界之光，是道路，眞理，生命。我們說到基督教革新，不是要把耶穌基督改變；他是不能改變的：昨天、今天、明天、以至永遠，他都是一樣的。我們所改革的是有組織的基督教會，是背叛了耶穌基督的教會。

我們說耶穌基督是世界之光；這個光正像太陽，因爲它太強烈了，我們不能正視它。耶穌的福音也是一樣。耶穌告訴我們：上帝是愛；上帝愛世人，甚至叫他的獨生子降世救人。然而世人並不感覺到上帝是愛，因爲他們看見世界上充滿了罪惡與殘殺。耶穌的福音，對於猶太人是絆腳石，對於希利尼人是愚拙。這個福音對一般基督徒又怎樣呢？有的人蒙蔽了它；有的人歪曲了它，有的人利用了它；有的人是陽奉陰違；也有的人把握了它的一點一滴，便把這一點一滴認作是它的全體。總之，我們不了解耶穌；我們所了解的一點，我們也沒有拿去實行。在耶穌的福音面前，教會是有虧欠的，教會裏的每一個基督徒是有罪的。每一個時代的基督徒都會重新把耶穌釘在十字架上。

有組織的基督教既然是這樣的，所以每一個時代的基督教都需要洗涮，需要革新；基督教歷史裏面的聖芳濟、約翰赫斯、馬丁路得、喬治

富斯、衛斯理弟兄，以至今天還活着的卡爾巴德都是基督教革新的領導人。他們所革掉的是什麼呢？那就是教會的形式化，物質化，世俗化；就是教會與社會同流合污，崇拜偶像而不崇拜上帝；依靠人的技巧聰敏而不依靠上帝的智慧眞理，忘記了耶穌愛上帝和愛人如己的中心教訓。這些領導革新的先聖們所努力的就是重新發見耶穌的本來面目。因此，基督教革新並不是一件可怕的事；它的目的只是要保存耶穌的福音的純潔。這是基督教的生命；沒有生命的宗教是不會革新的。

今日的基督教是不是需要革新呢？當然是需要的。今日的基督教就是馬丁路得提倡宗教改革以後的基督新教。當時的宗教改革運動是進步的，因爲它把基督教從封建社會的階段推進到資本主義社會的階段。但是，不久以後，基督新教便同資本主義社會完全打成一片。資本主義社會是以追求個人利潤爲出發點的，是自私的，是不平等的。基督教對資本主義社會的罪惡不但沒有提出有力的抗議，反而做了這個社會的寄生物。教會和它的事業的經濟權都是握在大資產階級的手裏的。在資本主義的社會裏，一個牧師在傳道的時候，是要仰承大資產階級的鼻息的。

在過去一百多年當中幾乎所有的資本主義國家都變成了帝國主義國家。很不幸的，在這個時期中，基督教又同帝國主義發生了密切的關係，因此，宗教改革後的基督新教又從封建主義的懷抱投到帝國主義的懷抱。這就是基督教在現代史中一個莫大的污點，洗涮這個污點就是我們今天所提倡的基督教革新運動的主要目標。

我們應不應當讓基督教變成帝國主義的工具，變成一個反人民的宗教呢？絕對不應當的。相反地，我們應當割斷基督教同帝國主義的關係，肅清基督教裏面帝國主義的力量與影響，警惕帝國主義利用基督教以培養反動力量的陰謀。這不是一個理論的問題，而是一個實際的問題，是一個與新中國的前途和全人類的幸福有着巨大的關係的問題，因爲今天帝國主義的存在與發展威脅了世界的和平，阻礙了人類的進步，因此，反對帝國主義，割斷基督教同帝國主義的關係是每一個基督徒神聖的任務。

但是，在我們中國，有不少的基督徒對於基督教與帝國主義的關係

的問題，還沒有看得清楚，因此，我願意做一個簡單的解釋。

首先我應當說明基督教在新中國中的地位。中國的革命基本上是完成了；領導這個革命的是中國共產黨。這個革命運動是唯物的，是非宗教的，這個革命運動把基督教看作帝國主義曾經利用並且繼續利用的工具。這個革命運動認為一切的宗教，連基督教在內，在社會發展到某一階段的時候，都要消滅。若干的基督徒，由於他們對於這個革命運動的不了解，便認為這個運動是與基督教對立的，因而產生一種懷疑和恐懼的心理，這是一個完全錯誤的見解。我們可以肯定的說：領導中國革命的中國共產黨和這個革命運動所產生的新政權不是同基督教對立的，而是基督教的朋友。第一、是因為基督教和基督教徒，同中國其他的人民一樣，都曾受到封建主義和帝國主義的剝削壓迫，但今天我們都得到解放了。第二、中國革命運動領導這個革命的中國共產黨，雖然是不信仰宗教的，却是誠意的尊重宗教信仰自由的。基督教在若干地區所以遭遇到困難，並不是因為政府沒有實現宗教信仰自由的誠意。這些困難的所以發生，一部分雖然是由於政策執行上的偏向，但主要的責任，是應當由基督教本身負起的。耶穌基督的福音是救人救世的福音，但今日的基督教並沒有實行這個福音；它腐化了，他沒有負起改造世界的責任。今日的革命運動，對基督教不是否定，而是成全；它所成全的是耶穌基督救人救世的福音；如果它有否定的成分，它所否定的，不是耶穌的福音，而只是腐化了的基督教。為着這個原故，基督教在這個革命運動面前，同時也是在上帝面前，應當低頭懺悔，急起直追，恢復耶穌的福音本來的面目，使基督教能夠成為新時代中一個積極建設的力量。

如果基督教要這樣做，它目前一個最急迫的任務，就是肅清它裏面帝國主義的力量與影響。這個力量與影響是無形的是潛伏的，但它的存在是毫無疑問的。我們中國已經從數千年的封建統治和一百多年的帝國主義壓迫，被解放出來，建立了人民自己的政權，但帝國主義，尤其是美帝國主義，不但不肯承認這個事實，並且企圖破壞這個事實。從這些帝國主義來的宣教師們，由於他們對蘇聯和共產主義的成見，他們對帝國主義的政策，基本上是擁護的。他們對中國的新政權，採取一種懷疑，

觀望，甚至是敵視的態度。在中國的外國宣教師是這樣，在外國的，主持宣教事業的行政人員，也是這樣。中國的基督徒和中國的基督教事業，由於帝國主義國家經濟人才的關係，和文化宣傳的作用，都直接地或間接地受到帝國主義這種反時代、反人民的政策的影響，有意無意地做了帝國主義的工具替它培養反動的力量。在今天帝國主義瘋狂地發動戰爭，企圖把戰爭範圍擴大，直接威脅到我國的安全的時候，我們對帝國主義利用基督教這個醜惡的事實，是應當清楚地認識，並且對它加以高度的警惕的。

基督教人士最近提倡一個革新運動，發表了「中國基督教在新中國建設中努力的途徑」那個文件，在文件上簽名的，到十月底為止，已有七千多人。這個文件主要的內容，第一是肅清基督教裏面帝國主義的力量與影響，第二是表示中國基督徒鮮明的政治立場，第三是促進基督教自治自養自傳運動。這些主張已經得到全國基督教人士熱烈的擁護；在這個革新運動所提倡的原則下，中國的基督教必能更有力地宣傳耶穌的福音，以具體的工作，為中國人民服務，同時號召全世界的基督徒，為實現世界持久和平而努力。

基督教革新運動，是一個革命的運動，是整個中國革命運動的一環。把中國基督教一百多年來積聚下來的弊病和弱點革掉，不是一件容易的事，也不是一件在短時間能夠完成的事。現在還有不少的基督徒，對帝國主義的真相，沒有看得清楚；對基督教自力更生的計劃，沒有足夠的信念，甚至有人認為基督教可以同政治完全分開；這些都是帝國主義給中國的基督教所遺留下來的壞的影響。我們不應該讓這些影響繼續存在，在新中國的環境中，它也不可能繼續存在。在基督教協進會最近的年會中，會眾一致擁護革新宣言，並通過在五年之內實現三自的計劃，這是值得我們欣慰的。我們相信整個基督教革新運動，在一個相當期間，必能勝利地完成它的任務。

23 / 歷史的悲劇

原刊於《新觀察》1 卷 12 期（1950 年 12 月），頁 25–26。
另《天風》246 期（1951 年 1 月 5 日），頁 7。

我曾經在美國住過幾年，我知道美國的文化，爲什麼對某些人有那麼大的吸引力。假如你到美國去，在登陸的時候，因爲你坐的是頭等船位，沒有碰到移民局官員們驕傲猙獰的面目，沒有嚐到「天使島」拘留的滋味，順利地到達了目的地，你就會對美國得到一個錯覺。你會羨慕它的資源，欣賞它的技巧，留戀它的生活，好像這個國家的一切都是了不起的。

但是，這只是片面的、膚淺的感覺。當你深刻地觀察到一般美國人的生活，尤其是上層階級的生活，你就會馬上感覺到它的空虛、貧乏、無聊。一個有錢的女人，在大暑天時，身上圍着狐狸尾巴，拉着哈巴狗在街上走，就是這種空虛、貧乏的生活的象徵。由於他們的生活的空虛貧乏，他們就必須不斷地尋找新的刺激——足球、拳戰、酗酒、性的放縱、報紙上低級趣味的漫畫、拼字，和任何新鮮的東西。他們忙着，忙着，但不知道爲什麼；他們要往上爬，但是，即使徼倖爬到高處，他們依然感覺到生活的無聊。

這還是比較好的一方面；另一方面，是黑暗的方面，悲慘的方面。一千幾百萬的失業工人；永遠被經濟恐慌威脅着的體力和腦力勞動者；被剝削着、壓迫着、歧視着、在貧窮線上掙扎着的下層階級和黑人，被

統治者的獵犬監視着、追逐着、窒息着的進步人士——他們是少數獨佔資本家、金融寡頭、戰爭販子們血腥的魔手下的犧牲者。

　　一方面是荒淫無恥，拿別人的生命血汗，把自己養肥；另一方面則胼手胝足，終日勤勞，結果還是要仰賴着大亨們的唾餘，體貼着他們的喜怒。

　　這就是歷史的悲劇——一個物資富饒、工業化了、電氣化了的國家，它本來可以使國內每一個人都豐衣足食，無憂無慮，並且可以把剩餘的財富，供給貧乏的國家，為全人類造福的；但事實適得其反：在國內，是極少數人的有餘，大多數人的不足，結果造成生產與消費的矛盾，階級與階級的矛盾，使資本主義發展成為帝國主義；對外是進行掠奪霸佔，挑動戰爭，破壞和平，把數不盡的生命財產，淪為砲灰。

　　但是，這是背逆人性、違反真理的。「順天者存，逆天者亡」，是歷史的定律。所謂「天」就是人民的意志；違反人民的意志的任何打算，是沒有成功的可能的。看吧！正當大亨們抱着如意算盤、躊躇滿志的時候，天邊的黑雲，就一片一片地飛到他們的頭上。低頭一看，原來在他們儲藏財富的寶庫上，出現了一個漏洞。於是連忙去塞，但還沒有塞好，又發現另一個漏洞、再一個漏洞⋯⋯把大亨們弄得手忙腳亂，滿頭大汗。不斷地傳到耳邊來的聲音，是失業、罷工、和全世界此起彼伏的革命浪潮。他們心中一想：事情不妙，一定有個魔鬼，在暗中搗亂；於是磨拳擦掌，準備向魔鬼進攻。但是，定睛一看，那裡有什麼魔鬼，原來前面是一排一排的拳頭，是人民的鐵拳，等着把他們打倒。

　　這不是漫畫，而是美帝在今日世界舞台上所扮演的悲劇的寫真。它的耀武揚威，不是力量的表現，而是瘋狂的表現。西方有一句諺語說：「諸神將要毀滅的人們，必先發狂。」瘋狂，正指示着他們的末日將到。

　　單單靠着武器、金錢、宣傳、欺騙，和沒有靈魂的傀儡，去維持自己的統治，而忘記了、無視了絕大多數人民的意志與向背；生活在火山的邊緣，而還是閉着眼睛，在那裡飲酒跳舞；歷史一次又一次地給了當頭的棒喝，但還自以為可以拖住時代的車輪；這就是華爾街的大亨們在

世界舞台上，一幕一幕地演出的悲劇。

　　偶爾在報紙上讀到以下一段話：「黑格爾說過，歷史上的重要事件和人物好像都出現兩次。馬克思又指出，黑格爾忘了加上一句，就是第一次以悲劇出現，第二次卻以喜劇出現。」這一段話應當可以應用到現在的美國。今天，它是最兇狠的帝國主義；它本來可以造福人類，然而它卻做了全世界進步力量的敵人。但是，明天，華爾街的大亨們被打倒了，美國的革命成功了，它就會變成新世界建設的一個偉大力量那時候，帝國主義的美國的悲劇，就會變成人民的美國的喜劇。歷史是不會重演的，讓我們主動地決定世界舞台未來的節目吧！

24 / 基督徒與新時代

原刊於《要學習要團結要建設——一九五○年執行委員會擴大會議誌略》
(上海：中華基督教女青年會，1950)，頁 14–15。原文為手抄本。楊樹因記錄。

今天一個基督徒要搞通思想，必須過三個難關：第一、人民的翻身：古今中外數千年來，都是人壓迫人的社會，少數人統治着多數人，這種不合理的現象，應當推翻，代之以自由平等的社會，這就是翻身。因爲舊思想的薰染，會有很多地方不習慣，如果沒有把握住翻身的意義，就會從個人利益出發，曲解新時代；但是如果把握住翻身的意義，就能從大處遠處着眼，就會認識新時代。從基督教來講，今天中國的翻身，正是基督教信仰的實現，耶穌是要解放被壓迫者的，而這實現卻是通過否認基督教的人。第二、歷史的報復，也就是歷史的包袱，今天的時代是基督教的否定；過去種了因，歷史的報復就是果。今天基督教面臨許多困難，一方面是基督教本身的信仰、思想、生活、事工，有許多地方與時代脫節，因而變成革命的對象，另一方面，許多人對基督教抱着成見，而這成見是有歷史的因素的，（這感覺的動機是好的）因爲反帝是人民翻身的一個中心任務，一切有帝國主義色彩的，都會受到反對。我們要把歷史的報復與人民翻身連起來看。如果只看見外界對基督教的成見，而否認事實，是不對的。第三、一面倒的道理，今天世界上有兩大陣營，一個在推動戰爭，一個在維護和平，前者是以美帝爲首，過去三四年中國所吃苦頭和現在的封鎖空襲等都是從美國來的，它更佈置反動力量來個大包圍，意圖消滅新中國。如果我們對這種現象還不承認，眞是不知

應怎樣解釋，如果我們承認它是帝國主義，卻不去反對，則於心有愧。我們更不能因利害關係而不敢去反對。基督徒對利害的打算不是如此。一面倒不能倒向帝國主義，一面倒要「倒向眞理，倒向蘇聯」。蘇聯的要求和平，幫助中國解放，這些事實都代表眞理。中蘇友好同盟條約的簽定，更是有力之証明，沒有蘇聯及世界和平民主力量的援助，中國革命是不會單獨成功的。在革命成功後，也同樣需要國際力量的援助，才能使我們的勝利得以鞏固。通過這三個關，就可以認識新時代的面目。

　　新時代的試金石，解放後，基督教有三種情形，一種人徬徨駭怕，不了解新時代的意義。第二種人對新時代採取否定和懷疑的態度，追求個人得救和靈性發展，爲屬靈派，在解放後，這種人反而增加了。還有一種是積極派，把握了新時代，了解新時代是基督教的成全——耶穌福音的成就，也是基督教（指有組織的）的否定，同時也認識新時代是基督教的機會。我們要在工作上及生活上表現博愛、犧牲、服務的精神，以事實爭取別人對我們的信仰，證明我們裏面有精金。

　　辯論的發展：基督教與共產黨，現在已經有了一個統一，就是統一戰線的統一，行動的統一，因爲我們有共同的敵人，還因共產黨用辯証法看宗教，宗教可以是人民的鴉片，也可以變成爲有益於人民的力量，將來甚至在思想和信仰上，也可以得到統一。一方面共產主義與唯物論是基督教所需要的，一方面基督教中有寶貴的東西，是唯物論所缺少的，就是（1）絕對的成份，上帝的觀念、寅畏、崇敬、謙卑，有了這個人生就更有意義。（2）「萬事互相效力，叫愛上帝的人得益處。」上帝通過人來表現 Providence。（3）道成肉身，耶穌所啓示的基督教，將與唯物主義結合，在世界上創造一個嶄新的文化。

25 / 人民政協的經過與成就

原刊於劉良模編：《人民政協與三大文件學習手冊》
（上海：青年協會，1950），頁 101–108。

（編者按——本文是一九四九年十二月十三日晚上吳耀宗先生在開封浸禮會對一千多位基督教同道的演講詞）

主席、諸位來賓、諸位同道、今天的會是一個盛會，有年青的人，年老的人，踴躍的來參加。我想大家該知道這個時代是苦盡甘來的時候了。在過去我們受了許多痛苦、壓迫、而今天得到了翻身，作了主人。在中國的歷史上四千餘年中，每次的變革，沒有一次是真正使人民翻身的。就是到了民國亦是軍閥統治，又有蔣介石獨裁，一黨專政，禍國殃民，我們可以說痛苦受盡了。直到現在才進入了新的光明時代。有時人們不了解，以爲我們既然被解放了，爲何還是吃苦，生活發生困難，還不如從前。因爲他們尚未認識清楚，所以今天我要向大家說明。今天的困難是幾千年積累而成的，我們今日要從專制封建官僚資本的惡勢力下解放出來。再進一步建設時，才可以得到經濟的繁榮，因爲一切國家建設必須循序而進。我們應該思想現在的新生活和幸福是誰給我們的？是領導革命的共產黨給我們的。

一九四九年九月三十日晚上，是「人民政協」的最後一天，中央人民政府成立的前一天，北京人民紛紛的籌備慶祝，我在街上走過，看見

家家戶戶的大門口都已貼上了新的門聯。其中有一句，最有意義，給人的印象也最深，那就是：「舊中國死亡了，新中國誕生了。」這可以代表人民政協所具有的劃時代的意義。毛澤東主席在人民政協開幕詞中說：「中國人就此站立起來了！」最後一天，在閉幕禮中，新中國的國旗「五星紅旗」，第一次在主席台前展開的時候，有許多代表感動得流淚了！這兩件事，的確象徵了新中國的誕生。

十月一日在北京天安門前面，在新收拾好的廣場上，（它比莫斯科紅場更大），舉行新中國人民政府成立典禮，場內有參加的人民二三十萬人，在場外擁擠着想進場來的，更是數不清。我們站在城樓上，看到如此偉大的場面，人民如此熱烈的情緒、狂歡的舉動，覺得這的確是人們從心的深處發出來的歡欣。為什麼他們有這樣熱烈的表現呢？這是有原因的。如果我們想到過去，想到鴉片戰爭，袁世凱的廿一條，「九一八」，不平等條約，中國人處處受壓迫，恥辱；想到上海黃浦江邊的外國兵艦，以及外灘公園門口寫的喪權辱國的「狗與華人不得入內」的牌子；想到這樣的壓迫，那時祇有低下頭來，把氣吞下肚去。現在中國人民站起來了，現在把帝國主義打出去了，我們可以與外國平等相見了。我們也想到國民黨二十二年來恐怖的統治、壓迫、殺害，甚至在上海解放的前夕，有許多人還遭受無情的毒手。想到那些有正義感的人士，為和平民主而鬥爭，他們在解放戰爭中流了血。他們的鮮紅的血乃是新中國的基石。我們對於這些民主的先烈，深致敬意。現在最頑強的反動集團已經被打垮了，新中國已經誕生了。

我現在接着要把人民政協的本質，及我們代表們所負的任務，分為三點來介紹：（一）統一戰線，（二）共同綱領，（三）民主集中。

（一）**統一戰線**——人民政協的代表共有六百多人，代表了中國最廣泛的階層，有各黨各派的領袖，有知識分子，並有農民工人，——如農民代表李秀真等，他們的服裝和表情，都是道道地地的淳樸農村氣息，這些人以前都是不被人看重的，現在却與各界的領袖完全平等。代表中還有和尚，戲劇家、起義的將領，還有我們宗教界的這些代表。共產黨

是不信宗教的，但是這次共產黨領導的人民政協却邀請了宗教界的人士出席。代表中最年老的，有九十二歲的薩鎮冰，最年青的，有二十一歲的學生代表晏福民，眞可說是四代同堂了。這次大會中，老老少少，各式各樣的人，他們從中國的四面八方來到北京，代表我們全中國人民來參加建設國家的大計。請翻開一部廿四史來看，那有過這樣的事？這統一戰線乃是人民民主專政。誰是人民？就是工人階級、農民階級、小資產階級、民族資產階級、及其他民主人士，這些人民對國內的反動份子來實施專政，就是人民民主專政。反動份子即帝國主義、封建主義、官僚資本主義、及其有關係的人。誰來領導？以工人階級來領導，因爲工人受壓迫最多，革命意志最堅，他們有資格來領導。我們在過去三年多的短時間內，把最頑強的反動份子（以帝國主義爲後台的）打倒了，這是以中國共產黨爲領導的統一戰線的成果。統一戰線的力量，卽廣大人民的力量；現在進入了新中國的階段，仍要依靠統一戰線的力量，帝國主義不願我們有統一戰線，想盡方法不斷地來分裂我們的革命陣營，然而我們有偉大的力量，那就是「統一戰線」的力量。

（二）**共同綱領**——在人民政協會議中，通過了三個劃時代的文獻——（1）人民政協共同綱領（2）中華人民共和國中央人民政府組織法，和（3）中國人民政協組織法。這乃是新中國的大憲章，其中最重要的是「共同綱領」，它是最適合中國目前的環境，顧到各階層的利益。這是最低的綱領，因爲它的目標，不是社會主義，而是新民主主義。它要建立和平、民主、統一、自由、富強的新中國。在政協會議中，有些人以爲這綱領太溫和了，爲什麼不跑得快一點？他們沒有明瞭共同綱領是爲了照顧一切程度不同的人民的。但這個綱領是前進的，不是保守的。這不是中間路線，而是「一面倒」的，倒向蘇聯及新民主主義國家這一面，共同反對帝國主義的侵略，保障世界持久的和平。

（三）**民主集中**——我們可以說，國民黨過去所標榜的是假民主，是用錢買來的，用勢力壓迫得來的假民意。現在所得到的是眞民主，眞民意。什麼是民主？乃是人民要做主人，乃是四萬萬七千五百萬人做主

人（反動派除外）。什麼叫集中？如果四萬萬七千五百萬人都要做主人都來開會，則是不可能的。要使執行有效，便要集中。它的含意是：少數服從多數，下級服從上級，地方服從中央，個別服從整體，政府向人民代表負責，人民代表向人民負責。做到了這幾點，即可以「民主」「集中」。在現在的民主集中裏，還有兩個特點：一是共產黨的領導。他們不是一黨專政，而只是在聯合政府裏居領導的地位。他們領導却不妨害民主，因為共產黨的領導不是專制，而是由於我們非共產黨的人，甘心情願接受他們的領導。共產黨有辦法、有經驗、有能力，我們為什麼不去接受他們寶貴的辦法、經驗、和能力呢？

　　民主集中的第二個特點乃是協商的精神。在北京許多人與共產黨接觸以後，都發現他們是「事事協商，反覆討論」的，這是真民主。歐美式的民主，是不澈底的民主，「協商」乃是真正的民主。例如歐美式的會議，大家在面紅耳赤的辯論之後，以多數來通過，但不能代表人民的意見。「共同綱領」却祇有幾分鐘的工夫，就全體一致的通過了，這乃是事先協商的結果。共同綱領的草稿有六七個之多，是鉛印的文件，最後以修正的草案，再反覆的協商討論，甚至少數人的意見，有時也被採納。因為會前會後幾十幾百次的個人小組團體的協商，所以人民政協的幾個重要文件在大會上很快就通過了。

二、

1951
年

1 / 基督教爲什麼要革新

原刊於《光明日報》，1951 年 1 月 1 日。

一、基督教面臨着新時代

三十年前，我離開了我原來的職業，到基督教青年會去服務，那是我相信了基督教，領洗入教後的第二年。這一個時期正是基督教的黃金時代：基督教的許多事業是蓬勃地發展着。一九二二年在上海舉行了第一次全國基督教會議，在那個會上，基督教的領袖們提出「中華歸主」的口號，計劃着怎樣使基督教的力量伸張到全國每一個角落，把整個中國「佔據」。那時候，在中國的西國宣教師有一萬幾千人，單單在青年會這個運動裡就有一百多人。在當時的大會裡，同時提出的還有一個「中國本色教會」的口號，那就是我們今天所提出的「自治、自養、自傳」的口號。這個口號的目標，就是要使中國的基督教開始脫離西方宣教會在人材、經濟、和行政上的控制。但是，談何容易。一九二二年是全世界基督教的黃金時代，也正是全世界資本主義，尤其是美國資本主義的黃金時代，在西方宣教會的溫室裡培養起來的中國基督教，是不可能抗拒資本主義國家宣教運動的兇猛攻勢的。那時候，大多數基督教機關名義上或實際上的主持人是外國人；大多數教會的經濟權是操在外國人的手裡；許多基督教的領袖人材，是在宣教師所特有的氣氛中訓練出來的。外國宣教師所住的是洋房和花園式的大院子；這是他們自己的「王國」；這個王國在生活上、文化上、思想上，是被一堵又高又厚的圍牆同中國

人隔離起來。在許多教會和基督教團體里面，一切重要的談話、會議、記錄、報告都用英文；一個不懂得英文的，或者沒有留過學的中國信徒，是沒有做領袖的資格的。在這樣的情況下，一般宣教師的態度是可想而知的。他們是天之驕子；他們是到「黑暗」的國度里來感化愚昧的異教徒；如果他們表示一點慈祥的態度，那只是一個具有權威的家長對他們馴服的兒子們所表示的態度。至于他們同一般中國人的關係，那是與那些在不平等條約的蔭庇下作威作福的外國商人和官吏們，沒有太大的分別的。

在一九二二年和以後的幾年，曾經發生過由五四運動所啓發的反基督教運動。但這個運動是先天不足的，是短命的。五四運動所要摧毀的「孔家殿」，是封建的文化，五四運動所要介紹的「德先生」和「賽先生」卻是資本主義的文化，而資本主義的文化，在本質上是同基督教分不開的。既是這樣，當時的反基督教運動，就失去了意識上的根據。自從國民黨反動派背叛了革命以後，他們的統治者就不但不反對基督教，並且要利用基督教爲政治的工具。當時反動政府里許多要人是基督徒；他們都擺出一個虔誠的面孔，對基督教，尤其是基督教裡面的西方宣教師，採取一種寬容、優待，甚至是諂媚的態度。如果宣教師是天之驕子，在這時候，中國的基督教事業，和一些中國基督教領袖，託了他們的鴻福，也幾乎成了天之驕子了。

但是，「十月革命」以後的世界形勢，發生了質的變化。資本主義從黃金時代跌進了一九二九年空前的經濟恐慌；中國的革命從醞釀時期到了生長時期和成熟時期。隨着世界的革命潮流而來的，是一種新的思想，新的文化，新的哲學。這些新的東西是同資本主義對立的，是澈底地反帝國主義的，同時在哲學的基礎上也是否定基督教的。在不知不覺之中，基督教同資本主義，帝國主義，都成了革命的對象。爲要保衛它自己，資本主義、帝國主義逐漸形成一套反革命的理論，逐漸組成一個反革命的陣營；寄生在它裡面的基督教，當然是「亦步亦趨」的。在這時候，基督教所面對的，不再是一個色屬內荏的批評者，而是一個要澈頭澈尾地清算基督教的力量。在這個新的力量的探照下，基督教顯得越來越貧乏軟弱，而在它的保護者的眼光中，它却顯得更體面，更神聖。

中國的革命以迅雷不及掩耳的速度，獲得了全部的，基本的勝利。好像頭上着了一棍沉重的打擊，在思想上沒有準備好的大多數的基督徒，在一個短的時候，迷亂得透不過氣來。他們的意識變成一個大的問號；他們的心靈，發出一個急迫的呼籲。基督教是不是又要像第一二世紀那樣，到地洞裡去？基督教在新形勢下有沒有前途？中國人民政治協商會議所通過的共同綱領，規定了宗教信仰的自由，這似乎是一個很好的保證。然而，事情並不是那麼簡單的。宗教信仰自由只是一般的原則，這個原則是要在剛剛被解放的半封建半殖民地的複雜環境中被應用的。宗教信仰自由原則的規定，證明中國的革命並不是要打倒基督教，而是要成全基督教。宗教的所以存在，是由于社會環境的某些客觀因素。革命不能抹煞這些因素；它只能改變這些因素，並且只是逐漸地改變。這些因素一天存在着，宗教便一天存在着。只要宗教不是違反人民利益的，只要宗教是隨着時代的進展而進展的，宗教就不只能夠存在，並且有它應有的地位。

但是，還有另一方面。歷史不是在眞空中進行的，它裡面的每一件事情，都是互相聯系着的。種什麼因，就要收什麼果，這是歷史的定律。基督教不能取消它的過去；它不能以一張白紙的姿態，在新中國出現；它種了因，它也要吃它的果。宗教自由原則的應用，是不能脫離這樣的歷史情況的。基督教種的是什麼因呢？馬丁路德改教的時候，基督教是進步的。同資本主義一樣，基督教脫離了封建的社會，進入了現代的社會。然而，也同資本主義一樣，當現代的社會，到了爛熟的時期，應當進入一個新的階段的時候，基督教却還想拖住時代的車輪，不讓它前進。基督教寄生在現制度的溫室裡，留戀着裡面的溫暖，不敢在暴風雨中站立起來，開闢新的道路。當暴風雨向溫室襲擊，威脅到裡面的花草的安全，基督教却又怪暴風雨的無情。

在解放後的中國，在許多基督徒的思想中，就存在着這樣一個混亂的、矛盾的現象。他們的意識，本來就是資本主義社會所孕育出來的意識；他們的宗教，本來就是受了資本主義，帝國主義深刻影響的宗教。現在，在這一切之上，又加上資本主義國家反蘇反共的誣衊宣傳。在這

個宣傳中，帝國主義的挑撥離間者，尤其強調着他們的所謂宗教信仰，自由。于是，在新環境中的基督徒，便感覺到四面楚歌，滿城風雨。新中國的政權，是中國共產黨所領導的；共產黨是唯物的，無神的，而因此，就必然是反基督教的。所謂宗教信仰自由，可能就是一個圈套，等到基督教被套在裡面以後，它就會被消滅掉。在解放前後的一年多當中，政府用了最大的力量，消滅了幾百萬的反動軍隊，肅清了幾十萬的土匪特務，整理了財經，穩定了物價，進行了土改，恢復了國內的秩序與安全。在這千頭萬緒的改革與建設中，地方行政上的偏差，是不能完全避免的。由於這樣的情況，又由於一些人對基督教的成見，解放後的基督教，便在許多地方發生了困難。這些困難又加深了一般信徒對新環境的疑懼。他們不曉得把目前基督教的處境，和一百多年來基督教所受的帝國主義的影響聯系起來；他們只怪別人不了解基督教，却不肯追究：別人爲什麼不了解基督教。他們對新中國的政權，也沒有得到一個正確的了解。他們忘記了幾千年的封建壓迫，和一百多年的帝國主義侵略所給我們遺留下來的巨大包袱；相反地，他們企望着這個新的政權，在一夜之間，像變戲法一樣，把整個歷史局面變化而更新。

二、基督教革新的途徑

　　基督教的革新，並不是一件完全新鮮的事；基督教兩千年的歷史，經過無數次的改革，其中最重要的一次，就是馬丁路得脫離羅馬教而組成的「抗羅宗」，那就是我們今天的基督教。基督教爲什麼是革新？這不只是因爲某些教派在信仰上和思想上的離經叛道，也因爲基督教領導者們在生活上和組織上的倒行逆施。兩千年來的基督教，不斷地清算異端；兩千年來的基督教，也不斷地追求着信仰的眞純，和言行的一致。

　　「抗羅宗」的改革運動，嚴重地打擊了基督教裡面的封建力量，給基督教灌輸了現代主義的新血液。在組織上和神學思想上，「抗羅宗」把基督教推進了一個新的階段。但是，一百多年以來，這個新興的基督教，因爲資本主義社會打成一片，又隨着資本主義的沒落而沒落。到了今天，基督教幾乎變成舊制度的辯護者和代言人。西方的基督教，像一

疋染了顏色的白布，深深地染上了資本主義和帝國主義的色彩。中國的基督教是從西方傳來的，它當然也深深地受到西方社會意識形態的影響。中國這個半封建半殖民地的國家，更使這個影響，同弱小民族的特性，交織起來，使中國的基督教，不只被人看作「洋教」，同時也被人看作帝國主義的工具。然而，也正因為中國的基督教是在一個半封建，半殖民地國家裡生長起來的，由於一般形勢的演變，它比西方的基督教，就更具有革新的潛能。這就是今日基督教革新運動所以在中國被提出的歷史背景與時代背景。

一九五〇年九月二十三日，北京《人民日報》用巨大的篇幅，發表了「中國基督教在新中國建設中努力的途徑」這個宣言，和全國一五二七位基督教領袖在這宣言上的簽名。這個宣言的主要內容：第一、是要表示基督教在新中國中鮮明的政治立場，那就是：「澈底擁護共同綱領，在政府的領導下，反對帝國主義，封建主義及官僚資本主義，為建設一個獨立、民主、和平、統一和富強的新中國而奮鬥」。第二、是要割斷帝國主義的關係：「以最大的努力，及有效的方法，使教會羣眾清楚地認識帝國主義在中國所造成的罪惡，認識過去帝國主義利用基督教的事實，肅清基督教內部的帝國主義影響，警惕帝國主義，尤其是美帝國主義，利用宗教以培養反動力量的陰謀」。第三、是以「愛國民主的精神」和「自尊自信的心理」，在最短期內，完成中國教會「自治、自養、自傳」的任務。宣言中的這三點是互為因果的；有了鮮明的政治立場，帝國主義就無所施其技；要打擊帝國主義，就必須促成一個由中國人自主的教會。這一個轉變，是中國基督教的新生，是一百多年來帝國主義影響下的基督教的基本轉變。

自從宣言發表以後，全國的基督徒，熱烈地響應，踴躍地簽名。簽名的人，起先只限於大都市的上層領袖；不久以後，這個運動就深入到一般基督徒羣眾，包括商人、工人、農民、青年和婦女。最初的簽名，是一個一個地寄來的，後來就是幾百幾千地寄來。最近收到的一批集體簽名，就有三萬多人。從八月到十二月這五個月當中，簽名的總數，已超過七萬。許多簽名的人，還寫信說明：他們為什麼擁護這個宣言，並

提出關於實現這個宣言的原則的許多意見。

　　基督教的革新宣言，爲甚麼能得到這樣熱烈的反應呢？我們在上面所敘述過的那種情況，就是一個很好的說明。一般基督教人士，因爲不了解新時代的性質，就感到迷惑與徬徨；革新宣言卻給了他們幾個重要的啓示。第一，許多人模糊的政治見解，被宣言直截了當的政治立場廓清了。他們曉得新中國的政權是人民的政權，是爲人民服務的政權，是值得每一個有血性的中國人擁護的政權。第二，他們開始認識了基督教同帝國主義的聯系。他們知道從西方傳來的基督教，並不像他們所想像的那樣純潔神聖；帝國主義曾經利用過基督教，並將繼續利用，因此，他們必須提高對帝國主義的警惕。第三，他們對基督教在解放後所遇見的困難，得到一個新的了解。這些困難，是有它們的歷史根源的；這些困難，是不能用命令的方式來解決的；相反地，基督教必先「盡其在我」，消滅一切可能造成這些困難的原因。第四，革新宣言所提倡的三自運動，本來不是新鮮的。二十幾年以前，就有人提出了這個口號。許多教會，已經能夠自立自養。但是，這個運動始終沒有得到一般基督教領袖的重視。現在，完成這個任務的社會條件，已經完全成熟；宣言的號召使中國的教會，得到一個新的努力方向。

　　基督教革新運動不是沒有困難的。基督教一百多年來所積聚下來的弱點，是不可能在一個短時期內完全掃除的。許多基督徒對政治還是不感興趣；有些人甚至以爲基督教同政治可以完全分開，革新宣言的濃厚政治意味，使一些人對它感到生疏。其次，許多基督徒還沒有深刻地認識帝國主義的面貌，尤其沒有想到基督教同帝國主義的聯系。他們對日本帝國主義赤裸裸的侵略，是容易看得清楚的；但是，西方帝國主義，尤其是美帝國主義，通過傳教運動而進行的，更險毒的文化侵略，卻使他們模糊起來。再其次，一般人對三自運動，雖然是一致贊同，但實行起來，卻不免有許多顧慮。新的經濟來源是一個問題，整個基督教的精簡節約，重新調整又是一個問題。將來還要考慮到中國信徒自己所傳的教，應當有什麼內容。困難是存在的，然而並不是不能解決的。只要假以時日，基督教革新運動，是可以隨着整個中國革命的發展而發展的。

自從美帝國主義侵略台灣朝鮮以後，許多基督徒對美帝國主義的面目，逐漸有了一個清楚的認識。配合着宣言的簽名，全國各地的基督徒，紛紛發表抗美援朝，保家衛國的宣言，展開了中國基督教史所未曾有過的愛國運動。簽名人數的激增，與美帝侵略的進展，成了正比例。基督教革新宣言的發表，嚴重地打擊了美帝利用基督教來進行侵略的企圖。

三、基督教的將來

基督教的前途是怎樣的呢？許多基督徒對這個問題的考慮是可以了解的。基督教並不懼怕迫害。兩千年來，基督教曾經遭受過許多次的迫害，最嚴重的一次，是第一、二世紀羅馬帝國統治者對它的迫害。但是，基督教愈遭受迫害，它就愈加發展起來。基督教在新中國又怎樣呢？基督教在新中國所面臨的問題，不是有什麼人對它迫害，或者要把它消滅的問題。基督教目前所遭受的困難是暫時的；基督教在新中國的存在，是不成問題的。基督教在新中國所面臨的問題，却是一個更基本的問題，每一個虔誠的基督徒都把它自己所崇奉的宗教，看作是上帝所默示的，永恆的宗教。但是，新中國的文化，却對這樣的信念，給了一個嚴重的挑戰。從唯物論的觀點來看，宗教的壽命，是有其一定限度的；造成宗教的社會條件被消滅以後，宗教就沒有存在的必要，也沒有存在的可能。基督教是不是也要遭受同樣的命運呢？絕大多數的基督徒，對這個問題，當然是予以否定的答復的。但是，問題是不能輕易地被擱置起來的，尤其是在一些深思好學，有志追求眞理的基督徒。就是那些對這個問題給了否定的答復的人們，他們也會爲這個問題，感到不安，因爲他們意味到一個長期的，在文化上對他們的信仰不調協的新社會環境。

我們固然可以說：不但宗教要消滅，就是一個革命的政黨，一種革命的主義，在完成了它的任務以後，也是要消滅的。宗教在某一社會階段，能夠滿足某些人的需要，但在另一社會階段，這些需要將不存在，而因此，宗教的存在，也就不再需要。這一種看法，是並不完全符合事實的。一個革命的政黨，一種革命的主義的消滅，是因爲它已經完成任務。但從唯物論的觀點來看，宗教本身的消滅，却是由於人們對宗教的

「幻滅」。幻覺本來是子虛烏有，如果說它完成了什麼任務，那不過是聊以自慰而已。

　　宗教是不是要消滅的呢？從一個辯證的觀點來看，我們對這個問題的答復，應當是肯定的，同時也是否定的。我們的答復是肯定的，因爲一般宗教的極大部分是「下等的火酒」，是「人民的鴉片」，一般宗教的極大部分是逃避現實，是想入非非。在現世得不到應有的滿足的人們，才會想到來世的天堂；對現實沒有力量去應付的人們，才會掉在唯心的陷阱。在一個合理的社會裡，就沒有這樣的需要。隨着帝國主義的消滅，帝國主義利用宗教來麻醉人民，欺騙人民的可能，也將跟着消滅。在未來的世界裡，宗教的前途是黯淡的。

　　但是，我們還可以從另一個角度來看。宗教的形式，可以消滅，宗教的本質，却不能消滅。宗教的形式是可以消滅的，因爲宗教本來就不拘形式。拿基督教來說吧，耶穌自己本來不是要創立什麼「宗教」：福音書裡「教會」的字樣，可能是後人加入的。初期零星的教會，後來演變爲統一的羅馬教，羅馬教又分裂爲東正教，以後再分裂爲抗羅宗。在現在的基督教裡，聖公宗的「高品」教會在儀式上是幾乎同羅馬教一樣的。還有一些教會則走到另一極端：神體一位派是否認「三位一體」的；公誼宗是反對牧師制度和任何儀式的。還有其他形式式的宗派。因此，基督教如果在遙遠的將來還存在着，它是否還有形式，或將保留什麼形式，實在是一個疑問。

　　宗教的本質，却是另一回事。什麼是宗教的本質呢？宗教的本質，只是有限的人生，對宇宙無窮的眞理，不斷的追求景仰依賴，服從。以有限的追求無限，以破碎的追求完整，以瞬息的追求永恆；在追求到一點一滴以後，就即知即行，生死以之，向它獻上生命的一切。這就是宗教的態度，這就是宗教的情操。這一個宗教信仰的本質，是貫澈在一切高級宗教之內的，是不隨着宗教形式的改變而改變的。

　　從這一個宗教的本質來看，宗教就不是迷信，不是空想，不是幻覺，而是引領着人生，在現實的生活中，永遠地追求着眞理的更高表現的動力。莊子在天運篇內，曾經說過一個譬喻，可以拿來作這一段話的註釋。

他說：「泉涸，魚相與處於陸；相呴以溼，相濡以沫；不若相忘於江湖。」「相呴以溼，相濡以沫」是道德，也是宗教；這些行爲的所以成爲需要，只是因爲魚的擱淺，違反了它們的本性。等到魚回到江湖裡，它們就可以彼此相忘，不再需要什麼互助互愛。但當它們還在擱淺的時候，它們的相呴相濡，和它們對江湖的企望，却不是矯揉做作，也不是迷信，不是空想，不是幻覺，而只是一個正常的，更高的境界的追求。

從這一個宗教的本質來看，宗教與非宗教的分別，就不是對客觀眞理的認識的分別，而只是處理這些客觀眞理的態度和情操的分別。宇宙間的眞理是統一的；不是有一種宗教的眞理，另有一種宗教以外的眞理。因此，在一個深刻的宗教信仰裡面，在宗教與非宗教之間，並沒有一個不可踰越的鴻溝。

我爲什麼要說到基督教的將來？這不是杞人憂天，而只是因爲這個問題，與基督教革新運動，有着非常密切的關係。即使我們不能把這個問題完全弄清楚，我們至少可以把這個問題的性質與範圍規劃出來，因而把一些與這問題有關的，不必需的疑慮，掃除淨盡。這樣，基督教革新運動，就可以更穩步地前進。

2 / 基督教革新運動的新階段

原刊於《光明日報》，1951 年 1 月 14 日。另《解放日報》，1951 年 1 月 15 日；《人民日報》，1951 年 1 月 15 日；《新華月報》3 卷 4 期（1951 年 2 月），頁 892–893。

一九五〇年九月二十三日，北京《人民日報》發表了〈中國基督教在新中國建設中努力的途徑〉這個宣言，和在這個宣言上簽名的全國基督徒一五二七位負責人士的簽名，這就是中國基督教革新運動的開端。

在宣言上簽名的，從第一批的一千多人逐漸發展到十二月七日爲止的二六七二七人；又從這個數字，飛躍地發展到十二月三十一日止的七萬八千五百九十六人。最使我們興奮的，是包括在這個總數裡面的，全國基督徒聚會處四七二個教會的三二七八二個簽名。每一個簽名的人都蓋了自己的圖章，或打了指模。這些簽名，黏貼起來，成了一個幾十丈長的名冊。在一九五一年一月，僅在一週之內，便有將近一萬人的簽名。

宣言的簽名運動，現在正在全國蓬勃地發展着。剛從成都寄到的十二月份的《希望》月刊，是一個革新宣言的專號，裡面詳細報導了這個運動在成都熱烈展開的情況。在四川的宜賓和瀘縣，在湖南的瀏陽和益陽，在浙江的溫州和餘姚，在河南的鎮平，在山西的太原，在山東的濟南，在福建的詔安，在廣西的柳州，和其他許多地方，都曾舉行過宣言簽名的動員大會。更使我們欣慰的，就是天主教人士對於這個運動的響應。在川北行政區的廣元縣，有天主教徒五百餘人，於去年十一月三十日首次聯名發表「自立革新運動宣言」。在本年一月初，還有重慶

的六百九十五人和南昌、歸綏、川西的夾江，川北的岳池縣，共兩千餘人發表同樣的宣言。同基督教一樣，他們也要割斷與帝國主義的關係，「自力更生，建立自治、自養、自傳的新教會」。

　　配合着革新宣言的簽名，許多地區的基督教團體，參加了抗美援朝保家衛國的運動，並紛紛發表宣言，遊行示威，反對美帝國主義的侵略，駁斥奧斯汀的無恥讕言，擬定愛國公約，並展開對時事的宣傳與學習。上海的基督教人士，在聖誕節前發起救護袋捐獻運動。在武漢方面，基督教、天主教各教會團體及教會學校人士，曾於十二月十五日聯合發表宣言，痛斥奧斯汀的讕言。十二月二十七日，濟南市基督教、天主教團體學校、醫院舉行抗美援朝愛國運動示威大遊行。

　　在最近的半個多月中，由於美帝國主義侵朝的軍事失敗，國際的形勢發生了一個急速的基本的幾乎是戲劇性的變化，這個變化，同基督教革新運動已經獲得的發展聯結起來，就使這個運動到達了一個完全新的階段。

　　一九五○年十二月十六日，美國政府宣佈管制其轄區內中朝兩國的財產，並禁止在美國註冊的船隻駛往中國港口。美國的這個措施，凍結了中國在美國的公私財產，因而嚴重地影響了中國境內依賴美國款項來維持的基督教事業和它們裡面工作人員的生活。中央人民政府政務院針對着美帝國主義這一個無理的措施，於十二月二十八日發佈命令，管制並清查美國政府和美國企業在華的一切財產，並凍結美國在華公私存款。同月廿九日，政務院又公佈了關於處理接受美國津貼的文化教育救濟機關及宗教團體的方針的決定。過了幾天——本年一月三日，上海全國性及地方性基督教團體廿六位負責人士，發表了擁護政務院這個決定的宣言。這一連串的發展，使基督教革新運動面臨着一個新的局面。

　　基督教革新的一個基本內容，是自治、自養、自傳的運動，而尤其急迫的是自養運動。所謂自養，就是要脫離外國的經濟關係，尤其是美國的經濟關係。在一九五零年十月，在上海舉行的基督教協進會年會中，參加的代表們，一致通過在五年內完成三自運動的任務。在年會以後，也有若干基督教團體，例如中華聖公會江蘇教區，中華基督教會全國總

會，規定在同一時期或在一個更短的時期內完成這個任務。目前形勢的發展，卻逼着我們，使我們不得不採取一個更緊急更澈底的措施。在接受外國津貼的基督教事業中，美國的協助佔了它們經濟來源的主要成份。現在這一個經濟來源，事實上已經斷絕。這樣一來，中國教會自養的問題，就不是一個三年五年的問題，而是一個急不容緩的問題。

要使中國的基督教事業，從依賴外國津貼的基礎，馬上轉移到自力更生的基礎，並不是一件容易的事，但不應當被認為是一件不可能的事。上述政務院的決定，規定了補助與基督教有關的事業如有些學校、醫院等的若干辦法，這是對我們一個極大的鼓勵。政府對我們這樣的照顧與同情，使我們非常感激。在這一個有利的條件下，我們更應當以大刀闊斧的精神，和破釜沉舟的決心，在最短期內，完成中國基督教事業全部自養的計劃。

其次，是自治自傳的問題。所謂自治，不只是要脫離外國人的管理；事實上，在目前的情況下，這已經不成問題，因為還留在中國的外國宣教師，已經不多，他們無論在事實上或名義上，均不可能繼續掌握中國教會和教會事業的行政。因此，自治這個口號，應當取得一個更深刻的意義，那就是：在中國教會和教會事業的管理上，擺脫西方的傳統，建立適合於中國信徒的需要的制度、典章、儀式。例如教會合一的問題，義工制度的問題，教友負責的問題，都與自治的問題有關係。

說到自傳，那就不是一個在短時期內所能解決的問題，而是一件長期的事業。所謂自傳，不只是「什麼人去傳」的問題，而更是「傳什麼」的問題。中國的教會，已不再需要外國宣教師去傳教，這是一個顯明的事實。但中國的信徒應當傳什麼呢？中國的基督教是從西方傳來的。中國的宣教人材，大半是受過西方神學的訓練的。中國基督教的讀物，大半是西方著述的譯本。若要真的自傳，中國的信徒就必須自己去發掘耶穌的福音的寶藏，擺脫西方神學的羈絆，清算逃避現實的思想，創造中國信徒自己的神學系統；這樣，我們才能把耶穌的福音的真精神，表現在新中國的環境裡。

基督教革新的任務，不只是完成「三自」；那是基督教對內的任務。

但它還有一個對外的任務，那就是革新宣言所說的：「澈底擁護共同綱領，在政府的領導下，反對帝國主義、封建主義及官僚資本主義，爲建設一個獨立、民主、和平、統一和富強的新中國而奮鬥。」在這個總的任務中，目前最重要的，最急迫的一件事，莫過於抗美援朝保家衛國。在這一件事上，在過去幾個月中，基督教已經有了不少的表現，這是值得我們欣慰的。但我們還要使這個運動更普遍而深入。我們應當發動有組織有系統的時事學習，尤其要在具體的事實中，加深對美帝國主義的認識。我們應當多出版大眾化讀物，把基督教的基本教義，同基督教當前的任務聯繫起來。除了基督教革新宣言所指示的工作以外，我們應當按照各地的情況，擬定愛國公約和具體的行動綱領，並積極地參加當地的愛國活動。我們應當耐心地技巧地爭取基督教內比較落後的羣眾，把他們廣泛地團結在基督教革新的統一戰線裡面。

　　我們相信：如果我們能夠把這許多工作做好，基督教對新中國是可以有貢獻的，它的前途是光明的。（新華社上海十三日電）

3 / 青年會的宗教基礎
——吳耀宗同工講

原刊於《同工》，新 5 卷 1–2 期（1951 年 2 月），頁 10–11。李儲文記。

　　近來我們常常談到青年會的宗教基礎的問題。青年會毫無疑問地是以基督教爲基礎的。假若沒有了基督教，也就沒有了青年會。前不久當我們討論中國青年會的前途的時候，我曾說，教會在新中國的存在可能比青年會更長一些，因爲教會是屬於信仰與靈性的一面，沒有別的東西可以代替它，至於青年會的工作，如體育工作，在解放以前已有別人在做。現在，政府和人民團體逐漸在推進各種社會服務工作，因此，我們青年會今後可能走一條愈來愈狹的路。不過，如走得好，也可能越走越寬。那就需要配合當前的需要，發揮基督教優秀的精神。假若能這樣做，即使跟人做同樣的工作，品質上也會顯出不同。那麼，我們目前的路雖窄，而前途還是不可限量的。

　　我們可以很謙虛、坦白地說，青年會應該作全國基督教的領導者。中國基督教在目前有特殊的使命，因爲西方的基督教雖然有很長的歷史，可是正如美共領袖福斯特在他的《世界資本主義的末日》那本書裏所說的，西方的基督教也在沒落之中。例如，世界基督教協進會最近對朝鮮問題的主張，竟與帝國主義者挑撥戰爭的論調一樣，所以基督教需要基本的改革。什麼地方的基督教最具備改革的條件呢？不是歐洲，也不是美國，而一定是亞洲和非洲的「新興教會」，因爲它們少受傳統的束縛，

特別是我們中國現在從幾千年的封建壓迫中翻過身來，可以說是最有條件來做這樣的改革工作。我們要問：在中國有什麼基督教團體站在時代前線，最能勝任這個工作呢？那就是青年會。可是，我們配不配呢？不配。教會裏的人，常常說我們的宗教修養膚淺，同時又染了美國「動」的主義的毛病。不過，教會裏有些人也犯了另外一個毛病，那就是脫離現實，逃避現實。這樣的宗教，就可能變爲「人民的鴉片」，不是建設的力量了。

我們面臨着新時代中這一個責任，就不得不考慮怎樣加深我們的基督教信仰基礎。我們之所以配做改革的工作，就是因爲我們與社會有接觸。我們同國內若干同道發起了革新宣言，現在簽名的人已經超過了十萬，但是這個運動還是不夠深入，簽名的人，無論在宗教信仰或時代認識方面都是不夠深刻的。我們應當常在靜默中聽上帝的領導，使我們知道怎樣擔負起時代所賦予的任務。

加深青年會的宗教基礎，有許多方法，如聘請專門的幹事，提倡讀經和晨禱，注重個人與集體的靈修，從耶穌、保羅和其他的使徒的言行中吸取他們的教訓，總之是用各種方法從上帝那裏得到光亮，得到沒有被人沖淡的精神食糧。

但是，我覺得基督教的基礎，歸根到底，不在於各種方法，而主要是在於我們自己。這樣我就想講講個人的經驗。一九五〇年十一月一日，是我服務青年會的卅週年紀念日。那天是星期三，原來我要在會裏領靈修，可是那天臨時因事到別的地方去而沒有領。今天我願意說一說那天我所要說的部分的話。卅年來，我的經驗很多，總說一句：是宗教信仰的力量，控制着我的主要生活方向。這可以分開幾方面來說：

第一，過去卅年，是我的信仰探險的過程。我領洗後第二年就從海關轉到青年會工作，當時心裏很躊躇，顧慮許多的問題。但我服膺着聖經的話：「你當先求上帝的國和他的義，其他的一切，都將加給你了」。根據我卅年的經驗，這句話是完全對的。卅年來，我沒有遇到不能解決的問題，沒有遭受過飢寒，或其他了不起的困難。耶穌的教訓，實在是我們生活的南針。卅年來，我不斷地追求真理，服從真理，不管這樣做

會有什麼後果。每逢我躊躇的時候，我好像聽見上帝的呼召，正像以色列人到紅海邊上，進退兩難的時候，上帝對他們說：「你們前進吧！」我們在一切的事情上，都應當抱這樣的態度。

第二，眞理與光明在什麼地方呢？卅年來，我的經驗告訴我：不一定在教會裏面，不一定在稱呼「主呀主呀」的人裏面。卅年來，我的思想經過很多轉變，有時與同道們背道而馳。有的同道，甚至以爲我出賣了基督教。我認爲上帝的眞理，時常會顯示在別的方面，甚至在我們想不到的方面。

但上帝的眞理，無論在什麼地方顯現，我們都應當服從。正因爲這一點，我與一些正統派的同道，就常常發生矛盾。他們反對我，懷疑我；但我們知道，耶穌當時，也受到文士和法利賽等正統派的反對。耶穌罵他們是粉飾的墳墓，是毒蛇的種類，甚至稅吏和娼妓還會比他們先進上帝的國。

上帝的眞理，普照天下，正如雨和太陽，落在一切人們的身上。表面上的信與不信，不能作爲標準。卅年來，只要我認爲是上帝的啓示，不管它從那一方面來，我都願意服從。

第三，我卅年來的經驗是鬥爭的經驗。我的《黑暗與光明》那本書，就是我十幾年來，在思想上行動上鬥爭的經過。我隨時讓上帝的領導指示着我，支持着我。五六年前，我創辦《天風》週刊；我爲這個刊物，有過許多鬥爭的經驗。單是主編，就換了六七個。在抗戰時期，我們在成都成立「基督教聯合出版社」，當時大家都很和洽，沒有什麼問題；但抗戰後，到了上海，就有問題。原因是我的政治看法，與一些人不同，尤其是對帝國主義問題。現在，解放以後，問題就比較容易對付了。又如革新宣言發出以後，許多人加以批評，或散播一些謠言。現在大家是比較的明白了。鬥爭是痛苦的；鬥爭當時好像是脫離羣眾，可是這並不一定是錯的。耶穌從一開始就有人反對他，本鄉的人也不容他，最後連門徒也離棄了他，使他孤獨地走上了十字架。我們在鬥爭的痛苦中，看了十字架，就可以得到很多的安慰。

　　第四，我的經驗告訴我：不顧一切，服務上帝的旨意，是可以得到平安的。在晚上，當我躺在床上，對着上帝，省察自己，我覺得問心無愧，非常平安。在這些時候，如果我發覺錯誤，就勇敢地糾正自己。無論怎樣，我知道上帝是我的最可靠的領導者。

　　卅年來，宗教信仰控制着我。有時上帝領我到不願意去的地方去。當時我想擺脫一切，到偏僻的地方，過安靜的生活，然而我不能這樣的逃避，因為上帝的聲音在呼召我，我只有不由自主地跟着這聲音走。

　　青年會的責任很重。我們不只是要革新，我們還有一個重要的任務，那就是在堅定信仰中，從事創造的工作。目前世界的革命運動似乎是與基督教的信仰不符合的。但是，我們還是深信：耶穌的福音，最能滿足人生的需要。幾十年，或者一二百年後，現代革命源流與基督的福音，可能有一個辨證的綜合，互相補充，互相發明。如果是這樣，那就是世界文化的新紀元，那時候，基督教就可以有更光榮的貢獻。我們如果能夠把我們這些瓦器，放在上帝的手裏，他是可能用我們來完成這個重大的任務的。（編者按：本筆記稿曾經吳耀宗同工校閱過。）

4 / 基督教文字事工在新時代中之需要

原刊於《出版界》28 卷 1 期（1951 年 2 月）・頁 6-7。本文為中華基督教出版協會第二屆年會的演講。年會總題是「基督教文字事業在新時代中的應當努力的方向」。

甲、新時代的環境迫使我們改變，並使我們考慮到：我們應該照顧那些種需要；換句話說，就是應該出版些什麼？

乙、各文字機關在新時代中應當如何調整與合作？我們知道「三自運動」要求我們在五年之中完成自立、自養、自傳。這對於我們是一種嚴重的挑戰。過去文字機關的人事和經濟，多半靠西國人，今後可不能這樣了。當前我們的課題是：如何在五年內實現自力更生的計劃？在這個大前題之下，我們相信今後經濟來源一定減少；我們對於用錢應更小心，用人更應嚴格，合作更應進步，處處從精簡節約着想，以增加效率，避免重複。

5 / 基督教人士吳耀宗、鄧裕志、劉良模對顧仁恩事件發表談話

原刊於《人民日報》，1951 年 4 月 5 日。原題爲〈基督教人士吳耀宗、鄧裕志、劉良模對顧仁恩事件發表談話〉。後以〈對顧仁恩事件的評論〉爲題，刊於《天風》258 期（1951 年 4 月 7 日），頁 8。收入《天風》時略作行文修改。

中華基督教青年會全國協會出版組主任吳耀宗、中華基督教女青年會全國協會總幹事鄧裕志、中華基督教青年會全國協會事工組主任劉良模於三月三十日在上海解放日報撰文，揭露基督教敗類、美國特務顧仁恩造謠惑衆、誣衊政府、爲美帝國主義進行反革命活動的罪行。

吳耀宗：美帝國主義特務所豢養的忠實走狗顧仁恩，披着宗教的外衣，藉了「傳福音」、「醫病趕鬼」的名義，[1] 進行帝國主義的特務活動。他用技巧的方法妖言惑衆，招搖撞騙了二十多年。今天，他終於逃不出人民的巨掌，在青島由愛國的基督徒檢舉後，由人民政府逮捕，[2] 這是一件爲宗教界、爲全國人民清除毒菌的快事。

青島市人民政府公安局根據人民的要求，將顧仁恩逮捕，這是與宗教信仰問題毫無關係的，[3] 顧案完全是由於政治的原因。宗教信仰，是個

1　收入《天風》時，「藉」改「借」。

2　收入《天風》時，「後，由人民政府逮捕」改爲「而被捕」。

3　收入《天風》時，「宗教信仰問題」改爲「宗教信仰自由問題」。

人的事，沒有人可以干涉，但假藉宗教名義，爲帝國主義進行危害國家、欺騙人民的反動工作的特務分子，政府是應該嚴辦的。我們基督教界人士，也絕不能容許這些「披着羊皮的狼混在基督教裡面爲非作歹」。我們應當提高警惕，不再受這些敗類的欺騙，並把潛藏在基督教裡面的一切反動力量，澈底肅清，使基督教能朝着三自革新的道路邁進。

6 / 基督徒對實現三自革新運動應有的努力

原刊於《光明日報》，1951 年 4 月 22 日。
另《同工》新 5 卷 5 期（1951 年 5 月），頁 48–49。

世界基督教協進會的操縱者，美國戰爭販子杜勒斯，在一九五〇年十一月二十七日的聯合國政委會上，炫示着美國對中國的「友誼」說：「我們和中國的關係，主要基于一個具有宗教、文化和人道等方面的聯繫的悠久背景。這種關係由傳教士開始。」美國代表奧斯汀，在聯合國安理會上也大大地賣弄了一番美國在中國所辦的教會事業的「恩惠」。然而，事實是最有力的雄辯，無論杜勒斯、奧斯汀之流說得怎樣天花亂墜，也不能掩蓋美帝國主義假借教會對中國所進行的侵略罪行。美國利用基督教侵華的事實，恰與美國最早派到中國來的傳教士裨治文所招認的一樣。裨治文曾說：「我等來華傳教的人，與其說是由于宗教的原因，無寧說是由于政治（侵畧）的原因。」這裡讓我舉幾件美國假借傳教實行侵畧中國的事例，遠的史實，如：一八四四年美國派遣古興強迫滿清政府簽訂「望廈條約」，主要是依靠傳教士裨治文和伯駕的協助。美國依靠了熟悉中國情況的傳教師們，在中國不但奪得五口通商等權利，而且第一個獲得了治外法權、傳教特權和置買地產權。最近如在青島被破獲的假借傳道進行美國特務活動的顧仁恩，在上海被捕的陳文淵，以及藉傳教為名在中國從事政治、軍事、文化侵畧活動的美國間諜畢範宇等都是披着宗教外衣的豺狼，是基督教的敗類，我們應當把他們從基督教裏面澈底肅清。為了完成中國人民的革命事業，為了實踐耶穌基督所宣揚的真

理，我們全中國的基督徒同道們，必須以全力肅清帝國主義，尤其是美帝國主義，散播在中國基督教裏的毒素，並澈底粉碎他們利用基督教做爲侵略中國工具的陰謀。

我們應當用什麼方法來肅清帝國主義利用宗教進行侵畧的陰謀呢？首先我們要加強時事學習，提倡愛國主義教育，以提高政治認識和政治警覺。同時，我們要舉行揭露美帝罪行的控訴會。通過這些學習會、控訴會，我們可以撕破帝國主義者所披戴的宗教外衣和假面具，拆穿藏在「上帝」背後的「美帝」西洋鏡。

由於中國人民在共產黨和毛主席英明領導之下所進行反帝、反封建、反官僚資本主義革命事業的偉大勝利，美帝國主義利用教會在中國所進行的文化侵略陰謀，已經開始失敗。中國人民站起來了！中國基督徒也站起來了！一九五〇年九月，一千五百多位覺醒了的中國基督徒，其中絕大部分是各宗派各基督教團體的負責人，聯名發表了「中國基督教在新中國建設中努力的途徑」這個宣言號召全國基督徒割斷與帝國主義的關係，建立中國基督徒自治、自養、自傳的教會。帝國主義者發了慌，他們用明槍暗箭，威嚇利誘種種方法來破壞我們的三自革新運動；但他們是絕不會成功的。今天，全中國的基督徒已更廣泛地覺醒，革新簽名運動已蓬勃展開。簽名的基督徒已超過十八萬人。

由於中國基督徒的覺醒，美帝國主義惱羞成怒了。一九五〇年十二月中旬，他們企圖以凍結資金的手段，把依賴美國津貼的中國教會機關及團體的工作人員陷於絕境，但是，他們的陰謀又失敗了；政務院一九五〇年十二月二十九日發佈了「處理接受美國津貼的文化教育救濟機關及宗教團體的方針的決定」，這個賢明的措施，增加了基督徒對三自運動的決心。這實在是美帝國主義者所意想不到的。

目前，中國基督教革新運動的情況，是隨着抗美援朝的浪潮而進展的；各宗各派的基督徒已經逐漸地團結在抗美援朝保家衛國的新愛國主義旗幟之下了。我們相信：在通過政治學習之後，一定能更廣泛而深入地把更多的基督徒團結到革新運動中來；因爲把思想武裝起來了的中國基督徒，是必然要反對美國利用基督教作爲侵略中國工具的陰謀的。

　　自然，只有簽名，沒有行動是不夠的；凡是在革新宣言上簽了名的基督徒，必須以實際行動來實現這個宣言所號召的任務。根據各地的報導，目前全國已有北京、上海、長沙、雅安、重慶、西安、廣州等數十處成立了基督教抗美援朝愛國革新運動促進會，推動基督教的抗美愛國革新工作，凡是尚未組織的，應該趕快組織起來。此外，宗教界的抗美援朝愛國示威遊行也有不少地方已經舉行了；通過羣眾大會和遊行，可以提高我們的政治認識和愛國熱情。這裡我想提出一件值得表揚、值得大家學習的工作，那就是：耶穌家庭所組織的抗美援朝醫療隊。他們本着基督的愛，到善與惡交鋒的最前線——朝鮮，去爲英勇的中朝戰士服務；他們忠于祖國，忠於基督的行動，證明了他們確是虔誠的基督徒。此後，我們必須經常檢討全中國的基督徒對愛國革新運動所做的工作，利用基督教進步刊物如天風週刊等交流「三自」經驗。

　　要完成三自革新運動，必須澈底割斷與帝國主義的一切關係，使基督教永遠不再做帝國主義侵略中國的工具。

　　我們應當明確地認識：實現三自運動，就是根除帝國主義所加給基督教的污垢和枷鎖；抗美援朝就是抵抗罪惡、戰勝魔鬼；鎮壓反革命分子，就是消滅毒蛇的種子；反對帝國主義的暴行，正是耶穌基督驅惡從善的旨意。我們要澈底肅清帝國主義摻拌在基督教裡的毒素，發揚基督教捨己爲人，愛國愛教，爭取和平的教義。

　　最近，四月十六日至廿一日中央人民政府政務院文教委員會宗教事務處召集了全國基督教代表舉行「處理接受美國津貼的基督教團體會議」，號召全國基督徒普遍展開三自革新運動，澈底割斷與帝國主義一切關係，並將發佈「對于接受美國津貼的基督教團體處理辦法。」這是一個空前的、有歷史性的會議。我們全國基督徒要響應政府的號召，積極參加抗美援朝、土地改革和鎮壓反革命三大運動。我們全國基督徒要更緊密地團結在抗美援朝保家衛國的旗幟下，爲完成基督教的愛國革新運動而努力。

7 / 澈底肅清帝國主義的影響，推動革新運動——一九五一年四月二十一日在「處理接受美國津貼的基督教團體會議」上的閉幕詞

原刊於《新民報》，1951 年 4 月 25 日。原文未見，
今據新華時事叢刊社編：《澈底割斷基督教與美帝國主義的聯繫》
（北京：人民出版社，1951），頁 49–50。

中央人民政府政務院文化教育委員會宗教事務處所召集的「處理接受美國津貼的基督教團體會議」，今天勝利地閉幕了。在過去的六天當中我們討論了「對於接受美國津貼的基督教團體處理辦法」；我們聽了郭副總理、文教委員會陸副主任、邵副秘書長、何處長以及中共中央統一戰綫工作部李部長和中央內務部謝部長、陳副部長的講話。他們對於政府的宗教政策，對於基督教與帝國主義的關係，和目前國內國際的形勢，給了我們詳細的分析，和正確的指示，使我們加深了對政府的認識，使我們對政治的了解大大地提高，使許多困撓着我們的問題都得到具體的解決。這個會議的成功，是遠遠地超過我們的企望之上的。

這一個會議是基督教在中國一百多年的歷史中一個空前的會議。它包括了全國基督教大多數的教會和團體的代表；它是在政府與基督教緊密團結的氣氛中召開的。它象徵了中國人民的大團結；它也創始了基督教在新中國環境中的新紀元。

這一次大會的口號是：「在中央人民政府領導下，把一百餘年來美

帝國主義對中國人民的文化侵略最後地、澈底地、永遠地、全部地加以結束。」在這一個重要的號召下，這一次的會議是獲得了輝煌的成就。我們舉行了兩天的控訴大會，在這個大會當中，我們把幾個罪惡顯著，劣跡昭彰，披着宗教外衣，替帝國主義服務的美國傳教師，和中國基督教的敗類，做了有力的、動人的控訴。這些控訴澄清了我們的思想，開展了我們的眼界，使我們更清楚地、更澈底地認識了帝國主義利用宗教來進行侵略的陰謀。僅僅在幾個月以前，我們當中還有許多人不肯承認帝國主義利用了基督教這個事實，經過了這些控訴以後，我們是恍然大悟了；我們也不得不用一個嶄新的眼光，對基督教在中國一百多年的歷史，作一個新的估價，並根據這個新的觀點，去革新中國的基督教，使之成爲一個爲中國人民服務的事業。

然而，我們在這一次大會所做的，僅僅是一個起頭。我們還需要作更大的努力。帝國主義對中國基督教一百多年來的影響，是不容易在一個短時期間掃除的；在目前中國基督徒普遍覺醒的情況下，美帝國主義正企圖用更陰險、更巧妙的方法，來阻撓我們的革新，來破壞我們的團結。因此，我們必須提高警惕，以最大的決心，來完成我們澈底肅清帝國主義對基督教影響的任務。

在這一次會議中，我們發表了一個「中國基督教各教會各團體代表聯合宣言」；我們成立了一個主持全國基督教革新運動和愛國運動的新機構。我們相信：在這個新機構的領導下，中國基督教的自治、自養、自傳運動，一定能夠得到一個更廣泛、更深刻的開展；中國基督徒的愛國熱誠一定能夠得到一個更有力、更具體的表現。我們應當通過這個新的機構，號召全國的基督徒繼續擴大革新宣言的簽名運動，熱烈地參加抗美援朝和一切與保衛世界和平有關的工作，並使基督教革新宣言及此次大會代表的宣言所提出的主要任務，能夠在最短期內有領導、有計劃、有步驟地完成。我們特別希望出席這次會議的各位代表，把各首長的重要指示普遍地、有效地傳達給全國的基督教同道，並在各地繼續展開對帝國主義分子的控訴運動。

8 / 吳耀宗先生在北京各教會聯合禮拜的傳達
——時在一九五一年四月二十三日

原刊於《同工》新 5 卷 5 期（1951 年 5 月），頁 54–55。李儲文記。

這次中央人民政府政務院文教委員會宗教事務處召開「處理接受美國津貼的基督教團體會議」，內容非常豐富，收穫也很巨大。在會議完畢以後，我相信許多代表會感覺到有一種特殊的經驗，那就是這次大會的影響，對於我們很多人幾乎是等于一個靈性上的轉變。例如，在閉幕以後，我遇見一位女代表，她的心情異常興奮激動，不知道如何才能表達她心中的感情。

這次會議是百餘年來所沒有的，它顯示了中國基督教各教會各團體在愛國主義旗幟下的大團結。從前我們因爲信仰的緣故很不容易聚在一起，但是這次大多數的教會與團體都參加了會議，這個會議是在政府與基督教緊密團結的氣氛中產生的。帝國主義份子曾竭力想用造謠中傷的方法來挑撥政府與我們之間的團結，使我們中間少數人不免有所顧慮，經過了這次會議，像那樣的顧慮應該一掃而空，因爲我們已經知道政府不但同情、而且是積極地在幫助我們。

這次會議是在完全脫離了帝國主義控制之下舉行的。去年十月，全國基督教協進會舉行第十四屆年會，當時雖然沒有一帝國主義份子參加，但是我們知道帝國主義份子是在暗中操縱的。這次大會就截然不同了。這個會議是在中國基督徒獨立、自主和政府正確領導的情況下舉行的。

　　經過這次會議之後，許多同道感覺到靈性與思想上的基本的轉變，這主要是由於政治認識的提高。過去由於帝國主義的影響，我們很多同道的政治認識是很差的。帝國主義份子告訴我們要「超政治」，而受帝國主義控制的政治却披着神聖的宗教外衣到處表現，並在我們的思想和靈性上發生很大的影響。在這次會議中，陸定一副主任告訴我們：美帝怎樣利用國際基督教團體顛倒是非，淆亂黑白。郭沫若副總理對我們分析國內外的形勢。這些講話啓發我們的思想，開展我們的眼界，使許多人如大夢初醒，睜開眼睛，看見了很多帝國主義如何利用基督教的奇奇怪怪的事實。我們過去有時候太天真了，認爲基督教是神聖的，甚至認爲西方傳教士也是神聖的。這是重大的錯誤。我們現在知道西方傳教士們幾乎沒有例外都是爲帝國主義服務的，他們帶來的一切文化都有帝國主義的影響。我們以爲他們帶來了一塊白布，實際上已經染上了顏色。我們過去百餘年來對這一點很少懷疑，所以在我們開始號召全國同道在革新宣言上簽名的時候，有一位牧師簽了名，但是附了一個條件，要我們把宣言中受帝國主義利用這句話刪去，我們沒有答應，他便把簽名撤回。

　　這就說明了我們是「如入鮑魚之肆，久而不聞其臭」，我們被帝國主義所利用，而自己並不知道。更可惜的是有人明知道自己被利用，但是爲了個人利害，却甘心繼續被利用下去。

　　這次會議以後，很多人都覺悟了。經過了很深刻的思想與靈性的轉變，在會議過程中，個別代表甚至澈夜不能入睡。在大會中我們舉行了對基督教敗類及帝國主義份子的控訴。在基督徒中間舉行控訴是不容易的，我們的腦中深深印上了耶穌基督的話：「你們不要論斷人，免得被人論斷」。但是，我們不要忘記福音書中耶穌對文士和法利賽人的控訴，和他用鞭子驅走賣鴿子換銀錢的人，大力潔淨聖殿的記載。我們很多人是小資產階級，平常太重臉面。這次由於政府的領導，我們控訴了美帝份子畢範宇，我認識他已有幾十年，現在我完全清楚地認識他是帝國主義的爪牙，他是不配傳福音的。再如陳文淵，解放前曾紅極一時，他是一個自私自利爲帝國主義服務的敗類，我們今天若是再對他客氣，就是

不忠於基督教，不忠於救主。又如駱愛華，我自己也曾把他看爲是中國人的好朋友，解放後，他的眞面目才被揭露出來。又如梁小初，他否認中國已經得到解放的事實，爲帝國主義作反動宣傳。再有像「世界基督教教會協會」，我們過去認爲它沒有什麼作用，可是去年七月，該會中央委員會在加拿大開會時，通過了關於朝鮮問題的反動決議案，同時並誣衊德哥爾摩和平宣言是一種「宣傳」。因此，我們今天就應該用另外一種眼光去看它，清楚地認識它是帝國主義所利用的工具。

在這次大會裏，我們控訴別人，今後也得控訴自己。我們曾有意無意受帝國主義利用，我們口頭上承認與帝國主義的關係，但却不願澈底割斷它。我們必須展開批評與自我批評，檢討，控訴。去年基督教革新宣言已經清楚指出，我們今天更要告訴全中國，全世界：我們依靠上帝的大能，信徒的力量，政府的領導與協助，一定能夠建立起爲人民服務的「三自」的教會。我們這樣的宣告會使帝國主義發抖，不過帝國主義決不從此甘心於它的失敗，今後它將企圖更微妙地利用基督教，因此，我們必須把基督教與帝國主義的關係從根斬除。

在這次大會中，我們還討論了「對于接受美國津貼的基督教團體的處理辦法，」這一辦法經過政務院通過後即將發表。這辦法不是我們所要求的，而是政府自動擬就交與我們討論的。美帝國主義要用凍結資金的辦法使我們基督教工作人員陷于絕境，政府就自動來幫助我們。諸位將來看到這些辦法以後，就會了解政府對我們的照顧眞是無微不至。從前有人說領導政府的共產黨是無神的，因此就認爲它是與基督教對立的。經過這次會議以後，他們就應當了解，政府不僅尊重基督教，而且愛護基督教。

既然政府這樣關心我們，爲什麼基督教還有些困難呢？因爲：第一，政府在解放以後的工作，千頭萬緒，難免有些照顧不週的地方；第二，我們從過去一直到現在，與帝國主義發生關係，自己有了許多毛病，以致別人對我們抱了成見。

我們現在可以創造新的條件，在割斷帝國主義關係以後，基督教的前途一定會好轉的。

　　最後，我們在大會中成立一個新的機構：「中國基督教抗美援朝三自革新運動委員會籌備委員會」。這個新機構的任務是：第一，在基督教團體和基督徒羣衆中推進愛國行動和愛國主義教育；第二，澈底肅清帝國主義對基督教的影響；第三，有計劃、有步驟地完成中國基督教三自革新的任務。這個新的機構是中國基督教革新運動必然的發展，它將使全國的基督徒在愛國革新的旗幟下，更廣泛地團結起來，爲新中國的建設而努力。

9 / 對美帝國主義利用基督教侵略中國的罪行的控訴

原刊於《大公報》，1951年6月13日。另《同工》新5卷6期（1951年6月），頁70–72。
經修訂後收入《天風》268–269期（1951年6月21日），頁3–4。《天風》刪減部分以**粗體**標出。

我要代表全中國一百萬基督徒，對美帝國主義利用基督教侵略中國的罪行，作一個總的控訴。

我們要撕破美帝國主義所披的宗教外衣，把它隱藏在後面的侵略陰謀，暴露在全中國和全世界人民的面前。耶穌說：「他們外面披著羊皮，裏面却是殘暴的狼。」我們要用這句話來定美帝國主義利用基督教侵略中國的罪。

美帝國主義派傳教士到中國來傳教，其目的就是把基督教當作它侵略中國的政治工具，使中國變成美國的殖民地。最早到中國來傳教的美國牧師裨治文，曾經不打自招地說：「我等在中國傳教之人，與其說是由於宗教的原因，毋寧說是由於政治的原因。」這裏說明了美國企圖一手拿著洋鎗大砲，[4] 一手拿著美元聖經來征服中國。**善良的信徒們以為基督教是聖潔的、清白的；但是可惡的美帝國主義却把我們聖潔的、清白的基督教當作政治工具，當作它用來征服中國的戰爭武器之一。**從美國最初派傳教士到中國來活動開始，就有裨治文和伯駕兩個美國牧師，在一八四四年，協助美國政府，強迫滿清政府簽訂斷送中國主權的「望廈條約」。直到解放前夕，美帝國主義又搬出長期在中國做傳教工作的司

4　　刊於《天風》時，「鎗」作「槍」。

徒雷登，充當大使，企圖通過收買蔣介石反動政權與發動內戰來達到控制中國的迷夢。**歷史的事實證明了美帝國主義自始至終是把基督教當作征服中國的政治工具的。**

美國派遣傳教士到中國來，走遍全中國，僞裝傳揚福音，實際上他們是在進行情報間諜活動。一九二二年美帝國主義派了他們披著宗教外衣的頭號特務穆德到中國來，組織中華全國基督教協進會，三十年來，在中國進行大規模的間諜情報工作。他們編印了報告中國政治、經濟、人口、交通等詳細情況，名爲「基督教佔領中國」的「調查錄」。美國的傳教士，分佈在全中國的大城小鎮，隨時把有關中國的重要情報用通信、明電、密電的方式，送給美國差會和國務院，這些情報便成爲美國國務院關於侵略中國的「重要資料」。最近在重慶被捕的美國牧師卓偉，便是美國傳教士假借傳道爲名進行間諜特務活動的一個明顯的例子。

對於中國人民爭取自由解放的革命事業，美帝又利用基督教來進行破壞。美國通過他們所控制的基督教機關、教會、出版物、學校和個人在中國散佈反蘇反共的毒素，進行反人民、反革命的活動。最近仍舊潛伏在上海的美帝國主義分子畢範宇，便是這個反動政策的主要執行人之一。他通過教會、鄉村事業、文字事業、全國性的教會機關、神學院，以及用小恩小惠收買個人等各種不同的方式，來散佈毒素，破壞三自革新運動，破壞新中國的建設事業，執行美國國務院交給他們的反動任務。我們要求人民政府把畢範宇、卓偉等這些披了宗教外衣美國特務分子依法嚴厲懲辦，並把他們永遠從中國驅逐出去！

美帝國主義在基督教教會與團體中又豢養了一批所謂「教會領袖」，來作他們的忠實走狗，像衛理公會的陳文淵，聖公會的朱友漁，青年會的梁小初，「屬靈派」的趙世光、趙君影、顧仁恩等。這些美帝走狗以不同的方式與姿態在中國基督教教會與團體內，替他們的美國主子進行危害祖國、危害人民的活動。**今天全國愛國愛教的基督徒已經一致起來，憤怒地控訴他們。我們要求人民政府嚴厲懲辦已經被捕的美國特務和教會敗類**。我們**更**要在全國教會內發動廣大的控訴運動，肅清基督教內的這些美帝走狗與敗類。

其次，我要控訴的，就是：美帝國主義把基督教當作對中國的文化侵略工具，這個陰謀在中國起了更大的惡毒影響。美帝國主義利用了基督教內的「屬靈派」，披上了極端神秘的宗教外衣，歪曲聖經，散佈「超政治」、反共反蘇反人民的有毒素的思想，企圖挑撥離間全國千千萬萬虔誠的基督徒與我們的人民政府對立起來，**這是非常毒辣的陰謀**。但是，人民的眼睛是雪亮的，由於愛國愛教的信徒們的檢舉，政府將潛藏在「屬靈派」信徒中的美國特務顧仁恩，與潛藏在「屬靈派」青年學生中間的美國特務項軍等加以逮捕。今天，全國大多數「屬靈派」的同道們已經開始覺悟，決心肅清「超政治」的錯誤思想，加強政治學習，積極參加愛國愛教的三自革新運動，並對「屬靈派」裏面的敗類美國特務顧仁恩、趙世光、項軍等大強旗鼓地舉行控訴，粉碎美帝國主義利用「屬靈派」進行反人民、反革命活動的陰謀。

美帝國主義更利用了基督教文字事業作為進行文化侵略的重要工具。美帝不但通過了廣學會等基督教出版機關，[5]發行大量反動書報，流行全國，散佈毒素，並且還企圖利用聖經作為麻醉人民、灌輸奴化思想的工具。在解放的前夕，司徒雷登曾由南京美國大使館打一個電報給美國國務院，強調在中國廉價散發聖經，作為反共反蘇工具的重要性。在今天，中國基督教出版機關也正在自動審查一切基督教出版物，要肅清基督教內一切的反動書報。

美帝國主義利用教會學校，毒害中國青年思想，對中國進行文化侵略的陰謀，更是全世界週知的事實。今天，這些學校已經是屬於我們中國人民自己的了。

我們更要強調地指出：美國利用基督教侵略中國，乃是它侵略東南亞，侵略全世界全部陰謀中很重要的一部份。**這是美帝國主義一個有計畫、有步驟的陰謀**。一九四九年十二月在「世界基督教教會協會」與「國際宣教協會」在曼谷舉行「東南亞基督教會議」前，出席該會的美國代表，都先到美國國務院與艾奇遜及國務院的遠東專家們交換意見，最後

5　刊於《天風》時，「美帝」作「美帝國主義」。

還全體去向杜魯門請示。於此可見，美帝國主義是把舉行這樣一個東南亞基督教會議，作為它重要的外交戰略之一的。美帝國主義所提倡的「基督教普世運動」，正是它利用基督教侵略全世界的幌子。美帝國主義利用基督教侵略全世界的據點有三個：一個在歐洲的西德，一個在中東的黎巴嫩，一個在亞洲的香港。從香港，美帝國主義正利用反動的宗教文字與躲在基督教背後的美國特務分子，到中國大陸來進行反革命活動，同時，也派遣他們到東南亞各地披了宗教外衣，散佈反共反蘇的毒素，分散東南亞人民反對美帝，[6] 爭取自由解放的革命力量。我們要號召東南亞的基督徒的廣大的人民起來粉碎美帝國主義利用基督教侵略東南亞的陰謀。

　　美帝國主義組織並控制了「世界基督教教會協會」，「國際宣教協會」，「世界基督教學生同盟」，「基督教青年會世界協會」，「世界基督教女青年會」，屬靈派的「萬國基督教聯合會」，「世界浸禮會聯盟」，「世界信義宗聯合會」和「世界基督教教育協會」等一系列的國際性的基督教團體。他們企圖利用這些國際性的基督教團體，和他們分佈在全世界的美國傳教士們，以及甘心受他們利用的美國特務與世界教會敗類，披了宗教外衣，散佈反共反蘇毒素，破壞世界人民保衛持久和平的事業，來配合他們發動侵略戰爭，征服全世界的陰謀。我們要號召全世界善良的、虔誠的、愛好和平的基督徒，一致起來，與全世界人民團結在一起，粉碎美帝國主義利用基督教侵略全世界的陰謀。

　　我們中國基督徒，過去因為長期受了美帝國主義的影響，看不清美帝國主義利用基督教侵略中國的陰謀。我們要特別感謝毛主席和中國共產黨，因為在他們的領導下，中國得到了解放，而中國基督教也從美帝國主義的影響與控制下獲得了解放。我們發起了愛國愛教的三自革新運動，[7] 到今天為止，在基督教革新宣言上簽名的基督徒已經超過了二十三萬人。我們深刻地相信中國基督徒有足夠的力量與信心來建立自治、自養、自傳中國基督徒自己的教會。在全國抗美援朝愛國運動廣泛展開的

6　刊於《天風》時，「美帝」作「美帝國主義」。

7　刊於《天風》時，「發起」改為「發動」。

今天，全中國愛國愛教的基督徒深深地感覺到我們祖國的可愛，與美帝國主義的可恨。我們看清了美帝國主義利用基督教侵略中國的全部陰謀，因此，我們要在全中國與全世界人民面前對美帝國主義這個罪行提出控訴。**我們要潔淨上帝的聖殿，洗清中國基督教的污點，徹底實現中國基督教的自治、自養、自傳**。把百餘年來美帝國主義對中國人民的文化侵略最後地、徹底地、永遠地、全部地加以結束。

最後，

1. 我們號召全中國基督教教會與團體，以及所有愛國愛教的基督徒們，展開對美帝國主義利用基督教侵略中國罪行的控訴運動，肅清基督教內一切美帝國主義影響，肅清基督教內的帝國主義分子與敗類。

2. 我們要號召全國基督徒積極擁護和參加正在全中國進行的抗美援朝，土地改革，和鎮壓反革命三大運動。

3. 我們要號召全國基督徒熱烈響應中國人民抗美援朝總會的「六一」號召，努力捐獻，支援中朝戰士。

4. 我們號召全世界善良的基督徒，與我們站在一起，為反對美帝國主義的侵略陰謀，為實現世界的持久和平，共同奮鬥。

10 / 全國基督教抗美援朝三自革新運動近況
一九五一年六月十二日在基督教抗美援朝
三自革新運動委員會籌委會
第九次常務委員會上的報告

原刊於《天風週刊》270 期（1951 年 6 月 30 日），頁 1–3。

一九五〇年七月，吳耀宗等發表「中國基督教在新中國建設中努力的途徑」宣言，至一九五一年四月底「中國基督教抗美援朝三自革新運動委員會籌委會」成立以前，是中國基督教革新運動的胚胎和萌芽時期。各地基督教教會及團體的抗美援朝革新工作雖然有了一些成績，然而是分散的、個別的在摸索中進行的，缺乏全國性的統一領導機構。自從抗美援朝革新籌委會成立以後，是基督教革新運動的誕生和成長時期。各地紛紛響應籌委會的號召，擬定了愛國革新工作計劃，並且有步驟、有重點、有組織地在開始實行了。茲將全國基督教抗美援朝革新運動近況略述如下：

一　反帝愛國革新簽名

（一）在「中國基督教在新中國建設中努力的途徑」革新宣言上的簽名：

五月份——二九、四〇一人

一九五〇年八月至一九五一年六月十日——二三一、九五一人。

（二）基督徒擁護締結五大國和平公約的簽名：

（根據各地來信所做的不完全的統計）

一九五一年五月份——二五、一三三人。

（三）基督徒反對美帝國主義武裝日本投票：

（根據各地來信所做的不完全的統計）

一九五一年五月份——三、五四七人

（四）訂立愛國公約的基督教教會及團體：

一九五一年初至六月十日共計一二七處。他們一致堅決表示要熱愛祖國擁護人民政府，割斷一切帝國主義關係實行三自。如循道公會湖北教區不但用紅色頭號鉛字將公約印發各堂會，並發出通知說：「公約是實際愛國行動的指針，于學習之後，要經常地分期檢查實行到什麼程度。」此外，又將公約刊在公用信封的背面，以廣宣傳。

二　傳達與控訴：

近來革新簽名函件在我們收到的函件中所佔的比率大大地減少了，現在收到的函件大多數是和本會聯系或報告各地傳達、控訴、學習等工作情況的。這個現象說明基督教的革新工作，已經由簽名階段，進入行動階段了。目前各地都在集中精力「搞好傳達，搞好控訴」，各地的傳達、控訴都得到了當地人民政府的鼓勵與協助。

（一）開會傳達「處理接受美國津貼的基督教團體會議」的地方計有：上海、南京、桂林、杭州、福州、蘇州、武威等二十五處。其中南京截至五月十六日止開了十八次傳達會，聽講的信徒有二千七百人，佔全市教徒百分之六十五。杭州舉行了十三次傳達，蘇州傳達了十二次。

（二）開控訴會的地方計有：上海、濟南、南京、宿遷等三十六處。許多地方把他們舉行控訴會的總結報告或會議記錄寄到籌委會來了。根據蘇北宿遷的報告，該縣參加五月廿七日傳達和控訴大會的城鄉教會代

表共四百四十六人，包括二十二個單位，這說明他們的動員工作做得相當普遍深入。各教會的長老牧師等控訴了頑固專權、貪污營私、麻醉與奴化中國青年的美帝份子梅克堪，和僞裝慈善，欺壓與殘害中國人民的仁濟醫院院長美帝份子鮑達理等。廣東羅定的控訴會也收到了很好的效果，他們控訴了美帝傳教士謝珍珠、包義森等的罪行。在山東濟南市基督徒控訴大會上，濟南浸信會牧師于相虞，控訴了帝國主義份子那約翰（浸信會牧師），于牧師說：「當日寇佔領華北時，那約翰曾勾結日寇，殘害中國人民。日寇投降後，他又當了蔣匪軍王耀武的顧問。」會上，教徒們還控訴了另一美帝國主義分子，濟南基督教青年會幹事候感恩及其走狗徐璧庭等。在青島，教徒們控訴了帝國主義分范愛蓮、張寶靈對抗人民政府，私藏電台、搜集情報、散佈謠言的罪行。同時控訴了著名的美國特務顧仁恩以及美帝國主義走狗王德仁等。南京金陵大學、金陵女子文理學院、南京大學等基督徒學生，控訴了基督教反動組織「各大學基督徒學生聯合會」在南京的負責人徐超塵。徐超塵在南京解放後仍以「傳教佈道」爲名，開辦「聖經班」對基督徒學生灌輸反動教育。他曾公開進行「世界大戰即將爆發，北朝鮮進攻南朝鮮」等反動宣傳和造謠惑眾。南京基督教青年會總幹事諸培恩等廣大的教徒，一致要求人民政府予以逮捕嚴懲。在貴州遵義縣，基督教與天主教聯合舉行了控訴大會。遵義縣基督教聯合會主席楊相華牧師，控訴四川成都華西大學神學院院長宋道明說：「一九四四年宋道明勾結一個美國間諜，經常住在學校，監視學生活動，幷在每夜三時以後祕密地寫情報。」在廣西梧州，基督教宣道會鍾牧師、範牧師等控訴了該會美籍傳教士陳法言、蒲道隆等破壞三自革新運動的罪行。有些地方則控訴了日本帝國主義的侵略暴行。六月十日上海市基督教教會及團體舉行「揭露美帝利用基督教侵略中國罪行控訴大會」，到會的各教會主教、長老、牧師、信徒及各基督教團體人員，共一萬餘人，大家一致要求嚴懲畢範宇、陳文淵等間諜特務，決心積極實行三自革新的愛國運動，衛理公會江長川會督當場宣佈開除人民公敵蔣介石、宋美齡教籍。通過控訴會爲基督徒打下了反美愛國的思想基礎。這一控訴運動正在繼續展開中。

三　地方性的組織：（根據五月份以來收到的各地報導）

（一）已有抗美援朝三自革新組織，計有，上海、杭州、桂林、哈爾濱等
　　　三十處。（名稱不一）

（二）正在計劃籌組革新會的地方，計有：濟南、蚌埠、蘇州等六處。

（三）已成立學習會的地方，計有：上海、福州、雅安等三十七處。學習
　　　內容包括時事、政治及「處理接受美國津貼的基督教團體會」的文
　　　件等。福州已將北京會議文獻印成「搞好傳達，搞好控訴」專冊。

四　各地基督徒的愛國行動——捐獻與懸掛國旗等：

　　根據五月份以來的報導，有浙江象山、河北邢台、東北牧丹江等
三十餘處，爲抗美援朝而捐獻了人民幣、粮食、手飾、書刊、慰問袋
等。杭州基督徒學習會響應抗美援朝總會捐獻飛機大砲的號召，認捐了
一千一百五十萬元，并普遍發動教友，使大家明瞭保衛世界持久和平，
必須以實際行動來爭。取〔爭取。〕杭州市基督教反美愛國工作委員會
寄給本籌委會的信裏說：「希望由您會號召全國各地的基督徒參加這運
動，捐獻飛機，我們建議定名爲「基督教革新號」。張家口、蘇州、開封、
漢口等地也紛紛來信建議籌委會號召全國信徒捐獻飛機大砲。

　　近一個多月以來，各地不少禮拜堂懸掛了五星國旗。如南京各教會
四月中旬起已一律掛國旗，漢口信義會全國總和循道公會通知各堂一律
懸掛國旗。中華基督教會蘇州區會在工作綱領裏說：「我們已有少數教
堂掛了國旗，我們要向他們學習。我們認識了共產黨的可敬和新中國的
可愛，爲了表示內心的敬愛，爲了表示決心建立中國人民自己的新教會，
就要隆重地把五星國旗高懸在禮拜堂裏。」

　　此外，青島市於五月十六日成立了宗教界中蘇友協支會，現有會員
爲一千二百餘人，今後對三自革新運動之推行，當有不少助益。山東新
海連市新浦也成立基督教中蘇友協支會。山東耶穌崔庭所組織的抗美援
朝醫療隊已於六月四日赴京至紅十字總會報到，即將赴朝。

大力推進抗美援朝三自革新宣傳教育的刊物有：上海「天風週刊」、成都「希望月刊」、廣州「革新」、漢口「信義報」、上海中華基督教會總會「公報」等。

通過愛國革新實際工作，和傳達與控訴的愛國主義思想教育以後，很多信徒開始認清了敵友，改正了過去「超政治」和親美、崇美、恐美的麻痺、錯誤、奴化思想，他們要誠心誠意熱烈地展開抗美援朝革新工作。目前已製定今後兩三個月或四五個月具體工作計劃的地區有：中華基督教會全國總會、山東大會、蘇州區會、漢口信義會全國總會，循道公會湖北教區，福州市抗美援朝會基督教界分會，濟南市基督教聯合會等。他們之中，有些地方已經擬定了實行「三自」的計劃。例如：中華基督教會山東大會在今後工作計劃裏說：「本大會在區代表擴大常委會通過之『三自方案』，應請各區會各堂會認真學習及參考執行。」南京基督教協進會印發了「典型自養計劃材料」鼓勵各教會單獨或聯合訂立三自計劃。也有些地方報導了他們的自養經驗（這些資料正待加工整理）。長沙基督教團體聯合會為搞好抗美援朝三自革新運動，已訂出「今後五個月的抗美援朝宣傳教育工作計劃要點」，向全國教會團體發起愛國挑戰。另有不少地區的教會致函本籌委會，要求指示今後愛國革新工作的方針與內容，他們在渴待着籌委會的指示。全國基督徒在愛國主義的旗幟下，將進一步地團結起來。

11 / 共產黨教育了我——
爲中國共產黨建黨三十週年紀念作

原刊於《光明日報》，1951 年 7 月 2 日。另《天風》271 期（1951 年 7 月 7 日），頁 6–7。《協進》新 1 卷 2 號（1951 年 7 月），頁 2–4。《天風》及《協進》新增內容，以**粗體**標出。

在過去三十年中，中國共產黨在歷史上的成就，和它對中國人民的貢獻，是沒有法子估計的，也找不到恰當的話來形容。今天中國人民所以能夠站立起來，他們今天所享的幸福，他們對新中國的前途所以能夠有一個絕對光明的展望，這一切都是中國共產黨的賜予。

在最初的時候——二十幾年前，我是反對共產黨的。當時我在北京青年會擔任學生工作，每逢遇到「左傾」的學生，就要用基督教的道理來勸阻他們，希望他們放棄「錯誤」的思想。但是，「九一八」的砲聲把我轟醒了。救國運動的發展，使我逐漸放棄對共產黨的成見。我在上海加入了救國會，間接地受了共產黨許多的影響，開始覺悟了：中國共產黨的思想路線和鬥爭路線，是拯救中國人民的唯一路線。在抗戰前後，通過許多文藝性和政治性的讀物，像魯迅的作品《生活週刊》、《世界知識》等，又通過我所參加的一些關於抗日、反蔣、反美的實際行動，我對共產黨的認識，便大大地提高。到了今天，在解放後短短的一年多當中，我親眼看見共產黨對新中國建設的偉大成就，這不但加深了我對共產黨的信仰與佩服，也使我不得不爲全中國的人民，爲我自己，對它表示無限的感激。現在，我要把中國共產黨在過去十幾年中怎樣教育了我的這個事實，做一個簡略的敘述。

第一、共產黨使我了解「愛仇敵」的眞義。我信仰基督教不久以後，由於一個英國公誼會傳教士的影響，便接受了「唯愛主義」。所謂唯愛主義，就是根據耶穌愛仇敵的教訓，反對任何方式的武力。我當時是甘地主義和托爾斯泰主義的崇拜者。但日本對中國的侵略，和中國「七七」的抗戰，使我的唯愛主義，發生了基本的動搖。後來，我曉得我誤解了耶穌的教訓：愛仇敵不應當是縱容罪惡，說服感化也不是辦法，相反地，愛仇敵應當是打擊罪惡，嫉惡如仇。**這時候，我覺悟了共產黨是眞正愛仇敵的，因爲它一方面堅決地主張抗日，另一方面，它對待日本俘虜的辦法，和它要日本人民獲得眞正自由民主的主張，都充分表現了愛仇敵的精神。**現在，我已經不再是一個唯愛主義者；我知道唯愛主義只是帝國主義用來麻醉被侵略、被壓迫的人民的一種宣傳，我知道只有把愛國主義和國際主義聯繫起來，才能了解怎樣去「愛仇敵」。

第二、共產黨使我認識了帝國主義的面目；認識了今天全中國的人民，以及全世界的人民，最基本的問題，就是怎樣打擊帝國主義、消滅帝國主義、和怎樣建立人民自己的政權的問題。帝國主義就是基督教所說的「魔鬼」；它爲着少數人的利益，在全世界進行侵略，用公開的戰爭，和殺人不見血的剝削壓迫，把千千萬萬的人屠殺了，奴化了，帝國主義是全世界人民的死敵，我們必須把它打倒，才能使全世界的人民享受眞正和平、自由、民主的幸福。我以前對國際問題看不清楚，以爲國家都是自私的，在國際的舞台上，沒有眞正的是非，也沒有什麼正義與非正義。現在，由於對帝國主義的認識，我對國際問題，不但得到一根線索，也得到一把鑰匙。我知道資本主義制度是一種剝削的制度，它必然地產生許多內部的和國際間的矛盾，也必然地威脅到世界的和平，只有共產主義，和爲共產主義立下基礎的社會主義和新民主主義，才是全世界人民眞正的出路。

第三、共產黨使我清楚地了解革命的意義。在我還沒有信仰基督教以前，我就受了美帝國主義特務分子穆德和艾迪的影響。穆德是幾十年來美帝國主義利用基督教來進行世界性侵略的主謀者；艾迪是擺出進步面孔，宣傳「社會福音」，以全世界的青年爲對象的美國遊行佈道家。

他們所宣傳的「福音」，就是「人格救國」。中國的政治太過黑暗腐敗；救中國需要有人格的人；基督教是培養人格最有效的信仰——這就是他們的理論。穆德和艾迪都是美國青年會主要的人物，中國青年會所做的許多工作，全部是從這一套理論出發的。青年會提倡「德智體羣」，提倡宗教修養、工人福利、農村服務、娛樂健康，其中心的目的，都是培養「人格」。共產黨革命理論却使我覺悟了這些都只是維持舊社會的、裝飾門面的工作，至多是爲舊社會裏有錢有閒的人們錦上添花工作。這些工作不但不能改變社會的基礎，不但不能幫助廣大的人民享到真正的幸福；相反的，它們是麻醉人民，削弱革命力量，爲帝國主義侵略作了準備，甚至直接幫助了帝國主義侵略的，基本上是反動性工作。共產黨所給我的影響，使我從一個改良主義者變成一個革命主義者。一九四八年底，在中國全部解放前夕，艾迪最後一次到上海來佈道，他告訴聽眾說：李承晚和麥克阿瑟都是信仰基督教的偉大領袖；艾迪說這一句話的時候，就在全中國基督徒的面前定了他自己假借基督教來進行侵略的罪行，也使我自己更澈底地認識了一般美國宣教師們假冒爲善的真面目。

　　第四、共產黨使我認識了什麼是無產階級的立場。我以前以爲所有的基督徒都是上帝的兒女，而因此，也就是信眾大家庭的成員，這就是基督教的所謂團契，也就是近幾年來西方教會所強調的基督教的「普世」性。根據這個看法，基督教是超階級的，而因此，也就不應當主張階級鬥爭。共產黨却使我認識了整個有組織的基督教的階級性，和所謂超階級的虛僞性，也使我認識了無產階級的立場才是唯一正確的立場。根據唯物史觀的看法，某一時代的文化，只是某一社會制度的意識形態。基督教同文化是分不開的，所以某一時代的基督教也可能完全變質，成爲文化侵略和政治侵略的工具，基督徒的本身，由于利害的關係，也可能捲入一個政治鬥爭中。事實上，今天基督教的絕大部分，已經完全被資產階級和帝國主義分子所控制，變成他們侵略的武器和無產階級的敵人。在這個認識下，所謂普世性是欺人的，所謂團契是不可能的。相反地，基督徒和非基督徒都應當站在無產階級的立場，這就是人民的立場，也就是反對剝削、反對壓迫、反對侵略、爲全世界人民爭取真正自由平等

的立場。我們要站穩這個立場，才不致認敵爲友，認賊做父，才不致模糊了我們鬥爭的目標。

　　第五、共產黨使我認識了理論與實踐，也就是信仰與實踐的聯繫。基督教主張博愛，企望着天國的降臨；我信仰了基督教以後，就深深地服膺這個崇高的理想，但是這個理想要怎樣才能實現，我却不加注意。共產黨却打破了我的空想的迷夢，使我認識了實踐與理論的聯繫，和這二者之間的循環關係。[8] 共產黨不單單是在思想上啓發了我，也是在實際的行動上教育了我。他們的行動都是根據一套完整的嚴峻的邏輯的——不是機械的、形式的邏輯，而是靈活的、辯證的邏輯。他們以理論來指導行動，又從行動取得經驗，去修正他們的理論。中國共產黨所以能夠在短短的三十年間，領導中國人民，完成這個古老國家的革命事業，就是由于這一個理論與實踐統一的武器。帝國主義的基督教「學者」們，像美國的尼勃爾，曾經用巧妙的神學理論來否認共產黨的這個優點，來散播反共反蘇的毒素。他們說：根據基督教的基本教訓，世人都是有罪的，只有上帝是聖善的。如果人都是有罪的，人的一切制度，包括共產主義制度，也必然是有罪的。這些歐美「學者」們要我們追求一個空洞的「理想」，把實踐的問題完全撇開，同時，企圖用這個「理想」來打擊共產主義。實際上，「理想」不過是個幌子，他們並不要我們追求理想，相反地，他們是要我們維持現狀，要我們擁護吃人的資本主義和帝國主義制度。這一套荒謬的神學思想，曾經麻醉了全世界千千萬萬良善的基督徒，在一個短時期內，也曾經影響過我自己的思想。現在，全世界革命力量的進展，却使這套理論完全破產，同時，證明了共產黨的理論是完全正確的。

　　十幾年來，共產黨所給我的教育，對我的生活方向，起了決定性的作用；共產黨還在不斷地教育我。十幾年來，由于共產黨的影響，我在基督教里面進行了長期的、艱苦的思想鬥爭。我受了許多基督徒的誤會、批評、攻擊。因爲我的社會思想改變，我的神學思想也有了顯著的改變，[9]

8　刊於《天風》時，「二者」作「兩者」。

9　刊於《天風》時，「神學思想」作「神學問題」。

這就使我在思想「左傾」的罪名之外，又得到一個提倡「異端」的罪名。今天，在共產黨領導之下，全中國得到解放，中國基督教革新運動，也在全國蓬勃地發展着，許多基督徒的思想，已經有了基本的轉變，昨天認爲不可能、不應當的事，今天有許多已經成爲可能的，應當的了。如果基督教所相信的「神蹟」是實在的，在短短的三十年內，中國共產黨已經使幾千年受着壓迫、剝削的中國人民站立起來，爲他們造成一個空前的神蹟，同時，也把基督徒從帝國主義的枷鎖中解放出來。

　　在中國共產黨領導之下，新中國的前途，是無限光明的；在世界各國共產黨領導之下，帝國主義的被打倒、被消滅、和全世界革命的最後勝利，也是毫無疑義的。我願爲此向中國共產黨表示衷心的感激，並爲它誕生三十週年紀念表示熱誠的祝賀，同時也要向其他各國的共產黨表示最崇高的敬意。

12 / 控訴美帝國主義在青年會
利用改良主義侵略中國的罪行

原刊於《解放日報》，1951 年 7 月 29 日。另以〈控訴美帝國主義在青年會利用改良主義侵略中國〉爲題，刊於《女青》5–7 期（1951 年 7 月），頁 16–18；《天風》276 期（1951 年 8 月 11 日），頁 8–10。《女青》版文末附編者按語。

　　什麼是改良主義？凡是粉飾門面，逃避階級鬥爭，反對採用革命手段來推翻舊的社會制度的辦法，都是改良主義。中國革命的最大任務之一，便是要推翻帝國主義、封建主義、和官僚資本主義這三大敵人在中國的統治，而青年會不但不反對這三大敵人，並且還勾結這三大敵人，靠他們的津貼和權勢來維持自己，做些民眾教育、鄉村服務、勞工福利等工作來欺騙群眾，模糊中國人民對這三大敵人的認識，分化中國革命的力量，延長這三大敵人在中國的統治。這是青年會對中國人民所犯的大罪，我們今天要在中國人民面前懇切檢討，並且要憤怒地控訴利用我們青年會散佈改良主義毒素來侵略中國的美帝國主義。

　　美帝國主義主要通過他們兩個披了宗教外衣的文化特務頭子：穆德（John R. Mott）和艾迪（Sherwood Eddy）經常到中國來散佈改良主義的毒素；他們所利用的工具便是青年會，他們曾先後通過北美青年協會派了一百多個美國青年會幹事到中國來，專幹這種勾當。

　　一九二一年，當中國反帝、反封建革命運動開始發展的時候，受了穆德深刻影響的中國青年協會總幹事余日章，便提出了「人格救國」的口號，這個口號，就是青年會一貫提倡的「德、智、體、群」四大教育

的變相，也就是改良主義在那個時代所披上的一件新的外衣。（就是我們在解放後所提倡的民衆、生產、娛樂、健康等四大教育，也還沒有脫離「德、智、體、群」改良主義的影響）。穆德在那時候的「理論」根據，便是：中國最大的毛病是政治腐敗，政治腐敗的原因，就是因爲中國人沒有人格；有了人格就能救國，要有人格，必須要信基督教。而根據穆德所傳的基督教却是與美帝國主義分不開的。因此，提倡「人格救國」的結果，就是大批中國青年不但不反帝，並且還親美、崇美。

就在提倡「人格救國」的時候，青年會產生了貪污專家孔祥熙，向帝國主義投降的「專家」王正廷，余日章自己的女壻，便是美帝國主義「奴才的奴才」——黃仁霖。

一九二五年的「五卅」慘案，引起了中國人民強烈的反帝運動，英帝國主義感到十分恐慌。提倡「人格救國」的余日章，便在他家裏召集了上海的買辦與英帝國主義分子們，商量怎樣緩和中國人民對英國的反對，來延長英國在中國的統治。事後，英國送了一輛嶄新的汽車給余日章作爲「酬勞」，可見那時青年會所提倡的「人格」，是出賣中國人民利益的洋奴人格。

美國另一個特務頭子艾迪，到中國來過十次。他以「開明進步」的面貌，憑着他的花言巧語，向全中國千萬愛國的青年，散佈強烈的親美崇美，反共反蘇的毒素。僅僅在一九三四那一年，全國聽過他謬論的青年就有十八萬人。他把共產主義說成是對中國的「挑戰」「禍患」。他到處與蔣介石匪幫的官僚勾結。在一九三一年，他寫信給孔祥熙說：「我的演說必須要以進步姿態出現，才足以吸引中國青年，但是，我實在是反蘇反共的，請你不要發生誤會。」那一年「九一八」事變發生，爲了欺騙中國人民，艾迪打了一個表面上好像是同情中國，反對日本的電報給史汀生（當時美國的國務卿），可是電報的末了說：「中國聯俄傾向，日漸明顯，共產主義，益形進展。」這幾句話，就露出了他反蘇反共的尾巴。

艾迪最後一次來中國「佈道」是在一九四八年底，正是全國解放的前夕，那時，他更露骨地對聽衆說：「李承晚和麥克阿瑟都是信仰基督

教的偉大領袖」，這就清楚說明了他是一個最無恥的謊言者和陰謀家。

爲了使艾迪所散佈的毒素，可以在中國長期地、廣泛地流傳，爲了削弱救亡運動在青年中間的影響，北美青年協會在一九三五年捐了大宗款項給中國青年協會，叫我們發起「青年與宗教運動」，挑選中國基督教的「名人」到各地去對青年像艾迪一樣地「佈道」，其中一個就是已經被捕的美蔣特務，教會敗類陳文淵。可見青年會那時候的宗教工作，主要的就是散佈親美崇美、反蘇反共的毒素。

艾迪、穆德那一套的「人格救國德」「德、智、體、群」的改良主義理論，在青年會產生了所謂「平民教育」「專家」，後來又變成所謂農村工作「專家」的晏陽初。他以爲中國的毛病是「貧、愚、弱、私」，不是帝國主義和封建主義的壓迫和剝削。他在定縣辦了一個騙人的改良農村實體區，藉此沽名釣譽，向美國捐款，艾迪稱晏陽初爲「東方三大偉人之一」，又說「定縣主義可以抗禦共產主義」。這說明了晏陽初的定縣工作，基本上是爲了反共，而這樣一個反共的基督教敗類，美帝國主義者竟稱他爲「偉人」。美蔣本來要晏陽初做僞農村復興委員會的主任，可是中國人民的力量粉碎了他們的陰謀。今天的晏陽初已經變成一個無聲無臭躲在美國做白華的「小人」。

中國青年協會在一九三五年又支持了美蔣另一個披了宗教外衣的反動農村服務工作，那就是江西黎川的基督教農村服務社。黎川的農村服務社是配合着蔣匪幫當時在江西的反人民的「剿共計劃」而進行的。（黎川是當時被蔣匪幫佔領的老紅區），那是帶着血腥氣的工作，而青年協會却派了馬鴻綱到黎川去參加這件工作。黎川農村服務社主持人是蔣介石的顧問、美國傳教士特務牧恩波（George W. Shepherd），名譽董事長是宋美齡。艾迪讚揚這個配合着蔣介石殺人政策的農村工作說：「我看這個小團體，要比共產黨高明得多。」

爲了配合他的反人民的「剿共計劃」，在一九三五年蔣介石又採用了青年會改良主義的方法，提倡新生活運動，來欺騙並麻醉全國的人民。他把青年會幹事黃仁霖請去做新生活運動的總幹事。蔣介石在「訓話」中間說：「推廣新生活運動的時候、凡有青年會者與青年會聯絡；無青

年會者，與教會聯絡……如不加以利用，損失頗大。」美蔣要利用青年
會與教會作爲反共反人民的工具的陰謀，在這裏他們已經很明顯地招認
出來。

　　男女青年會過去所做學生工作，是美帝國主義以改良主義的方法來
分化中國青年革命力量的一個重要的例子。

　　他們知道學生是革命力量來源之一，爲了分化世界學生的革命力量，
爲了便於對世界學生實施文化侵略，美國文化特務穆德，就在一八九五
年發起組織了世界基督教學生同盟（簡稱「世界學盟」）。在一八九六
年就以世界學盟總幹事的身分到中國各地演講，在各學校組織學生青年
會。那時，中國已變成帝國主義的半殖民地，中國人民的革命運動正在
開始發展，而穆德却要中國青年不問政治，專心「查經祈禱，立志傳道」，
藉以分化中國青年中間的革命力量。

　　「世界學盟」又特別強調基督教的「普世性」，使很多的青年會學
生幹事和基督徒受了它的迷惑，死心塌地地去爲「普世教會」服務，却
不知道做了美帝國主義的侵略工具。今天，我們可以清楚地看出，所謂
「普世教會」，正是美帝國主義利用基督教侵略中國、侵略全世界的幌子；
在這「普世教會」的幌子後面，正是他血淋淋的魔掌。

　　在抗戰勝利以後，「世界學盟」又巧妙地派了另一個美國文化特務
司馬溫（Winburn Thomas）到中國來發放「復興補助費」。他以上海爲
根據地，來往於日本、朝鮮、菲列賓、暹羅、印尼之間，搜集情報，散
佈反蘇反共毒素。解放前夕，他又跑到香港去主持所謂「流亡學生救濟」，
幫助蔣匪幫官僚、買辦、地主的兒女和特務學生到台灣去。

　　「世界學盟」於一九四八年在錫蘭舉辦「亞洲領袖會議」，其目的
便是要在亞洲各國培養一群反蘇反共、親美崇美的基督教幹部。主持這
個會議的，便是這個美國文化特務司馬溫。

　　「世界學盟」對於全世界有五萬萬人簽名的斯德哥爾摩和平宣言取
敵對的態度；對於朝鮮戰爭，「世界學盟」僞裝中立，却誣衊朝鮮人民
民主共和國爲「侵略者」。他們想玩弄中間路綫來欺騙世界的青年。

今天，我們男女青年會的學生工作，不但要堅決地與這完全受美帝國主義控制的「世界基督教學生同盟」割斷關係，肅清它遺留在我們工作中的一切影響，並且還要在全中國與全世界基督徒青年面前，撕破它的改良主義的宗教外衣，暴露美國文化侵略的眞面目。

我參加青年會的工作，正是穆德在一九二二年到中國來推進「基督徒學生運動」的前夕，起初，我的思想受了穆德和艾迪很深的影響，我被他們的改良主義所麻醉。後來，我又受了英國公誼會帝國主義分子霍德進（Henry T. Hodgkin）的影響，相信了「唯愛主義」。過了幾年，霍德進做了中華全國基督教協進會的幹事，充分表現了帝國主義的作風。他一面「唯愛」，一面專橫，而我當時却沒有看出他的眞面目。但是「九一八」的砲聲，把我轟醒了，我一面主張抗戰，一面却要「唯愛」，我的內心起了矛盾。終於我的愛國心戰勝了這個帝國主義拿來欺騙殖民地人民的「唯愛主義」。我今天深切地了解，用一切的力量，去消滅帝國主義的侵略，使世界人民得到持久和平，才是眞正的博愛。

一九三五年，我參加了上海的救亡運動。在這個救亡運動的實踐中，我開始認清了帝國主義猙獰殘暴的眞面目，我也認清了中國共產黨實在是中國人民最好的導師。從那時候起，我便認識了改良主義的錯誤，開始走上革命主義的道路，而艾迪與穆德那一套有毒的理論，便在我的思想中宣告破產。

青年協會出版組，過去出過三百十六種書籍，經過初步檢查，我們發見有一百七十三種是不適用的，其中有四十五種是有毒素的。例如我們翻譯並出版了「穆德傳」，爲他歌功頌德，出版了艾迪的自傳，使他的改良主義的毒素，繼續不斷地影響中國青年。我們在有意無意之中，做了美國文化侵略的工具，這是我應該負責的。我們不但要將這些有問題的書籍馬上停止出售，我們還要徹底肅清遺留在我們出版事業裏面的一切美帝國主義的影響和毒素。

青年會的格言是「非以役人，乃役於人」。過去，青年會並沒有爲人民服務，我們却爲美帝國主義、封建主義與官僚主義的利益而服務。我們的工作僅僅是：粉飾太平，和緩並阻礙階級鬥爭，延長帝國主義、

封建主義與官僚資本主義在中國的統治。由於中國共產黨的英明領導與
中國人民的鬥爭，中國已經得到解放；帝國主義、封建主義與官僚資本
主義在中國的統治已經完結。中國人民已經站立起來，我們青年會也要
在這時候在全中國人民面前承認我們過去的錯誤，把屋子打掃乾淨，肅
清美帝國主義的一切影響，使中華基督教青年會眞正能爲中國人民服務，
爲建設新中國而努力。

（美帝國主義在青年會和女青年會內，同樣的利用改良主義，來進行對中國的文化侵略。爲了
使大家更清楚的看出美帝利用改良主義侵略中國的眞面貌，特將吳耀宗先生的控訴文轉載，
希望讀者注意。）

13 /「對於接受美國津貼的基督教團體處理辦法」的認識

原刊於《天風》280 期（1951 年 9 月 8 日），頁 13–14。

　　政務院已經在本年七月廿四日發表了我們等待已久的「對於接受美國津貼的基督教團體的處理辦法」。這個處理辦法是本年四月間在北京舉行的「處理接受美國津貼的基督教團體會議」所通過的。我想對這個「處理辦法」發表我個人的一點感想。

帝國主義的毒辣陰謀

　　中國近百年的歷史，是一部帝國主義侵略我們的歷史，也是一部中國人民不斷與帝國主義鬥爭的歷史。但是，在中國共產黨的領導下，經過了長期鬥爭，中國人民把帝國主義的侵略與控制完全粉碎。帝國主義失敗了，但是他們是不甘心於他們的失敗的，於是他們就想盡種種辦法來陰謀破壞中國人民偉大的勝利。他們破壞陰謀之一，便是利用那被他們控制了一百多年的中國基督教來鑽空子。他們製造了許多謠言，例如：共產黨是無神的，所以基督教在共產黨下面是沒有前途的。這使許多不明真相的教徒大起恐慌。但是他們的這個陰謀失敗了，因為人民政協召開後，在共同綱領中，就明文規定了宗教信仰的自由。

　　不久以後，留在中國的西國傳教士又散佈謠言說：共同綱領是不兌現的，共產黨是要壓迫宗教的。但他們這個陰謀又失敗了，事實證明了

解放後基督教所發生的問題，是由於百餘年來與帝國主義的關係，這完全是由於基督教本身的毛病。同道們認清了這一點，就開始認識了要解決基督教的問題，就首先要他們自己負起改革基督教的責任。

去年七月廿八日，由全國四十位基督教領袖領銜發表了「革新宣言」。一個月後有一千五百廿七位同道響應簽名。九月北京人民日報用巨大的篇幅發表了宣言和名單。這是中國基督教百年來的第一件大事。這就使帝國主義發了抖。接着他們又造謠說：「簽名運動是政府壓迫做的」，「簽了名美金就不來啦！」「簽了名要受處罰啦！」但他們這個陰謀又失敗了，革新宣言簽名運動蓬勃的開展，平均每月有二萬到三萬人參加簽名。截至今天，簽名的超過了廿六萬人，從全國基督教的領袖到一般平信徒，從大城市到窮鄉僻壤。於是帝國主義老羞成怒，狗急跳牆，悍然於去年十二月底凍結我國在美的資金，企圖給我國教會團體及事業以重大的打擊。同時他們又竭力挑撥離間，企圖造成我信徒與人民政府間的距離，說是目前教會的困難都是共產黨帶來的。但是他們這個陰謀又失敗了，因為通過他們的「凍結」詭計，全國信徒更認清了美帝國主義的醜惡面目，增加了他們鬥爭的決心。

在「凍結」後，美帝又寫信給個別的中國基督教領袖說：「津貼可以繼續」，想藉此來引誘他們。有的美帝國主義份子，甚至把美金放在信裏，直接寄給中國個別的教友。但是，他們的陰謀又失敗了，因為中國基督教的領袖與信徒都堅決拒絕他們的引誘，並且向人民政府報告，公佈了他們的信件。一九五〇年十二月廿九日，政務院頒佈了「處理接受美國津貼的文化教育救濟機關及宗教團體的方針的決定」這個文件，證明了人民政府是鼓勵基督教的三自革新運動，鼓勵基督教割斷與美帝的關係的。於是，就有許多教會及團體宣告從一九五一年一月起，不再接受任何外國的津貼。政務院文教委員會宗教事務處又於四月十六日召開「處理接受美國津貼的基督教團體會議」，請了全國基督教領袖一百多人出席參加，政府提出「對於接受美國津貼的基督教團體處理辦法」草案，請大家討論，提供意見，大家都認為政府這個「處理辦法」，對基督教的照顧真是審慎周詳，無微不至。到七月廿四日，政務院便公佈了這個「處理辦法」。

政府對基督教實行三自革新的實際支持和幫助

我們在仔細研究了這個「處理辦法」以後，便可以體會到政府對我們的照顧，真是好像慈母照顧自己的子女一樣。並且，整個「處理辦法」都是由政府自動提出的。我們如果把政府這樣的照顧和鼓勵，同美帝國主義以「凍結」來威脅我們和破壞我們做一個對比，我相信凡是有良心的同道，都會感到新中國的可愛，和美帝國主義的可恨了！

最後，我要提到政府的宗教政策。有許多同道不免要問：為什麼在共產黨領導下的人民政府，要如此愛護我們？並且保證了我們的宗教信仰自由呢？這就是因為宗教的產生，有它的社會條件，應當加以尊重。中國人民中有很多是有宗教信仰的，根據共同綱領，他們都有信仰的自由，不管是什麼宗教，也不管是「屬靈派」，是「社會福音派」。但是，如果你披着宗教外衣，給美帝國主義利用作了帝國主義侵略中國的工具，政府就有權來過問並干涉，因為這不是宗教信仰的問題，而是政治問題。政府為要完成革命的任務，就必須鼓勵並幫助基督教肅清它裏面的一切美帝國主義的影響，以及帝國主義分子和教會敗類。在革新運動展開以後，有些同道很關心自養問題，但事實證明那不是最困難的，最困難的却是肅清基督教內的美帝文化侵略的毒素，因為這個毒素在基督教內是根深蒂固的。

如果我們把百餘年來美帝國主義在教會內的勢力比做一棵大樹，今天這棵大樹的樹幹已經給我們砍倒了，但是這棵大樹深入土中的根是非常深的，什麼「根」呢？就是那百餘年來的美帝文化侵略毒素。這毒素主要表現在兩方面：第一、是「超政治」的思想，叫我們中國信徒不愛自己的祖國，叫我們中國信徒脫離進步政治，擁護反動政治。這毒素在基督教內是根深蒂固的，特別是在「屬靈派」的同道中間。第二、是「改良主義」，所謂「改良主義」就是粉飾門面，逃避階級鬥爭的頭痛醫頭腳痛醫腳的辦法。受這毒素最深的，是所謂「社會福音派」。這個美帝文化侵略的毒素，便造成我們的反蘇反共、反人民、親美崇美、擁護反動政治的錯誤思想與行動。

「北京會議」後，基督教於六月十日在上海舉行了一個一萬多人的

控訴大會。這個控訴運動，將從上海向全國各地深入，開展到每一個教堂去。這是一種「挖根」的工作，把還深存在土底下的美帝影響的毒根挖掉。這個控訴運動，是中國基督教新生的開始，控訴運動沒有做好，其他一切都談不到。愛國愛教的信徒，必須搞好控訴運動，肅清基督教內一切美帝毒素，這才能造成中國基督教光明的前途，才對得起政府用以照顧我們的「處理辦法」。

14 / 歷史在飛躍地前進

原刊於《人民日報》，1951 年 9 月 24 日。另《光明日報》，1951 年 9 月 24 日；《天風》283–284 期（1951 年 9 月 30 日），頁 2；《協進》新 1 卷 5 號（1951 年 10 月），頁 2。

這兩年來，歷史好像開着快車，使我們這個古老的國家，在瞬息之間，完全改變了它的面貌。我們好像從一個破爛的，將要倒塌的房子，忽然走進一個宏偉美麗的大廈，並且知道我們自己就是這個大廈的主人。大廈雖然只是初具規模，但已經使我們讚歎驚奇，不能自已。今天要我表達在過去兩年中自己親身的體驗，那實在不是一件容易的事。

首先，我深深地體驗到中國人民幾千年來所受的痛苦，是已經根本地、永遠地解除了。一百多年來帝國主義侵略我們，但今天它已經被我們趕出去了。隨著國民黨反動政權的崩潰，從前暴虐恐怖的統治，慘無人道的封建剝削，也跟着消滅了。天翻地覆的土地改革，即將在全國把幾千年封建剝削的制度從根剷除。前幾天我到上海市郊區去參觀土地改革，我看見農民群衆，對一個兇惡的地主忿怒的控訴；我看見這個過去如狼似虎的地主，今天在群衆面前低頭；我看見翻了身的、驕傲的農民，掌握了自己的命運，準備着爲新中國的建設而努力。我參加了上海市反革命案件審查委員會。我曾經翻閱過一些關於反革命分子的案卷，他們所犯的罪惡，有些是幾乎不能想像的。幾千年來，騎在人民頭上的惡霸豪紳、貪官污吏是沒有人敢過問的。一百多年以來，在帝國主義直接指揮下的反動力量，也是橫行無忌的。但是，今天他們受了人民的審判，受了法律的制裁。

不但人民的痛苦解除了，在新中國多方面的建設中，人民的幸福也有了充分的保障。十幾年來一直威脅着我們的通貨膨脹被制止了。每年受災的淮河流域，今年居然能夠豐收。以前我們每年缺糧，而現在我們居然有剩餘的糧食運到外國。解放後，我曾經幾次走過被蔣匪幫炸毀了的淮河大橋，我幾乎認爲修理是不可能的。然而，在不到一年當中，橋居然修好了。在上海的市面上，我每天都看到新的建設。不久以前，在上海舉行的土產交流展覽大會，使我深深地體驗到：就是在帝國主義封鎖之下，我們還是有充分的力量自力更生的。

我們不但在經濟的戰線上有了輝煌的成就，我們在思想的戰線上也獲得了巨大的勝利。在偉大的毛澤東思想的領導下，在普遍深入的抗美援朝運動中，廣大的人民群衆認識了帝國主義的可恨，認識了祖國的可愛，認識了中國人民不可征服的力量。我們不再聽見「中國不亡無天理」的那種悲觀的、沒有志氣的論調；相反地，全國人民都表示了對新中國建設的充分信心。在幾次國際會議裡面，我看見具有正義感的國際友人們對新中國的推崇與熱愛；在國內每一個大規模的示威遊行行列裡，尤其是在今年上海「五一」節百分之八十以上市民參加的慶祝集會中，我看見從有信心，有組織，有領導的群衆裡閃耀出來的，新中國無限光明的前途。

中國人民的痛苦開始解除了，新中國偉大的建設開始進行了，這都是由於中國共產黨的領導。這個領導的正確細緻巧妙幾乎使人難於置信。一套完整的理論，面臨着一個複雜的，千變萬化的情況，然而一切事情必然的演變，都能夠準確地、有時幾乎是絲毫不爽地被計算出來。我以前看過劉伯溫的「燒餅歌」，那不過是一些主觀的幻想。今天共產黨所給我們的却是一套以毛主席的「實踐論」爲典型的科學的思想方法。這一套思想方法已經在中國取得勝利，也將在全世界取得勝利。中國共產黨經過三十年的奮鬥，經過艱苦卓絕的「長征」，經過百折不撓的抗日戰爭，經過無堅不摧的解放戰爭，它的力量已經在全中國、全世界人民的面前證明了，新中國的前途，在共產黨的領導之下，是絕對沒有問題的。在我過去兩年的經驗中，尤其使我佩服的，是共產黨統一戰綫的政

策。共產黨是同黨外一切的人，包括我們宗教信徒，在共同綱領的基礎上，誠心誠意地合作的。在這個共同基礎之上，我們都是戰友，都是一家的人。共產黨爲人民服務的精神也給了我一個深刻的印象，同時使我們自稱爲基督徒的，感到非常的慚愧。最近關於《武訓傳》的討論，更使我體會到共產黨處理思想問題的嚴肅的、科學的、絲毫不苟的態度。

　　最後，從基督教的三自革新運動中，我認識了中國革命的全面性。如果在中國的帝國主義、封建主義、官僚資本主義沒有被打倒，基督教的革新是不可能的。但是今天，在這三個敵人被推翻以後，全國的基督徒都普遍地覺醒起來了。他們開始認識了帝國主義，尤其是美帝國主義窮兇極惡的面目，他們認識了帝國主義利用基督教來進行侵略的事實，並且在思想上和行動上表示了割斷與帝國主義的聯繫，肅清帝國主義影響的決心。在基督教革新宣言發表後的一年多當中，各地的基督徒熱烈地參加了抗美援朝運動，表現了空前的愛國熱誠。現在正在全國開展的對帝國主義分子和基督教敗類的控訴，使基督教清算了它過去一百四十多年的歷史，走上了光明的前途。到目前爲止，在革新宣言上簽名的，已將近三十萬人，佔全國基督徒的三分之一。隨著革新運動的發展，許多基督徒對新中國的面貌，對新政權的本質，對政府的宗教政策，都有了進一步的認識。他們知道：只有在人民的新中國，基督教才能有健全的發展，才能獲得眞正的自由。

　　歷史是飛躍地前進着。如果帝國主義還想用卑鄙的手段和瘋狂的侵略來破壞我們這個新生的、偉大可愛的中華人民共和國，它就只有加速它自己的滅亡。

15 / 宗教界民主人士代表吳耀宗發言
——宗教信徒衷心擁護增產節約抗美援朝

原刊於《人民日報》，1951 年 10 月 29 日。後以〈愛國愛教的宗教信徒們的當前任務〉為題，刊於《田家》17 卷 1–2 期復刊特大號（1951 年 11 月），頁 16。另以〈宗教信徒衷心擁護增產節約抗美援朝——在人民政協全國委員會第三次會議上的發言〉為題，刊於《天風》292 期（1951 年 12 月 1 日），頁 5。

主席、各位委員，各位先生：

我願意代表全國的宗教信徒，對毛主席的開會詞，對周總理的政治報告，對抗美援朝保家衛國運動的報告和決議，表示衷心的擁護，並向英勇的中國人民志願軍和朝鮮人民軍致最熱烈、最崇高的敬禮。全中國的人民，以及全世界愛好和平的人民，都爲他們在朝鮮所已經獲得的輝煌的戰果而歡欣。

我今天站在這裡，心中感到無限的興奮與驕傲。在過去幾千年歷史中，中國人民，從來沒有像今天那樣的團結，從來沒有像今天那樣熱愛他們的祖國，從來沒有像今天那樣，抱着充分的信心，準備着足夠的力量，去打擊任何敢來侵犯他們的敵人。

美帝國主義錯誤地估計了中朝人民的力量，瘋狂地發動了對朝鮮和我國領土台灣的侵略，但是今天，在朝鮮的戰場上，它遭受了沉重的打擊；它的滅絕人性的殘暴行爲，也引起了全世界愛好和平的人民無比的憤怒。在過去一年多當中，普遍深入的抗美援朝運動，使中國人民清楚地認識

了美帝國主義醜惡猙獰的面目，清楚地認識了他們自己強大無比的力量。美帝國主義的侵略政策一天沒有改變，中國人民抗美援朝的運動和建設國防的努力就一天不會停止。這個反對帝國主義的怒潮，不但在中國掀起了，也正在全世界增漲着。整個東南亞的革命運動，最近在中東和非洲幾個國家的反帝運動，以及在帝國主義國家裡的和平運動，都充分地證明了帝國主義已經臨近了它的末日。中國人民抗美援朝的運動將有力地促進帝國主義最後的滅亡。

我們絕大多數的宗教信徒是愛國的。在中國幾個主要的宗教中，基督教和天主教都曾經受了帝國主義深刻的影響。直到今天，以美國為首的帝國主義還企圖直接間接地利用基督教和天主教去進行它的破壞新中國的陰謀。但是全中國被解放以後，基督教和天主教也獲得解放了。去年七月，基督教人士所發起的自治自養自傳的革新運動得到全國基督徒熱烈的響應。到目前為止，在革新宣言上簽名的，已超過三十萬人，佔全國基督徒三分之一。這個革新運動是中國基督徒反帝愛國的有力表現，也是全世界基督教開始掙脫帝國主義枷鎖的號角。隨着基督教革新運動的發展，天主教的信徒也紛紛發起了三自革新運動。現在基督教和天主教在全國各地熱烈地展開對帝國主義分子和教會敗類的控訴。帝國主義披着宗教外衣來進行侵略的時代是過去了。從今以後，在政府正確領導之下，基督教和天主教都將走上光明的前途。

在解放後的兩年當中，全國宗教信徒的政治認識是大大地提高了。他們熱烈地參加了抗美援朝運動和其他許多反帝愛國的群眾運動。他們積極地推動了武器的捐獻和優撫的工作；在佛教徒當中，還展開了一個勞動生產的運動。宗教信徒是酷愛和平的，而美帝國主義卻是世界和平最兇狠的敵人。全國愛國愛教的宗教信徒目前最迫切的任務，就是響應政府「抗美援朝增產節約」的號召，去打擊這個敵人，消滅這個敵人。必須這樣，才能保障亞洲與世界和平；必須這樣，才能建設繁榮富強的新中國；也只有這樣，一切的宗教，才能在新中國的環境裡健全地發展起來。

16 / New Life for the Chinese Christian Church

Originally published in *People's China* 4:11 (December 1, 1951), 15–17.

Wu Yao-tsung (Y. T. Wu) in Christian work for over 30 years is Executive Secretary of the Literature Division of the National Y.M.C.A. of China. Graduate of Columbia University and Union Theological Seminary in the United States, he was one of a number of Christian leaders in China to start the Christian Reform Movement in July 1950 and is chairman of the newly created Christian Reform Committee which has assumed leadership of the Christian movement in China.

Christianity in China has been linked with imperialism ever since the introduction of Protestantism in 1807. This is clearly shown by the connections and activities of the early missionaries.

The first missionary, an Englishman, Robert Morrison, was concurrently a Vice-Consul and employee of the East India Company. Letters home from the first American missionary, E. C. Bridgman, spoke of the importance of the political aspects of missionary work. In 1844 Bridgman and two of his co-workers, Peter Parker and S. Wells Williams, were instrumental in forcing on China the Wanghia (Cushing) Treaty which gave the U.S. extra-territorial and other privileges. In 1857 Peter Parker made a proposal to the State Department for the annexation of Taiwan (Formosa)!

American missionary writings of the times quite openly considered the missionary movement the cultural spearhead for political and military invasion. In his book, *China and America Today*, Arthur H. Smith, who worked as a missionary for 30 years in China, approvingly quotes from a memorandum sent to the President of the United States in 1908 by Edmond J. James, President of the University of Illinois. James wrote:

> The nation which succeeds in educating the young Chinese of the present generation will be the nation which for a given expenditure of effort will reap the largest possible returns in moral, intellectual and commercial influence.... The extension of such moral influence as this would, even in a purely material sense, mean a larger return for a given outlay than could be obtained in any other manner. Trade follows moral and spiritual domination far more inevitably than it follows the flag....

The U.S. joined in the scramble with the other imperialist powers for the exploitation of China. Because she adopted less overt tactics than the other powers and came on the scene a little later she was all the more able to pose as a "friend" of the exploited country; this made her a more dangerous power than the others. For instance, she used the pretext of free trade to impose on China the "Open Door" policy which forced China to give special rights to the imperialist powers and made the European powers give up some of the spoils to their new competitor. The Boxer Indemnity, which was imposed as a punishment on the Chinese who had challenged the right of the imperialist powers to continue to rule the roost in China, was used in a "generous" way by the "masters" to invite students to U.S. for study. This served a double purpose: to pose as a "friendly elder brother" and at the same time to train pro-American students and prepare them for the role of propagandists of the "American way of life".

Sincere Christians and genuine friends of the Chinese people in America subscribed millions for what they believed to be charitable and missionary work in China. But the rulers of America and their agents at home and abroad took advantage of this to buy the favour of the Chinese people and further their own designs. Listed in China were 13 Christian universities supported with American funds, 203 hospitals, 320 orphanages, 15,000 Christian university graduates, and 250,000 students in Christian schools. In 1937 there were 76 Christian (Protestant) missions working in China, with 2,318 churches,

2,634 missionaries, 244,111 church members and a yearly expenditure of U.S. $6,373,106. Through these activities, and in spite of numerous acts of aggression against China, the United States was able to masquerade—in the minds of politically untutored Chinese—as "the best friend" of China.

The thinking of the average American missionary with whom I was in close touch for many years ran thus:

American civilization and the American way of life are the best in the world. They are mainly, if not totally Christian and must be preserved and spread at all costs—to China and to the rest of the world. Any threat to this priceless possession of the American people is an enemy not only of the American people but of the whole world—including Christianity. Communism is the main enemy. It must be wiped out wherever it appears, by peaceful means if possible, but by war if necessary. It is the missionaries' holy mission to help accomplish this task.

Imbued with these ideas, the American missionary fitted snugly into the imperialist scheme of aggression. He lived in a garden-compound with modern facilities. He was boss of his church or Christian organization, in fact if not in name, because he controlled its finances which came from abroad together with its policies. He walked with an air of superiority to everything around him.

The Missionary Creed

Missionary ideas fell into two main categories: "otherworldliness", and "reformism".

"Otherworldliness" seeks to induce people to forget their miserable lot in life by focusing their attention on the promise of the world to come. It attempts to divert people from participating in revolutionary activities. Chinese students in Christian schools and universities were forbidden to take part in patriotic demonstrations, and left-wing literature was banned from their school libraries. The hoisting of the national flag created an incident at St. John's University, Shanghai, in 1925. On the other hand, participation in reactionary politics which favored the status quo were encouraged. For example, Chiang Kai-shek's "New Life" movement which was started to offset the rising influence of Communism was immediately hailed by the missionaries as the incarnation of Christian teaching in politics.

"Reformism" was simply a device, under the name of the "Social Gospel", to stave off revolutionary zeal among oppressed people. "Reformism" was popular among the so-called "modernists" and social workers. The triangle of the Y.M.C.A. is a typical example of "reformism". It is supposed to convey the idea that if attention is focused on improvement of the "body, mind and spirit", the rest will take care of itself. James Yen, former Y.M.C.A. secretary and idol of many wealthy Americans also held this view. He said that China's basic ills were poverty, ignorance, weakness, selfishness and disorder—not feudalism or imperialism.

The Chinese Church Awakens

After liberation, patriotic Chinese Christians realised that if Christianity was to survive, the Chinese Church which throughout its 144-year history had been permeated by imperialist influences must be reformed. On July 28, 1950, forty Chinese Christian leaders issued a statement on *The Task of Christianity in the Construction of New China*. In a little over a month this statement was endorsed by 1,527 Christian leaders representing various denominations and organisations all over the country. The statement called upon fellow Christians: (1) to support the *Common Programme* (New China's basic law); (2) to liquidate imperialist influence within the Chinese Church and guard against plots to use Christianity for mobilisation of reactionary forces; and (3) to end as soon as possible reliance on foreign personnel and finance, and to build up a self-governed, self-supported, and self-propagated Chinese Church.

In the early stages the Reform Movement made comparatively slow progress. Some feared to sign the statement lest their foreign funds be cut off. Others did not understand the nature of imperialism and could not see how it was connected with their own churches.

The first great eye-opener for many Christians came after the American invasion of Korea. They were filled with wrath by the incontrovertible reports of Americans atrocities and murder of thousands of peaceful Korean citizens, by American threats to cross the Yalu river into China, by repeated invasions of Chinese skies by American warplanes, and by the American occupation of Taiwan. They began to understand what imperialism meant and how it might be connected with their own churches. The signature campaign for the Reform Appeal gained in momentum until, by the end of July 1951, one year after the campaign had started, 260,000 people, or more than one-fourth of the total Christian Protestant population in China, had signed.

There was an upsurge of patriotism among Christians. They began to participate in patriotic demonstrations and sent gift parcels to the Chinese volunteers and Koreans made homeless by the barbarous U.S. bombings. They contributed with enthusiasm to the national fund for aeroplanes, guns and tanks.

On December 13, 1950, twenty thousand people representing Christian organisations, schools and hospitals demonstrated in Peking in protest against Warren Austin's slanderous speech against China to the U.N. Security Council on November 28. Over ten thousand Christian marched in a Shanghai parade opposing the American rearming of Japan on March 21, 1951. Churches throughout the country began to fly the national flag during Sunday services. Such patriotic demonstrations would have been unimaginable in the old days.

The freezing of Chinese assets by the U.S. government on December 16, 1950, which cut off support to the Christian organisations, was further fillip to the drive among churches and Christian organisations for economics independence. Many organisations immediately announced that from the beginning of 1951 they would no longer accept U.S. or other foreign support.

In April 1951, 151 Christian delegates from various parts of China gathered in Peking for a conference called by the People's Government. All churches and Christian organisations were represented and for the first time in the history of Christianity in China a genuine unity was achieved. There was alert understanding and full support for Lu Ting-yi, Vice-Chairman of the Government's Cultural and Educational Commission, when he addressed the meeting and pointed out how American imperialism had tried to use Christianity as a tool in its plot for world conquest and aggression in China. By the end of the conference a new determination by the delegates to promote the Reform Movement was manifest.

During the early stages of the Reform Movement, responsible Christian leaders were mainly preoccupied with the question of economic independence.

Today, however, they realise that the most crucial problem concerns the liquidation of imperialist influence, especially that of the United States, within the Chinese Christian Church.

The first widespread attack on this problem was made when a large rally of twelve thousand people was held in Shanghai in June 1951, at which Christians came together to compare the experiences they had had with the agents of imperialism in missionary and church circles. The speakers gave detailed accounts of their experiences with foreign missionaries. Accusations were made against a long list of people, foremost of whom was Frank W. Price, trusted American adviser to Chiang Kai-shek, who used the Chinese Church and its activities in the rural districts to uphold the rotten Kuomintang regime and provide information to the American government. Sherwood Eddy, E. C. Lobenstine, Charles Boynton, Victor Hayward, the two Methodist Bishops—Ralph Ward and Carlton Lacy—and Ralph Mortensen were among those mentioned. Running-dogs like W. Y. Chen, a Chiang tool, S. C. Leung, a worshipper at the alter of "American might", Y. Y. Tsu, Ku Jen-en and others were exposed. The common crime of those named, foreign as well as Chinese, was that they used Christianity as a tool to promote the interests of American imperialism.

The Shanghai rally touched off a series of similar meetings throughout the country; and as a result the eyes of many Christians were opened. These meetings were all the more impressive because it is not easy for a Chinese Christian to come to the point where he feels he can honestly accuse another person, especially one who himself professes to be a Christian. "Judge not, that ye not judged" is a teaching of Jesus which every Christian has learned. But they also know that Jesus himself accused the Scribes and Pharisees in the strongest terms. (See Mathew [Matthew] 23) Awakened Chinese Christians now realise that accusation is merely a condemnation of evil in harmony with Christian teaching. They are fully conscious of the need for a house-cleaning in the churches and Christian organisations of China.

The Chinese Christian Reform Movement has been able to gain momentum in a comparatively short space of time because Chinese Christians have seen with their own eyes the defeat of imperialism, feudalism and bureaucratic capitalism in their country. First and foremost, they see that China has a clean government for the first time in her history. They have been convinced by the great achievements of this government during the past two years; the establishment of economic stability, the immense progress in construction and reconstruction, the improvement in the life of peasants after land reform, the recovery of industry and the prosperity of the cities. In short, Chinese Christians have seen a new page in Chinese history, a page which they themselves are helping to write and of which they are indeed proud.

Religious Liberty

Immediately before and after liberation, missionaries especially American missionaries, tired to spread terror by telling Christians that the Communists would wipe out Christianity. But at the first meeting of the People's Political Consultative Conference in September 1949, in which five Christian delegates participates, freedom of religion was written into the *Common Programme*. Since that time churches and Christian organisations whose outlook does not conflict with the *Common Programme* have enjoyed and will continue to enjoy all the freedoms that they have been guaranteed.

Not only has the Government adhered strictly to the principle of religious liberty, but it has done its utmost to help churches and Christian organisations to carry out their programme of reform and to tide them over financial difficulties until they can stand on their own feet. For instance, among a set of regulations passed in July 1951 was one providing that churches and buildings directly used by Christian organisations, and independent of U.S. financial support, be exempt from land tax.

While the Communists do not believe in religion, the Government takes the stand that if religion serves the people and is not against the people, it should not be discriminated against and should be regarded as a full member of the united front in building the New China. Imperialist propaganda concerning Communist enmity towards religion is a deliberate falsification of fact.

Looking Ahead

The Christian Reform Movement in China has just begun. The elaborate framework of imperialist control—the missions, their money, their personnel and the whole paraphanalia of missionary enterprise—has been dismantled by the churches and the Christian organisations with full support from the Government. There is still the difficult job ahead of rooting out imperialist influence hiding in the heads of Christians, in literature, hymns and even methods of work in Christian organisations.

But the way is clear. Through the "Three-Self Movement" (self-government, self-support, and self-propagation) the Christian Reform Movement will first eliminate imperialist influence from Christianity, and then build a church which will truly and fully express the aspirations of Chinese Christians. It will be a Church in which love for religion will be combined with love for our country, in which Chinese Christians will dig deep into the riches of the Gospel and let themselves become the medium through which this Gospel will shine in love and service to the people.

17 /《田家》復刊詞

原刊於《田家》17 卷 3 期（1951 年 12 月），頁 2。

吳先生這篇文章原是在國外寫好托人捎回來的，但不知怎的先到了上海，等轉到北京時，已是十一月廿一日，我們特在本期把它登出來。

——編者——

「田家」停刊已經有一年多了。這一個有過十六年歷史，在基督教裏面曾經起過相當作用的刊物，是不應當讓它永遠停刊的。「田家」的讀者，基督教裏面的許多朋友，以至「田家」前任總編輯，已故張雪岩先生的基督教外的一些朋友，都曾多次表示：希望「田家」復刊。我自己是從事基督教文字事業的，又是張雪岩先生多年的朋友，對於「田家」的復刊，似乎是「責無旁貸」。因此，在張先生逝世不久之後，我就各方奔走，爲「田家」的復刊而努力。

然而「田家」的復刊，却不是一件容易的事。從創刊到停刊，除了很少的訂費以外，「田家」是完全依賴美國的津貼的。這一個事實就給「田家」帶來了許多困難，甚至災難。在解放前後的兩三年中是如此，甚至在停刊以後還是如此。這裏面許多複雜的情況，我不必在這裏敍述。我只需要說：經過一年多的努力，經過教內外許多朋友的協助，關於「田家」復刊的一切困難，都已經克服。今天，我們可以很慶幸地宣告：「田家」已經復刊，再與它的讀者見面。

今天是人民的新中國；基督教的三自革新運動正在全國蓬勃的發展著；全國的基督徒正在積極地從事於割斷帝國主義關係，肅清帝國主義影響的工作。今後的「田家」，將是一個完全脫離帝國主義關係，由中國基督徒主持的刊物。它將在人民政府和中國基督教抗美援朝三自革新運動委員會籌備委員的領導下，爲全國農村的基督徒讀者服務。它的使命是重大的；但是在新中國的環境裏，我們相信，它一定能夠完成它的使命，成爲中國基督教三自革新運動一個有力的支柱。

一九五一年十一月一日於維也納

三、

1952
年

1 / 基督教與世界和平
——本文爲一九五一年十二月十六日吳先生在北京燈市口公理會的證道詞

原刊於《田家》1952 年 2 期（1952 年 1 月），頁 7–8。龐之焜記述。

　　二十世紀的頭半世紀，五十年之間，世界遭遇了兩次大戰，都是非常的悲慘。第二次大戰死亡五千萬人以上，蘇聯一國就犧牲了一千七百萬人。物質損失約計一萬億美元，至於精神、心理、文化各方面的損失，更難以估計。但人類並未因此而完全覺悟。大戰結束僅有六年，大家又在恐懼第三次世界大戰的到來。第三次大戰若果眞爆發，因原子武器殺傷力、破壞力之巨大，戰爭的結果眞是不堪設想。所以世界上愛好和平的人士，無不焦思熟慮，奔走呼號，力求大戰之避免，爭取持久的和平。

　　此次世界和平理事會在維也納開會，雖經反動政府的阻撓，仍有愛好和平的民眾十幾萬人遊行示威，遊行的行列中，最引人注意的是：殘廢軍人手持雙枴一瘸一巓，父親把孩子扛在肩頭上，母親用小車推着孩子，他們高呼：「爲我們的第二代，我們不要戰爭，我們要和平！」

　　戰爭既如此殘酷，爲什麼還有人要發動戰爭呢？聖經上說：一個少年人要得永生，耶穌告訴他，要變賣一切所有的分給窮人，然後再來跟從他。那少年人聽見這話，就憂憂愁愁的走了，因爲他的產業很多。我們可以推測那少年人的心理。他的財富決不是勞動生產得來的，一定是他自己或者他的先人，用剝削的或變相的不同方式的搶奪手段得來的。

耶穌向他挑戰，他還不肯放棄。多數富人的心是永遠不知足的，正如秦始皇富有天下還想長生。富人的財富是剝削來的，若有人威脅到他們的財富，他們就用武力來對付，這就釀成戰爭。耶穌要向這些人們挑戰。

美國大資本家——資產階級，利用戰爭製造軍火謀求利潤，把他們的利潤建築在人民的流血犧牲死亡喪命上面。人民的幸福他們不管，人民的痛苦他們不看，他們祇是天天想如何增加他們的財富。他們不但不愛人民，有時候還會出賣祖國。為獲得超額的利潤，他們會把軍火偷偷的賣給他們敵對的國家。耶穌說：「你們的財寶在那裏，你們的心也在那裏。」過去兩年間我幾次出國到蘇聯和西歐的國家去。資本主義國家，對蘇聯有種種的毀謗和誤解。我到蘇聯所見的，都是和平建設的景象。百貨店的顧客人山人海。斯大林汽車工廠每三分鐘即製成汽車一部。它的產量雖然尚未趕上美國，但是美國資本家發愁他的貨賣不出去，蘇聯的汽車再多出也不用發愁賣不出去，因為蘇聯不是求利潤，乃是為服務人民。蘇聯的商店對客人有時招待疏漏，貨物包裝也很粗笨。但他們不是故意的簡慢顧客，他們是精簡節約，為人民節省時間，節省金錢。我到維也納去，看見商店裏的美國絲襪子，裝璜精美，女店員穿的花枝招展，招待殷勤，但他們並不是想到顧客的利益，乃是為了招攬生意，為資本家求得利潤。

美國用原子能製造殺人的武器，蘇聯用原子能治河開渠，變沙漠為良田，作和平建設。美帝今年軍事預算八百十八億美元，較比一九三九年增高七十六倍，更成立北大西洋公約，把西歐那些國家也拖在一起，跟着他一塊備戰。他們剝奪人民的日用必需品，孩子們的營養品，來製造戰爭武器。英國一切都是配給，下飯館一頓飯吃不飽，鮮雞蛋是難得，糖成了貴重品，祇能吃蛋粉和糖精。維也納旅館缺少煤燒，因為帝國主義，反動政權使東歐和西歐不通貿易，物資不能交流。人民飢餓，缺乏營養，面黃肌瘦，反動政府壓迫人民，怕他們反對戰爭。到蘇聯就看出雙方的不同。一方面是和平建設，一方面是製造戰爭，一方面是富足繁榮，一方面是貧困缺乏，顯然是兩個世界。

耶穌是和平之君，到世上來傳和平的福音。我們基督徒不要祇在口

頭上祈求和平，更要努力推行和平運動，控訴帝國主義利用教會實行文化侵略，製造戰爭破壞和平的罪行，積極參加抗美援朝運動，制止侵略，增強和平的力量，減少戰爭的威脅。抗美援朝與和平運動沒有矛盾，而且對和平運動貢獻甚大。世界和平理事會號召，禁用原子武器，簽名的有五萬萬多人，請求五大國締結和平公約，簽名的人數更多。人民和平意志之表現，使帝國主義對發動戰爭不得不慎加考慮，人民和平的意志愈高，世界的和平就更加鞏固。我們大家要以實際的行動，來爭取世界持久的和平。

2 / 堅決撲滅美國侵略者細菌戰的毒燄
——給細菌戰犯們以徹底打擊

原刊於《人民日報》，1952 年 3 月 18 日。

　　窮兇極惡的美國侵略者在朝鮮和我國東北進行細菌戰。全中國愛國的基督教徒對於美國侵略者這種滅絕人性、破壞國際公約的滔天罪行，是絕對不能容忍的。美國侵略者這個瘋狂的野蠻罪行，完全地徹底地暴露了它的侵略的本質。美國侵略者的罪行，必將受到全世界愛好和平人民的正義裁判。我堅決擁護周恩來部長關於這一事件的聲明，並號召全國基督教徒繼續加強抗美援朝的愛國行動，積極地推進基督教的三自革新運動，堅決地割斷和美帝國主義的一切聯繫，肅清基督教內美帝國主義的思想毒素，給予細菌戰犯們以徹底的打擊。

3 / 吳耀宗劉良模兩先生函本報
——抗議香港英政府迫害大公報的暴行

原刊於《大公報》，1952 年 5 月 15 日。與劉良模合著。

　　《大公報》全體同志：香港英政府最近迫害香港《大公報》的暴行，是中國人民所不能容忍的。香港英政府的這一暴行，完全撕破了帝國主義所謂「新聞自由」的假面具，露出了它的蔑視正義、壓制輿論的猙獰面目。我們完全擁護我國外交部對英政府的嚴正抗議，並要向受香港英政府迫害的香港《大公報》全體同志們致深切的慰問和敬意！

　　香港《大公報》是中國人民的報紙，我們要支持香港《大公報》與英帝國主義周旋到底！

中國基督教抗美援朝三自革新運動委員會籌備委員會
主席吳耀宗
書記劉良模

4 / 美國細菌戰犯難逃正義審判

原刊於《天風》314 期（1952 年 5 月 17 日），頁 1。與劉良模合著。

　　我們看了被俘的美國空軍中尉凱尼斯・伊納克與約翰・奎恩關於美帝國主義怎樣發動細菌戰爭的供詞、廣播詞和公開信之後，認爲美帝國主義在這些確鑿的人證物證面前，實在無法再能抵賴他們的滔天罪行。凡是有良心的人，對美帝國主義這個罪行，都有無限的憤怒。我們號召全世界善良的基督徒都起來抗議，並以一切具體行動制止美帝國主義對中朝人民進行細菌戰的罪行。萬惡的美國細菌戰犯一定難逃人類正義的審判。

5 / 建立一條更廣泛更堅強的和平陣線

原刊於《人民日報》，1952 年 6 月 6 日。另見《大公報》，1952 年 6 月 9 日；《天風》318 期（1952年 6 月 14 日），頁 2–3；《協進》1952 年 6 月，頁 7；《田家》1952 年 12 期（6 月），頁 2。《田家》省略部分內容，以**粗體**標出。

亞洲及太平洋區域和平會議的籌備會議在北京開幕了。這個會議不但對亞洲的和平有着極重要的意義，它對整個世界和平，也將有極巨大的關係。我對這個會議，寄予最熱烈的期望。

三十年前，我是一個狂熱的和平主義者。我曲解耶穌的教訓，把「愛仇敵」解釋做無原則的愛，無原則的不抵抗，而忘記了耶穌的熱愛祖國，嫉惡如仇，和他對人民的敵人所作的無情的鬥爭。**我曾極端地崇拜甘地和他的不抵抗主義。因此，當我讀到他的自傳的時候，我是那樣地受了它的感動，**[1] **以致我馬上把它譯成中文。**在基督教裡面有一個國際性的和平主義的團體叫做「唯愛社」，三十年前，我就是它的中國分社的發起者和負責人。我曾經把唯愛主義在中國的基督徒裡面做了熱烈的宣傳。[2]我憧憬着「舊約」裡面先知以賽亞所描寫的和平景象：「他們要將刀打成犁頭、把槍打成鐮刀。這國不舉刀攻擊那國、他們也不再學習戰事。」**「豺狼必與綿羊羔同居、豹子與山羊羔同臥。少壯獅子、與牛犢、並肥畜同群。小孩子要牽引他們。牛必能與熊同食。牛犢必與小熊同臥。獅**

1　刊於《天風》時，「那樣」作「怎樣」。

2　刊於《大公報》、《天風》時，「基督徒」作「基督教」。

子必吃草與牛一樣。吃奶的孩子必玩耍在虺蛇的洞口、斷奶的嬰兒必按手在毒蛇的穴上。」

這是一個美麗的夢境。現在，三十年後，我已經從這個美麗的夢境中完全覺醒過來。我並沒有放棄我對世界和平的熱烈期望，但我清楚地曉得：和平是不能從美麗的幻想中產生出來的；相反的，和平是需要爭取得來的。一九四九年四月，我到了布拉格，參加了在巴黎和布拉格同時舉行的世界擁護和平大會。一九五一年二月，我參加了在柏林舉行的世界和平理事會第一屆會議；同年十一月我參加了在維也納舉行的該會第二屆會議。在這幾次會議裡，我看見了全世界人民保衛世界和平的高度決心及和平民主陣營如火如荼的聲勢。從這幾次會議裡，我逐漸得到一個堅強的信念：除了一小撮戰爭販子以外，和平是全世界人民所熱烈要求的，因此，和平是必定能夠戰勝戰爭的。

在過去的三年多當中，我生活在人民的新中國裡，我親眼看見中國人民堅強無比的鬥爭意志和偉大無比的建設力量。在解放了的中國，人民獲得了他們從來沒有獲得過的自由，享受了他們從來沒有享受過的幸福。作為一個中國的人民，我為此感到無限的快樂與驕傲；我對中國的前途從來沒有過像我今天所懷抱的信心。然而正在這個時候，以美國為首的帝國主義卻自欺欺人地否認了中國解放這一個偉大的創時代的歷史事實。它不但否認了代表全體中國人民意志的中華人民共和國，不但繼續支持窮途末路的國民黨反動派殘餘勢力；並且發動了侵略朝鮮的戰爭，佔領了我國領土台灣，直接威脅了我們國家的安全。作為一個中國的人民，我對美帝國主義侵略集團的罪惡行為感到無比的憤怒。這個侵略集團不但和已經站立起來的全體中國人民為敵，它也和全世界愛好和平的人民為敵。作為一個基督徒，我更感到無限的憤慨，因為以基督教作招牌的美帝國主義侵略集團沾污了基督教的美名，出賣了基督教所崇奉的「和平之君」，把武器和金錢，把陰謀和自私當作他們的上帝。當我聽到美帝國主義在朝鮮對和平居民所犯的窮兇極惡、滅絕人性的罪行，特別當我聽到中國人民志願軍歸國代表團和朝鮮人民訪華代表團關於美國侵略者罪行的控訴的時候，我心中的憤怒，就像烈火一樣向美帝國主義

的野獸們燃燒。當我聽到美帝國主義在朝鮮和我國領土進行細菌戰，以及在巨濟島和釜山屠殺戰俘的血腥暴行的時候，我幾乎不能相信：一個國家的統治者——一個自稱爲基督教國家的統治者會墮落到這個地步，會把作爲一個人的起碼的人性藐視、踐踏、毀滅到這個地步。當美帝國主義犯了這些滔天罪行而又卑鄙無恥地否認這些罪行的時候，又使我感到美帝國主義的脆弱和無能。

美帝國主義的瘋狂侵略和擴大戰爭的準備能夠嚇倒中國的人民嗎？能夠嚇倒全世界愛好和平的人民嗎？不能，決不能。在美帝國主義進行侵朝戰爭的兩年當中，中國的人民，在共產黨和毛主席的英明領導下，還是在那裡積極建設——不，爲了打敗帝國主義的侵略戰爭，中國的人民是更努力地、更奮發地進行着建設事業。在抗美援朝運動之外，土地改革運動，鎮壓反革命運動，思想改造運動，「三反」「五反」運動和增產節約運動，都使中國的人民逐漸地洗清過去歷史的污毒，爲偉大的新民主主義和走向社會主義的建設鋪平了道路。中國人民的力量是不可征服的；新中國的基礎是建築在磐石之上的。

中國人民所已經爭取到的勝利，全亞洲及太平洋區域的人民也一定可以爭取得到。中國人民今天所享受的幸福和將要享受的更大的幸福，全亞洲及太平洋區域的人民也必將能夠享受。在亞洲受帝國主義侵略的國家，人民的力量已經蓬勃地增長起來；他們將要掙脫殖民地、半殖民地的奴隸枷鎖，恢復他們的獨立和自主。他們絕不會甘心於充當帝國主義戰爭機器的附屬品，充當帝國主義奴役人類的不義戰爭的砲灰。他們必將與全世界愛好和平的人民携起手來，爲他們自己的幸福，爲世界持久的和平而鬥爭到底。

全世界愛好和平的人民所已經結成的鋼鐵般的和平陣綫，是不可戰勝的。這個陣綫一天天地壯大起來，一天天地從殖民地、半殖民地以至從帝國主義國家和它們的附庸國裡，吸引了無數愛好和平的人民，參加到它裡面去。只有極少數的戰爭販子想從戰爭和奴役全世界人民的計劃中獲得更多的利潤和更優越的地位。相反地，戰爭對任何一個國家的人民，尤其是對人類中的花朵——婦女和兒童——都是一個嚴重的威脅和

殘酷的毀滅。讓全世界愛好和平的人民，首先是亞洲和太平洋區域中的人民，不分國籍、民族，不分宗教信仰和政治主張，更廣泛地、更緊密地、更堅強地團結起來，爲爭取世界和平更大的勝利而奮鬥。

6 / 在毛澤東思想領導下，
把基督教三自革新運動推進一步

原刊於《光明日報》，1952 年 6 月 30 日。另見：《天風》328 期（1952 年 8 月 23 日），頁 1–2；《協進》1952 年 8 月號，頁 9。《天風》新增內容，以**粗體**標出。

在基督教三自革新運動進行了差不多兩年的今天，許多基督徒逐漸地意識到：沒有共產黨的領導，就不可能有中國革命的勝利；沒有中國革命的勝利，就不可能有今天的基督教三自革新運動。由於這個認識，許多基督徒逐漸放棄了他們對共產黨的錯誤成見，逐漸認識了毛澤東思想的偉大性和深刻性。不久以前，我參加了一個基督教團體的「三反運動勝利結束大會」，在會上，當總結講話提到毛主席的英明領導和我們對毛主席和中國共產黨的衷心感激的時候，羣眾的掌聲就像暴風雨一般，繼續了幾分鐘之久。在基督教的集會中，我的這個經驗是空前的。這樣的表現不是形式的，空泛的，而是真誠的，具體的。參加這集會的羣眾，每一個人都根據自己所已經體驗到的活生生的事實，表達了他的內心的聲音。

一百多年來，帝國主義通過基督教在中國所進行的罪惡活動，是幾乎不能想像的。在一九五一年的下半年中，全國基督教舉行了一百零八次規模較大的對帝國主義的控訴會。在這些控訴會裡，基督徒羣眾撕破了帝國主義分子和基督教敗類的宗教外衣，暴露了他們利用基督教來侵略中國的惡毒陰險的真面目。在中國基督教的歷史中，這是一件劃時代的事。無數善良的基督徒都如大夢初覺：他們知道他們受了帝國主義的

欺騙；他們知道「三自」革新是中國基督教新生的唯一道路。

但是，半年來國內一般形勢的發展，又把許多基督徒的認識推進了一步。全國轟轟烈烈的「三反」「五反」運動，暴露了中國舊社會的腐化與污毒。這個偉大的運動，打退了資產階級不法分子的猖狂進攻，建立了新社會優良風氣的基礎，深刻地教育了廣大的羣眾，爲新中國的工業化鋪平了道路。這個運動現在已經在全國取得了輝煌的勝利。由於這個運動的啓發，許多基督徒便看見了在帝國主義控制下的基督教更醜惡的一面。他們不但看見了在基督教裡面嚴重地存在着的貪污、浪費的現象和官僚主義以及帝國主義的作風，他們更深刻地體認到帝國主義在基督教裡面所曾佈置的，和還在佈置的許多反人民活動的陰謀。基督教的控訴運動揭露了帝國主義傳教運動的僞善面目，啓發了廣大的基督徒羣眾。控訴運動是基督教的啓蒙運動。但是，經過控訴運動以後，在基督教裡面還存在着許多污毒，和這些污毒的根源——在基督教裡面還潛藏着，盤踞着的腐惡力量。這些污毒的存在，是基督教新生命發展的嚴重障礙；必須用更徹底，更有效的辦法把這些障礙掃除，基督教三自革新運動健全的發展才有可能。

在過去幾個月中，在一些地區裡，若干教會和基督教團體進行了「三反」運動，或類似「三反」的控訴運動。這些運動所暴露的事實，有許多是完全出乎意料的。我們絕不會想到帝國主義會玩那樣多的花樣，來僞裝它們毒害中國人民的罪行；我們絕不會想到帝國主義所利用的基督教敗類會做出那樣卑鄙齷齪，有時甚至是滅絕人性的勾當。暴露了這些事實，使隱藏在這些事實背後的敗類現出了原形，受了羣眾正義的裁判。這是基督教革新運動中的一件大事。基督教裡面的這些污毒就像一塊沉重的石頭，壓在每一個良善的基督徒身上；只有通過「三反」運動，這塊石頭才能被搬去，基督教組織的民主改革，才能進行。

以上這些事實和它們的教訓給我們指示了基督教三自革新運動今後發展的方向。

第一：基督教的「三自」革新所以能夠成爲一個運動，是由於羣眾的力量；基督教的控訴運動，所以能夠進行，是由於羣眾的力量；如果

我們要徹底肅清基督教內的腐惡勢力，徹底肅清基督教內的帝國主義影響，勝利地完成「三自」革新的任務，我們也必須依靠羣眾的力量。有了羣眾的力量，在正確領導之下，就沒有不能被揭發的罪惡，沒有不能被克服的困難。過去兩年的「三自」革新運動有它一定的成就；如果我們要把這個運動推進一步使每一個基督徒都能深刻地了解「三自」革新的意義，成爲這個運動堅強的戰士，我們就必須更有效地深入羣眾，教育羣眾，使廣大基督徒羣眾的力量，能夠更充分地發揮出來。

第二：基督教的「三自」革新不祇是一件消毒的工作，它也是一件建設的工作。它不但要建立「三自」的教會，它對新中國的建設也應當有所貢獻。基督教的理想是「地上的天國」：「願你的國降臨；願你的旨意行在地上，如同行在天上。」基督教的人生觀是：「非以役人，乃役於人」。基督教的前途不祇要建立在崇高的理想上，也必須建立在實際的行動上。今後全國的基督徒應當全心全意地參加到一切愛國運動裏去，並使他們的工作都與新中國的建設直接地或間接地聯系起來。這樣，基督徒的屬靈信仰就能夠在實際的社會生活中有更具體的表現。

被帝國主義歪曲了的基督教要我們把基督教同自由主義、個人主義打成一片，要我們「潔身自好」，要我們「少管閒事」。這樣的基督教是貪污腐化，助長帝國主義進行陰謀活動的溫床。被帝國主義歪曲了的基督教要我們超現實，超政治，要我們把個人同社會分開，要我們單單追求「天上」的幸福。這些都違反了「願你的國降臨」的祈求和「非以役人，乃役於人」的教訓。世界是不需要逃避的；因爲上帝的靈是住在人裡面的，所以人有力量去改造世界，使世界變成地上的樂園。

偉大的毛澤東思想——把古老的中國澈底地解放了的毛澤東思想，對今天基督徒所應有的努力應當是一盞引路的明燈。毛澤東思想的一個重要成份是「羣眾路綫」，而現階段的「三自」革新運動所急需的就是廣大基督徒羣眾的力量的發揚。毛澤東思想的另一個重要成份是理論和實踐的結合，是一套「能動地改造世界」的思想與理論。這一套思想與理論是每一個中國人所應當學習，也是每一個基督徒所應當學習的。在多方面的，淵深廣博的毛澤東思想中，每一個基督徒所應當首先學習的

就是貫徹了毛澤東思想的精神的「共同綱領」。「共同綱領」是新中國偉大的統一戰綫中全體人民共同行動的綱領，是每一個參加新中國建設的人所必須遵守的綱領。基督教的「三自」革新運動，必須遵循着「共同綱領」的精神實質，才能夠完成它的歷史任務。

基督教的三自革新運動，基本上是一個思想改造運動。思想改造並不是要改掉基督教的信仰，而只是要使每一個基督徒在共同綱領的基礎上，徹底肅清帝國主義的惡毒思想，建立愛國愛教、站在人民的立場、全心全意爲人民服務的思想，並在這個新的思想的基礎上建立中國基督徒的自治、自養、自傳的革新教會。

我們說我們必須更有效地深入羣衆、教育羣衆；我們應當拿什麼東西去深入羣衆、教育羣衆呢？我們的工作所必須有的內容就是領導全體中國人民去反對帝國主義、反對封建主義、反對官僚主義，建立新民主主義的國家，爲中國的獨立、民主、和平、統一和富強而奮鬥的共同綱領。

我們說：基督教的前途不只要建立在崇高的理想上，也必須建立在實際的行動上。什麼是今天中國基督徒的行動綱領呢？作爲中國的人民，我們的行動綱領，同其他的中國人民一樣，就是把廣大的中國人民，在反帝愛國的原則上，結成廣泛堅強的統一戰綫的共同綱領。

在過去兩年的三自革新運動中，全國基督徒都已經普遍地進行了學習，這是值得我們慶幸的。爲要使三自革新運動建立在一個與實際聯繫的、更穩固的基礎上，爲要更有效地深入羣衆、教育羣衆，爲要澈底肅清帝國主義對基督教的影響，完成基督徒思想改造的任務，我們就必須號召全國的基督徒，把學習共同綱領作今後幾個月中基督教三自革新運動壓倒一切的中心任務。必須這樣，我們才能在毛澤東思想的領導下，把基督教三自革新運動推進一步。

7 / 堅決擁護約翰遜教長
揭露細菌戰罪行的正義行動

原刊於《人民日報》，1952 年 7 月 19 日及《光明日報》，1952 年 7 月 19 日。另見《天風》324 期（1952 年 7 月 26 日），頁 1。

英國坎特伯雷教長約翰遜在中國訪問了兩個多月，最近回國，於七月八日在倫敦舉行記者招待會，揭露並控訴了美國軍隊在朝鮮和中國進行細菌戰的罪行，約翰遜教長這一正義行動，嚴重地打擊了戰爭販子們的虛偽宣傳，引起英國統治集團的極大恐慌。他們用了種種方法對約翰遜教長進行誹謗誣衊，甚至企圖解除他的教長的終身職務並以叛國罪來審訊他。我們可以斷言：英國統治集團的卑鄙手段和惡毒陰謀必將遭到悲慘的失敗。美國在朝鮮和中國進行細菌戰的罪行，在愈來愈多的不可置辯的證據之下，已經成為鐵一般的事實。英國統治集團以及其他製造戰爭的統治集團企圖以一手掩盡天下的耳目，那只是一個愚昧的妄想，絕對沒有成功的可能。我們對約翰遜教長的正義行動表示無限的敬意；我相信全中國的基督教徒和天主教徒，尤其是給約翰遜教長寫信，譴責這種最不人道的戰爭方式的基督教徒和天主教徒，不但堅決地擁護約翰遜教長的正義行動，也必將以最大的力量來支援他的正義行動。

約翰遜教長關於細菌戰的見證是非常有力的。約翰遜教長是一位世界知名的和平戰士。在反動集團嚴密的新聞封鎖和歪曲宣傳的政策下，他曾幾次訪問蘇聯，把蘇聯人民的和平生活和偉大的建設成就，公正地介紹給全世界的人民。數十年來，他是一貫地主張國家間的和平共存，

而堅決地反對一切侵略性的戰爭的。他這一次到中國來訪問，不但親眼看見了許多關於使用細菌武器的證據，也深刻地體驗了解放後中國人民的建設事業的輝煌成就。[3] 這是一個鮮明的對照。這一個鮮明的對照激發了他的義憤，使他毫不留情地揭露了細菌戰的罪行，因爲，在他看來，建設事業和它所代表的偉大的服務精神是「這時代所渴望的」，是「導向和平的」；而可呪詛的，[4] 毀滅人類的細菌戰却是與此背道而馳的。英國反動報紙的大肆咆哮是沒有用處的，他們的迫害運動是絲毫不能影響約翰遜教長關於細菌戰的正義的控訴的，因爲這個控訴是具有最高的權威的。

我們另一位基督教朋友文幼章先生，同約翰遜教長一樣，在訪問了新中國回到加拿大以後，就有力地向廣大的群眾揭露了美國進行細菌戰的罪行。也同英國一樣，加拿大的統治集團和反動報紙對文幼章先生極盡誣衊誹謗之能事，並企圖對他加以叛國的罪名。[5] 然而由於廣大人民對文幼章先生的支持，反動派是不能爲所欲爲的。

最近我出席了在柏林舉行的世界和平理事會特別會議，我聽了親來中國訪問的法奇先生長達二十頁的關於細菌戰的報告；我深深地受了這篇報告的感動，我認爲這是一篇頑石都應當點頭的報告。這一篇報告，和約翰遜教長、文幼章先生兩位基督教人士的控訴，都代表了人類正義的呼聲。世界和平理事會要求制止細菌戰的宣言就是這個呼聲的具體表現。讓全世界愛好和平的人們一致起來，把這個宣言變成事實吧！

3　刊於《天風》時，「也深刻地」作「他深刻地」。

4　刊於《天風》時，「呪詛」作「咒詛」。

5　刊於《天風》時，「叛國」作「『叛國』」。

8 / 拯救和平　保衛和平

原刊於《大公報》，1952年8月6日。另《天風週刊》326期（1952年8月9日），頁1–5。《天風》新增內容，以**粗體**標出。

一、民主柏林的氣象

六月三十日，我同中國代表團到了柏林，出席七月一日到六日在柏林舉行的世界和平理事會特別會議。

我到柏林，這是第二次了。頭一次是在一年多以前——一九五一年二月，爲了出席世界和平理事會第一次會議。受了巨大的戰爭的創傷的柏林，這一年多以來表面上似乎並沒有顯著的改變。但事實上，民主的柏林却在許多地方呈現着蓬勃的朝氣。從今年一月到六月，東柏林動員了三萬人，清除了四十萬噸的瓦礫，揀出二千四百萬塊可用的磚和六千噸廢金屬。我們到柏林的第一天，就在報上看到一個消息：工資又一次增加，物價又一次跌落。東德有許多國營商店，叫做「H·O」，從一九四八年底成立以來，它們已經有過十一次大減價，單在一九五一年就有五次。它們所以能夠減價，就是由於「兩年計劃」和「五年計劃」第一年增產努力的成功，和在工業、農業裏面所執行的進步生產方法。舉兩個例：一百格蘭姆黃油的價格，在一九四八年是一三·○○馬克，四九年是八·五○，五○年是三·二○，五一年二·四○，減價的速度是驚人的。兩塊麵包的價格，在一九四九年是一·○○馬克，五○年是○·三○，五一年是○·一二，這個減價速度也是驚人的。每一次減

價都表示着德意志民主共和國新生活的進展。不但東柏林的人民得到減價的利益，就是西柏林三十萬的失業者和許多需要救濟的人民也可以到東柏林的國營商店購買廉價的物品，因而從這個具體的事實裏，認識了民主德國的政策的正確性。這是兩個柏林，兩個德國——一個被緊緊地拴在戰爭的機器上，走上希特勒的老路，而結果是貧困、失業、壓迫；另一個是在戰爭的廢墟上努力和平的建設，而結果是自由、幸福與繁榮。眞理究竟在那一面是容易看出來的；沒有一個有良心、有血性的德國人，要使德國遭受再一次的毀滅。德國人民的意志是清楚的。我第一次到柏林的時候，曾經同中國代表團到紅軍烈士墓去致敬；我記得在墓園的石碑上面有一句話，使我深深地受了感動：「這是烈士們永遠安息的地方；爲了你們的緣故，他們犧牲了性命。」「你們」不單指德國的人民，也指全世界愛好和平的人民。難道我們能夠容許又一次的悲劇從德國產生，使無數的烈士們又爲我們犧牲嗎？我相信全世界愛好和平的人民必將一致地、堅決地回答說：「不，決不！」

二、戰爭危機的加深

儘管帝國主義的戰爭販子們在世界許多地區裏，尤其是在朝鮮的戰場上，受到重大的挫折，他們備戰的計劃，還是加速地在進行着。美國同日本在舊金山簽訂的片面和約，今年四月二十八日就生效了。這個條約以及「美日雙邊安全條約」和「行政協定」，使日本完全變成美國的軍事基地，使復活了的日本軍國主義和法西斯主義重新威脅着亞洲的和平。

在德國和歐洲，五月二十六日由美、英、法與西德在波恩簽訂的「一般性條約」，五月二十七日由法、意、西德、荷、比、盧六國在巴黎簽訂的「歐洲防務集團」條約，使西德進一步地軍國主義化，使東西德的裂痕加深，使參加「防務集團」的國家的軍事、政治、經濟，在美國控制之下，成了脫韁之馬，隨時可以違反人民的意志，發動侵略性的戰爭。

法西斯日本的戰犯，一批一批地被釋放；納粹德國的殺人魔王也都

變成了美國侵略者的座上嘉賓。

希特勒是失敗了，然而希特勒統一歐洲、征服蘇聯的野心，在美國侵略者和希特勒的黨徒當中還是繼續生長着、活躍着。時機成熟的時候，他們又企圖把歐洲變成被火和血交織着的人間地獄。

朝鮮停戰談判，由於美國拖延，一年多尚未完全達到協議，美國要維持着一個緊張的世界局勢。美國侵略者並進行細菌戰、屠殺中朝戰俘和轟炸鴨綠江水力發電站，這就更暴露了它阻撓與破壞談判和擴大戰爭的陰謀。

因為世界和平理事會的特別會議是在歐洲舉行的，歐洲的緊張局勢，當然是代表們視綫的集中點，但是東方的問題，也同樣地受到重視。鴨綠江發電站的被轟炸，激起了整個西歐，尤其是英國的軒然大波。他們恐怕這是發動大戰的信號；他們知道：東方和西方的戰爭危戰，是緊密地互相依存着。

隨着備戰計劃的發展，美國對弱小國家的控制，也一天一天地加緊着。美國在全世界建立了四百個軍事基地。在整個拉丁美洲，在西歐北歐，在中東近東，在東南亞，美國都扶植了反動政權，鎮壓了民主的活動。這些國家，事實上都變成了美國的新殖民地。美國廉價購買這些國家的原料，限制它們製成品的出口，使它們變成美國的經濟附庸，使它們面臨着愈來愈嚴重的經濟危機。此外，為要組織它的「歐洲軍」，美國還要在這些國家裏大量地搜索炮灰。極端反動的法朗哥政權就準備供給二百八十萬人。

在大會裏，我看到希臘和平委員的一本宣傳小冊，裏面有一張希臘地圖，地圖上的記號表示着在這一個小小的國家裏有五十五個監獄地區，三個集中營，三十六個以攻擊蘇聯為主要目標的美國航空站。監獄、集中營、航空站──這一幅鮮明的圖畫，一方面顯示了帝國主義瘋狂備戰的情況，另一方面也顯示了希臘人民為自由民主而進行着的英勇鬥爭。

三、和平運動的成就

戰爭的危機是加深了，和平的力量則越來越壯大。

世界和平理事會副主席南尼在大會的閉幕詞裏說：「在美國、英國、法國、德國，以及世界各地，理性都在發展着。」是的，全世界人民的理性都在發展着，因為戰爭是違反理性的，而和平是合乎理性的。在要求五大國締結和平公約的宣言上，全世界已經有六億以上的人簽名；許多國家裏面的和平運動都越來越得到廣大人民的擁護。李奇微在歐洲所得到的「接待」，就是和平運動日益發展的證據。他在巴黎和羅馬的經驗是大家都知道的。在丹麥京城的示威運動中，有一個標語說：「你打了防疫針沒有？李奇微快要來了。」在艾奇遜訪問維也納的時候，到處都是「艾奇遜滾蛋」的標語。儘管戰爭販子們把反共、反蘇、反人民的企圖說成一篇「自由」、「民主」、「和平」的大道理，人民的眼睛是雪亮的，他們能夠從冷酷的現實裏看見是非的真相。去年十一月，我們到了維也納，出席世界和平理事會第二次會議。天氣冷了，但旅館裏還沒有暖氣。奧國本來可以買波蘭廉價的煤，但美國的經濟封鎖政策却要他們買遠道運來的高價的煤，其結果就是他們買不起煤。奧國的人民是有理性的，他們知道這是不合理的。由於同樣的原因，馬來亞的橡膠，也不能被運到蘇聯和人民民主國家裏去，這就嚴重地影響了馬來亞人民的生活。馬來亞的人民是有理性的，他們知道這是不合理的。

波恩和巴黎的條約是簽訂了，但德國和歐洲的人民紛紛起來反對，因為他們知道這些條約是不合理的；他們正在努力阻止批准這兩個條約。蘇聯在今年五月十日提出一個關於締結對德和約的建議，主張實現一個和平、民主、統一的德國，這個建議得到全德國人民的熱烈支持，因為它是合乎理性的。

這一次世界和平理事會特別會議主張以和平協商的精神來解決德國的問題，這是合乎理性的；特別會議主張訂立真正全面的對日和約，撤退一切佔領軍隊，給日本人民以充分的民主權利，這是合乎理性的；特別會議主張立即簽訂朝鮮停戰協議，結束軍事敵對行動，並要求一切國家批准一九二五年日內瓦禁止細菌戰的議定書，這是合乎理性的。這一

切都是全世界絕大多數的人民所擁護的。

世界和平運動所提倡的是理性，而戰爭販子們所執行的是非理性；世界和平運動所擁護的是人性，而戰爭販子們所發揮的却是獸性。爲什麼他們要踐踏理性，發揮獸性？最基本的原因就是戰爭販子和他們的後台老闆──大資產階級所日夜追逐生死難忘的利潤。希特勒爲什麼能夠發動大戰？那就是因爲德國的卡特爾，美國的卡特爾，日本和其他各國的卡特爾都是緊密地聯繫着的。他們互通消息，互通有無，希特勒所需要的，他們都儘量供給，而一切都爲了利潤。這個秘密的托拉斯王國，騎在人民的頭上，佈置着屠殺人民的戰爭。華盛頓的大資產階級是養肥了，波恩的較小的資產階級也不會餓瘦。聖經上有一句話說：「你們的財產在那裏，你們的心也在那裏。」這句話是對大資產階級說的。那怕把全人類毀滅了，只要大資產階級的腰包越來越飽滿，他們是不會有絲毫的顧慮的。戰爭是有利於大資產階級的；帝國主義所以懼怕和平，所以拖延朝鮮的停戰談判，杜魯門所以要維持十年的國際緊張局勢，就是爲了這個原故。

戰爭販子們的踐踏理性、發揮獸性和他們的荒淫無恥越來越引起全世界人民的憤怒。我參加了幾次世界和平會議，我得到了一個越來越深的印象：美帝國主義者是最被全世界人民所憎恨的。據說：在英國，有美軍駐紮的地方，女人是不敢在晚上獨自外出的；美國佔領軍在日本的私生子已達到二十萬；最近日本的預算，居然還把佔領軍嫖妓的費用和醉酒後嘔吐所需要的清潔費用，列爲國家的正式開支。英國人民、日本人民和全世界的人民都是有理性的，戰爭販子們的謊言是不能把事實掩蓋的。

四、遮掩不住的細菌戰罪行

美國在朝鮮和中國偷偷摸摸地進行了細菌戰，却企圖依靠無恥的謊言和卑鄙的誣衊來遮掩這一滔天罪行，這是中朝人民所不能容忍的，也是不會成功的。

我們的國際友人文幼章先生在中國作了關於細菌戰的調查以後，就回到加拿大，有力地揭露了這個滅絕人性的罪行。他在一個八千多人的羣衆大會上，爲這件事作了一個詳細的報告。介紹他的是他的八十多歲的，退休了的父親。他的父親說：「我的兒子生長在基督教家庭，篤信基督教的道理，他的見證是確實的。」加拿大的統治集團本來想以「叛國」的罪名來控告文幼章先生，但是，由於羣衆的堅決反對，也因爲沒有事實的根據，他們就不敢這樣做。在柏林的時候，我看到一本文幼章先生所寫的剛出版的小冊：「我控訴」，在裏面，文幼章先生以左拉一樣的詞鋒，向加拿大的人民控告了細菌戰犯們的罪行。文幼章先生的努力，是值得我們欽佩的。

勇敢的正氣磅礴的約翰遜教長更是我們基督教的模範。當我們準備給他寫信、譴責美國細菌戰的罪行的時候，他歡欣地對我說：「這是我所能掌握的一件最有力的武器；如果我到中國來，單單得到這一個文件，我就不虛此行了。」他回到英國以後，就進行了一連串的活動來暴露細菌戰的罪行。他所寫的小冊：「我的呼籲」，在兩天之內就銷行了三萬三千冊。他的權威和他所列舉的無可置辯的事實，使統治集團對他毫無辦法。他們想把他的教長的終身職務革除，但他既沒有犯信仰「異端」之罪，也沒有不道德的行爲。他們想給他一個「叛國」的罪名，但又找不到任何事實的根據。因此，邱吉爾和美國的「紐約時報」就不得不解嘲地自慰地說：「英國是有着自由的傳統的；這是維護自由的最低的代價。」約翰遜教長在北京時曾經說過：「沒有一個有責任感的基督教領袖能夠想像：美國在朝鮮使用細菌武器只是共產黨的宣傳。」約翰遜教長的話是有根據的；英國統治集團對他的見證是無可奈何的。

在和平理事會特別會議裏，我聽了親到中國訪問的法奇先生長達二十頁的關於細菌戰的報告。這是一篇非常動人的報告，是一篇頑石也應當點頭的報告。從四月二十八日到六月十六日，法奇先生在朝鮮和中國審查了事實，蒐集了文件，訪問了專家和證人，從而得到美國確實進行了細菌戰的結論。他將一切的事實系統地、科學地、平心靜氣地介紹給聽衆。他說：「這些確鑿的證據，這些嚴重的控告，艾奇遜怎樣能夠

用輕慢的態度和幾句隨便的話把它們一筆抹煞呢？」法奇先生用慈母一樣的口氣，提醒我們說：「朝鮮的戰爭可能就是明天的戰爭的試驗所。被屠殺了的和平居民，被夷爲平地的城市，把人體燒成火炬的凝固汽油體、毒氣、細菌……明天就是原子武器。」他結束他的報告說：「我所描寫的這一切的罪惡，這一切的慘痛，我們必須不斷地告訴我們週圍的人。小心着吧！對這些嚴重的事件採取漫不經心和無所事事的態度，這是我們良心所永遠不能饒恕的罪過！」

世界和平理事會柏林特別會議批准了常務委員會今年四月奧斯陸會議所通過的反對細菌戰告全世界男女書。這個正義的呼聲，符合了全世界愛好和平的人民的願望。細菌戰的罪行是沒有法子遮掩的，這個罪行是必將受到世界人民嚴正的裁判的。

五、更廣泛更堅強的和平陣綫

「和平可以拯救」，「和平必須拯救」，這是世界和平理事會特別會議的號召，也是全世界愛好和平的人民內心深處的聲音。拯救和平不是某些人的事，不是某一黨派、某一國家的事，而是全世界每一個愛好和平的人民的神聖任務。既是這樣，全世界的人民，不管他們屬於那個國家或種族，也不管他們的宗教信仰或政治見解是什麼，只要他們是反對戰爭，要求和平的，就應當團結起來，參加到和平陣營裏去，結成一條更廣泛、更堅強的和平陣綫。

這一次和平理事會特別在擴大和平運動基礎這一件工作上，有了重大的成就。參加這一次特別會議的理事是一百零二人，而到會的特邀代表却有一百三十八人。這些特邀代表是代表着不同的組織關係和思想情況的，但他們對和平運動都是擁護的。由於帝國主義的歪曲宣傳，許多人以爲和平運動是共產黨所運用的政治工具，是克里姆林宮拿來打擊資本主義國家的「陰謀」。這一次特別會議充分地證明：和平運動不是某些人所包辦的，而是代表着世界廣大人民的願望的；和平運動的作用不是叫什麼人打擊什麼人，而只是要求國家間的相互尊重與和平共存。

　　愛倫堡先生是世界和平運動中一個卓越的領袖；他在和平會議上的
講話總是非常精彩的。他這一次在特別會議上的講話更有深長的意義。
愛倫堡先生這次是直接對美國的人民講話的。他說：「有人以爲蘇聯要
毀滅美國的生活方式，但蘇聯的人民，從來沒有做過這樣的打算。相反
的，「美國之音」却經常地在宣傳說：在美國已經成立了一個「俄國解
放協會」。在蘇聯，成立一個「美國解放協會」是一件不能想像的事。」
愛倫堡先生給美國人民指出：美國生活方式的好壞，是美國人民自己的
事，但美國人民必須明白：以自由爲標榜，去剝奪別人的自由，去改變
別人的生活方式，是一件不應當的事，也是一件不可能的事。愛倫堡先
生向美國人民提出這樣一個問題：「我知道在美國裏面，有無數勤勞的
農民，誠實的工人，特出的學者，優秀的作家，把嬰孩緊抱在胸前的母
親和夢想着日常的人類幸福的戀人們。……爲什麼這一億以上的善良人
民還抵不過一小撮的匪徒呢？」

　　是的，我們不但要爭取對和平運動同情的人，我們也要爭取因爲受
了戰爭販子們的宣傳而反對和平運動或懷疑和平運動的人。美國是今天
帝國主義的王國；美國人民的力量對世界和平運動有着很大的作用。大
家所憎恨的不是美國絕大多數的善良人民，而只是美國一小撮的戰爭販
子和他們的爪牙工具們。如果大多數的美國人民能夠覺悟起來，投到和
平陣營裏來，改變了美國的政治方向，這應當是世界和平運動中一個重
要的發展。

　　在世界和平運動中，各國的宗教界人士，尤其是天主教徒和基督教
徒，佔着一個重要的成份。英國的約翰遜教長，法國的布依毅院長，捷
克的安拉加教授，加拿大的文幼章先生，蘇聯的尼古拉大主教都是大家
所熟悉的。世界和平是一切宗教所擁護的，通過世界和平運動，宗教對
於和平的理想就更有實現的可能。

　　戰爭販子們是在瘋狂地準備着戰爭；他們的計謀是深遠的，他們的
手段是毒辣的；但在另一方面，世界和平運動的基礎是愈來愈擴大了，
世界和平運動的力量是愈來愈雄厚了。這是和平與戰爭的競賽，在這競
賽當中，將要取得勝利的是誰呢？決定這個問題的答案的，不是戰爭販

子們，而是全世界愛好和平的人民。

世界人民和平大會將於今年十二月五日在維也納舉行，這是世界和平運動的第三次大會。在目前緊張的國際局勢下，讓全世界愛好和平的人民把拯救和平的神聖任務共同担負起來，在和平與戰爭的競賽中，取得決定性的勝利吧！

六、中國人民的責任

中國人民對世界和平運動是負着一個異常重要的責任的。中國的解放對世界和平是一個巨大的貢獻，因爲新中國的誕生改變了全世界和平力量和戰爭力量的比重。中國人民的抗美援朝運動又給帝國主義當頭一棒，使戰爭販子們在計劃發動新的戰爭的時候，不得不作更愼重的考慮。站立起來的中國人民有着雄厚的力量；他們並不懼怕戰爭，他們可以把任何侵略他們的敵人打垮，但是，爲了他們自己的和平幸福，爲了全世界人民的和平幸福，爲了後一代，他們要用盡他們的力量去制止戰爭，去爭取和平。

和平同建設是分不開的。當我們在歸途中走過莫斯科的時候，以大力保衛和平的蘇聯人民，正爲偉大的列寧伏爾加——頓河運河的完成而歡呼。當我們回到祖國的時候，我們知道荊江分洪的巨大工程完成了；我們知道在反動政權下無法築成的成渝鐵路在七月一日通車了。美帝國主義要用細菌戰來毒害我們，但我們勤勞英勇的人民不但把帝國主義的毒計打垮了，並且發動了一個造福人民的愛國衛生運動。在許多地方堆積了多年的垃圾都被清除了；新中國的面貌是更加清潔而美麗了。

每一個站在自己的崗位上全心全意參加愛國運動，爲自己的祖國的建設而努力的中國人民都是對世界和平有貢獻的，因爲，一個強壯的繁榮的新中國是世界和平最有力的保證。每一個熱愛祖國、痛恨帝國主義、擁護共同綱領、擁護人民政府的基督徒和天主教徒也都是對世界和平有貢獻的，因爲一個眞正愛國愛教的教徒是新中國建設的力量，是不會被帝國主義利用來作危害世界和平的工具的。

　　亞洲及太平洋區域和平會議將於今年九月底在我國首都北京舉行，這個會議對世界和平將有異常重大的關係。現在許多有關係的國家正在爲這個會議作積極的熱烈的籌備。中國人民是完全擁護世界和平理事會柏林特別會議關於德國問題、日本問題、朝鮮問題的決議和召開世界人民和平大會及反對細菌戰告全世界男女書的。我們希望這些決議和宣言的精神以及世界和平運動反對侵略、反對干涉內政、主張國家間和平共處的基本精神能夠完全貫徹到亞洲及太平洋區域和平會議裏去，使那個會議能夠成爲推進和平運動、增進國際友好關係的重要環節。

七、基督徒與和平運動

　　在這一次開會的期間，我們召集了十幾個國家宗教界的領袖，開個座談會。我報告了中國基督教三自革新運動，引起他們很大的重視和興趣。我們也商討了此後如何加強聯繫，共同爲和平運動而努力。

　　基督徒應當把參加和平運動當作神聖的任務。通過三自革新運動，我們認清了帝國主義利用宗教作爲侵略工具，和帝國主義的準備戰爭，乃是一件事的兩方面。我們堅決的割斷帝國主義的關係，肅清基督教內的帝國主義影響，不再做帝國主義的侵略工具，這對於和平運動是有一定的貢獻的。

　　我們的三自革新運動，應當與和平運動一樣，擁護統一戰綫。以前教會裏有了社會福音派，基要派等派別，甚至互相傾軋，現在應當團結在三自革新旗幟下，齊心協力完成革新的任務。

　　爲了世界人類的幸福，爲了下一代的兒童，我們一定要消滅戰爭販子挑撥離間和煽動戰爭的陰謀。我們基督徒要重視保衛和平，爭取和平的神聖的任務，高舉我們的和平之君——耶穌基督，用最大的努力拯救和平。

（註：本文除末節「基督徒與和平運動」外係轉載一九五二年八月六日上海大公報）

9 / 認識我們自己的力量，
擴大和平運動的基礎
——迎接亞洲及太平洋區域和平會議

原刊於《天風》331 期（1952 年 9 月 13 日），頁 2。另《光明日報》，1952 年 9 月 15 日；
《新教會》4 期（1952 年 9 月），頁 2–3；《協進》1952 年 10 月號，頁 20。

　　如果我們有方法去測驗全世界人民關於戰爭與和平問題的意見，讓他們自由地把他們真實的願望表達出來，我們可以斷言：除了一小撮戰爭販子以外，沒有一個人不是痛恨戰爭的，沒有一個人不是渴望和平的。至於這一小撮戰爭販子，拿人數來說，我相信美國移民局用以侮辱有色人種的小小的天使島，一定可以把他們容納得下。戰爭販子中最主要的人物，都是大肚子的紳士們；他們手無縛雞之力，走幾步路就喘氣；如果要他們靠自己的生產來維持生活，他們很可能挨餓。[6]

　　然而為什麼帝國主義國家裏面這一小撮的人物就能夠違反絕大多數人民的意志，為非作惡，橫行無忌，威脅着全人類的安全呢？原因是很簡單的；戰爭販子們掌握了侵略戰爭的機器。這個機器也是他們的政治的機器，[7] 經濟的機器，文化的機器，特別是宣傳的機器。為了他們的利潤，在他們認為可能的時候，他們就要把全部機器開動起來。

6　刊於《光明日報》及《協進》時，「紳士們」作「財閥」；「生產」作「勞動」；「很可能挨餓」作「一定要俟餓的」。

7　刊於《光明日報》及《協進》時，「也是」作「包括」。

在戰爭販子控制下，痛恨戰爭，渴望和平的人們是不是能夠改變這個局面呢？能夠的；絕對能夠的。機器要人去管理；管理機器的人可以阻礙機器的行動，可以停止機器的行動，也可以改變機器行動的方向。機器有無數的零件，在機器周圍的人們，這裏可以給它拆掉一個螺絲釘，那裏可以給它割斷一條橡皮帶。全世界痛恨戰爭，渴望和平的人們的意志與行動，和他們對戰爭機器的破壞與打擊，可以從量的發展到質的發展，終於使戰爭機器完全失靈，使大肚子的紳士們被壓死在他們用別人的血來造成的戰爭機器的車輪下。[8]

今天，和平民主陣營的力量是愈來愈壯大了。社會主義國家和人民民主國家的建設工作和它們雄厚的保衛和平的力量對戰爭販子們是一座銅牆鐵壁。在資本主義國家裏面，在舊的和新的殖民地裏面，反戰的情緒也愈來愈高漲。連邱吉爾和艾森豪威爾這些頭號戰犯們，在競選的時候，也不得不以「和平」為標榜。這個時候正是我們擴大和平運動的基礎，促成和平運動的高潮的時候。[9]

亞洲及太平洋區域和平會議將於本年九月底在我國首都北京舉行了。這個地區裏面的十六萬萬人民對世界和平運動的發展，應當可以起決定性的作用。飽受日本法西斯主義侵略的痛苦的中國人民和被美國侵略者奴役着的日本人民，決不能容忍日本軍國主義的復活，遭受美國侵略者慘絕人寰的屠殺與毀滅的朝鮮人民，必將繼續為祖國的獨立自由而鬥爭；印度的人民決不願意使他們的國家從舊殖民地變成新殖民地；越南、馬來亞及其他受着壓迫的國家的人民必將以最大的力量來推翻帝國主義的統治；受着欺騙剝削的美國的人民，澳大利亞的人民，拉丁美洲的人民，

8　刊於《光明日報》及《協進》時，刪去本段末三行「和他們對戰爭機器的破壞與打擊，」一句；另本段末二行「使大肚子的紳士們被壓死在他們用別人的血來造成的戰爭機器的車輪下」作「使嗜血的財閥們，受到正義的制裁。」

9　刊於《光明日報》及《協進》時，刪去本段首行的「陣營」；本段第三行「在舊的和新的殖民地裏面」作「在殖民地和附屬國裏面」；「反戰的情緒」作「反對侵略戰爭的情緒」；「連邱吉爾和艾森豪威爾這些頭號戰犯們，在競選的時候，也不得不以『和平』標榜。這個時候正是我們擴大和平運動的基礎，促成和平運動的高潮的時候。」作「這就證明，只要世界人民團結和行動起來，和平是能夠挽救的。」

也必將愈來愈多地參加到和平的陣營裏來。[10] 這是一個偉大的力量，讓亞洲及太平洋區域會議把這個偉大的力量組織成一座更堅強的銅牆鐵壁吧！

　　在亞洲及太平洋區域裏面，有無數的基督徒、天主教徒、佛教徒、印度教徒及伊斯蘭教徒。一切的宗教都是擁護和平的；一切的侵略戰爭都是違反宗教的基本教義的。讓亞洲及太平洋區域所有的宗教信徒一致起來，爲保衛和平，爲維護宗教的尊嚴而奮鬥吧！[11]

10　刊於《光明日報》及《協進》時，本段第二行「應當可以起決定性的作用」作「是可以起決定性作用的」；本段第三行「法西斯主義」作「軍國主義」；本段第六行「印度的人民決不願意使他們的國家從舊殖民地變成新殖民地」作「印度的人民絕不願意使他們的國家從新被人奴役」；「越南、馬來亞及其他受着壓迫的國家的人民必將以最大的力量來推翻帝國主義的統治；受着欺騙剝削的美國的人民，澳大利亞的人民，拉丁美洲的人民，也必將愈來愈多地參加到和平的陣營裏來」作「越南、馬來亞及其他受着壓迫的國家的人民必將以最大的力量來推翻帝國主義的統治，爭取自由與獨立；受着欺騙、剝削的美國的人民，澳大利亞的人民，拉丁美洲的人民，也必將愈來愈多地參加到和平的行列裏來」。

11　刊於《光明日報》及《協進》時，「一切的宗教都是擁護和平的；一切的侵略戰爭都是違反宗教的基本教義的」作「一切虔誠的宗教信徒都是擁護和平的；一切的侵略戰爭都是違反各個宗教的基本教義的」；「讓亞洲及太平洋區域所有的宗教信徒一致起來」作「讓我們進一步團結起來」。

10 / 慶賀中蘇會談的偉大成就

原刊於《天風》332 期（1952 年 9 月 20 日），頁 2。

　　根據一九五二年九月十五日中蘇兩國公佈的「中蘇關於中國長春鐵路移交中華人民共和國政府的公告」：蘇聯政府在一九五二年年底以前，將中蘇共管的中長鐵路的一切權利和財產無償地移交我國，在同日「中華人民共和國外交部部長與蘇維埃社會主義共和國聯盟外交部部長關於延長共同使用中國旅順口海軍根據地期限的換文」中，雙方同意，延長蘇聯軍隊從旅順口撤退的期限，直至我國、蘇聯與日本締結和約時爲止。當我們看到這個公報時，我們要爲中蘇兩國友好合作的新勝利而歡呼。中蘇友誼的這個發展，說明了近七萬萬人口的中蘇兩國，爲了粉碎侵略者的陰謀，是如何緊密地合作着；這個合作不但符合了兩國的根本利益，也符合了全世界愛好和平的人民的利益。這個合作，使亞洲及世界的和平獲得更有力的保障。蘇聯政府和人民，在過去三年中，給了我國政府和人民許多眞誠無私的幫助。爲了這個崇高的友誼，中國的人民要向蘇聯的人民表示無限的感謝。

　　讓我們高呼：

　　中蘇兩國偉大的同盟與友誼萬歲！

　　毛主席萬歲！

　　斯大林大元帥萬歲！

11 / 擁護國際科學委員會報告書

原刊於《天風》332 期（1952 年 9 月 20 日），頁 2。

當國際民主法律工作者協會調查團及國際知名的和平戰士文幼章牧師、法奇先生、約翰遜教長等根據事實揭露並證實美國在中朝進行細菌戰的罪行時，美帝國主義還狡辯抵賴。但是，事實勝於雄辯，今天，美帝國主義的血腥罪行是大白於天下了。基督教聖經裏有一句話說：「掩蓋的事沒有不露出來，隱藏的事沒有不被人知道的。」這就是真理的審判。

由瑞典、法國、英國、意大利、巴西、蘇聯的著名科學家組成的「調查在朝鮮和中國的細菌戰事實國際科學委員會」，經過兩個多月的周詳調查，完全證實了美國在朝鮮和中國東北使用細菌武器的罪行。

國際科學委員會的調查報告書是真理和正義的結晶；報告書的序言裏說：委員們「以最高度的客觀態度遵循他們所知道的最嚴格的科學原則，從事調查。」它以雷霆萬鈞之力粉碎了美帝國主義企圖遮掩罪行的謊言，使受了帝國主義宣傳蒙蔽的人們看清楚事實的真相。通過這個報告，人類正義的呼聲又一次被表達出來。

我們宗教界的信徒們是熱愛和平、維護正義的。當我們看到「調查在朝鮮和中國的細菌戰事實國際科學委員會報告書」的時候，我們的心中燃起了對美帝國主義滔天罪行的無比憤怒的火焰，我們要發揮宗教的

積極精神，以實際行動制止美帝國主義傷天害理滅絕人性的惡魔行爲，使人類不再遭受細菌戰的毒害。

一九五二年九月十七日

12 / 中國基督教三自革新運動兩週年

原刊於《天風》332 期（1952 年 9 月 20 日），頁 3-7。
另《協進》1952 年 10 月號，頁 36-39。

一、三自革新運動發展的過程

中國基督教三自革新運動是中國基督教的新生，是上帝在偉大的新時代中對中國基督徒的恩賜。帝國主義對中國基督教一百多年的控制與影響，使神聖的基督教信仰遭受了污垢與恥辱。今天，中國的人民站立起來了；中國的基督教也隨着中國的解放，從帝國主義的控制中被解放出來了。每一個中國基督徒都要爲這一個偉大的轉變感到無限的歡欣鼓舞，並要爲此而感謝上帝的恩賜。

在三自革新運動開始的時候，帝國主義分子不甘心於中國基督徒的覺醒，不甘心於他們自己的失敗，曾經用盡千方百計，企圖對這個運動加以破壞、阻撓與誣衊。但是，由於廣大基督徒羣眾反帝愛國認識的提高，帝國主義分子企圖打擊與摧毀這個運動的陰謀，就沒有法子實現。

少數受了帝國主義深刻影響的中國基督徒同道，在三自革新運動的初期，對這個運動的反帝愛國的主要內容及反帝與愛教、愛教與愛國是否可以結合起來的問題，在認識上曾有不夠清楚的地方，因而對運動曾有過一些懷疑。但是，由於三年來帝國主義在新中國與全世界愛好和平的人民面前所暴露的窮兇極惡的面目及三年來新中國建設的輝煌成就，對三自革新運動曾有懷疑的基督徒也逐漸認識了：反帝與愛教是必須結

合起來的，愛教與愛國也是必須結合起來的；必須三自革新，中國基督教才能恢復它的純潔面目；必須三自革新，基督教才能在新中國獲得光明的前途。

三自革新運動的發展同人民政府正確的宗教政策是分不開的。共同綱領保障了宗教信仰的自由；人民政府不但堅決地執行了這個政策，並且對基督教的三自革新運動，在多方面予以有力的支持。帝國主義及國民黨反動派以宗教信仰自由爲標榜，而實際上是壓迫宗教、利用宗教。今天，基督教在人民的中國裏，却獲得了正常的發展與眞正的自由。中國的基督徒不但獲得了眞正的自由，他們也在新中國的民主建政中，同其他的人民一樣，取得了參政的地位，做了新中國的主人。

經過兩年的發展，基督教的三自革新運動已經成爲一個堅強蓬勃的力量，這個力量是任何帝國主義的陰謀所不能削弱與破壞的。

二、革新宣言的簽名及革新組織的成立

一九五〇年九月廿三日，北京人民日報刊載了愛國基督教人士以「中國基督教在新中國建設中努力的途徑」爲題的宣言和在這宣言上簽名的代表全國基督教教會及團體的一五二七人的全部名單。宣言的中心內容是割斷中國基督教與帝國主義的關係，肅清帝國主義在基督教內的影響，建立自治、自養、自傳的中國人民的教會。這個宣言很快地就得到全國基督教教徒的熱烈響應。簽名運動發動兩個月後，便已在全國普遍地發展，從大城市到偏僻地區及農村，從上層領袖到基層羣衆。抗美援朝運動對簽名運動起了很大的推動作用。簽名者代表性很廣泛，包括六十四個宗派，這是全國宗派的絕大多數。簽名的包括曲、傜、羌、栗粟等少數民族的基督徒。到一九五二年九月廿三日的兩年中，簽名人數共達三三八、五五二人。如果我們把中國基督徒人數估計爲七十萬，在革新宣言上簽名的人數就將近中國基督徒的一半。這個簽名運動還應當繼續發展下去。

基督教的三自革新運動，在最初的八個月中是沒有組織的。

一九五一年四月，中央人民政府政務院文化教育委員會宗教事務處召開「處理接受美國津貼的基督教團體會議」（以下簡稱北京會議），在這個會議上，到會的一百五十四位代表一致決定成立「中國基督教抗美援朝三自革新運動委員會籌備委員會」（以下簡稱三自籌委會），這個三自籌委會便成爲全國三自革新運動的領導機構。

三、愛國及保衛和平運動

　　基督教的三自革新運動是一個反帝愛國運動。三自革新運動的首要任務，就是肅清帝國主義的影響，培養信徒的愛國意識。

　　一九五〇年十一月奧斯汀在聯合國安全理事會上發表了荒謬的言論，把美國在中國披着宗教外衣所進行的各種文化侵略說成是對中國的「恩惠」，奧斯汀的讕言激起了全中國基督徒正義的憤怒；北京、漢口、上海、瀋陽、昆明等地的基督徒都舉行了中國宗教界空前的愛國示威大遊行來抗議奧斯汀的無恥讕言。同年十二月，美帝國主義企圖以凍結中國在美資金的陰謀來打擊我國的經濟，特別是我國基督教事業。爲了照顧基督教的需要，中央人民政府政務院在十二月廿九日公佈了「處理接受美國津貼的文化教育救濟機關及宗教團體的方針的決定」，這個決定有力地打擊了美帝國主義的陰謀，鼓勵了基督徒實行三自的決心。許多基督教團體及人士紛紛發表宣言，擁護這個決定，並表示永遠割斷與美國帝國主義及其他一切帝國主義的經濟關係。

　　一九五〇年六月，美帝國主義發動了侵略朝鮮的戰爭，中國人民掀起了轟轟烈烈的抗美援朝運動。全國的基督徒受了愛國主義的激發，都熱烈地參加到這個運動裏來。他們紛紛捐獻救護袋、慰勞袋，並寫慰問信給中朝戰士。

　　一九五一年六月一日，抗美援朝總會發出捐獻飛機大砲的號召，三自籌委會便立刻發出通知，請全國基督教教會及團體努力捐獻以「基督教三自革新號」命名的戰鬥機。全國基督教界對這個號召的響應非常熱烈，捐獻總數達二、七〇八、六三九、五五二元，超過原認捐額十五億

的百分之八十‧五七。此外，還有許多糧食、首飾等實物，這個數字並不包括全國基督徒在其他各界單位內的捐款。捐款的大部分是貧苦教友微小的捐獻集成的，其中有許多節約增產的動人事實。全國基督教團體訂立愛國公約的，據三自籌委會不完全的統計，共有二八四處，其中一大部分是經過檢查修改的。愛國公約的內容一般的均與抗美援朝三自革新運動相結合。許多基督教教會及團體都做了一些優撫烈軍屬的工作，如代耕、年節慰問等，工作的對象並不限於教內的烈軍屬。全國基督教教會及團體都參加了當地「五一」及國慶等愛國示威遊行。由於三自籌委會的號召，許多教堂都在禮拜堂裏懸掛國旗。

關於反對美國武裝日本投票和擁護五大國締結和平公約，各地的基督徒都參加了投票和簽名運動。

一九五二年初，美國在朝鮮和我國東北進行了細菌戰，美國侵略者這一滔天罪行激起了中朝人民和全世界愛好和平的人民無比的憤怒和嚴正的抗議。中國許多基督教團體和基督教人士都發表了反對細菌戰的宣言。一九五二年四月，華北基督教公理會牧師王梓仲參加了「美帝國主義細菌戰調查團」，到了朝鮮前綫，親眼看到美帝國主義進行細菌戰的種種罪證。他發表了致全國基督徒的公開信和致世界基督教聯合會控訴美帝國主義細菌戰罪行的公開信，呼籲全中國及全世界善良的基督教徒積極行動起來，譴責美國的罪行，並作有效的制裁。

一九五二年三月，中國人民的朋友、加拿大和平委員會主席文幼章牧師訪問中國，到東北調查美國進行細菌戰的罪狀，並從各地基督徒了解中國基督教三自革新運動的情況，回國以後，關於揭露細菌戰的罪行及三自革新運動作了有力的宣傳。同年六月，世界知名的和平戰士英國坎特伯雷約翰遜教長也到中國訪問，並進行對細菌戰的調查。上海、杭州、北京等地基督徒聯名寫信給約翰遜教長譴責美國進行細菌戰的罪行。這個文件成了約翰遜教長回國後揭露細菌戰罪行的一個有力的證據。約翰遜教長這一正義行動，引起英美的統治集團極大的恐慌；他們企圖用種種方法對他加以誣衊和迫害。全中國的基督教教會、團體及基督教人士紛紛抗議英美統治集團的無恥行為，並大力支援約翰遜教長的正義行動。

中國基督徒的這許多愛國行動，不但表示他們熱愛祖國，渴望和平，也表示他們更認識了基督教的本質，把基督教的教義同人類所應當維護的正義與眞理緊密地聯系起來。

四、純潔教會的控訴運動

爲了潔淨上帝的聖殿，爲了純潔基督教的信仰，全國的基督徒熱烈地進行了控訴運動。控訴運動是一九五一年四月在北京會議中開始的。三自籌委會成立後，便於五月二日對全國發出「搞好傳達，搞好控訴」的號召，同時在上海幾個大公會及基督教團體舉行了一系列的控訴大會，其中規模最大的就是六月十日在逸園舉行，有一萬二千人參加的控訴大會。號召發出後，馬上得到全國基督教團體普遍的響應，到一九五二年九月廿三日止，在全國一百廿四個城市中舉行了規模較大的控訴會一百六十九次。控訴的對象包括帝國主義分子及教會敗類，還有的地方控訴了日寇的暴行。南京的控訴工作比較普遍深入；青島也有相當成績；上海是帝國主義利用基督教進行侵略的大本營，在上海舉行的十餘次示範性的控訴大會，全面地揭露了帝國主義在中國利用基督教來進行侵略的陰謀，啓發了廣大信徒羣衆。福建是帝國主義分子在總撤退前嚴密地佈置的侵略根據地之一，在福州、莆田、仙遊等地舉行的控訴會對羣衆也發生了極大的教育作用。

曾經進行過控訴的基督教團體，獲得了非常顯著的成績；山東馬莊「耶穌家庭」就是一個例子。「耶穌家庭」是基督教裏面的一個特殊的組織：參加「家庭」的人都要「破家」（放棄私產），並實行「共同勞動」、「共同生活」。「耶穌家庭」的領導人敬奠瀛，以靈性的領袖自居，說他們的組織是土生土長的，與帝國主義完全沒有關係。帝國主義分子對「耶穌家庭」非常重視，因爲他們認爲這是「基督教的共產主義」，可以用來對抗中國的共產黨。但是經過羣衆揭發以後，敬奠瀛的眞面目被揭穿了，他是「耶穌家庭」裏面的土皇帝；三十多年來，他在「家庭」裏披了宗教外衣，進行了封建的剝削，婚姻的包辦，荒淫無恥的生活，慘無人道的壓制，許多事實都證明了他同帝國主義，在精神上和物質上

都有非常密切的關係。在羣衆發動起來以後，他的宗教外衣被撕破了，他的罪惡完全被揭露了，馬莊「耶穌家庭」這個組織也因羣衆的覺悟而解體；他們在自願的原則下，組織了一個符合于他們需要的「馬莊耶穌教堂」。

一年多以來，全國的控訴運動，撕破了帝國主義藉以進行侵略的宗教外衣，初步地掃除了基督教裏面的污毒，大大地提高了信徒們的愛國熱忱，爲基督教三自革新運動開闢了一條前進的道路。這些成績的獲得，一方面是由於政府的領導與協助，一方面也由于解放後基督教羣衆政治覺悟的提高。

控訴運動是有它的缺點的：這個運動還不夠普遍深入；有少數參加控訴的人只是抱着敷衍的態度或「過關」的思想，沒有把控訴與學習和自我檢討結合起來。也有些人對控訴的意義還沒有了解，還認爲控訴不合于聖經的教訓。關于控訴的宣傳和動員羣衆的工作還是做得不夠。

五、學習

過去基督徒對政治是不感興趣的，因此，在政治認識上，他們是落後的。自從三自革新運動開展以後，全國的基督教團體幾乎無例外地進行了學習，參加學習的也很踴躍。學習的內容包括國內外形勢、共同綱領、三自革新文件、政府的宗教政策、關于「三反」「五反」的政策及一般愛國的號召、認識美帝國主義、認識蘇聯等。許多地方把學習與控訴結合起來，把學習作爲控訴的準備。有些教會在禮拜後增加了扼要講解時事的節目。

一九五一年十一月，爲了提高基督教工作人員對政治及三自革新運動的認識，三自籌委會在上海舉辦了第一屆基督教三自革新運動幹部學習班。時間是一個多月，參加的八十四人，主要的是男女青年會及教會的工作人員。有些地方像湖南、北京、杭州等地，也曾舉行從幾個星期到幾個月的學習班。

從一九五一年到一九五二年春，許多地方的基督教工作人員都參加或參觀各地區的土地改革運動，得到很大的啓發。

一九五二年上半年，全國進行了轟轟烈烈的反對貪污、反對浪費、反對官僚主義運動及反對行賄、反對偷稅漏稅、反對盜竊國家資財、反對偷工減料、反對盜竊國家經濟情報運動。三自籌委會曾于二月六日及四月十二日發出通知號召愛國愛教的基督徒在自己的工作崗位上積極參加「三反」與「五反」運動。全國基督教團體都普遍地對這兩個運動進行了學習。

一九五二年六月十五日，中國人民政治協商會議全國委員會常務委員會發出關于「在各界人士中展開共同綱領的學習」的號召。在三自籌委會的主持下，上海基督教工作人員四十四人參加了上海市協商委員會學習委員會所領導的市一級的共同綱領的學習，從九月六日開始每週一次，時間爲十個月到一年。上海各教會組織了廿三個共同綱領學習小組，參加的共三百八十六人。全國各地的基督教團體，也都在各地協商委員會或政府有關部門的領導下，參加了共同綱領的學習。

學習運動雖然已經在全國基督教界蓬勃地展開，但許多地方的學習還是流于形式，還沒有很好地解決一般受了帝國主義影響的信徒們的思想問題，因此，學習還未能充分地收到思想改造的效果。造成這個缺點的主要原因，就是一般學習工作缺乏足夠的領導，缺乏細密的計劃。

六、出版宣傳工作

全國各主要基督教出版機關，因爲過去受了帝國主義的控制和深刻的影響，在人事、經濟和工作各方面都有調整的必要。爲了適應三自革新的要求，上海的廣學會、浸會書局和青年協會書局已經進行組織聯合書店的計劃。在籌備期中，它們的出版計劃大部分都暫時停頓。

在帝國主義長期的控制影響下，絕大部分的基督教出版物都充滿了帝國主義的思想毒素。一九五一年夏，在中華基督教出版協會的主持，全國二十個基督教出版機關單位進行了書籍審查工作，審查的書籍共

二一二○種，審查的結果：決定停售的佔百分之四十四，須修改的佔百分之七，可繼續出售的佔百分之四十九。由于審查人員政治認識的參差不齊，這一次的審查只能看爲一件初步的工作。

此外，三自籌委會宣傳組也直接審查了在上海出版的基督教期刊四十餘種，其中十一種宣傳組認爲應當停刊，已將審查意見送請政府有關部門參考。

《天風週刊》自三自籌委會成立後即正式成爲籌委會的機關刊物，對三自革新運動起了極大的推動作用。

七、地方性的愛國革新組織

到一九五二年九月二十三日止，全國基督教以抗美援朝、三自革新、反帝愛國等名稱成立的地方組織，根據不完全的統計共有二○三處。這些組織的主要任務是推動愛國革新工作，這些組織的成立，表示了三自革新運動已經在地方上廣泛地展開。三自籌委會和這些革新組織保持着經常的聯系。

八、回顧與展望

基督教三自革新運動在中國基督教歷史裏，是一件劃時代的事；這個運動已經在全國基督徒裏面發生了顯著的影響，也引起了國外基督教人士深切的注意。兩年來的三自革新運動，有了以下幾個主要的成就：

（一）在三自革新宣言發表的時候，許多基督徒對基督教與帝國主義的關係這個問題，還保持着懷疑的態度，經過兩年的三自革新工作，尤其是經過全國轟轟烈烈的抗美援朝和其他愛國運動以後，全國的基督徒對帝國主義的本質和帝國主義利用基督教作爲侵略工具的事實，已有了較明確的認識。由於這個認識，許多基督徒逐漸放棄了反蘇反共的成見，認識了蘇聯的偉大和中國共產黨領導的正確性。

（二）帝國主義利用傳教工作和教會學校來散播毒素，提倡超政治

超現實和親美崇美的思想，壓制一切愛國思想與活動，使許多基督徒養成消極和奴化的性格。兩年來的三自革新運動基本地改變了這一種情況，使大多數的基督徒，從各種愛國主義教育中，尤其是從新中國建設裏面無數大的和小的奇蹟中，認識了祖國的可愛，認識了每一個中國人民對祖國所應當負起的責任，認識了祖國的光明前途。

（三）經過兩年的三自革新運動，全國的教會和基督教團體在自治方面，已經擺脫帝國主義在組織上的控制，樹立了中國基督徒自己的領導；在自養方面，已經割斷與帝國主義的經濟關係，逐漸走上自力更生的道路。一九五一年七月廿四日中央人民政府政務院公佈了「對於接受美國津貼的基督教團體處理辦法」，在若干方面照顧了基督教教會及團體的經濟需要，對基督教自養的努力，起了推動的作用。有的地方組織，像在南京，採取了全面計劃互助合作的辦法，基本地解決了各單位的自養問題。在自傳方面，許多基督徒已經初步地批判了帝國主義所傳播的「超現實」、「超政治」及其他有害於人民，有利於帝國主義的思想，初步地發揮了基督教的積極性與建設性，建立了愛國愛教，為廣大人民服務的思想。

兩年來三自革新運動的成績是必須肯定的，但在這兩年的工作裏面，還存在着若干缺點：

（一）三自革新運動的影響，雖然相當普遍，但三自革新運動還不夠深入羣眾。許多參加三自革新運動的基督徒，因為學習不夠深刻，對三自革新運動的意義沒有認識清楚，對這個運動的努力，還不夠積極。披着宗教外衣的帝國主義思想，對若干的基督徒還殘留着一些影響。

（二）三自革新運動所以還不夠深入羣眾，是由于地方三自革新組織不夠健全。若干地方的三自革新組織，由于本身的力量，和政府的領導，工作上有了較好的成績，但仍有些地方的三自革新組織，對三自革新運動認識不夠，領導的能力比較薄弱，在工作上還沒有很好的表現。

（三）三自革新工作，範圍愈來愈大，要求也愈來愈高。三自籌委會由于工作的繁忙，經驗的缺乏，又因為工作重點是在上海，對地方和

全國革新工作的領導和聯系，無論在質或量的方面，都顯得非常不夠。

今後三自革新工作的重點應當在下列幾方面：

（一）三自革新運動基本上是一個純潔宗教信仰，反帝愛國的運動；是一個長期的運動。全國的基督徒應當通過經常的學習，特別是共同綱領的學習，和在正確領導下進行的控訴，或其他方式的運動來完成這個基本的任務。

（二）三自革新運動對廣大的基督徒羣眾，應當經常地進行深入的宣傳、教育和組織的工作，使廣大基督徒羣眾同這個運動緊密地結合起來，變成這個運動的動力。必須這樣，才能掃除基督教裏面的污毒，才能使基督教裏面健全的細胞，逐漸生長起來。

（三）三自革新運動必須培養足夠的幹部人材，使他們能夠有力地担負起三自革新運動裏面的各種工作。爲了適應培養幹部的需要，爲了糾正在帝國主義控制下各神學院分裂混亂的狀態，爲了樹立今後神學教育正確的領導，三自籌委會正在協助華東聯合神學院的籌備工作，這一個培養幹部的問題獲得解決以後，基督教三自革新運動就可能有更完滿的發展。

以上幾種任務都是極其艱巨的，但三年來新中國建設的偉大成就，和整個新中國環境對基督教三自革新運動的推動力量，都保證我們能夠勝利地完成這些任務。

13 / 歡慶國慶，保衛和平

原刊於《天風》333 期（1952 年 9 月 27 日），頁 1–2。另《新教會》5 期（1952 年 10 月），頁 5。經修訂後，以〈迎接國慶，保衛和平〉，刊於《解放日報》，1952 年 9 月 30 日。《解放日報》刪去部分，以**粗體**標出。

新中國在飛躍地前進；**過去兩年的國慶，都給中國人民帶來無限的喜悅，無限的希望**。誕生了僅僅三年的新中國進行了抗美援朝、土地改革、鎮壓反革命幾個偉大運動，基本地肅清了內部的敵人，給予侵略者以沉重的打擊。物價是穩定了，經濟是恢復了，國防的力量是增強了，各方面的建設都在突飛猛進。**在過去九個月中，已經基本結束的**「三反」「五反」運動，**以及還在繼續進行的**思想改造運動、愛國衛生運動、司法改革運動、**掃除文盲運動**，都有計劃、有步驟地掃除了舊社會的污毒，**樹立了新中國優良的風氣**，提高了廣大人民的政治覺悟，為新中國的工業化鋪平了道路。[12]

三年來新中國建設的偉大成就是值得每一個中國人民慶幸與驕傲的。這些都是新中國的奇蹟；祇要我們肯去體會，每天的報紙，都充滿了大

12　刊於《解放日報》時，本段第三行「內部的敵人」作「國內的敵人」；「給予侵略者以沉重的打擊。物價是穩定了，經濟是恢復了」作「並給予侵略者以沉重的打擊。物價是穩定了，經濟是恢復飯發達了」；本段末三行「有步驟地掃除了舊社會的污毒，樹立了新中國優良的風氣，提高了廣大人民的政治覺悟，為新中國的工業化鋪平了道路」作「有步驟地掃除了舊社會留下來的污毒，進行社會民主改革，提高了廣大人民的政治覺悟，新中國的工業化鋪平了道路」。刊於《新教會》時，本段第三行「偉大運動」作「偉大的運動」。

大小小的奇蹟，舉一個例來說：我們的荊江分洪工程，動員了三十萬人，在不到三個月就完成了。來我國出席亞洲及太平洋區域和平會議籌備會議的巴基斯坦代表霞庫爾，在參觀了這一工程時說：「古代歷史上有許多奇蹟，不知現代奇蹟却在中國發現。」某資本主義國家的代表說：「這樣的工程在資本主義國家中，單設計也須三年。」美國代表金斯伯利說：「這樣大的工程在美國國會裏通過時，爭辯也得三年。」印度代表辛格說：「印度也有類似的工程，是請美國工程師負責的，這位工程師的薪水比杜魯門還高，工程是在一九四一年開始的，已經過了十二年，據說還得七年才能完成。」

　　新中國五億人民的建設力量，是一個不容輕視的力量，是保衛世界和平的偉大力量。中國人民的抗美援朝運動給了帝國主義侵略者當頭一棒，**使他們在計劃發動新的戰爭的時候，不得不作更慎重的考慮。**在過去三年多當中，我參加過四次世界和平會議；在這些會議中，我得了兩個越來越深的印象：第一，是世界和平民主陣營的力量越來越壯大；第二，是美國侵略者越來越被全世界人民所憎恨。這兩個事實，與新中國建設驚人的成就，有着非常密切的關係。新中國的誕生和成長基本地改變了和平力量與侵略力量的比重，使以蘇聯爲首的和平力量，越來越得到全世界愛好和平的人民的支持。美國侵略者對朝鮮的侵略和他們**對和平居民**所進行的細菌戰和慘無人道的轟炸，**更**暴露了美帝國主義窮兇極惡的本質。[13] **美國侵略者給世界許多地區的人民帶來了毀滅與災難，而新中國却在那裏埋頭建設，爲廣大的人民，造成幸福的生活。**亞洲及太平洋區域和平會議即將在我國首都北京舉行。新中國的和平願望和新中國建設的**蓬勃朝氣，必將大大地鼓舞了這個區域裏的十六億人民，使他們**爲亞

---

13 刊於《解放日報》時，本段第六行「新中國建設驚人的成就」作「新中國建設崆驚人的成就」；本段第八行「使以蘇聯爲首的和平力量，越來越得到全世界愛好和平的人民的支持。美國侵略者對朝鮮的侵略和他們對和平居民所進行的細菌戰和慘無人道的轟炸，更暴露了美帝國主義窮兇極惡的本質」作「使以蘇聯首的和平民主陣營，越來越得到全世界愛好和平的人民的支持。至於美國侵略者對朝鮮的侵略和他們**對和平居民**所進行的細菌戰以及對和平居民慘無人道的轟炸，完全暴露了美帝國主義窮兇極惡的侵略本質」。

洲及太平洋的和平，爲全世界的和平，供獻出他們最大的力量。[14]

今年九月廿三日是基督教三自革新運動的兩週年紀念。三自革新的目標是割斷基督教與帝國主義的關係，肅清基督教裏面的帝國主義影響，建立自治、自養、自傳的教會。[15] 在過去兩年中，這個運動有了顯著的成就：在革新宣言上簽名的已達三十四萬人，佔全國基督徒的一半。全國的基督徒都開始認識了帝國主義的本質，認識了帝國主義利用基督教來進行侵略的事實，認識了祖國的偉大可愛，認識了祖國的光明前途。[16] 共同綱領關於宗教信仰自由的規定和政府所執行的正確的宗教政策和對基督教及其他宗教的照顧與指導，大大地鼓勵了廣大的基督徒和其他宗教的信徒，使他們熱愛祖國，**發揮宗教的積極精神，全心全意地爲祖國的建設而努力。祇有在新中國裏面，基督教和其他的宗教才能獲得眞正的自由，才能有健全的發展。**[17]

一九五二年的國慶，是在新中國大規模的經濟建設的前夕，這個經濟建設是新中國的人民爲了他們自己的繁榮與幸福，爲了保衛世界和平而進行的偉大事業。讓我們熱烈地慶祝這個舉國騰歡的節日，爲將要來到的偉大的建設做好一切的準備吧！

14　刊於《解放日報》時，「新中國的和平願望和新中國建設的蓬勃朝氣，必將大大地鼓舞了⋯⋯」作「新中國人民的和平願望和新中國建設的成就，都將大大地鼓舞了亞洲及太平洋區域人民 保衛和平而鬥爭的信念。」

15　刊於《解放日報》時，「三自」、「自治、自養、自傳」作「『三自』、「『自治』、『自養』、『自傳』」：「肅清基督教裏面⋯⋯」作「肅清在中國基督教裏面⋯⋯」。

16　刊於《解放日報》時，「在過去兩年中，這個運動有了顯著的成就：在革新宣言上簽名的已達三十四萬人，佔全國基督徒的一半。全國的基督徒都開始認識了帝國主義的本質，認識了帝國主義利用基督教來進行侵略的事實，認識了祖國的偉大可愛，認識了祖國的光明前途」作「在過去兩年中，這個運動有了顯著的成就：在革新宣言上簽名的已達三十四萬人，佔全國基督教徒的一半。全國的基督教徒都開始認識了帝國主義的本質，認識了帝國主義利用基督教來進行侵略的事實與陰謀，認識了祖國的偉大與可愛，認識了祖國的光明前途」。

17　刊於《解放日報》時，「⋯⋯使他們熱愛祖國，發揮宗教的積極精神，全心全意地爲祖國的建設而努力。祇有在新中國裏面⋯⋯」作「⋯⋯使他們更熱愛祖國。祇有在人民的新中國⋯⋯」。

14 / 一切爲了人民
——訪問蘇聯的觀感

原刊於《天風》338–339 期（1952 年 11 月 15 日），頁 18。另《解放日報》，
1952 年 11 月 19 日。《解放日報》刪去部分，以**粗體**標出。

　　我到過蘇聯四次，**因爲每次往返時間都很匆忙，所看見的並不多，但是，雖然都是一般的觀察，我的**所見所聞却給了我**許多非常**深刻的印象。[18]

　　我的第一個印象就是：蘇聯的一切都是爲了人民的。蘇聯許多偉大的建設不必說了，這裏只說一些平常的事。蘇聯的日用品像麵包、醫藥**物品都是很便宜的；文化出品像大量流通的書籍**也是很便宜的。[19] 因爲戰後幾次減低物價，人民的生活不斷地提高，百貨店裏經常都是擠滿了人的。**我參觀過斯大林汽車工廠，他們三分鐘就能出一部汽車，技術水準同資本主義國家一樣地高，但生產的目標，**却是爲人民大眾服務，而不**是爲少數人的享受。資本主義的一切，都是爲了資產階級的利潤，那就是爲了剝削。沒有利潤的地方，就不肯爲人民打算。**莫斯科的地下鐵道與資本主義國家地下鐵道的比較，就是一個很好的對照。莫斯科地下鐵

18　刊於《解放日報》時，「**我的**所見所聞**却**給了我許多非常深刻的印象」作「……，很深刻的印象，我只好寫出其中的二」。

19　刊於《解放日報》時，「蘇聯的日用品像麵包、醫藥物品都是很便宜的；文化出品像大量流通的書籍也是很便宜的」作「蘇聯的日用品像麵包等，都是很便宜的；文化用品也是很便宜的」。

道完全藝術化的建築，使每一個參觀的人深切地感覺到社會主義國家爲人民服務的精神。相反地，在資本主義國家裏面，地下鐵道只是一個簡陋的交通工具，因爲從利潤的觀點來看，並不需要把它美化。蘇聯的技術、科學和人的智慧能力都用來增進人民的福利，[20] 而資本主義國家却用這些東西來製造更多的、更能大量屠殺人類的武器。這是兩個世界，兩種道德，兩條道路——一條是通到和平建設的道路，一條是通到毀滅死亡的道路。「一切爲了人民」的社會主義的社會，正在那裏創造一個新社會、新文化、新人類，爲世界的歷史揭開嶄新的一頁。

我的第二個印象就是：造成今天的蘇聯的革命事蹟，是可歌可泣的事蹟。我參觀過列寧博物館和歷史博物館；我參觀過列寧墓和列寧的故居。蘇聯革命先烈在反動時期中艱苦卓絕的奮鬥和他們完全忘我、盡忠于革命事業的偉大精神，[21] 不但使我們肅然起敬，也使我們深刻地受到他們的感召，願意爲新中國的建設貢獻我們的一切。在列寧的墓前，蘇聯的人民每天都排著長長的行列等著去瞻仰這位不朽的戰士的遺容。還有一個使我得到最深刻的印象的地方，[22] 就是斯大林禮物館。這裏面陳列著斯大林大元帥在七十誕辰的時候，全蘇聯的人民和各國的人民獻給他的祝壽的禮物。在無數的獨出心裁、精心製造的禮品當中，最使我注意的就是斯大林的造像。除了比較普通的毛織和絲織的以外，還有用樹葉、鳥毛、鉛字、石頭、糖、煤等造成的，還有一幅是用十萬塊小木頭砌成的。聯邦中有一個共和國寫信致賀，把簽名訂成一百零二厚冊，捷克人民簽名致賀的有九百萬人。這都表示蘇聯的人民以及全世界的人民，對這一位偉大的領袖的熱愛。斯大林的名字同全世界人民的利益是分不開的。[23]

20　刊於《解放日報》時，「蘇聯的**技術**、科學和人的智慧能力都用來增進人民的福利」作「蘇聯的科學、技術，都用來增進人民的福利」。

21　刊於《解放日報》時，「我參觀過列寧墓和列寧**的**故居。蘇聯革命先烈在反動時期中艱苦卓絕的奮鬥和他們完全忘我、盡忠于革命事業的偉大精神……」作「我參觀過列寧墓和列寧**的**故居。蘇聯革命先烈艱苦卓絕**的**、完全忘我、忠於革命事業的偉大精神……」。

22　刊於《解放日報》時，「還有一個使我得到最深刻的印象的地方」作「還有一個給我印象最深刻的地方」。

23　刊於《解放日報》時，「斯大林的名字同全世界人民的利益是分不開的」作「斯大林的名字同全世界人民的利益緊密地聯系在一起」。

我對蘇聯的另一個深刻的印象就是：蘇聯人民的與愛國主義相結合的崇高的國際主義的精神。每一個到過蘇聯的人，都會感覺到蘇聯人民對他的熱烈的、親切的招待，這種招待是眞誠的、是完全建立在平等的基礎之上的。資本主義國家的特點，就是種族的歧視和利害的計較，在蘇聯，我們却深切地感覺到人與人間無私的友愛和道義的團結。[24] 蘇聯不是帝國主義所宣傳的「鐵幕」，相反地，蘇聯一切建設的成就，其最後的目的都是爲了全世界愛好和平的人民。也就是爲了這個原故，蘇聯不但是一個強盛的國家，也是世界和平最堅強的堡壘。在柏林，我曾經到過紅軍烈士墓去致敬，在墓園裏的許多石碑上面，都刻了斯大林大元帥關於表揚紅軍精神和提倡國際主義的話語。蘇聯的衛國戰爭，同時也是解放人類的戰爭，蘇聯的人民爲這個戰爭付出了最高的代價。蘇聯的人民對中國人民無私的友誼和眞誠的幫助，更是中國人民所感激不盡的。

帝國主義的宣傳說蘇聯沒有宗教信仰的自由，這是完全不符合事實的。我到過莫斯科的禮拜堂去，裏面是擠滿了人的；我同宗教事務局的負責同志談過話，知道他們的政策只是爲宗教的需要服務，而絕對不干涉宗教信仰的自由；我訪問過尼古拉大主教，他說：[25] 他們的宗教活動完全沒有受到干涉，信徒的人數不但沒有減少，反而有若干的增加。尼古拉大主教自己就是一個和平的戰士，他最近出版的一本書，題目就是「我們要保衛和平」。

在「中蘇友好月」中，讓全國的人民、全國的基督徒、全國所有的

24　刊於《解放日報》時，「每一個到過蘇聯的人，都會感覺到蘇聯人民對他的熱烈的、親切的招待，這種招待是眞誠的、是完全建立在平等的基礎之上的。資本主義國家的特點，就是種族的歧視和利害的計較，在蘇聯，我們却深切地感覺到人與人間無私的友愛和道義的團結」作「我在蘇聯時，感覺到蘇聯人民對我們的招待是很熱烈親切的。這種招待是眞誠的，是完全建立在平等友愛的基礎之上的。在蘇聯，我們都深切地感覺到人與人間無私的友愛和團結」。

25　刊於《解放日報》時，「我到過莫斯科的禮拜堂去，裏面是擠滿了人的；我同宗教事務局的負責同志談過話，知道他們的政策只是爲宗教的需要服務，而絕對不干涉宗教信仰的自由；我訪問過尼古拉大主教，他說……」作「我到過莫斯科的禮拜堂，我同蘇聯政府宗教事務局的負責人談過話，知道他們的政策是宗教自由的政策，而絕對不干涉宗教信仰的自由；我訪問過尼古拉大主教，他告訴我……」。

宗教信徒儘量向這一個社會主義的先進國家蘇聯學習，爲這一個世界和平的堡壘，爲中蘇兩國牢不可破的友誼而歡呼吧。[26]

26　刊於《解放日報》時，本段刪去部分改作「我們全體基督徒和全國人民在一起，向偉大的蘇聯學習」。

15 / 亞洲及太平洋區域和平會議的意義與成就

原刊於《天風》341 期（1952 年 11 月 29 日），頁 1–6。

國慶前的北京充滿了節日歡樂的景象，天安門的廣場經過修改整理以後，已經成爲一個氣魄雄偉的集會場所；許多街道都佈置了慶祝國慶的裝飾和標語。今年羣衆對國慶的情緒顯得特別熱烈，這不但因爲三年來新中國建設有了偉大的成就，也因爲具有歷史意義的亞洲及太平洋區域和平會議即將在北京舉行。爲了迎接幾百位國際貴賓，和平賓館在五十天之內趕成，和平會議的會場在七十五天內趕成；大街小巷和公共場所都出現了和平鴿子的畫像；全市的人民都以緊張熱烈的心情來迎接這個爲了爭取人類幸福而舉行的國際性的會議。

和平會議原來定在國慶節前舉行，但因爲許多代表不能如期趕到，於是決定在十月二日開幕，這樣，已經到達北京的三百多位代表，就有機會在會議前參加新中國國慶節日偉大的慶祝典禮。五十萬人的遊行，蓬勃的朝氣，熱烈的情緒，整齊的隊伍，美麗動人的旗幟、標語、畫像——這一切都把解放後中國人民內心的喜樂和光明的遠景生動地、有力地表現出來。這一個慶祝給了外賓們一個非常深刻的印象；許多人甚至不肯到休息室裏去，免得錯過任何一個遊行的場面。就是在中國人民這一個歡欣鼓舞的背景中，亞洲及太平洋區域和平會議便在國慶節的第二天——十月二日開幕了。

（一）

　　亞洲及太平洋區域和平會議是成功的，它的成功超出了許多代表的意想之外。最後一次全體會議是在十月十二日晚上舉行的，閉幕的時候已經是清晨三時了。代表們都已經相當的疲乏。主席剛剛宣佈了閉幕，在一刹那間，忽然從會場後面湧出三百個生氣勃勃、像早晨沾着露珠的鮮花一般的少年兒童隊員。他們提着花籃，把籃裏散碎的花瓣，向代表們拋擲，并向主席團獻花。會場裏馬上響起了熱烈的歡呼。代表們同孩子們握手，把他們擁抱，讓他們站在桌子上面，一同爲會議的勝利閉幕而慶祝。同時一個大合唱隊的歌聲傳進會場，高唱蕭斯塔科維奇的「保衛和平」歌。

　　閉幕後第二天的下午，在太和殿的廣場上舉行了一個北京市五萬人民慶祝和平會議勝利的大會，每一個人的手裏都拿着花，形成一個美麗的花海；一大隊穿着白色衣服的人排成「和平」兩個大字；各國代表向中國人民所獻的禮物堆滿在許多桌子上面。

　　同天晚上，彭眞市長在中山堂舉行歡宴。主席致了簡短的歡迎詞，宴會開始以後，便從幾十個桌子上面不斷地傳出「乾杯」的聲音和唱歌的聲音。宴會進行到一半以後，會場便呈現了狂歡的景象；有的代表就在桌子旁邊跳舞，有的站在椅子上拿起點着的蠟燭來揮舞，使幾百位代表在酒綠燈紅當中變成熱烘烘的一團。代表們進入中山公園的時候，幾千的青年和兒童夾道歡呼「和平萬歲」，并紛紛伸出手來與和平代表們握手。

　　和平會議爲什麼能有這樣的成就？原因就是：這個會議代表了亞洲及太平洋區域十六億人民的和平意志。戰爭販子們要挑撥戰爭、製造戰爭，而十六億人民却異口同聲地說：「反對戰爭，保衛和平！」這個聲音像一座大山，又像一股洪流；這個聲音對世界和平有着決定性的意義。

　　智利詩人聶魯達說：「亞洲及太平洋區域和平會議就是飛越海洋的友愛聲音的大合唱。這團結起來的歌聲，將要第一次唱出反抗隔離、反抗侵略、反抗貪婪和破壞力量的歌曲。」美國黑人歌手羅伯遜說：「你

們亞洲人民最優秀的代表——悠久和崇高文化的繼承者，英勇和勝利的
人民，我給你們寄去美國愛好和平人民牢不可破的團結的驕傲的保證。
我們要使你們的和平會議聽到眞正的美國聲音，這是人民的呼聲，和你
們一致發出的爭取和平的呼聲。」印度首席代表賽福丁·克其魯在閉幕
詞上說：「在世界的任何其他一個講壇上，能夠達成這樣一種協議和相
互諒解嗎？我說不能。只有和平運動才能完成這樣的奇蹟，只有和平運
動才能以這種瀰漫着整個會議的光輝的友好與合作的精神來鼓舞我們每
一個人。」

　　這幾位和平戰士的話，充分地表達了亞洲及太平洋區域和平會議的
意義與精神。

（二）

　　亞洲及太平洋區域和平會議十月二日在北京開幕，十月十三日早
晨三時閉幕，一共舉行了十一天的會議。派遣代表團參加大會的國家共
有三十七個，連列席代表所屬的國家，一共有四十六個。在亞洲的國家
中，只有阿富汗、尼泊爾和高棉三國的代表未能出席。正式代表總數是
三百六十七人，連列席代表及特邀代表共四百二十九人。這些代表代表
了不同的國家、種族，不同的職業，不同的宗教信仰和政治見解。

　　這些國家的代表到中國來是很不容易的。例如：美國、澳大利亞、
日本、泰國、拉丁美洲許多國家的代表由於美國的封鎖和阻撓，都是經
過許多困難才勝利地到達了北京的。這些代表不但在出國的時候遭遇到
困難；他們回去的時候也將遭遇到困難。有兩位澳大利亞的代表在沒有
離開北京以前，已經接到他們所屬的服務機關把他們解僱的通知；日本
吉田反動政府已經對參加會議的十幾位日本代表下逮捕令；拉丁美洲的
薩爾瓦多政府因爲對和平會議採取敵視的態度，在國內逮捕了一千二百
人。帝國主義對亞洲及太平洋區域和平會議是重視的。紐約時報說：「如
果認爲這個會議毫不重要，那就將是一個錯誤。」帝國主義不但重視這
個會議，并且因爲這個會議的聲勢浩大而感到驚慌了。例如：在美國直

接控制下的拉丁美洲，居然派遣了近百位代表來出席會議，這是美國的侵略者所想不到的。

　　爲了選派代表出席會議，許多有關的國家，都做了很好的籌備。在日本，全國幾百萬的羣衆，選出了五百多位代表，但由於吉田政府的鎮壓與阻撓，只有十幾位代表，經過許多困難，才能出席。在印度，幾乎每一個省都舉行了會議，參加的有幾十萬人。因爲各國的代表的代表性是很廣泛的，他們的聲音就是廣大人民羣衆的聲音。亞洲及太平洋區域和平會議的重要性就在於此。

（三）

　　代表們的發言是十分踴躍的，在十一天的大會上，作專題報告的共二十人，發言的八十八人。這些報告和發言的最主要的內容，就是對美國侵略者的控訴。美國侵略者好像是一個國際間的惡霸，這個惡霸在它的本國裏，在它的僕從國家裏，在殖民地和半殖民地裏，甚至在已經取到獨立自由的國家裏，爲非作惡，橫行無忌。在朝鮮，他在繼續進行着殘酷的侵略戰爭，大批地屠殺和平居民，幷企圖破壞停戰談判，擴大這個戰爭。他侵佔我國領土台灣，幷在朝鮮和我國東北進行慘無人道的細菌戰。他重新武裝日本，對日簽訂片面和約，把日本變成美國的軍事基地。他鎮壓越南、馬來亞等地的民族獨立運動，實行禁運封鎖政策，幷干涉別的國家的內政，使許多名義上是獨立的國家，實際上淪爲美國的殖民地。

　　曾經到過朝鮮去調查美國侵略罪行而遭受了英國統治者的迫害的特邀來賓費爾登夫人，最近又到朝鮮去了一次。她這樣地描寫朝鮮的景象：「瘋狂的物質毀滅到了越發可怖的程度。……平壤早已是一片廢墟了——殘墟上高高的建築物的殘骸聳立在空中，好像許多紀念碑，紀念着被破壞了的不久以前的成就。……整個平壤，不論大小房子，沒有一幢還剩下四堵墙和屋頂了。沒有一個市區，不論多麼不重要的市區，曾逃脫了最近的野蠻的轟炸。」

美國侵略者的御用刊物，像聯合國所出版的「人與糧食」是這樣地替他們的瘋狂屠殺作辯護：「人口過剩，是世界上最嚴重的問題，因此，在人口衆多的國家，像中國進行戰爭是適宜的」；「提高嬰兒的死亡率，對於拉丁美洲的國家是有利的。」他們恬不知恥地說：細菌戰是最便宜的武器；用細菌和原子武器去殺人，同用別的武器去殺人毫無分別。

日本代表中村翫右衞門說：「戰後的日本，作爲民主國家，能夠盡力於世界和平的喜悅，已成爲一瞬間的美夢了。美國戰爭販子，把日本當作比東條時代更爲兇惡的侵略亞洲戰爭的據點，當作發動第三次世界侵略戰爭的基地的陰謀，已經是時時刻刻在實行起來了。正因爲如此，日本國民現在又在遭受着生活的災難了。」中村自己是一個演員，到現在已繼續了四十七年的演員生活，他生動地描寫了他怎樣用進步的戲劇與電影來向戰爭販子們作鬥爭，和人民怎樣給他熱烈的、英勇的支持。

越南代表團團長黎廷探說：「美帝國主義企圖擴大東南亞侵略戰爭的陰謀，表現得最突出的就是他們干涉了被艾奇遜稱爲「東南亞的鑰匙」──越南、高棉、寮國。」「侵略者們採用了無比野蠻惡毒的政策，用製造飢餓的方法來殺害人民。……在任何一個爲侵略軍所佔領或經過的地方，他們就進行了集團強姦的野獸行爲。有些地方竟有百分之八十的婦女被姦污了。」如果沒有美國的「援助」法帝國主義，越南的戰爭該早已結束了。

馬來亞代表曾雪虹說：「四年多來，在美國的支持下，英國出動將近四十萬的軍警和各種新式飛機、大砲，甚至一再大量使用毒瓦斯和化學武器等等，大規模濫炸民房和摧毀莊稼，殘酷地屠殺廣大的和平居民。……美國在朝鮮所進行的冒險的侵略戰爭以及它的瘋狂的備戰政策，又大大地加深了馬來亞人民的災難。」

伊朗代表團團長拉希米安說：「帝國主義已將我們充滿陽光的樂土轉變成一個污穢的、悲慘的地方，轉變成實現他們侵略陰謀的戰爭基地。五十多年來，他們汲取着我們的石油，吮乾了我們人民的鮮血。英帝國主義在通過英伊石油公司和他們的中間代理人，建立了他們的政治統治。美帝國主義者也通過他們的顧問確立了他們的政治勢力。現在，在伊朗

有八十多個飛機場，這些飛機場實際上都在美國人的手中。」

　　所有拉丁美洲的代表們都對美國侵略者提出憤怒的控訴，其中最典型的就是巴拿馬代表團團長卡羅斯‧弗蘭西斯‧錢瑪林的話。他說：「巴拿馬是拉丁美洲的『白毛女』。……美國豺狼們不願意巴拿馬成爲一個自由的國家，而希望巴拿馬變成白毛女在資本主義剝削的黑洞中。」他這樣生動地描寫美國兵艦來到的時候，美國水兵荒淫無恥地生活和巴拿馬人民緊張的情緒：「父親們，當心你們的女兒；丈夫們，看着你們的妻子；巴拿馬的警察們，準備遭受美國兵士的毆打吧；不幸的古巴、哥斯達黎加和智利的女人，準備在跳舞場和其他墮落腐化的地方出賣你們自己吧。」

　　美國侵略者封鎖禁運的政策，對許多國家帶來了經濟上的災難。例如：日本本來可以向中國買煤，但他們現在却要用十倍的價錢來買美國的煤。東南亞的國家，像印尼、馬來亞、錫蘭，都是大量出產橡膠和錫的地方；美國却用政治的壓力來壓迫這些國家，不讓他們把這些物資向中、蘇等國輸出，同時壓低這些物資的價格，用廉價來收購，使他們破產。

　　從這幾個例子，我們就可以曉得：美國侵略者在瘋狂備戰的計劃中，是怎樣地奴役、壓迫弱小的國家，怎樣地剝削、屠殺它們的人民。但是，無論侵略者作了什麼宣傳，他們的眞面目已經沒有法子掩飾；廣大人民的憤怒，和他們反對戰爭、要求獨立自主的決心，已經到了不能壓制的地步。伊朗的代表說：「已經覺醒的伊朗和平人民正粉碎着戰爭販子的卑鄙陰謀。他們開始認識到他們爭取民族獨立的鬥爭和爭取和平的鬥爭是分不開的。」巴拿馬的代表說：「美麗的巴拿馬運河決不能用於戰爭。」在和平會議進行的時候，中國政府同錫蘭政府簽訂了貿易協定，用中國八萬噸的大米與錫蘭交換橡膠。錫蘭的代表說：「假如其他亞洲國家都跟着這個榜樣，那將使我們區域和世界得到安定與和平。」

（四）

　　亞洲及太平洋區域和平會議爲了制止戰爭、保衛和平及爭取被壓迫

的國家的獨立自主，通過了十一項重要的決議。

決議中的「告世界人民書」是一個總的綱領。這裏指出：「爭取和保衛和平乃是一個必須而且能夠以共同的努力來完成的迫切任務」；這裏重申十六億人民決定的信念：「具有不同社會制度和生活方式的國家是能夠和平共處、互利合作的。」基於這個信念，這裏便提出了保衛本區域和平與世界和平的六項基本要求：

「一、立即在公平合理的基礎上，實現朝鮮停戰；結束越南、馬來亞及其他地區的戰爭；幷從這些地區撤退一切外國軍隊。

二、制止日本軍國主義復活；締結有關各國與日本之間的眞正和約；建立獨立、民主、自由與和平的新日本。

三、反對一個國家干涉另一個國家的內政；反對一個國家侵犯另一個國家的主權；保衛幷實現民族獨立。

四、反對封鎖和禁運；在平等互利基礎上促進各國間的經濟合作和文化交流。

五、禁止煽動戰爭；反對種族歧視；保護婦女權利，增進兒童福利。

六、迅速締結五大國和平公約；實行裁減軍備，禁止使用原子武器、細菌武器、化學武器以及其他大規模屠殺的武器。」

美國的人民對於上述幾項要求負有特別的責任，所以這裏對他們做了懇切的呼籲，希望他們：「担當起責任來制止他們政府的這些行爲，幷把他們的國家引到和平的道路。」

其次是「致聯合國書」，大體上表達了同樣的要求。因爲西德的問題關係到世界的和平與安全，在要求中把關於德國的統一問題和關於日本問題的建議同時提出。今天聯合國已經成爲美國掩飾侵略的工具，所以全世界人民都在要求它「恢復它已失去的威信，而成爲維持世界和平的權威機構。」

此外，關於日本問題、朝鮮問題、民族獨立問題、文化交流、經濟交流、婦女權利與兒童福利以及加緊爭取五大國締結和平公約運動等七

項決議，又把「告世界人民書」和「致聯合國書」中的見解和要求分別作了扼要的說明。這七項決議和兩項宣言式的呼籲書，是這一次大會為亞洲及太平洋區域和平運動共同行動的綱領。這些要求與呼籲都是合理的，不僅是亞洲及太平洋區域十六億人民的要求，同時也是全世界愛好和平的人民的共同要求。

在上述各項決議之外，還有一個「關於擁護召開世界人民和平大會的決議」和「關於建立亞洲及太平洋區域和平聯絡委員會的決議」。前一個決議對今年十二月將要在奧地利的京城維也納召開的世界人民和平大會表示熱烈的擁護，并號召本區域各國的人民積極參加。後一個決議為本區域的和平運動建立了一個聯系的機構，藉以推進本次會議的各項決議。我國代表團團長宋慶齡先生被選為聯絡委員會的主席，劉甯一先生被選為秘書長。委員會和秘書處設在北京。因此，在亞洲及太平洋區域和平運動任務中，我們中國人民是負了一個重大的責任的。

（五）

斯大林大元帥曾在對真理報記者的談話中說：「如果人民自己把保衛和平的事業担負起來，并保衛到底，和平就得到保障，并將鞏固起來。」這一次亞洲及太平洋區域和平會議表示了這個區域的人民已經決心担負起保衛和平的事業，四百多位代表在整個會議中所表現的團結的精神，就是這個决心的最好的證明。

這一次會議所得到的十一項決議，都是全場一致地通過的，沒有一個人反對，也沒有一個人棄權。舊的民主方式對一個決議，是採取多數通過的辦法，真正的民主方式卻是經過反覆協商而達到全體一致的通過。這不是一個機械的、形式的辦法，而是一個細緻深入的、重視少數人的意見的辦法。各項決議的取得一致通過，并不是一件容易的事。討論專題的小組會議，有時從晚上開到半夜；在有些小組會議中，只要有一個人有着不同的意見，全體便對爭論之點重新考慮，非達到完全一致不止；有的時候，在小組會議時間以外，為了解決特殊的問題，個別組員之間，

還要進行長時間的談話。這一種民主協商的精神，就是這一次會議所以能夠達成友好團結的主要原因。

會議中有許多非常動人的場面。美國代表團向朝鮮代表團獻了一棵常青樹。他們希望這棵小樹，能「種在朝鮮那塊因染上英雄人民的血而變得神聖的土地上，像（美國、朝鮮）兩國人民的友誼一般地成長。」還有法國代表向越南代表獻花，英國代表向馬來亞代表獻花。這些國家的代表都在台上熱烈地互相擁抱。帝國主義爲了製造戰爭，同時也在人類中間製造分裂，而和平運動却把本來是友好的人民，重新團結起來。

最使人感動的是印度和巴基斯坦兩國代表團的聯合聲明。爲了克什米爾的問題，由於英美帝國主義的挑撥離間，印、巴兩國經常處在緊張的狀態中。但是由於這一次會議民主協商的精神的感召，印、巴兩國代表却認識了和平協商的方法是解決克什米爾問題最好的辦法。在發表聲明的時候，他們彼此擁抱流淚，決定向印、巴兩國人民呼籲，要他們在平等公正的基礎上，自由地決定他們未來的命運。

亞洲及太平洋區域和平會議的成功，和這個會議的四百多位代表所表現友好團結的精神，是建立在整個世界和平運動的成就上面的。經過三年多的發展，世界和平運動的力量與擴軍備戰的力量的對比，已經發生巨大的變化；世界和平運動已經成爲一個更堅強、更爲廣大人民所擁護的力量。斯德哥爾摩反對使用原子武器的宣言有了五億多人簽名；締結五大國和平公約的宣言有了六億多人簽名。全世界愛好和平的人民對戰爭販子們的侵略陰謀，表示了無比的憎恨；他們對保衛世界和平的鬥爭，也表現了愈來愈堅強的意志。亞洲及太平洋區域和平會議更把世界和平運動大大地推進一步。

和平運動巨大的發展，同蘇聯日益強大的力量是分不開的。蘇聯社會主義建設驚人的成就，和它的堅決擁護和平的政策，使它成爲世界和平最堅強的堡壘，使它成爲全世界愛好和平、要求解放的人們最忠實的朋友。有了蘇聯，戰爭販子準備戰爭的計劃，就不得不遭受嚴重的挫折；有了蘇聯，全世界愛好和平的人民阻止戰爭、消滅戰爭的努力，就更有成功的可能。

（六）

因爲和平會議是在北京舉行的，各國代表對新中國都有了更清楚的認識。在會議之外，會前會後的個別談話，遊覽參觀更加深了他們對新中國的印象。他們知道中國人民是愛好和平的；他們知道中國人民正在從事於偉大的和平建設。出席亞洲及太平洋區域和平會議籌備會的美國代表金斯伯利在飛離北京的時候，在燦爛的晨光中，看見了兩千多年前封建帝王用奴隸的勞動來建築的萬里長城。他回到美國以後，寫了一篇關於新中國印象的文章，其中有一段說：「今日新中國自由的男女，正在建立許多新的長城。在毛澤東的領導下，這些無畏的人民正在建立屏障，防範洪水、乾旱、飢荒與疾病，還有一座用以抵禦國內外敵人，建築在『耕者有其田』的原則上的解放的長城。這是新中國自由與民主的鎖鑰。」作爲一個美國人民的觀察，他的印象是值得重視的。

在帝國主義對新中國許多惡毒的宣傳中，最普遍的一種宣傳就是：中國沒有宗教信仰自由；中國的教會受到壓迫；傳教士被虐待、被無故趕走。但是，許多和平代表到了新中國以後，都從自己的體驗中知道這些都是帝國主義的謠言，完全沒有根據。各國宗教的信徒都分別參加過基督教禮拜，天主教的彌撒和佛教、伊斯蘭的宗教儀式。他們同中國教徒談過話，參加過他們所舉行的座談會，并且在大會上看見這些宗教的代表們獻花、獻旗。許多基督教和天主教的代表參觀過從前由法國修女所主持的「仁愛堂」，他們知道在這個孤兒院八十九年的歷史中，被收容的孤兒和嬰兒是二五、六七〇人，死亡的是二三、四〇三人——死亡率竟達到百分之九十一的驚人的高度。他們也從孤女的口中親自聽到她們怎樣被虐待，甚至有一個孤女，因飢餓過度，吃了有毒的槐樹豆而致死亡。

和平代表們對新中國的印象是深刻的；他們對新中國的期望是殷切的。

新中國的誕生，新中國建設三年來偉大的成就，對世界和平是一個重要的貢獻。今天，在世界緊張的形勢下，特別在亞洲及太平洋區域和平會議舉行以後，中國人民對世界和平必須担負起一個更繁重的任務。

爲了完成這個任務，中國人民必須加強抗美援朝運動，努力推進亞洲及太平洋區域和平會議的一切決議，幷站在自己的崗位上，爲迎接即將來到的大規模的經濟建設做好一切的準備。蘇聯是中國人民最可靠、最忠實的朋友；中國人民必須加緊向蘇聯人民學習，幷使中蘇兩國人民牢不可破的友誼更加鞏固起來。

　　最後，我們可以肯定地說：建築在中蘇兩國友好團結的基礎上的和平力量是不可戰勝的力量，這個力量，同全世界愛好和平的人民的力量結合起來，必定能夠使世界得到持久的和平。

四、

1953
年

1 / 三自革新運動與世界和平

原刊於《天風》349 期（1953 年 1 月 24 日），頁 1。

編者按：吳耀宗同道在出席了世界人民和平大會後已於最近返國，本刊特摘錄吳先生在出席了亞洲及太平洋區域和平會議之後，對廣州基督教同道們的談話中，有關「三自革新運動與世界和平」一段刊載於下，以示我們對吳先生的歡迎。

我參加和平運動有三年多了，出席國際的和平會議有四次，這次出席亞洲及太平洋區域和平會議是第五次。和平運動一天天擴大，不論人們的國籍、種族、職業、宗教信仰、政治見解有甚麼不同，祇要在「反對侵略戰爭，要求和平」這一點上相同，就可以團結起來。參加和平運動的人很多，包括基督教、天主教的人士。比較著名的有英國的約翰遜教長，不久之前他還到過中國，他譴責美國進行細菌戰的罪行；有加拿大的文幼章先生，他也譴責美國的細菌戰；有蘇聯的尼古拉大主教，幾乎每次和平會議他都參加，最近尼古拉大主教把他三年來對世界和平的言論，編成一本書出版了，亦送了我一本；還有捷克的神學教授安拉特加；有匈牙利的彼得主教。還有很多位，這裏我不一一列舉。這麼多的基督教和天主教人士參加和平運動，原因之一，乃是因為基督教與天主教都是信奉基督，而基督是「和平之君」；因此，和平運動與基督教天主教的教義是相符合的。

　　過去我們基督徒對和平雖極嚮往，但除了在禱告中祈求和平，或在聖誕節時講和平福音外，爭取和平的具體辦法並沒有得到。祇有在三年多以前，由著名科學家法國居里教授等發起的和平運動，成立了世界和平理事會這一常設的和平運動機構，纔使我們不再停留在願望的階段，而是可以通過這一機構，團結各國人民來爭取和平。從歷次的國際和平會議，特別是最近在北京舉行的亞洲及太平洋區域和平會議，我們可以看得清楚，我們有了具體的保衛和平的建議和辦法，又有各國廣大人民的參加，就可以達到實現和平的目的。例如斯哥爾摩的和平宣言，有五億人民簽名；要求締結五大國和平公約的宣言，有六億以上的人民簽名。這十餘億人民的簽名，是不容忽視的一股力量；它表示了人民要求和平的意願，表明世界上有這麼多人支持和平。

　　亞洲太平洋區域和平會議開過以後，亞洲及太平洋區域和平聯絡委員會設在北京，委員會的主席是宋慶齡先生，祕書長是劉寧一先生，因此中國人民對世界和平運動有特殊的責任，我們基督徒也有特殊的責任。在這裏，我們就可以談到基督教三自革新運動與世界和平運動的關係。

　　從每一次和平會議中，我們都可以得到一個結論，就是今天和平之所以遭受嚴重威脅，國際間之所以存在着緊張局面，並且會發展爲可能的戰爭，其因素，乃是由於帝國主義的關係。帝國主義一天存在，戰爭的危機也就一天存在。由此我們可以得到第二個結論，那就是：假如我們要制止戰爭，以至於消滅戰爭，我們就必須對帝國主義的戰爭陰謀，加以揭發、阻止和打擊。和平運動，就是要用種種方式，來揭發帝國主義的陰謀，來制止帝國主義的挑撥戰爭、進行戰爭。從這裏，我們可以看到三自革新運動與和平運動的關係。三自革新運動的目標在乎割斷基督教與帝國主義的關係，肅清基督教內帝國主義的影響，使教會成爲中國人民自治、自養、自傳的教會。這個運動是消滅帝國主義在基督教內的力量，也就是對帝國主義一個重要的打擊。帝國主義爲了進行侵略，伸出很多魔手，其中的一隻魔手就是利用中國基督教來進行侵略。三自革新運動是要砍斷帝國主義魔手中的一隻，這對和平運動當然是有貢獻的。由此可以得到第三個結論，那就是：假如我們基督徒想對和平運動

有貢獻的話，除了參加一般和平運動以外，我們就必須熱烈參加三自革
新運動。在三自革新運動上有成就，就是對和平運動有貢獻。

2 / 全世界的人民在和平的旗幟下團結起來

原刊於《大公報》，1953 年 1 月 29 日。另《天風》351–352 期（1953 年 2 月 11 日），頁 1–9；《協進》，1953 年 2 月，頁 17–23。

（一）為什麼舉行世界人民和平大會

具有歷史意義的世界人民和平大會已於一九五二年十二月十日至十九日在維也納勝利舉行了。為了使讀者了解這一個大會的重要性，我首先要說明這個大會的性質。

第一次世界和平大會是一九四九年四月在巴黎和布拉格同時舉行的；第二次大會是一九五○年十一月在華沙舉行的；這一次維也納的大會應該是第三次大會了。為什麼我們不將這一次大會稱為第三次大會，而稱之為「世界人民和平大會」呢？理由是很簡單的；這一次的大會是「世界人民」的大會。參加過去兩次大會的人們，是比較有組織的，他們對和平運動的認識，也是比較一致的。這一次的大會却召集了許多不屬於和平組織，從來沒有參加過和平運動的人們。他們對世界和平的要求雖然是一致的，他們對獲致和平的方法却抱有不同的見解。這就是說，維也納大會的代表性是比以前兩次大會更廣泛，因此，這一次的大會也就更能表達全世界人民對和平的願望。

世界的人民同爭取世界和平的問題是怎樣聯繫起來的呢？

三年多以來的世界和平運動有兩個基本的信念：第一，是以協商的精神來代替武力的解決；第二，是政治制度不同的國家可以和平共處。

這兩種信念如果得到全世界人民的擁護與重視，並且變成行動的綱領，世界和平的實現，就有了可能。戰爭是要靠人民來進行的，如果人民不要戰爭，並且以共同的意志來阻止戰爭，戰爭也就不能進行。

人民要求和平的意志要怎樣才能變成阻止戰爭實現和平的力量呢？過去三年多世界和平運動所採用的辦法，第一，就是揭露戰爭販子侵略的罪行和準備戰爭的陰謀；第二，就是提出爭取和平的具體辦法。戰爭販子們是要靠欺騙來取得人民對戰爭計劃的支持的；所謂自由世界，所謂人的尊嚴，所謂反共十字軍，就是他們欺騙人民的宣傳的口號。如果要給戰爭販子們以致命的打擊，就必須把侵略者的假面具戮穿。關於爭取和平的辦法，一九五〇年三月在斯德哥爾摩召開的世界和平大會常設委員會曾號召各國人民以最大的努力禁止使用原子彈。全世界人民贊成這個宣言的已經有五億多人。一九五一年二月世界和平理事會柏林會議號召全世界所有的男女起來要求五大國——美國、蘇聯、中華人民共和國、英國及法國——的代表舉行會議，以便締結一個歡迎所有國家參加的和平公約。全世界人民在這個宣言上簽名的已有六億多人。這兩個宣言已經變成擁護和平的世界性的輿論。

和平擁護者的隊伍越擴大，戰爭販子們就越孤立，而和平的實現就越有可能。世界上絕大多數的人民是善良的，是愛好和平，厭惡戰爭的。今天世界上敵對的力量不是某一個國家對某一個國家，而是絕大多數愛好和平的人民對極少數的戰爭販子。因此，和平的決定因素是人民——人民的覺悟與力量。過去戰爭販子們宣傳說：和平運動是共產黨的政治工具；這次維也納大會却證明了：和平運動是世界人民的運動。在過去幾千年人類的歷史中，有過無數次的戰爭，死過無數的人——世界和平理事會主席約里奧—居里告訴我們：單在過去一世紀裏面，因為戰爭就死了六千七百萬人。歷史上的野心家們——成吉斯汗、拿破崙、希特勒……可以為所欲為，把戰爭當作兒戲，而人民是無可如何的。世界人民把自己的命運握在自己的手裏，要廢除戰爭，實現和平，這還是歷史上的第一次。世界人民和平大會的重要性就在於此。

（二）廣泛的代表性

　　出席維也納大會的共有代表八十五個國家的一八八〇人，其中正式代表一六二七人，來賓一〇五人，旁聽一〇二人，國際性組織代表四六人。代表團中最大的是意大利的一九八人，法國一七六人，英國的一五二人；中國代表是五九人，蘇聯是五二人。全體代表中婦女佔四四二人。代表的平均年齡是三十九歲。在這將近兩千的出席人數裏面，有工人、農民、工商業家、地主、藝術家、作者、科學家、醫生、教員、律師、牧師、國會議員、市長、軍人、政治家、全國性及國際性組織的領袖。代表們的政治思想有的是極左的，有的是極右的，此外，還有改良主義者，甘地主義者，和平主義者，世界主義者和在西歐的國家中佔相當勢力的中立主義者。在大會中許多被壓迫的國家的代表對帝國主義的侵略政策表示無比的憤怒，但也有些資本主義國家的代表聽見「帝國主義」這個名詞就感到生疏，感到刺耳。代表們的語言是不同的，但他們都能從耳機裏英、法、德、俄、中、西班牙六國的翻譯中聽到自己所能懂的語言。代表們的服裝也是不同的；除了比較普遍的歐美服裝以外，還有緬甸和若干少數民族顏色鮮明的服裝，有天主教、東正教、伊斯蘭教莊嚴樸素的服裝和一位佛教法師的黃袍。然而這許多不同之點，都在一個共同的要求中獲得一致，那就是代表們對和平的切望。

　　大會舉行的地點是維也納有名的音樂廳。維也納——這一個文化古城，這一個音樂之城，在經過戰爭的破壞之後，在反動政府統治之下，已經失去它過去的光彩，變得像我們開會時期中的天氣一般的灰黯。奧國反動的政權因為執行華爾街的政策，使整個奧國在準備戰爭的重担下變成民不聊生。奧國的統治者對這個大會是仇視的，然而千千萬萬的奧國人民對於這個大會却是歡迎的。在大會開會的第二天，維也納幾萬人民所舉行的如火如荼的擁護和平的示威遊行。就是很好的證明。

　　這一次維也納大會不但代表性很廣泛，並且會前也有很好的準備。許多代表團是經過羣眾性的集會產生的；許多人民團體對他們所關切的問題展開熱烈的討論。一九五二年十月在北京召開、有三十七個國家代表出席的亞洲及太平洋區域和平會議，同年十一月在柏林舉行、有東西

德及歐洲其他國家代表參加的和平解決德國問題大會，以及「調查在朝鮮和中國的細菌戰事實國際科學委員會報告書」的發表，都有力地揭露了侵略者的罪行，清楚地表現了廣大人民的和平意志，對維也納的大會起了啟發和推動的作用。

正因爲維也納大會的代表性是廣泛的，羣衆的基礎是深厚的，各國的統治者就不但重視這個大會，並且企圖用種種方法來阻撓這個大會的進行。美國著名的和平戰士像和平十字軍的領導人厄普豪斯、黑人歌王羅伯遜都領不到護照。意大利的政府不但拒發護照，並且封鎖邊境；天主教會也用宗教的權威來恐嚇天主教的代表們。但堅決的意國代表們却衝破這一切的障礙，遣送了一個最大的代表團。至於殖民地半殖民地以及事實上已經變成殖民地的許多國家的代表們，他們的困難是可以想像得到的；即使他們能夠克服出國的困難，他們回國的時候也將遭受到迫害。

戰爭販子們的活動證明了什麼？它並不證明戰爭集團的力量；相反地，它證明了全世界人民和平力量的日益壯大。維也納一家反動的報紙在開會前提到大會的時候，對「大會」這個名字用了引號，但在大會快要閉幕，它在報導大會情況的時候，就將引號取消了。約里奧－居里先生在一九四九年巴黎大會的時候曾說過：「眞理隨處通行，不需簽證。」在這一次維也納大會上，意大利代表、國會議員尼蒂也說：「條條道路通羅馬，是一句古語，但今天我們却應當說，條條道路通維也納。」人民的力量是不可抗拒的，和平的意志是能夠衝破一切的封鎖的。

（三）民族獨立與國家安全

維也納大會既然是世界人民和平大會，它就應當討論今天全世界人民所最關切的問題。因此，大會主席約里奧－居里先生就根據大會籌備時期的研究，爲大會提出三個討論的主題：第一，民族獨立與國家安全；第二，停止現有的戰爭；第三，緩和國際局勢。現在我們先把大會對第一個主題──民族獨立與國家安全──的討論作一個概要的報告。

　　當我們想到民族獨立與國家安全的問題的時候，我們的第一個印象就是：受到侵害與威脅的，主要是殖民地和半殖民地的國家。這是不錯的。在維也納大會中，許多殖民地和半殖民地國家的代表都憤怒地控訴了美帝國主義和它的幫兇們在「保衛自由世界」的口號下，在準備戰爭的計劃下，對這些國家的人民，實行最殘暴的鎮壓與剝削。但是，現在許多名義上是獨立自主的國家的主權，也遭遇到同樣的災難。事實上，整個西歐和拉丁美洲的國家，都已經淪爲美國的殖民地。例如法國，因爲它參加了大西洋公約，它就不得不允許外國軍隊在國內駐紮，也不得不同意讓多次威脅了法國安全的德國軍國主義復活。現在，在「集體安全」的名義下，法國還要考慮把自己的軍隊，交給別人統率。所謂太平洋公約，和美國與拉丁美洲各國所訂立的雙邊協定，也嚴重地剝奪了這些地區的國家的主權，把它們緊緊地綁在美國戰爭機器的後面。

　　法國在越南所進行的野蠻的戰爭，是大家都知道的。在這一次的大會上，北非幾個國家——突尼斯、阿爾及利亞和摩洛哥——的代表，更揭露了法國殖民者壓迫這些國家的人民的罪行。突尼斯代表奧利亞說：「只有我一個人能够出席大會，其餘的或被拒絕簽證，或被放在監獄裏。愛國志士所得到的待遇是：包圍，集體逮捕，驅逐出境，射擊，謀殺。殖民主義者是要用恐怖和屠殺使突尼斯的獨立運動淹死在血泊中」。摩洛哥代表亞伯達拉說：「摩洛哥做了法國的保護國四十年，然而我們得到的是什麼呢？我們的警察是一萬四千人，但醫生只有二百人（著者按：摩洛哥人口約五百萬人）；摩洛哥的嬰兒死亡率是全世界最高的。」南美洲的巴拉圭代表福樂里說：「杜魯門的第四點計劃（著者按：即所謂開發落後地區的計劃），是首先在巴拉圭進行的，結果美國就變成巴拉圭的太上政府。在巴拉圭、哥倫比亞、委內瑞拉，和平運動都遭受了迫害。」伊拉克代表薩瑪威說：「伊拉克的監獄裝滿了愛好自由的人民；這些爲和平自主而鬥爭者，常常整批地在機關槍前面死亡。」

　　德國問題是歐洲的中心問題。美國侵略者要使西德軍國主義復活，使它再一次威脅歐洲和全世界的和平。然而，德國人民的意志是越來越清楚了。他們反對把西德出賣的波恩條約和歐洲防務條約，主張召開美、

蘇、英、法四強會議，成立統一、民主、和平的德國政府，簽訂保證德國獨立自主的和約，撤退一切外國軍隊。西德的人民不但不願意充當美國侵略者的砲灰，他們也要恢復他們已經喪失的全部主權，回到一個統一、民主的德國的懷抱裏。

馬林科夫同志在聯共十九次黨代表大會上說：「由於戰爭和殖民地及附屬國民族解放鬥爭的新高漲，帝國主義的殖民地體系實際上已在解體。」這一句話的真實性，在維也納大會中得到了證明。殖民主義者和帝國主義者所以實行瘋狂鎮壓的政策，正是由於民族解放鬥爭的高漲。伊朗代表阿格西里說：「伊朗人民和平鬥爭的結果，使他們從帝國主義的手中奪回了油產的自主權。」埃及代表赫爾密說：「由於埃及人民的反對，埃及並沒有參加侵略性的中東軍事協定。」盧森堡代表烏西爾丁格說：「在美國主持下的『舒曼計劃』，要我們把煤和鐵放在『統一』的市場裏——實際上就是把它們完全放在德國托拉斯的支配下。盧森堡人民反對這個計劃，他們反對出賣盧森堡的主權，他們要求與東方的國家貿易。」智利代表波布列特夫人說：「在智利最近的選舉中，擁護和平，反對與美國簽訂軍事協定的候選總統得勝了。」烏拉圭代表加布里拉說：「烏拉圭政府決定派兵到朝鮮去，但是因為人民反對，這個決定就不能實行。」一九五二年斯大林和平獎金七位獲得者之一，巴西的布朗哥夫人也出席了這一次大會，她說：「我在監牢裏過了一年，我剛被釋放出來。我是一個有了幾個孩子的普通家庭婦女，我反對我們的國家派兵到朝鮮去；我公開地對列隊行進的士兵們說：『我們的戰士們，我們的兒子們，不要到朝鮮去！』這一個呼籲激動了千萬的羣眾，他們都紛紛起來擁護我的抗議，而結果就是：雖然美國用了很大的壓力，沒有一個巴西的士兵到了朝鮮去。」

受壓迫的國家的人民，對侵略者的態度是明顯的。意大利代表多尼尼說了這樣一個有趣的故事：在意大利一個名叫利溫納的城市，駐有美國軍隊。統帥們大概感覺到市民對他們的冷淡，所以就在聖誕節前，在牆上貼了許多「聖誕快樂」的標語。這個城市的人民，有百分之八十在五大國和平公約上簽了名。於是，第二天的早晨，滿街滿巷，連美國士

兵所住的旅館，都出現了一個標語：「『聖誕快樂』，是的，但是，美國人們，請你們趕快滾蛋！」

維也納大會關於民族獨立與國家安全的問題的討論，使我們得到兩個結論：第一，民族獨立與國家安全同整個世界和平問題是分不開的；帝國主義就是在備戰計劃的執行下奴役了許多國家的人民，威脅了他們的國家的安全。一位突尼斯的代表說：「我們為民族獨立而進行的鬥爭，削弱了帝國主義備戰的計劃。」第二，我們應當把侵略國的統治者和這些國家的人民分開。阿爾及利亞代表阿希墨針對法國人民說：「法國人民對越南的戰爭，對法國殖民地人民的遭受壓迫，是負有責任的；他們對這些國家的人民的解放，也是負有責任的。」法國和平戰士，一九五二年斯大林和平獎金獲得者之一，法奇先生對這個問題的回答是很有啟發性的。他們對越南的代表們說：「越南的戰爭，是被幾乎全體的法國人民所反對的。如果法國人民被欺騙、被出賣，親愛的越南朋友們，請你們對法國的人民保持信心。你們的勝利，也就是我們的勝利。」

從上面幾個典型的發言裏，我們可以看見：民族解放的怒潮，正在全世界許多地區裏澎湃着。

（四）制止瘋狂的屠殺

出席維也納大會的一千八百多人幾乎沒有例外，都主張馬上停止還在朝鮮、越南和馬來亞進行着的戰爭。把戰爭先停下來，再談別的問題，這是大會一致的意見——從出席者的代表性來說，這也是全世界人民的輿論。這一個表示是維也納大會最大的收獲。

在聯合國的旗幟下，美國侵略者在朝鮮所進行的瘋狂殘暴的戰爭已經有兩年半了。一切大量殺人的武器：細菌、瓦斯、凝固汽油彈等美國侵略者都使用了，只有原子彈還沒有使用。從一九五二年九月以後，他們更對朝鮮七十八個和平城市，進行野蠻的轟炸。為了朝鮮的這個賭博，美國侵略者花了二百億美元，死傷了七十三萬人，其中三十二萬是美國人。在這個不利的形勢下，美國不得已同意進行停戰談判，經過一年零

一個月以後，雙方達成六十三款的停戰協定。然而在遣俘的問題上，美國侵略者卻節外生枝，提出無理的要求，使停戰協定不能完成。

美國侵略者不但阻撓停戰談判，他們還在聯合國第七屆大會及美國大選前夕發動攻勢，企圖對我示威。為了爭奪上甘嶺和白馬山上兩個山頭，他們使用了兩個師和一百多輛坦克車，然而目的沒有達到，反而在這個狹小的戰場上死傷了兩萬五千人；在九十兩個月份總共死傷了十萬人，包括三萬五千的美國人。

顯然地，美國侵略者在朝鮮的戰場上碰到了中朝人民的一座銅牆鐵壁。但是，他們為什麼不知難而退，反而拖延談判，甚至企圖擴大戰爭呢？大家都清楚地知道：這只是為了使美國大資本家能夠取得最大限度的利潤。根據美國經濟年鑑，美國各大公司一九五二年的利潤是四百六十億美元，這個數目的大部分是拿朝鮮人民的鮮血換來的。

為了極少數人的利潤，使千千萬萬的和平人民，遭遇了悲慘的命運，使世界和平受了嚴重的威脅，這是世界人民所能容許的麼？不，這是世界人民決不能容許的。

朝鮮代表團團長韓雪野說：「在朝鮮停戰談判中——從一九五一年七月到一九五二年十月，這十五個月內，侵略者在朝鮮丟了一千五百萬顆炸彈，炸死炸傷九萬七千個朝鮮和平居民，平均每月死傷六千多人。」他用沉痛而又憤怒的語氣說：「請你們閉了眼睛想一想，假如你是一個朝鮮人，你離開你的家，你的妻子，你的兒女，你的兄弟姊妹，你的朋友，而就在我講話的這個時候，炸彈就落在他們的頭上，凝固汽油彈和裝滿毒蟲的容器就在他們當中爆炸，而他們很可能就成批地死亡——這樣，你們會作何感想？」

中國代表團副團長郭沫若先生在大會上作了關於「停止現有戰爭」的報告，並提議「立即完全停止在朝鮮的陸、海、空軍事行動；戰俘全部遣返問題，應交由一個和平解決朝鮮問題委員會，按照日內瓦公約的原則去解決。」郭先生的這個主張好像打動了全世界愛好和平人民的心弦，表達了他們熱烈深摯的和平願望。這個報告是那麼尖銳深刻，同時

又是那麼合情合理，親切動人，以致全場代表都深深地受了它的感動，用熱烈的鼓掌歡呼來擁護他的提議。

有些代表對朝鮮停戰問題，沒有認識清楚，特別對印度代表在十一月十七日向聯大政委會提出的關於遣返戰俘的方案。他們說：「雙方不是都要停戰嗎？如果雙方遷就一點，停戰不是馬上就可以實現嗎？印度是一個中立國，為什麼中朝方面不肯接受印度的方案？」郭先生的報告清楚地答覆了這個問題：單談遣俘問題，而不要求立即停戰，是不能解決問題的；表面上主張按照日內瓦公約全部遣返戰俘，而實際上仍然保留美國政府違反日內瓦公約的所謂甄別的辦法，也是不能解決問題的。關於原則性的問題，是不能讓步的；「因為讓步和屈服就是鼓勵美國政府以武裝干涉來破壞他國的主權獨立。一個國家如果對於維護國際秩序的國際公約能够任意撕毀，對於他所業已承担的國際義務和責任能够任意背棄，而不受到任何制裁，那麼，今天朝中人民所受的災難，明天就可落在全世界任何別的國家人民的頭上。」

在郭沫若先生發言之後，印度首席代表克其魯首先響應，主張立刻停止朝鮮戰爭，按照國際公法遣返戰俘。雖然他說：「關於國際法的解釋，當然有不同的意見，」但是，「停戰以後，問題就比較容易解決。」一位參加了加拿大軍隊在朝鮮受了重傷的加拿大代表杜查姆斯說：「我才二十歲；我已經在朝鮮看見人所不應當看見的慘事——凝固汽油彈在人身上的作用。我們離開祖國三千多哩，到朝鮮去幹什麼呢？馬上停止戰爭，把我們的青年都送回家吧！」一位熟悉日內瓦公約簽訂過程的英國代表普拉脫密爾士，指出日內瓦公約無條件遣返戰俘的原則，有力地否定了美國關於這個問題的主張。美國代表海華德說：「美國人民唯一的，最有力的願望是把朝鮮的美國兵送回家去；抱着這個願望的，不限於參加了有組織的和平運動的人們。馬上停止朝鮮戰爭是絕對必要的。」另一位美國代表卡德夫人，代表美國代表團全體，表示同樣的意見。

維也納大會的另一個收穫，就是進一步揭露了細菌戰罪行。經過國際民主法律工作者協會調查團、許多國際知名人士和國際科學委員會的調查和他們的調查報告的發表，美國侵略者在朝鮮和中國進行細菌戰的

罪行，已經是鐵案如山，不容置辯。在維也納大會中，國際科學委員會的兩位委員——巴西的貝索亞教授和蘇聯的茹科夫－維勒斯尼科夫院士，以及國際民主法律工作者調查團團員——奧國的布蘭德魏納教授，都曾作了關於譴責細菌戰的發言。我國代表陳文貴教授也系統地報告了調查細菌戰事實的經過。在大會期中，中國代表團和奧國和平理事會聯合舉辦了一個細菌戰事展覽會。絕大部分的代表都去參觀過這個展覽，並且書面表示這個展覽所給他們的深刻印象。在展覽會的宣傳品中，有一本兩寸多厚的國際科學委員會包括報告和附件的「黑皮書」。這一本黑皮書事實上就是審訊美國侵略者進行細菌戰罪行的判決書。

（五）誰製造了國際緊張局勢

不可否認的，除了現有的戰爭以外，國際間還經常地存在着一個緊張的局勢。戰爭的宣傳，對某些國家所進行的挑撥離間和破壞收買的活動，具有侵略目標的軍事協定、軍事基地和經濟計劃，把世界統一市場分裂的封鎖禁運，使世界人民互相隔離和互相猜忌的文化關門主義——這一切都構成了國際緊張的局勢，亦即美國政府進行的所謂冷戰。

國際緊張的局勢是誰造成的呢？誰應當負責呢？帝國主義的侵略者們企圖把責任推到蘇聯的身上。這一個問題在維也納大會上得到一個很好的啓發。蘇聯代表高涅楚克說：「爲戰爭製造藉口，並不是一件新鮮的事。希特勒德國和法西斯日本都曾把蘇聯和共產主義作爲他們的『十字軍』的對象。所謂理想的世界，所謂東亞的樂園，就是他們拿來欺騙人民的口號。華爾街的老闆們當然也不能例外：他們的『理想』世界，他們的『天堂』，是要拿原子彈、凝固汽油彈和霍亂細菌來實現的。」蘇聯對「冷戰」是不是也負有責任呢？戰爭販子們經常加給蘇聯的罪狀有兩個：第一，是蘇聯的軍事「野心」，第二，是蘇聯的「主義」宣傳。關於第二點的答覆，高涅楚克引了斯大林同志的一段話：「輸出革命，這是胡說。每一個國家如果要求革命，就將自己進行它的革命；如果不要求，那就不會發生革命。」高涅楚克說：「蘇聯的人民現在沒有，從來也沒有企圖把它的主義或它的經濟制度強加在任何人的身上。」蘇聯

是不是有軍事「野心」呢？高湼楚克回答說：「第二次大戰後，根據蘇維埃政府的命令，蘇軍從中國、朝鮮、挪威、保加利亞、捷克斯洛伐克和南斯拉夫這些國家的領土上完全撤退。現在還留在這些國家裏面的，只有蘇軍的墳墓，這些軍士們是爲了從法西斯主義的魔手中拯救世界文明而流了血的。」關於蘇聯的軍隊，高湼楚克指出：「蘇維埃政府已經大大地減少它的軍隊的數目；現在蘇軍實力並不超過戰前的水平。」

蘇聯正以大力從事於和平建設；一個從事於和平建設的國家，不可能同時進行侵略的計劃。說蘇聯有侵略的野心，只是侵略者欺騙人民，欺騙附屬國家，掩護自己的侵略的藉口。高湼楚克用幽默的口吻對意大利的人民說：「意大利的弟兄們，請告訴我，一位美國的海軍上將是爲了什麼理想，做了地中海的主人？如果你告訴我，你們的政府是租了美國的兵艦來運輸意大利的橘子，抱歉得很，我不能認爲這是符合事實的。」

冷戰中的封鎖禁運給有關的國家帶來了嚴重的災難。印度尼西亞代表哈地說：「美國的禁運政策把橡膠價格壓低，使許多種植者破產，使生活水平日益低落。在一年之內，印尼就有三百萬失業的人。」芬蘭代表密爾蒂却報告了一個與此相反的情況。他說：「芬蘭與西方進行貿易，也與東方進行貿易。芬蘭同蘇聯的經濟和文化的關係，使芬蘭得到很多好處，因爲這些關係都是建立在互相信任、互相尊重的基礎上的。」

究竟誰製造了國際緊張局勢？誰應當負責？上面所舉的事實，難道還不够說明嗎？

擺在世界人民面前的是兩條道路：一條是戰爭的道路，一條是和平的道路。一九五二年九月四日艾森豪威爾在費城共和黨大會上說：「今天我們的想像，我們的生產計劃，再一次同戰爭和戰爭的企望聯系起來。我們的經濟，是戰爭的經濟；我們的繁榮，是戰爭的繁榮。」這是戰爭的道路。但是另外還有一條道路。蘇聯人民最卓越的領導者之一，馬林科夫同志說：「維持和平是有可能的；維持和平的方法就是根據聯合國的決定，禁止戰爭宣傳；禁止使用原子及細菌武器；積極裁減五大國軍備；訂立各大國間的和平公約；擴展各國間的貿易，恢復國際間的統一市場；

及其他保持和平的辦法。」這是和平的道路。世界人民將選擇那一條道路呢？維也納大會以及三年多以來的和平運動清楚地告訴我們：他們將選擇和平的道路。

在世界人民面臨着戰爭與和平兩個可能的歧路的時候，美國的人民是負有特別的責任的。中國代表團宋慶齡團長在她的發言裏對美國人民說：「最近你們選出了一個將軍來管理你們的國家。當然，你們的選舉是你們自己的事。這與我們並不相干。但是，請記着，這個將軍曾經說，用亞洲人來打亞洲人。他大概認爲亞洲人的生命比美國人的生命不值錢些。你們選出來的人既然這樣說，而且他的政策就是這樣做，那就與我們有關了。他所講到的是我們的兒子和女兒。他講的是要繼續蹂躪我們的土地、資源和文化。他講的是要繼續在朝鮮、越南和馬來亞的戰爭。……美國人民不能說他們對此沒有責任。」朝鮮女代表金英秀說：「美國的市民們，如果有人在美國殺死一個婦女或兒童，你們就會感到驚奇與憤怒。你們是否知道：就在現在，由你們的丈夫和兒子所組成的美國軍隊，在朝鮮屠殺絕對無辜的婦女和兒童？你們是否知道：你們所愛的丈夫，你們的弟兄和兒子的臉上，帶着一個可恥的侵略和謀殺的烙印。朝鮮戰爭的迅速停止，要依靠你們的努力和你們的奮鬥。」

（六）推進世界和平的兩個決議

在維也納大會九天的會議中，最熱烈的場面就是一月十九日晚上的閉幕大會。會議在十一時開始，一直延續到清晨二時以後才結束。大會的兩個決議案是在這個時候通過的，最後是意大利代表尼蒂的閉幕詞。

第一個決議是致五大國書。這個決議是很簡單的。它表達了全人類共同的意志，要求五大國商訂和平公約，放棄以武力解決國際糾紛的辦法。在要求簽訂和平公約的宣言上，全世界已有六億多男女簽名；五大國間的協調與和平公約的締結，將消除國際間緊張的局勢，使世界免於最大的災難。

爲了執行這個決議，大會委派了一個由國際知名人士組成的委員會，

請他們決定爲完成這個決議所賦予的任務所應當採取的步驟。中國代表被選爲委員的是馬寅初和茅盾兩位先生。

大會的第二個決議就是致世界人民書。這個決議首先申述了協商精神可以代替武力解決的信心。「城市和鄉村的毀滅，殺人武器的積累，戰爭和仇恨的宣傳——這些都做得够了，現在已經到了討論和協調的時候了！」這個決議要求五大國締結和平公約；要求立即停止朝鮮、越南、寮國、高棉和馬來亞的戰爭，終止對突尼斯和摩洛哥等國人民的暴力政策，並無條件地尊重這些國家的獨立自主；要求和平解決德國和日本問題；要求立即禁止使用細菌武器；要求公平合理地裁減軍備；要求掃除經濟和文化交流的障礙。最後，決議要求聯合國恢復它爲各個國家在國際問題上謀取協議的功用，使世界人民不再對它失望。

兩個決議的表決是用各國代表團分別舉行的記名投票，正式和列席代表及來賓都有表決權。結果，在參加表決的一六四七人當中，贊成「致世界人民書」的是一六二六人，棄權和沒有投票的是二十一人（其中棄權的是十人）；贊成「致五大國書」的是一六三七人，棄權和沒有投票的是十人（其中棄權的是七人）。棄權和不投票的都不是出席會議的正式代表。這也就是說：這兩個文件都是出席會議的代表們全體一致通過的，不僅沒有一個正式代表反對，也沒有一個正式代表棄權。

當主席宣佈表決結果的時候，全場的代表就好像着了電流一樣，馬上活躍起來。鼓掌和歡呼繼續了十五分鐘以上。許多人拿着手巾在空中揮舞；在樓上的代表們把「公報」撕碎，向大廳中的代表們拋擲；大會的情緒達到高潮的時候，代表們便彼此緊握着手，用自己的語言不斷地喊着「和平萬歲」。最後，他們高唱着「民主青年進行曲」。我看見在我附近的幾位代表，眼中熱淚迸流；一位英國女代表因爲過度興奮，在我旁邊暈倒了。

這兩個決議的表決方法是新鮮的；這個表決方法保證每一個代表可以從容地決定自己對決議的贊成或反對，並負責地表達他的決定。在一六四七人當中，在許多不同的思想和意見當中，僅有三十一個列席代表和來賓棄權或不投票，這是難能可貴的。這個事實說明了一千多代表

在和平問題上的一致要求。代表異常熱烈的情緒，證明維也納大會獲得了輝煌的成就。

（七）宗教與和平

參加世界和平運動的宗教界人士是愈來愈多了。侵略者標榜着政治的「自由」與「民主」，同時強調着宗教的「神聖」與「尊嚴」。他們把他們的侵略政策說成是符合教義的，却認為反對侵略，解放人類的和平運動，民主運動，革命運動是違反教義，是剝奪了宗教信仰的「自由」。帝國主義者是污衊了宗教，把宗教當作侵略的工具。這是全世界虔誠的宗教信徒所不能容許的。為了這個原故，中國的基督教徒和天主教徒首先進行了以反帝愛國為中心內容的「三自」革新運動；為了同樣的原故，全世界真誠的，覺醒了的宗教信徒也越來越多地投到和平隊伍裏來。

根據秘書處的報告，參加維也納大會的各宗教的信徒，包括天主教、基督教、東正教、伊斯蘭教、佛教共有六十五人（實際上不止此數，因為有許多被列入其他分類的代表是兼有宗教信徒或宗教工作者的身份的）。像其他的代表一樣，好幾位宗教界代表根據自己所信仰的宗教的教義，在大會上作了擁護和平的發言。例如：蘇聯伊斯蘭教代表阿克末·阿加·阿里沙地說：「最嚴重的罪惡，就是流無辜的人的血。蘇聯的回教徒每天在祈求着停止現在的戰爭。」他引了一首古詩，這詩的大意說：地域、語言、國界、高山，不能把我們分開；東南西北不能把我們分開；福音書和可蘭經也不能把我們分開。我們是同一個鳥窠中的小鳥；我們是同一個太陽所放射出來的陽光。

一位英國牧師斯丹里·伊文思說：「只要殘酷的朝鮮戰爭還在進行，沒有一個基督徒能够得到片刻的內心的平安；沒有一個因朝鮮所遭受的痛苦而感到慚愧的基督徒能够以誠實的心情參加聖誕節的慶祝。」伊文思牧師說：「最近在平壤舉行會議的基督教牧師們曾寫信給英國的基督教朋友，請他們為朝鮮的停戰而呼籲。英國的基督教代表們答應了這個請求，並預備了一個宣言，請各有關國家的政府立即設法停止朝鮮的戰

爭。」接着，伊文思牧師便請參加大會的各宗教的代表們在宣言上簽名。
結果，簽名的有二十一個國家的代表共四十三人。簽名儀式舉行的時候，
大會的其他代表熱烈地鼓掌歡呼。

一位匈牙利的天主教主教雅諾・梅特向大會獻上一本簽名冊，其中
有三、三四○位天主教神甫的簽名和擁護和平的話語。一位伊朗的宗教
領袖加瑪瑞宣佈：從到達維也納的時候，到大會閉幕為止（十二月十六
至十九日），他決定絕食，為大會的成功而祈禱。

一位意大利的女代表厄治奧在發言中說：「我們要求中國政府給予
所有的宗教以信仰的自由，藉以消除許多人關於這個問題所抱的疑慮。」
中國人民的朋友文幼章先生對這個問題，給了一個很好的答覆。他說：「我
有資格答覆這個問題，因為我在中國傳教二十年，解放後，我也到過中
國。在新中國，除了那些利用宗教來達到某種政治目的的人外，宗教信
仰是完全自由的。」

在中國代表團帶到維也納大會的宣傳品當中，有一種是一九五二年
十一月出版的《中國建設》英文雙月刊，其中有我所寫的一篇文章〈宗
教在新中國是自由的〉。這一篇文章答覆了許多代表關於新中國宗教情
況的問題。

值得我們慶幸的是：加拿大的和平戰士，曾經有力地揭露了美國侵
略者進行細菌戰的罪行的神學博士文幼章先生，繼英國約翰遜教長之後，
是一九五二年斯大林「加強國際和平」獎金得獎人之一。宗教與和平在
本質上的聯繫，在這個事實裏又得到再一次的證明。

（八）訪蘇觀感

從維也納回到莫斯科的時候，中國代表團的大部分在莫斯科和列寧
格勒參觀了十天。在參觀的程序中，下列幾個地方引起我們極大的興趣，
也給了我們很多的啟發。

滾珠工廠——這是製造使機器輪軸轉動靈活的滾珠的工廠。這個工
廠有一萬多人，全體都是斯塔哈諾夫工作者。工廠設有文化宮、俱樂部、

工人住宅、工人食堂和專為工人休養的夏令營。工廠還有一個設備完善的醫院，裏面的醫生竟多至九十四人。院長告訴我們：患神經病和肺結核的越來越少了；這是因為工人的生活提高，並且因為工廠有了種種預防的設施。

莫斯科大學——這是在郊外新建的校舍，舊的校舍是在城裏。這是一系列雄壯整齊的大廈；內部的裝飾是用各種大理石和雕刻，十分富麗堂皇。最高的一層樓，有三十六層，高二三九・五公尺，是世界上第三座最高的樓。各大樓共有電梯六十六架。大學全部房間共有四萬六千間。我們的嚮導怕我們不容易掌握這個數字，給我們作了一個比喻：如果有一個剛生下來的嬰兒，你把他每天放在一個房間，等到所有的房間都放過以後，這個嬰兒已經是一個一百零六歲的老人了。

輸血站——我們到了這個輸血站以後，才曉得這是「輸血大學」的一部分。為了輸血而成立大學，這一件工作的被重視可想而知。輸血大學所研究的是：血的成份、血病、輸血方法。蘇聯每一個大城市都有免費輸血站，全國共有一千五百處。

巴黎公社鞋廠——這個鞋廠有工人七千人，絕大部分是女工。工廠每天出鞋三萬二千雙，是世界第三個最大的製鞋工廠（第一個是捷克的「拔佳」，第二個在列寧格勒）。同其他的工廠一樣，這工廠設有完善的幼稚園、醫院、療養院等。

以上幾個地方是在莫斯科，下面是在列寧格勒的參觀。

列寧格勒——這個英雄的城市，它曾被圍困過九十天，但是在斯大林同志的領導下，紅軍終於把敵人打垮了。我們參觀了彼得大帝的銅像，參觀了陳列着許多歷史文物和油畫的冬宮，也在有名的晶瓦河邊看着凍結了的河床和對岸具有歷史性的建築物。看了「難忘的一九一九年」裏面斯大林同志所領導的革命人民對帝國主義英勇的鬥爭，我們對列寧格勒就更加景仰。

列寧格勒糖菓廠——參觀糖菓廠是一件愉快的事。一進門就嗅着糖菓的香味；女工們熱忱地歡迎我們，不但要我們吃了許多糖菓，還要我

們把糖菓裝滿了口袋。工廠每天的產量是一百五十到一百七十噸。機器的作用是奇妙的：一大堆融化了而又凝結了的糖，一下子就變成糖塊，一下子就被包裹起來，一下子又被裝在機器所造成的紙盒裏。過程是那麼迅速，工作是那麼整齊，出品是那麼精美。

全蘇勞動保護科學研究所——勞動保護作了研究的對象，而研究又成了科學，這應當是社會主義國家所獨有的。研究所裏面有各種試驗的設備：燈光怎樣佈置，[1] 空氣怎樣調節，毒氣和灰塵怎樣排除，在帶有危險性的工作中身體怎樣保護——這些都是研究的題目。古比雪夫發電廠是蘇聯最大的發電廠；爲了這個發電廠內外燈光的設備，研究所作了一個仔細的研究，我們看見了根據研究結果而擬定的模型。爲了減低工作崗位的溫度，研究所作了兩種設計：一種是在工作崗位前面裝設一個「水簾」，另一種是在工作崗位上面裝置調節溫度的設備。我們在一個大鍋爐旁邊站立，空氣是悶熱的，然而在工作座位兩三尺的空間裏，却是減低了攝氏十四到十七度的秋涼的溫度。這些研究和設備，對工人的健康的照顧，可謂無微不至。這一切工作的進行，都是根據斯大林同志的一個指示：「人與幹部是最珍貴的資本。」

兒童營——這是一個孤兒院，裏面收容了一百十五個孤兒，他們的父母都在第二次大戰中死亡了。孤兒的命運本來是悲慘的，然而這裏面的孤兒却生活在一個溫暖的春天。他們唱歌，他們跳舞，他們給我們作各種的表演。

上面所說的都是蘇聯人民所進行着的和平建設。在列寧格勒——一個被圍困了九十天的城市，我們已經幾乎完全看不見戰爭的痕跡。蘇聯的人民，尤其是蘇聯的工人，是幸福的：他們沒有被剝削，他們充分地享受了他們勞動的成果。一切爲人民的社會主義的新社會，將把人類帶進一個嶄新的時代裏去。

中蘇人民的友好團結，是世界和平最有力的支柱，是一個不可征服的力量。在聖誕節前夕，在從維也納回到莫斯科的火車上，一位同中國

1　刊於《協進》時，「燈光」作「燭光」。

代表同車的蘇聯代表，跑到我們車廂裏來。他似乎有說不完的話：「一個蘇聯人見了一位中國朋友就有一千個問題要問他。」他告訴我們：「蘇聯人民非常關心新中國的每一個發展。工廠裏的工人，如果知道某一批貨品是中國的定貨，就加倍地工作。《毛澤東選集》第一集俄文版印了三十五萬冊，兩天之內就銷完了。」

在維也納大會中，我們看到了修建列寧・伏爾加—頓河運河的紀錄片。這是一件偉大的工作，是現代工程的一個奇蹟。修建這條運河的蘇聯人民，是不要戰爭的；領導蘇聯人民從事這件工作的蘇維埃政府，也是不要戰爭的。蘇聯人民的和平建設鼓勵了、增加了全世界人民對爭取和平的努力與信心。

3 / 政協全國委員會委員吳耀宗的發言

原刊於《人民日報》，1953 年 2 月 10 日。另以〈中國人民政治協商會議第一屆全國委員會第四次會議上的發言：吳耀宗〉爲題，刊於《大公報》，1953 年 2 月 10 日。後又以〈吳耀宗先生在政協第一屆全國委員會第四次會議上的發言〉爲題，刊於《天風》353–354 期（1953 年 2 月 28 日），頁 1–2。另見〈吳耀宗委員在中國人民政協第一屆全國委員會第四次會議上的發言〉，《協進》，1953 年 2 月，頁 11–12。

主席，各位委員：

我對周恩來副主席的「政治報告」、陳叔通副主席的「會務報告」以及郭沫若副團長「關於世界人民和平大會經過和成就的報告」表示衷心的擁護。全國宗教界人士必將爲這幾個報告所提供的任務的勝利完成而奮鬥。

經過三年多的努力，在毛主席的英明領導下，我們的國家，通過各種偉大的運動，已經基本地掃除了許多革命的障礙，進入大規模建設的時期，這是值得每一個中國人民慶幸的。現在我想把我們在一九五三年所要進行的三個偉大任務同整個世界和平問題聯系起來，發表一點意見。

在過去一年多當中，我曾經兩次出席世界和平理事會，並參加了去年十月在北京舉行的亞洲及太平洋區域和平會議，最近我又同基督教、天主教、佛教、伊斯蘭教幾位代表參加了中國代表團，出席了在維也納舉行的世界人民和平大會。參加這些會議，對我是一個很好的教育，也是一個很大的啓發。如果我能够用一句話來表達這些會議所給我的啓發，

這句話就是：戰爭是可以制止的；人民的覺悟，人民的意志，是決定一切的。

在今天世界幾個地區裡——在朝鮮，在越南，在馬來亞，帝國主義不是正在進行最野蠻的戰爭嗎？戰爭販子們不是整天叫囂着，要把這些戰爭繼續和擴大嗎？除了這些戰爭以外，他們不是經常地製造國際緊張局勢、經常地進行他們的所謂冷戰嗎？帝國主義這些瘋狂的、滅絕人性的行動與計劃是不是能够制止的呢？三年多以來的世界和平運動，給了我們一個愈來愈清楚的回答：能够的。爲甚麼今天世界裡還有許多愛好和平的人認爲戰爭是不可能制止的呢？那就是因爲他們只知道歷史上的野心家們可以隨便發動戰爭，他們不知道今天人民的力量可以制止戰爭；他們只知道原子彈，凝固汽油彈和細菌戰的可怕，他們不知道人民的意志是一個更偉大的力量。他們不知道戰爭要靠人來進行，如果人民不要戰爭，戰爭就無法進行。

在維也納大會裡，出席的代表們一致要求馬上停止朝鮮、越南和馬來亞的戰爭；一致要求締結五大國和平公約。他們的要求，也就是全世界絕大多數人民的要求。殖民地和半殖民地國家的代表們憤怒地控訴了帝國主義侵略者對他們的壓迫與剝削。許多名義上是獨立而實際上已經淪爲美國殖民地的國家，像西歐和拉丁美洲各國，他們的人民也逐漸認識到美國侵略者所帶給他們的災難。這一切都證明了：和平陣營的力量，是愈來愈壯大了；只要人民覺悟了他們被欺騙，被出賣，他們就會聯合起來，制止戰爭，保衛和平。斯大林主席的指示是完全正確的：「如果各國人民把保衛和平的事業担當起來，並且把這一事業堅持到底，和平就能够保持和鞏固。」[2]

中華人民共和國的誕生與發展是保衛世界和平的力量日漸壯大的一個最生動、最有力的例證。過去曾經有許多人把帝國主義、封建主義和

2　刊於《大公報》時，「堅持到底」作「保衛到底」；刊於《天風》時，「如果各國人民把保衛和平的事業担當起來，並且把這一事業堅持到底，和平就能夠保持和鞏固。」作「如果各國人民把保衛和平的事業，掌握在自己的手裏，並堅持到底，和平就得到保障，並將鞏固起來。」

蔣介石匪幫對中國人民的反動統治看得非常可怕，但覺醒了的中國人民却把他們打垮了。[3] 在朝鮮戰爭的初期，也還有人要我們「潔身自好」，「少管閒事」，但兩年多以來的事實却證明中朝人民的力量是一堵不可戰勝的銅牆鐵壁，這堵銅牆鐵壁大大地打擊了帝國主義的侵略野心，嚴重地阻遏了帝國主義的侵略計劃。

在我們一九五三年三個偉大任務中，繼續加強抗美援朝不但保證了我們國家的安全，也保證了保衛世界和平力量的繼續增漲；召開全國的和地方各級的人民代表大會將使已經覺醒了的中國人民更加愛護他們的祖國，更能發揮他們當家作主的力量；進行基本經濟建設將使我們的國家不再是一個經濟落後的國家，而是一個現代化的，能夠爲人民謀取最大福利的國家。把這些任務勝利地完成了就是把新中國放在磐石之上，使帝國主義的陰謀詭計都無法實現，使全世界的和平得到更有力的保障。這一切都完全證明了毛主席的英明指示：「美帝國主義是個紙老虎。」紙老虎是嚇不倒人的；相反的，人民的覺悟，人民的意志，是決定一切的。[4]

值得我們慶幸的是：全國的宗教信徒，由於許多客觀事實有力的啓發，已經逐漸認識了祖國的偉大與可愛，認識了帝國主義窮兇極惡的面目和它對世界和平的威脅，認識了解放了的人民無窮無盡的智慧與力量。基督教和天主教的「三自」革新運動教育了廣大的教徒羣眾，使他們開始從帝國主義的影響中被解放出來，熱烈地參加了各種愛國運動。伊斯蘭教和佛教最近也進行了以愛國愛教爲宗旨的全國性組織。在宗教信仰自由的政策下，在人民政府積極的領導與協助下，這些宗教都向着新生

3　刊於《天風》時，本段首行「中華人民共和國的誕生與發展是保衛世界和平的力量日漸壯大的一個最生動、最有力的例證。過去曾經有許多人把帝國主義、封建主義和蔣介石匪幫對中國人民的反動統治看得非常可怕⋯⋯」作「中華人民共和國的誕生與發展是保衛世界和平一個最生動、最有力的例證。過去曾經有許多人把帝國主義和反動統治看得非常可怕⋯⋯」。

4　刊於《天風》時，本段末三行「這一切都完全證明了毛主席的英明指示：『美帝國主義是個紙老虎。』紙老虎是嚇不倒人的；相反的，人民的覺悟，人民的意志，是決定一切的。」作「這一切都完全證明了毛主席所英明指出的：美帝國主義是一隻紙老虎，紙老虎是嚇不倒人的。人民的覺悟，人民的意志，是決定一切的。」

的道路前進。帝國主義利用宗教在我國進行侵略的時代是過去了；中國的宗教不再是帝國主義的工具，而是一個保衛和平的力量。帝國主義關於新中國各個宗教情況的污衊宣傳，也將在鐵一般的事實面前完全破產。為了這些值得欣慰的發展，我們不能不衷心地感激毛主席和中國共產黨的領導。為了表示我們的感激，我們願以最大的力量來參加新中國建設及保衛世界和平的一切工作。

4 / 全國基督徒同道沉痛哀悼偉大的斯大林主席

原刊於《天風》356 期（1953 年 3 月 16 日），另以〈痛悼斯大林主席〉爲題，刊於《田家》 1953 年 7 期（4 月），頁 34。

當我聽到斯大林主席在三月五日晚上九時五十分逝世的消息的時候，我的心頭便像被一塊大石頭壓住，只感到沉重和迷惘，却不知道對這震動全世界的事件，應當作什麼感想。在這以前的一天多當中，我是不斷地希望着奇蹟的發生，希望斯大林主席嚴重的病情還能够好轉，但是，現在這個晴天霹靂的消息，却終於來到了。全世界進步人民對這一位震古鑠今的人物的哀悼是不能拿言語來形容的；他的不朽的功業和偉大的人格將永遠鏤刻在他們的心裏。在世界轉變最嚴重的關頭中，他拯救了人類，改變了歷史的途程，建立了一個從來未曾有過的、完全爲人民謀幸福的國家，爲世界和平奠定了永不動搖的基礎。全世界人民將永遠感激他，永遠遵循着他爲我們所已經開闢的光明的道路前進。

斯大林主席的逝世對全世界是一個不可估量的損失。我們應當提高警惕，在毛主席和中國共產黨的領導下，與蘇聯人民及全世界愛好和平的人民更緊密地團結起來，爲保衞世界和平事業奮鬥到底，使帝國主義任何破壞和平的陰謀，都無法實現。

中國基督教的三自革新運動，同斯大林主席對全世界進步力量的領導與影響是分不開的。如果沒有一個强大的蘇聯。〔，〕如果沒有蘇聯人民的幫助，中國的革命是不可能成功的。如果中國沒有解放，基督教

的三自革新運動也是不可能進行的。這一切都只有在斯大林主席卓越的、天才的領導與影響下才能變成事實。因此，爲了表示我們對斯大林主席逝世的哀悼，爲了表示我們對他的感激，我們應當更忠誠地把三自革新的任務擔負起來，使這個運動對新中國的建設和保衞世界和平事業，都能有它的貢獻。

一九五三年三月六日下午三時

5 / 哀悼世界和平民主事業的卓越戰士 哥特瓦爾德總統

原刊於《天風》357 期（1953 年 3 月 23 日），頁 6。

捷克斯洛伐克共和國總統、捷克斯洛伐克共產黨主席哥特瓦爾德的逝世，是世界和平民主事業的一個鉅大的損失，我謹代表中國的基督徒向捷克斯洛伐克的人民和基督徒表示沉痛的悼念。

一九四九年四月，我隨中國代表團到了捷克斯洛伐克的首都布拉格，準備轉往巴黎，出席在那裏舉行的第一次世界和平大會。懼怕和平運動的法國政府，指使法國駐布拉格使館，對當時在布拉格的中國代表和其他各國代表拒絕簽證。但是，在二十四小時之內，根據各代表團負責人與捷克斯洛伐克和平領袖的提議，巴黎大會籌備處便馬上決定這一個劃時代的大會在巴黎和布拉格同時舉行。僅僅經過兩天的籌備，大會便在捷克斯洛伐克共和國議會的大廳裏開幕了。這是一個團結、熱烈、充滿朝氣的大會。這一個大會的成功，使得巴黎大會主席的約里奧·居里教授高興地說：「眞理隨處通用，不需簽證。」這一個事件的回憶，使我想到哥特瓦爾德總統對和平運動的關懷與幫助。——沒有他的幫助，這一個和平大會是不可能在布拉格舉行的。

在世界和平大會開會期中，捷克斯洛伐克人民對各國的代表的熱烈歡迎，是到處都可以看見的。捷克斯洛伐克當時還是在經濟恢復時期，食品供應還受着配給制的限制，但我們在旅館裏的飲食卻是非常豐富的。

捷克斯洛伐克人民對和平事業的熱烈擁護，是同哥特瓦爾德總統的領導分不開的。

在反對法西斯匪徒、爭取祖國自由解放的戰爭期中，在哥特瓦爾德的領導下，捷克斯洛伐克共產黨和捷克斯洛伐克各族人民進行了英勇的解放鬥爭。捷克斯洛伐克共產黨優秀的黨員尤利斯‧伏契克的地下鬥爭和他最後的犧牲，是這個鬥爭的歷史中動人的一頁。他的「紋刑架下的報告」深深地感動了我，這部書最後的一句話是：「人們，我愛你們，你們要警惕！」去年我又讀了同樣使我感動的方志敏的「可愛的中國」。他們二人的事蹟，他們的勇敢，他們的鎮定，他們的至高無上的革命樂觀主義，他們為人民事業的壯烈犧牲，是多麼地相像。

捷克斯洛伐克今天所以能夠成為世界和平運動中一股堅強的力量，是同捷克斯洛伐克人民鬥爭的歷史分不開的，是同哥特瓦爾德總統的領導分不開的。

我僅到過捷克斯洛伐克一次，但我愛捷克斯洛伐克的國土。我看見過像錦繡一樣的捷克斯洛伐克春天的原野。我也愛捷克斯洛伐克勤勞勇敢的人民。在這悲痛的日子裏，我相信他們必能繼承哥特瓦爾德的遺志，不斷地增強捷克斯洛伐克共和國的力量，與以蘇聯為首的世界和平民主陣營更緊密地團結起來，為世界和平民主事業貢獻出更大的力量。

哥特瓦爾德總統永垂不朽。

6 / 爲制止細菌戰給美國基督教徒的一封公開信

原刊於《人民日報》，1953 年 3 月 23 日。另《天風》359–360 期（1953 年 4 月 6 日），頁 8；《協進》1953 年 4 月，頁 34。本文是以世界和平理事會理事身分發表。

親愛的美國基督教同道們：

　　我受了良心的驅使，也就是受了我的基督教信仰的驅使，不得不給你們寫這封信。很可能地，你們只有極少數的人能够看到這封信，並且，當你們看到這封信的時候，就會有人告訴你們：「這是宣傳，不要相信它。」但是，正因爲這樣，我更加要給你們寫信，因爲，作爲一個基督徒，我有責任把我所知道的有關全世界人民幸福的事實告訴你們。

　　美國軍隊在朝鮮和中國領土進行細菌戰這個消息，我想你們早已聽到了。這是一個震動全世界的消息。許多受了蒙蔽的善良的人們聽到這個消息就愕然地說：「這是不可能的；像美國這樣一個文明的國家進行慘無人道的細菌戰，這是不能想像的。」然而，這些善良的人們所認爲不可能的事，現在却已成爲鐵一般的事實了。美國軍隊，奉了華盛頓的指示，從一九五一年十一月就開始以試驗性質在朝鮮和中國東北進行着細菌的撒佈；到了一九五二用五月，細菌戰就變成美國空軍正規作戰行動一部分。這一個滅絕人性的罪行，經過各種國際調查團體，特別是由六個國家的世界聞名的科學家們所組成的國際科學委員會在現場的調查，已經得到絕對精確的證明。除了這些團體之外，還有許多個別的人，包

括英國約翰遜敎長和加拿大文幼章博士這樣世界的知名的基督敎人士，
都在經過仔細的研究調查以後，完全肯定了美國軍隊這一滔天罪行。北
京公理會王梓仲牧師也在我國東北曾受侵襲的地區目覩美國進行細菌戰
的罪證。我自己沒有參加過調查，但却看過了羅列許多無可置辯的事實
的細菌戰展覽會。包括在這個展覽會的資料裡面的有美國兩個空軍俘虜
──奎恩中尉和伊納克中尉──親筆寫的供詞和這些供詞的錄音。這一
大堆材料是憑空製造出來的麼？那些頭腦清楚，人格無可訾議的國際知
名人士是受了什麼人的欺騙或是違背了他們的良心，去作假的見證麼？
我想，一個沒有成見的人，尤其是一個願意追求眞理的基督徒，是絕對
不能這樣相信的。耶穌說：「掩蓋的事，沒有不露出來的；隱藏的事，
沒有不被人知道的。」（馬太十章二十五節）關於細菌戰的事實，就是
這一句話最好的證明。

在上述那一大堆顚撲不破的材料以外，我們最近又看到其他兩個俘
虜──美國海軍陸戰隊第一空軍聯隊參謀長上校威布爾和軍械官少校布
萊的供詞。他們的供詞證明美國政府最高軍事機關──參謀長聯席會議
早在一九五一年即已製定了在朝鮮大規模進行細菌戰的計劃，並於同年
十月自華盛頓發出指示，由美國遠東司令部當時的總司令李奇微予以執
行。這些證件的公佈使美國當局任何狡辯與抵賴都無法自圓其說。在許
威布爾的供詞中，有段特別值得你們注意。他徵引了當時上級所給他的
一個指示：「更重要的是避免使我們自己的人知道，而不是對敵人隱蔽
事實，」因爲自從「進行了細菌戰以來，許多駕駛員已成爲戰俘；因此，
到現在敵人一定已經知道使用了細菌戰。」這幾句話對你們應當是一個
極大的啓發。你們的政府要欺騙你們，因爲祇有在美國人民被蒙蔽的情
況下，他們才能使美國人民擁護侵略戰爭的計劃，忍受這個計劃所加給
他們的重擔，使一小撮億萬富翁獲得最大的利潤。

美國當局不但矢口否認他們的罪行，並且繼續在朝鮮和我國東北更
加廣泛地撒佈細菌，至今沒有絲毫收歛的跡象。

親愛的美國基督敎同道們，在這樣一個嚴重的事實面前，我們能够
緘默麼？美國是經常地被稱爲基督敎的國家；但你們的政府却用細菌來

屠殺和平居民。人類的死敵是災荒與疾病；幾千年來世界無數善良智慧的人民，爲了防止災荒與疾病，曾經絞盡了他們的心血。他們的每一個發明，每一個成就，都被廣大的人民歌頌着，紀念着。爲了這個原因，一九二五年由四十二個國家在日內瓦簽訂的議定書曾經明白規定禁止細菌武器的使用。但是，人類用盡了心力還來不及完全防止的災害，你們的政府却企圖在細菌戰中主動地、有計劃地、滅絕人性地帶給千千萬萬無辜的人民。這一個違反人類本性的罪行是人類的良心所絕對不能容許的，更是基督徒的良心所絕對不能容許的。許威布爾在他的供詞中說：「每一個軍官在第一次聽說美國正在朝鮮使用細菌戰時，都是既震驚又羞慚。」

爲此，我要向你們呼籲：我要請你們將你們政府在朝鮮和中國進行細菌戰的事實向廣大的美國人民宣傳，並爲這件事提出嚴厲的抗議；我要請你們要求你們的政府將它所已經簽字的一九二五年日內瓦議定書迅速批准，並嚴格執行。爲了使人類免於細菌戰的威脅，全世界的基督徒都有責任使進行細菌戰的罪犯，受到正義的裁判。我希望美國的同道們，能首先擔負起這一神聖的任務。

願美國的基督徒和中國的基督徒共同追求並實現耶穌的教訓：「你們必曉得眞理，眞理必叫你們得以自由。」（約翰八章三十二節）

7 / 向着光明的前途邁進

原刊於《同工》新 1 期（1953 年 5 月），頁 2–3。

解放後的新中國，在短短的三年多當中，在毛主席和中國共產黨英明的領導下，呈現了欣欣向榮的景象。我們不但戰勝了國內外的敵人；我們不但醫治了反動統治所遺留下來的瘡傷，我們並且已經開始向着大規模經濟建設的道路前進。全國人民代表大會的召開，將進一步鞏固我們人民民主國家的制度，使我們眞實地做了我們自己國家的主人。

在新中國裏面，人民既然是主人，一切爲人民服務的事業，都有它的地位；一切爲人民服務的事業，都將爲人民所支持。一般人民團體的服務事業是這樣，基督教團體的服務事業也應當是這樣。

在過去基督教團體所舉辦的社會事業中，教育事業由於教育與宗教分離的原則，已經沒有繼續的必要；醫藥救濟事業，因爲關係全體人民的福利，應當由政府統籌指導，也不需要宗教團體單獨舉辦。基督教青年會也是基督教社會事業的一種，但它的性質却與上述兩種事業不同，在人民的新中國裏，仍然有存在的必要，也仍然有發展的可能。

在解放前，社會一般人士和青年會的工作人員都認爲青年會的工作，對中國社會的發展，有相當的貢獻。但從一九五〇年基督教三自革新運動發動以後，尤其是在一九五一年中央人民政府政務院文化教育委員會所召集的「處理接受美國津貼的基督教團體會議」以後，我們開始有了一個新的認識，認識到帝國主義利用基督教在中國進行侵略的事實。帝

國主義特別是美帝國主義，利用了基督教教會和基督教團體。帝國主義也利用了青年會。帝國主義利用青年會，主要是通過改良主義的方式。所謂改良主義，就是裝飾門面，做些枝節的福利工作，藉以麻醉人民，緩和革命意識，阻礙社會問題的徹底解決。這就是過去基督教青年會工作的本質。儘管大多數青年會工作人員和支持青年會事業的社會人士主觀上是爲社會服務，從今天的新觀點看來，他們都不自覺地被帝國主義所利用，給人民革命事業增加了或多或少的困難。

　　基督教三自革新運動給中國的基督教帶來了新生命。三自革新運動要我們割斷基督教與帝國主義的關係，肅清帝國主義在基督教內的影響，建立自治、自養、自傳的教會，發展中國基督徒自己的基督教事業。從青年會工作的觀點來說，三自革新就是站在人民立場，發揮基督教愛人救世的基本精神，忠誠地爲人民服務，特別是爲基督教青年及基督教同道服務。青年會對基督教三自革新運動負有一定的責任。它應當將三自革新的精神貫徹到它的工作裏去；它應當積極參加與三自革新有關的活動；它也應當與教會在一起推動基督教全面的三自革新工作。

　　青年會過去的工作是包羅萬象的。雖然它的主要工作對象是舊社會的中上層階級，但它的工作範圍卻包括了若干下層羣眾。至於工作種類，則不限於青年會所一貫提倡的「德、智、體、羣」，也包括了任何爲社會所需要、而青年會能夠勝任的工作。今天的情勢卻不同了：許多沒有組織的羣眾已經組織起來；許多沒有人過問的工作已經得到政府或其他人民團體的主持和領導。從這一個觀點看來，青年會的工作範圍和對象，是應當有所改變的；但是，這並不等於說，青年會已經沒有可做的事。恰恰相反，青年會還有許多可以做、應當做、值得做的事。首先，青年會應當顧名思義，爲基督教青年和其他基督教人士服務。其次，青年會可以爲過去和現在曾與青年會有過接觸、或受過青年會影響的人服務。再其次，青年會可以爲任何需要青年會服務的人服務。在這個範圍內，任何符合政府政策、符合基督教教義，爲青年會能力所及的工作，青年會都可以去做。這樣看來，青年會的工作園地，還是一個相當廣闊的園地。我們所怕的不是我們無事可做，而是我們沒有具備爲人民服務的條件。

什麼是我們爲人民服務的條件呢？經濟固然是一個條件（現在有不少青年會感到經濟的困難），但是經濟不是一個主要的條件。青年會已經割斷與帝國主義的關係，由於社會基礎的改變，青年會也不可能完全靠過去募捐的方式來維持它的經濟。但如果青年會的工作有了新的方向和開展，它的經濟也必然會有新的來源。人力也是一個重要的條件。今天全國青年會的工作人員減少了，招聘新的工作人員也不很容易。但人力問題不是量的問題，而是質的問題。就以今日的人數而論，全國青年會也還有各級工作人員三九三人，這不算是一個小的數目。但在質的方面，我們就不敢自信了。雖然在解放後許多青年會工作人員不斷地同社會的新事物接觸，也在艱苦的條件下開展了一些很有意義的工作；雖然有許多工作人員熱烈地參加了地方的和全國的三自革新運動，但一般地說來，我們對新中國的本質和青年會今後的方針任務，還沒有一個深刻的認識；我們的思想、我們的作風，還沒有經過一番較徹底較有系統的改造；在我們當中，還存在着嚴重的個人主義、自由主義、事務主義；在我們當中，可能還殘存着不少親美崇美和留戀舊社會舊制度的思想。

我們的前途是光明的，我們還有許多可以做的工作，我們也必將得到人民精神上和物質上的支持。但是，我們必須徹底掃除帝國主義對我們的影響；我們必須在不斷的學習中改正我們的錯誤，開闢我們新的途徑；我們的主要工作人員對個人的宗教修養必須更加重視，並把愛國愛教更好地結合起來。

青年會全國協會的同工，從一九五二年二月開始，作了有系統的學習和思想作風檢查的工作，在組織上作了若干的調整，經過整整一年，到今年二月才告結束。這是一件非常艱苦的工作；但我們在這件工作中獲得了深刻的教訓，獲得了對我們自己、對我們工作的初步的較正確的認識。在過去這一年多當中，協會一切經常工作幾乎都告停頓。在這時期中，我們不能對各城市青年會保持經常的聯系，予以工作上和精神上應有的協助，感到非常不安；但我們認爲協會同工進行這一件必要的工作，是爲全國青年會的革新舖平了道路。我們相信，今後的青年會全國協會必能更好地爲全國的青年會服務。

　　讓我們爲我們所已經看見的新的遠象而歡呼；讓我們向着光明的前途邁進！

一九五三・四・十。

編者按：這篇文章對目前青年會問題，僅提供了一些原則性、輪廓性的意見。原文曾在本年四月初協會同工進修會中討論過，並由作者根據大家的意見做了適當的修改。作者希望全國青年會同工對這篇文章展開討論，對它的內容提出意見，並根據地方情況，對文內概括地發表的意見，加以具體的說明。此外還得要請各地同工將討論的結果扼要寫出，寄給本刊。

8 / 朝鮮停戰的意義

原刊於《天風》375 期（1953 年 8 月 3 日），頁 1。

　　朝鮮停戰協定的簽字，給全世界愛好和平的人民以最大的鼓舞。三年來，全世界人民尤其是許多母親們、妻子們心頭上的重擔，已經因這個協定的簽字而消除了。這是朝中人民抵抗侵略的一個巨大的勝利，是以蘇聯為首的全世界日益增漲的和平民主力量的一個巨大勝利。這一個勝利的歷史意義，我們在短時期間不容易全面地、深刻地了解。無疑地，它對今後世界局勢的演變將發生重要的影響，這個影響將更有利於世界一切和平事業的發展。為了朝鮮停戰的這個勝利，我們要向三年來在朝鮮戰場上流血犧牲的朝鮮人民、朝鮮人民軍和中國人民志願軍致最崇高的敬禮。他們為世界和平運動建立了一個重要的里程碑；特別是中國人民志願軍英勇的事蹟，它是中國人民一個最生動、最有力的愛國主義的形象化教育，我們將永遠紀念他們、永遠感激他們。

　　在過去四年多當中，我參加過好幾次世界和平會議。在每次會議中，我都看見武力侵略政策愈來愈遭受到廣大人民的反對，不但遭受帝國主義以外國家人民的反對，也遭受帝國主義國家內的人民反對。這就使得好戰份子愈來愈孤立、愈來愈感到眾叛親離的苦悶。無論他們怎樣狂妄，怎樣叫囂，他們也不得不在這個現實情況下低頭，不得不修改他們的侵略計劃。朝鮮停戰協定的簽字，更堅定了我們「和平必能戰勝戰爭」的信念。不久以前，在布達佩斯舉行的世界和平理事會會議，向全世界人

民發出了一個爭取以協商方法來解決一切國際爭端的號召。在朝鮮停戰協定簽字的勝利基礎上，我們要與全世界愛好和平的人民站在一起，進一步展開爭取和平的鬥爭，使國際間一切爭端，都能以協商方式解決，使武力侵略政策，變成愈來愈不可能。

朝鮮停戰協定的簽定只是和平解決朝鮮問題的初步。好戰份子對朝鮮停戰是不甘心的，因爲和平對他們是不利的。停戰協定是否將遭受好戰份子的破壞，還待事實證明。我們必須爲此提高警惕，並爲停戰協定的徹底實施而奮鬥，爲進一步和平解決朝鮮問題而奮鬥。

從基督徒的方面來說，我相信朝鮮停戰協定的簽字將給予我們一個很大的啓發，它將使我們更清楚地認識和平民主力量的強大和武力侵略政策的必然失敗，更清楚地認識祖國的偉大可愛與無限光明的前途，因而更堅定了我們對基督教反帝愛國的三自革新運動必須進行與必能勝利完成的信念，這都是值得我們欣慰的。

最後，朝鮮人民三年來遭受了空前的破壞，作了最大的犧牲，中國人民對朝鮮人民戰後建設工作，負有道義上的責任。我們基督教必將和全國人民在一起，以最大的力量來響應一切支援朝鮮人民的號召。

9 / 吳耀宗先生在「上海市基督教教會 團體工作人員座談會上的發言」

原刊於《天風》375 期（1953 年 8 月 3 日），頁 4–5。後以〈宗教政策與三自革新〉為題，摘錄於重慶市基督教三自革新運動委員會編：《會訊》6 期（1953 年 9 月 15 日）。《會訊》刪去部分，以**粗體**標出。另《會訊》於文末附有編者按：「編者按：本文係吳耀宗先生在『上海市基督教教會團體工作人員座談會』上發言的摘錄，題目係編者所加。」

我完全同意並擁護羅竹風處長所作的關於上海市人民政府取締反動會道門及逮捕利用天主教進行陰謀破壞活動的帝國主義分子的報告。政府對這些案件的處理不但符合信徒群眾的利益，也符合廣大人民的利益。為了時間的限制，我只想對一個題目，簡短地發表一些意見，這個題目就是「宗教政策與三自革新」。

三年多以來，我同中央和地方人民政府，有過不少的接觸；根據我的體驗，政府對宗教信仰自由政策的貫徹，不但抱有完全的誠意，也抱有最大的決心。但宗教信仰自由政策的貫徹，不是一件片面的事，而是一件需要宗教界人士與政府合作，雙方共同努力的事。

宗教信仰自由，對基督徒來說，是非常寶貴的。兩千年來，基督徒為了保衛信仰自由，曾經作了許多鬥爭，也流過不少的血。但今天在新中國的人民政府下，我們並不需要爭取，便獲得了宗教信仰的自由。這一個事實是值得我們重視的。因此，我們對已經獲得的宗教信仰自由，就應當加倍愛護，而不應當把它濫用，或把它當作「防空洞」、「擋箭牌」。

　　《共同綱領》是不能分割的。共同綱領第五條規定了宗教信仰的自由權，但第七條又規定：一切反革命和勾結帝國主義、背叛祖國、反對人民民主事業的活動和從事這些活動者的鎮壓與懲罰。這兩個規定是緊密地互相聯系着的。一九五三年七月十六日《人民日報》關於「肅清潛藏在天主教內的帝國主義分子」的社論說得很清楚：「人民政府決不因爲保護宗教信仰自由而容忍帝國主義及其走狗的反革命活動；人民政府也決不因爲要清除天主教內的帝國主義分子及其走狗而干涉宗教信仰自由。」對天主教是這樣，對基督教也是這樣。

　　羅處長在報告中指出：在上海基督教內存在着的混亂現象，如：在講道中曲解聖經，替帝國主義宣傳；以祈禱治病爲名，騙取金錢，阻止病人就醫，致人於死；藉家庭聚會爲掩護，發表危害國家的言論等。這一類的活動都超出了宗教信仰範圍，影響到社會的安全與利益，無論從動機或結果來說，對人民沒有好處，對基督教也沒有好處。羅處長說：這些活動應加以管理干涉，我完全同意，因爲所要管理干涉的，不是宗教信仰，而是反人民的活動。

　　也許有人說：什麼是在宗教範圍之內，什麼是超出宗教範圍之外，這個界綫豈不是很難劃分嗎？我認爲不是這樣的；我們所反對的不是宗教信仰或宗教活動，而只是在宗教的名義下所進行的違反人民利益的活動。如果我們根據共同綱領的精神，對這個問題展開討論，並進行批評與自我批評，我相信任何一個事件的眞象，一定會很容易被我們發見出來的，因爲眞與假、是與非是不可能長久被混淆起來的。

　　從這裏我就可以說到三自革新運動的本身。這個運動已經有三年的歷史了。主持這個運動的基督教同道們對這樣的一個運動是完全沒有經驗的，並且每一個基督徒都或多或少地受過帝國主義的影響，因此，三自革新運動雖然得到政府很好的領導，在工作上也難免有錯誤或不夠的地方。但有兩點是必須肯定的：第一、三自革新的方向是正確的，沒有三自革新，中國的基督教就不能脫離帝國主義的控制與影響。第二、三自革新運動在過去三年中的成績也是必須肯定的。一方面三自革新運動使廣大的信徒認識了帝國主義利用基督教進行侵略的事實，因而發生了

純潔教會的作用；另一方面，三自革新運動使信徒們認識了祖國的偉大可愛，因而使信徒與教外廣大人民更能打成一片，爲建設新中國而共同努力。三自革新運動的這個成績，不但使覺醒了的基督徒獲得了新生命和新力量，也使教外人士對基督教觀感一新。我們不應當忘記：每一個基督徒都揹了一個歷史的包袱，這個包袱就是帝國主義百餘年來利用基督教的事實。如果到今天，還有一些教外人士對我們抱有成見，這並不是奇怪的。三自革新運動就是幫我們丟掉這個包袱。

什麼是三自革新呢？「自治」、「自養」、「自傳」，是不是把外國人換成中國人就完了呢？不是的。如果單單換了人，而方向沒有改變，即使中國人來領導中國教會，他們豈不還是帝國主義的代理人嗎？[5] 因此，「三自」的關鍵必須是割斷帝國主義的關係，肅清帝國主義的影響。根據這個解釋，我們就可以得到兩個結論：

第一、三自革新運動不干涉任何人的宗教信仰。但是，它却要幫助信徒們更正確地、更深刻地體會耶穌基督的教訓，更有力地發揮他的愛人救世的精神。

第二、三自革新運動對於基督教內違反人民利益的活動，態度是明確的，例如：假借基督教的名義來欺騙羣衆，謀求個人的利益，或直接地、間接地替帝國主義服務。三自革新運動對這些活動不但堅決反對，也要不斷地揭發和批評、並在必要的時候，協助政府加以管理和干涉，因爲這些活動不是宗教信仰範圍以內的事，而是超出這個範圍以外的事。

最後，我們應當了解，三自革新運動不是某些人的事，不是某一宗派的事，而是從帝國主義影響下覺醒了的全體信徒的事。因此，每一個信徒，對三自革新運動都不應當採取袖手旁觀或吹毛求疵的態度。三自革新運動必須得到全體信徒的擁護與合作，才能勝利地完成它的任務。

5　刊於《會訊》時，「帝國主義的代理人」作「帝國主義代理的人」。

10 / 浙閩訪問的幾點感想

原刊於《天風》377–378 期（1953 年 8 月 21 日），頁 5。

　　這次到浙閩訪問，對我是一件愉快的事。由於時間不易控制，參加一個有計劃的訪問，對我本來是非常困難的，然而這一次却能順利地完成任務，這是出乎意料之外的。在每一個地方都有機會同廣大的教徒羣衆接觸，也有機會同少數同道作深刻的談話；每一個地方有關部門的首長都熱誠地招待我們：給我們提供了許多寶貴的資料和意見，也給我們許多工作上的便利，這一切都使得我們在一個月零幾天的訪問中，不但沒有感覺到絲毫的困難，並且感覺到我們是在新中國一個和諧的大家庭中生活着。

　　三年來的三自革新運動對全國的基督徒起了不能否認的巨大作用。中國基督教一個劃時代的發展，正在每一個基督徒面前開展着；儘管許多基督徒對三自革新的認識，對反帝愛國的認識，還不夠深刻，儘管許多關於自治、自養、自傳的問題還沒有得到很好的解決，這一個歷史性的革新運動正隨着新中國建設的進展而進展；因此，它目前還存在着的問題只是運動發展中的問題，在一定的時期內，是必定能夠逐漸獲得解決的。

　　新中國的宗教政策是帝國主義所最愛好的一個造謠污衊的題目。我們從這一次浙閩訪問中所得到的最深刻的印象，就是各地人民政府對宗教信仰自由政策的重視。在千頭萬緒的建設任務中，爲了貫徹這個政策，

他們作了巨大的、不斷的努力；爲了更好地執行這個政策，他們虛心地、誠懇地接受信徒方面的意見。浙閩兩省，地處國防前線，宗教問題的處理，不是一件簡單的事，然而這兩省還存在着的一些地方教會問題，都逐漸獲得解決。貫徹宗教政策，不只是政府的事，也是我們基督徒的事；我們必須更全面地體會共同綱領的精神，更徹底地肅清帝國主義在我們思想上的影響，更忠誠地爲三自革新的教會而努力，這樣，我們就是協助政府，爲貫徹宗教信仰自由政策，造成必要的條件。

帝國主義影響下的教會是不團結的教會。宗派間門戶之見，教友間的散漫，教牧人員間的紛爭，這都是帝國主義所提倡的個人主義和它對殖民地、半殖民地所採取的「分而治之」的政策所造成的。今天，在三自革新的旗幟下，在反帝愛國的認識中，這些缺點正在逐步地被克服。大家都開始認識：只有在愛國愛教互相結合的號召下團結起來，才能粉碎帝國主義繼續利用基督教來進行侵略的陰謀，才能眞正地復興中國的教會。相反的，站在反人民的立場，以宗教的口號爲掩護，分裂教會，反對三自革新，這都是直接地、間接地替帝國主義服務，爲覺醒了的中國信徒和廣大的中國人民所不能容許的。

最後，這次浙閩訪問更使我感覺到祖國河山的可愛。在赴閩途中，我們越過贛閩交界和福建境內的崇山峻嶺。從上饒到南平的公路，完全是在山嶺中修建的。沿路風景的雄奇美麗，使我們覺得是在畫圖中行走。最使我感到興趣的，是閩江的全部面貌——從分水嶺的發源地，一點一滴地匯合，成爲溪澗、成爲小河，終於在千山萬壑的夾峙中，成爲寬闊的閩江。在武彝山下的崇安，我們還嘗到有名的武彝茶。這樣秀麗的河山，是值得我們用盡全副力量來愛護和保衛的。

11 / 悼念陳已生先生

原刊於《天風》377-378 期（1953 年 8 月 21 日），頁 15。

　　陳已生先生的事業和成就是多方面的；在我所認識的朋友當中，交遊很廣而又爲各界人士所喜愛的，已生先生就是其中的一位。關於已生先生的生平，報紙上已有扼要的敍述（見另文），我謹就基督敎界方面做幾點補充。

　　我認識已生先生是在三十多年前，當他任鄭州基督敎青年會總幹事的時候。雖然在這以後，他就離開了基督敎的崗位，他却一直同基督敎保持密切的聯系，尤其是在解放以後。他是中華聖公會總議會常務委員兼會計，中華聖公會江蘇敎區常務委員；上海聖公會救主堂堂董會主席；上海基督敎青年會董事長；中華基督敎青年會全國協會董事；廣學會董事和《天風週刊》執行委員。單單從這些關係來看，我們就可以曉得已生先生同基督敎的關係是怎樣的密切。並且，已生先生參加這些基督敎組織，不是掛名的，而是實際負責的；他常常在百忙中出席會議。已生先生雖然沒有直接參加基督敎三自革新運動，但他却給了我們很多精神上和實際上的幫忙與鼓勵，尤其是在他自己所參加的聖公會工作的崗位上。從已生先生多年來所從事的革命事業來看，他是熱愛祖國的；從已生先生與基督敎的關係來看，他又是愛護敎會的。今天基督敎三自革新運動提倡愛國與愛敎相結合，已生先生就是實行了愛國與愛敎相結合的一個典型人物，值得我們欽佩與學習。

關於已生先生待人接物的態度，我也要說幾句話。我每逢同他見面，總是感到親切與溫暖。他是非常關心朋友們的一切的：朋友們的生活、思想和困難都常常在他惦念之中。他總是熱忱地幫忙別人的；只要他認為是正確合理的，他對朋友，甚至對一個生疏的人，都是「有求必應」的。已生先生的一生，是刻苦奮鬥的一生；而同時已生先生又表現了基督教愛人服務的最真摯的精神。

今天，解放後的新中國正在大力開始進行建設，已生先生應當是這個建設隊伍中一個重要的成員；基督教也正向着反帝愛國的三自革新的道路上邁進，我們還需要已生先生的鼓勵與指導。已生先生的逝世，無論從國家方面來說，或是從基督教方面來說，都是一個重大的損失。我們在對他致以深切的哀悼的時候，還應當效法他的為人民服務的榜樣，對國家建設事業、對基督教的三自革新貢獻我們最大的力量。

12 / 記上海市基督教工作人員
三自革新學習班開學

原刊於《上海市基督教工作人員三自革新學習班學習簡報》1 期，
另《天風》期 379（1953 年 8 月 31 日），頁 2。現據《天風》版。

　　上海市基督教工作人員三自革新學習班開學了，這是上海基督教界
的一件大事，也是中國基督教三自革新運動的一件大事，學習班的目的
是「通過反帝愛國的學習在思想上劃清敵我界線，爲進一步開展上海的
基督教三目革新工作做好準備」。上海是過去帝國主義利用基督教來進
行侵略中國的大本營，直到現在，帝國主義還是不斷地企圖利用宗教來
毒害中國的信徒，來危害我們國家。爲了這個原故，上海的基督教同道
們，特別是參加學習班的學員們，必須以最大努力，來肅清帝國主義的
思想毒素，建立熱愛祖國爲人民服務的思想，爲上海的三自革新運動建
立一個更堅強的基礎。

　　這一次學習班得到學員們的踴躍參加，得到各有關教會和基督教機
關的充分合作，也得到人民政府的大力支持，它的成功是可以預定的。

　　努力學習，是每一個中國人民的光榮任務，也是每一個愛國愛教的
基督徒的光榮任務；「你們必曉得眞理，眞理必叫你們得以自由，」這
是耶穌的教訓，是我們在學習中所應當深刻地體會的道理。

13 / Book Review: "Five Stars Over China"

Originally published in *People's China* 23 (December 1, 1953): 32–34. The reviewer, Wu Yao-tsung, is a prominent Christian leader and Director of Publications of the National Association of the Y.M.C.A.

The pens of western propagandists have tried to make out that New China is a riddle. They have tried to obscure by a smoke-screen of cheap journalism the story of her liberation and the speed with which she has put her own house in order. The truth, however, is stronger than all cynical fictions. It cannot be obscured.

There are many who have visited New China since 1949 and numerous books have appeared reporting these visitors' observations. But I believe Mary Austin Endicott's book *Five Star Over China*[6] is a special success not only because of the author's penetrating insight and entertaining style, but also because of her peculiar fitness to deal with her subject.

Mary Austin Endicott lived in China with her husband, James G. Endicott, as missionaries for twenty-two years and they were both invited to visit New China in the winter of 1952. The volume under review grew out not only from experiences on their recent trip but also from a deep understanding of the life of the Chinese people, of their pains and struggles, of their loves and hates which came from intimate contacts with them through the course of eventful years.

The purpose of the Endicotts' visit to New China is described by the author as follows:

---

6   *Five Stars Over China*, by Mary Austin Endicott, published by the author, Toronto, Canada, 1953. 464 pp.

We wanted to discover the meaning of the terms "People's Government of China" as used in the East, and "The Communist Government in China" as Westerners loosely speak of it. We want to be able to give through personal experience the answers to the questions: Is China really being transformed, and how?

The book ably fulfils this purpose.

To the Endicotts a visit to New China is not merely a new experience, it is a sharp contrast between the new and the old China. Everything they saw after they landed on the airfield in Peking convinced the author that New China is not only new, but truly a people's China.

But how is China being transformed? The author found neither an "iron curtain" nor a "bamboo" one, but instead, great movements sweeping over the country and uplifting, slowly but surely, not only the social and material status of China's teeming millions, but also their moral and spiritual standards.

"Land to the Tiller" describes New China's land reform, in which 80 per cent of China's rural population, who had nothing or almost nothing, have been given land and freed from the landlords who had oppressed and exploited them for thousands of years. The Huai River Project establishes flood control, banishes famine and makes the river a blessing instead of a menace to the millions who live in that area. The nation-wide clean-up campaign brings great improvements in public tidiness and cleanliness such as was never known in old China. The *san fan* movement[7] is the spiritual parallel to the clean-up campaign and aims at the eradication of evils which forever plagued the old regime. The *wu fan* movement[8] puts a check to the reckless profiteering of private business and makes it serve the people.

The author thus sums up what they saw of China in reconstruction:

7　*San fan* means the nation-wide "three-anti movement" to wipe out corruption, waste and bureaucratism.

8　*Wu fan* means the "five-anti movement" among business circles against bribery of government personnel, tax evasion, theft of state property, cheating on government contracts and stealing economic information for private speculation.

We saw the basic change in social status made by the Land Reform. We followed the engineering feats that are altering Chinese geography. We saw the beginnings of industrial expansion that will modernise the economic life of the nation. We saw something more remarkable—human nature being transformed.

All this, to the author, cannot but be described as a national "rebirth."

The book not merely recounts New China's achievements in three short years; it is full of sketches and stories of persons who are flesh and blood in this drama of national rebirth, playing various roles which make up the magnificent scenes.

"Yellow Earth Ridge," for instance, furnishes an example of the new life of the liberated farmers. Here they heard a peasant say:

You have seen our village and have learned of the difficulties we have overcome. We assure you that we shall increase production with great speed. The farmers here are happy. We have freedom. We understand our plans and our future.

Liberation did not come suddenly. It is the result of blood shed through thirty years by martyrs without number. "We thought of all the thousands who had been killed in the early days of Chiang's campaigns against the Communists or had died in the Long March of 1934–6."

But how did the revolution succeed? Through the leadership and vitality of the Chinese Communist Party, of course, but also because of the appeal of the revolution to China's vast majority, particularly to China's youth. The story of Green Jade is typical of the way Chinese youth respond to the call of the new age. Green Jade is a girl who was drawn into the revolution through the love of a boy friend and worked strenuously as a midwife during the difficult years of the war against Japan. When the author suggested that she and her husband had sacrificed much, Green Jade replied: "No, no, we have not sacrificed; we have been most fortunate." Our children "will live in a society free from fear of war or poverty, a society of opportunity for all."

The Church in New China

In this book of 464 pages, 69 pages are devoted to Christian personalities and the Church in New China, which is more space than is given to any other subject. This is due not only to the author's Christian affiliations, but also to the fact that religious freedom in New China is a subject on which rumours and misrepresentations have been rife.

"The Church in China can function freely." "Some in the West have rashly equated the departure of the missionary from China with the collapse of the Chinese Church. But our Church is very much alive." These are the testimonies of Church leaders with whom the author had intimate talks and in many of whose pulpits her husband preached.

"Christians in the New Society" gives the account of various persons in Church, Y.W.C.A., university and government work who, once fearful and bewildered, now "fit happily into the new society" and "begin to appreciate what is happening all over our New China."

There is a special chapter on Dr. Wu Yi-fang, the well-known Christian woman educator, who is now head of the Bureau of Education, Kiangsu Province. Mention is also made of other well-known Christian leaders who have earned public respect, particularly in Christian circles, by their patriotic action in resolutely breaking off their former ties with the imperialist enemies of the people.

The last three chapters of the book deal with the Christian reform movement in China. This movement of the Chinese Church to rid itself of imperialist influence and achieve self-government, self-support and self-propagation is little known abroad and is evidently much distorted in spite of the fact that it has gained 400,000 adherents, and continues to grow in strength. The author provides the background of this movement which helps the reader to understand it from the inside.

James Endicott is a recipient of the Stalin Peace Prize and the author, his wife, is his close associate in all his peace efforts. This book will surely help its readers to gain a better understanding of New China and will be a great contribution to the cause of world peace.

The book, *big* volume as it is, contains only a few minor errors of fact: for instance, Sun Yat-sen dies not at 55, but at 59; Wang Tzu-chung is head of the local Peking, not the national, Christian peace organization; Mme. Chou En-lai is not Teng Hsiao-ping, who is Vice-Premier of the Government Administration Council of the Central People's Government, but Teng Ying-chao; and "T. T. Liu" should be written "T. T. Lew."

14 / 中國基督教三自革新運動今後的方針任務
——紀念基督教三自革新運動三週年

原刊於《天風》382–383 期（1953 年 9 月 24 日），頁 1–3。
另《公報》25 卷 10 期（1953 年 10 月），頁 10–13。

（一）三自革新的意義

　　基督教的三自革新運動已經進行三年了。在全國廣大信徒擁護支持之下，它已經成爲一個蓬勃的、强大的力量。三年來的經驗，使我們對三自革新的意義，體認得更加清楚、更加深刻。

　　三自革新就是要割斷基督教與帝國主義的關係，肅清基督教內帝國主義的影響，認識祖國的偉大可愛，純潔教會，把中國基督教變爲中國基督徒自己辦的宗教事業，爲建設人民的新中國，爲實現世界持久的和平而奮鬥。

　　三年來的發展，也使得「三自」的內容更加明確。

　　自治不只要中國信徒管理自己的教會，也要確定領導的新方向，這就是反帝愛國的新方向。自治也要使全體信徒積極參加教會生活，負起對教會應負的責任。

　　自養就是不再接受外國津貼，使教會的經濟需要由信徒共同負責籌劃。

　　自傳是一件長期的、艱巨的工作。自傳一方面要肅清帝國主義的思

想毒素，另一方面也要在反帝愛國的認識上，更深刻地體認耶穌基督的
福音，使耶穌基督成爲信徒靈性生活的眞正主宰。

（二）三年來的成就

三自革新運動最重要的成就，就是全國絕大多數信徒對帝國主義的
認識。在「中國基督教在新中國建設中努力的途徑」宣言發表的時候，
許多基督徒不知道什麼是帝國主義；許多基督徒不承認帝國主義與基督
教有什麼關係，或不承認帝國主義與自己的教會或自己本人有什麼關係。
三年以來，這個情況是基本地改變了：到現在爲止，在「中國基督教在
新中國建設中努力的途徑」宣言上簽名的全國信徒已達四十萬人；全國
絕大多數的信徒都開始認識了帝國主義罪惡的面目，認識了帝國主義曾
經利用基督教在中國進行侵略，并企圖繼續進行這個陰謀。

由於這個認識，中國的基督教教會及團體便實行割斷了與帝國主義
的關係──首先是經濟的關係，其次是人事的關係，包括行政和傳教的
關係。三自革新運動割斷帝國主義關係這一個任務，到現在可以說是基
本完成了。

基督教在割斷帝國主義關係以後，有些信徒在一個短時期內，對教
會的前途是看不清楚的：外國傳教士撤退了，外國的經濟來源斷絕了，
中國信徒是不是能夠完全負起教會的責任？但是，這個疑問很快就消除
了。全國絕大多數信徒的自覺心和自尊心使他們相信：割斷帝國主義關
係以後，在新中國健康的環境裏，教會的一切困難，都可以克服，教會
革新的任務，必能完成。事實證明：割斷帝國主義關係以後，教會的許
多問題都逐漸獲得解決；教會內部的團結合作也加强了。

也是由於全國絕大多數信徒對帝國主義的認識，他們開始肅清帝國
主義在基督教內的影響──首先是在一般基督徒思想上的影響，其次是
在個人生活上和教會制度內的影響。絕大多數的信徒都認識了帝國主義
分子披着宗教外衣散播反蘇、反共、反人民的毒素，灌輸親美、崇美、
恐美的反動思想，壓制並消滅中國信徒的愛國熱情，歪曲聖經，玷污教

會，使基督教成爲帝國主義侵略的工具。

全國絕大多數信徒對帝國主義的認識使他們劃清敵我界綫，初步站穩人民立場，開始把純正的信仰和帝國主義所宣傳的違反敎義、充滿毒素的宗教分別出來。

在認識了帝國主義的同時，全國絕大多數信徒對祖國的認識也大大地提高了。他們熱愛祖國，熱烈地參加了各種愛國運動；他們曉得愛國與愛敎沒有衝突；他們開始從帝國主義的奴化思想中被解放出來。

由於對祖國的認識，由於對祖國的熱愛，全國絕大多數的信徒也逐漸認識了新中國的政府是人民的政府，是眞正爲人民謀福利的政府，是引領中國人民走上富强繁榮的前途的政府。

全國絕大多數的信徒對政府宗敎信仰自由的政策，也有了較清楚的認識：他們認識了政府貫徹宗敎政策的誠意；他們看見各地教會還存在着的一些問題，都逐漸獲得解決；他們也知道基督敎的三自革新運動是使中國敎會在新中國得到健全發展的唯一道路。

三自革新運動所領導的控訴運動，使全國絕大多數信徒開始認識帝國主義的眞面目；抗美援朝運動、土地改革運動、鎮壓反革命運動、「三反」和「五反」運動、以及新中國建設四年來偉大的進展，不但加深了他們對帝國主義的認識，也給了他們生動而有力的愛國主義教育。基督教三自革新運動三年來的成就，也就是新中國對全國信徒的教育的偉大成就。

（三）今後的方針任務

根據我們對三自革新運動的意義的了解，根據三自革新運動三年來所已經獲得的成就，三自革新運動今後的方針任務就是：三自革新運動已經展開的基礎上，加深信徒反帝愛國的認識；逐步解決自治、自養、自傳問題；并通過宣傳、教育、組織等工作，擴大三自革新運動的羣衆基礎，使之成爲一個更廣泛更深入的運動。

根據上述方針任務，我們號召全國信徒，進行下列幾項工作：

一、加強學習：學習是三自革新運動中一件最基本的工作。必須學習，才能加深我們對反帝愛國的認識，才能徹底肅清我們思想中帝國主義的毒素；必須學習，才能清楚地認識三自革新的意義，才能加強教會內部的團結，為建設人民的新教會而努力；必須學習，才能認識祖國的偉大可愛，才能澄清基督教內違反愛國主義精神的混亂現象，才能改進信徒與教外羣眾的關係；必須學習，才能全面地認識政府的宗教政策，并協助政府貫徹宗教政策。最近一年多以來，在全國幾個大城市裏的三自革新組織，曾舉行過集中性的學習，收效很大。他們的經驗，足供各地負責同道的參考。

二、積極推進教會革新：在自治方面，我們必須使教會向着反帝愛國的新方向繼續邁進。在自養方面，在我國經濟日趨好轉的情況下，信徒應當進一步負起教會的經濟責任，有計劃地解決教會的自養問題。在自傳方面，教牧人員和全體信徒都應當不斷地對帝國主義的思想毒素進行批判，不斷地針對個人生活和新中國的需要，對耶穌的福音的真理加以研究與體認。為了促進三自革新的發展，我們對教會健全的力量必須加以鼓勵，并為教會培養新的人才。金陵協和神學院和燕京協和神學院的成立，對教會人才的培養都是有幫助的。三自革新的教會應當是全體信徒對教會負責的教會；信徒必須積極負責，三自革新的任務才能勝利完成。

三、積極參加祖國建設：新中國大規模的經濟建設已經開始了；我們的祖國，在獲得過去四年輝煌的成就以後，又向着光明燦爛的前途邁進一步，這是值得每一個中國人民歡欣鼓舞的。全中國的基督徒，無論是工人、農民、工商業者、機關工作者、以及在其他工作崗位的人，都應當以熱烈的心情來響應這個經濟建設的偉大號召。我們應當努力生產，愛惜公共財物，本着全心全意為人民服務的精神，忠誠地做好自己的工作，也幫助別人做好他們的工作。這是新中國人民光榮的任務，也是每一個參加三自革新運動的基督徒光榮的任務。

四、積極參加保衛世界和平運動：帝國主義違反全世界愛好和平的

人民的意志，製造戰爭，進行侵略，給千千萬萬的人民帶來痛苦、災難與死亡，這是任何一個善良的人民所不能容許的，更是一個基督徒的良心所不能容許的。朝鮮停戰協定的簽字，是保衞世界和平運動一個偉大的勝利，但是，好戰分子對這個勝利是不甘心的；帝國主義一天還存在，戰爭的威脅也就一天還存在。全世界愛好和平的人民正在爲爭取和平而再接再厲地努力，特別是爭取以協商的精神來代替武力的解決。我們必須與全中國以及全世界愛好和平的人民站在一起，響應一切保衞世界和平的號召，認識世界人民必能贏得和平的偉大力量，徹底消除對帝國主義任何的錯覺與幻想，這樣，我們就不但對保衞世界和平有了我們的貢獻，我們同時也爲基督教的三自革新運動，建立了更穩固的基礎。

親愛的全國同道們：新中國無限光明的遠景，正向着我們招手；全世界和平民主的力量，正在繼續增漲；人類的歷史，已經揭開一個新的紀元。在這許多偉大的、劃時代的發展中，我們清楚地看見上帝的旨意；我們也更深刻地體認到中國基督教三自革新運動的重要性和必然性。讓我們在全能的天父的慈愛中，在耶穌基督的恩惠中，在聖靈不斷的感動和啓示中，爲三自革新任務的勝利完成而努力吧！

五、

1954年

1 / 因眞理得自由

本文分三期刊載：《天風》396–397 期（1954 年 1 月 11 日），頁 3–5；
《天風》400 期（1954 年 2 月 1 日），頁 2–4；《天風》402 期（1954 年 2 月 22 日），頁 2–5。
在第三篇末，仍有「第三章完；待續」，但在往後《天風》，却未見第四章。

「你們若常常遵守我的道，就眞是我的門徒。你們必曉得眞
理，眞理必叫你們得以自由。」（約翰八章卅一、卅二節）

曉得眞理，就得以自由，這是耶穌一個非常重要的敎訓。在物質界，
我們都知道，因爲我們懂得科學的眞理，我們就能發明機器，創造無數
使人的生活更加美滿的物品，因而控制了自然，消滅了原始時代自然對
人的許多限制。人因爲懂得科學的眞理，就在物質界裡得到愈來愈多的
自由。不但在物質界是這樣，在思想和靈性的領域裡也是這樣。十九世
紀蘇格蘭一位科學家和佈道家亨利·德魯滿（Henry Drummond）曾寫過
一本知名的書，叫做《靈性世界裡的自然律》，說明靈性世界，同物質
世界一樣，也有它的「自然律」。一個人如果不懂得靈性世界裡的「自
然律」，或違反了這個「自然律」，即使他的身體是自由的，他的靈性
還是不自由的。耶穌所說的眞理，是指思想和靈性領域裡的眞理，他所
說的自由，是指思想和靈性領域裡的自由。

這個道理，似乎是很明顯，但事實上我們却不容易領會。「我們是
亞伯拉罕的後裔，從來沒有作過誰的奴僕，你怎麼說：你們必得以自由

呢？」猶太人傲然地提出質問。是的，你們沒有作過誰的奴僕，然而你們是不自由的，因爲你們是罪的奴僕。這是耶穌的囘答。什麼罪？「我將在上帝那裡所聽見的眞理告訴了你們，現在你們却想要殺我。」這就是他們的罪，這就是不肯接受眞理的罪，而結果他們就作了罪的奴僕，得不到靈性的自由。

解放後，中國的基督徒是怎樣的呢？我們是不是自由的呢？是的，我們是自由的。我們打倒了反動統治；我們趕走了帝國主義；我們有了我們自己的政府；我們是自由的。我們的宗教信仰自由，也在「共同綱領」裡得到保證；解放以來，政府爲了貫徹宗教信仰自由的政策，作了不斷的努力。但是，我們的靈性是不是自由的呢？我們對這個問題，恐怕就不能作一個完全肯定的答復了。在解放前後，許多基督徒是恐懼、徬徨、苦悶的。甚至在解放後四年多的今天，還有不少的基督徒在恐懼、徬徨、苦悶。他們爲什麼恐懼、徬徨、苦悶呢？就是因爲他們不認識這個時代，不認識他們自己在歷史演變中的地位，不認識上帝在這時代所給我們的清楚而深刻的啓示。不是有什麼人剝奪了他們的靈性的自由，而是他們限制了，甚至消滅了他們自己的靈性自由。沒有靈性自由的人當然是恐懼、徬徨、苦悶的。

在新中國裡，人民翻了身；物質的建設，文化的建設，和許多爲人民謀福利的事業都突飛猛進，一日千里，呈現着欣欣向榮的景象，然而我們基督徒中却還有人對這些新的事物抱着悲觀、懷疑、甚至敵視的態度。世界末日的宣傳，人生痛苦的論調，還在吸引着不少的信衆。基督徒與非基督徒都是新中國的人民，難道絕大多數人的喜樂，就應當是少數人的悲哀麼？難道上帝在新時代中祝福了無數沒有相信他的人，却抛棄了相信他的兒女麼？不會的。錯處並不在上帝，錯處也不在新事物；錯處却在我們對新事物還沒有清楚的認識，或竟有錯誤的認識。我們是耶穌的門徒，我們並不想要殺耶穌，但我們沒有了解耶穌因眞理得自由的敎訓，因而我們就在不知不覺之中，犯了否認眞理，抗拒眞理的罪，而結果我們就得不到靈性的自由。如果我們在恐懼、徬徨、苦悶的心情中，否認了眞理，抗拒了眞理，而還感覺我們是靈性的「得勝者」，感

覺我們已經得到靈性的「自由」，我們的情況就更嚴重。

感謝上帝，三年多以來三自革新運動的發展，和新中國建設偉大的成就，開展了無數基督徒的眼界，使他們開始認識了新時代，認識了他們自己在歷史演變中的地位，認識了上帝在新時代所給我們的啓示。他們歡欣鼓舞地與廣大人民站在一起，爲建設新中國而努力，爲建設三自革新的教會而努力。新中國的前途是光明的，新中國裡面基督教的前途也是光明的。

爲了表達我自己對上帝在新時代中的啓示的體認，對耶穌基督因眞理得自由的教訓的體認，我系統地寫了以下幾篇文章。這幾篇文章不是專爲那些懷着恐懼、徬徨、苦悶的心情的基督徒寫的，而是要與一切誠懇追求眞理的同道們分享的。我們應當互相啓發，互相幫助，這樣，我們就更能認識眞道，作一個自由的人。願上帝祝福一切爲追求他的眞理而作的努力。

一、信仰與行爲

耶穌的教訓有一個特點：看一件事情，不只要看它的表面，也要看它的實際；對一個人，不要只聽他的言語，也要看他的行爲；不要只問他信仰什麼，也要看他怎樣表現他的信仰。

從羅馬教擺脫出來的基督教包含了不少個人主義成分：基督教裡面有無數的教派，每一教派對基督教的道理，也有不同的解釋。不只信仰是分歧的，有的時候，抱着不同信仰的人不是互相尊重、互相學習，而是互相批評、互相攻擊。我們不是常常聽見一類的話嗎：某人是「新派」，某人是「舊派」；某人的信仰是「正統」，某人的信仰是「異端」；某人有「生命」，某人沒有「生命」？如果我所信的是對的，與我不同的別人的信仰就是不對的，在基督教各個教派之間，固然有一些基本的、共同的信條，然而這些共同的東西卻無補於基督教內關於信仰問題的紛爭。

基督教裡面各個教派，甚至各個信徒對基督教信仰不同的解釋，是不是不好的呢？不是的。基督的福音是一個豐富的寶藏，「仰之彌高，

鑽之彌堅」，任何一個基督徒都不容易認識到它的長、寬、高、深的全貌。因此，對福音的不同的體認，不但是不可避免的，也是對我們有益處的。然而在紛歧的信仰中，在不同的解釋中，我們究竟憑什麼來判斷誰的信仰是正確的，誰的信仰是錯誤的，誰是耶穌眞正的門徒呢？在這一個問題上，我們是沒有絲毫的困難的，因爲耶穌自己給我們指示了一個唯一正確、唯一完善的考驗的方法。這個考驗的方法，就是行爲的考驗。

「凡稱呼我主阿主阿的人，不能都進天國；惟獨遵行我天父旨意的人，才能進去。」（馬太七章二十一節）這幾句話我們是很熟悉的，然而我們做基督徒的人，如果深刻地體會它的意義，我們就會大吃一驚。進天國不是口頭上稱呼主阿主阿的人，而是遵行天父旨意的人。單單掛了一個什麼招牌，是不能給我們什麼保證的。甚至那些奉主的名去傳道、趕鬼、行異能的人，如果他們沒有遵行天父的旨意，耶穌也會對他們說：「我從來不認識你們，你們這些作惡的人，離開我去罷。」（馬太七章二十二、二十三節）

有一次耶穌對眾人說話的時候，他的母親和他的弟兄站在外邊，要與他說話。有人告訴他說：「看哪，你母親和你弟兄站在外邊，要與你說話」，耶穌却回答那人說：「誰是我的母親，誰是我的弟兄。就伸手指着門徒說：看哪，我的母親，我的弟兄。凡遵行我天父旨意的人，就是我的弟兄姊妹和母親了。」（馬太十二章四十六至五十節）

我們第一次看到這段聖經的時候，一定會感到驚奇：耶穌多麼冷酷啊，連他的母親和弟兄也不管了！事實是不是這樣的呢？不是的；耶穌是愛他的母親的，他被釘在十字架的時候，還把他的母親交託給他所愛的門徒。（約翰十九章二十六、二十七節）耶穌是要藉着這個機會，教訓他的聽眾。他的教訓就是：不但口頭上稱呼主阿主阿是無益的，連親屬的關係也是不重要的；重要的却是：遵行天父的旨意。

約翰的門徒把耶穌所做的許多事告訴了約翰，約翰便打發兩個門徒到耶穌那裡去，說：「那將要來的是你嗎，還是我們等候別人呢？」約翰的意思是要曉得耶穌是不是他們所盼望的基督。耶穌的回答是出乎意料之外的：「你們去把所看見所聽見的事告訴約翰，就是瞎子看見，瘸

子行走，長大麻瘋的潔淨，聾子聽見，死人復活，窮人有福音傳給他們。凡不因我跌倒的，就有福了。」（路加七章十八至二十三節）

耶穌本來可以給約翰的門徒一個簡單的回答說：「我是」或「我不是」。然而耶穌爲什麼沒有這樣做呢？耶穌的意思好像是說：如果我告訴你們我是基督，你們憑什麼相信我的話呢？如果我告訴你們我不是基督，你們又憑什麼相信我的話呢？但如今我把我所做的事告訴了你們，你們就可以下你們自己的結論：假如我不是基督，我能不能做這些事？這又是一個行爲的考驗：事實勝於雄辯。

耶穌的教訓是這樣的清楚，而今天竟有人說：只要一個人能傳福音，只要他有口才吸引聽衆，他的行爲是不要緊的，甚至他犯了姦淫、欺騙或殺人的罪也不算什麼，這豈不是非常奇怪的嗎。

耶穌最痛恨假冒爲善的人。爲什麼？就是因爲他們的行爲與他們的信仰不符。

「你們要防備假先知，他們到你們這裡來，外面披着羊皮，裡面却是殘暴的狼。」（馬太七章十五節）

保羅提到一些「尋機會人」──這就是我們今天所說的機會主義者。機會主義者是無原則的，是言行不符的。「那等人是假使徒，行事詭詐，裝作基督使徒的模樣。這也不足爲怪，因爲連撒但也裝作光明的天使。」（哥後十一章十三、十四節）穿上光明天使的外衣，多麼美麗，然而裡面却是撒但！

眞正的信仰和假冒爲善是怎樣分辨出來的呢？也就是根據行爲的考驗來看一個人所結的果子。耶穌說：「好樹不能結壞果子，壞樹不能結好果子……憑着他們的果子就可以認出他們來。」（馬太七章十八至二十節）有的時候，果子沒有成熟，我們看不出它的好壞；然而這只是暫時的。耶穌說：「掩藏的事，沒有不顯出來的；隱瞞的事，沒有不露出來的。」（馬可四章二十二節）眞的和假的，好的和壞的，是永遠逃不了行爲的考驗的。

我引了耶穌這些關於行爲的考驗的教訓，是不是說信仰是不重要的，

只要有行爲就夠了呢？如果是這樣，基督教「因信稱義」的道理又當作何解釋呢？不是這樣的。耶穌並沒有告訴我們信仰是不重要的，而只是要我們用行爲來實踐我們的信仰。雅各書上說：「我的弟兄們，若有人說，自己有信心，却沒有行爲，有什麼益處呢。這信心能救他麼。若是弟兄、或是姊妹，赤身露體，又缺了日用的飲食，你們中間有人對他們說，平平安安的去罷。願你們穿得暖吃得飽，却不給他們身體所需用的，這有什麼益處呢。這樣，信心若沒有行爲就是死的。」（二章十四至十七節）單有信心是算不得什麼的。「你信上帝只有一位，你信的不錯，鬼魔也信，却是戰驚。」（二章十九節）約翰一書上的話就說得更尖銳了：「人若說，我愛上帝，却恨他的弟兄，就是說謊話的；不愛他所看見的弟兄，就不能愛沒有看見的上帝。」（四章二十節）

有人引了保羅的話「人稱義是因着信，不在乎遵行律法」（羅馬三章二十八節），就認爲信仰是重要的，行爲是不重要的，這是一個錯誤的看法。律法是猶太人的律法，是外表的、形式的，有時甚至是虛僞的；遵行律法，不能使人稱義。相反的，「人稱義不是因行律法，乃是因信耶穌基督」（加拉太二章十六節），對猶太人是這樣，對外邦人也是這樣。這個信不單是信，也包括信了以後所表現的行爲。創世記上說：「亞伯蘭信耶和華，耶和華就以此爲他的義。」（十五章六節）爲了信耶和華的原故，亞伯蘭（亞伯拉罕）甚至把他獨生的兒子獻爲燔祭。（二十二章二節）「因信稱義」的道理和行爲的考驗的教訓是完全一致的。

基督教三自革新運動最重要的貢獻就是以行爲作考驗，揭露了帝國主義利用基督教來進行侵略的事實，撕破了帝國主義的宗教外衣，暴露了帝國主義假冒爲善的眞面目，使全國絕大多數的信徒如大夢初覺，割斷了與帝國主義的關係，開始肅清了帝國主義的毒素，純潔了教會。

今天許多基督徒追求屬靈，以屬靈相勉勵，這是好的。但是，要怎樣才是眞正的屬靈呢？保羅給了我們一個很好的關於屬靈的考驗，這個考驗也就是行爲的考驗。他說：「因爲情慾和聖靈相爭，聖靈和情慾相爭」（加拉太五章十七節）；「情慾的事，都是顯而易見的，就如姦淫、污穢、邪蕩、拜偶像、邪術、仇恨、爭競、忌恨、惱怒、結黨、紛爭、異端、

嫉妒、醉酒、荒宴等類。」（五章十九至二十一節）；「聖靈所結的果子，就是仁愛、喜樂、和平、忍耐、恩慈、良善、信實、溫柔、節制。」（五章二十二、二十三節）

看一個人所結的果子，就可以知道他是否真正的屬靈。

每一個基督徒都應當面對這個嚴肅的考驗，深刻地，不斷地檢查自己，修理自己，使自己變成純潔無疵，能夠在上帝面前，同保羅一樣地說：「凡屬基督耶穌的人，是已經把肉體、連肉體的邪情私慾，同釘在在十字架上了。」（加拉太五章二十四節）

以上所說的，就是信仰與行爲的關係；了解信仰與行爲的關係，是獲得靈性自由的初步。

（本章完：待續）

二、誰把耶穌釘十字架？

耶穌爲什麼被釘十字架？

「光照在黑暗裡，黑暗却不接受光。」（約翰一章五節）

「光來到世間，世人因自己的行爲是惡的，不愛光，倒愛黑暗，定他們的罪就是在此。」（約翰三章十九節）

這就是耶穌被釘十字架的原因。

耶穌之死是上帝的旨意；耶穌早知道他自己要死。若不是上帝的旨意，連一個麻雀也不會掉在地上，何況是耶穌之死。然而耶穌究竟是通過人的罪而死的。

是誰把耶穌置於死地的呢？

我們想到耶穌之死，我們當然首先就想到彼拉多。彼拉多是羅馬統治者的代表，是猶太的巡撫，他操了生殺之權，他可以把耶穌釋放，他也可以把耶穌處死。事實上，彼拉多是要釋放耶穌的；他認爲耶穌沒有罪。

彼拉多認爲耶穌沒有罪，這却是一件頗爲奇怪的事。羅馬統治了猶太，大多數的猶太人都懷着悲憤的心情，希望有一天有一位彌賽亞來拯救他們，脫離異族的束縛。彼拉多要釋放耶穌，這豈不是證明耶穌對羅馬沒有敵意，豈不是證明耶穌並不與愛國的猶太人表同情，因而也就是不愛國的嗎？

耶穌究竟是不是不愛國的呢？有一次，法利賽人爲要陷害耶穌，就打發他們的門徒，同希律黨的人去見耶穌，問他說：「納稅給該撒，可以不可以？」（馬太廿二章十七節）耶穌就拿一個上稅的錢來問他們說：「這像和這號是誰的？」他們說：「是該撒的。」耶穌說：「這樣，該撒的物當歸給該撒，上帝的物當歸給上帝。」（十九節至二十一節）耶穌這一句話究竟是什麼意思呢？它的意思就是：猶太現在既然是在羅馬統治之下，當然就要給該撒納稅；但是，你們還有另一方面的責任，就是實行上帝的公義。實行上帝的公義，也就是遵行耶穌的教訓。遵行耶穌的教訓，就能使猶太民族遠離罪惡，走上新生的道路，爲民族的獨立自由，奠定堅如磐石的基礎。

一般猶太人是不懂得，也不能接受這個高深的，但却是非常實際的道理的；法利賽人就利用這種情況來陷害耶穌。

一般猶太人的態度，和猶太宗教領袖們的倒行逆施所將產生的結果，耶穌是看得清清楚楚的。「耶穌出了聖殿，正走的時候，門徒進前來，把殿宇指給他看。耶穌對他們說：你們不是看見這殿宇嗎？我實在告訴你們，將來在這裡，沒有一塊石頭留在石頭上不被拆毀了。」（馬太廿四章一、二節）這一段話證明耶穌是有歷史的遠見的，因爲在主後七十年，猶太人對羅馬進行了一次盲目的反抗運動，而結果就遭受羅馬殘暴的鎮壓，聖殿也被毀得片瓦無存。

以上這一段解釋說明耶穌不但是一個熱忱的愛國者，也是一個有遠見的愛國者。這一段解釋同時也說明彼拉多對耶穌之死不應當負主要的責任。

置耶穌於死的第二個可能的罪魁是猶大。猶大是耶穌的門徒，而居

然出賣了他的先生，這似乎是不能饒恕的。猶大究竟為什麼出賣耶穌呢？是不是因為三十塊錢呢？我想不是的。我認為猶大的所以出賣耶穌是因為他對耶穌有了一個錯誤的認識，是因為他對耶穌失望。同一般猶太人一樣，猶大所盼望的是一個能夠使猶太脫離羅馬的統治，具有威力的、得勝的彌賽亞，而現在，在猶大的心目中，耶穌却變成一個窮途末路的弱者。猶大的失望，就使得他做了一件窮極無聊的事——以三十元的代價來出賣他的先生。但是，猶大很快就覺悟了。他看見耶穌定了罪，就後悔，把那三十塊錢拿回來給祭司長和長老說：「我賣了無辜之人的血，是有罪了。」猶大把那銀錢丟在殿裡，就出去弔〔吊〕死了。（馬太廿七章三至五節；使徒行傳一章十八節的記載與此略有出入。）根據這一段記載，如果我們把猶大當作害死耶穌的罪魁，他也一定不服氣的。

第三，我們就想到耶穌受審判的時候的群眾。當彼拉多問他們是要釋放耶穌還是要釋放巴拉巴的時候，他們說：「巴拉巴」。彼拉多問他們怎樣處置耶穌，他們都說：「把他釘十字架」。彼拉多雖然操了生殺之權，但是，如果群眾不要耶穌死，耶穌還是可以不死的。這樣，似乎群眾對耶穌的死是要負主要的責任的。但這個結論也是非常不恰當的。當耶穌騎驢進耶路撒冷的時候，群眾都喊着說：「和散那歸於大衛的子孫，奉主名來的，是應當稱頌的。」（馬太廿一章九節）這些群眾也就是後來喊着要把他釘十字架的群眾。他們為什麼在幾天之內就改變了他們對耶穌的態度呢？原因是很簡單的：他們受了法利賽人的煽動。他們為什麼會受法利賽人的煽動呢？也就是因為，同猶大一樣，他們對耶穌失望。他們所盼望的是一位有權力來拯救他們的彌賽亞，而現在，他們所看見的却是一個只會說話，並且說了許多在他們看來是文不對題的話的耶穌。但是，這些群眾很快就曉得他們受了法利賽人的愚弄了。路加福音在敘述了耶穌死的時候的景象以後說：「聚集觀看的眾人，見了這所成的事，都捶着胸回去了。」（路加廿三章四十八節）這裡的「眾人」大部分也就是要把耶穌釘十字架的群眾。耶穌在十字架上說：「父阿，赦免他們，因為他們所做的他們不曉得」（卅四節），這句話就是對他們說的。因此，要群眾負殺害耶穌的主要責任也是不妥當的。

其次，我們想到彼得。彼得是耶穌最親信的門徒之一，然而當耶穌在公會前受審的時候，他却三次不認耶穌。彼得的不認耶穌，自然同耶穌的生死沒有什麼關係，就是他承認了耶穌，猶太的宗教領袖們也不會改變他們對耶穌的態度。然而彼得的不認耶穌，却使耶穌在極端憂愁痛苦的時候，增加了孤獨無告的感覺。但是，彼得很快就醒悟過來了：他想起耶穌對他的預告，就出去痛哭。（馬太廿六章七十五節）經過這一次的考驗，彼得就變得更堅強。爲要使彼得成爲百煉之鋼，耶穌在提比哩亞海邊顯現的時候，還三次問彼得：「你愛我嗎？」彼得最後回答說：「主阿，你是無所不知的，你知道我愛你。」（約翰廿一章十五至十八節）在此以後，彼得就實現了耶穌的預言：「我要把我的敎會建造在這磐石上。」（馬太十六章十八節）彼得是曾經對耶穌有所虧欠的，但他對耶穌之死，并不負什麼責任。

最後，我們想到法利賽人、文士和撒都該人這些猶太宗敎領袖們了。是誰把耶穌釘十字架的呢？聖經的記載是非常清楚的：就是這些猶太宗敎領袖們把耶穌釘十字架。他們爲什麼把耶穌釘十字架？猶太的宗敎領袖們所以要把耶穌釘十字架的原因，却在一個敎外的人——彼拉多——的口中說出來：「他們是因爲嫉妒才把他解了來。」（馬太廿七章十八節）他們爲什麼嫉妒耶穌呢？祭司長和法利賽人看見耶穌對群眾越來越大的影響就彼此說：「若這樣由着他，人人都要信他，羅馬人也要來奪我們的地土和我們的百姓。」（約翰十一章四十八節）「看哪，你們是徒勞無益，世人都隨從他去了。」（十二章十九節）這就是他們所以嫉妒耶穌的原因。

宗敎領袖們既然嫉妒耶穌，當然就要殺害他。他們用巧言來盤問他，做假見證來誣告他，煽動群眾來反對他。他們怕耶穌暴露他們的罪惡，吸引他們的群眾，威脅他們的統治。

我在上一章裡說過：耶穌最痛恨假冒爲善的人；這些宗敎領袖們就是典型的假冒爲善者。馬太福音第廿三章記載了耶穌對他們深惡痛絕的斥責。這一章書是一篇正氣磅礡、痛快淋漓的文章；它不但充滿了熱烈的情感，它也表現了尖銳的理智。文士和法利賽人是「能說不能行」的；

他們是「瞎眼領路的」，是「粉飾的墳墓」，是「毒蛇之種」；他們「洗淨杯盤的外面，裏面却盛滿了勒索和放蕩」；蠓蟲他們要濾出來，駱駝他們却吞下去；他們把天國的門關了，自己不進去，正要進去的人，他們也不容他們進去。耶穌就是用了這些最露骨、最無情的話來痛罵猶太的宗教領袖們。

就是這些假冒爲善的猶太宗教領袖們把耶穌釘十字架。

彼拉多知道耶穌沒有罪，但他還是遷就猶太宗教領袖們的願望，不敢釋放耶穌；彼拉多是軟弱的，但因爲他考慮問題，是從統治者的立場出發的，我們對他沒有什麼過高的期望。群衆受宗教領袖們的欺騙；他們是愚昧的，但他們是可以饒恕的。猶大雖然出賣耶穌，但他很快就覺悟了，他也是情有可原的。彼得因爲一時的軟弱而跌倒，但他馬上就站立起來；他不但是可以饒恕的，他也是我們一個很好的榜樣。

惟獨假冒爲善，能說不能行，把耶穌釘十字架的猶太宗教領袖們是最可痛恨的，甚至在耶穌的眼光中，他們也是不能饒恕的。耶穌在痛罵了他們以後，就沉痛地說：「耶路撒冷阿，耶路撒冷阿，你當殺害先知，又用石頭打死那奉差遣到你這裡來的人。我多次願意聚集你的兒女，好像母鷄把小鷄聚集在翅膀底下，只是你們不願意。看哪，你們的家成爲荒場，留給你們……從今以後，你們不得再見我，直等到你們說：奉主名來的，是應當稱頌的。」（馬太廿三章卅七、卅八、卅九節）

親愛的主內同道們，我們從上面這個分析，應當得到什麼教訓呢？

我們所應當得到的教訓，也就是行爲的考驗的教訓。不管我們是亞伯拉罕的子孫，是基督徒，是猶太人，是外邦人；也不管我們所追求的是猶太的復興，是個人的得救，是屬靈的生活，如果我們只抱着一個空洞的，形式的，甚至虛僞的信仰，不去遵行上帝的旨意，在有意無意之中，否認眞理，抗拒眞理，這樣，在最嚴重的時候，我們就會像猶太的宗教領袖們一樣，把耶穌釘十字架；既使不是這樣的嚴重，我們也會變成斗底下的光、失了味的鹽。耶穌說：「從東從西，將有許多人來，在天國裡與亞伯拉罕、以撒、雅各一同坐席，惟有本國的子民，竟被趕到外邊

黑暗裡去。」（馬太八章十一節）本國的子民是誰？就是那些口稱主阿主阿而不遵行天父的旨意的人；從東從西而來的是誰？就是那些口裡不說什麼，甚至自以爲是沒有信仰，而實際上是遵行了天父的旨意的人。從東從西而來的人，要在天國裡坐席，而本國的子民却被趕到外邊黑暗裡去。耶穌的話是嚴厲的，但他的警告却是我們的暮鼓晨鐘，應當使我們從睡夢中驚醒。

今天的時代給了我們基督徒一個嚴重的挑戰：你們說基督敎是好的；你們說耶穌的福音是道路、眞理、生命，你們能不能用行爲和事實來證明你們的信仰？我們應當怎樣應付這個挑戰呢？如果我們不能用行爲和事實來證明我們的信仰，基督敎是不會被人重視的，它甚至會變成時代的渣滓。但如果我們能夠用行爲和事實來證明我們的信仰，做言行相符的基督徒，那麼，別人對我們必定會觀感一新，不但重視我們，並且把我們當作很好的朋友，而基督敎也必將大大地興旺起來。

解放以來，我們常常聽見有些基督徒問：基督敎有沒有前途？作爲基督徒而提出這樣的問題是非常奇怪的。難道我們對我們自己所信仰的基督敎已經失掉了信心嗎？難道我們所信仰的創造天地萬物的，永恆的上帝，今天還是上帝，而明天就會消滅嗎？難道我們忘記了：滿有恩慈，充沛着眞理與生命的，我們的救主耶穌基督，「昨日，今日，一直到永遠是一樣的。」（希伯來十三章八節）嗎？難道不斷啓發我們，領導我們的聖靈，今天還在我們當中工作，明天就會停止它的工作嗎？不是這樣的。永恆的，三位一體的上帝是不會隨着時代而改變的。我們不必替上帝擔心；要擔心的却是我們自己。如果我們能夠以行爲來實踐信仰，爲耶穌基督作有力的見證，我們一切的憂慮都是多餘的。

（第二章完；待續）

三、一切的善都從上帝而來

在前兩章裡，我說到信仰與行爲的關係：我們做基督徒的，要以行爲來考驗我們的信仰，證明我們的信仰。在這一章裡，我要說到我們做基督徒的對別的人的行爲的看法。如果別的人的行爲是壞的，問題就很簡單：他們的行爲就是壞的。但如果他們的行爲是好的，我們對它應當採取一個什麼樣的看法呢？一個基督徒的好的行爲，同一個非基督徒的好的行爲，是不是有基本上的分別的呢？根據我們在前兩章所引的耶穌的教訓，我們可以作一個肯定的囘答：一個非基督徒的好的行爲，同一個基督徒的好的行爲，基本上是沒有分別的，因爲：一切的善都從上帝而來。在這一章裡，我就是要說明基督敎這一個基本的敎訓。

上帝是全人類的上帝，不只是基督徒的上帝。

上帝只有一位：「就是眾人之父，超乎眾人之上，貫乎眾人之中，也住在眾人之內。」（以弗所四章五至六節）

羅馬人書上的話就說得更清楚了：「難道上帝只作猶太人的上帝麼，不也是作外邦人的上帝麼？是的，也作外邦人的上帝。」（三章廿九至卅節）

許多基督徒有了一個錯誤的看法：他們以爲上帝是可以被關起來的；或者被關在禮拜堂裡，或者被關在某一個小圈子裡。他們以爲只有基督徒能夠認識上帝，而非基督徒就不能認識上帝。他們以爲只有基督徒中的某一派能夠認識上帝，而別的基督徒就不能認識上帝。

不是這樣的；上帝是眾人的上帝，因此，上帝的眞理也向一切的人顯示。上帝是無所不在的；我們不能把上帝關在禮拜堂裡，或把他關在某一個小圈子裡。

信上帝的人是有福的。但誰是眞信上帝的呢？是不是那些口稱主阿，主阿的人呢？不是的；是那些遵行天父旨意的人。旣是這樣，那些自以爲是不信上帝，而實際上是遵行了上帝旨意的人，他們是不是也可以體認上帝的眞理，是不是也可以表彰上帝的美和善呢？根據聖經的敎訓，他們一樣地可以體認上帝的眞理，一樣地可以表彰上帝的美和善，因爲：

「各樣美善的恩賜，和各樣全備的賞賜，都是從上頭來的，從眾光之父那裡降下來的。」（雅各一章十七節）

在這裡，我要說到聖經裡撒瑪利亞人的故事：「有一個人從耶路撒冷下耶利哥去，落在強盜手中；他們剝去他的衣裳，把他打個半死，就丟下他走了。偶然有一個祭司，從這條路下來，看見他就從那邊過去了。又有一個利未人來到這地方，看見他也照樣從那過去了。惟有一個撒瑪利亞人，行路來到那裡，看見他就動了慈心，上前用油和酒倒在他的傷處，包裹好了，扶他騎上自己的牲口，帶到店裡去照應他。第二天拿出二兩銀子來，交給店主說：你且照應他，此外所費用的，我回來必還你。」（路加十章卅至卅五節）

我在這裡引了撒瑪利亞人的故事的全文，因為這是一個非常動人、非常深刻的故事；顯然地，耶穌要在這個故事裡給我們一個重要的教訓。

我們對這個故事最先的一個印象就是：耶穌要給我們描寫一個好人——一個典型的好人。這是對的，然而這並不是這個故事的全部意義。我們的第二個印象就是：這個故事是祭司、利未人和一個普通的好人的對照。這是對的，然而這也並不是這個故事的中心意義。這個故事的中心意義却是：這個典型的好人，是一個撒瑪利亞人；就是這個好的撒瑪利亞人同祭司、利未人形成一個極其鮮明的對照。

耶穌為什麼不選別的人，而偏偏選了這個撒瑪利亞人來做他的故事的主角呢？

讓我們從聖經裡去瞭解一下：撒瑪利亞人是什麼樣的人，他們同猶太人的關係是什麼樣的關係？「猶太人和撒瑪利亞人沒有來往」（約翰四章九節）……從別的記載裡，我們并且知道：猶太人和撒瑪利亞人是世仇。猶太人的信仰和撒瑪利亞人的信仰有一些相同的地方，但基本上是不同的：「我們的祖宗在這山上禮拜；你們倒說，應當禮拜的地方是在耶路撒冷。」（約翰四章廿節）

耶穌同門徒往耶路撒冷去，他們到了撒瑪利亞的一個村莊，但那裡的人不接待他，「因他面向耶撒冷去。」耶穌的門徒就生了氣，對耶穌說：

「主阿，你要我們吩咐火從天上降下來燒滅他們，像以利亞所作的麼？」（路加九章五十一至五十四節）

由於猶太人和撒瑪利亞人的這種關係，耶穌在差遣十二個門徒出去傳道的時候，就對他們說：「外邦人的路你們不要走，撒瑪利亞人的城你們不要進。」（馬太十章五節）也是由於猶太人和撒瑪利亞人的這種關係，對猶太人，「撒瑪利亞人」這個名詞已經成爲一句罵人的話，像猶太人那樣罵耶穌：「我們說你是撒瑪利亞人，並且是鬼附着的，這話豈不正對麼？」（約翰八章四十八節）

然而在撒瑪利亞人當中，却有不少的人相信了耶穌。有一次，耶穌往耶路撒冷去，經過撒瑪利亞和加利利，進入一個村子，有十個長大麻瘋的迎面而來，要耶穌使他們潔淨。其中有一個見自己已經好了，就囘來大聲歸榮耀與上帝，又俯伏在耶穌腳前感謝他。這人却是個撒瑪利亞人。耶穌說：「潔淨了的不是十個人麼？那九個在那裡呢？除了這外族人，再也沒有別人囘來歸榮耀與上帝麼？」（路加十七章十一至十八節）約翰福音記載了耶穌與一個撒瑪利婦人談道，結果，「那城裡有好些撒瑪利亞人信了耶穌……求他在他們那裡住下。」（四章卅九至四十節）

根據聖經的記載，撒瑪利亞人就是這樣的人；撒瑪利亞人同猶太人的關係就是這樣的關係。

在描寫這個故事裡的撒瑪利亞人以前，耶穌先描寫了一個祭司和一個利未人。他們「看見他就從那邊過去了」「看見他也照樣從那邊過去了。」祭司和利未人都有宗教上的名分和職務；他們似乎都應當對那受傷的人，給予熱情的幫助，然而他們都沒有這樣做。

却是這個撒瑪利亞人——猶太人所討厭的、看不起的撒瑪利亞人，他做了這件使人非常感動的、好得無以復加的事。

耶穌爲什麼講這個撒瑪利亞人的故事呢？就是因爲有一位律法師起來試探他說：「夫子，我該作什麼才可以承受永生？」耶穌就問他說：「律法上寫的是什麼？」他囘答說：「你要盡心、盡性、盡力、盡意，愛主你的上帝，又要愛鄰舍如同自己。」耶穌說：「你囘答的是；你這樣行，

就必得永生。」那人要顯明自己有理，就對耶穌說：「誰是我的鄰舍呢？」耶穌就講了這個撒瑪利亞人的故事來回答他。

這個律法師大概是個驕傲的人，他覺得他什麼都懂；他目空一切，沒有把耶穌放在眼裡。但耶穌的回答，對他却是一個晴天的霹靂，開了他的眼界：原來律法師祇是虛有其表的；原來祭司和利未人也同他一樣，並不眞正懂得律法，而他們所看不起的這個撒瑪利亞人却是遵行律法的人。當耶穌問這個律法師說：「你想這三個人，那一個是落在強盜手中的鄰舍呢？」這個驕傲的律法師就沒有別的話可以回答；他祇好說：「是憐憫他的。」耶穌最後的一句話是具有雷霆萬鈞之力的：「你去照樣行罷！」

親愛的主內同道們，這個撒瑪利亞人的故事應當給我們一個什麼樣的教訓呢？它所給我們的教訓也就是行為的考驗的教訓。行為的考驗所要問的不是一個人怎樣的信，而是他怎樣的行；不是他有什麼名分和職位，而是他有沒有愛上帝、愛鄰舍。

從撒瑪利亞人的故事，我們就想到中國解放的故事。中國解放的故事是一個驚天地、動鬼神的故事；解放後新中國建設的成就和抗美援朝鬥爭輝煌的勝利，更是世界歷史的一個奇蹟。在這個偉大的歷史時期中，犧牲了自己，為人民造福的人是數不盡的。別的不說，單單在抗美援朝的鬥爭中，就湧現了三十多萬名英雄、模範和功臣。在這裡面，有許多名字是大家熟悉的，像在冰窖中救了一位朝鮮兒童的羅盛教，像在大火中搶救八位朝鮮婦女的呂玉久和張明祿，像黃繼光、邱少雲、孫占元這些為執行任務而奮不顧身的烈士。他們都是為了祖國安全，為了人民的幸福，為了世界的和平而光榮地，壯烈地獻上了他們的生命。

我們對這些人物和他們的事蹟應當採取一個什麼樣的看法呢？我們是基督徒，他們是非基督徒；我們是有信仰的，他們是沒有信仰的。既是這樣，他們的為人，他們的事蹟，是不是也值得我們景仰和效法的呢？他們所做的這些美好的事情，同基督徒所做的美好的事情，本質上是不是一樣的呢？我相信：如果我們深刻地體認了耶穌所講的撒瑪利亞人的故事的教訓，我們就不能不得出這樣一個結論：這些仁人義士的事蹟，

都是好的事蹟：好的事蹟就是好的，不管它是基督徒所做的，或是非基督徒所做的，因爲從基督敎的觀點看：一切的善都是從上帝而來的。

這似乎是一個很明顯的道理，然而今天却有人提出相反的意見。他們說：不要問事情的好壞，祇要問事情的源頭。他們說：「神所注意的問題，不是好壞的問題，而是源頭的問題」；「人是問有愛心沒有愛心，但神是問愛心從那裡來的。」把這樣的說法認爲是基督敎的道理是不能想像的。耶穌不是清楚地、屢次地告訴我們：好樹不能結壞果子，壞樹不能結好果子麼？他豈不是說過：荊棘上不能摘葡萄，蒺藜裡不能摘無花果麼？這就是說：果子好，源頭就一定好；果子壞，源頭就一定壞。如果把果子和源頭分開，這豈不是等於說：好樹可以結壞果子，壞樹可以結好果子；荊棘上可以摘葡萄，蒺藜裡可以摘無花果麼？這豈不是等於說：一件壞的事情，不但可以出於魔鬼，也可以出於上帝；一件好的事情，不但可以出於上帝，也可以出於魔鬼麼？

這樣一個荒謬絕倫的說法，是完全違反耶穌的敎訓的。耶穌所講的撒瑪利亞人的故事，生動地、有力地駁斥了這種錯誤的看法：看一件事情，只要看它的好壞，不要問它的源頭。猶太人所做的壞事，就是壞事，它不會變成好事；撒瑪利亞人所做的好事，就是好事，它不會變成壞事。同樣地，一個基督徒所做的壞事，就是壞事，它不會變成好事；一個非基督徒所做的好事，就是好事，它不會變成壞事。爲什麼？就是因爲；好樹不能結壞果子，壞樹不能結好果子；就是因爲：「各樣美善的恩賜，和各樣全備的賞賜，是從上頭來的，從衆光之父那裡降下來的。」

美國總統艾森豪威爾是個基督徒，他在講話中時常提到上帝；在他就職宣誓的時候，他把手放在聖經上，並親自做了一個禱告。然而艾森豪威爾是美國侵略政策最高的主持人，是侵朝戰爭的負責人，是號召亞洲人打亞洲人的人。是不是因爲艾森豪威爾是個基督徒，他的源頭就是好的呢？不是的；因爲他所結的果子是壞的，我們就知道他的源頭是壞的。相反地，當蘇聯人民的領袖和全世界愛好和平的人民的領袖斯大林同志逝世的時候，全世界有良心的、能夠辨別是非的人，無論是基督徒與非基督徒，都一致表示深切的哀悼。斯大林同志不是一個基督徒，然

而我們知道他的源頭是好的，因爲他所結的果子是好的。

　　有人引了保羅的話：「捨己身叫人焚燒，却沒有愛，仍然與我無益。」（林前十三章三節），就以爲看一件事情，還是要問它的源頭，並以爲保羅所指的源頭，不只是愛，而且是「基督的愛」。這是一個完全歪曲聖經的解釋。「捨己身叫人焚燒」並不一定是好的事情，它必須與愛結合起來，才是好的事情；保羅的話是完全正確的。然而保羅並沒有問：你的愛是從那裡來的？同樣地，耶穌在講撒瑪利亞人的故事的時候，他並沒有問：撒瑪利亞人對受傷者的憐憫是從那裡來的？相反地，耶穌却對那個自以爲是源頭很好的律法師說：「你去照樣行罷！」

　　「凡稱呼我主阿主阿的人，不能都進天國，惟獨遵行我天父旨意的人，才能進去。」（馬太七章廿一節）「遵行我天父旨意」……這是一切問題關鍵所在的地方。但是，什麼是天父的旨意呢？我想：如果我們不歪曲聖經，不抱着成見，不斷章取義地去看聖經，聖經的教訓是非常清楚的。

　　當耶穌開始傳道，到了拿撒勒，在一個安息日進了會堂，要念聖經的時候，他念的就是以賽亞書的這一段：「主的靈在我身上，因爲他用膏膏我，叫我傳福音給貧窮的人；差遣我報告被擄的得釋放，瞎眼的得看見，叫那受壓制的得自由，報告上帝悅納人的禧年。」（路加四章十六至十九節）

　　會堂裡的衆人聽了耶穌念這段聖經以後，有什麼反應呢？聖經上說：「衆人都稱讚他，並希奇他口中所出的恩言。」但耶穌知道這個反應是靠不住的，因爲：「沒有先知在自己家鄉被人悅納的。」果然，當耶穌再講下去，並且講話講得相當刺耳的時候，會堂裡的人就都「怒氣滿胸」，起來攆他出城，甚至想把他推到山崖下去。

　　在審判的日子裡，義人和不義的人，是怎樣分別開來的呢？就是看他們有沒有做以下這些事：「餓了給你吃」；「渴了給你喝」；「作客旅留你住」；「赤身露體給你穿」；「病了或是在監裡來看你」？義人要往永生裡去；不義的人却要往永刑裡去。

使義人驚奇的是：「這些事你們既作在我這弟兄中一個最小的身上，就是作在我身上了」。使不義的人同樣驚奇的是：「這些事你們既不作在我這弟兄中一個最小的身上，就是不作在我身上了。」（馬太廿五章卅一至四十六節）

在耶穌還沒有誕生的時候，耶穌的母親馬利亞就「尊主為大」；她說：主所要做的就是：「叫有權柄的失位；叫卑賤的升高；叫飢餓的得飽美食；叫富足的空手回去。」（路加一章五十二、三節）

在耶穌以前，許多先知和虔誠的領袖們所大聲疾呼，用來諄諄告誡以色列人的，也正是上面所說的那些話。

「你們所獻的許多祭物，與我何益呢？」「你們舉手禱告，我必遮眼不看；就是你們多多的祈禱，我也不聽。」「你們要洗濯、自潔，從我眼前除掉你們的惡行，要止住作惡，學習行善，尋求公平，解救受欺壓的，給孤兒伸冤，為寡婦辨屈。」（以賽亞一章十一至十七節）

「我喜愛良善，不喜愛祭祀；喜愛認識上帝，勝於燔祭。」（何西阿六章六節）

「我厭惡你們的節期，也不喜悅你們的嚴肅會。……要使你們歌唱的聲音遠離我，因為我不聽你們彈琴的響聲。惟願公平如大水滾滾，使公義如江河滔滔。」（阿摩司五章廿一至廿四節）

「世人哪，耶和華已指示你何為善。他向你所要的是什麼呢？只要你行公義，好憐憫，存謙卑的心，與你的上帝同行。」（彌迦六章八節）

「你本不喜愛祭物；若喜愛，我就獻上。燔祭你也不喜悅。上帝所要的祭，就是憂傷的靈。上帝阿，憂傷痛悔的心，你必不輕看。」（詩篇五十一篇十六至十七節）

聖經裡的這些教訓，還不夠清楚麼？上帝所要的不是祭祀，不是節期，甚至不是祈禱；上帝所要的却是良善、公平、公義、憐憫、謙卑和對自己所犯的罪的憂傷痛悔的心。這就是說：上帝所要的不是空虛的儀式，不是表面的虔誠，而是對別人的慈愛，對自己的更新。這就是上帝的旨意；離開這些清楚的教訓去尋找上帝的旨意，既使我們升天入地，

晝夜呼求，我們所能找到的，不過是耶穌和先知們所厭惡、所斥責的虛僞的形式而已。

遵行上帝的旨意，是一切問題關鍵所在的地方。遵行上帝的旨意就是行善。行善的人，不管他有沒有基督教的信仰，都是上帝所悅納的。因爲：一切的善，都是從上帝而來的。

不久以前，我在一個基督徒的大會上，傳達了去年十一月在維也納舉行的世界和平理事會會議的經過。在會上，我提到近代歷史裡爲世界和平奠定不可動搖的基礎的兩位巨人。會後，有一位聽衆到我前面來，問我說：「這兩個人是不是會得救呢？」我當時沒有囘答他，一方面因爲沒有時間，另一方面，我也實在沒有這個興趣。當這位聽衆向我提出這個問題的時候，我的心是感到一陣微微的悲痛的。兩位爲人類造福的人，他們的是否「得救」，在一個基督徒的思想中還成爲問題，這不能不說是一件使人驚異的事。我不知道這位聽衆對「得救」這個名詞，作何解釋；我不知道他認爲什麼是「得救」的條件。這都是不重要的。重要的卻是：不管他的解釋是什麼，不管他的條件是什麼，事實上，他就是否認了「一切的善都從上帝而來」這個基本的教訓，而因此，他也就是把基督教裡面形式的東西和實際的東西混淆起來。

有些讀者，看了這篇文章以後，可能提出這樣一個問題：如果一切的善都是從上帝而來的；如果一個非基督徒的好的行爲，同一個基督徒的好的行爲，基本上是沒有分別的，那麼，信不信基督教，做不做基督徒，還有什麼關係呢？

這個問題的提出是很恰當的。基督徒相信耶穌是「道成肉身」，相信上帝對耶穌基督的啓示是特殊的、唯一的、最後的啓示。因此，從一個基督徒的觀點來看，信仰耶穌，是得救的唯一法門。「我就是道路、眞理、生命；若不藉着我，沒有人能到父那裡去。」（約翰十四章六節）「除他以外，別無拯救；因爲在天下人間，沒有賜下別的名，我們可以靠着得救。」（使徒行傳四章十二節）

我們是不是否認基督教信仰的獨特性呢？不是的，我們并不否認基

督敎信仰的獨特性：我們相信耶穌基督是我們靈性上唯一的救主；我們相信基督敎的真理能夠滿足我們靈性上一切的需要。旣是這樣，問題在那裡呢？問題所在的地方就是：誰是真正信耶穌的；誰是有名無實的，或假冒爲善的基督徒。靠着耶穌的名得救是什麼意思呢？是不是口稱主阿主阿，就可以得救呢？不是的，靠着耶穌的名得救的人，就是遵行天父旨意的人。

　　耶穌給我們講了撒瑪利亞人的故事；這個故事說明了怎樣才是遵行天父的旨意；這個故事也說明了：一切的善都從上帝而來。「你去照樣行罷！」這就是耶穌對每一個基督徒所發出的命令。

（第三章完：待續）

2 / 在上海市基督教工作人員
第二屆三自革新學習班開學典禮的講話（摘錄）

原刊於《天風》446 期（1954 年 3 月 22 日），頁 9–10。
原文題爲〈記上海市基督教工作人員第二屆三自革新學習班開學典禮〉，
乃有關開學典禮的報導，今摘錄有關內容吳耀宗講話部分。

......

　　接着請全國基督教三自革新籌委會主席吳耀宗同道講話。吳先生首先代表全國基督教三自革新籌委會預祝本屆學習班的勝利成功。接着吳先生就學習在三自革新運動中的重要性作了說明，吳先生指出：三自革新運動是反帝愛國的運動，它的任務是要使中國基督教割斷帝國主義的關係，肅清帝國主義的影響，建立自治、自養、自傳的教會。經過三年多的發展，三自革新運動已在全國範圍內普遍展開，割斷帝國主義關係的任務已經基本完成，肅清帝國主義思想毒素的工作却是一項長期的、艱巨的任務。目前許多同道雖然對於帝國主義的罪惡，特別是帝國主義利用基督教的事實，已有初步的認識，但認識還不夠深刻，還不能從感情深處對帝國主義深惡痛絕，所以要進一步學習。吳先生又說：三自革新運動的另一面是愛國，今天新中國正蓬蓬勃勃地向着光明燦爛的前途邁進，但是由於帝國主義在教會內長期散佈的毒素的影響，今天仍有不少的信徒對新中國的認識不夠，不能做到熱愛祖國的地步，因此也必須加強學習。最後，吳先生指出：對於國際形勢的問題、世界和平的問題、三自革新的具體工作問題和對政府的宗教政策的認識等問題，也都需要

通過學習，求得進一步的了解。第一屆學習班有很好的成績，同道們參加後在靈性生活、政治認識、工作能力等方面都有了提高，同時許多人學習以後，就更能認識真理，辨別是非，亦達到了更好的團結。希望在第一屆學習班成績的基礎上，本屆學習班能有更好的成績。吳先生在結束他的講話時鼓勵大家說：相信在兩屆學習班勝利完成後，上海的同道們必能成為上海三自革新工作更好地負起責任，進一步肅清在上海教會內的帝國主義影響。

　　……

3 / 為保衛世界和平而盡最大努力

原刊於《新聞日報》，另《天風》419 期（1954 年 6 月 14 日），頁 1。今據《天風》版。

編者按：日內瓦會議自四月廿六日開幕，一個多月來在中、蘇、朝、越代表團不懈地努力下，對和平解決朝鮮問題和恢復印度支那和平問題，都提出了公正合理的建議，雖有以美國為首的好戰分子的種種阻撓，但會議的工作仍取得了進展。對於印度支那的停戰問題已有了一些協議，會議通過決議，組織雙方司令部的代表在日內瓦以及在印度支那會議，以便從越南的軍隊集結地區問題開始，着手研究停火後雙方軍隊的部署問題。在朝鮮問題方面，蘇聯代表團六月五日所提的五點建議也打開了解決朝鮮爭端的大門，使美國破壞討論朝鮮問題的意圖，更加難逞。

全國同道都非常關切日內瓦會議的進展。我刊收到此類的稿件甚多，各地同道在當地報刊上發表此項聲明的亦有多起。茲特將吳耀宗先生的一文刊載於後，表示中國基督徒對日內瓦會議的關切。我們都殷切地期望着會議能夠迅速地在這有關亞洲及世界和平的兩大問題上達成協議，以進一步緩和國際緊張局勢。

日內瓦會議的舉行，和中華人民共和國代表團的出席這個會議，又一次證明了以蘇聯為首的世界和平民主力量的日益壯大。在這個會議裏，我國周恩來外長的歷次發言有力地表達了全中國人民和全亞洲人對和平的願望，並對朝鮮問題的和平解決和恢復印度支那和平問題提出了公平

合理的主張。我對周外長在日內瓦會議上的發言完全擁護。二十多天以來的事實清楚地說明了：帝國主義破壞和平的陰謀，必將愈來愈遭到全亞洲和全世界愛好和平的人民的堅決反對。

我們宗教信徒對世界和平都有熱切的期望。我們要發揚愛國主義精神，再接再厲地來肅清帝國主義在宗教內所散佈的毒素，對帝國主義繼續利用宗教來進行侵略的陰謀必須加倍提高警惕，與全世界愛好和平的人民站在一起，為保衛世界和平而盡最大的努力。（原載《新聞日報》）

4 / 爲新中國無限美好的前途而奮鬥

原刊於《人民日報》，1954 年 6 月 18 日。
另《光明日報》，1954 年 6 月 19 日；《協進》1954 年 6 月，頁 13。

今年一月，我在上海參加了普選，光榮地投了一票，更深切地嘗到當家作主的滋味。最近，我又參加了關於憲法草案的討論，這不但使我感到作爲一個中國人的光榮，也使我看到祖國無限光明的遠景。曾經在帝國主義和反動統治下長期過着黑暗痛苦的日子的中國人民，都會爲着中國人民民主事業的進展，發出歡樂的呼聲。這是中國人民幾千年來的夢想，然而這個夢想今天在我們面前開始實現了。我們不會再懷疑這是個「夢」，因爲四年來的事實使我們清楚地知道：我們已經走上了幸福的道路。中國共產黨和毛主席的領導，使我們確信我們必能完全達到我們無限美好的將來。憲法草案清楚規定了公民的基本權利和義務。這並不是空頭支票，因爲在公民享受的每一種「權利」下面都有着保證。我們知道，這個保證是可靠的，因爲在人民民主制度下，這些保證必定能够實現。因此，我們的國家，就不會像美國那樣，一面標榜着美國人民「天賦的」「不可剝奪的」「生存、自由、和追求幸福的權利」，而同時又利用虛僞的民主，實行資產階級專政，把這些權利剝奪淨盡。憲法草案規定了公民有「宗敎信仰的自由」，這是我們宗敎信徒所最寶貴的自由。資本主義國家自稱爲基督敎國家，也同樣地把宗敎信仰自由的條文放在憲法裡面，然而實際上，他們的人民是沒有信仰宗敎的自由的，因爲他不能根據敎義，發揮任何反對反動統治集團的思想。新中國四年來的事

實證明：只有人民民主的制度才能眞正保證信仰宗教的自由。有人以爲憲法草案中所規定的「宗教信仰的自由」的條文太過於簡略，有增加一些補充條文的必要。我認爲這是不需要的。要緊的却是怎樣貫徹條文的精神。關於這一點，我們是可以完全信任在共產黨領導下的國家的。憲法草案是中國人民實現人民民主最可靠的保證。然而我們不要忘記：雖然憲法草案一方面記錄了我們國家現在的實際情況，反映了我們幾年來所已經獲得的偉大成就，但另一方面，它也充分地表達了我國逐步過渡到社會主義社會這一個根本要求，表達了我們爲了實現這個要求所必須作的努力。讓我們爲新中國無限美好的前途而奮鬥吧！

5 / 悼鄭和甫主教

原刊於《天風》420 期（1954 年 6 月 21 日），頁 5。

中華聖公會前任主教院主席主教鄭和甫老先生，因患中風，長期臥病，於一九五四年六月六日在上海寓所逝世。鄭老主教的逝世不但是中華聖公會一個重大的損失，也是中國基督教一個重大的損失。雖然鄭老主教由於健康的關係，沒有能夠直接參加中國基督教三自革新運動的許多活動，我們知道他是全心全意擁護三自革新運動的；他一生在基督教裡面的努力，不但完全符合三自革新的精神，也對三自革新運動起了倡導的作用。因此，鄭老主教的逝世，也是中國基督教三自革新運動一個重大的損失。

我們對鄭老主教的逝世不能不感到深切的哀悼：新中國需要他，基督教需要他，三自革新運動也需要他，而他却患了這個不治的病症，離開了我們。但當我們想到他對我們的貢獻和今後的影響，我們就會得到莫大的安慰。

鄭老主教生於一八八五年一月七日，今年七十歲。他的一生，我認為可以用三句話來概括述說：他是個先知；他熱愛祖國；他熱愛教會，是主的忠心僕人。

鄭老主教是個先知。遠在一九二六年，他就到蘇聯去遊歷。回國以後，他認為蘇聯的社會主義制度是符合耶穌基督的教訓的，因此，基督徒應當贊成沒有剝削、沒有階級的社會主義制度。這是將近三十年前了。

我們應當想一想：三十年前，我們自己對蘇聯、對共產主義的看法是怎樣的；直到今天，許多同道對蘇聯、對社會主義的看法又是怎樣的。我們如果拿鄭老主教和我們自己來比較一下，我們就不能不承認：鄭老主教遠遠地跑在我們的前面，鄭老主教是個先知。

一九四八年，世界聖公宗的主教在英國舉行蘭柏大會，鄭老主教參加了這個大會。他堅決反對這個大會的一個報告中一段關於反對共產主義的言論，他一再辯論并提出建議要把這一段完全刪去，但因為贊成的人少，沒有被通過。一九四八年——這是中國解放的前夕，是帝國主義反共高潮的一年，而鄭老主教却在這樣一個重要的會議裡勇敢地表示他自己認為是正確的意見，這也是鄭老主教先知的精神一個明顯的表現。

鄭老主教是熱愛祖國的。一九三八年，世界基督教大會在印度的瑪德拉斯舉行。那正是日本法西斯主義瘋狂地侵略中國的時候。在會上，鄭老主教建議大會通過一個譴責日本法西斯侵略中國的決議，但這個建議沒有被通過。

一九四九年十月，中華人民共和國成立，他非常高興，從加拿大打電報給毛主席致敬。

一九五二年，鄭老主教回到中國；那一年在上海的國慶節是他回國後的第一個國慶節，他雖然在病中，還是興高彩烈地到一個高樓上面去看遊行的隊伍。

一九五三年多，上海市區進行普選，居民小組每次開會的時候，鄭老主教都堅持着要參加，但還沒有到投票的時候，他又第二次中風病倒。他要求在病床上投票；當票箱送到他床前時，他極興奮快樂，要他的夫人給他拍照留作紀念。他說：「我做了七十年的中國人，這才真正看到了民主；這一票是一定要投的。」

鄭老主教臨終前情緒極為快樂；他對家人說：「你們將看到社會主義的中國；我雖然看不到，但我知道你們一定要看到，所以我非常快樂。」

6 / 吳耀宗先生訪問記

原刊於《新華社新聞稿》1499 期（1954 年 6 月 30 日），頁 9。後以〈新華社記者楊瑛訪問吳耀宗先生〉爲題，刊於《天風》424 期（1954 年 7 月 14 日），頁 12。

【新華社上海二十八日電】吳耀宗先生訪問記 新華社記者楊瑛

六月二十三日，我訪問了著名的宗教界人士吳耀宗先生，請他談談對憲法草案的感想。他一邊談，一邊翻着桌上兩個憲法草案本子。一本是兩個月以前他曾經參加討論過的憲法草案初稿，另一本是最近由人民出版社出版的憲法草案單行本。在前一本初稿的每一頁天地上，字行間，都密密地寫滿了字。他對這個初稿已經過了許多思考和推敲。他指着憲法草案中已修改過的幾處興奮地對我說：「這眞是人民的憲法草案，我們的意見，都受到了尊重。」吳先生從憲法草案談起了很多往事。偶然間，他的目光落到了放在面前的日曆上面，他立即從抽屜裡拿出了一本封面上寫着觸目驚心的「下關血案」的書遞給我。他說：「這本書，我一直保存到現在。」他回憶起八年以前的今天，爲了要求和平，停止內戰，他和好多位熱愛和平民主的人士從上海出發到南京去向國民黨政府請願，誰知才到下關，就被國民黨特務攔擊，許多人遭了毒打。吳先生清楚地記得，半夜裡，卡車把他們送到中山醫院。吳先生說：「慘案發生以後的幾年，每年六月二十三日，下關受難的在上海的幾位朋友，都要聚在一起，紀念這個沉痛的日子。」

　　談到這裡，吳耀宗先生激動地說：「過去國民黨的僞憲法也有『信仰自由』之類的字眼，但那是對人民最大的欺騙。」

　　的確，在那些黑暗的日子裡，愛國的宗教徒是沒有任何自由的，甚至連生命都沒有保障。片刻的沉默後他接着說：解放以來，我們愛國的宗教徒是可以憑良心做人了。幾年來許多事實證明，人民政府爲了貫徹宗教信仰自由的政策，作了很大的努力。現在憲法草案中把宗教信仰自由單獨列爲一條，就是這一事實的記載。無疑，憲法草案將幫助我們實現世界和平、人類大同這一崇高的理想。

7 / 基督徒熱烈歡迎憲法草案

原刊於《天風》421-422 期（1954 年 7 月 1 日），頁 2。

中華人民共和國憲法草案是中國人民百餘年來革命鬥爭的珍貴成果，是中國共產黨領導中國革命的卓越貢獻。爲了這個憲法草案的公佈，每一個中國人民都會感到衷心的喜悅。

憲法草案是民主精神優良的表現。憲法草案產生的過程是非常民主的；每一個中國人民對這個草案都有發表意見的機會，並且他們的意見都會受到重視。憲法草案的內容是完全民主的。「中華人民共和國全國人民代表大會是最高國家權力機關」——這就是眞正的民主最好的保證。「人民民主」不是一句空話，而是在全部憲法草案中具體地表現了出來。我們受過西方虛僞民主的宣傳的人，都會深深地被憲法草案的精神實質所感動。

憲法草案清楚地規定了宗教信仰的自由，並且把它作爲獨立的條文，這是全國宗教信徒所熱烈歡迎的。我們不但爲了這個條文的規定而高興，更由於我們的人民民主制度的優越性，我們相信這個條文的精神必定會得到貫徹。正如人民其他基本權利會得到貫徹一樣。在共產黨和毛主席領導下的新中國，是一定能夠實現憲法草案所給我們指出的美好的將來的。

8 / 迎接中國基督教全國會議

原刊於《天風》423 期（1954 年 7 月 7 日），頁 1。另《協進》1954 年 7 月，頁 16。

中國基督教抗美援朝三自革新運動委員會籌備委員會於本年五月十七日至廿二日在上海舉行了第二次全體委員會議，會上一致議決於今年下半年在北京召開中國基督教全國會議，會議的目的是總結中國基督教抗美援朝三自革新運動四年來的經驗，團結全國愛國愛教同道，共同推進中國基督教自治、自養、自傳的工作，并成立全國正式領導機構。現經決定，中國基督教全國會議於本年七月下旬在北京舉行。這是中國基督教具有歷史意義的一件大事；是解放後中國信徒掙脫了帝國主義的束縛，堅強地站立起來，爲了建設一個眞正自治、自養、自傳的教會而舉行的中國基督教第一個全國性的會議；是一百多年來完全由中國信徒自己主持，沒有外國傳教士控制參加的，中國基督教第一個全國性的會議；也是我們中國信徒，作爲中國人民，爲了表示我們對祖國的熱愛，擁護祖國偉大的建設，爲了反對帝國主義侵略和擁護世界和平而舉行的中國基督教第一個全國性的會議。爲了中國基督教全國會議的舉行，我們感到衷心的喜樂，我們要向上帝獻上感謝與讚美，同時也要懇切地爲這個會議的勝利成功而祈禱。

中國基督教三自革新運動得到廣大信徒群衆的擁護，四年來有了巨大的成就。中國的教會基本上已經割斷了與帝國主義的關係，結束了一百多年來帝國主義對中國教會的控制，結束了一百多年來帝國主義利

用基督教在中國進行侵略的歷史，使中國的教會成爲完全由中國信徒自己主持的宗教團體，使中國的基督徒重新與廣大的中國人民站在一起，爲祖國偉大的建設而努力。一百多年來帝國主義曾經利用傳教的機會，歪曲聖經，在中國信徒中無孔不入地散播帝國主義的思想毒素，中國信徒變成帝國主義的思想俘虜。四年以來，通過大規模的對帝國主義的控訴，通過不斷的愛國主義學習，也由於祖國建設偉大成就的親切而有力的啓發，全國的信徒已經逐漸認識了帝國主義思想的危害性，逐漸從帝國主義思想的束縛中被解放出來。三自革新運動純潔了中國的教會，給中國的教會帶來了新生命，使中國的信徒能更眞切地、更深刻地體認主耶穌的教訓，爲他作美好的見證。

　　但是，三自革新運動所已經獲得的成就，僅僅是這個運動初步的成就。徹底肅清帝國主義的影響，建立一個眞正爲上帝所喜悅的教會，是一件長期的艱巨的工作。因此，我們必須在已有的成就的基礎上，作更大的努力，使三自革新運動成爲一個更廣泛更深入的運動，使每一個信徒都能清楚地認識這個運動的意義，并以最大的力量來支持這個運動。關於三自革新工作今後的努力方向，我們也應當作出具體的決定。中國基督教全國會議的舉行，就是要團結全國愛國愛教的同道，爲這些重大的任務的完成而努力。願上帝祝福這個會議，使這個會議所決定的一切，都能榮耀他的聖名。

9 / 中國基督教三自愛國運動委員會主席
吳耀宗的談話

原刊於《光明日報》，1954 年 8 月 21 日。
本文爲擁護周恩來外交報告的談話。

日內瓦會議關於印度支那停戰和恢復和平問題所達成的協議又一次證明了美國侵略集團「實力政策」的失敗，又一次證明了用和平協商方式來解決國際爭端的可能。周恩來總理兼外交部長在中央人民政府委員會第三十三次會議上的外交報告闡述了日內瓦會議的輝煌成就和中華人民共和國代表團在日內瓦會議上所作的貢獻。我們對這個報告表示衷心的擁護。這個報告使我們感到興奮，使我們感到作爲中國人民的光榮，也大大地增加了我們對世界和平運動最後勝利的信心。

周總理在報告中提出了中國人民解放台灣的光榮任務。台灣是中國的領土，解放台灣是中國的主權和內政，決不容許任何國家加以干涉。美國侵略集團最近加緊對蔣介石賣國集團的援助，企圖把台灣變爲美國長期侵略我國的基地，這不但威脅了我國的安全，妨害了我國的和平建設，也威脅了整個亞洲和世界的和平。因此，解放台灣不但符合中國人民的利益，也符合全世界愛好和平的人民的利益，一定會得到全世界愛好和平的人民的支持與擁護。

我們基督徒是熱愛和平的。我們必定團結一致，做好三自愛國運動，認真進行愛國主義學習，徹底割斷與帝國主義的關係，積極參加祖國偉

大的社會主義建設，以實際的行動來響應解放台灣和爭取世界持久和平
的號召。

（新華社）

10 / 中國基督教三自革新運動四年來的工作報告

原刊於《天風》425–427 期（1954 年 9 月 3 日），頁 3–10。

今天，中國基督教各教會、各團體的代表們，在首都北京舉行基督教全國會議，總結我們過去的工作，討論今後的方針和任務，我們爲此要向上帝獻上深切的感謝和讚美。

當主內的弟兄姊妹們一起聚集在這裏的時候，我們應當仰望爲我們信心創始成終的主耶穌基督。主並沒有因着我們過去的無知和軟弱而隱藏他的光照，收囘他的幫助。主是一直帶領我們，賜給我們超過所求所想的恩典，讓我們在新中國繼續蒙主的差遣，爲他作美好的見證。

這一次基督教全國會議是中國基督教繼一九五一年四月中央人民政府政務院文化教育委員會宗教事務處所召集的「處理接受美國津貼的基督教團體會議」（北京會議）之後的一件大事；是解放後中國信徒掙脫了帝國主義的束縛，站立起來，爲了建設一個眞正自治、自養、自傳的教會而召集的中國基督教第一次全國性的會議；也是我們中國信徒，作爲中國人民，爲了表示我們對祖國的熱愛，擁護祖國偉大的社會主義建設，爲了反對帝國主義侵略和擁護世界和平而舉行的中國基督教第一次全國性的會議。

我們是中國的人民，也是耶穌基督的門徒。在舊中國，我們曾與廣大人民一同遭受帝國主義侵略給中國帶來的苦難。在那時候我們却不明白，甚至沒有想到，帝國主義利用基督教進行侵略也是造成這些苦難的

一個重要原因。但我們今天却清楚地曉得，這是一個千眞萬確的事實。耶穌基督降世救人的使命，和帝國主義的侵略，明顯地是善與惡的兩個極端。帝國主義利用基督教來進行侵略，這實在是差辱了主和他的教會，玷污了基督的福音。

我們四年來所揭露的事實，證明了「傳教士」和帝國主義對中國的侵略是分不開的。最早到中國來的「傳教士」大都是帝國主義進攻中國的先鋒。中國曾被迫和帝國主義簽訂了許多不平等條約。這些條約大部分是由外國「傳教士」參與策劃的，例如：英國「傳教士」郭實獵參加草擬的「南京條約」，美國「傳教士」裨治文和伯駕參加草擬的「望廈條約」，美國「傳敎士」衞三畏、丁韙良參加草擬的「天津條約」，美國「傳敎士」丁加利、丁韙良，英國「傳敎士」李提摩太參加草擬的「辛丑條約」等。這些「傳敎士」利用在中國「傳敎」的關係，通過不平等條約，爲帝國主義奪取更大的利益。然後他們又利用不平等條約特權的保護，深入中國，進行侵略活動。許多「傳敎士」都不諱言他們本身便是政治人物。他們替帝國主義搜集中國的政治、軍事、經濟、文化等各方面的情報。「北美基督教差會聯合會」在一九三二年的報告中，甚至公開承認該會將「所收到的電報和重要文件，包括重要的第一手情報，立卽轉送華盛頓國務院」。

事實還不僅如此。有些「傳敎士」在帝國主義侵略中國人民的重要關頭，出任帝國主義在中國進行侵略活動的主要領導者——帝國主義駐中國的官員。以我們所熟悉的美國南長老會司徒雷登來說，他披着宗教外衣，以「傳敎」和「辦敎育」爲名，長期在中國活動。但是，當美帝國主義面臨它在中國的最後失敗，指使國民黨反動派大舉進攻中國人民的時候，司徒雷登便露出了自己原來的面目。他出任美國駐華大使，公開干涉中國的內政，手訂掠奪中國的主權利益的「中美商約」和許多其他性質相同的條約與協定。

我們一向以爲內地會的創辦人戴德生是一個熱心佈道的「傳敎士」。可是，在一八八八年，在倫敦舉行的世界傳敎百週年紀念大會上，他以垂涎的口吻，提到「在中國廣大土地下蘊藏着的最豐富的礦藏」。他說：

「礦藏能使西方國家富強。」他懼怕中國的覺醒；他讚揚不平等條約所給外國「傳教士」的便利，說：「現在在條約所給予的權利下，我們一手抓着護照，就可以很安全而舒適地由公路或江河旅行至中國任何一省。」他要外國「傳教士」利用時機，通過傳教，擴展帝國主義在中國的勢力。

正是這些外國差會和「傳教士」們，在一百多年中直接地和間接地控制着整個中國教會的人事、行政、經濟和工作，歪曲聖經，謬解眞道，培植一些爲信徒羣衆所不齒的敗類，造成教會內的不和與分裂，使中國信徒在不知不覺之中，深深的吸收了帝國主義思想的毒素。

事實十分明顯，中國教會若是繼續爲這些「傳教士」所控制，中國的信徒必將走上與耶穌基督的福音完全背道而馳的道路，而教會也將陷入十分黯淡的境地。

在過去，一些愛國的中國信徒曾經起來反對帝國主義對中國教會的控制與利用。遠在一九零六年就有上海俞國楨牧師等「憂教案之烈」，反對「不平等保教條約」，主張「創設自立教會，脫去西會束縛，」提倡「愛教愛國之思想」。但是，在外國差會和「傳教士」控制下的中國教會裏面，中國信徒這樣的願望是不可能實現的。

一九四九年，在中國共產黨領導下，全國人民得到了解放，中華人民共和國成立。可是，帝國主義的勢力還控制着中國的教會，帝國主義的思想毒素還影響着中國的信徒。「傳教士」們還不住地恫嚇着我們說：在共產黨領導下的中國，教會將遭遇到「迫害」。他們叫我們準備「抵抗」，以致我們中間有許多同工同道，心存疑懼，苦悶徬徨，看不清教會前面應走的道路。

一九五零年九月廿三日，全國一五二七位基督教教會及團體負責人和信徒發表了「中國基督教在新中國建設中努力的途徑」的宣言，指出了中國基督教反帝、愛國、愛教的道路，號召全國教會和基督徒割斷與帝國主義的關係，肅清帝國主義的影響，徹底實行中國教會的自治、自養、自傳。四年來，在這個文件上簽名的基督徒共達四一七、三八九人

（約佔全國基督徒的三分之二）。在一九五一年四月的「北京會議」上，成立了全國三自革新運動的領導機構——中國基督教抗美援朝三自革新運動委員會籌備委員會（三自籌委會）。

感謝上帝，他四年來一步一步地引領我們在這正確的道路上前進，使我們今天能聚集在這裏，一面回顧四年來教會在主的眷顧下自力更生的成就，一面共同討論今後中國教會爲了完成我們的任務所應當作的努力。

一、四年來的工作

中國基督教三自革新運動四年來主要的成就，就是我們中國教會在人事、行政、經費等等方面，基本上已經割斷了與帝國主義的關係，開始肅清帝國主義的影響，初步地實現了自治、自養、自傳。

下面我們要分幾個方面來說明這個主要的成就：

（一）中國基督教教會及團體基本上擺脫了帝國主義的控制，逐步成爲中國信徒自己主持的宗教團體。

一百多年來的中國基督教，是外國差會所控制着的，是帝國主義利用來進行侵略的工具。三自革新運動改變了這個情況，使帝國主義分子不得不離開中國，使差會不得不宣告結束。從此以後，中國基督教便基本上擺脫了帝國主義在人事上和行政上的控制，逐步成爲中國信徒自己主持的宗教團體。

通過經濟津貼是差會歷來控制中國教會的主要方法之一。三自革新運動開始後，許多教會都計劃在一定時期內逐步實現自養。一九五零年十一月，在聯合國討論「控訴美國侵略中國」及「控訴美國武裝侵略台灣」等案的會議上，美國代表奧斯汀發表了污衊中國人民和中國教會的演說，他把美國津貼說成是對中國人民和中國教會的「恩惠」。他的讕言引起了中國人民和中國教會及團體的嚴正抗議。同年十二月，美國政府宣佈凍結我國在美的公私存款，企圖藉此威脅當時仍在接受美國津貼的中國

教會和團體的工作人員的生活。但是，美帝國主義的估計完全錯了。在
這一事件發生後，中國各教會和團體都紛紛表示決心，拒絕一切外國津
貼，毅然走上自養的道路。幾年來，我們憑着信心，依靠信徒的熱心奉獻，
教牧人員克服困難的努力，以及人民政府減免房地產稅等辦法的照顧，
中國教會已經基本上實行了自養。

（二）開始肅清基督教內的帝國主義影響。

　　一百多年來，帝國主義對中國基督教的影響是很深的。通過傳教工
作，帝國主義歪曲聖經，遮蓋福音的真相，使基督教變成掩護侵略的工
具。通過學校、醫院等文化事業，帝國主義又在中國信徒中培養親美崇
美、反蘇反共和卑視祖國的思想，使中國信徒不能分清敵我，辨別是非，
因而在思想上受了帝國主義的毒害。

　　中華人民共和國的成立，以及幾年來新中國建設事業的輝煌成就，
開展了中國信徒的眼界，使我們開始認識了祖國的偉大可愛。四年來，
全國信徒同道，特別是教會工作人員，進行了經常的愛國主義學習；北京、
上海、福州、杭州、南京、山西、湖南等地還先後進行了基督教工作人
員有系統的學習。學習不但幫助我們認識帝國主義兇惡的本質，認識帝
國主義利用基督教進行侵略的事實，也幫助我們認識祖國光明的前途和
人民政府宗教信仰自由的政策，使我們逐漸從帝國主義的思想束縛中被
解放出來。

　　中國基督徒的控訴運動，在肅清基督教內帝國主義影響的工作中，
起了重要作用。帝國主義分子在教會內的活動，向來是以假冒爲善的面貌
來進行的，因此，許多善良的中國信徒就長期地受了他們的欺騙和蒙蔽。
三自革新運動啟發了全國信徒，使大家認識了他們的真面目。一九五一
年全國各地基督教教會及團體廣泛地展開了控訴運動，許多同道都以激
忿的心情，揭露了他們所親身經歷以及耳聞目覩的帝國主義假借基督教
來侵略中國的各種罪行，據不完全的統計，一九五一年全國一百三十三
個城市的基督教教會及團體舉行了規模較大的控訴會二百二十八次。

帝國主義為了達到他們侵略的目的，曾經在教會中培養了一些敗類，這些敗類長期在教會中蒙蔽信徒，為非作歹。他們甘心作帝國主義的工具，早已喪盡傳道人所應有的品德。控訴運動揭露了這些敗類，把他們從教會中清除出去。一個突出的例子就是「耶穌家庭」的敬奠瀛。「耶穌家庭」名為自立教會，實際上是由外國「傳教士」，特別是美國「傳教士」們一手扶植起來的。解放前後，「傳教士」們認為「耶穌家庭」是反對共產黨的最有效的工具。三十年來，「耶穌家庭」的「領導人」敬奠瀛把「耶穌家庭」說成是「土生土長」的「世外桃源」。實際上，敬奠瀛却披着宗教外衣，一貫地替帝國主義搜集情報，窩藏反革命分子，剝削和毒打善良的弟兄姊妹，包辦他們的婚姻，自己却過着荒淫無恥的生活。愛國愛教的信徒經過了三自革新運動，終於摧毀了這個暗無天日的山東馬莊老家，成立了新生的山東北新莊耶穌教堂。此外，被清除的敗類還有那欺騙羣眾、污辱婦女、殘害兒童、造謠破壞的顧仁恩、馬兆瑞等。

（三）全國信徒，通過三自革新運動，提高了反帝愛國的認識，參加了各項愛運動和保衛世界和平運動。

通過三自革新運動，全國信徒在愛國愛教精神的鼓舞下，熱烈地參加了各項愛國運動，像抗美援朝的捐獻和慰問運動、優撫烈軍屬、購買公債、訂立愛國公約等工作。在信徒中還出現了不少的勞動模範和其他愛國愛教的人士，也有很多信徒被選為各級人民代表。

美帝國主義侵佔我國領土台灣，繼續利用蔣匪幫對中國進行侵略，並製造國際緊張局勢，企圖發動又一次世界大戰，把人類拖入黑暗的深淵。我們的主耶穌基督是和平的君王，我們基督徒所傳的福音正是和平的福音。全國信徒在過去四年中積極參加了保衛世界和平運動，像反對使用原子武器的斯德哥爾摩宣言簽名運動，反對美帝國主義武裝日本與擁護五大國締結和平公約的投票和簽名運動。我們嚴正地抗議美國在朝鮮和我國東北進行滅絕人性的細菌戰。我們有自己的代表去參加保衛世界和平的會議，表達中國基督徒熱愛和平與爭取和平的堅強意志。此外，

我們曾熱烈歡迎保衛世界和平的戰士約翰遜、文幼章、福貝克等同道來中國訪問，並通過他們向英國、加拿大和挪威的信徒表示中國基督徒擁護和平的意願。

（四）新中國的教會在愛國愛教的基礎上呈現了新生的氣象。

我們感謝主，四年來靠着主的恩典，也由於信徒同道和教牧同工的齊心努力，中國教會不但在聖工上有了進步，並且達到了前所未有的團結。

現在，一般信徒對自己的教會更加愛護，也更願意為教會負責，因而熱心奉獻，勤做主工。許多教牧人員有了更堅固的信心，更清楚地認識了上帝對自己的託付，更加愛護主的羊羣，「按着正意分解真理的道」，以愛國愛教的精神來培養信徒。因此，教會內教牧人員與信徒之間的團結就日漸增強了。

帝國主義所造成的各教會之間的隔閡，也在逐漸消除中，向來很少見面或是從來不見面的同工同道緊密地團結起來了。南京、北京、上海、杭州、天津、武漢等地舉行了各教會工作人員退修會，上海、北京、武漢、廣州、廈門、南京等地基督徒青年都分別舉行了聯合的夏令會、冬令會、聖誕節與復活節的聖樂崇拜。我們真是體會到「弟兄和睦同居，是何等的善，何等的美。」

南京金陵協和神學院和北京燕京協和神學院的成立，標誌着中國神學教育的新生。在互相尊重，發揚真道的原則下，中華聖公會上海中央神學院、上海浸會神學院、杭州中國神學院、南京金陵神學院、無錫華北神學院、濟南齊魯神學院、漳州閩南神學院、福州協和神學院、寧波三一聖經學院、鎮江浸會聖經學院、濟南明道聖經學院等十一個單位聯合組成了金陵協和神學院；北京神學院、聯合女子聖道學院、燕京宗教學院、中華聖潔教會聖經神學院、中華基督教會東北神學院、開封華內浸會神學院、湖北灄口信義會神學院等七個單位聯合組成了燕京協和神學院。這些不同宗派和不同神學觀點的同工同學們，都團結一致、為培養中國教會的人才而努力。各教會許多愛主的青年也蒙了選召，到神學

院入學。從神學教育的發展中，我們更堅定了對中國教會前途的信心。

從四年來的工作成就看來，我們主要的經驗是：第一，反帝、愛國、愛教的道路表達了絕大多數中國信徒的要求與願望，體現了基督徒「只愛眞理，不愛不義」的精神。在反帝愛國的旗幟下，全國信徒是應當而且能夠團結起來的。第二，愛國與愛教是沒有矛盾的。我們的主耶穌是熱愛祖國的。愛國是我們基督徒作爲中國人民所應盡的本分；愛教就是珍貴自己的信仰，愛護自己的教會。中國的基督教既然曾經被帝國主義所利用，既然受了帝國主義的影響，既然被帝國主義所玷污，因此，爲了純潔教會，我們愛教就必須反帝，也就必須愛國。第三，我們對反帝、愛國、愛教互相結合的道理能夠取得正確認識的關鍵，就是我們經常的、認眞的學習以及我們與廣大人民之間的緊密團結。

四年來基督教三自革新運動的成績是應當肯定的。但我們的工作還是做得很不夠，在我們的工作裏面，還存在着不少的缺點。我們的運動雖然已經普遍地發展，但還不夠廣泛深入，還有一部分教會和信徒沒有參加這個運動，有些信徒雖然參加了三自革新的活動，他們對三自革新運動的意義，還沒有一個較深刻的認識。在三自革新運動中，曾經或多或少地存在着「宗派」的傾向，我們常把沒有參加這個運動的同道看作是落後的。我們沒有深入地瞭解別人的情況，發現別人的問題，從而尋求可以和別人合作的共同點。對一些進步較爲遲緩的同道，我們常常採取急躁的態度，沒有給予熱情的、耐心的幫助。這一種「宗派」的傾向就妨害了團結，使一些還沒有參加三自革新運動的同道們對這個運動採取遲疑觀望，甚至對立的態度。我們對各地方的教會和信徒的具體需要，例如關於自養和自傳問題的解決，也還沒有給予適當的協助。這些缺點的存在，是應當由三自籌委會，特別是本人負責的。這些缺點我們雖力求克服，但還沒有完全消除，我們應當繼續努力改正這些缺點。

二、今後的方針任務

中國基督教反帝愛國三自革新運動使帝國主義遭受了嚴重的失敗。但是帝國主義、特別是美帝國主義，並沒有放棄他們繼續利用基

督教侵略中國的企圖。恰恰相反，他們正在加強這一方面的陰謀活動。我們知道，美國差會正在研究他們在中國失敗的原因，正在佈置繼續利用中國基督教的新的「策略」。從中國撤退的差會和「傳教士」一直在中國的邊境附近——在香港、日本、以至東南亞一帶，不斷地活動。幾年來，他們一直誣衊中國的教會，一直歪曲新中國宗教信仰自由的事實，一直企圖在中國教會中培養他們的工具，來破壞三自革新運動。在侵朝戰爭中，美國侵略軍甚至利用偽裝的特務「牧師」來執行強迫扣留與屠殺朝中被俘人員的計劃。因此，我們必須提高警惕，嚴防帝國主義的破壞活動，並加緊努力，打擊帝國主義企圖繼續利用中國基督教的一切陰謀。

此外，帝國主義一百多年來對中國教會根深蒂固的影響，仍然需要我們繼續肅清。這是一件長期的、艱巨的工作。今天在一些同道的思想中還存在着帝國主義的毒素；他們對帝國主義的罪惡和帝國主義利用基督教進行侵略的事實還沒有清楚的認識。因此，我們決不能滿足於已有的成就，我們必須隨時儆醒，加強我們的團結，爲進一步展開中國基督教反帝愛國運動，爲徹底實現中國教會的自治、自養、自傳而奮鬥！

我們全國基督徒目前在愛國愛教的基礎上所已經取得的團結，無論就其範圍或程度來說，都是前所未有的，也是極其寶貴的。出席這次會議的同道們廣泛的代表性就是一個很好的證明。但是，四年來的經驗同時也說明了帝國主義無時不在設法毀謗與破壞我們的團結，因此，我們就必須以愛教會的心，來愛護全體基督徒的團結，凡是有利於團結的事，我們總要勉力去做；凡是不利於團結的事，我們應當隨時指出，並加以改正。

爲了團結，我們要比過去更謙虛，「不要看自己過於所當看的」；我們也要用愛心與耐心去幫助所有的同道同工，弟兄姊妹。我們應當棄絕基督徒所不應有的驕傲與浮躁，彼此同心同行。

爲了團結，我們應當承認各教會、各宗派、各個神學觀點間的區別，確立互相尊重的原則。

　　爲了團結，我們要研究即將成立的正式領導機構的名稱。三自革新運動這個名稱是作爲中國基督教反帝愛國運動提出來的；但是，「革新」容易使人聯想到教會歷史上的宗教改革運動。因此，一部分同道就對這個運動有了模糊不清的看法。有些同道誤認「革新」要「革掉教會的制度」；也有些同道恐怕「革新」會干涉自己的信仰，因而對三自革新運動採取消極旁觀的態度。這種情況的存在，就妨礙了我們的團結，使我們的運動不能更廣泛深入地發展。

　　爲了進一步加強全國基督徒的團結，爲了消除因着運動的名稱而引起的顧慮和誤解，爲了明確今後中國基督教反帝愛國運動的基本性質與任務，我們應當堅持全國信徒四年來所一致擁護的反帝愛國的道路，而不必拘泥於運動已有的名稱。因此，我們建議在成立正式領導機構的時候，可以考慮正式機構定名爲：「中國基督教三自愛國運動委員會」。同時，我們的運動今後也應當稱爲中國基督教三自愛國運動。這樣的定名將會有助於我們今後的工作與團結。

　　爲了進一步發展我們的三自愛國運動，我們應當進行下列幾項工作：

（一）號召全國信徒擁護中華人民共和國憲法，爲建設社會主義
　　　社會而努力。

　　中華人民共和國憲法草案已經公佈；這個憲法草案不久就要成爲全體中國人民共同遵守的根本大法。憲法草案的序言指出：「中華人民共和國的人民民主制度，也就是新民主主義制度，保證我國能夠通過和平的道路，消滅剝削和貧困，建立繁榮幸福的社會主義社會。」憲法草案第八十八條又明文規定：「中華人民共和國公民有宗教信仰的自由」，這更值得我們感奮。我們要號召全國信徒認眞學習與討論憲法草案，並在各自的工作崗位上，發揚基督徒愛國愛教、捨己服務的精神，與全國人民站在一起，積極響應政府的號召，參加祖國的各項建設事業，爲實現國家在過渡時期的總任務，建成社會主義社會的偉大目標而努力。

（二）號召全國信徒，反對帝國主義侵略，爭取世界持久和平。

「上帝藉着耶穌基督傳和平的福音。」聖經教訓我們要為和平作美好的見證。我們要以實際的行動，響應世界和平理事會關於大國協商、緩和國際緊張局勢，制止侵略戰爭，禁止大規模毀滅人類的原子武器和細菌武器等各項號召和決議，與全中國和全世界愛好和平的人民站在一起，為人類和平幸福的生活，獻上我們的力量。

在中國基督教全國會議開幕的前一天——七月二十一日，在日內瓦會議上，印度支那停戰和恢復和平問題達成協議，當這個消息傳到會場的時候，全體出席同道都熱烈鼓掌，感到極大的興奮。印度支那停戰協定的簽字是繼朝鮮停戰後世界和平運動又一個巨大的成就。這個新的勝利，又一次證明了和平協商能夠解決國際爭端，也證明了美國「實力政策」的失敗。我們為這個新的勝利而歡呼，同時我們堅決反對美帝國主義侵佔我國領土台灣，並對美帝國主義繼續製造緊張局緊，挑撥戰爭的陰謀，保持高度的警惕。

（三）繼續在全國信徒同道和教牧人員中進行愛國主義學習，徹
　　　底肅清帝國主義影響。

四年來的經驗告訴我們，愛國主義學習是肅清帝國主義影響最有效的方法。愛國主義學習激發了我們基督徒崇高的愛國熱情，使我們與全國人民團結起來，為建設祖國，為建立自治、自養，自傳的教會而努力。因此，我們必須以嚴肅的態度，繼續進行學習。我們要鼓勵全體信徒，在自己的工作崗位上努力學習；我們也要協助教會工作人員進行經常性的和有系統的學習，使全國同工同道普遍深入地受到愛國主義教育。

（四）貫徹自治精神，促進教會內的團結。

目前在一些教會內，在信徒與信徒之間，在教牧人員與信徒之間，還存在着一些不團結的現象，因而引起教會內部的糾紛。這種不團結，保持了在帝國主義控制下的教會內互相歧視、造成分裂的現象，因此是

違反自治的精神的，是有害於教會健全發展的。我們的教會既然逐步割斷了與帝國主義的關係，成爲中國信徒自己主持的教會，我們就應當本愛國愛教的精神，努力克服這種現象，發揮基督徒互助互愛的精神，担負起建立教會的責任。

（五）研究教會自養問題，協助教會完成自養。

我們深切地關心全國一部分教會中自養的困難。我們建議全國基督教領導機構設立「自養促進委員會」，研究目前教會的自養情況，並對努力貫徹三自愛國運動而在自養問題上還存在着若干困難的教會及其工作人員，予以照顧和幫助，使中國教會能夠更迅速地全部完成自養的任務。

（六）在互相尊重的原則下，研究自傳工作，肅清帝國主義毒素，
　　　傳揚純正福音。

帝國主義所散佈的思想毒素，掩蓋了福音的眞光，是與福音的眞道絕對不相容的。我們深信上帝對今日的中國教會有特別的託付，就是肅清帝國主義的毒素，傳揚純正的福音。我們建議全國基督教領導機構設立「自傳研究委員會」，一面批判帝國主義的毒素，一面本互相尊重的原則，追求聖經的眞理與亮光，並鼓勵關於傳揚純正福音的著作，支持金陵與燕京協和神學院等神學教育機構，培養更多的傳道人員，必要時舉辦傳道人員的退修會。

（七）貫徹愛國愛教精神，提倡愛國守法，純潔教會。

中華人民共和國憲法草案既已規定了宗教信仰的自由，我們基督徒就應當十分寶貴這個自由。不容否認，在目前中國基督教裏面，還有少數人假借基督教的名義，顚倒是非，散佈謠言，進行有利於帝國主義的活動，這不但是中國人民所不能容許的，也是違背聖經的教訓，有害於教會的。也有少數人利用宗教的活動，招搖撞騙，擾亂社會秩序，妨害信徒健康，造成教會生活中不健全的現象，這也是愛國愛教的同道們所

一致反對的。憲法的條文是不能割裂的；任何人不應當以宗教信仰自由為藉口，進行違法的活動。我們全國信徒，要遵守憲法和法律，遵守公共秩序，尊重社會公德，同時劃清是非善惡的界限，進一步肅清帝國主義與舊社會的邪惡影響。

只要我們教會是愛國守法的，根據憲法草案上宗教信仰自由的規定，政府對我們的教會，對教會一切正當活動，對教會的合法利益，一定予以保護。關於目前教會還存在的困難問題，我們將繼續根據具體情況，與各有關教會及政府有關部門聯系，以求逐漸獲得解決。這些困難問題的解決，將使全國的教會在三自愛國運動的基礎上，獲得更順利、更健全的發展。

以上這些工作都是為了純潔教會，建立教會，為基督的福音作美好的見證。這些工作是互相聯系的，是不能分割的；把它們全部執行，就是愛教，也就是愛國，也就能把基督教三自愛國運動大大地推進一步。

同工同道們，傳揚福音，領人歸主，是我們信徒的職責，這是不容疑問的。但我們相信，只有在教會真正做到了自治、自養、自傳之後，她才能真正為上帝擔負起這託付。教會的光明前途在今天首先讓教會真正成為教會，成為主自己的居所，發出清潔聖善、愛主愛人民的香氣。為爭取這一前途的一切努力，都具有莫大的見證福音的意義，因為這種努力不能不大大改變人民對教會和福音的觀感。聖經很重視行為和生活的見證；主耶穌自己說：「你們的光當照在人前，叫他們看見你們的好行為便將榮耀歸給你們在天上的父。」因此，通過自治、自養、自傳來純潔教會內部，是每一個愛國愛教的同工同道應盡的職責。

三自愛國運動是中國全體信徒的運動，是中國全體信徒愛國愛教的大團結。任何教派，任何不同信仰的教會和信徒都應當在愛國愛教的基礎上，共同努力，為三自愛國運動貢獻出最大的力量。

同道們，我們面前的任務是艱巨的；全國信徒對我們的期望是殷切的。讓我們在主的面前，奉獻自己，終身坦然無懼，用聖潔公義事奉主和主的教會。我們深信，藉着上帝的恩典，加上弟兄姊妹們同心合意的祈求與努力，我們一定能夠勝利地完成我們的任務。

11 / 中國基督教全國會議的成就

原刊於《天風》428–429 期（1954 年 9 月 23 日），頁 9–10。

中國基督教全國會議於一九五四年七月廿二日在首都北京開幕，歷時十六天，於八月六日圓滿結束。出席會議的代表二百三十二人，來自全國各地，代表了六十二個宗派、教會及團體。

中國基督教全國會議是中國基督徒在解放後掙脫了帝國主義的束縛，爲了建立自治、自養、自傳的教會而舉行的中國基督教第一次全國性的會議。這個會議總結了中國基督教三自革新運動四年來的工作，規定了三自愛國運動今後的方針任務。代表們都感覺這個會議獲得了巨大的成就，歡欣鼓舞地回到各自的工作崗位上去，準備爲三自愛國運動貢獻出更大的力量。

中國基督教全國會議首先聽取了中央人民政府政務院文化教育委員會錢俊瑞祕書長的政治報告及中國人民政治協商會議全國委員會常務委員章伯鈞先生關於中華人民共和國憲法草案的報告。這兩個報告使我們認識祖國建設的突飛猛進，認識了世界和平力量的不斷增漲和我國國際地位的空前提高，也使我們認識了憲法是中國人民百餘年來革命的成果，擁護憲法，遵守憲法是每個中國人民的權利和義務。

會議也聽取了《中國基督教三自革新運動四年來的工作報告》，和中央人民政府政務院文化教育委員會宗教事務處何成湘處長在會議上的講話。工作報告敍述了四年來三自革新工作的情況，指出了今後努力的

方向；何處長的講話對基督教的反帝愛國三自運動給了正確的估價，并說明了政府的宗教政策。

代表們在聽取了這四個報告以後，就對它們逐一進行了分組討論。分組討論是會議的一件中心工作，是會議成功的一個重要因素。

中國基督教全國會議最主要的成就就是通過這個會議，中國基督教各宗派、各教會及團體達成了前所未有的團結，這個團結使今後基督教的三自愛國運動有了更廣泛的基礎，能夠在廣大信徒群眾當中，更深入地推進反帝愛國工作，使三自愛國運動在已有的成績上大大地推進一步。全國會議所以能夠獲得這個成就，就是因爲代表們對一些重要的問題，在會議中取得基本上一致的看法。讓我們把代表們在會議中所得到的共同認識加以扼要的說明。

第一、我們肯定了四年來中國基督教三自革新運動的成就。這個成就，就是「我們中國教會在人事、行政、經費等等方面，基本上已經割斷了與帝國主義的關係，開始肅清帝國主義的影響，初步地實現了自治、自養、自傳。」這個成就開始改變了中國基督教的面貌。中國基督教全國會議所以能夠舉行，這個會議所以能夠達成空前的團結，是與三自革新運動四年來的成就分不開的。

第二、我們認識了反帝愛國是過去基督教三自革新運動的基礎，也是今後基督教三自愛國運動的基礎，同時也就是這個運動擴大團結的基礎。作爲中國人民，我們應當反帝愛國；作爲中國的基督徒，我們同樣應當反帝愛國，因爲百餘年來，中國基督教在帝國主義的控制之下，變成帝國主義在中國進行侵略的工具。反帝愛國就是要改變中國基督教這個情況，使中國教會變成完全中國基督徒自己主持的宗教團體。

第三、我們更清楚地認識到：自治、自養、自傳是中國基督教反帝愛國運動的具體內容。自治、自養、自傳就是割斷與帝國主義的關係，肅清帝國主義的影響，建立中國基督徒自己的教會，這就是基督徒反帝愛國最具體的表現。三自是反帝愛國，三自同時也是愛教，因爲三自使教會更純潔，更能符合上帝的旨意，更能符合新中國基督徒的要求。基

督徒當然還應當參加一般的反帝愛國工作，但是，以三自爲内容的反帝愛國工作，對基督徒來說，是我們自己必須担負起來的反帝愛國工作。

第四、我們明確了在宗教信仰上互相尊重的原則。基督教裡面有不同的宗派，不同的神學觀點，不同的制度儀節。我們承認這些不同的存在，但我們對這些不同，採取互相尊重的態度。這樣的態度就能逐步除去顧慮，建立互信，存異求同，在共同的基礎上達成團結。

過去有人對三自革新運動抱着懷疑的態度，因爲他們對「革新」這個名詞抱着顧慮，恐怕「革新」就是改革制度，統一信仰。由於這種情況的存在，我們便在全國會議上建議將運動過去的名稱中「革新」二字去掉，將運動今後的名稱改爲「中國基督教三自愛國運動」，同時在宗教信仰上明確互相尊重的原則；并對三自的内容作了清楚、具體的說明。這些措施獲得全體代表的擁護，爲運動今後的廣泛開展掃除了障礙，奠定了良好的基礎。

第五、這次基督教全國會議充分應用了自由討論、民主協商的原則來處理問題，使不同的意見，逐漸趨於一致。在這次會議的小組討論中，每一位代表都有充分發言的機會，知無不言，言無不盡；每一個發言都受到會眾的重視。會議中一些重要的問題，例如：運動的方針任務、會議的決議、新機構的簡章、人選等都經過全體代表的反覆討論和民主協商。因此，會議的幾個重要決議和文件就能夠很順利地由全體代表一致通過。許多代表在會後表示：這决不是機械的表决，而是全體代表對這些決議和文件的衷心擁護。

第六、通過這次會議，全體代表對政府的宗教政策有了更清楚的認識。在這次會議中，我們聽了三位政府首長的講話，我們不但在思想上得到很大的啓發，首長們誠懇和靄的態度也給了我們深刻的印象。何處長的講話說明了政府對具體執行和貫徹宗教政策的態度；只要我們遵守政府法律，政府就給以保護；政府對正當的宗教活動，是不加干涉的；但利用宗教進行反動非法活動的，政府就要依法處理。同時，何處長也說明了：政府對基督教的三自愛國運動將繼續予以鼓勵和協助。

　　中華人民共和國憲法草案規定了宗教信仰的自由；我們應當珍貴這個自由，我們不應當濫用這個自由來進行任何有害於人民，有利於帝國主義的活動。愛國守法是每一個基督徒應盡的職責。愛國守法就使帝國主義無隙可乘，就能鞏固基督教反帝愛國的團結，也就是幫助政府貫徹宗教信仰自由的政策。

　　中國基督教全國會議獲得了巨大的成就；這個成就就是我們全國同道在反帝愛國的基礎上更廣泛、更親密的團結。會議所有的重要決定都得到全體一致的通過，這使我們感到衷心的喜悅。三自愛國運動的新機構——中國基督教三自愛國委員會——的人選，包括了各宗派、各教會、各地區的同道，這不但表示了我們在思想上的一致，也表示了我們在組織上的團結，這個團結使我們更加體認到三自愛國運動是中國全體信徒的運動，我們應當同心協力為這個運動的進展而努力。

　　有些代表在出席全國會議之前，是抱有顧慮的，但會議結束的時候，他們不但感到輕鬆愉快，也感到他們以主人翁的資格，在會議中有了自己的貢獻，同全體代表在一起，為中國基督教三自愛國運動樹立了一個重要的里程碑。全國會議所表現的團結精神，不但使我們在思想上趨於一致，也使我們在情感上更加融洽。在會議閉幕的時候，代表們都有依依惜別之意，因為通過這次會議，我們體認到團結了的基督教大家庭中的溫暖。我們同時也深刻地體認到：我們所應當劃的界限不在宗派與宗派之間，不在信徒與信徒之間，而是在反帝愛國的信徒與帝國主義之間。這個體認使我們更加熱愛祖國，熱愛教會，也更加痛恨帝國主義和帝國主義的一切陰謀。

　　會議在首都北京舉行，也使我們更加認識到新中國蓬勃的氣象，和祖國在中國共產黨和毛主席領導下的光明前途。

　　中國基督教全國會議獲得了巨大的成就，這個成就就是全國信徒反帝愛國的成就，是對帝國主義一個有力的打擊。但我們不應當滿足於這個成就，我們應當在這個成就的基礎上作更大的努力，因為中國基督教三自愛國運動是一件長期的、艱巨的工作。我們不但要割斷與帝國主義的關係，肅清帝國主義的影響，我們也要建立自治、自養、自傳的教會，

發揚基督福音的眞光，爲這個福音作美好的見證。我們應當做好傳達，把基督敎全國會議的精神帶到全國每一個地方、每一個敎會裡面去，號召全體信徒學習會議的文件，在各地方的事工和組織上，擴大各宗派、各敎會、各團體內部及它們相互間的團結，積極推進三自愛國運動，熱烈參加各項愛國運動和祖國偉大的社會主義建設，担負起愛國愛敎的基督徒所應當担負的責任。

我們不能忘記新中國還是在帝國主義包圍之中。帝國主義不甘心於它的失敗，還是在全世界製造緊張局勢，還是敵視新中國，對新中國進行種種破壞和侵略的活動。帝國主義也決不會放棄繼續利用中國基督敎和破壞中國基督敎三自愛國運動的企圖。爲此，我們必須保持高度的警惕，嚴防帝國主義假借宗敎名義來進行的陰謀活動，加強學習，加強團結，把我們自己從帝國主義思想的束縛中徹底地解放出來。

我們相信，在上帝的引領下，在全國同道共同的努力下，中國基督敎三自愛國運動在中國基督敎全國會議所獲得的成就的基礎上，必定能夠更健全、更迅速地發展起來。

12 / 全國基督教徒要用實際行動
來響應解放台灣的號召

原刊於《人民日報》，1954 年 9 月 13 日。另《天風》443 期（1954 年 10 月 18 日），頁 1–2；
《協進》1954 年 9 月，頁 25–26；《牧聲》新 12 期（1955 年 1 月），頁 1。

「台灣是中國的領土，中國人民一定要解放台灣。」這是中華人民共和國各民主黨派各人民團體爲解放台灣聯合宣言中的第一句話。這句話表達了六億中國人民解放台灣的堅決意志，它具有雷霆萬鈞的力量，是任何反動勢力所不可抗拒的。

爲了保持我國領土的完整，爲了徹底消滅蔣介石賣國集團，我們必須解放台灣。蔣介石賣國集團在美國侵略者庇護下竊據台灣，出賣國家利益，阻礙國家統一，威脅着遠東和平；每一個有血氣的中國人民，對於蔣介石賣國集團這種喪心病狂的罪行，都是不能容許的。而台灣的八百萬同胞，處在蔣介石賣國集團的暴虐統治下，他們的期待解放，正如大旱之望雲霓。解放前，中國人民曾經受過蔣介石賣國集團黑暗統治的痛苦，至今記憶猶新。這個曾使億萬中國人民陷於痛苦深淵的反動集團不被消滅，中國人民決不罷休，決不能讓它繼續奴役台灣的同胞。

台灣是中國領土不可分割的一部分。解放台灣是中國的主權和內政，不能容許他國來干涉。美帝國主義侵佔台灣，不僅是破壞了國際公法，侵犯了中國主權，而且是對美國政府簽字的「開羅宣言」和「波茨坦公告」等國際協定的嚴重背信棄義行爲。如果美帝國主義者敢於阻撓中國

人民解放台灣，它就必須承担自己侵略行爲的一切嚴重後果。美國人民應該起來制止美國統治集團侵佔台灣、干涉中國的內部事務的侵略行爲。美國軍隊侵佔台灣是毫無道理的，替華爾街老闆和蔣介石匪幫賣命是毫不值得的。

中國人民解放台灣不僅是爲了維護國家領土主權完整、保障祖國安全，而且是爲了保衞遠東與世界和平。人們知道，唯恐天下不亂的蔣介石賣國集團，是以陰謀挑撥新的戰爭爲職業的。蔣介石賣國集團不僅是中國人民的公敵，也是世界和平的敵人。美國庇護蔣介石賣國集團不斷襲擾我國沿海地區，打劫各國商船，嚴重地威脅了亞洲的和平。只有解放台灣，徹底消滅蔣介石賣國集團，才能進一步保障遠東及世界的和平與安全。

我們基督徒是熱愛祖國、熱愛和平的。耶穌基督自己便是一個熱愛祖國的人。根據基督的敎訓，我們深切地痛恨蔣介石賣國集團出賣祖國、擾亂遠東和世界和平的行爲。每一個熱愛祖國、熱愛和平的中國基督徒，都要用實際行動來擁護政府解放台灣，徹底消滅蔣介石賣國集團。

四年以來，中國的基督徒普遍地進行了三自愛國運動。在愛國主義的學習中，也由於無數新事物的啓發，我們認識了祖國的偉大可愛，認識了帝國主義窮兇極惡的面目，認識了帝國主義利用基督敎在中國進行侵略的事實。今年七月二十二日到八月六日全國各敎會各基督敎團體二百多位代表在北京舉行了中國基督敎全國會議。在會議中，全體代表一致表示要更廣泛深入地發展中國基督敎的三自愛國運動，維護祖國的利益，反對美帝國主義的侵略。

中國基督徒熱烈擁護中央人民政府的和平外交政策。在中國基督敎全國會議開幕的第二天——七月二十三日，全體代表以熱烈的心情迎接了日內瓦會議達成關於恢復印度支那和平的協議的消息，並通過了擁護這個協議的宣言。我們應當以同樣熱烈的心情來擁護周恩來總理兼外長在中央人民政府委員會第三十三次會議上的外交報告、中央人民政府委員會關於批准這個外交報告的決議、中華人民共和國各民主黨派各人民團體爲解放台灣聯合宣言。這三個文件都清楚地、有力地表達了中國人

民和平的願望。周恩來總理在外交報告中所提出的和平共處的五項原則，是緩和國際緊張局勢、保證各國和平共處的唯一途徑。解放台灣與這五項原則是完全符合的。正如周恩來總理在外交報告中所說：「中國沒有侵略別國領土的意圖，也決不容忍別國侵略中國的領土。中國沒有侵犯別國主權的意圖，也決不容忍別國侵犯中國的主權。中國沒有干涉別國內政的意圖，也決不容忍別國干涉中國的內政。中國決不威脅別國的安全，也決不容忍別國威脅中國的安全。」因此，我們要號召全國基督教同道，以堅決的態度和崇高的愛國熱情來響應解放台灣的號召。

中國解放以後，許多從中國大陸撤退的帝國主義傳教士就一直在台灣對新中國的教會進行誣衊的宣傳，對中國基督教三自愛國運動進行破壞活動。解放台灣就是消滅帝國主義對中國基督教造謠破壞的一個溫床，使帝國主義利用基督教來掩護侵略的陰謀遭受又一次的失敗。

解放台灣是一個光榮的和艱巨的歷史任務。我們基督徒應當用實際的行動來支持完成這個重大的任務。我們要和全國人民更加緊密地團結起來，徹底地割斷與帝國主義的關係，肅清帝國主義的影響，努力學習，並經常對帝國主義利用中國基督教來進行破壞活動的陰謀提高警惕。我們要遵守國家的憲法與法律，積極參加祖國各項建設事業，為實現祖國光明美好的前途，為建設中國基督教自治、自養、自傳的教會，為保衛世界和平而貢獻出最大的力量。

13 / 吳耀宗代表的發言

原刊於《人民日報》，1954 年 9 月 18 日。後以〈吳耀宗先生在全國人民代表大會會議上的發言〉為題，刊《天風》430–432 期（1954 年 10 月 11 日），頁 19；另以〈吳耀宗先生在第一屆全國人民代表大會第一次會議上的發言〉為題，刊：《協進》，1954 年 11 月，頁 25。張蓬舟、張儀鄭編：《1955 人民手冊》（天津：大公報社，1955），頁 95。

主席、各位代表：

中華人民共和國第一屆全國人民代表大會第一次會議就要莊嚴地通過中國人民自己所制定的憲法，這部憲法，對幾千年來飽經痛苦憂患的中國人民來說，是一件驚天動地的大事，我們全國基督徒熱烈地擁護這部憲法，完全同意劉少奇委員的報告，並願意爲這部憲法的實施而努力。

我自己在一個長時期間，曾經是一個「理想」主義的追求者。我相信過反對任何武力的唯愛主義，把它當作解放人類的萬靈藥；我醉心過以自由、平等、博愛相標榜的西方虛僞的民主，以爲這樣的民主可以使中國達到獨立和富强。但是，冷酷的事實，早就把我的幻想打得粉碎。我們所將通過的憲法，使我們清楚地看見了實現我們和平幸福生活的正確道路。這不是甚麼人憑空製造出來的「理想」，而是一個必定能够逐步達到的現實，因爲我們所走的道路符合歷史的發展，符合人民的需要，而憲法所規定的國家機構和公民的權利義務又都充分地表現了民主的精神，這就保證我們必定能够勝利地完成我們建設社會主義社會的偉大歷史任務。

在憲法草案裡面公民權利義務的規定中，宗教信仰的自由列為單獨的條文，這是我們宗教信徒所特別感到滿意的。在解放前後，由於帝國主義的惡毒宣傳，有不少的基督徒，對宗教信仰自由的問題，心中懷着恐懼：共產黨是不信宗教的，在共產黨領導下的政府，會不會真正尊重宗教信仰自由呢？共同綱領對宗教信仰自由的規定，基本上消除了這個顧慮。但是，由於基督教過去百餘年同帝國主義所發生的關係，宗教政策的貫徹，就基督教來說，不是一件簡單的事，也不是一件容易的事。到目前為止，各地的教會還有一些問題，沒有獲得完滿的解決。但是，五年來的事實證明了：政府不但用了很大的力量來貫徹宗教政策，政府對教會的需要和基督教的三自愛國運動，也給了週到的照顧和大力的支持。有一位基督教朋友說：「過去以為宗教信仰自由是過渡的，現在才知道政府是說得到，做得到。」憲法草案對宗教信仰自由的規定，使我們對政府所一貫執行的宗教政策，有了更清楚的認識，也將使帝國主義對新中國宗教的污衊宣傳，完全破產。

遵守憲法和法律是每一個公民的義務，基督徒自然也不能例外。我們珍貴宗教信仰的自由，我們不應當濫用這個自由來進行任何有害於人民，有利於帝國主義的活動。同時，我們對帝國主義繼續利用中國基督教的陰謀，應當保持高度的警惕。

一個多月以前，我們在首都北京舉行了基督教全國會議，這個會議是中國基督徒空前的大團結。在會議上，我們號召全國基督徒擁護憲法，積極參加祖國偉大的社會主義建設，積極參加保衛世界和平運動。我們譴責了美帝國主義對中國的侵略，堅決反對美國侵佔我國領土台灣，要以實際的行動來響應解放台灣的號召。我們必定以最大的力量來繼續進行基督教的三自愛國運動，並把我們的努力作為我們慶祝中華人民共和國第一部憲法誕生的禮物。

14 / 新生的基督教在反帝愛國的大道上前進
——慶祝中華人民共和國建國五周年

原刊於《光明日報》，1954 年 10 月 3 日。

　　五年前，當毛主席在中國人民政治協商會議第一屆全體會議上說「佔人類總數四分之一的中國人從此站立起來了」的時候，許多代表被感動到流淚。這五年很快就過去了。站立起來的中國人民，不但戰勝了國內外頑強的敵人，並且在各個建設的戰線上，獲得了輝煌的、有些是連我們自己也不敢期望的成就。

　　當一千多位代表聚集在懷仁堂裡，出席中華人民共和國第一屆全國人民代表大會第一次會議的時候，我相信每一位代表的心中都充滿了說不出的喜悅、驕傲和感謝。我們深深地體會到作了自己的國家的主人的滋味；我們將我們的命運掌握在自己的手裡，對我們光明的前途，抱着無窮的信心。我們再也不會受到任何人的欺侮與壓迫。中國人民自己所制定的第一部憲法公佈了。這部憲法是中國人民的安全和幸福的保證，是幾千年來飽經憂患痛苦的中國人民夢寐以求的，是一百多年來革命先烈的鮮血所換來的。在全國人民代表大會會議上，我們選舉了我們偉大的領袖，全國人民所熱愛的毛澤東主席為中華人民共和國主席。全國人民都為此而歡欣鼓舞，因為有了這一位英明的舵手，我們的國家必定能夠克服一切困難，勝利地完成建設社會主義社會的偉大歷史任務。五年來，新中國的國際地位蒸蒸日上；我們的國家已經成為一個保衛和平、

具有國際威望的巨大力量。做爲一個中國人民是光榮的，是值得驕傲的。爲了這一切的成就，我們不得不衷心感謝中國共產黨和毛主席的領導，不得不衷心感謝一百多年爲中國人民的解放而犧牲的仁人義士，不得不衷心感謝在國防和各個建設崗位上刻苦努力的一切工作同志們。

四年前，中國的基督教發起了三自愛國運動（原稱三自革新運動）。在這個運動中，曾經百餘年受帝國主義控制的中國教會在人事、行政、經費等方面基本上割斷了與帝國主義的關係，開始肅清帝國主義的影響，初步地實現了自治、自養、自傳。一百多年來中國基督教是帝國主義利用來進行侵略的工具；三自愛國運動改變了這個情況，使帝國主義的「差會」不得不宣告結束，使帝國主義分子不得不離開中國，使中國基督教逐步成爲中國信徒自己主持的宗教團體，重新回到中國人民的懷抱。

四年來，中國的基督徒熱烈地參加了抗美援朝運動和其他各種反帝愛國運動。全國基督徒在經常的學習中認識了帝國主義兇惡的本質，認識了帝國主義利用基督教在中國進行侵略的事實，認識了祖國的偉大可愛，認識了新中國在中國共產黨和毛主席領導下的光明前途，認識了三自愛國運動是中國基督教所必須遵循的唯一正確道路。四年來，中國的教會清除了甘心作帝國主義工具的敗類，號召全體信徒對教會積極負責，努力傳揚耶穌基督愛人救世的福音。在三自愛國運動的進展中，許多地方的教會都呈現了新生的氣象。

四年來，許多基督徒做了地方各級人民代表，認識了他們在國家事務中主人翁的地位。許多基督徒在自己的工作崗位上有了積極的表現，做了模範，得到羣眾的表揚。全國的教會都積極地參加了保衛世界和平運動，反對帝國主義的侵略，反對使用原子武器、細菌武器和其他大規模毀滅人類的武器，並且有了自己的代表出席各種世界和平會議，向全世界的人民表達中國基督徒熱愛和平的意志。

共同綱領和最近公佈的憲法對宗教信仰的自由都有明文的規定。解放後，政府一貫地執行了宗教信仰自由政策。政府不但沒有歧視基督教，並且對教會的需要儘量予以照顧，對基督教的三自愛國運動也給了大力的支持。許多曾經懷疑政府宗教政策的基督徒都逐漸改變了他們的態度，

認識了宗教信仰自由政策是不會改變的，認識了宗教信仰自由政策的貫徹是沒有疑問的。許多基督徒也逐漸認識了：貫徹宗教政策，不單是政府方面的事，我們自己也應當幫助政府貫徹宗教政策；我們必須積極地參加基督教的三自愛國運動，徹底肅清帝國主義的影響，與廣大的中國人民站在一起，為新中國的建設而努力。

在過去幾個月中，全國的基督徒都參加了普選，參加了憲法草案的討論與學習，因而從西方虛偽民主的影響中被解放出來，認識了人民民主的意義，兩個月前，在基督教全國會議上，全體代表通過決議，熱烈地擁護憲法，熱烈地擁護日內瓦會議所達成的關於印度支那停戰的協議，譴責了美帝國主義對中國的侵略，堅決反對美國侵佔中國領土台灣。全國的基督教都以最高的熱情來迎接中華人民共和國第一屆全國人民代表大會第一次會議的舉行和這個會議所作的歷史性的決議。

帝國主義對新中國基督教的發展是惱怒的，也是出乎意料之外的。幾年來，他們一直誣蔑新中國的教會，一直歪曲新中國宗教信仰自由的事實，一直企圖繼續在中國教會中培養他們的工具來破壞三自愛國運動。帝國主義分子一直以台灣、香港等地為根據地，披着宗教外衣，利用各種巧妙的方法，來進行他們的陰謀。因此，我們決不能滿足於三自愛國運動所已經獲得的成就；我們必須對帝國主義繼續利用基督教的陰謀提高警惕，為三自愛國運動更廣泛深入的發展而努力。

15 / 首都宗教界人士擁護周外長的聲明，
一致表示要用實際行動粉碎美國侵略陰謀

原刊於《光明日報》，1954 年 12 月 15 日。今摘錄吳耀宗發言部分。

中國基督教抗美援朝三自愛國運動委員會主席吳耀宗說：美國侵略者企圖通過同蔣介石賣國集團簽訂的所謂「共同防禦條約」來公開佔領我國領土台灣，並擴大對我國的侵略，準備發動世界戰爭的滔天罪行，不能不引起全中國人民極大的憤怒。台灣是中國領土，這是全世界公認的事實，美國侵略者任何陰謀詭計都不能改變這個事實，任何花言巧語也不能掩蓋這個事實。中國人民一定要解放台灣，也一定能夠解放台灣。美國侵略者的挑釁行為，只會激起中國人民更大的憤怒，只會增加中國人民解放台灣的決心。

我剛從斯德哥爾摩參加世界和平理事會會議回來，在那裡，歐洲各國的代表們堅決反對武裝西德，反對威脅歐洲和世界和平的倫敦和巴黎的協定，並號召全世界愛好和平的人民來反對這些協定。全世界愛好和平的人民一定能夠擊敗帝國主義者在歐洲製造戰爭的陰謀，同樣的，中國人民和全世界愛好和平的人民也必定能夠粉碎帝國主義者在遠東和亞洲製造戰爭的陰謀。

16 / 關於世界和平理事會
斯德哥爾摩會議的情況和成就的報告

原刊於《光明日報》，1954 年 12 月 18 日。另《新華月報》，1955 年 1 月，頁 178-182；報告
摘要刊於《天風》446-447 期（1955 年 1 月 11 日），頁 14-15, 17。

　　出席世界和平理事會斯德哥爾摩會議中國代表團代表、世界和平
事會理事吳耀宗代表中國代表團所作的關於世界和平理事會斯德哥爾摩
會議的情況和成就的報告。全文如下：[1]

（一）

　　世界和平理事會於十一月十八日至二十三日，在瑞典首都斯德哥爾
摩舉行了一次重要的會議，這次會議是在世界各國人民保衛和平的運動
已經日益壯大並取得了顯著勝利，同時戰爭勢力仍在進行陰謀活動，並
加緊製造新的戰爭威脅的形勢之下舉行的。

　　從去年十一月世界和平理事會維也納會議以來，特別是從今年五月
世界和平理事會柏林特別會議以來，保衛和平的鬥爭已經接連取得了重
大的勝利。在朝鮮戰爭停止之後不久，燃燒了八年的印度支那的戰火也

1　刊於《新華月報》時，刪去此段編者按。刊於《天風》時，另加一編者按：「一九五四
　　年十二月十七日，北京各界隆重舉行擁護世界和平理事會斯德哥爾摩會議決議大會，
　　會上由出席世界和平理事會斯德哥爾摩會議的中國代表團代表、世界和平理事會理事
　　吳耀宗先生代表中國代表團作了〈關於世界和平理事會斯德哥爾摩會議的情況和成就
　　的報告〉。茲將上海《解放日報》所刊載的該報告的摘要轉載如下：」

跟着被撲滅了。美國好戰集團及其在西歐的追隨者在兩年前提出的「歐洲軍」計劃，也終於被歐洲人民所打垮。戰爭勢力所遭遇的失敗是十分慘重的。

世界各國人民越來越不願意再忍受和聽任戰爭勢力的擺佈和威脅，他們堅決要走和平協商解決國際爭端的道路。今年年初柏林四國外長會議的召開，恢復了停頓已有五年的大國協商。此後不久，包括中華人民共和國在內的五大國以及其他有關國家參加的日內瓦會議，取得了印度支那停戰的重大勝利。在亞洲，中印、中緬聯合提出的和平共處五項原則，為亞洲各國之間建立集體和平和安全，指出了道路，因此受到亞洲和世界各國人民廣泛而熱烈的歡迎。事實證明，人民要求和平和安全的意志，是不可抗拒的。

但是，正如大家所知道的，戰爭勢力不顧它所遭遇的嚴重失敗，始終沒有停止其罪惡活動，並更變本加厲地在亞洲、歐洲和世界其他地區拼湊軍事集團，扶植侵略勢力，干涉他國內政，擴張軍事基地，冀圖不顧一切地保持國際緊張局勢，製造新的戰爭危機。特別在歐洲，西方國家在「歐洲軍」計劃破產後不過一個多月時間，就急忙地簽訂了倫敦和巴黎協定，決定重新武裝西德，把西德拉入西歐和北大西洋侵略集團。戰爭勢力這個陰謀計劃如果實現，將使歐洲和世界的和平受到非常嚴重的威脅。

日益強大的和平運動，對於這種危險情勢是有着充分警覺的。早在今年九月中旬，世界和平理事會常務委員會會議發表的關於召開這次和平理事會會議的聲明，就已經提出警告：和平力量必須經常保持警惕，因為「歐洲面臨着會使一切已獲得的成就化為烏有的直接威脅」，並指出「重建德國軍隊，把它拉入軍事集團，仍然是某些國家政府所追求的目的」，因而號召各國人民加緊努力，「阻止在任何藉口下以任何形式重新武裝德國。」

這次世界和平理事會斯德哥爾摩會議的中心工作，就是討論如何保障歐洲和平與安全的問題。當前保衛和平鬥爭的緊急任務，是堅決反對批准倫敦和巴黎協定，不讓德國和歐洲陷於分裂，不讓德國軍國主義在

西方戰爭集團扶植和縱容之下復活起來，在歐洲中心形成一個新的戰爭策源地。歷史的教訓證明，兩次世界大戰都是由德國軍國主義勢力挑起的。一個軍國主義的德國不僅使歐洲得不到和平，就是全世界的和平也將受到威脅。所以，必須動員一切力量，爭取通過大國協商、在民主和平的基礎上解決德國問題，歐洲一切大小國家必須共同合作來建立全歐洲的集體安全，這樣和平運動所已經得到的一切成就才不致成為泡影，世界的和平與安全才能得到保障。

這次會議共有五項議程，就是：

（一）一切歐洲國家在組織它們的共同安全方面實行合作；

（二）由於外國壓力和各種集團與軍事同盟體系的建立而在亞洲各地所形成的局勢；

（三）由於外國對拉丁美洲國家內部事務進行干涉而在拉丁美洲所形成的局勢；

（四）和平力量為裁減軍備和禁止大規模毀滅性武器的鬥爭；

（五）籌備在一九五五年上半年召開世界和平力量代表大會。

（二）

在斯德哥爾摩的美麗的斯干森島上，世界和平理事會舉行了六天會議。參加會議的共有三百二十五位代表，其中一百二十一人是世界和平理事會理事，其他二百零四人是特邀代表和來賓。他們來自五十四個國家和五個國際組織，代表着廣泛的各種不同階層和信仰。許多國家的政治、社會、文化、宗教等方面的著名人士參加了這個會議。

在六天的大會和小會討論中，各國代表廣泛而熱烈地參加了討論，對於當前國際局勢的發展和保衛和平鬥爭的中心任務，以及和平運動在各地區展開的具體鬥爭，充分交換了意見，取得了一致的認識。會議最後通過了九項決議和建議。這些文件是這次世界和平理事會會議的重大收穫，它們為一切為和平而努力的人們指出了鬥爭的方向，提供了當前的行動綱領。

　　關於歐洲局勢的討論，是這次會議的中心議程。各國和平人士一致嚴重地注意到，正當朝鮮和印度支那已相繼達成停戰，歐洲防務集團計劃已遭到挫敗，國際緊張局勢已開始趨向緩和，使進一步解決現存國際爭端、實現各國人民所想望的和平與安全有了更大可能的時候，倫敦和巴黎協定的簽訂是造成當前國際局勢重趨緊張的主要因素。正如意大利上議院議員多尼尼在關於歐洲局勢的主要報告中所指出的：「很顯然的，倫敦和巴黎協定的意義，就是使關於實現德國和平統一與建立歐洲集體安全的協商成爲不可能，使建立敵對集團的政策和德國與歐洲的分裂長期化，在準備侵略的基礎上重建德國軍隊，並且再一次把軍備競賽的重擔壓在世界各國人民身上，使他們面對着原子毀滅和文明崩潰的危險」。

　　倫敦、巴黎協定和破產了的歐洲防務集團條約在本質上毫無不同。西方戰爭集團最近所散佈的種種旨在迷惑輿論的欺騙論調，受到了各國和平人士的嚴厲駁斥。法國代表德香布蘭表示，法國公衆輿論的重要方面都未受欺騙，例如法國的退伍軍人組統和全國教師工會等等，對於倫敦、巴黎協定迅速表示了反對的態度。西德重新武裝一旦實現，西德的軍隊就將超過法、意兩國軍隊的總數；重建起來的西德國防軍名義上五十萬人，實際上將遠遠不止此數，他們將在舊希特勒軍官統率之下，甚至將被允許生產毀滅性的原子武器，這支新希特勒的軍隊將在西歐和北大西洋侵略集團內扮演主要的角色，因而將更大大增加其危險作用。來自波蘭和捷克斯洛伐克、英國和德意志民主共和國的代表一致譴責戰爭集團的罪惡企圖，他們根據過去慘痛的經驗，指出德國軍國主義被復活起來之後，將首先直接威脅它的鄰國，而德國人民也將難免遭受到嚴重的災難。

　　目前歐洲的局勢是非常緊迫的，因爲美國好戰集團及其追隨者正在加緊對一些歐洲國家和它們的議會、政黨、社會人士施用强大壓力，要它們趕快批准倫敦和巴黎協定。歐洲正處在嚴重的十字路口，它必須對戰爭與和平作出重要的抉擇。如果倫敦、巴黎協定被批准，那就是走向戰爭與分裂的道路，其後果將是不堪設想的。但是在歐洲面前還有另一條道路，那就是走向和平與合作的道路。這條道路是敞開着的。蘇

聯政府於十月二十三日照會英、法、美三國，建議通過大國協商來促成德國的和平統一，保障歐洲的集體安全，它在十一月十三日又照會歐洲二十三個國家以及美國和中國，建議召開全歐會議來討論建立歐洲的集體安全體系。這些建議指出了歐洲走向和平與保障一切大小國家共同安全的正確道路，因而它們獲得了廣大愛好和平的人民與有遠見的人士的熱烈擁護。但是西方國家的好戰份子却非常害怕，他們正在加緊進行訛詐，迫使歐洲許多國家的政府拒絕蘇聯的建議；他們不敢在人民面前公開說不願協商，却採取了欺騙而又無賴的說法，說「必須先批准了巴黎和倫敦協定，才能和蘇聯談判」。在這次世界和平理事會會議上，各國和平人士表達了廣大人民的堅決要求：必須拒絕批准倫敦和巴黎協定，爭取通過協商來和平解決德國問題，建立全歐洲的集體安全。

中國代表團在這次會議上由蔡廷鍇將軍作了有力的發言。我們對歐洲人民爭取和平與安全的鬥爭，表示密切的關心；中國人民深信世界和平不可分割；所以我們堅決反對旨在分裂德國和分裂歐洲的倫敦和巴黎協定，並全力支持歐洲人民爭取建立集體安全體系的鬥爭。我們表示，亞洲國家正在建立集體和平和安全的道路上前進，「我們認為歐洲有必要並有可能走同樣的道路，建立一個包括歐洲一切社會政治制度不同的大小國家的集體安全體系」。所以，中國人民完全贊同蘇聯發起召開全歐會議的建議，並派出觀察員參加會議，以一切努力來促使這個歷史性會議的成功。從我們六億中國人民的這個堅決表示，給與鬥爭中歐洲人民以很大鼓舞。

這次世界和平理事會會議的第一項決議，以「告各國人民書」的方式發表，號召各國人民堅決相信自己的力量，進一步擴大動員起來，再接再厲地展開鬥爭，來反對批准倫敦和巴黎協定。這個文件在最後宣告說：「任何政府，任何議會都無權違反人民的意志來安排人民的命運。人民決不會讓不可挽回的事情發生。他們決不會讓德國重新武裝，他們並且將以共同的行動來開闊走向保障歐洲安全和世界和平的道路。

關於第二項議程即亞洲局勢的討論，也引起了各國代表的重大注意。世界各國和平人士對於保衛和平的鬥爭在亞洲地區所獲得的進展，特別

是中印、中緬兩國總理聯會聲明中關於和平共處的五項原則所受到的廣泛擁護與熱烈歡迎，感到非常滿意和興奮；但在同時，對於美國侵略集團死不甘心失敗，繼續在亞洲進行罪惡的戰爭活動，加緊拼湊軍事集團，干涉各國內政，甚至變本加厲地執行敵視和侵略中華人民共和國的政策，蓄意侵佔中國的神聖領土台灣，勾結蔣介石賣國集團，擴大對中國的冒險挑釁，一致表示嚴重的關切，並加以嚴厲的譴責。

全世界愛好和平的人民都已經清楚地看到，從朝鮮和印度支那戰火的被撲滅到中印、中緬關於和平共處五項原則的聯合聲明，證明了依靠人民的堅決奮鬥和共同合作，不僅可以制止戰爭，而且能夠創造和平。在這次世界和平理事會會議中，亞洲和世界許多國家的代表都滿懷着希望和信心地指出，互相尊重領土完整和主權、互不侵犯、互不干涉內政、平等互利、和平共處這五項原則的實施，不僅在亞洲為擴大和平地區、建立集體安全開闢了道路，而且對於在世界其他地區建立和平與安全的努力，也樹立了光輝的榜樣。正如印度代表團的報告中指出的「全世界人民把這五項原則看作和平在全世界取得勝利的道路」。拉丁美洲一個代表也說：「和平運動主張把拉丁美洲變成和平的堡壘，使各國之間的關係以中華人民共和國和印度所宣佈的五項原則為基礎」。這次會議關於亞洲局勢的決議中這樣寫着：「這五項原則不僅為亞洲的集體和平和安全奠定了基礎，而且接受這五項原則，將為一切國家間的和平共處和友好關係提供基礎」。

然而，決心與全世界和平人民為敵的美國好戰分子，却是最仇恨各國之間的和平共處，最害怕各國人民之間的友好合作的。他們窮兇極惡地在亞洲各處製造分裂和戰爭，企圖利用「亞洲人打亞洲人」，來實現其建立新殖民地帝國的罪惡目的。從印度到日本，從巴基斯坦到印度尼西亞，各國的和平代表對於萬惡的美國侵略者發出了一片憤怒的控訴。他們指出，美國侵略者，在拼湊了東南亞軍事集團，美巴軍事協定，土巴軍事協定之後，又簽訂了美蔣「共同防禦條約」；它陰謀破壞印度支那停戰協定，阻撓恢復關於和平解決朝鮮問題的談判，加緊復活日本軍國主義；它在到處攫奪軍事基地，到處掠奪經濟資源，猖狂地干涉他國

內政，鎮壓民族獨立運動。亞洲各國人民對於美國侵略罪行的控訴是說不完的。亞洲人民一天沒有把美國侵略者趕走，就一天得不到和平與安全。

各國和平代表最嚴重關心的是美國戰爭集團公然敵視中華人民共和國和蓄意擴大侵略的危險政策。美國悍然背棄它親自簽字的「開羅宣言」和「波茨坦公告」，勾結蔣介石賣國集團，企圖把侵佔台灣的強盜行為「合法化」，它不惜破壞一切國際法規，把台灣變成了海盜的巢穴到處劫掠公海上的各國商船。它毫不掩飾它的罪惡企圖，就是把美蔣條約和它在亞洲及太平洋地區拼湊的其他軍事聯盟集團聯繫起來，作為它在這個地區建立的整個侵略體系中的一環，把台灣作為侵略亞洲的大本營。在台灣海峽上充滿着美國戰爭挑撥者所散佈的危機，這已經越來越引起亞洲和世界各國愛好和平的人民深切焦慮。大家都認識到，台灣問題已經成為目前維護遠東和亞洲和平的關鍵問題：台灣必須歸還中國，美國侵略者一天不離開台灣，亞洲就一天得不到和平。正如印度代表團的發言中所明白指出的：「亞洲的人民知道，只要一天台灣被准許作為美國軍隊的基地，就一天存在着經常的戰爭危險。台灣是屬於中國的主權，並且一向被認為如此。人們為了對於和平，正義和國家主權的關心，要求台灣獲得解放，歸還它的祖國。這必須毫不拖延實現——這是亞洲各國人民的一致要求。」

中國代表團由劉寧一團長作了「為建立亞洲集體和平和安全而奮鬥」的發言，他列舉了最近在亞洲各國間和平友好活動的熱烈展開，和平共處五項原則的廣泛受到歡迎，同時也揭露了美國戰爭集團企圖武裝干涉中國和破壞亞洲和平的罪惡陰謀。他嚴厲地譴責美國侵略者利用蔣介石賣國集團，進行簽訂美蔣「共同防禦條約」從而永遠佔領台灣，把台灣作為侵略中國大陸和東南亞的基地；他駁斥了所謂把台灣交給聯合國「託管」；台灣「中立化」以及使台灣成為「獨立國」等等荒謬的說法；他嚴正地表示：「美國政府侵佔台灣，庇護蔣介石賣國集團，進行武裝干涉，不僅是侵犯我國領土主權，干涉我國內政，而且是增加遠東戰爭威脅，緊張國際局勢，使中國和其他有關國家不能享受和平利益。……為了緩

和緊張局勢和消除對中國的戰爭威脅，只有美國政府把它的一切武裝力量從中國領土撤走，停止對中國內政的干涉。由於美國干涉中國內政而引起遠東全面衝突，美國政府是要負全部責任的。中國人民反對美國侵佔台灣和干涉中國內政的決心是不可動搖的。中國人民解放台灣的鬥爭，就是保衛世界和平的鬥爭。」我們所表示的正義立場和堅強決心，獲得了所有願望緩和局勢和實現和平的各國人士的同情和支持。

這次會議通過的關於亞洲局勢的決議，號召亞洲和世界各國人民為挫敗美國的侵略的企圖和確保亞洲的和平與安全而鬥爭。它提出了六項鬥爭的綱領，就是：（一）擴大和鞏固亞洲的和平地區，在五項原則的基礎上建立集體和平和安全；（二）反對和挫敗東南亞條約的組織和美巴協定之類的軍事集團計劃；（三）要求結束外國對亞洲各地的統治和干涉，撤去一切外國軍隊，取消一切軍事基地，停止在太平洋上的原子彈和氫彈試驗；（四）要求結束外國對於中國領土台灣的干涉，堅決主張中華人民共和國取得它在聯合國中應有的地位；（五）要求迅速恢復關於朝鮮和平統一的會議，要求嚴格遵守印度支那停戰條款；（六）反對日本重新軍國主義化。

在關於第三項議程即拉丁美洲局勢的討論，有許多拉丁美洲國家政治、社會、文化界的著名人士發言。他們一致指出美國不斷地加強對拉丁美洲各國的控制，干涉它們的內部生活，侵略他們的主權和自由，把它們併入軍事集團，限制它們在國際關係中以及貿易和文化交流中的自由，已經成為一種引起普遍不安的因素。他們憤怒地控訴了美國組織武裝侵略推翻危地馬拉合法的民主政府的強暴行為，以及對巴西、智利、哥斯達黎加、墨西哥等國所進行的種種威脅和陰謀。這次會議通過的關於拉丁美洲局勢的決議中，認為拉丁美洲人民為了保衛他們的主權，謀求他們的真正安全而進行的鬥爭，對於爭取美洲和世界的和平是一種有效的貢獻。

第四項議程關於裁減軍備和禁止大規模毀滅性武器的討論，也是各國和平人士所密切關心的一個問題。大家知道，最近聯合國在裁減軍備和禁止原子武器問題上所獲得的進展，證明在這個問題上通過協商來取

得協議，是可能的。然而人們不能不看到，西方國家一面在聯合國同意裁軍，另一面却在歐洲加緊武裝西德，這不僅暴露了它完全自相矛盾的態度，而且由於西德重新武裝勢必刺激歐洲和世界各國重走軍備擴張的道路，結果將破壞各國為實現裁軍所作的努力，取消它已經獲得的成果。這次會議通過的一項決議中，號召各國人民繼續進行鬥爭，隨時隨地要求普遍裁減軍備和禁止大規模毀滅性的武器，特別是首先應當要求各大國立即達成一項協議，禁止進行原子武器和氫武器的一切爆炸試驗，保證不在任何藉口下使用核子武器。

這次會議中有許多來自殖民地半殖民地的代表，他們提出了由於外國壓力和由於軍事集團及聯盟體系在附屬國和半附屬國所造成的威脅和平的嚴重局勢。因此會議特別通過了一項決議，它指出：「世界和平運動自從開始以來一直認為，使用暴力使人民處於附屬和受殖民壓迫的狀態是對和平的嚴重威脅。它一直認為，外國干涉半附屬國人民的內政，把他們的國家併入侵略性的條約和在它們的領土上建立外國戰略基地的行動，會加劇國際緊張局勢。」它舉出了在馬來亞、怯尼亞和北非的危險情勢以及在中近東由於土巴協定、近東公約等所造成對於和平威脅的例子。世界和平理事會認為，「結束目前在進行中的武裝衝突，尊重各國人民的獨立和實現各國人民的民族的和民主的願望，是緩和國際緊張局勢的重要因素。」

這次會議所通過的另一個重要文件，是「關於召開世界和平大會的號召書」。世界各國和平人士一致認為，在目前國際局勢發展的緊要關頭，祇有進一步擴大和加強保衛和平的鬥爭，展開一個各國人民的強大運動，才能阻止世界走向分裂和戰爭，保證一切國家和人民獲得它們的獨立、安全和幸福、世界和平理事會號召在一九五五年五月下半月，舉行一個有爭取和平的一切力量和各種傾向的代表參加的、規模巨大的世界和平大會。

這個號召無礙地將會給世界和平運動以巨大的推動力量，和平運動的基本力量在那裡？在於把一切善良正直的人民動員起來，讓世界各國千千萬萬愛好和平的人民，不分種族、出身和信仰，在要求和平的一點

上聯合起來，行動起來，把保衛和平的事業擔當到底。這是一個最廣泛的民主性質的羣衆運動。幾年來世界和平運動日益發展和壯大，建立了它的威信和影響，是由於它不斷吸引各國廣泛階層的公衆輿論和政治，社會力量的代表性人物和團體的參加，同時並不放棄在最廣大的普通人民羣衆中的工作。所以，「關於召開和平大會的號召書」向一切從事爭取和平而活動的人們，向每一個渴望能夠不對其他國家人民懷着恐懼、懷疑和仇恨而生活的男女發出號召，要他們趁着時機還不算太晚的時候團結起來。我們相信，世界各國一切爭取和平的力量和所有愛好和平的人們，將熱烈響應這次世界和平理事會會議的號召，積極打動起來，爲開好明年的世界和平大會，爲進一步展開一個强大的保衛和平的運動而鬥爭。

此外，這次會議還通過了一個「關於世界保衛和平運動的組織問題的建議」，一個「關於世界和運動的文化活動問題的建議」，和一個「關於紀念世界文化名人的號召書」。在一九五五年內，世界各國人民將紀念下列的六個文化名人：席勒、密茨凱維奇、孟德斯鳩、安徒生、塞萬提斯和惠特曼。

（三）

這次世界和平理事會斯德哥爾摩會議的意義是重大的，它的收穫是巨大的。五年多來世界和平運動已經發展成爲一個歷史的巨流。正如龍巴迪在閉幕詞中所說的，和平運動在前幾年進行宣傳動員，組織力量，到最近一年多來已經一步步取得了具體的勝利。現在的和平運動已經進入行動階段，它越來越有力量，到處阻止了戰爭勢力的前進。對於戰爭勢力所造成的新威脅，各國人民將用加倍堅强的鬥爭來回答它。這次會議使世界各國爲和平事業而活動的人們，增加了勇氣和信心。

我們中國人民將本着一貫爲和平而努力的信念，堅持不懈地參加保衛世界和平的鬥爭。

　　中國代表團這次在斯德哥爾摩除了參加會議之外，並且和亞洲、歐洲、南北美洲，中近東各國的和平代表分別舉行了聯歡，交換了意見，增進了相互瞭解和友誼。我們深切地體會到，各國人民對於中國人民有着深厚的感情，他們認爲中國人民的解放，抗美援朝的勝利，中華人民共和國的代表參加了日內瓦會議並勝利地促成了印度支那的停戰，對於世界和平事業都起了積極的影響。他們也認爲在這些勝利的基礎上所產生的有關和平共處的五項原則，對於建立在亞洲和世界的集體安全，擴大和平地區，都會發生有力的作用。他們充分瞭解中國人民堅持爲解放我們的神聖領土台灣而鬥爭，是保衛世界和平事業的不可分的一部分。他們堅決主張中華人民共和國必須恢復它在聯合國中的應有地位，並一致認爲任何有關重大國際爭端和問題的協商，沒有佔世界人口四分之一的中華人民共和國的代表的參加，是不可想像的。這一切使我們獲得很大的鼓舞。我們充分意識到在當前爭取世界和平與安全的鬥爭中我國人民所面對的光榮而艱巨的任務。

　　爲了更好擔起我們的責任，我們必須更加緊從各方面努力。

　　我們必須繼續反對美國政府敵視和侵略中國的政策，首先是反對美國侵佔中國的神聖領土台灣，反對它勾結蔣介石賣國集國，簽訂侵犯中國領土主權、企圖擴大侵略、準備新戰爭的美蔣「共同防禦條約」。美國政府必須從台灣、澎湖和台灣海峽撤走它的一切武裝力量。中國人民不解放台灣決不罷休，這是爲了中國的安全和領土主權的完整，也是爲了亞洲各國的安全和世界的和平。我們堅決擁護周恩來外長十二月八日向全世界發出的鄭重聲明：「中國人民堅決地反對戰爭，但是決不會被戰爭威脅嚇倒。如果有人硬要把戰爭強加在中國人民頭上，中國人民一定要對干涉者和挑釁者給以堅決的回擊。中國人民熱烈地要求和平，但是決不會拿自己的領土和主權作代價乞求和平。犧牲領土主權，只能導致進一步的侵略，決不會得到眞正的和平。中國人民懂得，只有反抗侵略，才能保衛和平」。

　　我們必須繼續反對美國在亞洲和太平洋地區製造分裂和戰爭，企圖使「亞洲人打亞洲人」的軍事集團政策；反對「東南亞集體防務條約」

和其他軍事侵略集團；反對復活日本軍國主義勢力，堅決要求恢復朝鮮問題的談判，實現朝鮮的和平統一；反對美國破壞日內瓦協定，堅決貫徹印度支那的停戰協定和印度支那問題的和平解決。同時，我們將繼續努力，把中印、中緬聯合聲明中關於和平共處的五項原則，擴大到亞洲各國和亞洲以外的國家，積極為擴大和平地區，建立集體和平和安全而鬥爭。

我們在堅決維護亞洲和平與安全的同時，也堅決支持歐洲人民為反對倫敦、巴黎協定，反對復活德國軍國主義，爭取和平解決德國問題和維護歐洲的和平與安全而進行的鬥爭。我們認為目前為亞洲和平而鬥爭和為歐洲和平而鬥爭，是統一的不可分割的共同鬥爭。我們將嚴密注視着美國戰爭集團一面策動建立東方侵略體系、另一方面策動建立西方侵略體系的互相呼應的做法，並將和歐洲及全世界人民緊密合作，來徹底粉碎這個製造世界戰爭的陰謀。我們完全支持蘇聯為建立全歐集體安全體系所作的努力。我們也完全支持在莫斯科舉行的歐洲國家會議的八國政府宣言，認為在目前形勢下，愛好和平的國家應當團結自己的力量，並且在一旦倫敦、巴黎協定被批准了的時候，大大加強這種力量，採取必要的共同措施，來對抗西方國家所組織的軍事集團的侵略勢力，以保障自身的安全。

我們將與世界各國人民不斷增進友好關係和相互瞭解。我們對於附屬國、半附屬國人民爭取民族的獨立與安全，反對外國的暴力壓迫和干涉其內政，要求撤退外國的佔領軍隊和撤銷軍事基地，完全表示同情和支持。我們將廣泛參加國際協商，凡是有助於導致國際緊張局勢的緩和、促進各國人民的福利與繁榮的，例如協商裁減軍備和禁止大規模毀滅性武器，把原子能用於和平建設，撤銷破壞國際航運自由的封鎖禁運等各項努力，我們都樂於參加，促其成功。我們也將進一步擴展和各國的經濟交流和文化交流。

中國人民正在進行大規模的經濟建設，我們在社會主義工業化前進中所產生的力量，就是和平的力量，也就是和平的保證。人民新中國從誕生以來就一貫執行和平的政策，我們在進行工業化建設中尤其需要和

平的國際環境，我們的政策已經明確地寫在新中國的憲法中。我們新中國是在戰勝了帝國主義、封建主義、官僚資本主義三大敵人的鬥爭中誕生的；我們並不害怕戰爭，但是我們堅決要求和平，而且我們將不惜以一切力量來保衛和平。如果美國侵略集團及其追隨者誤認中國人民的熱愛和平是軟弱的表示，那將是大錯而特錯了。帝國主義侵略者難道還沒有從它自身所遭受的慘敗中，認識到中國人民保衛和平的決心和力量！我們六億人民的創造性勞動就是保衛和平力量的無窮來源。我們全國人民將以最大的努力來加速工業化和鞏固國防。侵略者如果敢於冒險挑釁必將再一次碰得頭破血流。橫跨歐亞大陸，包括九億人民的團結已經成爲不可搖撼的和平堡壘。我們和偉大的社會主義蘇聯、各人民民主兄弟國家以及全世界愛好和平的人民的親密合作和友好團結，就是爭取和平勝利的可靠保證。

中國人民堅決擁護這次世界和平理事會斯德哥爾摩會議的決議和號召，我們將爲實現這些決議和號召所規定的目標而加緊鬥爭。我們完全相信：戰爭勢力終必歸於失敗，和平力量一定會取得勝利！

17 / 擁護周恩來外長的聲明：
吳耀宗先生發表談話

原刊於《天風》443–445 期（1954 年 12 月 23 日），頁 5。

【新華社北京十五日電】宗教界人士堅決擁護周恩來外長關於美蔣「共同防禦條約」的聲明。

中國基督教三自愛國運動委員會主席吳耀宗說：美蔣「共同防禦條約」，引起了中國人民極大的憤怒。台灣是中國的領土，這是全世界公認的事實，美國任何陰謀詭計都不能改變這個事實。中國人民是一定要解放台灣的。吳耀宗說：我剛從斯得哥爾摩參加世界和平理事會會議回來，在那裡，歐洲各國的代表們堅決反對武裝西德，反對倫敦協定和巴黎協定。他說：中國人民和全世界愛好和平的人民一定能夠擊敗帝國主義者在歐洲、在亞洲所製造的任何戰爭陰謀。

18 / 在中蘇友好協會第二次全國代表會上的發言

原刊於《人民日報》，1954 年 12 月 30 日。
另《天風》446–447 期（1955 年 1 月 11 日），頁 16–17。

主席、各位代表：

我聽了宋慶齡副會長的講話，聽了尤金大使和蘇聯對外文化協會副主席維茲日林同志的講話，聽了錢俊瑞總幹事關於中蘇友好協會五年來的工作報告，我完全擁護，完全同意。

蘇聯是世界和平最有力的支柱，是中國人民最好的朋友。發展中蘇友誼是今天中國人民最重要的一項任務，這些道理已經成爲全國人民愈來愈清楚、愈來愈普遍的認識。但是，對許多人來說，得到這樣一個認識，是要經過一個相當長期和艱苦的歷程的。尤其是我們基督徒，曾經受過帝國主義和國民黨反動派長期的影響，曾經把共產主義看作洪水猛獸，把蘇聯看作赤色帝國主義，把蘇聯的人民看作鐵幕後的人民。直到現在，還有一些基督徒認爲聖經中所說的，作爲魔鬼與罪惡象徵的「紅馬」、「紅龍」，就是今天的蘇聯。但是，事實勝於雄辯，五年來，蘇聯在國內國際所做的一切，五年來，蘇聯同新中國所發生的關係，尤其是中蘇會談公報的發表，逐漸開展了我們的眼界，使我們對蘇聯有了一個比較清楚的認識。兩年以來，許多地方的基督教「三自」愛國組織都參加了各地的中蘇友好協會；一年以前，全國「三自」運動領導機構——中國基督

教「三自」愛國運動委員會，也參加了中蘇友好協會，這是值得我們欣慰的。

解放後，我曾經到過蘇聯八次。我所看見的並不多，我的觀察也很膚淺。但是，即使觀察是膚淺的，我已經能夠清楚地看見：蘇聯這個國家正在和平幸福的大道上邁進。我看見豐衣足食的蘇聯人民；我看見蘇聯一次又一次地減低物價；我看見蘇聯人民的購買力不斷地提高；我看見百貨店的顧客一年比一年擁擠。我參觀過三分鐘就能夠出一部汽車的斯大林汽車廠；我參觀過可以使輪船上山而又下山的列寧運河；我參觀過集體農莊裡面舒適、清潔裝有現代化設備的農民住宅。在全蘇農業展覽會裡面，使我讚嘆、驚奇的是一千多種農業機械化和電氣化的各種各樣的機器和工具。我曾經多次在莫斯科的畫廊裡徘徊；我也曾經多次欣賞過像「天鵝湖」那樣的舞劇的高度的藝術和美好的音樂。這一切都是蘇聯人民熱愛勞動、熱愛祖國、熱愛和平的偉大的成就。

帝國主義說蘇聯是一個「鐵幕」的國家，然而我每次到莫斯科的時候，總是看見在列寧和斯大林的陵墓外面那條源源不斷的人流。在斯大林禮物館裡面，我看見一個斯大林的造像，那是用十萬塊各種顏色的小木頭砌成的。我想：一個「鐵幕」國家的人民對他們的領袖是不會有這樣的熱愛的。

蘇聯對中國人民偉大無私的援助，是中國人民永遠不能忘記的；這是蘇聯人民崇高的國際主義精神的表現。三年前，我在柏林同中國代表到蘇聯紅軍烈士墓去致敬。在墓園裡面，有一塊石碑寫着這樣一句話：「這是烈士們安息的地方；爲了你們的原故，他們犧牲了性命。」這裡所說的「你們」應當不是單指德國的人民，也是指全世界的人民。希特勒是被這烈士們打倒了；一切想步希特勒的後塵的人們，還是必然要被打倒的，因爲蘇聯的强大和中蘇兩國牢不可破的友誼，是世界和平最可靠的保證。

六、

1955
年

1 / 爲和平與合作，到新德里去

原刊於《天風》460 期（1955 年 4 月 18 日），頁 3。

我帶着無限喜悅的心情，以中國代表團團員的資格去出席即將在印度新德里舉行的亞洲國家會議。這是亞洲人民爲爭取亞洲及世界和平的具有重大意義的集會；我們相信這個會議一定能夠充分地表達亞洲各國人民愛好和平的意志，一定能夠獲得圓滿的成功。

多年以來，許多亞洲國家受盡外來殖民主義的壓迫和摧殘；廣大亞洲人民飽經憂患和痛苦。但是，亞洲人民並不因此而甘心屈服，他們爲了爭取民族獨立和國家主權，曾經不斷地進行着長期英勇的鬥爭。特別是第二次世界大戰後，由於亞洲人民的普遍覺醒，由於帝國主義的日趨沒落，這個鬥爭已經獲得重要的勝利，並使亞洲的情勢發生了根本的變化。擊敗了殖民統治的中國人民以自己當家作主的雄姿出現於亞洲大陸，這使爲祖國獨立而鬥爭的亞洲各國人民得到莫大的鼓舞。我們的鄰邦印度已經成爲亞洲一個獨立的大國；印度尼西亞、緬甸、錫蘭都擺脫了帝國主義的統治；朝鮮人民和越南人民也在艱苦卓絕的鬥爭中擊敗了帝國主義的侵略，正在爲他們國家的和平統一而戰鬥。亞洲許多其他國家的人民都在不同的情況下，爲了爭取國家和民族的美好將來而不懈地努力。帝國主義擺佈亞洲人民命運的時代是一去不復返了。亞洲人民的事情應該由他們自己決定。他們具有共同的和平願望，亞洲國家會議的召開就集中體現了亞洲人民這個崇高的意志。

亞洲國家會議是在世界和平面臨着新的威脅下舉行的。在西方，以美帝國主義爲首的侵略集團正在對有關國家使用重大的壓力，企圖使武裝西德的巴黎協定獲得通過。在東方，美帝國主義正在繼續製造緊張局勢，侵佔中國的領土台灣，並對我國大陸積極作侵略戰爭的準備。因此，激起了亞洲人民和全世界愛好和平人民的憤怒。一切有理性和有良心的人，都應該起來堅決反對這種犯罪行爲。

亞洲各國人民決不會允許美帝國主義發動戰爭，破壞世界和平和繼續奴役他們的陰謀得以實現。他們將以最大的力量來推行他們自己所倡導而爲全世界公正人士所擁護的和平共處五項原則。一九五二年十月在北京舉行的亞洲及太平洋區域和平會議曾經有力地表達了這個地區的人民對和平的共同願望。這次通過亞洲國家會議，亞洲人民爭取和平的力量必將得到進一步的鞏固與發展。

亞洲國家會議在印度舉行是具有重大意義的。一年多以來，印度人民爲亞洲及世界和平所作的努力，得到中國人民和全世界愛好和平的人民的重視。通過亞洲國家會議，印度人民必能在進一步維護亞洲和平的崇高事業中，作出重大的貢獻。

在亞洲的國家中，有許多人民是崇奉宗敎的。各個宗敎的敎義雖然不同，但是他們都厭惡戰爭，擁護和平。他們是主張各國人民在經濟關係和文化交流上密切合作的，這就是他們之間的共同利益和要求。因此，我們亞洲各國的宗敎信徒更應當團結起來，爲制止戰爭罪惡、實現人類幸福而貢獻我們一切的力量。

2 / 世界和平運動與三自愛國運動

原刊於《浙江三自》3 期（1955 年 4 月），頁 1–5。厲一飛記。

（編者按：本文係中華基督教會全國總會會長吳耀宗先生，於五月十七日在杭州市中華基督教會浙江大會第三屆年會中講話記錄摘要，未經講者校正，如有錯誤由紀錄人負責）

前不久，我去印度新德里參加了亞洲國家會議，這是解放後我第九次出國。我一半以上的工作時間是用在和平運動上的。有人認爲推動和平運動是政治任務，但我認爲這也是宗敎任務。

我信主三十多年，我體會基督敎是愛的宗敎。約翰福音三章十六節，「上帝愛世人」，說明上帝就是愛，這樣的道理，約翰講得很多。誡命中最大一條就是「愛」。保羅說：「所以愛就完全了律法」（羅十三：十）。哥林多前書十三章，將愛描寫得淋漓盡致。一個人有口才，有信心，若沒有愛，都是無用的。永遠長存的有信，有望，有愛，而其中最大的是愛。愛的要求最高，只有愛是最大最久，這就是基督敎的愛。三十多年來，我爲這種愛，努力工作。

首先在一九二二年，我創辦了一個「唯愛社」；主張在任何情況中不要用武力，反對用武力來解決一切問題。我認爲這是體現耶穌的「愛」。過了幾年，我翻譯了一本「甘地自傳」，因爲他亦是主張用「唯愛」來解決問題的。但是當「九·一八，一·二八」，日本帝國主義對我國發

動侵略戰爭以後，我心中就發生了一個很大的矛盾。該不該抵抗日本？唯愛是行不通了。我當時理想的是「唯愛」，但我的行動是參加了救亡運動。我對馬太五章三十九節有一種新的看法，我認為抵抗侵略者並不違反愛的原則。一個有愛心的人，是不會容許自己的許多同胞遭受災難的。

在二十年前，我參加救亡運動時，我與很多地下共產黨員接近，（起先，我不知道他們是共產黨員，以後我才知道他們是共產黨員），看到了他們熱愛人民的表現，使我認識了共產黨完全是為了中國人民的解放而奮鬥。因此，我全心全意的擁護共產黨，我認為一個基督徒為了實現基督的「愛」，沒有理由不能與共產黨一同工作的。

我反對蔣介石在中國的黑暗統治。西安事變時，我曾一度受了矇蔽；但在抗戰期間，蔣介石反動的罪惡面貌，完全顯露出來了，雖在極危險中，我參加了反對蔣介石的運動。我為什麼參加反蔣呢？我因為從愛心出發，不得不反對他。

我們要愛人，必須有一個和平共處的條件。以賽亞書九章六節，說到基督的名「稱為奇妙，策士，全能的神，永在的父，和平的君」；先知也描寫了和平世界的情況。「他們要將刀打成犂頭，把槍打成鐮刀，這國不舉刀攻擊那國，他們也不再學習戰爭」（賽二：四）。主耶穌說：「我來了，是要叫羊得生命，並且得的更豐盛」（約十：三）我們若將耶穌的福音，全面去了解一下，就會痛恨戰爭，反對戰爭。我們反對那些損害人類健康及生命的人，這就是「愛」。

我體會到全世界人民都要和平，但帝國主義者却竭力製造戰爭。以前兩次世界大戰所產生的慘痛情況，對於我們記憶猶新。而今天美帝國主義的行為是比野獸還兇，它在朝鮮、越南都曾發動過戰爭，但終於勝不過人民的力量被迫停戰了。然而它是不甘心失敗的，在亞洲他們積極地武裝日本，在歐洲簽訂巴黎協定，為要復活希特勒魔王的靈魂。美帝國主義在全世界設立了很多軍事基地，單在日本就有八百個軍事基地，它總的企圖，是要造成在亞洲和歐洲對蘇聯、中國的一個包圍圈。它要從三方面來進攻中國：北從朝鮮，南從印度支那，東從台灣。台灣是

中國的領土，中國人民一定要解放台灣，美國有什麼理由來干涉中國解放台灣的事呢？美國政府公然宣布，要使用原子武器，而且叫囂着如果中國要解放台灣，它也要使用原子武器。我們必須反對使用原子武器。一九四五年八月六日美國在日本廣島丟了第一顆原子彈，在長崎又丟了第二顆，使無辜的居民受到慘重的傷亡，這事到今年已經有十週年了。去年美國又在太平洋比尼基島試驗氫彈，因此使許多漁民、魚類、以及附近的水都有了感染性，引起了日本全國人民無比的憤怒。日本已有二千三百萬人，在反對使用原子武器的宣言上簽了名。我引證這些事實，不是害怕原子彈，我們知道，原子彈不能毀滅人類的文明。因爲（1）全世界的人民，不允許帝國主義這樣去做。（2）美國已失去了對原子武器的壟斷，而且蘇聯在氫彈的研究上已經超過美國。如果帝國主義敢於使用原子武器，毀滅的將是帝國主義自己。兩次世界大戰給許多國家造成了很大的損失，今天又面臨着第三次世界大戰的威脅，這種威脅主要的製造者是美帝國主義。我從幾次世界性和平會議中聽到很多人的發言，總的意思就是：控訴美帝。因爲美帝是國際間的大惡霸。在這次亞洲國家會議中，巴基斯坦的一位代表說：「帝國主義侵略性的協定，一方面是對外侵略，一方面是對內鎮壓，他們將和平民主運動說成是共產黨的顛覆活動」。今年四月，在敍利亞大馬士革，美帝指使暗殺了一位反美的陸軍副參謀長。美帝在許多國家中間進行顛覆活動，造成了緊張的局面。目前美帝正在作瘋狂的垂死掙扎，我們不能麻痺，對一切可能發生的突然事變，都要予以充分的估計。但是「眾怒難犯」，「千夫所指，無疾而死」，美帝總必滅亡。

　　世界和平運動是六年前發起的，同時在巴黎和布拉格兩地舉行了第一次大會。我參加了布拉格的會議，那時人數不多，在政治上是比較進步的。爲什麼和平運動幾年來能天天壯大？因爲這是極大多數人民的共同要求。大家主張：（1）以協商來代替武力解決。（2）雖然制度不同，仍可以和平共處。這是和平運動的兩個基礎。中印、中緬所提出的和平共處的五項原則，也是以這兩個基礎爲原則。這就是人民擁護和平運動的表現。亞非會議中，周總理關於台灣問題的聲明，使美國手忙腳亂更

加陷於孤立，坐下來談又不敢，不談又不好。這個聲明說明了我們中國完全有和平誠意。和平共處的五項原則，特別是值得我們基督徒擁護的。在印度將五項原則稱爲「潘·西拉」，這是印度教的宗教名字，意卽「五誠」。亞非會議的十項原則，是與五項原則一樣的，如果應用了這五項原則，國際局勢就可以緩和，這是美帝國主義所企圖破壞的。亞洲會議和亞非會議都很成功，收穫亦很大，雖然美帝用了很毒辣的手段進行破壞，但都沒有達到目的。這個成功不是偶然的，而是由於：（1）亞洲人民普遍的覺醒。（2）亞洲各國人民都有和平的願望；今天世界各國對中國人民的翻身是極其重視的。亞洲各國的覺悟程度、政治制度、信仰等雖不相同，但在反對殖民、反對種族歧視、反對侵略性的協定的共同點之下，聯合起來了。人民知道，要求提高生活，必須擁護五項原則，反對原子彈，消滅戰爭。亞洲國家中流行了一種中立主義，這種中立主義是反對戰爭，是不跟美國跑。這對和平是有利的。美國還在妄想用亞洲人打亞洲人，但這是不可能的。帝國主義奴役亞洲人的時期已經過去了，亞洲人民已經覺醒了，我們應當認識和平力量的天天壯大，美帝國主義若再發動戰爭，必要走到最後的滅亡。

和平運動與三自愛國運動的關係，是非常密切的。

三自愛國運動是中國基督教的反帝愛國運動，是主張愛的。因爲愛，所以必須反帝，必須愛國。一個眞有愛心的基督徒，對祖國人民獲得幸福的生活，會採取冷淡的態度嗎？中國基督教的三自愛國與一般的反帝愛國基本上是相同的；但由於中國基督教曾被帝國主義長期利用，因此它又是中國基督徒一項特殊的反帝愛國任務。中國基督徒深受了帝國主義思想毒素影響，誰要說自己沒有受思想毒素的影響，是自欺欺人的話。聖經公會展覽會，充分暴露了美帝國主義甚至來利用銷售聖經進行侵略活動，三自愛國運動是針對這種情況，而提倡肅清帝國主義的影響以純潔教會，爲建設一個與祖國相稱的教會而努力。

目前教會中有些人在講：祇要參加里弄愛國活動，不要參加三自愛國運動。這些人實在並沒有愛國。中國人民已有四億人簽名反對使用原子武器，而他們却不參加。一個眞愛國的人，一定也是一個參加三自愛

國運動的人。我們團結的基礎，就是反帝愛國；團結的原則，就是互相尊重。不同的宗派是完全可以取得存異求同的大團結的。有人說：「三自愛國運動是碰信仰的，所以不能參加。」三自愛國運動雖然要肅清帝國主義的毒素，但並不干涉任何人的信仰。

三自愛國運動與和平運動是緊密連在一起的，每一項三自愛國運動的成就，都是對帝國主義一個重大的打擊。我們將祖國建設成一個強大的國家，對世界和平是起了很大作用的。每一位參加三自愛國運動的信徒，對世界和平是一分貢獻，參加與不參加，不僅是關係個人，而是關係祖國，關係全世界人民。

世界上呈現着兩條道路：一條是和平道路，一條是戰爭道路，按着基督徒的良心，你預備走那一條道路？

爲三自愛國運動努力，就是對世界和平努力。如果反對或不參加三自愛國運動，對和平是減少了力量，是帝國主義所喜歡，面對人民，對祖國，卻是不利的。現在還有不參加或反對三自愛國運動的人，主要是由於（1）不認識三自愛國運動，（2）聽信謠言。當然也有少數人是別有用心的。但我們還是希望他們改變，如果他們不肯改變，一定會被時代所淘汰。三自愛國運動像和平運動一樣，一定要向前發展的。

3 / 進一步擴大世界和平運動的力量

原刊於《大公報》，1955 年 6 月 26 日。

全世界愈來愈多的人抱着一個信念：不管戰爭怎樣地威脅着世界，和平是可以爭取的；戰爭販子們的陰謀是可以擊敗的。全世界愈來愈多的人，不分政治見解和宗教信仰，團結在這個信念之下，爲和平而奮鬥。正在赫爾辛基舉行的世界和平大會就是這個日益壯大的世界和平力量的有力說明。

以美國爲首的帝國主義，在第二次世界大戰後的十年中，不斷地進行着軍事的佈置，企圖發動新的戰爭，稱霸世界。美國的軍事基地遍佈於全世界；通過一系列侵略性的協定，許多殖民地、半殖民地，甚至資本主義國家，都被美國的軍事、政治和經濟的力量所控制。在過去一年多當中，帝國主義不斷地叫囂着使用原子武器，企圖以此來恐嚇愛好和平的人民。巴黎協定的批准更使西德成爲對歐洲和世界和平的嚴重威脅。

但是，美帝國主義的戰爭政策愈來愈遭受全世界愛好和平的人民的反對。在每一次世界和平會議中，各國代表的發言，直接地或間接地都有一個中心的內容——對美帝國主義的控訴。美帝國主義已經成爲一個「千夫所指」的國際惡霸。在亞洲國家會議中，一位巴基斯坦的代表說：「帝國主義侵略的魔手，無論到了那裏，那裏民主的火焰就要熄滅；一切爲世界和平和民主而進行的活動都被稱爲『顛覆性的』、『共產黨的』、『同路人的』活動，而遭受殘酷的鎮壓。」不論是在社會主義國家、資

本主義國家、殖民地或附屬國，人們憎惡戰爭、反對侵略、渴望和平的意志，都在不同的情況下，用不同的方式，愈來愈清楚地表現出來。全世界善良的人民爲和平民主自由而鬥爭的力量，已經匯成一股巨流，使帝國主義發動戰爭的野心，不能不受到嚴重的挫折。

在最近兩年中，整個亞洲形勢的發展，尤其是有利於和平運動的。朝鮮人民和越南人民在反對帝國主義侵略的戰爭中都獲得了輝煌的勝利。中國、印度和緬甸所共同倡導的和平共處五項原則表達了亞洲人民對和平的最深切、最普遍的願望，因而獲得了全世界公正人士的支持。亞非會議的成就使亞非各國人民反對殖民主義、爭取和維護獨立自由、保障世界和平、促進友好合作的努力有了進一步的發展。

日本曾經是一個侵略的國家，但今天日本的人民也覺醒了。在亞洲國家會議中，一位日本代表說：「所有亞洲國家的弟兄姊妹們，我們曾經得罪過你們，但我們今天是懺悔了的國家，也是一個在磨煉中的國家；我們願意向你們伸出友誼之手，與你們爲和平而共同努力。」這幾句話是對美帝國主義「以亞洲人打亞洲人」的陰謀一個最好的回答。

在亞洲和非洲是這樣，在歐洲及世界許多其他的地區也是這樣。和平共處、求同存異的原則，將日益成爲推進世界和平的一個巨大力量。

帝國主義戰爭集團對世界和平力量的進展，是不會甘心的。他們必將盡一切的可能，擴大他們的力量，繼續製造緊張局勢，破壞和平事業。這個集團中的瘋狂分子，甚至會採取冒險政策，企圖以此來挽救他們的命運。這一次在赫爾辛基舉行的世界和平大會，面對這個局勢，必定能夠進一步表達全世界人民爭取和平的堅強意志，對民族獨立與維護和平、禁止使用原子武器、提倡各國間的友好合作等巨大問題，作出更清楚、更有力的號召。

4 / 以興奮喜悅的心情，擁護第一個五年計劃

原刊於《光明日報》，1955 年 7 月 18 日。

　　第一個五年計劃的實施是我國劃時代的一件大事。這個計劃將使我國在物質建設和文化建設的各方面，永遠脫離半封建半殖民地時期的落後狀態，開始走上繁榮富強的大道。這個偉大的計劃使我們感到無比的興奮與喜悅；全國人民必將貢獻出最大的力量，為勝利地完成第一個五年計劃而奮鬥。

　　五年計劃的內容是非常豐富的。它不但要發展重工業，也要相應地發展輕工業；它不但為全國人民的長遠利益打算，也要適當地提高人民目前的生活。此外，農業、商業、運輸業，以及文化、教育和人材的培養，在五年計劃中都佔着相當重要的位置。這個計劃一方面表現了大刀闊斧的創業精神，另一方面也表現了細緻深入的計劃工作。這個建設新中國的藍圖使我們佩服，也使我們感奮。

　　我們曾經受過西方文化影響，有過親美崇美思想的人，看見這個五年計劃草案以後，尤其會發生一種深刻的感觸。我們過去不但醉心於西方的「文明」，我們也曾抱着或多或少的民族自卑感，好像我們永遠沒有能力與西方資本主義國家並駕齊驅。但第一個五年計劃使我們看見一個清楚的遠景，由於我們得到蘇聯和其他兄弟國家先進經驗的幫助，經過幾個五年計劃以後，我們不但可以迎頭趕上資本主義國家，並且我們為發展國民經濟所需要的時間，也可以大大地減少。更重要的是：我們

的建設具有資本主義國家所沒有的優越性，因爲我們的五年計劃是爲全體人民謀幸福的，是走向社會主義社會的。我們的事業不是建立在剝削制度的沙土之上的，而是建立在全民利益的磐石之上的。

在解放前的百多年中，也有不少的人嚮往着西方的「堅甲、利兵」，「聲、光、電、化」，希望中國也能步歐美的後塵，走上富強的道路。但是，在腐朽無能的政權下，在半封建半殖民地的環境中，這只是一個夢想。新中國的情況是完全不同的。在共產黨領導之下，我們的政治有了一個嶄新的方向；我們有了一個前所未有的廉潔政府。在這樣的情況下，我們國家的潛力，和人民羣衆的積極性與創造性，都可以充分地發揮出來。因此，一個發展國民經濟的計劃不但是可能的，它的全部任務，也一定是能夠勝利地完成的。

五年來，全國的基督徒，在基督教三自愛國運動的號召下，積極地參加了各種愛國工作，積極地參加了地方上的中心任務。第一個五年計劃使我們更清楚地看見祖國無限光明的前途，更清楚地認識世界和平民主陣營日益增長的力量。我們熱烈地擁護第一個五年計劃；我們將以最高的熱誠和具體的愛國行動，爲這個計劃的完成而努力。

5 / 在第一屆全國人民代表大會
第二次會議上的發言：吳耀宗

原刊於《人民日報》，1955 年 7 月 29 日。後以〈吳耀宗同道在全國人代第二次會議上的發言〉
為題，刊於《天風》477–478 期（1955 年 8 月 15 日），頁 3–4。

我熱烈擁護中華人民共和國發展國民經濟的第一個五年計劃，並完全同意李富春副總理關於這個計劃的報告。

「五年計劃」這個名詞我不知聽過多少次了。我知道這是一件很好的事情；我大概知道一點蘇聯幾個五年計劃的偉大成就；在我國宣佈實行五年計劃的時候，我也感到高興。然而這只是一件理智上的事。直到這一次聽了李富春副總理的報告，仔細地看過「五年計劃」的草案，我才親切地體會到「五年計劃」，對中國人民來說，甚至對全世界來說，具有怎樣重大的、歷史的意義。

我相信每一個中國人民，在看過「五年計劃」的報告之後，都會感到極度的興奮和無限的喜悅。這個計劃是多麼的具體、多麼的全面、多麼的精細。整個計劃不但具有高度的科學性，它的全部精神也洋溢着對人民的熱愛。正如李富春副總理所說的：「我們正在做着爲全國人民和後世子孫謀幸福的大事。」幾千年來，大多數的中國人民都過着窮苦的生活，忍受着各種剝削與壓迫。他們也許聽見過所謂堯、舜、禹、湯的「黃金時代」和一些關於國計民生的高談闊論，然而這並不曾激起過甚麼人的熱情。誰又能想到：僅僅在解放三年之後，新中國便能開始第一個「五

年計劃」的建設，眞正走上繁榮富强的大道呢？

在這個包羅萬象，五色繽紛的「五年計劃」中，有許多項目是我們以前所不敢夢想的。舉一個例：黃河的根治和綜合開發的工作。在我國歷史上，黃河一直是爲害最嚴重的河道。西方的作家們常把黃河稱作「中國的煩惱」。但「五年計劃」却要破天荒地開始根治黃河，在三門峽等處建設巨大的水庫和水力發電站。這不但可以永遠消滅黃患，並且將使黃河爲無數的人民造福。再舉一個例：「五年內我國將開始和平利用原子能的建設，使之爲國民經濟服務。」在帝國主義揮舞着原子武器，以原子戰爭來威脅善良人民的今天，我們在第一個五年計劃裡面，就開始和平利用原子能，這實在是使人無限興奮的一件事。

我們的「五年計劃」是不是紙上空談呢？在國民黨反動派的時候，我們也曾看見過多如牛毛的法令，看見過繁瑣不堪的甚麼計劃，然而這些東西，在出現不久以後，都無例外地到了廢紙堆裡去。我們的「五年計劃」却完全是另外一回事。它不但是切實可行的，而且是一定能夠完全實現的。我們知道：「五年計劃」裡面的每一個項目，每一個數字，都經過精細的推敲；全部計劃，也經過長時期的研究和無數次的修改。在中國共產黨領導下的人民政府，是一定能夠忠實地、勝利地完成第一個五年計劃的歷史任務的。

第一個五年計劃，不但對我國有着異常重要的歷史意義，它對保衛世界和平也有着重要的意識。自從中華人民共和國成立以後，我們一貫地採取了和平的外交政策；我們一貫地提倡和平共處的原則。沒有比第一個五年計劃更能雄辯地說明新中國和平意圖的事實。在五年內，全國經濟建設和文化教育建設的支出總數爲七百六十六億四千萬元，折合黃金七萬萬兩以上。如果中國是一個侵略的國家，如果我們的政策是戰爭的政策，我們就不可能用這樣大量的資金來進行國家建設。我們自己不會發動戰爭，我們也不願意看見任何國家發動戰爭，因爲我們的和平建設，必須有一個和平的環境才能進行。兩年以來，國際局勢有了一些緩和。在最近幾個月中，東西方若干國家負責領袖的相互訪問和友好關係的發展，使和平地區的擴大，有了更多的可能。我國五年建設計劃的執

行，將更清楚地顯示了中國人民愛好和平的意願。

第一個五年計劃不只顯示了中國人民愛好和平的意願，更因爲這個計劃是使我國繁榮富強和人民幸福的第一個計劃，正如李富春副總理所說的：它的實現，也將增強世界和平民主陣營的力量。

第一個五年計劃的設計和進行，開闢了中國歷史一個嶄新的局面。爲了這一個劃時代的發展，我們不得不感謝中國共產黨和毛主席的領導；我們不得不感謝偉大的蘇聯人民對中國眞誠無私的援助；我們不得不感謝一切兄弟國家對我們的同情和合作。我們更要對已經在各個工作崗位上和將要參加工作、爲完成第一個五年計劃而努力的勞動人民和工作人員，致以崇高的敬禮。

五年計劃的完成，不只是政府的事，也要依靠全國人民的努力和合作。每一個中國人民，對五年計劃的完成，都應當有直接的或間接的貢獻。

五年來，中國基督教的自治、自養、自傳運動有了很大的發展。這是一個反帝愛國的運動，通過這個運動，全國基督徒對愛國主義的認識和愛國的熱誠都有了提高。全國基督徒積極地參加了各種愛國運動，參加了地方上各項中心任務。許多基督徒在工作上有了好的表現，做了模範。第一個五年計劃是開始改變中國的面貌，爲全國人民，爲我們的子子孫孫，創造無窮幸福的偉大計劃。我們全國基督徒衷心擁護這個計劃，並願意爲這個計劃的實施，獻出我們最大的力量。

帝國主義，特別是美帝國主義，對新中國一直採取敵視的態度；他們對新中國基督教的三自愛國運動，也一直採取敵視的態度。五年來，他們一直企圖用種種方法，破壞這個運動，分裂這個運動。我們全國的教會和各種基督教組織裡面的基督徒必須提高警惕，分清敵我，辨別是非，在反帝愛國的基礎上，鞏固我們的團結，擴大我們的團結，以實際的愛國行動，來打擊帝國主義的陰謀。這樣，我們對建設祖國、保衛世界和平的神聖事業，就能夠有實際的貢獻。

6 / 又一次證明政府的宗教政策的正確性

原刊於《新聞日報》，1955 年 9 月 11 日，另《天風》482–483 期（1955 年 9 月 19 日），頁 18。今據《天風》版。

我看到報紙上登載的天主教內以龔品梅爲首的反革命分子被捕的消息，感到非常的興奮。這是目前肅反鬥爭中一個重大的勝利，也是天主教反帝愛國運動的一個重大勝利。最近，在基督教內也揭發了一個反革命集團。這兩個反革命集團的活動方式是不完全相同的，但他們反革命的本質是完全相同的。他們都一貫地散佈反蘇、反共、反人民的思想毒素，污衊政府的宗教政策，破壞政府的法令和各項中心運動，破壞天主教和基督教的反帝愛國運動，毒害青年，勾結反動派和帝國主義企圖顛覆中華人民共和國。他們都是有組織、有計劃、有綱領的。我們堅決擁護市公安局逮捕龔品梅等反革命分子這一英明措施，並要求予以嚴正的懲處。

五年前，基督教的愛國人士發起了三自愛國運動（原稱三自革新運動），幾年以來，這個運動有了很大的發展。帝國主義和他們在中國的爪牙從一開始就企圖用種種方法來破壞這個運動，使這個運動遭受了許多不應有的障礙。我們今天看得很清楚，最近揭發出來的隱藏在基督教內的反革命集團就是帝國主義用以破壞中國基督教三自愛國運動的一個中心力量。正如龔品梅反革命集團就是帝國主義用以破壞中國天主教反帝愛國運動的一個中心力量。

中國的基督徒和天主教徒都要愛國愛教，純潔教會，肅清信徒中帝國主義的思想毒素，使中國的基督教徒和天主教徒與中國人民完全站在一起，為建設祖國，為創造繁榮幸福的生活而努力。龔品梅等反革命分子却恰恰相反，信徒要愛國愛教，他們却要害國害教；他們要使中國的基督教和天主教繼續被帝國主義控制利用，作為顛覆中華人民共和國的工具。他們是全國愛國愛教的基督徒和天主教徒所絕對不能容許的。

國民黨反動派的黑暗統治和帝國主義在中國的血腥罪行是每一個中國人民所切齒痛恨的，也是每一個有良心的基督徒和天主教徒所有目共睹的。解放後，新中國的欣欣向榮更是包括宗教信徒在內的全體中國人民所歡欣鼓舞的。然而為什麼有許多純潔的虔誠的基督徒和天主教徒還受像龔品梅等這樣罪大惡極的反革命分子的欺騙和利用呢？原因是很清楚的，就是因為龔品梅等反革命分子是披着宗教外衣來進行反革命活動的。他們利用宗教的語言，宗教的情感來麻醉信徒；他們歪曲聖經，利用「神權」來掩護他們的反革命罪行。但今天，龔品梅等反革命分子的宗教外衣是完全被剝去了；他們都是披着羊皮的狼，他們已經露出他們的原形。龔品梅等反革命罪行的揭露，使他們和他們的集團不能再在神聖的教會裡面得到掩護藏身之所。

為了純潔教會，為了愛國愛教，我們必須把一切潛藏在基督教和天主教內的反革命分子和他們的影響徹底地、全部地肅清。

龔品梅等反革命罪行的被揭露，又一次證明政府的宗教政策的正確性。在我們的憲法中規定宗教信仰是完全自由的，但披着宗教外衣來進行反革命活動是決不能容許的。政府在處理有關宗教的案件的時候，這個界限是劃得非常清楚的。

（原載九月十一日上海《新聞日報》）

7 / 吳耀宗先生報告

原刊於《牧聲》新 20–21 期（1955 年 9 月），頁 9–12。

主席、各位同道：

　　首先我要代表中國基督教三自愛國運動委員會向這次擴大會議致以衷心的祝賀！

　　四年來，基督復臨安息日會通過了控訴和學習，同道們在思〔想〕認識上有了提高，對「三自」愛國運動也作了一定的貢獻；這在程步雲主席的總結報告中可以看出來。但因爲帝國主義存留於安息日會的影響較深，所以缺點也是免不了的：如林堯喜的問題，使滬中教會造成了混亂違法的現象，安息日會裏也存在着一些思想落後的情況。希望通過這次擴大會議，進一步明確今后的方針任務，成立堅強的領導機構，能以克服缺點，把安息日會的三自愛國運動向前推進一步；深信大會能在這方面作出應有的努力。

　　今天我要同諸位談話的內容：第一部分，中國基督教三自愛國運動幾年來的發展情況；第二部分，世界和平運動與當前國際形勢；第三部分，國內形勢和祖國建設情況，特別是五年計劃。最后我還要談談關於王明道的問題。

（一）中國基督教三自愛國運動幾年來的發展情況。

解放以來，新中國有了許多偉大的成就，我們應當爲此感謝上帝。基督教過去因受了帝國主義的控制和利用，背着歷史包袱，使教會與廣大人民之間有了隔閡，這是一個事實，而三自愛國運動就是要把這些情況改變過來。一百多年以前，帝國主義就通過不平等條約開始侵略中國、奴役人民，使中國處於半殖民地的狀態；而參加簽訂這些不平等條約的，大多數是英、美等國的傳教士。前不久，在中華聖經會的檔案中，已發現了英、美帝國主義利用聖經作爲反對共產黨的工具，以及利用聖經會的名義，派遣推銷員在我國的城市鄉村搜羅情報等罪行的紀錄。從這裏可以看出帝國主義的手段是何等毒辣！

直到現在，還有人不承認帝國主義利用基督教這一事實，說他們的教會一向自治、自養、自傳，與帝國主義沒有發生過關係。那麼，請看一些實例吧。山東馬莊耶穌崔庭負責人敬奠瀛，披着「屬靈」的外衣，素來自命是一個「土生土長」的本色教會的傳道人。一九五二年，由于「崔庭」內部的揭發和各方面的調查，證實敬奠瀛從創立耶穌崔庭開始，就和帝國主義分子林美麗有密切聯系，通過「崔庭」進行反蘇反共的宣傳；並且敬奠瀛在「崔庭」裏也是作威作福，內部充滿了黑暗。結果，耶穌崔庭的罪惡終于完全被信徒羣衆揭露出來了。今年四月間，人民政府在金華地區破獲了暗藏在教會內的反革命分子周仕隆案，周仕隆是基督徒聚會處的長老，經常披着宗教外衣，隨身攜帶着聖經、詩歌、要道課程五十二課等爲掩護，到處拉攏人，組織反革命暗害集團，破壞政府法令，陰謀暴動，若不是人民政府把他及早逮捕，其後果是不堪設想的！

以上就是帝國主義利用基督教最生動的例子，也足以說明爲什麼我們一定要開展三自愛國運動。這個運動的目的，就是爲了反帝愛國，肅清帝國主義影響，純潔教會，傳揚純正福音，與廣大人民一起來建設祖國參加保衞世界和平的事業。

三自愛國運動五年來有了很大的成就。自一九五○年七月到目前爲止，全國信徒在「中國基督教在新中國建設中努力的途徑」這個宣言上簽名的，已經有四十二萬六千九百二十六人；各地縣以上的三自愛國運

動機構有一百七十四處，其中有七十四處的組織是較健全的，特別是今年四月間成立的上海市基督教三自愛國運動委員會，是一個重大的收穫。各地教會的禮拜堂進行修建的很多，教會的捐獻和信徒人數也在逐漸增加；信徒們在工作崗位上有良好的表現，有的成了勞動模範，先進工作者。在去年武漢市的防汛鬥爭中，也有些信徒當選為功臣，得到各界人民的好評，基本上改善了與羣眾的關係。許多信徒當選為各級人民代表大會的代表，參與國家大事，這在解放前是不可能的。「三自」運動不是一件平凡的事，它給教會帶來了新生，開闢了光明前途，如果沒有這個運動，教會的景況將是不堪設想的。

　　三自愛國運動自從誕生的那一天起，帝國主義就極端仇視它，利用壞份子向它進行破壞，因此我們的鬥爭是尖銳的。去年中國基督教全國會議在北京舉行，擴大了團結；為了免除一些不必要的誤解，我們把「革新」兩字改作「愛國」，使運動的內容更加明顯；我們是在反帝愛國的基礎上團結。雖然我們已作了很大的努力，但還是遭到那些別有用心的人的反對；他們是有着一定的政治目的。當然我們不能說所有不肯參加三自愛國運動的人都是反革命分子，但他們這樣做，就容易被反革命分子所利用。近來有好多地方的基督徒聚會處退出了「三自」運動，但我們希望他們能很好的從金華聚會處周仕隆的事件中吸取教訓，改變他們的方向。

（二）世界和平運動與當前國際形勢。

　　新中國建設事業的進步，是與帝國主義不利的，所以它一貫仇恨新中國，不惜採取最卑劣的手段來進行破壞，如美蔣特務在飛機上安放定時炸彈，殺害我國出席亞非會議的代表團人員。在國內，帝國主義還佈置它的爪牙、特務進行破壞，我們應該提高警惕。

　　我參加世界和平大會已經有十次了，每次我總看見參加和平運動的人數越來越多，影響也越來越大了。今年六月間在赫爾辛基舉行的世界和平大會，有六十八個國家的代表共一千八百四十一人參加（其中宗教

界代表有七十二人）。雖然代表們的政治見解和宗教信仰各個不同，但愛好和平的願望是一致的。在這次大會上，有一位西方的牧師初到赫爾辛基時，他覺得一般基督徒認爲和平運動是被共產黨所把持與控制的，共產主義與基督教的思想是有衝突的。但當他聽了到會代表們的發言後，得到了啓發，同時他也親眼看見了各國代表在會議上諒解與協商的精神；這樣，就消除了這位牧師的懷疑和顧慮。他認識到：世界和平事業不是某一黨派、某一國家的事，而是所有國家，不分黨派，不分宗教信仰的人們的共同事業。

八月六日是美國在廣島投下第一顆原子彈的紀念日，今年八月六日在廣島舉行了「禁止原子彈和氫彈世界大會」。那些身受原子彈傷害的日本人民是不願意再看見戰爭，在日本就有三千多萬人簽名反對使用原子武器。截至今年八月六日止，全世界已有六億五千五百九十六萬八千多人，在「告世界人民書」上簽名，和平運動的力量是巨大的。

目前美帝國主義除了在世界各處建立軍事基地，向許多弱小國家進行經濟和文化侵略外，它還到處製造顛覆活動，誣衊蘇聯和中國是「侵略國家」，實行冷戰，以期達到它的戰爭陰謀。但這一切都遭到世界人民的痛恨和強烈反對。雖然今天世界上還存在着兩種不同的社會制度：資本主義和社會主義。但是只要各國人民共同爲保衞和平而努力，和平共處是可以實現的。

兩年多以來的事實證明了代表人民願望的世界和平運動愈來愈勝利，其中較重大的成就是：1. 一九五三年七月底朝鮮停戰；2. 一九五四年七月，日內瓦會議取得協議，印度支那戰爭停止；3. 今年中印，中緬發表和平共處的五項原則被各國廣泛接受；4. 今年四月在萬隆舉行的亞非會議有力地表達了亞非人民要求和平的願望和信心；5. 奧地利國家條約的締結和奧地利的中立化；6. 今年七月在日內瓦舉行的四大國首腦會議進一步打開了和平協商之門。7. 蘇聯所提出的，主張裁減軍備，和平利用原子能；消除新戰爭威脅的建議，獲得各國人民的熱烈擁護和支持；8. 新中國的國際地位空前提高，世界輿論一致要求恢復中華人民共和國在聯合國中的合法地位；許多國家的各界人士紛紛要求到中國來訪問。由於以上這

一系列事實證明了和平事業的進展，同時也證明了中蘇兩國牢不可破的友誼和團結是世界和平運動的有力支持。目前，在歐洲亞洲以至拉丁美洲的許多名義上獨立而實際上被美帝國主義控制的國家都有要求中立的趨向，這證明它們希望擺脫美國的控制，走向和平的道路。

中國人民要解放自己的領土台灣，這是正義的要求，但美國妄想依靠它的實力政策，橫加阻撓；如果美國要為侵略台灣而發動戰爭的話，不但會遭到中國人民和全世界愛好和平人民的反對，也會遭到美國人民的反對，那些僕從國家也不會再像參加侵朝戰爭那樣替它搖旗吶喊了。它是注定要失敗的。

國際局勢是有了一些緩和的新的趨勢，但這不等於美國已從此放棄它的戰爭計劃，我們仍須提高警惕，不給它以可乘之機。

世界和平運動的勝利與基督教的三自愛國運動有着密切的關係。我們的目標既是反帝愛國、那麼就必須針對帝國主義和一切反革命的陰謀予以無情的打擊來取得決定性的勝利。如果現在還有基督教內的反革命分子寄望于蔣匪在中國大陸的復辟和美帝國主義的捲土重來，他們的夢想不但會完全破滅，他們也必將受到正義的制裁。

（三）國內形勢和建設情況。

出席第一屆全國人民代表大會第二次會議的代表中，基督教界人士除我以外，還有：陳見真、鄧裕志、吳貽芳。在代表發言中還有一位傈僳族的基督教同道裴阿欠。大會最重要的文件是李富春副總理代表國務院所作的《關於發展國民經濟的第一個五年計劃的報告》（唸起來長達五小時），我是全神貫注地聽，內心感到無限興奮！第一個五年計劃的主要內容，就是要發展以重工業為基礎的工業體系；把農業和國民經濟其他部門轉移到大生產的技術基礎上來；把多種經濟成分的國民經濟逐步改變為單一的社會主義經濟，使國家走向繁榮富強，以改變幾千年來貧困落後的面貌。毛主席在解放前早已指示：「沒有工業，便沒有鞏固的國防，便沒有人民的福利，便沒有國家的富強。」所以社會主義工業

建設是第一個五年計劃的中心，而重工業建設又佔最重要的地位。五年內全國經濟建設和文化教育建設的支出總數是七百六十六億四千萬元（折合黃金七萬萬兩以上），其中有百分之四十點九是用以發展工業的。五年內全國基本建設投資是四百二十七億四千萬元，其中有百分之五十八點二是用於工業建設的。拿發展速度來說，按照計劃，五年內我國工農業總產值將增長百分之五十一點一。單以鋼的一類，就要增產三點六倍。工人和職員的工資平均要比現在提高百分之三十三。在文化教育和科學研究的事件方面，也都有相應的發展。到一九五七年時，現代化工業的生產量要比五三年提高一倍。工農業生產的比重：五二年為百分之二十六點七，到五七年就要增加到百分之三十六。我國第一個五年計劃是一個偉大的計劃，它將開始改變我國百年來經濟落後的歷史面貌，開始實現我國工業化的社會主義社會。

　　最使人感到興奮和喜悅的，是黃河的根治和綜合開發的工作。黃河一直是我國為害最嚴重的河道——西方作家把它稱作「中國的煩惱。」黃河威脅着八千多萬人民的生命財產的安全。「五年計劃」要破天荒地開始根治黃河，黃河的幹流和支流將修建一系列的攔河壩與水庫，例如在三門峽等處建設巨大的水庫和水力發電站。這不但可以永遠消滅水患，並將使黃河為無數的人民造福。在四十六座攔河壩修成後中下游將全線通航，五百噸的拖船可從海口直航蘭州。三門峽的水庫建成後，可以使下游的水完全澄清，實現了古人幾千年來的夢想。

　　資本主義國家的建設是建立在剝削制度的上面，是沙土的根基；而我國的五年建設計劃是為全民的利益的，是確立在穩固的磐石上的。例如今年「七一」通車的豐沙鐵路（從豐台到沙城），是在一九五二年抗美援朝的年月裏動工的。全綫共長一〇五公里，坡度很高，有八十八座橋樑，要打通六十五個堅硬的隧道。像這樣的工程，過去反動派不能做而今天我們能做，這就是新中國的偉大。去年湖北省發生了百年罕有的洪水，由於共產黨和人民政府領導了全體人民，也把洪水戰勝了。政府大力安插災民，供應物資；水到那裏，物資就供應到哪裏；幹部也到哪裏。水災區的農民說：「百年未有的大洪水，千年未有的好政府；毛主席領

導的新中國真是一個大家庭，這樣的政府是歷史上所沒有的」；這話是
非常正確的。

根據國內外形勢，基督教三自愛國運動當前的任務是：

1. 進一步提高愛國主義認識，積極參加社會主義建設——從第一個
五年計劃的報告裏，我們更清楚地看到了祖國的偉大和它光明的遠景；
使我們感到今天作一個中國人民是值得驕傲的。但是愛祖國決不是一句
空話，這首先要求我們在各種工作崗位上以具體行動來擁護國家的社會
主義建設計劃。同時應該把個人利益服從於國家長遠利益。例如對於政
府的計劃供應工作等，應該帶頭響應。

2. 揭露隱藏在基督教內的反革命份子——從中華人民共和國國務院
公安部羅瑞卿部長所作的「全國人民團結起來、堅決、徹底、乾淨、全
部地肅清一切反革命分子」的報告和各界人民代表的發言中，我們知道
帝國主義和反革命分子是會更猖狂地從各方面來進行破壞，妄想顛覆人
民政權，使蔣介石反動派的血腥統治在中國大陸復辟。如在河北曾破獲
披了宗教外衣的反革命分子天主教的神甫，在雲南邊疆也發現披了宗教
外衣的反革命分子在少數民族的基督徒中進行挑撥；金華聚會處周仕隆
以宗教為掩護，搞反革命活動，都足以說明反革命份子是無孔不入的。
因此我們必須提高警惕，徹底肅清一切反革命分子。

3. 更加熱烈地擁護世界和平運動——帝國主義要利用它的「實力政
策」來作垂死的掙扎，因此，我們必須進一步擴大和平力量，用人民的
鐵拳來粉碎它的侵略陰謀。戰爭是可以避免的；和平事業一定會勝利的。
這就需要我們每一個人民都團結在和平的旗幟下，把保衛和平的神聖責
任擔當起來。

最後，我要談一談關於王明道的問題。

王明道這個反革命份子的罪行是很嚴重的。他一貫地散佈反蘇、反
共、反人民的思想毒素，仇視新中國；侮衊共產黨是尼布甲尼撒的統治，
破壞政府的法令和各項中心運動，污衊政府的宗教政策，毒害青年，破
壞基督教的三自愛國運動，勾結反動派和帝國主義企圖顛覆中華人民共

和國。試問，王明道這種論調是從什麼立場出發的呢？原來他一向是與帝國主義勾結的，他切齒仇恨新中國，天天喊着「戰！戰！戰！」人民所喜歡的，正是王明道所痛恨的。所以人們簽名反對使用原子武器他不簽名；帝國主義發動戰爭，他不但不置一詞，反替它辯護。過去日本人那樣欺壓中國人民，他却和漢奸、特務非常親善，這難道他還是一個有良心的中國人麼？人民政府對那些肯真誠悔改的人，是採取寬大政策的，王明道一貫堅持反動立場，爲帝國主義服務，他是帝國主義所最賞識的代理人。他企圖分裂和消滅「三自」運動，竟以信仰不同爲藉口，誣衊參加「三自」的人是沒有信仰的，來破壞我們的團結。他妄想通過破壞三自愛國運動來破壞新中國。他所做的不是爲了信仰，而是爲了反革命。過去我們是在和王明道劃分是非界綫；但今天必須同他劃清敵我界綫了。

毛主席早已說過：「提高警惕，肅清一切特務分子，防止偏差，不要冤枉一個好人。」因此我們完全相信政府，要求政府依法處理王明道。王明道的罪行不久是要在報上公佈的。處理王明道完全是一個政治問題，絕對不是因着信仰的緣故。

總之，王明道問題的被揭露，是基督教三自愛國運動的一個重大勝利，也是中國人民在肅反鬥爭中的勝利；另一方面，我們還應該幫助那些受了王明道的蒙蔽迷惑，以及與他有關係的人，及早醒悟過來，向政府清楚交代；如果我們發現了隱藏在教會內部的反革命份子，就應當把他揭發出來。祇有當我們把一切敗類從教會內清洗出去了，才能使教會純潔，使主的福音在新中國能以更加興旺。

今後我們的工作，就是要進一步開展三自愛國運動，參加保衞世界和平的鬥爭，願同道們共同努力吧！

8 / 吳耀宗會長在江南大會
第三屆常會代表會議上的講話

原刊於《公報》27 卷 11 期（1955 年 11 月），頁 2–12。1955 年 8 月 17 日講於中華基督教會江南大會第三屆常會代表會議。許道武記。

　　這次江南大會第三屆常會是一次重要的會議。解放後曾召開過一次，那是在三自愛國運動發起之前，這次是在三自愛國運動發起以後。我對江南大會情況知道的不多，大會的總結報告僅在匆忙中看過一遍；對上海區會的情況知道的則稍多些。

　　這幾年來江南大會屬下的三個區會在三自愛國運動上有一定的成績，在學習，在愛國運動方面，和教會內部工作上都有若干成就。但仍存在一些問題，很多地方還不够好；有些教會仍有混亂現象發生，個別教牧人員對三自運動，對學習還採取反對抗拒態度。我們當前要努力的事情實在很多。這次大會經過很好的籌備，由全國總會和中國基督教三自愛國運動委員會及上海市宗教事務處的領導與協助，同工同道們一起來參加，我相信這次會議經大家各方面的努力，一定會有所成就。預祝大會勝利！

　　關於江南大會的具體問題，我不預備多講。我今天要講的包括以下四方面：

　　（一）三自愛國運動這幾年來的發展情況；

　　（二）由於我經常參加國際和平會議，就談談目前國際形勢；

（三）由於我參加全國人民代表會議，談談我對五年計劃的感想；

（四）在目前國內外形勢下，三自愛國運動當前的任務。

最後要談一些關於王明道的問題。

（一）三自愛國運動五年來的情況

我們大家應當感謝上帝，五年前中國基督教有了三自愛國運動。這個運動的情況大家都已很熟悉，我祇略提一下。

百年來帝國主義利用基督教侵略中國，在信徒中灌輸思想毒素，玷污了教會，使基督教背上了歷史包袱，使基督徒與廣大人民間有了隔膜。可是這件事實能得到信徒們承認接受，是經過一番很大的努力的。直到今日，還有人不承認帝國主義利用基督教這個事實，由此可見有些信徒受帝國主義思想毒素之深。但是這幾年來我們經過學習，絕大多數信徒都覺悟了，認清帝國主義曾經利用過基督教，現在仍企圖繼續利用。中國同帝國主義訂立的不平等條約與傳教士對簽訂這些條約的關係便是明顯的實例。我在去年北京全國基督教會議上的報告裏和陳見眞主教今年在上海三自愛國運動代表會議上的報告裏都比較詳細的談過：初期的不平等條約都是由傳教士們幫助起草簽訂的。前些時候中華聖經會舉辦了一個展覽會，帝國主義甚至利用神聖的聖經進行侵略活動。全世界知名的美國基督教人物穆德，在解放前夕到上海來的時候，曾說：聖經是有政治的作用的，可以作爲長城來抵抗共產主義。共產主義是無神的，要用聖經抵抗它。一九一六年美華聖經會通過售經員六百三十八人，訪問了全國二萬八千四百五十三個城市、村鎮、搜集情報供給外國政府。帝國主義甚至連聖經也要利用。帝國主義的罪行是數算不盡的。

有人不承認帝國主義利用教會，說他的教會早已三自了；如耶穌家庭，敬奠瀛披着宗教外衣，自說與帝國主義毫無關係，是土生土長的。經信徒揭發，證明他與帝國主義有密切關係。耶穌家庭是個反動組織，進行反共反人民的活動。敬奠瀛過着荒淫無恥的生活，對信徒進行着殘酷的壓迫與剝削。

最近在「天風」上登載金華雅畈基督徒聚會處長老周仕隆的反革命罪行，周仕隆等組織反革命集團，經常造謠，破壞政府各項中心工作，企圖謀殺政府幹部，陰謀武裝暴動。周仕隆利用聖經、詩歌、爲掩護進行反革命活動，以教會爲反革命據點，這不是平常的事，這是我們應該提高警惕的事。

三自愛國運動是爲了反帝愛國，爲了純潔教會，爲了傳揚純正福音，爲了與人民團結一起爲建設祖國、保衞和平而奮鬥。

五年來三自愛國運動有了很大成就，信徒在「中國基督教在新中國建設中努力的途徑」這個宣言上簽名的，自一九五〇年七月開始到今年七月，有四十二萬六千九百二十六人。全國地方性三自組織（包括縣以下者）有二百處以上，有的是在全國會議以後新成立的，今年四月上海三自愛國機構的成立是一件重大的事。信徒通過學習，不斷提高反帝愛國的認識，參加各項中心運動。很多信徒做了各級人民代表。去年在武漢防汛工作中有三十六位同道被評爲功臣，另有三十五位同道受到表揚。很多教會參加三自運動後呈現了新的氣象，有的信徒人數增加，有的建了新堂，或翻修了舊的聖堂，有的奉獻增加。

這說明三自愛國運動對信徒與教會來說是具有極其重大歷史性意義的事。如果基督教還走老路，繼續被帝國主義控制，那末今日的基督教就不堪設想了。正因走了新路，基督教才有新的面貌。這不是說基督教的問題都解決了，還有許多問題要解決。但是由於基督教開始有了新的面貌，所以今天才能使人對基督教有了新的觀感，并得到政府的照顧，如房地產稅減免等。這決不是偶然的，就是因爲有了三自愛國運動。五年來三自愛國運動的發展，證明這是今天基督教唯一正確的道路；只有走這條道路才能使教會純潔，福音興旺，使基督教在偉大的祖國建設事業上有分，使基督教能丟掉歷史包袱，有光明的前途。

在三自運動一開始的時候，帝國主義就企圖破壞和分裂這個運動。至今尚有少數人反對三自；也有個別教會在參加三自運動後又退出。我們要問爲甚麼有這種情況？首先我們說：三自愛國運動是有成績的，但是也存在着缺點。去年全國基督教會議時檢查了工作，努力糾正了缺點，

擴大了團結。爲了團結作了相當大的努力：如把「革新」兩個字改爲「愛國」，提出「信仰互相尊重」的原則，關於三自內容有清楚說明，藉以消除誤會。可是爲甚麼還有人反對三自，要退出？這事實不能不使人發生懷疑，可能不是爲了信仰，爲了組織，爲了「屬靈」「屬世」的問題，可能是政治問題；也可能是與潛藏在基督敎內的反革命活動有直接或間接的關係。我們不能說反對三自的都是有政治問題的；事實上有很多人是不了解，或是受了蒙蔽。但是可以肯定說披着宗敎外衣的反革命分子如周仕隆等人必然是要破壞三自愛國運動的。全國會議後，今天三自愛國運動發展中還存在的一些問題與困難，可能與潛藏在敎會內的反革命分子，如周仕隆這類人有關係。金華雅畈聚會處的案件給我們一個敎訓：一個不參加三自或反對三自的敎會很有可能被反革命分子盤踞，卽或不被盤踞，也會變成反革命的溫床。三自愛國運動是正確的、必要的，參加與否不是小問題，乃是重大的問題。

（二）目前國際形勢

目前國際問題與三自愛國運動有着密切的關係。帝國主義和反動派對新中國一直採取仇視態度。對三自愛國運動當然也是仇視的，企圖加以破壞。就拿一年來的事實來說，這些事實說明了帝國主義與反動派破壞三自愛國運動是特別猖狂的。有兩個主要原因：（一）世界和平運動日益進展，這對帝國主義與反動派不利。（二）新中國社會主義建設突飛猛進，也對帝國主義與反動派不利。帝國主義走的路愈走愈窄，困難愈來愈多，所以更加猖狂地進行破壞。最突出的例子就是在亞非會議前夕放定時炸彈在我國參加亞非會議工作人員飛機上的暗害罪行，這種卑鄙手段祇有帝國主義和反動派才做得出。

六年來我參加了世界和平會議十次之多。最近一次六月廿日至卅日在芬蘭首都赫爾辛基舉行的世界和平大會，共有一千八百四十一人參加，代表性非常廣泛，有農民、工人、商人、作家、藝術家、科學家、醫師、新聞工作者、宗敎界人士等，其中宗敎界人士共七十二人。這次和平會議的討論的主要問題，共有三類：（一）關於裁減軍備，反對使用原子

武器。軍備競賽，增加人民負担，製造戰爭危機，是廣大人民所反對的。反對原子武器已成爲世界性的運動。有六億以上的人民簽名反對使用原子武器。日本就有三千多萬人簽名。今年八月六日在廣島舉行「禁止原子彈和氫彈世界大會」，全世界愛好和平的人民不許原子彈的災難在世界上重演。（二）主張民主獨立，反對殖民主義，反對干涉內政。美國的新殖民主義是非常陰險狠毒的：如阿根廷等深受其害，阿根廷表面上是一個獨立的國家，實際上內政受到美國的干涉，美國不斷在阿根廷製造顛覆活動。美國並且到處建立軍事基地，它在世界各處建立的軍事基地有一千多個之多。（三）經濟文化交流。美國對中蘇等國家進行封鎖禁運政策，損害了各國人民的利益，各有關國家的人民都對美國表示不滿。美國也阻礙了各國間正常的文化交流；相反地，美國却把許多有害的文化產品送到殖民地和附屬國裏去。正常的文化交流可以加強各國之間的了解和友誼。

　　這次參加和平會議的人數多，代表性很廣泛。代表們的思想是不一致的，政治見解不同。有人甚至懷着很大成見和疑問來參加這次會議。有一位參加這次世界和平大會的西方牧師在開始時曾說：有不少的人對和平運動表示懷疑，以爲和平運動被共產黨控制。有些基督徒以爲基督教與共產主義不能相容，因而對參加和平運動感到困難。經過大會的反覆討論和聽了大會發言，最後他深受感動，使他認識到：和平運動不是代表某一派的思想，乃是代表不同政治見解的一切愛好和平的人的思想。各國的「唯愛社」常派人來列席世界和平會議，他們起初是抱着批評和旁觀的態度。參加這次和平會議的「唯愛主義者」發表聲明，號召會員參加和平運動。這些事實證明世界和平爲絕大多數人共同的要求。

　　美國推行實行政策和冷戰，奴役和剝削人民，仇視中蘇，但世界人民反對戰爭，美國人民也反對戰爭。各國制度雖不相同仍可和平協商，和平共處。這是全世界人民的共同願望與呼聲，兩年來和平的力量愈來愈壯大，并取得一系列的勝利。現在舉出幾件事例來說明和平的勝利：

　　（1）兩年前朝鮮戰爭的停止。

　　（2）越南戰爭在日內瓦會議上達成停戰協議。

（3）中國與印度、緬甸共同制定的五項和平共處原則，爲各國所接受。

（4）萬隆會議表達了亞非人民要求和平的共同願望。

（5）奧地利和約簽訂，成爲中立國，帝國主義在歐洲少了一個製造戰爭的據點。

（6）今年七月舉行了十年來未舉行過的四大國首腦會議，開闢了和平協商的道路。

（7）蘇聯的和平政策和對和平的巨大努力。

（8）中國國際地位空前提高。從日內瓦與萬隆會議之後，許多國家的各界人士都要求來中國訪問，或進行貿易。美國還想阻撓中國在聯合國中的合法地位，但是各國輿論都要求恢復中國在聯合國的合法地位。

事實說明美國的實力政策到處碰壁，因爲這個政策是違反世界各國人民的利益的。現在在歐洲、亞洲，甚至拉丁美洲的許多國家中都流行一種中立主義思想。例如法國、意大利、丹麥。他們實際上是要靠攏和平，不要追隨美國的戰爭政策。

美國的處境是越來越狼狽了。它雖然叫囂戰爭，但實際上假如今天美國爲了什麼問題發動一次新的戰爭，那將是很困難的。雖然如此，它的戰爭政策並未放棄，我們對它仍要提高警惕。如果我們能够把戰爭推遲了，帝國主義發動戰爭就越來越困難，如果他們冒險發動戰爭，最後一定要失敗。今天如有人仍寄託希望於第三次大戰和美帝國主義與蔣匪幫在中國大陸的復辟，從今天局勢看來這種幻想應當完全放棄了。

（三）我對五年計劃的感想

六年來祖國各方面突飛猛進的偉大成就是大家所耳聞目見的，我今天不贅述。現在單來談談「發展國民經濟的第一個五年計劃」。

這次出席第一屆全國人民代表大會第二次會議，基督教方面除我以

外，還有陳見眞主教，鄧裕志女士，吳貽芳女士。大家都感到非常興奮。我們聽了幾個報告，其中最重要的是五年計劃報告。茲將這個報告的基本內容簡單介紹一下：這篇報告很長，共有一百九十一頁，可是當李富春副總理作報告時，大家都聚精會神地聽，內容豐富動人。五年計劃主要方針是發展以重工業爲基礎的工業體系，并對農業、手工業和資本主義工商業進行社會主義改造，把多種經濟成份的國民經濟，改變爲單一的社會主義經濟。正如毛主席在解放前說的：「沒有工業，便沒有鞏固的國防，便沒有人民的福利，便沒有國家的富強。」重工業是最重要的基礎。五年內全國經濟及文化教育建設總支出共需七百六十六億四千萬元，折合黃金七萬萬兩以上。

五年計劃實現後，新中國是怎樣情況呢？許多東西現在生產很少的，將來可以大量生產。現在沒有的東西，以後也可以生產了。例如：鐵的生產量，五年內可達到每年二百八十萬噸，鋼二百五十三萬噸。（如果與解放前對比，反動派想建造每年生產十萬噸的鍊鋼廠也沒有成功。）五年計劃實現後，每年可產三萬輛汽車。五年後，現代工業生產要增加一倍，使工業在工農業總產值比重中從一九五二年的百分之二十六‧七增至一九五七年的百分之三十六。五年內文化教育科學研究方面也將有相應的發展；人民物質生活水平也適當提高；就業人數要增加四百二十萬人，工人職員平均工資增加百分之三十三。

更使人興奮的是根治黃河水害和開發黃河水利的綜合規劃。黃河是我國第二大河，它爲害最烈。根據歷史的記載，三千多年內，決口一千五百多次，改道二十六次。經常威脅黃河流域八千餘萬人民生命和財產的安全。根治黃河是要在幹支流上修建一系列攔河壩與水庫，把河水控制住，防止水害，另一方面可以發展水利。最重要的工程是三門峽水庫。三門峽地形水勢極險，有「人門」，「神門」，「鬼門」，祇「人門」可通行，其他二門均極危險。現在要在三門峽建築宏大雄偉的水庫，它的容量等於十六個官廳水庫，面積約等於一個太湖。四十六座攔河壩修成後，五百噸的輪船可以通航直達蘭州。周朝人有一句話說：「俟河之清，人壽幾何？」又有古語說：「黃河清，聖人出。」三門峽水庫建

成後，黃河下游的水可以基本上變清了。五年計劃是個很偉大的計劃。不僅修治黃河，還有其他幾千年來人民夢想的事，甚至不敢夢想的事，今天都要實現。只要幾個五年計劃之後，我國就可以根本脫離半封建半殖民地的經濟落後狀態，成為繁榮富強的國家。

在北京的時候，我們參觀了豐沙鐵路，這是一條從豐台到沙城的鐵路，一百○五公里的路程，有隧道三十五個，有的隧道火車要二三分鐘方能走完。有橋樑八十八座。工程之艱巨為世界上所罕有。這條鐵路是一九五二年抗美援朝期間新建的，今年六月已接軌通車，這說明新中國建設氣魄多麼偉大。為何過去不能做的事，今天能做，乃因在共產黨領導下，我們有了一個真正為人民謀福利的政府。

在會議中有很多動人的發言：有一位湖北省的代表發言說：在湖北省去年的洪水是從來未見過的，全省人民參加防汛鬥爭。政府幹部搶救了四百三十萬災民到非災區生產自救，又搶救了二十七萬頭耕牛到非災區寄養。水退後送災民回鄉重建家園。從全國十四省及時地運了二十億斤糧食和其他物資來解決災民衣食住問題。當時災民中有句話說：「災民到那裏，供應到那裏，幹部到那裏，負責送出去，負責送回來。」又有農民說：「百年未有的大洪水，千年未有的好政府；毛主席領導新中國像一家人一樣。」在新中國為什麼能進行許多偉大的事業，能做幾千年不能做的事，就在於此。從五年計劃角度說明解放後新中國有怎樣的新面貌，令人興奮。

（四）三自愛國運動的當前任務

根據目前國內的形勢，與三自愛國運動幾年來的發展，對三自愛國運動的當前任務，擇幾點重要的來講：

（1）應進一步提高愛國主義認識。從五年計劃中我們更清楚地認識祖國光明偉大的遠景。我們看了五年計劃以後，就知道新中國是怎樣的面貌。如果今日我們還不愛國，那是很難使人理解的；如果不是糊塗，或自私自利，那就是別有用心了。今天做中國人民是值得驕傲的。但愛

國不是空話，要有具體行動。我們應該把本身工作做得更好，我們對國家計劃都可以有直接或間接的貢獻。要了解完成五年計劃不但是工人農民和幹部的事，而且是包括基督徒在內的全體人民的事。國家計劃是爲了我們自己，爲了我們子孫的長遠的利益的；要以目前利益服從長遠利益。有些人從舊社會裏帶來的自由散漫的習染很重，對政府的用粮糧、用油、用糖等計劃供應政策心中可能常有牢騷或抱怨，也有壞人造謠破壞。這都是頭腦還沒有轉變，沒有從長遠集體利益來看，而單從個人目前利益看事情。

（2）愛國守法。我們一面提倡要肅清帝國主義影響毒素，一面號召信徒不要濫用宗教信仰自由的權利，做反人民的事情。不但自己愛國守法，還要做進一步的工作。從這次全國人民代表會議中，我體會到今天反革命分子在各地的活動很猖獗。從羅瑞卿部長的報告裏知道許多反革命分子，在全國人民進行建設、創造幸福生活的時候，要破壞人民的幸福生活，破壞建設，妄想顛覆中華人民共和國。據去年河南、廣東等八個省及上海市的不完全統計，共破獲反革命集團案件八十三起，其中二十七起即有反革命分子一千零七十四名之多。傈僳族代表裴阿欠同道說，在邊疆少數民族地區，美帝國主義也有陰謀，披着宗教外衣，進行反革命活動。我們要解決、徹底、乾淨、全部地肅清一切反革命分子。

今天我們要加强學習，提高警惕，不但要明辨是非，也要與暗藏在教會內的反革命分子劃清敵我界線。絕大多數的信徒都是好人，我們不能讓極少數的壞分子玷污教會，危害人民。

（3）積極參加保衛世界和平運動。我們一定要爲爭取和平而努力；我們要打擊帝國主義發動戰爭的陰謀，最後要使發動戰爭成爲不可能。現在和平力量日益擴大。和平共處的五項原則已爲許多國家和廣大人民所接受；國際局勢已有了一些緩和。基督徒都有爭取和平的責任。除了直接參加像反對使用原子武器簽名這樣的運動外；我們參加三自愛國運動，就是對世界和平的貢獻。因爲建設祖國和反對帝國主義，與世界和平有着密切的聯系。新中國的前途是光明的；世界和平的前途是光明的，反帝愛國的三自運動的前途是光明的。一切企圖破壞新中國，破壞三自

愛國運動的，無論他們披着什麼外衣，一定都是失敗。

最後，關於王明道問題，我在這裏簡單地談一談。王明道的反革命罪行，現在已被揭露。他是披着宗敎外衣的反革命分子，是披着羊皮的狼。數十年來，他一貫地勾結帝國主義和反動派，爲他們服務。解放後，他對新中國，對新中國的人民，對領導新中國的共產黨，對新社會主義建設和一切人民民主事業，更採取刻骨仇恨的態度。他妄想推翻中華人民共和國，使帝國主義和反動派在中國復辟。王明道是披着宗敎外衣來害國害敎的反革命分子；我們對王明道的罪行，表示無比的憤怒；我們相信政府對這樣一個反革命分子和他的集團，一定會予以嚴正的處理。

爲了肅清王明道的惡毒影響，我想談一談王明道在《靈食季刊》中「我們是爲了信仰」那一篇文章裏所提出的所謂「現代派」和「基要派」的問題。王明道爲什麼提出這樣的問題？我認爲他的企圖是很清楚的。首先，他是要放出烟幕來淆亂視聽，使人相信他是爲了「信仰」來「護敎」的「神的僕人」；他就企圖用這個烟幕來掩護他的反革命罪行。其次，他是企圖用這樣一個「信仰」問題來引起紛爭，分裂三自愛國運動，最後消滅這個運動。但是，王明道的企圖是不能達到目的的；他的宗敎外衣已被剝去；他的罪行被揭露以後，全國信徒就更加團結在三自愛國運動裏面，這個運動也就更加壯大和堅强。

因爲王明道在那篇文章裏，提到我的名字，我覺得作爲中華基督敎會總會的會長，我對這個問題，有說幾句話的必要。

我受洗入敎，已經有三十七年了；在這三十七年中，我體驗得最深刻的道理，就是信仰與行爲的關係。如果主耶穌要考驗我們是否他的忠實的門徒，他將要怎樣做呢？他是否要問我們：你是屬那一個公會的？你是現代派還是基要派？請你把你的信仰一條一條地列舉出來！不，主耶穌是不會這樣做的。信仰是重要的；主耶穌當然是看重信仰的。但是，憑什麼來證明信仰的眞假呢？那就是憑一個人在生活與行爲上的表現。耶穌的敎訓，我們應當深刻地體會。祂說：「凡稱呼我主阿主阿的人，不能都進天國；惟獨遵行我天父旨意的人，纔能進去。」（太七 21）我們的信仰的考驗就是我們在生活上怎樣表現了我們的信仰。

從信仰與行爲的關係這一個基本的認識出發，我有了以下幾點經驗：

（1）三十七年來，我的宗教信仰決定了我的生活的主要方向。我的職業的變更，我的主張抗日反蔣、反美，我對共產黨的擁護，我所以同國內的同道們發起三自運動，這些都不是從政治出發的，而是從宗教信仰出發的；我是以基督徒的身份來做這些工作的。

我可以作一個見證，三十七年來，基督教信仰是我的生命中最寶貴的東西。它使我的生活更豐富，更有意義；它使我更有力量去應付生活中一切的困難而無所畏懼；它是我的希望和內心的平安的泉源。聖經中充滿着寶貴的、深刻的、富有生命力的敎訓；別的不說，單舉兩段經文爲例，因爲它們是我三十七年來用之不盡，取之不竭的靈命的來源。（一）「你們要先求祂的國，和祂的義；這些東西都要加給你們了。」（太六33）（二）「凡要救自己生命的，必喪掉生命；凡爲我喪掉生命的，必得着生命。」（太十六25）這兩段話是顚撲不破的眞理，保羅所說的：「萬事都互相效力，叫愛上帝的人得益處。」就是這兩段話的註脚。

（2）基督敎是愛：要盡心，盡性，盡意，盡力，愛主你的上帝，又要愛人如己。上帝是看不見的；我們愛上帝，當然也就應當愛眞理，愛正義。我們愛基督就是跟從祂，無論祂領我們到那裏去，我們都要跟從祂。我們愛弟兄，要互爲肢體，不要爭權奪利互相嫉妒，自高自大。我們愛眾人就要與眾人和睦，要作眾人以爲美的事。我們要劃的界線不應當在信與不信之間，不應當在這一派或那一派信仰之間，而是在是非之間，善惡之間；是在愛國與不愛國之間，和平與戰爭之間。我們愛上帝，愛基督，愛弟兄，愛眾人，愛祖國，愛和平，我們就不能不恨惡罪惡，恨惡戰爭，恨惡一切對人民事業的破壞。耶穌要考驗我們是否有愛心，考驗我們的愛心有多大。

（3）祈禱的重要。祈禱是信徒的生命。沒有祈禱，信仰就是空的。祈禱是我們與天父每時每刻的靈交，而不是有些人所想的，使上帝遷就我們的意思。祈禱不是改變上帝的旨意，而是要服從上帝的旨意，像耶穌所說的，「願你的旨意成全。」祈禱是要虛心地接受上帝的啓示，接受一切的眞理。我們要擴大我們的視線，不要讓自私和成見把我們捆綁

在我們自己的小天地裏；我們要不斷追求上帝的旨意。這樣，我們就可以得到釋放，得到力量，得到平安。

　　三自愛國運動要我們團結，而帝國主義和王明道這些反革命分子却要我們分裂。我們在反帝愛國的基礎上和信仰上互相尊重的原則下緊密地團結起來，三自愛國運動就可以更廣泛深入地發展。

9 / 平安與和平——
紀念一九五五年聖誕節

原刊於《同工》新 17 期（1955 年 12 月 1 日），頁 7–8。

「我報給你們大喜的信息，是關乎萬民的」（路加二章十節）——這是耶穌誕生的時候天使對牧羊的人所說的話。

這個「大喜的信息」是甚麼呢？這個「大喜的信息」的主要內容就是天使讚美上帝的話：「在至高之處榮耀歸與上帝，在地上平安歸與他所喜悅的人」（路加二章十四節）。榮耀歸與上帝，因爲他使他的獨生子降世，使悖逆的世人重新與上帝和好；我們信仰耶穌、跟從耶穌，就能得到上帝的喜悅，就能得到地上的平安。

平安首先是內心的安息：「凡勞苦擔重擔的人，可以到我這裏來，我就使你們得安息」（馬太十一章廿八節）。「我留下平安給你們，我將我的平安賜給你們；我所賜的，不像世人所賜的」（約翰十四章廿七節）。保羅時常提到「基督的平安」（歌羅西三章十五節）、「賜平安的上帝」（腓立比四章九節）、「平安的福音」（以弗所六章十五節），這個「平安」是我們信仰基督的人最寶貴的靈性的「資產」。假如我們有了在世上可能有的一切東西，而沒有平安，我們還是一無所有。一個能夠保持內心的平安的人，在無事的時候固然會感到內心的寧靜，就是在狂風暴雨、山崩地震的當中，他也必定能夠從容應付，無所動搖。

　　但是，「平安」是要付代價才能得到的。「你們當負我的軛，學我的樣式」（馬太十一章廿九節）。這就是平安的代價。我們要負耶穌的軛，學耶穌的樣式，就要愛上帝，愛眞理，愛鄰舍，愛公義，捨棄自己的私意，遵行天父的旨意，天天背起十字架去跟從耶穌。在今天的新時代中，我們更應當拋棄一切成見，不斷地學習新的事物，不斷地接受上帝新的啓示，拋棄一切自我中心的想法和做法，盡心盡力去做衆人以爲美的事。這樣，我們就是耶穌的好門徒，天父的好兒女；這樣，我們就能爲基督的福音，作美好的見證，就能得到「上帝所賜出人意外的平安」（腓立比四章七節）。

　　我們再看一看「平安」與「和平」的關係。

　　在舊約和新約裏面，「平安」與「和平」這兩個名詞的涵義是互相銜接的。要得到地上的平安（和平）就是「叫基督的平安在你們心裏作主」（歌羅西三章十五節）。有了內心的平安，也就必然要傳揚福音，消滅人與上帝之間的對立，消滅人與人、國與國、制度與制度之間的對立，使地上得到平安。以賽亞預言將要來到的救主是「和平之君；他的政權與平安必加增無窮」（以賽亞九章六、七節）。以賽亞又這樣地憧憬着未來的和平幸福：「他們要將刀打成犁頭，把鎗打成鐮刀，這國不舉刀攻擊那國，他們也不再學習戰爭」（二章四節）。使徒行傳說：「上帝藉着耶穌基督傳和平的福音」（十章卅六節）。保羅說基督耶穌使我們與上帝和睦，「且來傳和平的福音給你們遠處的人，也給那近處的人」（以弗所二章十七節）。因此，基督的福音是平安的福音，也是和平的福音。我們相信基督的人，不但要得到內心的平安，我們也有爭取世界和平、保衞世界和平的神聖職責。在今天的世界裏，保衞和平的力量和製造戰爭的力量，正在進行着尖銳的鬥爭。作爲新中國的基督徒，我們積極參加祖國的建設，積極參加反帝愛國的三自運動，使祖國成爲保衞和平的有力支柱，使我們奉「和平之君」的名，爲和平而服務，這就是我們對世界和平最實際的貢獻。

　　慶祝救主的聖誕，不單是一種儀式，也不單是一種情感，這個慶祝應當與我們的生活結合，應當與我們所努力、所祈求的最高的願望緊密地聯在一起；這樣，我們紀念救主的誕生，才能成爲一件富有意義的事。

10 / 緊密地團結起來
爲推動三自愛國運動而努力

原刊於《公報》27 卷 2 期（1955），頁 1–2。
本文爲吳耀宗以中國基督教會全國總會會長身分發表。

去年七月，中國基督教全國會議在首都舉行，出席的兩百多位代表總結了四年來三自愛國運動的經驗，討論了三自愛國運動今後的方針任務，在有關三自愛國運動的幾個主要問題上取得一致的意見，因而達成中國基督教內空前的團結，爲今後三自愛國運動更廣泛深入的發展，奠定了穩固的基礎。

全國會議的「四項決議」號召我們在反帝、愛國、愛教和在信仰上互相尊重的原則下，促成全國各教會所有信徒的大團結，并積極參加保衞世界和平運動，堅決反對美帝國主義侵佔我國領土台灣，提倡愛國守法，認眞進行愛國主義學習。幾個月來，全國三自愛國組織普遍地進行了關於全國會議的傳達，使全國信徒對三自愛國運動，有了更清楚的認識。

但是，不容否認，在今天基督教裏面還存在着一些不團結的現象。雖然全國會議肯定了三自運動所一貫地主張的，在信仰上互相尊重的原則，今天還有個別的人和個別的教會，以信仰不同爲藉口，不肯參加三自愛國運動，或退出他們所已經參加的三自愛國組織。三自愛國運動一個基本的出發點是：中國基督教曾經被帝國主義利用；在中國基督教裏

面有帝國主義的思想毒素，而今天竟有人否認幾年來為全國絕大多數信徒所一致公認的這個事實。三自愛國運動提倡愛國守法，不濫用宗教信仰自由，而今天還有人顛倒是非，破壞人民政府的威信，散佈消極悲觀的思想，削弱信徒對祖國的熱愛，幷製造「神蹟」，作假見證，藉以欺騙信徒羣衆。這些都是破壞團結，破壞三自愛國運動的現象。不管造成這些現象者主觀用意如何，這些現象是違反人民利益的，是有利於帝國主義的，因而是愛國愛教的信徒所必須反對的。

一年多以來，朝鮮戰爭結束，印度支那恢復和平，歐洲軍事條約被否決，國際局勢有了一些緩和。但帝國主義不甘心於它的失敗，繼續在全世界製造緊張局勢。帝國主義集團締結了一系列的侵略性的條約，其中最激起中國人民和全世界愛好和平人民的憤怒的，是企圖阻撓我國解放台灣，威脅我國安全的美蔣條約，和武裝西德，威脅歐洲和平的巴黎協定。最近，帝國主義集團更經常地進行原子戰爭的宣傳。

我們必須認識：帝國主義的一切侵略行為都是違反正義，違反人民利益的，因而是必定遭到失敗的。相反的，和平共處是全世界愛好和平的人民一致的要求；全世界日益壯大的和平力量，必定能夠粉碎帝國主義戰爭侵略的計劃。中國人民對於解放台灣更是抱有充份的決心。因此，對帝國主義的任何恐懼或幻想，都是錯誤的。

帝國主義也必然還要利用中國基督教來進行危害中國人民的活動。為此，我們必須提高警惕，加強團結。我們積極推進三自愛國運動，就是我們基督徒對帝國主義的陰謀最有力的回答，也就是我們基督徒對世界和平最實際的貢獻。

七、

1956
年

1 / The Christians of China Come Together

Originally published in *People's China*, May 1, 1956, 15–20.

In 1950, the very first year after the establishment of the People's Republic, forty Chinese Christians initiated the movement for a Chinese Christian Church that would be self-administering, self-supporting and autonomous in its propagation of the faith. Since then this movement has grown steadily from that two score to hundreds of thousands of supporters.

1954 was a particularly remarkable year in the history of the movement. In July of that year 62 denominational groups and church organizations sent delegates to a national conference in Peking.

The Central Message

The central message of that conference was the promotion of a closer fellowship among all church bodies and groups based on a common love for their country and on a common desire to achieve the goals of the movement. The conference itself marked an end of inter-denominational conflicts, and this message was carried to practically every congregation and Christian family. As a result many more churches and Christian groups joined the movement, while those who had already joined have become more enthusiastic. From July 1954 to the end of 1955 twenty-two new provincial and local committees of the movement were formed, making a total of 197. Forty-three of the original ones increased their membership.

Of course, all was not plain-sailing. Just as we were stepping forward with confidence, a small clique came out in open opposition to the movement, and tried to destroy this great fellowship of Christian love by saying that differences of creed forbade co-operation. This argument against participation in the movement, however, was quite groundless, for the national conference stood out most clearly for the principle of mutual respect for such differences. In the light of this situation, in February 1955 when the standing committee of the movement held its third session in Shanghai, it reaffirmed its determination to enlarge and strengthen this great fellowship by rallying all Christians with love and patience. This resolution was received with great enthusiasm among Christians throughout the country.

Later it came out that those who opposed the movement on the ground of differences in creed were the very persons who took part in various activities directed against the people under the cloak of religion. These people collaborated with unfriendly foreign governments and reactionaries, carried on espionage, broadcast rumours, and in general, tried to undermine the national effort for reconstruction. And they used this pretext of differences in creed to undermine our Christian fellowship.

Since the discovery and exposure of these Judases our Christian fellowship has been established on a much wider scale and on a firmer basis.

This is reflected in the actual growth of the Church.

Growth of the Church

Since liberation, and especially from 1954 onwards, new church buildings have come into existence, and old ones have been renovated, in Shanghai and Hangchow, in Kiangsu, Chekiang, Shantung, Kwangtung, Kwangsi, Hupeh, Hunan, Honan, Shansi, Shensi, and elsewhere.

The Church is steadily growing too in spiritual stature. From 1954-1955 joint Evangelistic meetings and retreats were held in Peking, Tientsin, Shenyang, Ningpo, Amoy, Foochow, Changchun, Tsinan, Soochow, Canton and other cities. Many Evangelistic gatherings were also held by individual denominations and churches. They were all enthusiastically attended. For instance, 600 to 700 people attended meetings in Shenyang where the Reverends Ting Yu-chang and Sun Han-shu preached. Some came regularly every evening from places 20 miles outside the city. Joint Christian celebrations have become more popular and have been more enthusiastically attended since liberation.

Summer and winter youth conferences were also held in cities where there are fairly large numbers of young Christians. These conferences showed the steady growth of the promising young generation of the Church. Through regular church activities and such conferences, the Gospel of Christ has brought forth abundant fruits. Many churches have increased their membership. During the last three years, in Chekiang Province, the membership of the Church of Christ in China has increased by 2,587, the Chung Hua Sheng Kung Hui has increased by 1,473, and the Baptist Church by 1,312.

The national organizations of various denominations have also made progress in their work. In June 1955, the House of Bishops of the Chung Hua Sheng Kung Hui, for instance, consecrated three new bishops. In August 1955, the Seventh Day Adventists held a national conference and established their own national committee.

New Workers

The theological seminaries of the Chinese Church are training new workers. Each year many young people apply for admission to these seminaries. Graduates of Nanking Union Theological Seminary and Yenching Union Theological Seminary have been placed in suitable church positions and are doing well. Chinese theological scholars and seminary professors are beginning to undertake research in the Christian classics and in theology. With the steady progress of the movement, work in this field will receive increasing attention.

The publishing work of the Chinese Church made great progress in the past year. In 1955 the total output of the Christian Literature Society, the Association Press, the China Baptist Publications House and the Sunday School Union was 275,700 copies, an increase of 170 per cent compared with 1954, and sales of Christian literature in 1955 also increased. The circulation of religious pictures and church calendars now runs into tens of thousands. A pocket Bible was issued in 1955 by the China Bible House. Two new periodicals appeared in 1955, *En Yen* (Word of Grace) and *Sheng Kung* (God's Holy Work). The former is a youth magazine and the latter the official organ of the Chung Hua Sheng Kung Hui.

During the past year or so the YMCA and the YWCA have also done much valuable work in social service and greatly helped the promotion of Christian fellowship in China.

Church workers and church members have all become more nationally conscious. They have been very active in the various movements for socialist construction and also in the world peace movement.

Christians in Public Life

Incomplete reports for 1955 show that many church workers in 20 different provinces have regular study groups. In Peking, Tientsin, Soochow, Nanking and other cities, study groups have also been organized for church members. Church workers and church members both have a better understanding of national and international affairs. Church members everywhere participate in public welfare activities such as flood control, combating drought, first aid, protection of public granaries, repair of public highways, drainage of waterways, public health campaigns, and various production campaigns. Most Christian farmers, handicraft workers, and those engaged in private industrial and commercial enterprises have willingly joined in the movement of socialist transformation; not a few amongst them have become model workers. When Bishop Robin Chen, Miss Cora Teng and myself, in our capacity as people's deputies, went on an inspection tour to Shantung, we talked with several Christians in Chailou Village, Liaocheng County, and learnt that all the Christians in that village had joined cooperative farms. Mr. Chao Chun-yeh, a church member, has won public recognition and been elected a model worker every year from 1952 to 1954. He is also the chairman of the co-operative farm in that village.

Many Christians all over the country have been elected members of local, provincial and national People's Congresses, as well as members of local, provincial and national Political Consultative Conferences. Twenty Christian workers attended the second session of the national Political Consultative Conference recently held in Peking as regular or co-opted members. Chinese Christians have more intimately identified themselves with the work of the whole nation.

Needless to say the Chinese Church has continued its endeavours in the world peace movement and to promote international friendship and co-operation. In February 1955 we issued a general call to all Christians in China to sign the Appeal to the Peoples of the World issued by the World Peace Council against the use of atomic weapons. In response to our call, Christians all over the country signed with enthusiasm.

Many Chinese Christians have had opportunities to attend various world conferences and to join Chinese delegations to foreign countries. Miss Wu Yi-fang and I attended the World Peace Conference at Helsinki; Miss Shih Ju-chang and I attended the Conference of Asian Countries held in New Delhi. The Chinese Church has also had the honour to entertain various foreign visitors to China, including a delegation of the British Society of Friends. Such contacts between Chinese Christians and those of other countries help to promote international understanding and friendship between peoples.

But I must add that alongside these many achievements we have also had failures and setbacks.

We have not given nearly enough advice and help to local organizations in carrying on their various activities to support the country and to promote the work of self-administration, self-support and propagation of the Gospel.

Our task is great, but we have not yet sufficiently mobilized all our available forces to carry it out.

In a word, though our movement has made great progress, we still lag far behind objective needs. We must do better.

The Witness of the Chinese Church

The importance of our movement can only be understood if one recalls the conditions in which Christianity grew in China.

Christianity was brought to us from foreign countries. To preach the Gospel is a Christian duty in itself. Many devout Christians abroad contributed to the propagation of the Gospel through their selfless activities and generous contributions. But unfortunately imperialism made use of Christian missions for political and economic aggression, making the Christian an accessary to colonial expansion. We need not deal at length with the use imperialism made of Christianity for purposes of aggression in China, but let me just mention one of the latest instances: In the *Christian Century*, September 18, 1955, there is an editorial article entitled "Missions in the Cold War." Commenting on the release of American spies in China, the writer admits that "strong pressures have been brought on individual missionaries and mission boards to place their information at the disposal of our intelligence services."

The identification of missions with colonial aggression created a wide gap between the Chinese Church and the Chinese people; the control of the Chinese Church by the missions made it impossible for Chinese Christians to manifest the power of their love of the Lord and of the people. Under such circumstances, how could the Chinese Church bear witness to the power and glory of God?

Our experience during the last few years proves that the Chinese Church can and must free itself from its ties to missions and colonialism; that Chinese Christians can unite and build a Church of their own. Today God has opened a new and living way of self-administration, self-support and self-propagation, enabling us Christians to stand up and bear witness to the Lord before the Chinese people without shame. We believe that unprejudiced Christians in all countries will rejoice in the new birth of the Chinese Church.

The basic principle of this present movement is to enable Chinese Christians to take charge of their own Church. This does not mean that the Chinese Church is thereby to separate itself from spiritual fellowship with Christians in other countries. We oppose colonialism and invasion by colonizing countries, but not the people, nor the Christians of other countries. We believe in the unity of "all that call upon the name of our Lord Jesus Christ in every place, their Lord and ours." Christian believers in all countries are members of one body. Christ is the head of us all.

We respect the rich Christian heritage that has come down to us through the last two thousand years. But we also believe that a Chinese Church that is fully self-governing, self-supporting and self-propagating will enable Chinese Christians to be more loyal to Christ and to bear better witness to the Gospel of Christ.

Christians and Socialism

The Chinese people have chosen the way of socialism. The way of socialism is a way that will do away with exploitation, oppression and hate; a way of mutual co-operation, equality, fraternity, aiming at the welfare of all people. All these characteristics of socialism are in harmony with Christian principles.

Throughout the past the majority of the people of China lived in misery because of exploitation and oppression under reactionary regimes; today we already see clearly a vision of the new China, prosperous and strong, marching forward on the highway of socialism. We are in the midst of our first Five-Year Plan. The whole nation welcomes the surging tide of socialist transformation and construction with joyous enthusiasm. Christian labourers, farmers, handicraft workers and capitalists, in common with the whole nation, are wholeheartedly taking part in this great movement. New China is producing more food and manufactured goods; the life of the people, particularly in the rural districts, is steadily improving. Why should we Christians refuse to support such a social system, or hark back to the old feudal and colonial system which is already dead?

The leading force in our socialist construction is the Chinese Communist Party. The world view of the Communist Party is different from ours, but the Communist Party is consistently and faithfully carrying out the policy of freedom of religion. The experience of the last few years proves that we Christians enjoy complete religious freedom in a country headed by the Communist Party. In these last six years we Christians have experienced a sense of peace and comfort in heart and mind. We consider that the liberation of China and socialist construction have clearly revealed the holy and loving purpose of God to the Chinese people.

In New China, we have a better opportunity to preach the Gospel of Christ. As Christians we are in a better position to discern what in ordinary life is good and pleasing to God. As a woman member of the church in Peking said: "In the past we heard much about love and righteousness inside the Church, but when we came out of Church, we saw everywhere cruelty, suffering and fear. Only now do we see things in keeping with what we preach—only now can we really practise what we believe." What we have experienced in New China makes us see that the view that Christians must necessarily oppose socialism and communism is entirely unfounded.

Work for Peace

The question that concerns the world most today is that of peace. The existence of weapons of mass destruction threatens the lives of innumerable people and the future of civilization. Therefore to work for peace is a lofty, noble task.

The people of China want peace and they want to co-operate with men of goodwill throughout the world in working for peace. When we say the Chinese people want peace, we bear witness to what we see and hear every day. For instance, during the first Five-Year Plan, our country is spending enormous sums on peaceful construction. It is a plan for the welfare of the people. If our government were not sincere in its efforts for peace, it would not launch into such a gigantic constructive plan. To carry out such a plan requires a peaceful international environment.

We not only see the peaceful reconstruction of China, and the desire of the Chinese for peace; we also see the growth of the peace movement throughout the world, and the growing support for the principles of peaceful co-existence. Can any Christian be deaf to the holy call of peace?

We frequently hear propaganda for war in the name of a crusade against communism. In spite of the lessening of world tension there is still plenty of it, and many people are still influenced by it. This is a fact that deeply concerns us. Such anticommunist propaganda completely distorts the facts. We see plainly that the nations, like China, which are the targets of such attacks are working for peace and are engaged in extensive plans for peaceful reconstruction. Conversely, those nations which accuse others are exactly those which are working for war. Actions speak louder than words. We believe that as more and more of the facts become known, war propaganda will make less and less impact and will fail of its aim completely.

We believe that war is not inevitable, because no one wants to see another world war which would bring unimaginable suffering to humanity. People of all nations, regardless of race and colour, political opinion, social system and religious faith, should unite in this common cause for peace. We Chinese Christians wish to work hand in hand with Christians of all the world for the abolition of war and the establishment of a lasting peace.

Current Tasks

In the Chinese Church today denominational rivalry is replaced by closer fellowship and mutual respect. By free, frank and democratic consultation, giving full consideration to different opinions, we hope to strengthen our unity so as to work with a common mind and will, and to put "our house in order," overcoming the defects in organization left by the past.

Since the beginning of this present movement many of the Chinese Churches have become completely self-supporting through the free offerings of church members. Those which are still having financial difficulties will no doubt gradually become self-supporting as a result of the continual improvement of their congregations' economic conditions consequent upon the general rise in standards of living. We are planning by mutual aid to fundamentally solve the problem of self-support of the Chinese Churches by 1957.

The main task of the Chinese Church is to preach the Gospel and to lead men to the Lord. We intend therefore to promote a deeper study of the truth of the Gospel which is the foundation of our Christian life. We shall organize various types of meetings, where, with due respect for denominational and theological differences, we shall exchange and share experience in studying and propagating the Gospel.

Christian publications in the past were mainly translations of foreign works. Since liberation the situation has changed. There is now an urgent demand for Christian literature. We should therefore do all we can to encourage Christians to write. We should help Christian publishers improve and co-ordinate their work. We should also help to co-ordinate the work of different Christian periodicals to eliminate duplication and waste of men and means. We should enrich the contents of these periodicals so as to better satisfy the needs of their readers. We shall start a new magazine which will meet the spiritual needs of church members and help the pastors in their work.

We shall undertake the translation of Christian classics and organize systematic research on theology and church history.

The harvest is plenteous but the labourers are few. This is the situation of the Chinese Church today. We therefore urge all members of the Christian community to play as full a part as possible in the work of the nation and the Church, and in the endeavours of all peoples to preserve world peace.

2 / 向偉大的孫中山先生學習
——紀念孫中山先生誕生九十周年

原刊於《天風》516 期（1956 年 11 月 5 日），頁 3–5。

孫中山先生對中國革命事業的貢獻，在過去數十年中是中國人民所熟悉的。不但在中國，就是在全世界，凡有一點歷史常識的人，都沒有不曉得「孫逸仙」這個名字的。孫中山先生爲了實現中國的自由平等，爲了謀求中國人民的幸福生活，做了數十年的努力，終於推翻了清朝的統治，結束了中國歷史的封建帝制，爲中國社會的徹底改革開闢了道路。孫中山先生這一偉大成就將永垂中外史冊。

孫中山先生的一生，充滿了可歌可泣的事跡；他的生活態度和他的奮鬥經驗，處處都足供我們學習。他生活在一個腐敗專制的時代，他沒有什麼憑藉，然而因爲他有先知先覺的政治遠見，因爲他清楚地認識了人民對黑暗政治的不滿，認識了在人民當中，特別在華僑當中，所蘊藏的革命力量，他就能夠在一個不太長的時間裏，做出別人認爲不可能做的驚天動地的事業來。

孫中山先生在遠行革命的十餘年間，失敗十次，歷盡艱辛，但他總是百折不回，再接再厲，終於貫徹始終，「有志竟成」。在清朝黑暗統治時代，從事革命不但是一件極端艱苦的事，也是一件極端危險的事，但孫中山先生總是把個人的生死安危置之度外；每當一個危難緊急的時候，他總是從容不迫，隨時都做以身殉國的準備。這種忠於事業，堅貞

卓絕的精神，眞是可以使頑廉懦立。

在辛亥革命幾年後，俄國的十月革命就成功了。從這一個震動世界，改變歷史途程的事件中，孫中山先生更淸楚地看見了中國人民所應當走的道路。因此，在他的晚年，在全世界反動和落後的力量把共產主義看作「洪水猛獸」的時候，他提出了「以俄爲師」的口號，提出了「聯俄、聯共、扶助農工」三大政策。在他臨終時致蘇聯中央執行委員會的遺書中，他更表示了他對這個新生國家的熱切期望；他希望中蘇兩國「在爭取世界被壓迫民族自由之大戰中，攜手並進，以取得勝利」。孫中山先生這種追求眞理，追求進步，不爲成見所囿的精神是值得我們學習的。今天，在中國共產黨領導下，中國人民翻了身，新中國正向着孫中山先生所夢寐以求的、光明燦爛的前途邁進。中蘇兩國的友誼正在日益鞏固，中蘇兩國人民對被壓迫民族的解放運動，正起着越來越大的鼓舞作用。孫中山先生的歷史遠見，在未來的歲月裏，一定會開出更美麗的花朵。

作爲一個基督徒，我願意向中國基督教的同道們說到孫中山先生同基督教的關係。孫中山先生是一個基督徒；他從靑年時代就在國外受基督教信仰的薰陶，後來他就在十八歲的時候在香港的公理會受洗入教。從片斷的記載裏，我們知道孫中山先生是一個虔誠的基督徒。在他親筆書寫的《倫敦被難記》中，我們看到下面這幾段話：「於是使館之防我較前更密，……惟有一意祈禱，聊以自慰。……及星期五（10月16日）上午，予祈禱既畢，起立後，覺心神一舒，一若所禱者已上達天聽」；「吾即中國基督徒之一，且曾盡力以謀政治之改革者」；「因此，予知祈禱之誠，果能上達於天，而上帝固然加呵護也」。在孫中山先生致友人區犀鳳的親筆信中，他對這件事有一段動人的敘述：「弟身在牢中，自分必死，無再生之望。窮則呼天，痛癢則呼父母，人之情也。弟此時惟有痛心懺悔，懇切祈禱而已。一連六、七日，日夜不絕祈禱，愈祈愈切，至第七日，心中忽然安慰，全無憂色，不期然而然。自云此祈禱有應，蒙神施恩矣。」孫中山先生被誘到倫敦中國使館的時候，是在一個星期日，在他赴禮拜堂祈禱的路上。孫中山先生是一個理智很強的人，他的信仰基督教不能被看作是一般人所了解的「迷信」。孫中山先生信仰基

督教是始終如一的；在他去世的前一天，他說：「我本基督徒，與魔鬼奮鬥四十餘年，爾等亦要如是奮鬥，更當信上帝。」孫中山先生曾手書「博愛」二字，這是基督教的基本教義。一位教外的朋友說：「博愛」是孫中山先生一生事業的出發點，這句話是值得我們重視的。

　　這幾年來，中國基督教進行了自治、自養、自傳的運動，提倡反帝愛國，提倡愛國愛教，擁護祖國的社會主義建設，擁護世界和平運動。孫中山先生是我們基督教愛國愛教的模範；基督教三自愛國運動所走的道路，正是孫中山先生一生所遵循的，爲眞理作見證，爲人民謀幸福的道路。我們今天紀念孫中山先生九十周年誕辰，就應當更加爲中國基督教的三自愛國運動努力。

3 / 全中國的基督徒堅決支持埃及人民反抗侵略的英勇鬥爭——在上海各界人民支持埃及反對英法侵略大會上的發言

原刊於《天風》期 516（1956 年 11 月 5 日），頁 7。

英法兩國對埃及進行的野蠻的、可恥的武裝侵略，完全違反了國際正義，完全違反了聯合國憲章，嚴重地威脅了世界和平。這一種滅絕人性的侵略行動是今天愛好和平的善良人類所絕對不能容許的。全中國的人民都憤怒了；全世界有良心、有正義感的人民也都憤怒了。我們相信：全世界這一股憤怒的浪潮一定會團結起來，行動起來，嚴厲地譴責英法兩國，有效地制止他們的侵略行動。

英法兩個蠻橫無理地侵犯了埃及的主權，殘暴地轟炸埃及的和平城市，屠殺埃及的和平居民，這是完全違反了基督教愛公義、愛和平的教訓的。我們呼籲英法兩國的基督徒對他們的政府作嚴正的表示，要求他們的政府立即停止對埃及的侵略行動，立即恢復對蘇伊士運河問題的和平談判。我們也呼籲其他國家的基督徒，要求他們的政府對英法兩國加以道義上、政治上和經濟上的壓力，逼使英法兩國停止他們對埃及的武裝侵略。

我們向英勇抵抗侵略的埃及人民致崇高的敬禮。中國過去同你們一樣，受過帝國主義的侵略和奴役；我們完全了解你們堅決反對殖民主義，

堅決維護國家主權的嚴正立場。我們全中國六億人民必將同你們站在一起，給你們以最有力的支援。全中國七十萬基督徒也必將和全中國的人民一道，以實際的行動來支持你們的正義鬥爭。

1956 年 11 月 3 日

4 / 憤怒譴責英法侵略罪行

本文爲全國和上海基督教三自愛國運動委員會聯合舉行座談會的報導，刊於《天風》517 期（1956 年 11 月 19 日），頁 3。現摘錄吳耀宗講話。

⋯⋯座談會由中國基督教三自愛國運動委員會主席吳耀宗先生主持。吳先生說：「今天我們以十分忿怒的心情舉行這個會議，抗議英、法侵略埃及。英、法的侵略行爲，我國政府已經給予兩次警告。全國人民正在行動起來支持埃及。我們基督徒是愛正義、愛和平的。英、法的侵略行動嚴重的違反了基督教熱愛正義、和平、人道的原則。因此我們嚴厲地譴責英、法的侵略行動，並願以實際行動來支援埃及的正義鬥爭。」⋯⋯

5 / 向耶穌學習

原刊於《田家》1956 年 15 期‧頁 6-7。

　　幾年以來，全國人士，包括基督教同道在內，在學習上很努力。學習的範圍也很廣，時事、政策、國際問題、三自愛國運動、還有其他的等等問題。這是很應當的，也是很重要的。但是作爲一個基督徒，還有一件更要緊的事，就是要向耶穌學習。馬太福音第 11 章 29 節，耶穌說：「你們當負我的軛，學我的樣式。」作爲一個基督徒，若不認眞地、經常地向耶穌學習，我們的信仰就會走了樣子。可能我們的信仰要建立在別的基礎上，而不是建立在耶穌的身上。可能我們自己自認爲是基督徒，但事實上却背叛了耶穌。約翰福音 15 章 4 節說：「枝子若不常在葡萄樹上，自己就不能結果子。」

　　我們的主耶解基督是「道成肉身，住在我們中間，充充滿滿地有恩典、有眞理」。這句話的分量是很重的，也有充分的根據和眞實性。耶穌在加利利的海邊行走，看見彼得和他的兄弟安得烈，又看見雅各和他的兄弟約翰。耶穌對他們說：「來，跟從我！」眞奇怪，他們立刻捨了一切跟從了他。我們知道，耶穌有吸引人的力量，好像磁石引鐵一樣。耶穌常在山上教訓人，他們都希奇他的教訓，因爲他教訓他們，正像有權柄的人，不像他們的文士。耶穌不像別人單單有口才，却沒有權柄，耶穌講話使人感覺到他有權柄。聖經上說：有幾千人跟着耶穌，一連幾天沒有吃飯。爲甚麼他們要跟着他，聽他講話呢？在聖經上可以看的很

清楚，他不講神學，不講信條，不給人以難擔的重擔。他講與日常生活有關、能懂能行的道。他講話很多，他引經據典，知認廣博，但不是一般人的所謂學問，而是生命之道。有一次他對門徒說：「我還有好些事情要告訴你們，但你們現在擔當不了，只等眞理的聖靈來了，他要引導你們明白一切的眞理。」耶穌知道他的門徒，知識淺薄，靈性生活也不深刻，所以他常用比喻教訓他們，循循善誘，由淺入深。

耶穌不是高高在上，脫離羣衆。他是柔和謙卑，與人接近。特別對那些在罪惡的社會裡被壓迫的人，深表同情，充滿了關切和憐恤的心。聖經上說，耶穌常同罪人和稅吏在一起。聖經上有一個動人的故事，就是一個行淫時被拿的婦人，衆人要拿石頭打死她。耶穌只用了一句話，就把來勢洶洶的羣衆解除了武裝。耶穌說：「你們中間誰是無罪的，誰就可以先拿石頭打她。」那些人手拿摩西的律法，要把那婦人置於死地，耶穌手中有更厲害的武器，就是愛，他用這個武器，打破了那些人冷酷的心腸。聖經上還有一個故事，就是馬利亞用香膏抹主。那個有罪的女人，站在耶穌的背後，挨着他的腳器，眼淚濕了耶穌的腳，就用自己的頭髮擦乾，又用嘴連連親他的腳，把香膏抹上。幾年前，有一位知名的文學家，他不是一位基督徒，但是他寫了一篇文章，說這個故事是最美麗的。不但罪人要親近耶穌，就是無罪的人也都敬愛他。馬大和她的妹妹馬利亞，以及她的弟弟拉撒路，全家人都敬愛耶穌。

馬利亞拿極貴的香貴，抹耶穌的腳，門徒不喜歡。耶穌接受了這樣的尊崇，絕不是爲個人的名譽、地位、他做這些愛人的事並不是爲自己得到甚麼資本。狐狸有洞，飛鳥有巢，他連枕頭的地方都沒有，最後上了十字架。他待人是那樣的仁愛寬厚，待自己是這樣的刻苦犧牲。他不需要說甚麼話，他的生活給人極深的印象。他問他的門徒，「你們說我是誰？」彼得回答說，「你是基督。」他沒有告訴門徒他是基督，門徒從他的生活，確認他是基督。

他對人的關切和愛護極爲深遠。他對彼得說：「你是彼得，我要把我的教會建造在這磐石上。」但是彼得並不是磐石，從聖經上我們可以看出彼得的軟弱。耶穌向彼得顯現的時候，三次問彼得，「你愛我嗎？」

他愛他的門徒，也要他的門徒愛他。他使軟弱的彼得變成了剛強的人，餵養他的羊。我讀聖經到此處，常常受感動流下淚來。耶穌也照樣地問我們每一個人說：「你愛我嗎？」他天天時時刻刻地，這樣問我們。我們油蒙了心，耳朵發沉，心靈中生了障礙，就聽不見了，現在我們應當警醒禱告，預備我們的心，謙卑恭順地回答主說：「主啊，你是無所不知的，你知道我愛你。」我舉出聖經上這些故事和教訓，就是證明耶穌是「道成肉身，住在我們中間，充充滿滿地有恩典、有眞理。」聖經上的話是眞實可信的。

還有一個中心的問題，就是要向耶穌學習，僅是在名義上和口頭上，最要緊的是在行爲上。耶穌說，「凡稱呼我主啊主啊的人，不能都進天國，惟獨遵行我天父旨意的人，才能進去。」這就指明進天國不是要看說甚麼，乃是要看我們作甚麼。換句話說，須要在行爲上受考驗，用行爲來證明我們的信心。天父的旨意是甚麼，有些人的看法不同。我們不能用個人主觀的看法來解釋，我們要用主耶穌的話來解釋。耶穌說：「你要盡心、盡性、盡力、盡意愛主你的上帝，其次，就是說愛人如己。」他又說：「我賜給你們一條新命令，乃是叫你們彼此相愛。」所以我們可以說，上帝的旨意，就是愛上帝，愛人如己。耶穌不問我們屬於哪個公會，也不問我們是現代派或者是基要派，他也不會來考問信條，他也不用古人的遺傳來衡量我們，像當時的文士批評耶穌的門徒不洗手就先吃飯。他要用愛上帝，愛人如己，來考問我們。

有一次耶穌講道，他的母親和弟兄來找他，他四面觀看那周圍坐着的人說：「我的母親，我的弟兄，凡遵行上帝旨意的人，就是我們弟兄姊妹和母親了。」這件事，好像耶穌太冷酷無情，不關心他的母親和弟兄。其實不是這樣。他很關切他的母親，最後把他的母親交托給他所愛的門徒去奉養。他只是告訴我們，儀文、禮節、親屬、不是最重要的，最重要的事，是愛上帝，愛人如己。施洗約翰差遣門徒去問耶穌，是不是基督。耶穌回答的很奇怪。他說：「你們去把所聽見所看見的事，告訴約翰，就是瞎子看見、瘸子行走，長大痲瘋的潔淨、聾子聽見、死人復活、窮人有福音傳給他們，凡不因我跌倒的就有福了。」耶穌爲甚麼不直截

了當地回答他們說，他是基督呢？他是要拿事實來給他們看，叫他們從事實去下結論。

　　基督教有一個重要的道理，就是因信稱義。新約和舊約都注重這個道理，保羅特別強調它，有人誤解，以爲只要信就可得救，不必再作甚麼，這是片面的看法，是錯誤的。保羅對外邦人講道，他要外邦人接受耶穌的眞理，不要他們接受摩西的律法。保羅的意思是反對人把宗教完全看成是規矩、儀式、律法和禮節。加拉太書 5 章 4 至 6 節，保羅說：「你們這要靠律法稱義的，是與基督隔絕，從恩典中墜落了，……原來在基督裡，受割禮不受割禮，全無功效，惟獨使人生發仁愛的信心，才有功效。」保羅所說的信心，不是與行爲脫節的死信心，而是使人生發仁愛的活信心。雅各說，「我們的祖宗亞伯拉罕，把兒子以撒獻在壇上，豈不是因行爲稱義麼？」哥林多前書第 13 章，保羅說，「我若有先知講道之能，也明白各樣的奧秘、各樣的知識，而且有全備的信，叫我能夠移山，却沒有愛，我就算不得甚麼。」上帝就是愛，愛是從上帝來的，我們應當彼此相愛。上帝的旨意，就是愛神、愛人、愛和平、愛眞理、愛正義，團結合作，反對戰爭、壓迫和虛僞，衆人以爲美的事，要留心去作。

　　今天同道們，要追求屬靈的生活，也有人講聖靈充滿的道理。如何才算屬靈？充滿我們的是聖靈呢？這要看我們的行爲。馬太福音第 7 章 17 節說，「凡好樹都結好果子，惟獨壞樹結壞果子。」20 節說，「所以憑着他們的果子，就可以認出他們來。」保羅說，「聖靈所結的果子，就是仁愛、喜樂、和平、忍耐、恩慈、良善、信實、溫柔、節制。」有這樣的生活就是屬靈的，也就是聖靈所充滿的。若不是這樣，他不屬靈，充滿他的也不是聖靈。

　　向耶穌學習，就是我們要愛上帝、愛人民，一點一滴地去作。失敗了再作，跌倒了再起來，這樣不斷地努力，我們就會自然地體驗到，上帝離我們很近，耶穌在我們身旁，他要賜給我們力量，作我們的救主。耶穌應許我們說，「凡勞苦擔重擔的人，可以到我這裡來，我就使你們得安息。」請諸位同道深深地體會，勞苦擔重擔的意思，我們在精神上、物質上都常常有重擔。耶穌說，「你們當負我的軛，學我的樣式，這樣，

你們心裡就必得享安息。」我願意拿這句話，來勉勵我自己，也願意勉勵弟兄姊妹們。

（這是吳耀宗先生於 1956 年 6 月 24 日在北京燈市口公理會主日崇拜中的證道詞，由龐之焜牧師記錄下來的——編者）

八、

1957
年

1 / 關於貫徹宗教政策的一些問題

原刊於《人民日報》，1957 年 3 月 9 日。另《天風》524 期（1957 年 3 月 18 日），頁 3–5；《田家》1957 年 6 期（3 月）；《新華半月刊》1957 年 8 期。後以〈吳耀宗委員的發言〉為題，收入中國人民政治協商會議全國委員會秘書處編：《中國人民政治協商會議第二屆全國委員會第三次全體會議彙刊》（北京：該會秘書處，1957）。

這次在最高國務會議上聽了毛主席的報告，在政協會議上聽了周總理的報告，這兩個報告給了我很大的啓發，很大的鼓勵。

我現在要就貫徹宗教政策問題，發表一點意見。

幾年來執行宗教信仰自由政策的成績和缺點

自從中華人民共和國成立以後，政府一貫地、忠實地執行了宗教信仰自由的政策。這個政策在共同綱領和憲法中都有明文規定。毛主席在 1952 年 10 月 8 日對西藏致敬團講話時說：「共產黨對宗教採取保護政策，信教的和不信教的，信這種教的或信別種教的，一律加以保護，尊重其信仰，今天對宗教採取保護政策，將來也仍然採取保護政策。」這幾句話更是我們宗教界人士所樂於引用的。毛主席在這次最高國務會議上關於處理宗教問題的指示，雖然只是三言兩語，却把整個宗教政策的精神闡發得非常清楚，我們宗教界人士非常佩服。

在解放後的幾年中，政府對貫徹宗教政策，作了很大的努力，也有了很大的成就。就基督教來說，從 1950 年起，我們進行了三自愛國運動。這個運動純潔了教會，縮短了基督徒和廣大人民間的距離，開始改變了

過去被帝國主義利用的中國基督教的面貌。如果不是在新中國的環境裡，如果沒有政府的同情和支持，這個運動是不可能進行的。政府對教會的需要，也給予了許多具體的幫助，例如：房地產稅的減免、教牧人員和信徒的學習等。教會的正當宗教活動都得到保護。許多地方幹部經常關懷教會工作，經常與教牧人員聯繫。有的鄉村幹部在教會修建禮拜堂時，趕來參加勞動。有一位幹部，為要處理一個鄉村教會外面一棵樹的所有權問題，在內澇期間，涉着齊胸的深水，走了好幾里路到那個地方去。許多地方幹部對教牧人員個人生活上的困難，用各種方法來協助解決。特別值得指出的是政府幫助教會揭發了一些披着宗教外衣的反革命集團，使廣大信徒進一步分清敵我，辨別是非，使教會內部更加團結。隨着中國人民的解放，新中國的基督教也脫離了西方教會的控制而站立起來了。為了中國基督教這個歷史的轉變，我們不得不對人民政府和中國共產黨表示衷心的感謝。

　　但是，這幾年來，宗教政策的執行並不是沒有問題的。到目前為止，在全國若干地區裡，還有一些教會沒有恢復禮拜。這些教會所以沒有恢復禮拜，原因之一，就是在土地改革期間，地方幹部奉到上級指示，要教會暫時停止聚會。為了避免土改時可能引起的糾紛，這個措施的用意是好的。土改後有許多教會已經恢復禮拜，但也有些地方幹部藉口沒有奉到上級指示，不許教會恢復禮拜。在小城市和鄉村教會中發生得較多的是房屋和傢俱被機關團體佔用、借用的問題。有的是佔用、借用教會多餘的房屋和傢俱，有的甚至是佔用教會用來做禮拜的房屋和傢俱，使宗教生活受到阻礙，甚至不能進行。在鄉村教會裡，信徒的宗教生活有時也受到干涉。有的幹部威脅信徒，不許他們做禮拜；有的藉口生產，阻止信徒參加宗教活動；有的把信徒的聖經和讚美詩拿走。有一個鄉村裡的幹部到教會和信徒家裡搜去聖經和讚美詩等一百三十二本，經過幾年，這個案件還沒有處理。有些幹部對信徒的宗教情感不但不尊重，反而採取粗暴或侮辱的態度。也有些幹部，企圖用行政手段來限制宗教活動，給教會制訂一系列的「禁令」，例如：不准奉獻、不准修建禮拜堂、不准發展信徒等。有時教會負責人從一個地區到另一個地區的屬會去探

訪或工作，也受到阻礙。

　　教會內部的不健全也是教會問題所以發生的一個重要的因素。有的教會沒有組織，沒有領導；有的教會被壞分子、反革命分子、反動會道門混到裡面，甚至被他們控制。小城市和鄉村教會的負責人，政治水平大都比較低，他們所講的話、所做的事，容易引起教外羣眾的不滿。此外，還有一些客觀的原因，例如：帝國主義利用基督教在中國進行侵略的事實在有些地方所留下的痕跡，災荒所造成的特殊情況等。

　　上面，我提到了與貫徹宗教政策有關的一些有形的問題。現在，我再提出一些與貫徹宗教政策有關的無形的問題。今天新中國有宗教信仰自由，這是事實。但新中國是在共產黨領導之下的，是以馬列主義，包括馬列主義的無神論爲指導思想的。這兩個事實的本身並不是互相衝突的，因爲不管是相信馬列主義的，或是相信宗教的，他們都可以在建設祖國、保衞和平、爲人類謀幸福的共同願望下團結起來。

　　但是，雖然如此，問題還是會發生的。有些機關和學校對基督徒採取一種特殊的看法：不管他們的工作或學習成績怎樣好，他們的宗教信仰往往被看作一個缺點。例如：有一個醫院，在評選先進工作者時，把宗教信仰列作落後因素之一。有些高等學校的基督徒學生反映：在肅反後，因爲他們信仰基督教，他們就被看作是有問題的人，因此，他們不敢去做禮拜，不敢與基督徒同學談論宗教。

　　這種情況所以產生，是由於有些人對宗教所抱的成見和這個成見所造成的對宗教信徒的歧視。成見是怎樣產生的呢？原因當然是很複雜的。基督教過去同帝國主義的關係是一個歷史的原因。在基督徒裡面，直到現在，還有些人受了帝國主義思想和基督教內反革命分子的影響，這種影響隨時都可能在機關學校的生活裡表現出來。

　　還有一個原因，就是一些關於批判宗教的出版物的偏向。在過去一年多當中，各地區的出版社出版了不少的批判宗教的小冊。我們對批判宗教這一件事，沒有意見；信仰宗教的有自由，不信宗教的、批判宗教的也有自由。我們也不是因爲有人批判宗教，便感到不舒服。一個虛心

追求眞理的宗教信仰者，是不怕別人批判他的宗教信仰的。

目前關於批判宗教的出版物，是怎樣一種情況呢？我們不能不坦白地說：這些出版物的內容，有不少的部分是片面的、主觀的、不符合事實的、一筆抹煞的。很自然地，開宗明義的第一件事就是要對古今中外的一切宗教給予一個總的宣判：「所有現代宗教——基督、猶太、伊斯蘭教、佛教等等，都叫人民羣眾絕對服從壓迫者，都力圖把人剝削人的制度神聖化，爲它辯解，使它永久存在。」「宗教是一向替統治階級服務，捍衛階級不平等和剝削制度的。」「宗教是陳腐的反動思想和觀念的體現者，是一切腐朽東西的支柱。」根據上述的宣判，下面的結論也是很自然的：「堅絕（決）的，積極不斷的反對宗教殘餘，宗教偏見，宗教迷信的鬥爭是必要的，因爲它們阻礙着人民向共產主義前進，它們阻礙着人民羣眾創造力的發展。」是不是在宗教信仰者裡面也有進步的成分呢？似乎作者們連這一點也否認了。「『進步的』僧侶——這是僧侶中變得更聰明的、因而也就是更巧妙地掩飾他們仇視科學和仇視人類發展的那一部分。」有一位作者爲要否定宗教，索性作出一個全面的結論：「所有的人都是無神論者。」爲要證明這個結論，他就運用他的想像，提出下面這些問題：「爲什麼他們要耕地和播種呢？難道說萬能的神不能在未開墾的荒地上生出黑麥和小麥嗎？」「爲什麼信徒們那樣害怕瞎了眼呢？……難道根據神的意志，他們就能用手和鼻子來看東西嗎？」結論似乎是：信徒既不相信可以不耕而食，不相信可以用手和鼻子來代替眼睛，他們就都是無神論者。

這一類批判宗教的宣傳，將會產生什麼效果呢？首先，我們並不否認在宗教的組織和實踐方面（就基督教來說）有許多壞的東西，這些壞的東西，教外的人反對，教內的人也應當反對。但是，我們認爲這些小冊子對宗教的片面的、不公正的看法，一方面將會使西方基督教裡面反蘇反共的專家們振振有詞，另一方面也會使基督教和其他宗教裡面熱愛眞理、熱愛正義的人士，感到他們受了冤屈。這些小冊子的作者和編者們似乎不曉得在新中國的各個宗教裡面，都有一個愛祖國、愛和平的運動；他們似乎不曉得：甚至在資本主義國家裡面，還有像約翰遜、文幼

章這些和平戰士，和許多爲正義而鬥爭的，不大知名的宗教界人士。抹煞這些事實，抹煞這些人物，就是否認他們在許多對人類有益的事業中的地位和貢獻，同時也助長了在宗教裡面被帝國主義利用的力量。其次，這一類批判宗教的宣傳，將會使人懷疑宗教信仰自由政策的眞實性。根據毛主席的指示，宗教信仰自由政策不但要保護宗教，也要尊重宗教信仰。批判宗教是一件事，在批判宗教時，不根據事實來作判斷，對宗教採取粗暴輕蔑的態度，這是另一件事。

兩點意見

根據以上所說的情況，對如何更好地貫徹宗教信仰自由政策的問題，我願意提出兩點意見。

第一、希望中央有關部門和各級人民委員會對宗教工作更加重視，對宗教信仰自由政策作更多的、更有計劃的、更有效的宣傳教育。這種宣傳教育應當在工作幹部中進行，也應當在廣大羣眾中進行。宣傳教育的主要內容之一，應當是消除對宗教的片面的看法，提倡對宗教及宗教界人士採取實事求是的態度。在進行宣傳教育工作的同時，我們也希望政府加強宗教事務部門的人力，特別在基層幹部方面。

第二、希望中央有關部門在憲法第 88 條所規定的宗教信仰自由的條文以外，考慮制訂一些與貫徹宗教政策有關的補充條文。許多經驗證明：憲法上概括的條文是不夠的，因爲執行宗教政策的人對這個條文可以有許多不同的解釋，有時是互相矛盾的解釋。補充的條文當然不可能是包羅萬象的，但我們可以根據這幾年來所發生的主要問題，來規定這些補充條文的內容。制定補充條文時，應當徵求宗教界人士的意見。這樣的補充條文對宗教政策的貫徹可以有很大的幫助。

我們知道：貫徹宗教政策不是政府片面的事，我們宗教界人士也應當負起責任。就基督教來說，我們應當進一步肅清帝國主義思想的影響，熱烈地參加祖國的社會主義建設，積極地參加保衛世界和平運動。我們應當徹底地完成自治、自養、自傳的任務，使過去一百多年中被帝國主

義控制利用的中國基督教完全改變它的面貌。

我們認為進一步貫徹宗教政策，尊重宗教信仰，不但可以滿足信徒們在宗教生活上的要求，安定他們的情緒，也可以提高他們對參加社會主義建設的積極性。

在過去幾年中，帝國主義對新中國的污蔑宣傳是無所不用其極的。新中國宗教的情況，更是他們所喜愛的一個題目。他們當中最極端的宣傳家們曾經說：中國的教會都關門了；牧師們都被槍斃了。但是，新中國宗教信仰自由的事實已經使這些宣傳家們不得不逐漸改變他們的口氣。上面所提出的那些問題，是不是又會使這些宣傳家們得到造謠誹謗的藉口呢？是的，他們看到這篇發言，一定會感到高興，他們一定會盡量利用這篇發言來作宣傳的資料。但是，他們又能得到什麼新的收穫呢？他們的宣傳是不是比過去更有效力呢？我以為不會是這樣的。這幾年來新中國的教會在許多方面呈現了新生的氣象。有的教會建築了新的禮拜堂，有的教會按立了新的牧師和主教；教會的活動增加了，做禮拜的人數也一般地增加了。就以聖誕節而論，信徒參加慶祝的情況，一年比一年熱烈。許多信徒做了人民代表和政協委員。在全國各地的教會裡面，湧現了成千成百的積極分子。每一個到新中國來訪問的國際友人，都可以為這些活生生的事實作見證；任何歪曲宣傳都不能改變這些事實的真相。

我們並不否認在宗教政策的執行上，還存在着一些問題。但這些問題，已經逐漸獲得解決；經過一定的時間，必定能夠完全解決。我們也不否認：在新中國裡面，在宗教與非宗教之間，在有神與無神之間，存在着矛盾。但這只是人民內部的矛盾；人民內部的矛盾是一定可以得到適當的處理的。幾年來的事實證明，許多人民內部的問題都已經得到解決。

新中國基督教的情況不需要西方的宣教家們替我們擔心。相反的，他們應當擔心的，卻是他們自己的教會。一位美國牧師斯梯芬·H·弗里歐曼在 1956 年 9 月的一篇文章裡，這樣寫道：「美國的宗教自由正在逐步地但是肯定地遭到剝奪。彷彿有一套準備好了的陳腔濫調，你若不說這一套話，就會失去說話的自由。」

　　那些企圖維持國際緊張局勢的人們，妄想在社會主義陣營中打開缺口，妄想在社會主義國家和人民當中製造分裂，妄想使社會主義國家中可以解決的人民內部的矛盾轉變爲不能解決的對抗性的矛盾。宗教就是帝國主義在這些陰謀中所用的一種武器。杜勒斯在幾個月前舉行的北大西洋公約組織理事會上，不就是用「無神論觀念」作爲他的「改變共產黨世界」的一個藉口嗎？但是，他們的陰謀是一定要失敗的，他們的幻想是一定要破滅的。

　　我們中國基督徒不會受帝國主義宣傳的迷惑。我們熱愛燦爛光明的新中國；我們熱愛領導新中國的中國共產黨和毛主席。我們要把我們的教會管理得很好；我們要爲祖國的社會主義建設貢獻我們最大的力量；我們也要與全世界愛好正義、愛好和平的基督徒緊密地團結起來，爲世界和平和人類進步的崇高目的而努力。

2 / 全國三自愛國運動委員會
第九屆常務委員會議開幕

本文是關於是次會議的報導，刊於《天風》529 期（1957 年 5 月 27 日），頁 3。
現摘錄吳耀宗講話。

　　⋯⋯會議於（5 月）16 日上午 9 時舉行開幕禮拜，然後有吳耀宗主席講話，他說：「自去年第八次常務委員會議閉幕後，一年來，國內外局勢有了很大發展，這次會議的任務，就是要檢查工作，分析情況，交流經驗，改正缺點，推進三自愛國運動。」吳耀宗主席著重指出這次會議的主要精神應該是「充分發揚民主，讓大家發表意見，大膽提出批評。」⋯⋯

3 / 甚麼是右派？

本文是整理吳耀宗的發言，刊於《文匯報》，1957 年 8 月 20 日。現將全文刊出。

吳耀宗分析了右派分子的三種出身、四種策略、三種估計；他們的路綫主要是第三條路綫；他們的野心就是要篡奪黨的領導權。

什麼是右派？人民代表吳耀宗在昨天的新成、提籃橋區人代小組會上，對這一問題做了仔細的分析。

吳耀宗首先指出，右派分子和他的出身有關係，一種是出身於剝削階級家庭，或本人曾是剝削階級分子沒有改變他的階級立場；一種是在歷次運動中因有問題而被鬥爭過，心懷不滿；一種是長期受英美資產階級思想教育，中毒太深。

接着，吳耀宗說：右派的野心不只是單純的名位觀點，他們提出所謂「黨天下」，實際是要篡奪共產黨領導的天下，佔爲己有。

右派的路綫主要是第三條路綫。吳耀宗說：他們是不肯跟着共產黨走的，因爲跟着共產黨走，永遠不能實現他們的野心，所以他們想走第三條路綫，實質上還是投靠美帝國主義，恢復資本主義道路。

右派爭取的對象有二類，吳耀宗說：一種是舊社會的統治者，在社會主義革命的天翻地覆運動中，被翻下來的；一種是沒有經過思想改造不了解社會主義，對社會主義生活心懷不滿的人。

　　吳耀宗在分析右派的策略時，說：一、誇大缺點，否定成績，企圖掀起羣衆對黨的不滿，而削弱黨的威信。二、藉口反教條主義而反馬克思列寧主義。三、用偷天換日的方法，要黨退出各方面的領導地位。如什麼「兩院制」、「同仁辦報」、「教授治校」等等，企圖逐漸奪取黨的領導。四、擴大組織、擴大宣傳、擴大影響，企圖等待時機一旦成熟，就奪取天下。

　　右派對時局的估計又是怎樣的呢？吳耀宗從三方面進行了分析，首先是蘇共二十次黨代會之後，國際舞台上掀起了反共高潮，特別是在匈牙利事件以後，右派分子便以爲社會主義陣營已在動搖；其次，右派受了美帝國主義叫囂的影響，以爲美帝國主義實力強力，時局是趨向緊張而不是趨向緩和，第三次世界大戰可能發生；最後，把黨的整風和大鳴大放的形勢錯誤認爲共產黨有嚴重問題，以爲中國會形成匈牙利第二，有「好戲」可看。

　　吳耀宗指出，這三種估計都是完全錯誤的，右派分子之所以有這種估計，最主要原因是由於他們利令智昏。他們不知道世界和平力量正愈來愈強大，社會主義國家的基礎比他們所想像的要鞏固得多；他們不知道帝國主義是外強中乾的；他們也不知道絕大多數人民是擁護黨、擁護人民民主專政的，他們把茶杯中的微波看作了大海中的波濤。

九、

1958
年

1／吳耀宗主席 1957 年 10 月 29 日 在中國基督教三自愛國運動委員會常務委員會 第十次（擴大）會議上的開幕詞（記錄稿）

原刊於《中國基督教三自愛國運動委員會常務委員會第十次（擴大）會議專輯》
（上海：基督教三自愛國運動委員會，1958），頁 1–3。

1957 年 5 月 16 日至 24 日在上海舉行了全國三自第 9 次常委會議，在 5 個月後的今年，我們又在北京舉行全國三自第 10 次常委（擴大）會議。召開此次常委擴大會議的原因是：在這幾個月裡發生了與全國人民有關的重大事件，這個事件就是關於中國人民是否要走社會主義道路的全民性大辯論。這是與國家民族生死存亡有關的問題，我們為了這個極其重大的問題而舉行會議是非常必要的。

一、關於全民性的大辯論

1957 年 5 月，中國共產黨開始了整風運動，資產階級右派以幫助黨整風為名，向黨、向社會主義發動進攻。因此，全國人民就展開了反擊右派的鬥爭。在反右鬥爭已經取得了基本勝利的基礎上，黨的整風運動就擴展為一個全民性的整風運動，各界和各階層人民都參加了這個運動。這個全民性的整風運動對資產階級和小資產階級來說，就是要他們接受社會主義的改造，對工人階級和共產黨的基本隊伍來說，就是整頓作風的問題。對資產階級和小資產階級進行整風，也就是對他們進行社會主

義教育，也就是要他們破資產主義立場，立社會主義立場，過社會主義的「關」。這個全民性整風，就是要通過大鳴大放，擺事實、講道理、大辯論的方式來辯明大是大非。

　　為什麼要進行社會主義教育運動？在 1956 年底，對農業、手工業和資本主義工商業的三大社會主義改造基本完成，也就是社會主義革命基本完成以後，我國便進入社會主義社會。三大改造的基本完成，只是解決了改變生產資料私有制為公有制的經濟戰線上的問題，在這個問題解決以後，一定還要在政治戰線上和思想戰線上進行社會主義革命，這就是說，全國人民，包括我們基督徒在內，還必需在政治上和思想上解決一系列與走社會主義道路有關的問題。

二、為什麼要在基督教內進行社會主義教育

　　中國基督徒對走社會主義道路應當採取什麼態度？無疑地，我們應該接受社會主義教育，堅決走社會主義道路。

　　1956 年 3 月，我們在全國三自全體委員第二次（擴大）會議上提出了「三大見證」，三大見證之一，就是參加社會主義建設。這是正確的。這幾年來，全國許多同工同道積極參加了社會主義改造和社會主義建設工作，受到表揚，使我們得到了很大鼓舞。但在另一方面，我們全國不少同工同道對走社會主義道路這件事，還存在著許多問題，由於這些問題，他們在思想上便產生了矛盾或混亂，在情緒上便感到不安。

　　產生這樣情況的原因是可以了解的。首先，社會主義革命改變了生產資料所有制，這個改變使我們的生活發生了極其深刻的變化，這個變化對教會生活也不可避免地發生了影響。其次，一百多年來帝國主義的影響和舊社會長期的一般的影響，不是短時期內就能完全肅清的。當我們遇到國內國際的重大事件，有些人的思想認識便模糊起來，在資產階級右派向黨、向社會主義、向人民進攻時，我們基督教裡面有不少人對走社會主義道路問題，對黨的領導問題，對民主自由與宗教政策問題，對三自愛國運動，對差會和傳教士等問題的許多模糊的、錯誤的思想便

突出地表現出來。

　　由於上述情況，在基督教內進行社會主義教育運動是完全必要的。進行社會主義教育就像洗澡一樣，必須把一切污穢洗乾淨。這個運動不但可以使我們辯明走社會主義道路的大是大非，同時也可以幫助我們解決其他有關問題，肅清帝國主義和資產階級長期的影響。

　　進行社會主義教育對三自愛國運動也將發生推動作用，因爲建立了社會主義思想，同時也就使我們更深刻地體認三自的意義。

　　幾個月來，全民性整風運動使全國人民的思想和政治認識有了很大提高。全國人民有了進步；我們基督徒必須同大家一齊進步，這樣，對國家有好處，對教會有好處，對我們自己當然也有好處。我國在解放後的 8 年中，社會生活有了很大的進展，我們看到了很多新事物。作爲基督徒，我們對這些新事物究竟怎樣看，對新中國前途究竟怎樣看。進行社會主義教育就是要幫助我們把許多問題搞清楚。

三、如何在基督教內進行社會主義教育

　　上面說過，我們對走社會主義道路這件事，還存在問題，思想上還有矛盾。要進行社會主義教育，就是要把這些問題都拿出來，大家一起討論，研究如何解決這些問題。這個討論研究的方式也就是學習的方式，在學習中大家辯明原來沒有看清楚的許多問題，這樣，我們的思想認識就可以提高，拋棄一切懷疑和顧慮，堅決站在社會主義立場，堅決走社會主義道路。

　　進行社會主義教育不但可以提高思想，同時也可以幫助我們改進工作。因爲我們把許多問題搞清楚以後，對於工作方向、內容、做法必定能有更清楚更正確的看法。因此，我們也希望同工們在辯明大是大非的過程中，同時對全國三自和地方三自也提出批評和建議。我們對政府貫徹宗教政策和其他方面的工作也可以提出批評和建議。我們深信政府一定歡迎我們所提出的意見，因爲我們所提出的意見可以幫助政府把工作做得更好。

在來北京參加常委擴大會議的同工中可能有人在揣測：這次開的究竟是什麼樣的會？現在大家可以清楚地看到，這次的會議正如開會通知上所說的，是討論在全國基督教內進行社會主義教育問題；會議的目的是幫助大家提高思想認識。如果有人帶了顧慮來參加會議，他們應當趕快把顧慮丟掉。

也可能有人對發表意見有顧慮。說錯了話是否要負責，是否會有什麼後果。這些顧慮也可以丟在後面。我們的目的是要辯明真理，那就要思想見面，就要把我們裡面的思想情況和存在的問題擺出來，這樣就有思想交叉，就能辯清是非，辯明真理。這樣的思想見面對大家有幫助，對自己也有幫助。這是進行社會主義教育所必須的，不應當有所顧慮。因此，正確的意見固然應該提，別人認為不正確的意見也可以提，因為別人可以幫助我們改正。意見的交叉不但可以使討論內容更加豐富，也更幫助我們辯明是非。

解放以來，我國進行了轟轟烈烈的土地改革、抗美援朝、肅清反革命、三反五反和思想改造的五大運動，這些運動在新中國發展的進程中都是必須進行的。但是在這些運動進行時，有許多人對它們的意義還不了解，例如，當偉大的抗美援朝運動開始時，有人就以為這是「引火燒身」，直到抗美援朝運動勝利結束的時侯，他們才認識這是黨和政府的英明決策。我們基督教的社會主義教育運動是全民性整風運動的一部分，不但是必須的，在黨和政府的領導下，也一定能夠循環著正確的方向進行。

在全國若干地區揭發和批判了一些右派分子，這些右派分子在基督教內是極少數。他們做了違反國家和人民利益的事，做了違反基督教利益的事。他們應當認識他們的罪行，徹底改變他們的立場，徹底改造思想重新做人。

我希望這次會議既開得嚴肅認真，實事求是，又開得生動活潑，輕鬆愉快。我們對開會、對處理問題、對真理要嚴肅認真，但態度卻可以輕鬆愉快。我們要進行緊張的思想勞動，多絞腦筋，但情緒卻不需要緊張。如果大家本着這個精神大鳴大放，暢所欲言，這個會一定能開得好，

大家都能得到益處。

　　這個會議是全國同工同道進行社會主義教育運動的起點，大家回到各地以後，還要在地方上推動社會主義教育。因此，把這次會議開好，就是給全國性基督教的社會主義教育運動樹立榜樣，奠定基礎，希望大家共同努力把會議開好。

2 / 愛國就是要愛社會主義的祖國

原刊於《人民日報》，1958 年 2 月 11 日。另《天風》547 期（1958 年 3 月 3 日），頁 11–14；《公報》30 卷 3 期（1958），頁 3–9。本文為吳耀宗同道在 1958 年 2 月 8 日在第一屆全國人民代表大會第五次會議上的發言表示中國基督徒要堅決走社會主義道路。

在過去一年中，「東風壓倒西風」的國際形勢使每一個愛祖國、愛正義的中國人都感到無比的歡欣，無比的興奮。我國第一個五年計劃已經超額完成，各方面的建設事業突飛猛進地發展。整風運動和反右派鬥爭已經取得重大的勝利，全國人民受到了一次深刻的社會主義教育。在這個新形勢中，勞動人民建設社會主義的熱情，空前高漲。我國的主要工業生產，要爭取在十五年內，或者稍多一點的時間內，趕上或者超過英國。此外，農業發展綱要的推行，機關的整改，幹部的下放，增產節約運動，愛國衛生運動，都在有關部門和全國人民熱烈擁護下，以雷霆萬鈞的力量來進行。漢字改革方案更是我國文化建設飛躍前進的表現。新中國的一切都充滿了蓬勃的朝氣，中國人民正在以乘風破浪的英雄氣概來建設祖國。解放了的中國人民不但站立起來，而且顯示了無窮無盡的智慧和力量。

在國際局勢中，蘇聯科學技術的發展，震動了全世界。我們不但看見蘇聯所發射的兩顆人造衛星，我們也在每天的報紙上看見蘇聯日新月異、使人驚奇讚嘆的科學技術的發明。在取得這些卓越成就的同時，蘇聯一次又一次地表達了它的和平意願，這些和平意願，不但見之於具體的建議，也見之於具體的行動。各國共產黨和工人黨的會議和宣言更使

我們認識到有利於社會主義建設和世界和平的國際形勢的新發展。相反地，帝國主義的「實力政策」愈來愈遭受反對；帝國主義陣營，日益分崩離析；反殖民主義已經形成一股洪流，在亞非人民團結大會中，這股洪流顯出它的巨大的潛力。一年來國內國際形勢這一系列的發展，生動地、雄辯地證明了社會主義的優越性和正義性，證明了帝國主義是腐朽的、垂死的，證明了中國人民和全世界人民為爭取和平、幸福而鬥爭的不斷增漲的決心和力量。

今天愛國主義的內容就是愛社會主義的祖國，三自愛國運動當前的首要任務就是在全國基督徒中進行社會主義教育

中國基督徒，同全中國人民一樣，要堅決地走社會主義道路。一九五六年三月，中國基督教三自愛國運動委員會舉行第二次全體委員（擴大）會議。在這個會議的「關於中國基督教三自愛國運動的報告」中，有下面的兩段話：「中國人民選擇了社會主義的道路。社會主義的道路是廢除人剝削人、人壓迫人、人仇視人的道路；是實行互助合作、平等友愛、為全體人民謀幸福的道路。」「今天，我們已經清楚地看見一個繁榮富強的新中國的遠景。這是多少年來中國人民所夢寐以求的。中國人民所要努力實現的就是這樣一個公義的、仁愛的、處處符合我們基督徒信仰的社會主義制度。難道我們基督徒還有什麼理由不擁護這樣的社會制度，反而歡迎那已經死去的半封建半殖民地的舊中國社會嗎？」一九五七年十一月，三自愛國運動委員會舉行常務委員會第十次（擴大）會議，這個會議的決議，號召全國基督徒「必須和全國人民在一起，堅決地走社會主義道路」。決議又說：「現在全國人民在取得經濟戰綫上的社會主義革命勝利以後，又展開了政治戰綫上和思想戰綫上的社會主義革命，並且也取得了決定性的勝利。會議認為，今天愛國主義的內容就是愛社會主義的祖國，三自愛國運動當前的首要任務就是在全國基督徒中進行社會主義教育。各教會和基督教團體的教牧人員，以及其他負責同工，應該首先深入學習，進行自我改造」。

解放以來，許多愛國愛教的基督徒積極地參加了社會主義改造和社

會主義建設事業。我們同全國人民在一起，進行了辛勤的勞動；我們也同全國人民在一起，享受了社會主義的幸福生活。毫無疑問，在今天令人歡欣鼓舞的新形勢中，我們基督徒應當以百倍的熱情、百倍的信心，拿出最大的力量，同全國人民在一起，在共產黨的領導下，把我們的國家建設成一個繁榮富強，爲全國人民造福，也爲全體人類造福的社會主義國家。

基督徒同社會主義相抵觸的思想感情和生活習慣必須徹底消除，取得人民的立場、人民的觀點才能愉快地走社會主義道路

中國基督徒接受共產黨領導、進行社會主義教育、走社會主義道路，不是沒有困難的。首先，我們基督徒中有許多人受過舊社會深刻的影響。資產階級曾經是我們教會中一個最主要的組成部分；在半封建半殖民地的舊中國裏，我們同資產階級發生過千絲萬縷的關係；我們城市和鄉村的教會有不少被資產階級和地主富農所支配。因此，在基督徒中，資產階級的思想情感和生活習慣都或多或少地存在着。

其次，社會主義道路是十月革命所開闢的，人類歷史所沒有走過的道路，是人類社會天翻地覆的變革。這個變革改變了生產資料的所有制，使我們全部社會生活發生了重大的變化。在這變革中，有些人個人的、暫時的利害，免不了同新社會發生衝突。如果我們沒有取得新的觀點、新的立場，如果我們不肯從全體人民長遠利益出發去看問題，我們對新事物就會感到不習慣，感到格格不入，甚至對新事物採取對立、反抗的態度。我們基督徒長期受過帝國主義反蘇反共、親美崇美和虛僞的資產階級民主自由思想的影響，我們更容易對新事物產生不滿的情緒。

我們同社會主義抵觸的思想情感和生活習慣，不管是從舊社會來的，或是從西方資產階級來的，我們都必須徹底地消除；我們必須取得人民的觀點、人民的立場，才能堅決地、愉快地走社會主義道路。

愛國與愛教沒有矛盾，在愛國的前提下，信教與不信教有共同的
基礎，這個基礎就是爲祖國的建設努力

除了上述問題以外，基督徒走社會主義道路還會碰到一些與宗教信
仰有關的問題，其中比較突出的就是愛國與愛教有沒有矛盾的問題。基
督徒是中國人民，當然要愛國；基督徒是宗教信仰者，也當然要愛教，
在這兩者之間，不應當存在着什麼矛盾。但有人說：在社會主義的新中
國裏，在信與不信之間，在有神無神之間，存在着矛盾，他們就把這個
矛盾，看作是愛國同愛教的矛盾，我們認爲這是一個錯誤的看法。

在基督教三自愛國運動發起後的幾年中，我們對愛國和愛教的關係
這個問題逐漸得到了肯定的結論。我們說：愛國愛教完全一致，沒有矛盾。
我們說：在愛國的前提下，信與不信有共同的基礎，信與不信都可以爲
祖國的建設努力。

這幾年來，我們對新中國宗教信仰自由政策，有了深刻的認識。這
個政策不但在憲法裏明文規定，也得到政府大力的貫徹和執行。新中國
宗教信仰自由政策的眞實性已經沒有懷疑的餘地。在有些地方，宗教政
策在執行上還存在着一些偏差；但這只是宗教政策在執行上的問題，而
不是宗教政策本身的問題，而且這些偏差已經逐漸得到糾正。

在新中國裏，宗教信仰是完全自由的。相反地，以「自由世界」作
幌子的帝國主義國家，像美國，他們的宗教信仰自由却受到越來越大的
限制。在紐約附近一位年青的聖公會牧師 W.H. 梅里時因爲在講道中主張
正義與和平，就被他的上級主教趕出教堂，雖然教會的羣衆主張公道，
向主教提出抗議，並經過梅里時自己和他的父親的長期鬥爭，還是無效。
鮑惠爾的案件，也是美國統治者剝奪人民言論自由一個突出的例子。

我們說：在愛國的前提下，信與不信有共同的基礎。既是這樣，在
目前全國人民歡欣鼓舞地從事社會主義建設的時候，我們基督徒最重要
的問題，應當不是信與不信的人民內部矛盾的問題，而是如何同全國人
民在一起，建設社會主義的問題。建設社會主義是作爲中國人民的基督
徒的本份，同時也是作爲宗教信仰者的基督徒的本份。聖經上有一句話

說：「眾人以為美的事要留心去做。」對我們基督徒來說，今天新中國六億人民和全世界三分之一以上的人民所決定要走的社會主義道路，應當就是「眾人以為美」的事。基督徒走社會主義道路就會得到眾人的喜悅，教會的工作就會做得更好，信與不信的矛盾就能得到更好的處理。我們不是因為走社會主義道路對基督教有好處，才走社會主義道路；我們是在愛國愛教完全一致的認識下走社會主義道路。我們認為：無論從政治的觀點來說，或是從宗教的觀點來說，我們基督徒都可以心安理得、歡欣愉快地，同全國人民一起，走社會主義道路。

基督教內揭發一批右派分子，剝下他們的宗教外衣，醜惡陰險的原形暴露了。他們是一切愛國愛教的基督徒的敵人

一九五七年十一月，在中國基督教三自愛國運動委員會常務委員會第十次（擴大）會議上，我們揭發了幾個基督教內的右派分子；在各地的基督教裏面，也揭發了一些右派分子。基督教內的右派分子，同其他的右派分子一樣，都是反黨、反人民、反社會主義的。基督教內的右派分子，也同其他右派分子一樣，都披着一些外衣；基督教內的右派分子還披着一件特別的外衣，就是宗教外衣。基督教內的右派分子說：「社會主義是今不如昔；人快要死了，還有什麼前途。」他們說：「香港有自由，英美有自由，新中國沒有自由。」他們說：「共產黨是無神論者，不能領導宗教界，外行不能領導內行。」他們說：「宗教政策是假的，共產黨要消滅宗教。」他們說：「三自運動搞得一團糟，如何叫人不想帝國主義。」基督教內的右派分子特別強調有神無神的矛盾，把這個人民內部的矛盾，說成是你死我活的敵我矛盾。

基督教內的右派分子披着宗教外衣，以「信仰」為防空洞。他們欺騙信徒羣眾，企圖使信徒羣眾相信右派分子反黨、反人民、反社會主義是為了「信仰」，相信他們破壞三自運動，也是為了「信仰」。在這次三自常委擴大會議中，許多基督教的同工用生動、具體、親身體驗的事實來說明舊社會怎樣的悲慘黑暗，新中國怎樣的欣欣向榮。他們說明了香港的「自由」、英美的「自由」，是反動派和統治者騎在人民頭上的

自由，而不是被壓迫、被剝削的人民爭取生存和幸福的自由；相反的，新中國的自由是對反動分子專政的廣大人民在政治上、思想上、生活上的眞正自由。同工們指出了解放後黨和政府對宗教界許多的關懷和幫助，但從來沒有干涉宗教信仰。他們也舉出許多具體事例，證明政府貫徹宗教政策的成績。他們肯定了三自愛國運動這幾年來的巨大成就，說明了右派分子所以反對三自運動，只是因爲他們要走資本主義的老路，要回到帝國主義的懷抱。通過大鳴大放，擺事實、講道理、大辯論，右派分子的反動言行被揭發、被駁倒了；他們的宗教外衣被剝下了；他們醜惡、陰險、狡猾的原形暴露了。許多事實證明了他們既不愛國，也不愛敎；他們是中國人民的敵人，是一切愛國愛敎的基督徒的敵人。

基督敎內的右派分子同帝國主義和反動派都有直接或間接的關係。他們忠實地執行了帝國主義「基督敎必須反共」的指示，他們是帝國主義所賞識的人，他們的言行得到帝國主義的喝采。目前帝國主義利用宗敎來進行侵略的主要方式之一，就是企圖在社會主義國家裏面，利用宗敎來進行挑撥離間，製造分裂。在一九五六年十月匈牙利事變中，一個重要的國際基督敎組織，就公開地扶植匈牙利敎會內的反動力量，迫使匈牙利敎會內的進步領袖辭職，企圖把匈牙利敎會變成顛覆匈牙利人民政權的一個重要據點。我國基督敎內的右派分子，同樣地替帝國主義服務，爲帝國主義的侵略政策起內綫作用。

基督敎內右派分子的罪惡既是這樣的嚴重，我們就絕對不能對他們溫情。我們必須嚴肅地批判他們的反動言行，徹底地剝去他們的宗敎外衣，同他們劃清敵我界限。基督敎內的右派分子必須坦白交代，徹底改變他們的立場，重新做人，否則他們就是自絕於人民。

中國基督徒走社會主義道路，將會給基督敎的三自運動帶來新的方向和新的內容

中國基督徒走社會主義道路，將會給基督敎的三自運動帶來新的方向和新的內容。

　　三自運動是愛國的運動；愛國就是愛社會主義的新中國，爲建設社會主義而努力。對我們基督徒來說，愛國應當有下列的含義：第一，我們應當在各自的崗位上，積極地參加社會主義建設工作。第二，我們在進行基督敎工作的時候，應當考慮我們所做的是否符合社會主義社會的情況；我們應當消除本位主義和主觀主義，從六億人民利益的觀點出發去考慮問題。第三，我們應當繼續不斷地認眞學習，去掉我們一切與社會主義抵觸的思想，改進我們的工作方法和工作作風，整頓我們的組織機構，使我們更能在社會主義的新中國裏，發生積極的作用。第四，我們不但要繼續同右派分子進行鬥爭，我們也要對目前在敎會內外假借基督敎名義來做的，許多違法亂紀、反黨、反人民、反社會主義的罪行，進行揭露和批判，並請政府依法予以處理。

　　三自運動也是反帝的運動。在今天國際的新形勢下，對我們基督徒來說，反帝應當有下列的含義：第一，我們不但要割斷與帝國主義有形的關係，我們也要割斷與帝國主義無形的關係，繼續肅清帝國主義的思想毒素，肅清我們對帝國主義的一切幻想，徹底認識帝國主義的反動性和腐朽性。第二，我們必須警惕帝國主義利用宗敎情感來進行挑撥離間、製造分裂的陰謀。我們對社會主義明確而堅定的立場，就是我們對帝國主義「基督敎必須反共」的反動宣傳最有力的回答。第三，我們應當提高全國基督徒對國際形勢的認識，積極擁護一切有利於社會主義建設和保衛世界和平的事業，堅決反對帝國主義製造戰爭、奴役人民的詭計。

走社會主義道路要見諸實際行動，基督徒進行反帝愛國工作，就是走社會主義道路的最具體的行動

　　走社會主義道路不是一句空話；走社會主義道路要見之於實際的行動。我們基督徒積極進行上述反帝愛國工作，就是我們走社會主義道路最具體的行動。

　　解放以後，在黨和政府的領導下，在我國幾個轟轟烈烈的大運動的鼓舞和教育下，中國基督徒控訴了帝國主義，割斷了同帝國主義的關係，

揭發了基督教內一些替帝國主義服務的反革命集團，使中國教會成爲中國信徒自己管理的教會，使廣大信徒受到了愛國主義教育。這一次全國基督徒所進行的社會主義教育運動，和對基督教內右派分子的鬥爭，必將進一步使中國基督徒同廣大人民緊密地站在一起，在朝氣蓬勃的新中國裏，爲建設社會主義和保衛世界和平，貢獻出更大的力量。

3 / 關於陶行知先生評價問題的兩點意見

原刊於《安徽史學通訊》（1958 年 3 月），頁 50–54。

關於陶行知先生的評價問題，我只看到《安徽史學通訊》總第二號內鄧初民先生的文章〈陶行知先生在中國教育史上的地位和作用〉和該刊總第三號內樂喜先生的文章〈試談陶行知先生的評價問題〉。其餘刊載在《人民教育》裏的十幾篇文章，我都沒有看到。我對鄧、樂兩位先生文章的絕大部分都是同意的；現在僅就兩個問題，發表一點意見。

第一個問題是：是否要「將原屬陶行知先生革命派時期的 1931 年—— 1935 年，改劃爲改良主義時期」。把陶先生一生三十年的奮鬥史，從 1916 年由美囘國，到 1931 年「九一八」事變爲止的十五年，劃爲第一時期，卽屬於改良主義時期，大家似乎沒有不同的意見。但自 1931 年「九一八」事變後，到 1946 年逝世爲止的十五年，是否全部屬於革命派時期，或把 1931 至 1935 年的一段，劃爲改良主義時期，就有不同的意見。樂喜先生主張把這四年劃爲進入革命的時期。樂喜先生又說：「1931 年『九一八』事變起參加革命後，他的改良主義思想還是相當濃厚，……其改良主義思想跟革命思想或則交叉呈現，或則同時出現。」樂喜先生的主張固然有他的理由，但因爲陶先生在這幾年中改良主義思想的成分的比重還是相當大，我覺得 1931 到 1935 年這一個時期，是否應當劃爲陶先生的革命時期，還是有討論的餘地的。

陶先生提倡「學校社會化」、「教育生活化」、「學校卽社會」、「生

活卽教育」，這就是陶先生的「現代生活教育之路」。爲要普及這樣的教育，陶先生就要我們攻破許多的關，例如：學校關、文字關、實驗關、城鄉關、守舊關等，共二十七個關，其目的都在於打破常規，批判舊的教育思想，樹立爲廣大人民服務的教育思想。爲要實現這個普及教育的目標，陶先生就提倡小先生制。在陶先生的這一套思想中，有沒有政治的內容呢？我們不能說是沒有的。例如：關於鄉村問題，他主張「大家來他一個總集合」，「求他一個總解決」，像「總運員救旱災、除蝗蟲、打倒土豪劣紳、貪官污吏、帝國主義」。又如陶先生要「攻破文字關」，主張「漢字與音符和拼音文三管齊下一起教。會教漢字的先生多至一萬萬，這是一個頂大的便利。」這是陶先生一個革命性的主張。我們今天已經實行文字改革方案，但在二十多年前，這還是一個大膽的、具有遠見的主張。

然而我們不能說上述陶先生這一套教育理論，包含着相當濃厚的改良主義思想。陶先生說：「小先生之懷胎是在十一年前。難產啊！到了二十三年一月二十八日才出世。」小先生制的推行，是陶先生「生活教育之路」的頂點；小先生制的誕生，是在 1934 年，也就是「一二九」救亡運動誕生的前一年多。陶先生在這個時候所要推行的教育方案，其主要內容還是從教育的方式方法着想，其主要目的還是要用大眾化的方式來推行一種適合大眾生活需要的教育。這就是陶先生的所說的「吃飯的教育」、「穿衣的教育」、「冰天雪地下的窮人的窩窩頭和破棉襖」。這樣的教育方法和教育目的，在一定的程度上當然是含有政治意義的，但這種方法並不包含一個要求根本改變黑暗現實的政治遠景；陶先生的所謂「吃飯」、「穿衣」，似乎還沒有超越改良主義的範圍。

陶先生在提到「吃飯的教育」、「穿衣的教育」的時候說：「生活教育是下層建築」，（見《普及教育》續編第二頁），但鄧初民先生在〈陶行知先生在中國教育史上的地位和作用〉一文中，引用這句話的時候，卻把「下層建築」引成「上層建築」，雖然只是一字之差，關係却很大。我不知道鄧先生是筆誤還是另有所根據？如果陶先生的確說了「下層建築」這句話，我們可以有兩種解釋。一種解釋是：他所說的「下層」並

沒有哲學上的含意，而只是表達「羣衆最基本的需要」的意思。另一種解釋是：「下層建築」具有哲學和政治的含意，就是指社會生活的經濟物質基礎，但這樣的解釋顯然是不合適的，因爲任何方式的教育，都不是「下層建築」，而是爲經濟基礎服務的上層建築。陶先生用「下層建築」這句話是否與他的改良主義思想有聯繫，是一個值得研究的問題。

在陶先生的〈普及現代生活教育之路〉（見 1925 年出版的《普及教育》續編第二十九頁）最後一段中，關於推行小先生制，陶先生說要分三路進行，就是：「一、由人民自動組織『全國普及教育助成會』及『普及教育五人團』輔助各地推動普及教育。二、起草全國普及生活教育方案，向中央政府建議以推進全國普及教育運動。三、起草妨害進步罪，向立法院建議列入刑法以掃除普及教育之障礙。若這三件事能於三個月內完成，則中國普及教育可以在二年之內樹立一堅強之基礎，以助成中華民國與大同世界之創造。」陶先生的這一段話，特別是最後一句，不能不使我們提出一個疑問：他對當時的反動政府是否還抱有相當的幻想？如果是，這應該是改良主義思想的表現。

我雖然在上面舉了一些與陶行知先生改良主義思想有關的例子，但我覺得還是可以同意把 1931 至 1935 年這四年劃爲陶先生轉入革命的時期。我的理由是：陶先生的教育方案的主要內容雖然是改良主義，雖然在曉庄被封，他自己被通緝以後，他還沒有完全放棄對反動統治的幻想，但 1931 到 1935 這幾年，是急劇變化的幾年，是反動統治日益暴露它的腐朽無能、出賣祖國、迫害進步力量的醜惡面目的幾年，當然也是陶先生日益看清黑暗的現實、日益感覺必須爲水深火熱中的羣衆尋求一條更徹底、更有效的出路的幾年。因此，在客觀形勢的啓示下，和在不斷高漲的愛國力量和民主力量的影響下，陶先生終於毅然決然投入革命，同反動統治階級劃清敵我界線。我們可以說，陶先生是帶着改良主義，一步一步地走向革命，而從 1931 年以後，他就基本上成爲革命派。

現在讓我談談第二個問題。有人說；陶行知先生這一套生活教育理論，是杜威學說的翻版，是杜威學說在半封建半殖民地社會裏新的運用和新的發展。我認爲這是一個膚淺的不正確的看法。陶先生所走的和杜

威所走的是兩條完全不同的道路。爲要說明這一點，我要在這裏把杜威教育學說的反動本質，作一個簡單的分析。

杜威教育學說的哲學基礎是實用主義；實用主義是主觀唯心主義，是完全替腐朽的資產階級服務的哲學。現代資產階級的哲學必然是唯心的，因爲如果資產階級接受客觀眞理，服從社會發展規律，他們就不能保持他們的既得利益，他們就要下台。實用主義強調宇宙是多元的、是變動不居的，因此，它認爲對宇宙的「實在」的最後解說是不可能的。表面上，實用主義似乎同辯證唯物主義有相似之處，但本質上這二者是完全不同的。實用主義既然把宇宙看成是多元的、變動不居的，它對「什麼是眞理」這個問題就有一個特殊的看法。它認爲對一件事物的認識，只要看這件事物對我們產生什麼效果，和我們對它作什麼反應。「效果」和「反應」就是關於這件事物的「眞理」的全部含義，此外更無別的含義。假如對一件事物有兩種不同的意見，而這兩種不同的意見並不產生不同的效果，那麼，這兩種不同的意見就是相同的。這就是實用主義的本質——它的所謂效果，所謂反應，都完全是主觀的，並不受什麼客觀東西的約束。從這個哲學基礎出發，實用主義就得到一個荒謬的、幾乎令人失笑的結論。實用主義的創始人詹姆士說：「也許你們聽見會感到奇怪，但我對你們說，一個概念是『眞實』的，如果我們相信了這個概念是對我們的生活有利的。」（見詹姆士著《實用主義》第七十五頁）根據這個看法，任何人用任何方法去做任何一件事，只要這件事的結果對他是有利的，他所做的和他所根據的概念就是「眞理」。這是多麼荒謬絕倫的思想，然而因爲這種思想是完全符合資產階級的利益的，五十年來，實用主義就成爲美國最具權威的學說。

什麼是從實用主義出發的杜威的教育學說。杜威教育學說的主要推行人哥倫比亞大學教育學院教授克伯屈（W.H.KILPATRICK）給教育下了這樣一個定義：「教育是根據過去的經驗來整理個人的經驗，整理的結果，達成個人品格的改變， 也使一切與這個經驗有關的人都得到更豐富的經驗。」（見克伯屈著《教育哲學資料》第二七三頁）這裏的所謂經驗和改變，是不是包含着提高認識、更加接近眞理的意義呢？不是的。杜威

在談到在教育中「長進」的時候，對「長進」這一個名詞，做了如下的解釋：「一個教育家，如果他有一定的目標，而這些目標又有可以觀察得到的事實作爲根據的，他就必須從長進的過程來考慮問題。他必須從長進本身得到一些線索，借以探索最後目標的性質。他不應當預先作出一個最後目標的概念，拿這個概念來決定什麼是長進，什麼不是長進。因爲對這樣一個最後目標，人們的看法可以有很大的分歧。如果從這樣一個最後目標出發，就會使得教育陷於爭吵，至於誰是誰非，那就只能用個人的愛惡來決定，或者用接受外來權威的辦法來決定。」（引自杜威著《教育的目的與理想》，載在富士德·華生編《教育百科全書和字典》）杜威的這種主張，如果用赤裸裸的話來說，就是：你不要抱什麼理想，或最後目標；只有頭痛醫頭腳痛醫腳，才是腳踏實地的教育方法。這種教育學說不但是改良主義，而且是對一切爭取人類幸福的崇高偉大目標的否定，這種教育學說的目的，甚至不能說是改良主義，而只能說是維持人剝削人、人壓逼人的現狀。

　　每一種反動學說，都要披着一件進步外衣，杜威的教育學說也是這樣。杜威說他的教育目的，是要建立一個更美好的社會，但是，教育怎樣才能對建立更美好的社會有所幫助呢？杜威說：「要使幼年人的教育成爲對改進社會有效的工具，我們成年人並不需要有一個預先擬定的美好社會的理想。如果根據這樣一個理想來進行教育，就等於用某一種死板的東西來代替另一種死板的東西。我們需要做的只是使幼年人養成更敏捷的習慣，更警覺的觀察力，更有遠見……這樣，他們就能夠處理他們自己的問題，提供他們自己的改進辦法。」（見杜威著《人性與行爲》第一二七頁）這是多麼動聽的話啊！難道爲幼年人培養杜威所說的這些品格不是一件美好的事嗎？但是，杜威不過是拿這些好聽的東西來掩護他的最根本的目的，這目的就是叫人不要抱一個崇高的理想，不要爲什麼理想奮鬥，不要革命！這樣的解釋是不是歪曲了杜威學說呢？不是的。讓杜威自己來說明他的用意吧！在談到我們所要的是什麼樣的社會的時候，杜威說：「這樣一個社會，必須有一種教育，這種教育使人對社會關係和社會秩序發生興趣，並使他們養成一種要達成社會改革而不

採取擾亂社會秩序的手段的思想習慣。」（見杜威著《民主與教育》第一一五頁）換句話說一個更「美好」的社會是需要的，但不要打亂現存的秩序！

　　上面，我把杜威教育學說的反動本質作了一個簡單的分析。做了這個分析以後，我們就要問：杜威所走的路和陶行知先生所走的路，有什麼相似之處？我們並不否認陶先生的教育學說導源於杜威；我們也不否認陶先生初期的教育理論包含着相當濃厚的改良主義與唯心主義。但是，杜威所走的路，是要替資產階級保持既得利益，拿主觀唯心主義來麻醉人民，拿教育來粉飾門面；而陶先生所走的路，從一開始就是提倡科學、提倡勞動，爲人民的生存幸福而努力，使人民勇於爲建立一個美好的社會而鬥爭。社威的目的是要維持沒落的資本主義社會，而陶行知先生的目的，却是要解放在痛苦中的半封建半殖民地的中國人民。雖然陶先生的政治目的，在前期幷不明確，但日益惡化的環境，終於使他同統治階級劃清敵我界線，走上革命的道路。以上所論列的，可能有不正確的地方，希望讀者指正。

4 / 我對共產黨的認識

原刊於《天風》555 期（1958 年 6 月 30 日），頁 9–12。

沒有共產黨就沒有新中國；沒有共產黨就沒有今天社會主義建設的總路綫和中國人民無限光明幸福的前途；沒有共產黨就沒有中國人民這幾年來驚天動地的事業和「數風流人物還看今朝」的豪姿。

沒有共產黨就沒有中國基督教的三自愛國運動，就沒有中國教會的新生，我們基督徒就不可能接受社會主義教育，向黨交心，徹底改變我們的政治立場，與全國人民在一道，歡欣愉快地走社會主義道路。

對我來說，取得上面這些認識，是要經過一個長期的、曲折探索的歷程，不是一件容易的事。我出身於小資產階級，又長期受資產階級和帝國主義思想的影響，因此，在一個長時期中，我是從資產階級立場看問題。但是，一方面由於我自己主觀的努力，另一方面由於黨對我的啓發、教育和關懷，我的思想和立場就逐漸轉變過來。到了現在，我可以說：我對共產黨的認識，已經不是表面的、理智上的認識，而是親身體驗出來的，已經同感情結合起來的認識了。

（一）

大革命期間（1925–27 年），我在美國；1927 年，我在美國留學三年後回國，我的頭腦中充滿了親美崇美、反蘇反共的思想。同許多認識模糊的人一樣；我把共產黨看作「洪水猛獸」。

　　但是，我雖然反共，我却有一個「建立理想社會」的要求。在 1930 年所寫的一篇文章裡我說：「基督徒應當把現在的社會根本改造，建立理想社會，促進天國」。至於怎樣改造社會，這對我還完全是一張白紙。

　　1931 年「九一八」事變的砲聲把我從迷夢中轟醒。在 1934 年所寫的一篇文章裡，我說：「我們現在是到了一個時代的末期」；「制度的轉變——從個人主義的社會變成社會主義的社會——在不久的將來，都要成為一個不可避免的事實」；「資本主義的力量，只是迴光返照的力量，共產主義的勢力，却是一個蒸蒸日上的勢力」。但我基本上還是反共的：「我們同情於共產主義的目標，然而我們却不能贊成共產主義所主張的手段。」至於如何改變社會制度，我那時還只有一些空洞的思想。

　　1936 年——抗日救亡運動的前夕，我的思想又推進了一步。在一篇文章裡，我說：「我們肯定現在的中國需要一個社會革命，所謂社會革命就是把根據私有、放任、競爭的原則而成立，因而產生剝削、壓逼、不平等諸現象的社會，變成一個以共勞共享共有共治為原則的社會。」我否定了把中國問題看作是「貧、愚、弱、私」的反動改良主義的看法。但我還是認為唯物論（也就是共產主義）重視社會組織的改變而不重視道德人格是不對的。

（二）

　　我是怎樣從上述反共思想轉變過來的呢？首先，由於日本帝國主義侵略所造成的民族危機，許多愛國人士，包括我自己在內，有了一個抗日救國的強烈要求。我是一個唯愛主義者；唯愛主義（絕對的非武力主義）本來是基督教內的一個派別。在西方基督徒中，的確有人真誠地相信唯愛主義，但帝國主義却利用唯愛主義來模糊，消滅基督徒的革命意識。日本帝國主義的侵略和中國人民的痛苦，使我基本上放棄了唯愛主義，主張武力抗日。我參加了以沈鈞儒先生為首的抗日救亡運動，在救亡運動中，我接觸了共產黨的思想言論和一些進步人士（後來才曉得其中有些是黨員）。在這個時期中，我認識了共產黨是堅決主張抗日的。因此，

我對共產黨的態度，就開始改變，我把共產黨看作我自己的朋友，看作中國人民的救星。

也在這時候，由於我所接觸到的進步思想，我開始認識了一百多年來侵略中國、荼毒中國人民、經常叫囂反共的帝國主義。我認識了帝國主義窮兇極惡的面貌，認識了帝國主義是戰爭的製造者，是中國人民最兇狠的敵人。

我對國民黨的反動統治是極端痛恨的。我痛恨他們妥協賣國、對抗戰怠工、「先安內後攘外」的反動政策；我痛恨他們對人民的殘暴和對進步為量的迫害。因為共產黨是這個反動統治的死敵，我對國民黨的痛恨，同時就大大地增加了我對共產黨的同情和擁護。

在抗日戰爭期中，我住在成都，我聽到許多關於八路軍英勇抗日的事跡，看到許多有關共產黨理論、方針、政策的讀物。我也參加了以反抗國民黨黑暗統治為目的的各項民主運動，在這些運動中，我更體會到共產黨是解放中國人民的唯一力量。這時候，我對共產黨的態度到了一個具有決定意義的轉折點——我對共產黨由同情轉到敬愛。由於我對共產黨這個日益顯著的態度，許多教會人士就對我表示了懷疑、恐懼、甚至敵視。

在解放戰爭期中，我是興奮極了。我天天等候着解放軍的捷報。我看到解放軍以排山倒海、摧枯拉朽之勢，消滅了幾百萬國民黨反動軍隊，解放了大江南北，我內心的喜悅是難以形容的。尤其使我感到高興的，是美帝國主義為了支持反動力量，花了大量金錢，用盡了心思，但還是束手無策，反而做了解放軍的輸送大隊。

在抗日戰爭期中，我看到毛主席的一些著作，像《論持久戰》、《新民主主義論》、《論聯合政府》等，在當時一般人思想混亂，和悲觀失望的情況中，看到對抗戰形勢和革命進程這樣清楚的分析，這樣堅決的信心，不能不使人感到興奮和佩服。這時候我也讀了一些有關唯物主義的書。解放後，我讀了更多的黨內人士的言論和著作，特別是毛主席的「實踐論」、「矛盾論」、「論人民民主專政」，和「一邊倒」、美國是「紙

老虎」等看法，我不但認識共產黨的崇高目標，我也進一步認識了共產主義的理論基礎，和它的高度科學性和正確性。

解放後幾個轟轟烈烈的運動使我體會到共產黨是怎樣把一個支離破碎、充滿了嚴重問題的國家，以堅決的精神和細緻的工作，一步一步地引領到清除障礙，刻苦建設的康莊大道上去。有些運動的做法，像三反五反，我曾經表示過一些懷疑，但無數事實的啟發，使我認識了每一個運動的正確性和必要性。尤其使我感動和佩服的是黨關於抗美援朝的英明決策。我認為抗美援朝不但對一個兄弟國家表現了崇高的國際主義精神，也不但鞏固了我們的國防、為新中國的和平建設鋪平道路，它對遠東的和平和整個國際局勢的轉變也起了決定性的作用。

在我同黨接觸的二十幾年中，特別在解放後，我對黨的政策和工作方法有了下面的認識。

第一，統一戰綫：黨要團結一切可能團結的力量，建設新中國。黨的統一戰綫是以工農聯盟為基礎，包括各民族、各民主黨派和無黨派民主人士；這個統一戰綫也包括我們宗教界。解放後，黨和政府通過各種方式，向宗教界進行反帝愛國教育，幫助宗教界擺脫帝國主義和反動派的影響，清除教內反革命分子，使各個宗教得到正常的發展。黨和政府同時實行了徹底的宗教信仰自由政策。在新中國裡，在黨的領導下，信的和不信的都在一個大家庭之內；信的和不信的都可以為建設偉大的社會主義社會而共同努力。

第二，羣眾路綫：黨為中國革命做了翻天覆地的事業；黨的力量的來源就是羣眾路綫。因為黨的目標和所做的一切，都是符合人民的利益的，所以它就得到人民的擁護，解放人民力量，使人民創造連我們自己也不敢夢想的奇跡。黨的羣眾路綫的又一個表現，就是通過團結——批評——團結的方式和說服教育的方法來正確處理人民內部矛盾，使消極因素變成積極因素。把共產黨的力量看作是「極權」、「獨裁」，或把這個力量看作是從「暴力」「壓服」得來的，這些都是錯誤的和反動的看法。因為黨是從羣眾中來，到羣眾中去的，所以它就能通過羣眾，發揮無窮無盡的力量。

第三，黨對國際形勢的正確分析和根據這個分析而決定的外交政策：解放後，新中國的國際地位蒸蒸日上；新中國的日益強大，大大地加強了社會主義陣營的力量，使世界持久和平的實現，更有可能。根據黨和毛主席的分析，目前國際基本形勢是東風已經壓倒西風；但新中國同時又主張和平共處的政策。在這樣的形勢下，帝國主義發動戰爭的可能性就越來越小，它們的實力政策就越來越遭受困難。在這樣的形勢下，反動派和落後分子的變天思想和帝國主義復辟的企圖，都只是癡人說夢而已。

第四，批評與自我批評：共產黨在中國只有三十多年的歷史；它是從無到有，從小到大，到了今天，它已經是一個巨大無比的力量，黨爲什麼能夠不斷地壯大？黨爲什麼沒有腐化？這不但是因爲它奮鬥的目標和路綫是正確的，也因爲它能夠經常地運用批評和自我批評的武器，改正錯誤，純潔黨的隊伍。通過整風，黨不斷地和官僚主義、宗教主義、主觀主義和黨內的壞人壞事作鬥爭，使黨能夠循着正確的道路勝利前進。

上述我對黨的認識，不但使我消除了過去對黨的許多疑問和錯誤的看法，特別是從基督教界裡面的反共思想得來的疑問和錯誤看法，也使我對黨更加敬佩。

共產黨教育了我。它使我拋棄了空想的社會主義，接受了科學的社會主義；它使我認識了實現社會主義社會所必須採取的革命步驟；它使我認識了政治立場是每一個人在社會主義革命和社會主義建設中最基本的考驗；它使我認識理論與實際的結合是我們一切行動的指南；它使我認識了帝國主義和社會主義這兩個敵對陣營的本質和社會主義必然勝利的原因。共產黨也使我認識了「愛仇敵」的眞義。共產黨對敵人的打擊和對俘虜的待遇使我認識了嚴正的敵我界綫和寬大的人道主義的結合才是「愛仇敵」的眞正意義。

通過黨員中一些典型人物，我認識了黨的高貴品質。電影中的劉胡蘭、趙一曼、董存瑞、上甘嶺，《保衛延安》中的周大勇，以及方志敏的遺作，《萬水千山》所素描出來的偉大史詩，這些都刻劃了黨員先人後己、忘我犧牲的崇高精神。

在大躍進中，我不但看見在黨領導下的無數勞動人民驚人的熱情和幹勁，我也看見他們無窮無盡的創造力量和智慧。在 1957 年 10 月後的半年，全國擴大了灌溉面積比解放前幾千年所達到的灌溉總面積還要多。過去小麥的畝產量是幾十斤、幾百斤，現在是幾千斤，而指標還在不斷地提高。一艘五千噸的巨輪可以在 70 天之內造成。許多普通的、甚至不識字的工人和農民打破了對「專家」的迷信，創造了新的工業產品和新的農具，用「卑賤者」最聰明的嶄新事例來推翻了輕視勞動人民的舊傳統。在大躍進中，人們的思想是解放了，他們敢想、敢說、敢做。

1949 年春，我在北京郊外第一次見到毛主席和黨的其他的幾位領導同志，我不單感到個人的榮幸，通過他們，我親切地接觸了那個經過千辛萬苦和無數犧牲、終於解放了苦難深重的舊中國的共產黨。我愛共產黨，因為共產黨把六億人民的利益放在最前面，為這個利益而奮鬥。

半年來，美國正陷入一個日益嚴重的經濟危機裡面，其他資本主義國家，也被波及。根據一篇記載，在美國「一個工人失了業，或因健康關係不能工作，只要幾十天，這個工人的家庭就要垮台了」；「恐懼失業的人幾乎像失業者一樣地痛苦」。我又看到一篇關於四川省革命殘廢軍人教養院課餘演出的記載，標題是：「永不殘廢的心，永不殘廢的人」。新中國不但沒有失業的恐怖，連殘廢的人也可以有他們的貢獻。這是兩個世界鮮明的對照；我們應當選擇那一條道路，應當怎樣看共產黨，難道還有什麼疑問麼？

（三）

作為一個宗教信仰者，我對共產黨取得上述的認識，是要經過一個長期的思想鬥爭的歷程的。我曾經從唯愛主義的觀點反對共產黨所採取的「手段」。關於共產黨採取了什麼手段，以及為什麼採取這些手段，我並沒有親切的體驗，我只是道聽途說。我是受了當時反動統治者宣傳的影響，從資產階級的立場看問題，認為共產黨採取了「殘暴」的「手段」。但後來，我就曉得我的看法是錯誤的。共產黨是不是「不擇手段」

的呢？是不是把人當作「工具」的呢？事實是並不如此的。共產黨要改造社會，但反動的統治者却要維持他們的旣得利益和統治地位。因爲統治者不惜用最殘暴的手段來對待共產黨，共產黨就不得不對反動力量進行無情的鬥爭。不擇手段的是反動的統治階級，而不是共產黨。解放後，政府採取了關於改善人民生活的一系列的措施，像對工人福利的安排，對婦女兒童的重視，對殘廢軍人的照顧，對戰俘的人道主義待遇等。改變人吃人的制度，重視人的價值，這是共產黨所要實現的社會主義社會的特徵。相反地，反動資產階級却不把人當作人看，它是把人當作爲資本家攫取利潤的工具。

1937年春，我又在美國讀了半年神學，我接觸了一些提倡「性惡論」的反共神學家的思想。他們是怎樣拿「性惡論」來反對共產主義的呢？他們的邏輯大概是這樣的：人性是惡的；人的一切進步都是相對的、有限的。從這個觀點出發，他們就拼命地攻擊共產主義，否定共產主義。他們說：共產黨美化工人階級，醜化資產階級，是不符合事實的；因爲只要是人，不管他是誰，都一樣有「罪」，卽使資產階級和工人階級有所不同，這也不過是五十步與百步的不同而已。這些神學家們又說：共產主義是反現實的「烏托邦」主義。因爲共產黨不但美化了工人階級，它也美化了未來的「共產主義社會」。把人所不能達到的「理想」認爲是可能的。在一個相當時期內，我被這些神學家的烟幕包圍着，迷失了方向，對共產黨又發生了懷疑。這些神學家們說：人生向上的追求是一個「不可能的可能」，這就是說：人應當追求理想，這個理想有實現的可能，但事實上却是不可能實現的。他們就是要人在這個「可能」和「不可能」之間的形而上學的牛角尖裡鑽來鑽去，鑽不出來。

1937年秋，抗戰開始後我回國，接觸了動盪的大時代的現實，我認識了這些反共神學家們的虛僞性和欺騙性。我知道他們所以提倡「性惡論」，不是爲了別的，只是爲了打擊共產主義，維護資本主義，欺騙善良信徒，給帝國主義打氣，藉以保持資產階級的旣得利益；維持殖民統治，破壞革命。但是，反共神學家們這一套，在鐵一般的事實面前被戳穿了。在共產黨的領導下，中國人民一步一步地走向勝利。在共產黨的領導下，

中國人民翻了身，趕走了帝國主義，從暗無天日的境地，轉入欣欣向榮的生活。解放後，在三反、五反和反右鬥爭中，我清楚地看見了資產階級醜惡反動的面目。我同時看見了勞動人民在歷次革命中所起的決定性作用，和忘我犧牲的精神。在半年來的大躍進中，我更清楚地認識了只有工人階級的領導，才能使新中國偉大而又艱巨的社會主義建設事業完成。這不是什麼「烏托邦」，這是活生生的現實，是使人喜而不寐的現實。「不可能的可能」這個惡性循環的牛角尖已經被打破了，我不需要把自己陷入這個自尋煩惱的圈套裡。至於人性中究竟有多少「惡」的成分，這個「惡」的成分在不同階級中的百分比如何；這個「惡」的成分是不是永遠不能消滅的──這些玄學性的問題，我們沒有閒暇去思索，讓西方反共的神學家們鑽他們自己的牛角尖吧！

在我們基督教同道中，有人對教會的前途表示憂慮。究竟有神無神的矛盾，是不是像帝國主義和右派分子要我們相信的那樣嚴重的問題呢？我自己從來沒有對基督教的前途發生過疑問。我的理由很簡單。我想：如果基督教信仰是真理，它就會永久存在下去；如果基督教信仰不是真理，它遲早必定會消亡。我信仰基督教已經有四十年之久，從我自己的經驗中，我認識了基督的福音是「道路、真理、生命」，因此，我不需要為基督教的前途擔心。共產黨是無神論者，共產黨有宣傳無神論的自由，但這並不構成對基督教信仰的「威脅」。共產黨不信宗教，但共產黨却保護宗教，尊重宗教信仰，這就是他們的宗教信仰自由政策。在社會主義的新中國裡，我們基督徒最急迫的問題，不是有神無神矛盾的問題，而是如何站穩立場，改造自己，同全國人民在一起，堅決走社會主義道路的問題。在社會主義的祖國裡，為建設社會主義而努力，是信與不信的共同基礎。基督徒走社會主義道路，不但符合他們的宗教信仰，也將使信與不信的矛盾得到更好的處理。強調信與不信的矛盾來反對共產主義，這是帝國主義企圖在社會主義國家中製造分裂的陰謀。事實上，他們所以反對共產主義，不是為了什麼信仰，而只是因為共產主義將使他們喪失他們的既得利益和統治地位。

（四）

　　解放後的九年中，共產黨對基督教究竟做了什麼事呢？黨對基督教所做的是好的事，還是壞的事呢？ 1950 年我同幾十位同道發起了中國基督教三自運動。我回顧三自運動八年來的歷程，不得不向黨表示深切的、衷心的感激。在過去一百多年中，帝國主義利用了中國基督教進行侵略。許多反革命分子和壞分子披着宗教外衣，在教會內進行反人民的活動。直到今天，在不少基督徒的頭腦中還存在着嚴重的帝國主義毒素，和反黨、反社會主義的思想。在帝國主義的控制利用下，中國教會變成一個替反動統治服務的力量。教會需要大大地純潔，如果教會沒有得到純潔，它在新中國的前途是不堪設想的。幾年來，三自運動就在教會裡面進行了純潔的工作。如果沒有黨的領導和支持，這一件工作是不可能進行的。

　　上面，我把我自己在過去 30 年中對共產黨認識的歷程，作了一個概括的敍述。我相信我對黨有了一定的認識，但我不敢說我已經同黨完全一心一德。資產階級個人主義思想，還頑強地佔據着我的頭腦；我對社會主義生活有時還感到不習慣，甚至發生抵觸的情緒。在大躍進中，我覺得我是落後了；我自己趕不上形勢，還以爲別人走得太快。我必須徹底改造自己，鼓足幹勁，力爭上游，更加靠攏黨、信任黨，與全國人民一起，創造社會主義建設的奇跡。

5 / 讓我們基督教界都向黨交心

原刊於《天風》554 期（1958 年 6 月 16 日），頁 6。

過去半年內，在全國許多地方的基督教同工同道中都進行了社會主義教育，辯明了大是大非，認識了我們自己從舊社會、從資產階級、從帝國主義帶來的無數污毒。我們所進行的社會主義教育，是要我們破資本主義立場，立社會主義立場，過好社會主義這一關。在這個社會主義教育運動中，向黨交心，是一個極其重要的環節。我們許多同工同道在解放前和解放後都曾經有過違反人民利益和不利於社會主義的言行。帝國主義反蘇、反共、親美、崇美、恐美的毒素殘餘，以及形形色色的資產階級個人主義思想還頑強地佔據着我們的頭腦。只有徹底地、痛快地、全部地、無保留地，把這些醜惡的東西自覺地、勇敢地拿出來交給黨、交給人民、交給祖國，我們才能洗清思想上的污毒，搬去壓在我們心靈上的石頭，與全國人民在一起，爲偉大的社會主義建設事業而奮鬥。

交心是在社會主義教育基礎上的自我改造運動。有許多地方的同工同道，已經自覺地掀起了交心運動，取得了一定的成績。凡是已經進行的地方，應當再接再厲，把交心進行得快、眞、深、透。還沒有進行的地方也應當抓緊時機來進行這件非常重要的工作。我們應當在基督教界裡面掀起一個向黨交心的熱潮，使我們能夠脫胎換骨地改變我們的政治立場，爲社會主義的祖國，做出更多更大的貢獻。

6 / 同中東人民站在一起，
反對美英帝國主義侵略

原刊於《天風》557 期（1958 年 7 月 28 日），頁 6。
本文爲吳耀宗先生在上海市群眾大會上發言。

7 月 15 日美帝國主義公然違反聯合國憲章和國際法的根本原則，派遣軍隊，對黎巴嫩進行粗暴的武裝干涉，企圖扼死黎巴嫩和中東人民的民族獨立運動，維持帝國主義在中東搖搖欲墜的反動統治。我們上海宗教界憤怒地抗議美帝國主義這個武裝侵略行動。美國侵略軍必須立即滾出黎巴嫩，我們要堅決保衛中近東和世界和平！

美帝國主義對黎巴嫩進行武裝干涉，是用所謂「保護黎巴嫩主權」和「保護美國僑民」的借口來進行的，美帝國主義這些無中生有、站不住腳的借口；在全世界愛好和平的人民面前只有更暴露出它的豺狼面目。因爲保衛黎巴嫩的主權完全是黎巴嫩人民自己的事，與相距十萬八千里的美國毫不相干。一向在中東從事經濟掠奪，組織軍事侵略集團，建立軍事基地的美帝國主義，竟然說它要保衞黎巴嫩主權，這眞是絕大的謊話。至於所謂「保護僑民」這一套陰謀詭計，我們中國人民在解放前一百多年來就很熟悉了。每逢帝國主義要對中國人民進行新的侵略，常常是用「保護僑民」來作借口的，美帝國主義這樣的花招是欺騙不了覺醒了的黎巴嫩人民和亞非國家的人民的。

今天，中東地區人民獨立自由的力量已經空前強大，7 月 14 日伊拉

克共和國的成立，就是有力的證明。我們上海宗教界祝賀伊拉克人民的偉大勝利，並堅決反對帝國主義侵入約旦，威脅伊拉克共和國的侵略行動。

我們知道在中東地區有許多信奉伊斯蘭教、東正教、天主教、基督教等宗教的人民。我們宗教徒是愛好和平與正義的，我們上海宗教界要堅決同中東各國的廣大人民和宗教信仰者站在一起，爲反對美英帝國主義者的武裝侵略奮鬥到底！

現在是東風壓倒西風的時代，整個國際形勢有利於全世界爭取持久和平與獨立自由的人民而不利於帝國主義，我們相信，美帝國主義對黎巴嫩的武裝侵略必然會遭到最可恥的失敗。

7 / 上海基督教界不平凡的半年

原刊於《解放日報》，1958 年 9 月 24 日。

　　上海是帝國主義在過去一百多年中利用基督教在中國進行侵略的大本營。解放後，上海有兩萬多信徒，兩百零幾處教會；幾乎所有全國性的基督教機關都設在上海。由於機構和人力的集中，上海基督教界活動的範圍不限於上海；許多在上海基督教內發生的事，也影響及於全國。

　　一九五八年初，上海各教會和基督教機關的主要工作人員，用了將近半年的時間，進行了一次深刻的社會主義教育，提高了覺悟，肯定了上海基督教徒必須接受黨的領導走社會主義道路。通過向黨交心，我們把長期佔據着我們心靈深處的污穢的、甚至反動的思想，都無保留地暴露出來。認識了我們自己長期受帝國主義和資產階級影響，我們必須加速自我改造，參加勞動生產和勞動鍛煉，破資本主義立場，立社會主義立場。通過會議也使我們看到在上海基督教裡面還存在着一股反黨、反社會主義、反人民的逆流。首先，我們揪出了一批右派分子；他們都披着宗教外衣，以教會或「佈道會」之類的名稱作掩護，進行着反動的勾當。他們仇恨黨，詛咒社會主義，把解放了的新中國看作「虎穴」，把他們所要爭取的人看作「虎子」，他們要把「虎子」搶在手裡，與黨和人民對抗。他們鼓吹信與不信的對立，企圖用「信仰」的幌子來欺騙信徒，把他們自己的反動罪行掩蓋起來。他們對三自運動採取表面敷衍，暗中破壞的兩面手法，把一切參加三自運動和社會主義建設的積極分子都看

作教會的「叛徒」。一些右派分子和壞分子還在教會中製造許多混亂現象；他們藉口醫病趕鬼或其他所謂宗教活動來詐騙錢財，姦污婦女、害死人命。除了右派分子以外，在上海還有一批所謂「自由傳道」者。他們通過不公開的「家庭聚會」和個人活動，歪曲聖經，散佈反動毒素。他們網羅基督教內的壞分子來同社會主義的新中國對抗。這些「自由傳道」者同右派分子異曲同工，裏應外合，企圖毒化整個上海基督教界的空氣，使之成為反動力量的溫床。

　　基督教內的右派分子和其他壞分子都是帝國主義、資產階級、國民黨反動派、被打倒的地主階級和一切社會渣滓的代理人，他們是完全替帝國主義和反動派服務的。基督教內這一股逆流，是社會主義建設的障礙，也是基督教三自愛國運動內的毒瘤。我們已經揭發了這些壞分子，我們必須徹底地、全面地暴露他們的罪行，徹底地、全面地消滅他們的影響，同他們鬥爭到底。

　　上海基督教界這半年來所進行的工作，是上海基督教三自愛國運動中一件大事，是對帝國主義一個沉重的打擊。同工同道們在經過幾個月的社會主義教育，取得反右派鬥爭的初步勝利以後，政治認識有了提高，思想有了解放。他們正在以愉快的心情，繼續參加學習、參加勞動，進行教會整頓工作，在全國人民大躍進的形勢的鼓舞下，決心為社會主義新中國做出更多更好的貢獻。

8 / 美帝國主義是世界和平的敵人

原刊於《天風》561 期（1958 年 9 月 22 日），頁 5。本文爲吳耀宗在「上海人民擁護我國政府聲明，反對美帝軍事威脅大會」上的發言。

我代表上海市宗教界堅決擁護周恩來總理「關於台灣海峽地區局勢的聲明」。周總理的聲明充分表達了全中國六億人民反帝愛國的堅強意志和嚴正立場。我們一定要解放自己的領土台灣，粉碎美帝國主義的戰爭威脅和武裝挑釁。

不久以前，美帝國主義派兵侵略黎巴嫩，在中東地區製造戰爭危機，使全世界人民非常清楚地認識到美帝國主義是世界和平的頭號敵人。現在，美國不僅遲遲不從黎巴嫩撤兵，而且爲了轉移人們對於它的陰謀的注意，又在台灣海峽地區集結武裝侵略力量，同時加緊指使蔣介石集團，進行破壞和騷擾活動。美帝國主義的武裝挑釁和戰爭威脅是嚇唬不了中國人民的，相反，只有加強我們同美帝國主義堅決鬥爭到底的決心。美國戰爭販子艾森豪威爾、杜勒斯之流，也曾一直標榜自己是基督徒，慣用什麼「和平」、「正義」等漂亮字眼，但是他們好話說盡，壞事做完，他們的罪惡行爲完全證明他們絕對不是什麼基督徒，不是什麼和平使者，而是戰爭魔鬼！他們是民族獨立與世界和平的最兇惡的敵人！

在站起來的中國人民面前，在強大的中華人民共和國面前，美帝國主義只不過是一隻紙老虎而已。過去，美帝國主義支持蔣介石反動派進攻中國人民，遭到了悲慘的失敗；美帝國主義武裝侵略朝鮮，想走日本

帝國主義的老路來侵略中國，也同樣得到了可恥的下場；最近，美國對
阿拉伯國家的侵略，也使它自己陷入空前的孤立和失敗。我們信心百倍
地斷言，美國侵略者如果膽敢干涉中國人民行使解放自己領土台灣的主
權，膽敢在台灣海峽地區進行戰爭冒險，那麼美帝國主義將遭到更悲慘，
更可恥、更徹底的失敗。

　　我們宗教界是熱愛和平的，因此堅決反對美帝國主義的侵略。我們
必須通過同美帝國主義進行不斷的堅決的鬥爭，來制止侵略，保衛和平！

十、

1959
年

1 / 從蘇聯發射宇宙火箭成功說起
——迎 1959 年

原刊於《天風》568 期（1959 年 1 月 12 日）‧頁 19。

　　蘇聯在一九五九年一月二日成功地向月球方向發射了一枚宇宙火箭，這是一個震驚全世界的消息，是人類征服宇宙空間的開端。

　　發射宇宙火箭是蘇聯科學家偉大的成就，這個成就證明了自然的奧秘都有被人類探索發見的可能，證明了自然的現象都有被人類控制利用的可能。這個成就，也將證明自有史以來，許多與人類為敵的自然因素，都有可能馴服地受人類的驅使支配。宇宙火箭的發射使我們看見一個多麼使人興奮的科學技術發展的遠景。

　　蘇聯發射宇宙火箭的成功不僅是一個偉大的科學技術上的成就，它也無可置辯地證明了社會主義制度的優越性。只有社會主義國家能夠從純粹追求真理，為人類造福的前提出發，從事科學技術的研究，也只有社會主義國家能夠集中力量，互助合作，取得科學技術上的卓越成就。

　　我們要為蘇聯人民的偉大成就而歡呼；我們要向蘇聯科學技術工作者致以崇高的敬禮。

　　過去的一年是充滿着使人歡欣鼓舞的事跡的一年。新中國在大躍進中顯出它的豪邁的姿態；蘇聯的七年計劃將進一步奠定了人類自由幸福的新社會的基礎；亞洲、非洲和拉丁美洲的民族獨立運動已經成了燎原之勢，沒有任何力量能夠阻止它的前進。相反的，帝國主義的賣力政策

日益爲全世界的人民所唾棄；帝國主義的內部日益分崩離析；帝國主義從腐爛到死亡已經不是一件遙遠的將來的事。

我們可以肯定地說：一九五九年將是和平民主、力量更加飛躍發展的一年，將是一切反動力量更加到處碰壁、到處受到圍攻的一年。蘇聯和整個社會主義陣營將更加強大；新中國將以巨人的步伐，取得更光輝的成就；民族獨立國家將進一步迫使帝國主義後退，古巴臨時政府的成立就是這一發展的號角。我們要以歡欣熱烈的心情來迎接剛剛開始的一九五九年。

我們基督教界在過去一年中也經過了一次極其深刻的鍛煉。通過社會主義教育運動，全國基督教工作者和廣大信徒的思想認識都有了很大的提高，反右派鬥爭取得了決定性的勝利；教會半殖民地的面貌已經基本改變；中國教會將完全擺脫帝國主義的枷鎖，在社會主義的道路上前進。

同全國的人民一樣，我們爲新中國的大躍進感到驕傲。我們對祖國最好的獻禮就是加速自我改造，同全國人民更加緊密地站在一起，爲迅速建成社會主義，逐步過渡到共產主義，貢獻我們最大的力量。讓我們全國同工同道以堅強的信心和具體的行動，向着這個目標前進。

2 / 擁護政府討平西藏叛亂
——聲討西藏叛國集團

原刊於《天風》574 期（1959 年 4 月 13 日），頁 5。

　　我們對西藏上層反動集團勾結帝國主義進行叛亂，感到非常憤慨。這樣的叛亂破壞祖國的統一和民族的團結，也完全違反西藏人民的利益。我們堅決擁護國務院和解放軍西藏軍區對這件事的迅速而正確的處理。帝國主義污蔑我們說這是壓迫西藏民族，剝奪宗教信仰自由。這是毫無根據的造謠。解放後，無數的事實證明了新中國是一貫地、堅決地執行了宗教信仰自由政策的，這個政策是固定不變的。帝國主義一百多年來利用基督教在中國進行侵略，今天新中國的基督教已經實現了自治、自養、自傳，帝國主義對這個發展是不甘心的，他們仍千方百計地利用宗教來進行挑撥離間，企圖藉此來製造分裂，但是他們的企圖是注定要失敗的。廣大的西藏人民堅決擁護中央人民政府。我們相信，在這次叛亂完全平定以後，西藏一定能夠朝着正確的方向，更迅速地前進。

3 / 揭露美國主義利用基督教 進行侵略活動的新陰謀

原刊於《人民日報》，1959 年 5 月 4 日。另《新華》1959 年 11 期。

從周總理、李富春副總理、李先念副總理的報告和各位代表的發言裡，我們深深感覺到解放十年來，尤其在一九五八年，我國各方面的成就使人歡欣鼓舞，而我們面前繼續躍進的計劃更是宏偉瑰麗。從整個國際形勢來看，社會主義陣營蒸蒸日上，帝國主義陣營日薄西山，東風壓倒西風，已經成了定局。這一切不但使我國人民信心百倍地邁步前進，它也使全世界一切善良的人們，為我們的成就，感到高興。

另一方面，美帝國主義者面對着他們滅亡的歷史命運，却正愈加瘋狂、愈加不擇手段地抓住任何可以被他們利用的東西來進行垂死的掙扎。因此，我認為有必要把美帝國主義今天利用基督教來反對新中國，破壞世界和平的一些新陰謀，在這裡揭露出來。

在我國解放前一百五十年中，美英等國基督教傳教士在中國的活動都是為帝國主義的政治、經濟、軍事、文化侵略服務的。杜勒斯在談到美國對外擴張侵略時，曾經坦率地供認：「如果我們要用宗教去適當補滿我國物質方面的努力的不足，我們就必須認識，在國外活動的傳教士們的極大貢獻，並去支持他們。」杜勒斯的所謂「物質方面努力」就是指美帝國主義的經濟侵略。美國基督教牧師黎金斯在所著《對外傳教的偉大成就》一書中，更承認：「傳教士時常向他們自己的政府和官員供給沒有其他辦法可以得到的情報。」在中國，美帝國主義曾經長期利用

基督教向我國人民灌輸親美、崇美和奴化反動的思想，這一事實使我國人民中間曾經流傳這樣一句痛心的話：「多了一個基督徒，就少了一個中國人。」

解放後，中國基督徒覺醒了，我們堅決割斷了中國基督教與帝國主義的關係，實現了中國教會的自治、自養、自傳。我們也揭發了帝國主義利用基督教，侵略中國的罪行。這就給了帝國主義"傳教"事業一個沈重的打擊，引起了帝國主義基督教「差會」內部極大的混亂與驚慌。對我們所揭發的大量事實，帝國主義者既不敢承認，又無法否認。西方基督教差會只有把這件事看作「悲劇」，看作他們空前的失敗。

但是，美帝國主義者對中國的解放和中國基督教的反帝愛國運動是不甘心的，因此，他們就開動腦筋，再接再厲，利用基督教來進行新的陰謀活動。

製造「兩個中國」的陰謀

面對着日益強大的社會主義陣營和日益強大的新中國，美國一般人民，包括美國一般基督徒，越來越多地認識到杜勒斯和他的戰爭邊緣政策，對美國和全世界，都帶來了災難。許多美國人民看到新中國在社會主義道路上飛躍前進的事實，就要求美國承認中國，斷絕與蔣介石集團的關係，恢復中國在聯合國應有的地位。美帝國主義看到它的對華政策遭到國內外人民的普遍不滿，就利用美國教會內一些甘心作帝國主義工具的人，來對新中國進行造謠誣蔑。最近，美國基督教協進會從臺灣搜羅了幾個自稱為從中國大陸逃跑出來的「牧師」，讓他們在美國各地進行宣傳，反對承認新中國。他們又組織了一個所謂「美國信徒反對承認中國委員會」，自稱有一百萬會員，其實，它不過是美國一些大資本家勾結了一小撮教會上層人物所組成的反動小集團。

由於冷戰政策的不得人心，由於美國人民要同中國恢復友好關係的日益增長的願望，死硬派反對承認中國的主張，越來越站不住腳了。於是美帝國主義就又利用美國教會來玩弄另一個手法。去年十一月，美國基督教

協進會召開了一個討論所謂「世界秩序」的克利夫蘭會議，這個會議有美國三十幾個基督教派的五百多個代表參加。會議的宣言要求美國政府「承認中華人民共和國」，「恢復中華人民共和國在聯合國的地位」。

這個會議的真正企圖是什麼呢？只要看這個會議是由美國前駐聯合國大使格羅斯擔任主席，美國前空軍部長芬萊脫在會上演講，杜勒斯親臨致開幕詞，我們就可以知道它的政治背景了。他們所提出的「承認中華人民共和國」的「理由」是：「承認並不意味着贊同」；和中國建立外交關係後，就能更及時地了解中國的情況」；「可能擴大中國和蘇聯的分歧，在中蘇間引起裂縫」；「可以使亞洲某些國家消除對美國的懷疑」；「可以和那些受過西方教育的中國知識分子重新建立關係」等等。這些就是他們所以要承認新中國的理由。這還能算什麼基督徒的集會！它只是美帝國主義對我國進行破壞活動的一次策略會議而已。

關於臺灣，這個會議主張把它「中立化」，「由聯合國托管」。他們還說「承認北京並不等於與中華民國斷絕外交關係」。更有人公開主張「兩個中國」同時參加聯合國大會，但都不參加安全理事會。美帝國主義利用基督教製造「兩個中國」的陰謀，從這裡就完全暴露出來了。脖子已經套上絞索的美帝國主義，還自以爲是旋轉乾坤的能手，妄想再一次利用基督教來擺布中國人民的命運，這簡直是癡人說夢。

美帝國主義在事實面前閉着眼睛，不承認我國，這對我國並不是一個損失。我們的國家不但存在着，並且飛躍地發展着；我們的人民在建設自己的祖國；我們有以蘇聯爲首的社會主義國家與全世界愛好和平的國家和人民作我們的朋友。這些都用不着靠美國的承認。美帝國主義利用基督教搞陰謀活動的手法雖多，這都瞞不過我們雪亮的眼睛；倒是美國一些基督教領袖，由此再一次暴露了他們作帝國主義侵略工具的真相。

對新中國的造謠誣蔑

窮途末路的美帝國主義又妄圖利用基督教來詆毀我國廣大農民在黨領導下所建立的人民公社。美帝國主義知道，中國的人民公社運動和蘇

聯的人造衛星一樣，必然會在全世界人民面前表現出社會主義制度無比的優越性，加深人們對資本主義制度的懷疑和不滿。因此，它就迫不及待地開動一切宣傳機器，來誹謗我國的人民公社運動。美國一些基督教刊物把我國這一使五億農民的生產和生活大大地提高一步的偉大運動描繪成一個淒慘無比的害人措施。他們誣蔑人民公社的生產方式是「奴隸勞動」，但是，奴隸制是束縛生產力的；我們不禁要問：什麼時候，什麼地方，奴隸的勞動能夠帶來像我國一九五八年那樣的生產大躍進？

美帝國主義利用基督教傳教士到西藏進行陰謀活動是由來已久的。我國解放後，披着傳教士外衣的帝國主義分子在西藏立不住腳，就大量結集在靠近我國西藏邊境的地區。根據路透社的報道，美英等國的間諜跑到靠近我國西藏邊境地區，其中有些人是以「神學家」的身份出現的。這次西藏反動分子發動叛亂，燒殺擄掠，奸淫婦女，無惡不作，但美國的基督教世界服務會和英國基督教協進會竟號召信徒「救濟」這一批殺人不眨眼的叛亂分子。

平定西藏叛亂完全是我國的內政，完全符合西藏人民的利益，完全符合我國的民族團結政策，也為絕大多數西藏人民所擁護。新中國一貫執行宗教信仰自由政策，一貫尊重西藏各族人民的宗教信仰和風俗習慣；平定西藏叛亂，清除披着宗教外衣的反革命分子，正是保障了西藏人民的宗教信仰自由。帝國主義者却把他們所策劃的，披着宗教外衣的反革命叛亂，說成是為了宗教信仰，這種偽善和惡毒的手法，我們中國基督徒是非常熟悉的。我們看得很清楚：這些帝國主義的陰謀家們決不是他們所自稱的宗教「衛道者」；他們是宗教的真正敵人。

自從中國基督教割斷了與帝國主義的關係以後，帝國主義便製造了大批謠言，說新中國沒有宗教信仰自由，說中國信徒受迫害，說共產黨要消滅宗教，企圖借此誣蔑新中國，繼續在中國信徒中灌輸反蘇反共的思想毒素。但帝國主義的這些陰謀都落空了。新中國宗教信仰自由，和新中國基督徒擁護共產黨領導，與廣大人民團結一致建設社會主義的事實，通過到新中國訪問的西方人士的報道，堵塞了造謠者的口，駁斥了他們的無恥讕言。

為了徹底改變中國基督教的半殖民地面貌，中國教會在一九五八年進行了一次重要的改革。由於大躍進形勢的鼓舞，又經過反覆的醞釀和討論，向來分門別戶、互相傾軋的各教派的教會，都進行了調整關係、整理組織的工作，克服了歷來紛爭混亂的現象。這一改革對教會是一件大好事，也符合祖國社會主義建設的利益。

但美國基督教協進會海外布道部所出版的《中國公報》，却對我們這一改革又進行了卑鄙無恥的謾罵，說這是對中國教會的「沉重打擊」。美帝國主義的傳教士們為什麼要叫囂謾罵呢？原來一百多年來，帝國主義者為了執行分而治之的政策，不但要分裂中國的人民，也利用形形色色的教派來分裂中國的教會，因為分裂的中國教會更有利於帝國主義的控制，更容易成為帝國主義奴役中國人民的工具。中國基督徒團結起來，聯合起來，就徹底地摧毀了帝國主義還殘存在中國教會的基礎。既是這樣，他們怎能不叫囂呢？美帝國主義對我們的誣蔑謾罵，恰恰證明了我們所作的是正確的。

破壞民族獨立運動

美帝國主義利用基督教在民族主義國家和殖民地進行陰謀活動，也是非常顯著的。在這一件事上，美國大財閥洛克菲勒顯得格外活躍。最近幾年，他給了世界基督教協進會一筆巨款，指定專用來對全世界「社會急劇變革地區」進行調查研究。所謂「社會急劇變革地區」就是指亞非和拉丁美洲長期遭受帝國主義統治奴役，現在已經覺醒起來，進行反帝、反殖民主義鬥爭的國家。所謂調查研究就是要在這些地區搜集情報資料，為美帝國主義鎮壓民族獨立運動的陰謀服務。他們舉行了許多會議，大講什麼「今天殖民主義已經不再存在」，「民族主義是亞非各國自身發展的包袱」等。在這些會議上，還有人厚顏無恥地說：「帝國主義有其積極的一面」；「基督教應當教訓人把祖國當作外國，把外國當作祖國」。這些荒謬絕倫、反動透頂的話，清楚地說明了美帝國主義傳教士在亞非和拉丁美洲的使命，不是宣揚基督教，而是散布毒素，模糊這些國家的人民的反帝意識，消滅他們的愛國覺悟。

　　爲了進行這些陰謀活動，洛克菲勒最近還拿出二百萬美元給美帝國主義所控制的國際宣教協會來「充實」亞非和拉丁美洲國家的基督教神學院；同時要美國各教會的傳教機構另外湊集二百萬美元，使總數達到四百萬美元。美帝國主義爲什麼忽然對神學院這樣感到興趣呢？這就是因爲他們吸取了「傳教」事業在中國失敗的經驗。他們知道，美帝國主義傳教士跑到外國去搞陰謀活動，容易被人識破，於是他們便改變策略，企圖通過神學院加緊訓練一批亞、非、拉丁美洲國家的基督徒來作美帝國主義陰謀活動的工具，藉以更牢固地控制這些國家的教會，使之成爲反對社會主義陣營，瓦解民族獨立運動的重要據點。

　　一九五六年，我國人民日報曾刊載洛克菲勒致艾森豪威爾的一封密信，其中說，軍事聯盟已經越來越不得人心，今後美國必須從政治、經濟、技術、文化等方面來加強對亞非國家的控制。這就證明洛克菲勒出錢搞「社會急劇變革地區」的調查研究，「充實亞非和拉丁美洲的基督教神學院」，正是爲了實現他的陰謀計劃的具體措施，而「世界基督教協進會」、「國際宣教協會」便是執行這個陰謀計劃的工具。

叫囂戰爭反對和平

　　今天以蘇聯爲首的社會主義陣營，團結着全世界人民，開展了聲勢日益浩大的和平運動；全世界人民保衛和平的意志和力量，使美帝國主義膽戰心驚。美帝國主義爲了準備發動新的世界戰爭，正在大大借重西方基督教會一些反動的領導人物，要他們在宗教家、神學家的外衣下，肆無忌憚地美化戰爭，醜化和平，進行殺氣騰騰的戰爭叫囂。美國一個紅極一時的「布道家」畢利・格雷漢就是利用布道來進行戰爭宣傳的一個典型例子。他提出一個「和平計劃」，這個計劃的內容是：（1）要求美國有「更大的軍事裝備」，（2）「要有規模更大、效率更高的間諜網在國內外活動」，（3）要有更強大的經濟基礎來進行冷戰，必要時就進行熱戰，（4）要愛你的鄰舍，（5）要轉向上帝，得到救贖。這位「布道家」的「和平計劃」便是擴軍、備戰、進行間諜活動。但他竟把這個赤裸裸的侵略計劃同「愛鄰舍」，「轉向上帝」放在一起，這眞使人啼笑皆非。

　　爲了使核武器戰爭合法化，英國聖公會坎特布雷大主教費歇爾竟說：「據我所知，人類用氫彈把自己全部毀滅，這個前途完全可能是在上帝的旨意和安排之中。」西德一些所謂「神學家」更說：「爲了保衛某些價值，使用原子彈不一定是不道德的，即使整個世界一同毀滅。」像這樣駭人聽聞的戰爭叫囂，在今日西方基督教刊物上是屢見不鮮的。

　　世界基督教協進會也曾經發表過一些標榜和平的宣言，但我們如果仔細一讀，就可以看出，這些「和平宣言」只是爲了更巧妙地迷惑羣衆，掩飾陰謀。如該會關於核武器試驗的聲明，不但沒有明確地要求禁止試驗核武器，反而說核武器試驗的危害性「比較小」「無從知道」等等。這不過是以和平的姿態來爲核武器戰爭開脫罷了。

　　人們會以爲世界基督教協進會是一個宗教團體，它自己也標榜着「超政治」走「第三條路線」。實際上，它絲毫也沒有超政治，它的政治立場很明確。該會總幹事托夫脫就是一個徹頭徹尾的美帝國主義代理人。爲了美化美帝國主義破壞世界和平的侵略政策，他最近還說：「今天美國在一切方面的活動都是以尋求安全爲標誌的，要從尋求安全這一願望來理解美國的對外政策。」至於托夫脫在匈牙利反革命事件中所暴露的醜惡面貌，我在這裡就不提了。很顯然，世界基督教協進會是美帝國主義所一手控制利用的機構。它的經費百分之七十來自美國。它所附設的教會國際事務委員會更是杜勒斯一手扶植起來的，至今由杜勒斯的親信美國人諾爾迪所掌握。因此，世界基督教協進會和其它方面的一些西方教會領導人熱中爲美帝國主義發動戰爭的陰謀服務，這是很自然的。

　　從以上揭發的事實看來，今天美帝國主義變本加厲地利用基督教來進行侵略的新陰謀，就非常清楚了。我們中國基督徒決不能容忍美帝國主義利用基督教來破壞新中國，破壞亞、非和拉丁美洲國家的民族獨立運動，破壞世界和平，玷污基督教教會。我們一定要和全國人民緊密地團結在一起，在黨的領導下，走社會主義道路，加強自我改造，繼續深入開展三自愛國運動，在反對美帝國主義侵略、保衛世界和平的鬥爭中，貢獻我們的力量。

4 / 五四運動與中國基督教

原刊於《文匯報》，1959 年 5 月 4 日。

在這裡，我想簡單地談一談五四運動後中國基督教的情況。五四後的幾個月，就有數十位基督徒發起了一個「證道團」；「證道團」的宗旨是要「發揮基督教的真理和實力，幫助中國教會成為真正『中國化』的教會」。我自己也是「證道團」發起人之一。團員中還有一些外國傳教士，包括司徒雷登。「證道團」不久就創辦了一個《生命月刊》，這個月刊的宗旨是「對一切問題採取研究的態度，主張本科學的精神，作大膽無畏的嘗試，和真切具體的討論。」

僅僅從上面這一段簡單的敍述，我們就可以曉得，當時部份基督教人士同樣地受到五四運動的衝擊，開始考慮到基督教的「革新」。雖然他們是從本位出發，但他們對五四運動還是採取一個積極擁護的態度。當時一位基督教領袖對五四後的新文化運動作了這樣的評價：「它是創造一個新紀元，它的前途是不可限量的，中國前途的希望，全看這運動的趨向如何。」

但是，時代是往前推進的。五四運動發生在俄國十月革命之後，而五四後就有了中國共產黨，中國無產階級就參加了中國資產階級民主革命的領導。由於帝國主義和資產階級控制下的中國教會的本質，這一歷史發展不是使中國基督教更前進，而是使它更牢固地陷入帝國主義的懷抱裡。許多教會人士便開始對革命和教會中比較開明的人採取仇視的態

度。偶爾翻開《生命月刊》第一期，就發見這樣一段通信：五四後三個月，一位從清華大學畢業的基督徒到美國留學，在出國途中，在浦口車站上，他看見一個搬東西的小工忘記下車，被巡警又踢又打，於是這位大學生就氣得「頭髮都豎起來」，想同那個巡警「拚命」。在通信中他說：「上帝作見證，我將來必爲我這些窮苦同胞死。」但是，一到了美國，這位留學生不但在這金元王國裡樂而忘返，四十年來，他一直呆在那裡，作了帝國主義最馴服的工具。

　　五四後的三年── 1922 年，帝國主義的傳教士們就選擇了北京，召開了一次以對付學生運動爲目的的聲勢浩大的世界基督教學生同盟大會，同年又在上海召開第一次全國基督教大會，討論「基督教對中國的佔領」，會前並作了一次極其詳細的調查。當司徒雷登 1919 年到北京的時候，正是北京學生喊出「外抗強權，內除國賊」的響亮口號的時候。司徒雷登便敏銳地感覺到，這是帝國主義勾結起來對付中國人民的時候。於是他便努力促成一個由四個基督教會差會合辦的大學，這就是燕京大學。在當時反帝反封建的革命浪潮中，司徒雷登化中國青年的辦法就是使他們的頭腦「國際化」。這時候，帝國主義不但要使他們在中國的傳教事業在數量上大大地發展，同時在利用基督教的策略上也有所改變，這就是更加注重文化侵略。五四後帝國主義傳教士在中國所採取的這一系列的措施，就使帝國主義在中國的傳教事業有了空前的發展。

　　世界基督教學生同盟大會引起了一個反基督教運動，這個運動蔓延到全國，持續了幾年之久。實際上，這個運動在五四後幾個月就開始。我們基督徒對反基督教運動，頗有點「義形於色」，認爲這是教外人對基督教的不了解。因此，我們對教外一些贊成基督教，或反對反基督教運動的人，就引爲同調。例如有一位新文化運動「健將」說過：「要把耶穌崇高的、偉大的人格，和熱烈的、深厚的情感，培養在我們的血裡，將我們從墮落在冷酷、黑暗、污濁坑中救起。」我們就認爲這個人的見解「高人一等」，但後來，這個推崇耶穌的人却做了革命的叛徒。相反的，許多逆耳之言，我們就聽不進去。說「基督教是帝國主義侵略的工具」，說「傳教先貿易而來，而國族又跟着貿易；傳教爲帝國主義造下一條好

好的路，使帝國主義可以長驅直入」——這些話我們簡直是無法了解的，但是，今天看來，說這些話的人正是我們的諍友。

　　四十年過去了，五四已經結出了豐實的果子。解放後，中國基督徒認清了帝國主義一百多年來利用基督教在中國進行侵略的歷史事實，割斷了同帝國主義的關係，實現了中國信徒的自治，自養，自傳。我們認識我們過去確實是為帝國主義服務，為資產階級服務的；我們認識了我們必須改變我們的思想和立場，接受共產黨領導，走社會主義道路。過去，我們懼怕共產黨，懷疑共產黨，今天我們曉得只有共產黨能把我們從帝國主義的魔手中挽救出來。這一個歷史的考驗所給我們的教訓，是我們所永遠不能忘記的。

5 / 戰爭是不可避免的——紀念世界和平運動十週年

原刊於《大公報》，1959 年 5 月 10 日。

「戰爭不是不可避免的」——這一句話總結了世界和平運動十年來的發展，表達了十年來全世界人民保衛和平的巨大努力和和平必然戰勝戰爭的堅強信心。

1950 年在華沙舉行的保衛世界和平大會所發表的告全世界人民的宣言中早就說過：「凡是硬說戰爭不可避免的人都是在誹謗全人類。」這一句話不但被目前的世界形勢所肯定，並且已經有了新的發展和新的內容。帝國主義為所欲為的時代，已經一去不復返。正如在一盤棋局中，帝國主義雖然還有它的車馬炮，雖然有時也能橫衝直撞，但是，它的力量處處受到制約，甚至互相抵銷，因而逐漸呈現土崩瓦解之勢。「戰爭不是不可避免的」——這已經不是一個主觀的願望，而是從客觀事實所必然得出的結論。

從第二次世界大戰結束後，帝國主義就開始進行冷戰，不斷地製造緊張局勢，使世界一次又一次地面臨戰爭危機。1951 年在柏林舉行的第一屆世界和平理事會議上，有一位代表說：「和平好像懸在一根綫上，戰爭販子們的手隨時都可以把它割斷。」又有一位代表說：「目前德國的形勢，就好像把一滴一滴的油往桶裡滴，只要把一根美國香煙頭丟進去，火焰就會燃起來。」但是，不管帝國主義怎樣千方百計地煽動戰爭，並且在一些地區進行熱戰，帝國主義的魔手，最後都不得不收縮下來。

　　這樣的形勢是怎樣造成的呢？這不但是因爲帝國主義本身的日益腐爛，也是因爲和平力量的日益壯大。首先是愛好和平的社會主義陣營在經濟上和軍事上飛躍的發展，使和平力量和戰爭力量的對比，愈來愈有利於和平事業。其次是民族獨立浪潮一天一天地高漲；民族獨立國家反對殖民主義，同時也就是反對執行殖民政策和戰爭侵略政策的帝國主義。再其次是帝國主義國家和一切依附帝國主義的國家的人民，由於戰爭政策給他們帶來的災難，愈來愈感覺到：只有和平共處，逐步消滅引起戰爭的一切因素，才是他們和全人類的出路。這就是說：「不同種族膚色，不同政治見解的全世界的人民愈來愈多地站到和平陣營這一邊來了。儘管帝國主義對世界和平運動，極盡污蔑的能事，說它是「共產黨的政治工具」，客觀事實是最雄辯的，究竟誰要和平，誰要戰爭，是清楚不過的。和平力量的日益壯大使帝國主義不能不有所顧慮，不得不量力而行。正如赫魯曉夫同志本年 3 月 7 日在來比錫全德工人代表會議上所說的：「戰爭在現在不是不可避免的。這並不是因爲帝國主義變得更聰明、更善良了，而是因爲他們變得更羸弱了，是因爲和平陣營比任何時刻都更強大了。」帝國主義曾經不斷地企圖用拒發簽證、威脅代表等手段來破壞世界和平運動，阻撓世界和平運動的發展，但是，十年來世界和平運動已經「不脛而走」。1949 年在巴黎和布拉格同時舉行的第一次世界和平大會上，一位代表說得好：「和平隨處通行，不需簽證。」帝國主義破壞和平運動的一切陰謀都是徒勞無功的。

　　但是，和平力量的日益壯大，不應該使我們在任何時候放鬆對帝國主義的警惕。只要帝國主義一天存在，戰爭狂人完全喪失理智，孤注一擲的可能，是永遠存在着的。但是，這並不是一件可怕的事；也正如赫魯曉夫同志在比錫會議上所說的：「如果帝國主義者對社會主義國家發動戰爭，那麼，這場戰爭必將以資本主義的滅亡而告終。」

　　我們中國人民是愛好和平的；新中國基礎的日益鞏固是世界和平運動一個有力的支柱。在大躍進中，中國人民爲農業生產每一次揮動的鋤頭，同時也替好戰的帝國主義挖掘墳墓；中國人民爲工業生產所用的每一根螺絲釘，同時也使帝國主義必將進去的棺材，封釘得更加牢固。我

們不但要建設新中國；我們和整個社會主義陣營，在與帝國主義的競賽中，還必須最大限度地贏得時間，使帝國主義進攻社會主義陣營，發動世界大戰，最後成爲不可能。

6 / 擁護八中全會號召

原刊於《天風》584 期（1959 年 9 月 7 日），頁 10。

看到八中全會公報和關於開展增產節約運動的決議，我感到非常興奮。我國的社會主義建設在飛躍發展，在黨的正確領導下沒有任何困難能夠阻止我們前進。一九五八年的大躍進已經是大家公認的事實，今年上半年的繼續躍進也有許多數目字來證明。第二個五年計劃所規定的鋼產量從 535 萬噸增長到 1200 萬噸，英國用了三十四年，美國用了九年，而我國只用兩年。我們要在今年提前完成一九六二年的主要指標；要在十年左右在主要工業產品方面趕上英國；要爭取大大提前超額完成原定在一九六七年實現的十二年農業發展綱要。這真是一件振奮人心的事！

我們必須積極響應黨的關於開展增產節約的運動的號召。我們雖然不是生產單位，但我們每一個人對這個運動都可以有我們的貢獻。讓我們在家庭中、機關中、工作中，以至個人生活中都積極響應黨的號召，貫徹勤儉辦事的精神，作為我們每一個人對建國十周年一份小小的獻禮。

7 / 光輝燦爛的十年

原刊於《天風》585 期（1959 年 9 月 21 日），頁 4–6。

在中國悠長的歷史裡，十年是多麼短促的一段時間，然而就在這十年當中，我們這個災難深重的半封建半殖民地國家，就完全改變了它的面貌。中國人民不但站立了起來，而且正在做我們前人從來沒有做過的極其光榮偉大的事業。在中國共產黨領導之下，全國人民正在鼓足幹勁，為迅速建成社會主義社會而奮鬥。我們不但渡過了光輝燦爛的十年，我們並且已經清楚地看見了新中國無限光明美麗的遠景。

十年前——中國還沒有全部解放，中華人民共和國還沒有成立的時候，中國人民的威力已經震撼了全世界。一九四九年四月二十日我正在布拉格參加第一次世界和平大會。當主席宣佈中國人民解放軍渡江的消息時，會場所呈現的狂歡景象是我所永遠不能忘記的。長時間熱烈鼓掌，興奮愉快的表情，中國代表的被包圍、被擁抱，這些都表達了人們所深切體會到的新中國即將誕生這一世界歷史空前的大事。那天晚上，中國代表所住的旅館又被成千的捷克羣眾所包圍，他們向我們表示熱烈的祝賀。

中國不再是任人擺佈的國家，中國人民不再是被人輕視、被人踐踏的人民，新中國的國際地位正在蒸蒸日上。我國和印度共同倡導了和平共處的五項原則；我們不會侵略別人，我們也決不容許別人侵略我們。十年來，每當我出國參加和平會議的時候，我不但感覺到兄弟國家的人

民對我們的熱愛，我也感覺到飽受帝國主義侵略痛苦的殖民地國家人民和已經實現了民族獨立的國家的人民對我們尊敬和仰慕。就是資本主義國家中那些曾經對我們採取輕蔑態度的人們，今天對我們也不得不另眼相看。

首都北京是新中國的縮影。解放後，我到過北京已不記得有多少次了。北京的面貌眞是日新月異。建築物像雨後春筍般矗立起來；郊區和城市已經很難劃出清楚的界綫。一條馬路、一個公園、一間商店、一個市場都經歷着不斷的變化；今天的面貌和昨天的不同、明天的面貌又和今天的不同。北京的變化正是全國大小城市和農村的變化的象徵。這幾年間，社會主義建設事業，就像一股萬馬奔騰的巨流，衝擊着全國每一個角落，又像熊熊的烈火在億萬人的心裡燃燒。爲了迅速地改變我國一窮二白的面貌，他們集中一切的力量，創造歷史，創造驚天動地的奇蹟。正如毛主席在〈介紹一個合作社〉中所說的：「從來也沒有看見過人民羣衆像現在這樣精神奮發、鬥志昂揚、意氣風發。」我參觀過一些人民公社；人民公社解決了我國廣大農民幾千年來所沒有解決的，與衣、食、住、行、生、老、病、死有關的許多問題。人民公社也使我們打破了靠天吃飯的傳統，不再屈服於自然力量的威脅。我也參觀過像閔行那樣的衛星城市。一個小小的市鎮，在一眨眼之間，就要變成一個現代化城市。有些工廠修建的速度幾乎是我所不能想像的。

今年我國廣大地區發生了嚴重的水旱災害。在反動統治時期，這就意味着長期的災難和千萬人的死亡。但今天人民無窮無盡的幹勁不但迅速地戰勝了自然災害，並且保證了生產上的繼續躍進。這都說明了在總路綫、人民公社和大躍進的鼓舞下，在中國人民面前沒有不能克服的困難。

解放後，我曾多次參加首都國慶節和五一國際勞動節的觀禮。這些節日的遊行隊伍和他們的表演、他們的歡呼，使你感覺到朝氣蓬勃、如旭日東升的新中國人民，正在以巨人的步伐在社會主義的道路上邁進。他們是一個歡樂的海洋，他們又是一股無窮的力量。帝國主義者污蔑我們，說我們的建設是用奴隸勞動來進行的，他們的謊言，在這些活生生

的事實面前，只能成爲笑柄。正因爲中國人民有了眞正的自由，做了自己國家的主人，他們才能獲得帝國主義者所不敢正視，然而又無法否認的偉大成就。

我們不但在物質建設上迅速地改變着我們這個古老國家的面貌，中國人民的精神也正在煥然一新。忘我的勞動，犧牲克己，爲人民服務的精神，已經成了風氣。「路不拾遺」已經不是罕見的事。當你登上一輛公共汽車，或者走進一個服務性行業，你都會感到舒適愉快，感到人與人間的溫暖。從你每天所遇到的這一類細小的事，你都會感覺到社會主義社會的生活才是人與人間的正常生活。相反的，帝國主義所標榜的「自由世界」却是人吃人的世界；他們的「自由世界」是精神病的製造所，是腐朽角落、荒淫無恥的生活的根源。

我住在上海；上海的變化最突出地、最生動地顯示了十年來新中國面貌驚人的變化。過去，上海是帝國主義和他們的走狗官僚買辦侵略中國、剝削中國人民的大本營。在黃浦江上是帝國主義的軍艦；在外灘的馬路上是爲侵略服務的銀行、洋行和領事館；在外灘公園的門口掛着「狗與華人不得入內」的牌子。在帝國主義和封建力量的蔽護下，數不盡的黑暗和罪惡活動都在進行。這就是《上海──冒險家的樂園》。這一本書的作者不但描繪了一般帝國主義份子爲非作歹的情況，他也深刻地描繪了天主教和基督教傳教士，在宗教外衣下，爲了追逐利潤而進行的極端無恥的活動。

今天，這些都已經是歷史的陳跡了。一切骯髒、陰森、兇惡的東西都已經被人民憤怒的烈火所焚毀。代之而興的是一個新的上海，人民的上海。上海巨大的生產力量爲全國的社會主義建設服務；上海人民受全國人民的支援，也支援着全國人民。跑馬廳變成了人民公園；跑狗場變成了文化廣場；過去社會的渣滓都得到了改造，變成新社會中的積極因素。一個嶄新的、美麗的、爲人民造福的上海正在誕生。

半封建、半殖民地的舊中國是怎樣改變了的？總路綫、大躍進和人民公社爲什麼成爲可能？全國人民都會異口同聲地說：是中國共產黨，是毛主席，他們正確英明的領導，大公無私的精神，摧毀了反動力量的

堡壘，解放了人民巨大的潛力，掃清了前進道路上的障礙，克服了一切不可避免的困難，一步一步地帶領中國人民走上繁榮富強的道路。十年來，一切應興應革的事，都有步驟、有計劃地在進行。反動派在沮喪，帝國主義在驚慌；全世界善良的人們都爲我們感到高興。是的，這一切的奇蹟都是在共產黨領導下成就了的。

十年來，中國基督教的面貌也有了巨大深刻的變化。一百多年來，帝國主義利用基督教中國進行侵略。傳教士是侵略者的先鋒，傳教事業是侵略者的工具。在宗教外衣的掩護下，帝國主義的魔手伸展到全國的鄉村和城市；傳教士所到的地方就變成帝國主義的勢力範圍，變成傳教士的獨立王國。這些傳教士不是來傳福音，而是在中國信徒中散佈奴化思想毒素，使中國信徒崇拜西方，鄙視祖國。在不平等條約的蔽護下，傳教士包攬詞訟，橫行霸道，干涉中國內政，奴役中國人民，使基督教在廣大人民心中成爲侵略的象徵。在這樣的情況下，中國教會就成了帝國主義侵略的附屬品，在中國信徒和中國人民之間就產生了一道難以逾越的鴻溝。

中國得到了解放，中國的基督教也打破了帝國主義的枷鎖。1950年中國基督徒發起了三自愛國運動，控訴了帝國主義，割斷了與帝國主義的關係，中國教會的面貌就開始有了改變。中國的教會不再是西方差會控制利用的教會，而是中國信徒高舉起反帝愛國的旗幟來自己辦理的教會。中國基督徒和廣大人民的關係就因此發生了顯著的變化。

基督教三自愛國運動使基督徒認識了祖國的偉大可愛，認識了帝國主義利用基督教的事實，認識了新中國光明燦爛的前途。解放後的每一個中心運動，特別是與社會主義改造和社會主義建設有關的運動，教育了、鼓舞了中國基督徒，使他們決心肅清帝國主義思想的影響，與廣大人民站在一起，爲祖國的社會主義建設和保衛世界和平事業而努力。

帝國主義曾經在中國教會裡培養了一批敗類，他們作了帝國主義侵略的幫兇。這些教會敗類披着宗教外衣，針對新中國每一個中心運動，製造謠言，進行破壞活動，與中國人民爲敵。由於廣大信徒政治覺悟的提高，這些教會敗類被揭發、被清除了。清除了這些披着宗教外衣來進

行反動活動的敗類，中國教會就更加純潔，就更能傳揚純正的福音。

解放前後，由於帝國主義和反動派所散佈的謠言，許多基督徒對共產黨是懼怕的，對黨的宗教政策是懷疑的。十年來的事實證明了，基督徒同其他信徒一樣，享有完全的宗教信仰自由，教會活動像主日崇拜、祈禱會、主日學、新教友受洗、牧師按立，以及教會事業像神學院、聖經會、宗教書刊的出版，都照常進行；宗教信仰受到保護，也受到尊重。十年來的事實證明了，黨不但堅決執行宗教信仰自由政策，黨對我們的愛護和關懷也是無微不至的。基督徒在人民當中享有完全平等的地位，在各級人民代表大會中都有基督徒和其他宗教的信徒。

在過去一年多當中，全國基督教工作人員和部分信徒都參加了社會主義教育運動。通過這個運動，他們更清楚地認識了必須接受共產黨領導，樹立勞動人民的觀點和立場，走社會主義道路。在大躍進的鼓舞下，我們對教會工作和宗教生活的安排，也作了適當的調正，因而更徹底地改變了教會的半殖民地面貌。

中國廣大基督教徒是愛國的。許多人在不同的崗位上積極參加勞動生產，取得了優良的成績，受到了表揚。他們深切地體認到舊中國是怎樣地黑暗，新中國是怎樣地萬丈光芒。最近上海市基督教界舉行了一次信徒座談會，在會上，許多勞動人民信徒紛紛控訴了舊社會所給他們的痛苦。有一位姊妹，為了生活困難，不得不把剛生下來的孩子親手溺死。有一位弟兄在舊社會裡經常失業，過着半饑餓的生活，孩子出痧子沒有錢醫治，十一個孩子死剩了四個。解放後，勞動人民翻了身，生活有了很大的改善，這些弟兄姊妹都過着安定愉快的生活。

中國基督教面貌〔對〕巨大深刻的變化是中國基督徒的光榮，是中國人民站立了起來的又一個生動的表現。然而這個變化對帝國主義利用基督教來進行侵略的計劃卻是一個沉重打擊。帝國主義者正在企圖從中國基督教割斷了與帝國主義關係這一重大事件取得應有的「教訓」，並千方百計地佈置他們新的策略。因此，中國基督徒必須繼續對帝國主義提高警惕，用堅決的反帝愛國行動來回答帝國主義企圖繼續利用中國基督教的一切陰謀。

　　過去的十年是光輝燦爛的十年。過去十年的偉大成就，不但鼓舞了中國人民，也鼓舞了全世界一切愛好和平，抱着善良願望的人士。我們的大躍進和我們的繼續躍進的決心都證明了我們的事業是正義的，正義的事業是任何力量都不能阻止或摧毀的。黨的八屆八中全會已經向我們發出轟轟烈烈地展開增產節約運動和在兩年內完成第二個五年計劃主要指標的號召。這是一個戰鬥的號角。讓我們全國基督徒熱烈地響應這個號召，爲迅速地建成社會主義社會，貢獻我們最大的力量。

十一、

1960
年

1 / 基督教上層人士對教會情況和今後方針的看法

原刊於新華社編：《內部參考》，1960 年 2 月 16 日。

本刊訊　最近吳耀宗邀了一部分基督教上層人士討論他所擬的「總結十年來三自愛國運動的提綱」。

對目前基督教情況的估計，極大多數人認爲目前基督教走社會主義道路是主流。理由是：（1）目前，教會內資產階級分子剩下的不多，他們已不能再控制教會了。（2）經過社會主義教育之後，教會不再是資產階級的溫床。（3）基督教已過了民主革命關，走社會主義道路是主流。

另外，在討論中，有不少人流露了對農村教會情況的一些不滿情緒，強調要把教會「辦好」，多搞宗教活動。

對教會今後工作方針問題，吳耀宗提出：經過社會主義教育運動之後，教會的基礎、面貌基本上改變了；帝國主義毒素雖不能說沒有了，但大多數人是看清楚了，因此，教會現已進入了一個「新階段」；接下去可以考慮有些「創造性發展」，如過去是帝國主義的基礎，現在是中國信徒自辦，各個教派舉行聯合禮拜，就是個創造性的東西。吳的意見得到大多數人的同意與支持，並提出以下幾點意見：（1）主張教會工作走群體路綫，着重抓勞動人民中的信徒，作爲建設教會的骨幹。有的人則主張建立由「工人階級領導的教會」。（2）在組織形式上，成立「合一教會」。（3）認爲教會工人就是「服務」，強調「在服務中改造」。

另外，他們還討論了吳耀宗提出的「三自是一個反帝愛國運動，是

否同時又是愛教的運動」的問題。許多人都認爲三自是一個反帝愛國運動，同時又是愛教的運動。他們說：如果不這樣說，許多教徒就會不滿，正確地認識這個運動是既愛國又愛教，對於今後教會的發展是有利的。

2 / 擁護政府嚴懲龔品梅、華理柱

原刊於《天風》598 期（1960 年 4 月 4 日）‧頁 17。

我完全擁護上海市中級人民法院對美國間諜華理柱和龔品梅反革命叛國集團所作出的嚴正判決。這兩個判決有力地保衛了我國廣大人民的利益，又一次嚴重地打擊了美帝國主義顛覆我國人民民主政權的陰謀活動。

解放前夕，美帝國主義和羅馬教廷爲了破壞中國人民革命事業，派遣了美國間諜華理柱等來我國，策劃了所謂「應變」部署，組織了龔品梅反革命叛國集團，妄圖推翻我國人民政權，準備帝國主義反動統治的復辟。但是解放後，我們宗教界在黨和政府的領導下，一一粉碎了帝國主義的這些陰謀詭計。現在人民法院又對美國間諜和龔品梅反革命叛國集團分別依法予以懲處；這就充分說明了我國人民民主專政的空前鞏固，廣大人民的政治覺悟空前提高，帝國主義的一切陰謀破壞，必然會遭到可恥的失敗。目前，美帝國主義正在全世界玩弄「假和平、眞備戰」的陰謀，特別在遠東地區加劇製造緊張局勢，繼續陰謀顛覆破壞我國人民民主政權和社會主義建設事業，這一切清楚地表明美帝國主義是中國人民的最兇狠的敵人，因此我們必須繼續提高警惕，揭露美帝國主義利用宗教進行的侵略活動。可以肯定，無論美帝國主義如何陰險狡猾，只要我們宗教界在黨的領導下，密切團結一致，深入展開反帝愛國運動，那麼帝國主義和反動派的任何陰謀詭計，必將遭到更可恥、更悲慘的失敗。

美國間諜華理柱和龔品梅反革命叛國集團披着宗教外衣，把他們的

反革命活動裝扮成爲所謂「宗教活動」，借以欺騙信徒羣衆。但是，紙是包不住火的，謊言終久是要被揭穿的，他們的嚴重罪行和大量罪證，完全證明他們所進行的活動，絕對不是什麼宗教活動，而是妄圖顚覆我國人民民主政權的罪惡活動。我們知道，中華人民共和國開國以來，人民政府一貫貫徹宗教信仰自由政策，凡是眞正的宗教信仰和宗教活動都受到法律的保護，我們宗教界也受到了黨和政府無微不至的關懷和照顧。但是，我們決不能允許帝國主義和反革命分子利用宗教來進行反動活動。今後我們更要在黨的領導下，在黨的社會主義建設總路綫的光輝照耀下，把反帝愛國的鬥爭堅持到底。

3 / 基督徒要努力進行自我改造

原刊於《人民日報》，1960 年 4 月 9 日。另《天風》599 期（1960 年 4 月 18 日），頁 7-9；
《新華半月刊》1960 年 9 期，頁 118-120。
本文是吳耀宗在全國人民代表大會二屆二次會議上的發言。

在總路綫的光輝照耀下，全國人民正在發揮着無窮無盡的智慧和力量；新中國正呈現着一幅萬馬奔騰、百花齊放的雄偉絢麗圖畫。技術革新和技術革命已經成爲一個全民性的運動；人民公社的基礎也日益鞏固。我們每天打開報紙，就可以看到無數使人振奮的事實；幾乎每一則消息，每一篇文章，都記錄着大躍進的脈搏，描繪着新中國人民的豪姿。

一年多以來，在幾次參觀和觀察中，我一次又一次地受到深刻的社會主義教育。[1] 勞動人民的衝天幹勁和大公無私的精神，深深地感動了我，他們夜以繼日地進行着辛勤的勞動，他們完全沒有想到個人的利害得失。有的時候，他們甚至忘記了飲食，忘記了睡眠，忘記了自己的一切，他們唯一的、迫切的要求，就是迅速地改變我國一窮二白的面貌。

我所看見的，僅僅是大躍進的一鱗一爪，我的體會也不深刻，然而就是所見到的這一點，已經使我親切地體會到新中國人民無比旺盛的生命力。任何力量都不能阻止新中國人民以巨人的步伐向着無限光明美好的前途邁進。

在獲得社會主義建設事業的輝煌成就的同時，新中國人民的精神面

1　刊於《天風》時，「社會主義」作「共產主義」。

貌也發生着深刻的變化。先人後己、互助合作、全心全意爲人民服務的
精神，已經成爲社會風氣。最近在山西平陸和廣東英德所發生的，搶救
食物中毒和被火燒傷的民工、幹部和戰士的事件，震動了我的心弦。在
社會主義社會中，人是最寶貴的財產，人的價值得到最高度的重視。這
一個人與人之間的新關係，造成了無數奇跡，使許多在舊社會中不可能
的事，都成爲可能。

基督徒的自我改造

　　大好的形勢要求我們基督徒加強自我改造，使我們的政治立場和思
想與社會發展的方向相一致，使我們所做的工作能夠適應新的形勢。

　　經過過去兩年多的社會主義教育和大躍進形勢的鼓舞，絕大多數的
基督教信徒和工作人員，在政治認識上都有了不同程度的提高。我們開
始認識社會主義制度的無比優越性；認識共產黨的偉大和正確；認識基
督徒必須從六億五千萬人民的利益出發，接受共產黨的領導，走社會主
義道路。我們進一步認識了帝國主義在思想上、靈性上、生活上所給我
們的毒害，認識了美帝國主義是中國人民和全世界人民最凶狠的敵人。
基督教工作人員也開始認識自己過去曾經爲帝國主義和資產階級的剝削
階級屬性，因而產生了更迫切的自我改造的要求。

　　由於一般基督徒政治認識的提高，基督教內形形色色的反動分子被
揭發、被消除了。廣大信徒在各自的崗位上，有了更積極的表現。有不
少的人做了勞動模範，做了先進工作者，受到了表揚；有的人在技術革
新工作上，作出了貢獻。許多勞動人民成分的信徒，在談到新舊社會的
鮮明對比時，表達了強烈的翻身感、表達了他們對黨和毛主席的感激和
熱愛。教牧人員都訂出了自我改造規劃，紛紛參加勞動生產和勞動鍛煉。
有不少的教牧人員，在生產戰綫上獲得了較好的成績。他們向工農弟兄
學習，鼓足幹勁，不怕勞累，在任何困難的條件下，都把工作做好。在
他們繁忙的生活中，他們却沒有把教會工作耽誤。由於他們參加了生產，
他們開始體會了勞動的意義，認識了勞動的光榮，因而感到身心上從未
有過的愉快。

但是，在自我改造的工作上，在基督徒當中，特別是在基督教工作人員當中，還存在着不少的問題。在走社會主義道路方面，我們的思想還是常常從個人觀點出發，而不是從集體觀點出發；我們的眼睛還是多看過去，少看未來。在遇到集體生活和個人生活之間的矛盾時，我們還會產生抵觸的情緒。在有些人當中，社會主義和資本主義兩條道路的問題，還沒有得到徹底的解決。在接受黨的領導方面，我們還或多或少地存在着懷疑和顧慮；我們對黨的羣衆路綫也沒有足夠的認識。對一些新生事物，我們還是缺乏遠見，缺乏信心；我們還是容易把九個手指頭和一個手指頭混淆起來。由於新事物對我們的感染還不深刻，我們在自我改造的努力上，就容易安於現狀，甚至產生已經改造得差不多的思想，不肯再接再厲，努力前進。

以上這些都說明了資產階級的立場和觀點還是頑强地佔據着我們的頭腦。我們不但深深地受了資產階級自私自利的個人主義思想影響，我們也長期地受了帝國主義在宗敎外衣下所灌輸給我們的崇拜西方、鄙視祖國的奴化思想影響；美國腐朽的「生活方式」，虛僞的「民主」「自由」曾經吸引過我們。資產階級和帝國主義的思想毒素，曾經深入了我們的骨髓。只有進行政治立場和思想的深刻自我改造，才能使我們同廣大人民站在一起，更好地爲社會主義建設努力。

我們應當更認眞地進行學習，特別是關於總路綫和國際形勢的學習。在學習中，我們應當敞開思想，提出問題，互相啓發，互相提高，因爲只有這樣，我們才能在學習中不斷地進步。在學習時事政策的同時，我們也應當進行政治理論的學習，特別是對毛主席著作的學習，因爲有了理論的基礎，我們的認識就更加清楚，更加穩固。

我們的學習應當很好地同實踐結合起來，除了做好三自愛國運動的工作以外，我們應當積極地參加勞動生產和勞動鍛煉。參加勞動不只是一種形式；我們要在勞動中把勞動人民的思想、感情灌輸到我們自己的血液裏面。在過去兩年中，通過社會主義教育，我們多少懂得一些大道理；如果我們不在實踐中把這些大道理體現出來，我們的改造就還是空中樓閣。

進行自我改造，對我們基督徒來說，是一件長期的、艱巨的、反覆

的工作，但今天的大好形勢對我們的自我改造是非常有利的。因爲自我改造是一件長期的工作，我們就應當更加積極地不斷努力。新中國正經歷着翻天覆地的變化，我們即使快馬加鞭，還怕趕不上形勢；只有採取認眞的、刻苦的態度，力爭上游，我們才能同歷史演變的方向相一致，作事主動，心情舒暢，對人民多有一些貢獻。

警惕帝國主義的陰謀

在東風壓倒西風的形勢下，以美國爲首的帝國主義正遭受着愈來愈多的困難。社會主義陣營的日益強大，帝國主義內部的分崩離析、民族獨立運動的風起雲湧，這些都使帝國主義的統治者們捉襟見肘，到處碰壁。蘇聯空間技術的驚人成就更使五角大樓的「勇士」們惴惴不安，新中國這條「巨龍」也成了壟斷資本家們的夢魘。在這樣的情況下，美帝國主義在繼續進行冷戰，加緊擴張軍備的同時，就不得不作出一些和平姿勢，採取一套「和平」戰略，這就是假和平、眞備戰的戰略。

所謂「和平戰略」就是要通過顚覆、分化、腐蝕等方法，來促成社會主義陣營的「內部演化」，用「和平」的口號來欺騙資本主義國家和民族獨立國家的人民。要執行「和平戰略」也就要進行「意識形態外交」，「同共產黨陣營的知識分子，最後同上層和中層的政界人物廣泛接觸，以便逐漸影響他們的思想、信仰」。「和平戰略」就是要「在鐵幕上突破缺口」，「在思想戰鬥中取得勝利」。

帝國主義的「和平戰略」特別值得我們中國基督徒的警惕。爲了執行「和平戰略」，在基督教方面，除了對新中國的宗教政策，對新中國的教會，繼續進行惡毒的宣傳以外，帝國主義還企圖繼續影響中國基督徒的思想，繼續利用基督教對中國進行侵略活動。他們妄想使中國基督徒把敵我界綫劃在信與不信之間，使中國基督徒用個人主義來對抗集體主義，使中國基督徒認敵爲友、對黨和人民採取敵視的態度。

爲了掩飾他們的陰謀，帝國主義的統治者和他們的幫兇們，常常讓美國的侵略政策披上一件宗教外衣。在杜勒斯逝世的時候，美國基督教

某些宣傳家們，說杜勒斯是一個「忠實的基督徒」：杜勒斯的「實力地位」政策和「戰爭邊緣」政策是「基督教精神」的表現。艾森豪威爾在今年1月7日向國會提出的國情咨文裏說：美國所以獲得「奇蹟般的進步和成就」是由於美國「恪守同我們的宗教思想一致的原則和方法」。

但是，宗教外衣掩蓋不住美帝國主義赤裸裸的侵略陰謀。去年12月，美國基督教協進會主席達耳伯格訪問了台灣：當有人提到1958年美國教會在克利扶蘭會議上所通過的，爲了製造「兩個中國」而「承認中華人民共和國」的決議時，他表示完全同意這個主張。達爾伯格又說：「美國基督教協進會反對共產主義的立場，是從來沒有改變過的；關於對付共產主義的策略，可能存在着意見上的分歧，但我們應當用盡一切物質和精神的力量來反對共產主義，在這一點上，不可能存在着什麼不同的意見。」

美國一位以反共著名的「神學家」尼勃爾，他不只擁護美帝國主義的侵略政策，他還從「神學」的觀點，公開主張用核武器來對付共產主義。在一篇題爲〈基督教信仰在今天的考驗〉的文章裏，他說：「使用核武器雖然是很可怕的，但我們却不應當否定使用核武器的可能，因爲否定使用核武器，將使我們面臨屈服於敵人的危險。」

帝國主義窮兇極惡的面貌，今天已經暴露無遺。美帝國主義正在加緊武裝西德和日本，積極破壞亞非和拉丁美洲國家的民族獨立運動，積極進行顛覆社會主義國家的陰謀。對新中國，美帝國主義更表示了極度的仇恨，它用盡了一切方法來污蔑新中國，企圖降低新中國在國際間日益增長的威信。美帝國主義還在霸佔我國的領土台灣。美帝國主義的罪惡正是擢發難數；堅決地反對美帝國主義，粉碎美帝國主義的一切陰謀，這是中國人民和全世界人民的一項首要任務；也是我們基督徒的一項首要任務。

基督徒的反帝愛國任務

帝國主義在垂死的掙扎中，不只要繼續利用基督教，並且要更巧妙

地利用基督敎，這是很清楚的事實。但是，帝國主義任何陰險的手法都欺騙不了中國的基督徒。

今年 9 月，是中國基督敎三自愛國運動發起的十周年。基督敎的三自運動是反帝的運動。中國敎會控訴了帝國主義利用基督敎在中國進行侵略的罪行，割斷了同帝國主義的關係，實現了中國敎會的自治、自養、自傳，這是對帝國主義一個沉重的打擊。

覺醒了的中國基督徒對帝國主義在宗敎外衣下的僞善面目是非常熟悉的。我們絕對不會因爲美帝國主義作出一些和平姿勢，就認爲它已經眞的放下屠刀；我們絕對不會因爲帝國主義分子向我們表示「友好」，我們就會對他們放鬆警惕。我們堅決反對在任何僞裝下進行的製造「兩個中國」的陰謀。我們也決不允許任何人用宗敎名義來美化戰爭，來爲侵略掩護。對那些企圖用「神學」來爲核戰爭服務的人們，我們表示極度的痛恨；他們不只是基督敎的叛徒，他們也是全世界愛好和平的人民的公敵。

對中國基督徒來說，要進一步打擊帝國主義，就要徹底地肅清帝國主義的思想毒素。一年多以來，三自愛國運動的全國性組織和地方性組織，都進行着關於帝國主義利用基督敎在中國進行侵略的系統的、全面的研究。通過這個研究，我們更清楚地認識了帝國主義的陰謀，和帝國主義所加給我們的毒害。我們決心把帝國主義的毒素，從根挖除。

不久以前，上海司法機關在判決了天主敎內以龔品梅爲首的反革命叛國集團案件以後，又判決了與這個反革命叛國集團有着密切關係的、披着宗敎外衣的美國間諜分子華理柱案件，給這個美國間諜分子以法律的制裁，這是一件大快人心的事。我們宗敎信徒對這個帝國主義間諜分子的罪行，感到無比的憤怒。我們堅決擁護司法機關對這個案件的正義裁判。儘管帝國主義的統治者惱羞成怒，暴跳如雷，把華理柱的罪行說成是「宗敎性」的，在如山的鐵證面前，他們是無法抵賴的，他們的叫囂，只有更加暴露美帝國主義的醜惡面目而已。

新中國的基督徒享受着完全的宗敎信仰自由，信仰宗敎的和不信宗敎的，都是中國人民，都在祖國的大家庭裏，緊密地團結起來，爲建設

社會主義的新中國而共同努力。帝國主義者企圖利用信與不信的關係問題來進行挑撥離間，來推行「意識形態」的戰略，他們是絕對不能成功的。

我們要打擊帝國主義，但我們並不把帝國主義國家裏面善良的基督徒和廣大人民看作我們的敵人。他們同樣地受到帝國主義的毒害；消滅兇惡的帝國主義，實現世界持久和平，這是他們和我們的共同任務。

基督教的三自運動也是愛國運動。愛國就要使我們古老的祖國迅速地成爲一個新生的、現代化的、強大的國家；愛國就要熱愛社會主義，爲社會主義服務；愛國就要使我們的教會工作和我們的宗教生活，適應社會主義的環境。

黨解放了災難深重的半殖民地半封建的舊中國，領導着中國人民建設繁榮幸福的新中國。黨也使我們基督徒從帝國主義的魔掌中解放出來，囘到人民的懷抱。我們要反帝愛國，要進行自我改造，就必須全心全意地接受黨的領導。

黨的八屆八中全會發出了偉大的號召，要全國人民在總路綫的光輝照耀下，同心同德，團結一致，爲爭取社會主義建設事業更大的勝利而奮鬥。我們應當堅決地響應這個振奮人心的號召，調動一切積極因素，投入增產節約運動，在不同的崗位上，爲實現祖國無限光明美好的前途，貢獻更多的力量。

十二、

1962
年

1 / 美帝國主義「傳教事業」的「新策略」

原刊於《人民日報》，1962 年 2 月 2 日。另見《天風》616–617 期（1962 年 2 月 28 日），頁 3–8。本文另有英文版 "U.S. Imperialism's New Strategy in the Missionary Movement"，參本卷。

帝國主義正在走向末日，它的壽命不會很長了。在東風壓倒西風的形勢下，帝國主義更加暴露了它本身致命的弱點和無法解決的矛盾。它正面臨着「老鼠過街、人人喊打」的狼狽處境。但是，帝國主義不甘心於它的失敗，不會自願地讓自己滅亡。它正進行着瘋狂的、垂死的掙扎。「右手抓橄欖枝，左手抓箭」，就是以美國爲首的帝國主義在垂死掙扎中所採取的「新策略」。這個「新策略」包括了「和平隊」、「糧食用於和平」、「攀親戚」這些美麗的名詞和欺騙的手法，也包括了花樣翻新的「傳教事業」。

「傳教事業」與帝國主義侵略

帝國主義利用「傳教事業」作爲向外發展、對外侵略的利器，已經有一百五十年的歷史了。「傳教士」們曾經引經據典地說，「傳教事業」是遵行了耶穌的命令：「你們要去，使萬民做我的門徒」，好像「傳教事業」眞正出於宗教熱誠。但是，連帝國主義的當權者們、歷史家們、評論家們以及「傳教士」們自己，也不得不承認「傳教事業」是同帝國主義的政治分不開的，是同帝國主義的侵略分不開的。美國前國務卿艾奇遜一九五〇年二月十六日在一次關於「總體外交」的演講中承認「帝

國主義進展是首先派出傳敎士，然後是商人，最後是殖民地總督」。美國一位反動歷史敎授保羅‧伐其一九五八年在他所寫的《傳敎士、中國人和外交官》一書中說：「人們對傳敎士的反對是强烈的、持續的；要是沒有西方列强用優勢武力保護他們，他們絕對呆不下去。」他又說：「要在帝國主義運動和美國對外傳敎運動之間劃一條界綫是辦不到的。」美國《基督敎世紀》周刊在一九五五年的一篇社論中承認，派遣傳敎士的「差會」和「傳敎士」們確是向政府情報部門秘密提供情報的。國際宣敎協會總幹事紐別琴在一九六○年一篇演說中也不得不承認：「傳敎事業」是「防共的壁壘」，是「資本主義的前哨」。這些都是帝國主義內部一些重要喉舌的供詞。至於帝國主義利用基督敎在中國和其他國家進行侵略的大量事實，在這裏就不提了。

在十九世紀的後半，帝國主義「傳敎事業」的謀士們提出了「在這個世代中使全世界福音化」的口號，所謂「使全世界福音化」實質上就是讓帝國主義控制全世界。一九二二年——「傳敎事業」的全盛時期——「傳敎士」們又提出了「基督敎佔領中國」的口號。所謂「基督敎佔領中國」實質上就是讓帝國主義佔領中國。這是多麼大膽的、狂妄的想法！

「傳敎事業」的危機

但是，好景不常，好夢苦短，在僅僅二十幾年後，「傳敎事業」的謀士們便從美麗的夢境中被歷史送進冷酷的現實裏。在第二次世界大戰後，一系列的社會主義國家出現了，中華人民共和國誕生了。作爲「傳敎事業」的重要基地的半殖民地、半封建的舊中國，已經成爲人民的新中國了。中國人民推翻了三座大山，中國的基督徒、中國的敎會也從帝國主義控制、利用的魔掌中解放出來，發起了一個反帝愛國的「三自」（自治、自養、自傳）運動。與此同時，在殖民地和附屬國中，在新興的民族獨立國家中，也掀起了日益高漲的反殖民主義、反帝國主義的浪潮。

在這樣的形勢下，「傳敎事業」的「寶座」開始動搖了。覺醒了的

非洲人民說：「傳教士剛來到我們的國家時，他們有聖經，我們有土地；現在，我們有聖經，他們却有土地。」「傳教士」在非洲普遍不受歡迎。在亞洲和拉丁美洲的許多國家中，由於「傳教事業」所進行的反人民活動，「傳教事業」的眞面目也日益暴露出來。有一位「差會」負責人說：「民族主義抬頭，大大地限制了我們的工作，使我們充滿了失敗感。」

「傳教事業」所遭受的最顯著的打擊却是從新中國來的。自從一九五〇年中國基督教發起了三自愛國運動，割斷了同帝國主義的關係，「傳教士」爲形勢所逼，陸續撤退以後，「傳教事業」便結束了它在中國的一百四十三年的歷史。「傳教士」們把「傳教事業」在中國的遭遇形容爲「冰川崩決」。他們尤其懼怕中國基督教的反帝愛國運動在其他國家中所發生的影響，國際宣教協會總幹事紐別琴說：「我們的工作，今天面臨着危機」；「中國基督教對西方差會關門這一着，使各國有思想的人都對差會發生懷疑了。」

「傳教事業」的「新策略」

這一種新的形勢是「傳教事業」的謀士們所必須應付的。他們的課題是：如何從中國事件吸取「教訓」；如何應付在亞、非、拉出現的整個「傳教事業」的「危機」；如何制訂「傳教事業」的「新策略」。

「傳教事業」謀士們的第一個也是最主要的決策是：給「傳教事業」改頭換面，塗脂抹粉；給它披上一件美麗的畫皮。

他們說：過去，「傳教事業」是單程的——從西方到東方；現在，它應當是雙程的，從西方到東方，也從東方到西方。不只是雙程的，而且應當是多程的，縱橫交錯的。根據這個說法，西方派「傳教士」到東方去，東方也派「傳教士」到西方去，東方國家教會之間也可以互派「傳教士」。他們稱這樣的「傳教事業」爲「普世的傳教事業」。他們改稱「傳教士」爲「友誼工作者」，因爲「傳教士」這個名詞現在也有點逆耳。

「普世的傳教事業」的理論基礎是什麼呢？關於這個問題的各方面的意見，大致可以歸納爲下面幾點。第一，基督教教會是一個「傳教」

的教會，「傳教」是教會工作不可分割的一部分。第二，所有的教會
——東方的、西方的——都應當「傳教」，而這就是「普世的傳教運動」。
第三，過去的「傳教事業」的確是依靠西方的擴張主義來進行的，但「普
世的傳教事業」却是「獨立」的、「自由」的；它不再依靠外力，而是「依
靠上帝」，因此，「普世的傳教運動」是一個「解放」的運動。第四，
「解放」並不意味着閉關自守，全世界的教會必須通過互相幫助，才能
把基督福音的「自由」本質表現出來。第五，「普世的傳教運動」既然
從西方的擴張主義「解放」出來，它就不應當成爲新的意識形態的俘虜，
供它們的奴役。

上面這一套理論是耐人尋味的；它的意義是含蓄的，但同時也是非
常明顯的。它的涵義至少包括下面幾點。

第一，「普世的傳教事業」的提法並不意味着「西方」在「傳教事業」
中的地位和力量的削弱。相反的，它的地位和力量是加强了，而且是「合
理化」了。美國基督教全國協進會國外傳教部在一九五五年的年會上就
要求增加數千名美國「傳教士」到國外去。

第二，「普世的傳教事業」是要使「東方」和「西方」的教會在「超
國家」、「超種族」、「超宗派」的基礎上，結束過去分門別戶，各自
爲政的狀況，來推行一個「全球性的戰略計劃」。這就是說，「普世的
傳教事業」是更加統一、更加成爲一個整體了。

第三，「普世的傳教事業」還擺出了一副「超政治」的面孔，來掩
蓋它在政治上的反動本質。不管它怎樣地裝飾自己，「普世的傳教事業」
並沒有同西方擴張主義分開。在經濟、武力和意識形態這三種侵略手段
中，「傳教事業」是在意識形態的領域裏替帝國主義和新老殖民主義者服
務。「傳教事業」特別要把反對共產主義作爲反對人民革命事業的核心。
西方一位著名「神學家」貝倫諾說：「今天的世界面對着兩個可怕的危
險，一個是總體的核戰爭，另一個是世界性的布爾什維克主義；前者只
是純粹的可能，而後者却是絕對肯定的，如果我們不去對付它的話。」

第四，「普世的傳教事業」在活動的範圍上，將是無所不包、無孔
不入的。「傳教士」們的「號召」是：「基督徒必須到人民生活的各方面去，

到政治裏去，到社會和國家的服務事業裏去，到藝術和文化的世界裏去，與非基督徒結成親密的友誼，在這些領域裏爲基督作見證。」這是擴大到世界範圍的「基督教佔領中國」在新形勢下的翻版。

「傳教事業」謀士們的第二個決策是，根據上面所說的「新策略」，調整「傳教事業」的機構。過去負責英美各國「傳教事業」的總機構是國際宣教協會。這個「協會」已經有了四十年的歷史。但在世界基督教協進會一九六一年十一月舉行的第三屆大會上，國際宣教協會就同世界基督教協進會合併了，它的工作就成爲世界基督教協進會一個部門的工作了。這是一百多年來「傳教事業」手法上一個重大的轉變。調整「傳教事業」的組織機構，就可以把「傳教事業」的眞相隱蔽起來，並且使它更加擴大，更加深入。

對新中國的陰謀

在中國的「傳教事業」完蛋了，但「傳教事業」的謀士們並不認爲這是一件無可奈何的既成事實。他們夢想有一天，新中國將會垮台，帝國主義和反動派將捲土重來，讓他們實現「基督教佔領中國」的計劃。

從新中國撤退的「傳教士」的分佈來看，根據一九五六年「傳教事業研究圖書館」的統計，從中國撤退的「傳教士」共二千二百九十一人，退休的和返回美國、加拿大工作的共一千二百九十六人，其餘的九百九十五人，被派到亞洲地區的是八百七十人，主要是在東亞和東南亞——其中台灣一百九十七人，日本一百四十六人，香港九十一人。至於新的「傳教士」，僅僅在台灣一處，到一九五八年止，基督教的從十二人加到四百六十五人，天主教的從五十一人加到七百三十九人，這是應付亞洲民族獨立運動的策略，同時也是「包圍」新中國的策略。

從前「傳教士」在中國所辦的一些事業的機構是否就停止活動呢？不是的。設在紐約的原中國十三個教會學校的「聯合托事部」在一九五五年改組爲「亞洲基督教高等教育聯合托事部」。它擁有一百萬美元的預算，除了在亞洲的其他活動外，在台灣舉辦了「東海大學」，在香港舉

辦了「崇基大學」。南京金陵神學院的「創辦人董事會」還保持着原來的名稱，在東南亞從事「神學」教育活動和宗教經典著作漢譯工作。

「傳教士」們認為這種化整為零的分散辦法將使他們在中國的「傳教事業」成為「不朽」的。

西方基督教內的帝國主義分子，對製造「兩個中國」的陰謀，是出了不少力量的。一九五八年美國基督教全國協進會在克里夫蘭城舉行的「世界秩序會議」中，主張在製造「兩個中國」的前提下承認新中國。一九六〇年八月美國聖公會主席主教李頓伯格甚至把台灣看作美國的屬地，宣稱自一九六〇年七月六日起把我國台灣劃為「美國聖公會的傳教區」。

新中國是一個既成事實，對帝國主義的「傳教士」們來說，這是一件討厭的事，因此，他們就企圖用各種方法來破壞它，醜化它。

世界基督教協進會繼一九五〇年污蔑我國「侵略」朝鮮之後，一九五九年又在西藏問題上大做文章。他們說，我國平定西藏叛亂是一件違反「人道和正義」、「破壞西藏傳統信仰」的「悲慘事件」，並號召全世界教會進行西藏「難民」的「救濟」工作。

美帝國主義從台灣和香港一批一批地約請所謂「中國牧師」到美國各地演講，甚至在「非美活動委員會」中作證，對中國教會和中國建設事業製造卑鄙無恥的謊言。美國政府印刷局還出版了一本《紅色中國和北朝鮮共產黨迫害教會》的小冊子。

我國三年來遭受嚴重自然災害，但全國人民還是有衣有食，並未發生所謂「饑荒」。帝國主義却以為有機可乘，一方面歪曲事實，散佈謠言，企圖貶低我國社會主義建設事業的偉大成就；另一方面，裝出「慈悲」面孔，表示對中國人民的「同情」。美帝國主義控制下的一些基督教團體還希望我們接受他們的「救濟」。

美帝國主義這些陰謀活動得到什麼結果呢？美國《基督教世紀》週刊在一九六〇年七月六日的一篇社論中悲哀地說：「我們的不承認、抵制、包圍紅色中國的政策不但沒有阻止，反而幫助了中國的發展，這一點我們有理由感到遺憾。」

對「社會急劇變化地區」的陰謀

所謂「社會急劇變化地區」就是指在爭取民族獨立，爭取民主浪潮中劇烈地動盪着，迅速地前進着的國家，主要是亞洲、非洲和拉丁美洲國家。

「傳教事業」既然是緊密地同帝國主義和殖民主義相結合的，那麼，在反對帝國主義和它的代理人的爭取民族獨立和民主的鬥爭中，「傳教事業」的地位和前景，就可想而知了。

「傳教士」們有沒有意識到所謂「急劇變化」是什麼樣的變化呢？他們似乎也看到了一些苗頭。他們曉得，這是對「西方的反抗」，是對「派遣傳教士的西方的反抗」。看到了這些苗頭，是否就使「傳教士」們清醒了一些呢？事實並不如此。他們反而把亞、非、拉丁美洲國家人民的覺醒歸功於「傳教事業」。他們說：「基督教上帝是父和人類是兄弟的教訓，形成了人的價值和尊嚴的觀念，這個觀念又使人們反對貪婪和剝削，要求獨立和自由。」

「傳教士」們既然不肯面對現實，反而想從「急劇變化」中撈一把，於是，他們就裝出了一副「同情」於民族獨立運動的面孔——不只「同情」，而且要為這個運動「努力」！他們發出了這樣一個「大義凜然」的「號召」：「基督徒不只要為自己尋求平安，也要為別人尋求公道。」

但是，狐狸尾巴是隱藏不住的。「傳教事業」的謀士們對「社會急劇變化地區」的主張是什麼呢？這就是他們不厭其煩地強調的「負責任的獨立」。「負責任」就要尊重「法律」，因為「法律是一個公道社會的要求」。「負責任」就要追求「和平的、和睦的、有秩序的解放」，就要遵循「正常的途徑」去解決問題。世界基督教協進會中央委員會「對某些因暴力和明顯不負責任而危害了向獨立過渡的情況，表示遺憾」。

上面這些只能說是帝國主義紳士們的強盜邏輯。所謂「法律」，不過是西方的、壓迫者的「法律」；所謂「遵循正常的途徑」，只是按照帝國主義的擺佈去處理問題。殖民主義者可以用暴力來掠奪別人的土地，可以用暴力來維持自己的統治，但被奴役的人民卻只能用「和平」、「有

秩序」的方式來「解放」自己。事實上，這些紳士們是對被奴役的人民說：
「不准革命」。

　　聯合國已故秘書長哈馬舍爾德怎樣在「和平」和「秩序」的幌子下
破壞剛果的民族解放運動、替新殖民主義來服務，這是眾所周知的事實。
但是，當哈馬舍爾德在執行他的可恥的使命中喪生的時候，世界基督教
協進會的負責人却說「哈馬舍爾德是爲了包括公道和自由在內的國際和
平而努力，他的動機出自最高的基督教理想，他的死是人類的損失。」
單單從這一件事上，我們就可以看見「傳教事業」對「社會急劇變化地區」
的「關心」的本質。

　　很顯然，「傳教事業」的謀士們在各個「社會急劇變化地區」中，
特別重視非洲。在全世界的四萬二千二百五十名基督教（新教）「傳
教士」（根據紐約「傳教事業圖書館」一九六○年的報告）中，一萬
三千九百七十名即 33% 是在非洲。美國基督教會在非洲的「傳教士」，
一九五五年是四千五百人，一九六一年增加到八千五百人。國際宣教協
會一九五四年在紐約舉行會議，決議「撒哈拉地區以南的非洲教會和差
會，在國際宣教協會各項工作的考慮中，佔有最優先地位」。

　　「傳教士」們應付非洲整個局勢的具體做法是什麼呢？一位美國長
老會「傳教士」提出了三個原則：第一是「土著化」，第二是「傳福音」，
第三是「服務」。所謂「土著化」就是在他們認爲是無傷大體的事情上，
盡量用非洲人來代替白種人，例如，封立非洲人爲主教，形式上將教會
管理權移交非洲人。所謂「傳福音」就是在「超政治」、「超國家」的
口號下，灌輸反共親美的思想。所謂「服務」就是通過技術「援助」、
農民「福利」、勞工關係、家庭生活、教育文化等方面工作，深入到社
會各個階層，借以籠絡人心、擴大影響。

　　爲新殖民主義服務的「傳教士」們，還作出一些同情非洲人的姿態。
例如，他們也「反對」種族歧視，也「反對」南非英殖民地當局屠殺人
民的血腥事件。爲什麼反對呢？因爲這些事件破壞了新殖民主義者「爲
了使非洲不陷入共產主義勢力範圍，爲了保持非洲大陸上白人國家與本
地人民之間的善意而進行的鬥爭。」

　　「傳敎士」們用在非洲的這一套欺騙策略，將會得到什麼結果呢？剛果民族運動的一位領袖說了一句一針見血的話：「基督敎傳敎事業是人民最大的敵人」。英國聖公會前任約克郡大主敎（現任坎特伯雷大主敎）蘭姆賽一九六○年訪問非洲後說：「一切非洲人都對基督敎失去了信仰」，認爲基督敎不過是「白種人的信念」。他警告說：「日子已經不長了」。在非洲是這樣，在其他「社會急劇變化地區」也必然是這樣。

結語

　　美帝國主義是帝國主義的頭子，它在帝國主義的「傳敎事業」中也佔了首位。北美（以美國爲主）在全世界的「傳敎士」共二萬七千二百一十九人，佔「傳敎士」總人數（四萬二千二百五十人）的64.4%。作爲「傳敎事業」的實際負責者和策劃者的世界基督敎協進會，它的經費的 75% 來自美國。其他與「傳敎事業」有關的活動的經費，大部分也來自美國。在少數帝國主義分子的控制下的世界基督敎協進會的政治路綫，甚至不需要剝去它的薄薄的宗敎外衣，就可以看出它實質上是美國國務院的政治路綫。

　　今天，在美帝國主義瘋狂備戰的情況下，全世界人民和一切愛好和平、不懷成見的基督徒，不管他們的國家奉行什麼社會制度，必將越來越清楚地認識到美帝國主義怎樣利用「傳敎事業」來爲它的侵略政策服務；認識到什麼是戰爭的根源，什麼是眞理，什麼是對和平的威脅；他們也必將越來越清楚地認識到什麼是謊言，從而爲眞正的世界和平作出貢獻。

　　中國人民特別關懷已經擺脫殖民主義枷鎖，和正在進行反殖民主義鬥爭的各國人民，因爲中國人民也曾經長期遭受帝國主義的奴役。同樣地，已經擺脫帝國主義控制利用的中國敎會和中國基督徒，也特別關懷還被「傳敎事業」的陰影籠罩着的各國敎會和基督徒。我們相信，隨着他們在爭取民族獨立和民主的鬥爭中所取得的勝利，他們的基督敎事業也必將擺脫帝國主義的控制利用，成爲獨立自主的基督敎事業。

　　至於中國的基督徒，我們還應當對美帝國主義利用基督教的新陰謀，繼續提高警惕，對它進行針鋒相對的鬥爭。美帝國主義還希望在我們當中尋找「民主個人主義者」，還企圖在我們和廣大人民之間，進行挑撥離間。肯尼迪在一次競選演講中說：「要對付共產主義，就要設法滋養在鐵幕上出現的任何裂縫中的自由種子。」但是，帝國主義者的夢想是永遠不會實現的，他們的一切圖謀，都將是徒勞無功的。資本主義吃人的社會制度，它的所謂「民主」、「自由」；它的腐朽墮落、荒淫無恥；它對勞動人民的壓制，對進步力量的迫害；它的掀起世界大戰的罪惡企圖，——這些都已經清楚地暴露在全世界人民的眼前，難道這些必將退出歷史舞台的醜惡東西，還能對我們有什麼吸引力麼？解放後十二年來的經驗，使我們看清了帝國主義的本質，使我們認識了社會主義是中國人民所必須走的唯一道路。我們祖國的人民；在中國共產黨的領導下，正在信心百倍地進行着社會主義建設的宏偉事業。在我們的面前，沒有不能克服的困難。憑着我們勤勞的雙手，我們必定能夠建成繁榮富强的新中國。中國基督徒享受着完全的宗教信仰自由；我們熱愛社會主義的祖國；我們决心向全國人民一道，爲實現我們美好的未來，爲爭取世界持久和平，貢獻我們的力量。

2 / 譴責肯尼迪政府的法西斯罪行，支持美共反對迫害的正義鬥爭

原刊於《天風》616–617 期（1962 年 2 月 28 日），頁 10。現刊出吳耀宗先生的發言部分。

　　我們上海市宗教界人士，完全擁護中共中央所發表的關於譴責美國政府反共暴行、支持美共正義鬥爭的嚴正聲明。

　　肯尼迪政府迫害美共這一新的暴行，表明了美帝國主義外強中乾虛弱的本質。今天，社會主義陣營的力量日益壯大，全世界反對帝國主義、反對殖民主義的浪潮，正在風起雲湧，革命人民的覺悟有了大大的提高。在這樣的形勢下，美國反動集團為了鞏固自己的統治，就在反共的名義下不惜用法西斯手段來迫害美國的進步力量。美國共產黨是美國人民利益的捍衛者。因此我們支持美共的正義鬥爭，也就是支持美國人民的正義鬥爭，支持世界人民反對美帝國主義的正義鬥爭。

　　肯尼迪政府上台以後的一年來，採用了反革命的兩手，在瘋狂地擴軍備戰，推行新的侵略戰爭計劃的同時，加緊從文化和精神方面，進行欺騙。我們宗教徒，過去身受美帝國主義的毒害，解放後提高了反愛國覺悟，我們對帝國主義的手法是熟悉的，我們是再不會受它的欺騙了。肯尼迪是美國歷史上第一個所謂「天主教徒」的總統，比他的前任政府更加狡猾狠毒地推行「一手抓橄欖枝，一手抓箭」的反動兩面政策。橄欖枝原來是基督教聖經關於真正和平的神聖象徵。肯尼迪不但歪曲了聖經的話語，他還企圖以此來毒害宗教信徒的思想。但是，無論肯尼迪之

流利用什麼宗教語言，或者吹噓什麼「民主自由」，人們已經清楚地認識了幹盡壞事的美帝國主義是全世界人民最兇惡的敵人，我們必須同它進行針鋒相對的鬥爭。

今天在美國，肯尼迪政府正在把沉重的擴軍備戰的負擔轉嫁在勞動人民的身上。肯尼迪正在繼承着希特勒、墨索里尼、東條的衣缽，在國內加緊法西斯化，連美國人民最起碼的人權和自由也被剝奪淨盡。擺在美國共產黨和美國人民面前的鬥爭任務是長期的、曲折的、艱巨的。但是，正如毛主席在一九五九年給美共領袖福斯特的信中所說的「黑夜是有盡頭的」。西方有一句諺語說：上帝要毀滅的，必先使之瘋狂。這句諺語，正是美帝國主義今天的情況的確切描寫。正義是在美國共產黨這一邊，他們是必將勝利的。我們所熟識的鮑威爾夫婦，他們遭受美國統治者的殘酷迫害。但他們堅持鬥爭，並且得到國際進步人士的支持，終於在同美國反動政府進行反迫害鬥爭中取得了勝利。美國著名黑人學者杜波依斯也在反共叫囂狂熱的時候毅然決然地加入了美國共產黨。這都證明了人民進步事業是嚇不倒壓不碎的。

最後我誠懇地希望美國宗教界人士，能夠主持正義，從熱愛真理的立場出發，為美國人民的生存權利和真正的民主自由，為保衛世界和平，貢獻他們的力量。

3 / 高瞻遠矚，跟着時代前進

原刊於《天風》619–620 期（1962 年 5 月 30 日），頁 3–5。

在過去一年多當中，國內外形勢經歷了重大的變化。以美國爲首的帝國主義正在加緊擴軍備戰，並通過一手抓箭，一手抓橄欖枝的兩面手法，在世界許多地方進行着露骨的侵略活動。反對帝國主義，反對殖民主義的民族、民主浪潮不斷高漲，給予帝國主義者和殖民主義者以有力的打擊。社會主義國家在社會主義建設的宏偉事業中，繼續取得了巨大的成就，在許多方面顯示了社會主義制度的無比優越性，在國內方面，我國人民頑强地戰勝了連續三年的自然災害，在總路綫、大躍進、人民公社三面紅旗的光輝照耀下，在以調整爲中心的調整、鞏固、充實、提高的八字方針的正確指導下，信心百倍地繼續向前邁進。

東風壓倒西風的形勢是不會改變的；帝國主義的滅亡是肯定了的；全世界百分之九十以上的人民，爲了自己美好的將來而進行的鬥爭，是必定得到最後勝利的。儘管國際形勢有時會出現一片烏雲，儘管人民革命事業會經歷迂迴曲折的道路，但是，人類歷史還是按照客觀的規律向前發展的。

在過去一年多當中，基督教界人士，在政治認識方面，也有了提高。通過經常的政治學習，通過一九六〇年和一九六一年的「神仙會」和中國基督教第二屆全國會議，大家感到在自己的思想認識上，逐漸出現了融會貫通，豁然開朗的新局面。現在，我從三個方面，說明這種情況。

　　第一是關於統一戰綫的認識。過去，我們對黨的統戰工作的性質和意義是不夠了解的。

　　爲了貫徹統戰政策，在統一戰綫內建立共同基礎，就要區分敵我，就要在處理人民內部矛盾時，從團結的願望出發，進行不同程度的批評，甚至某種形式的鬥爭。我們對統戰工作的這一基本方針，也沒有深切的認識。我們是用舊社會的眼光來看新社會的事物；我們片面地了解團結；把團結解釋爲一團和氣，我們也懼怕改變現狀。因此，我們的看法常常是與當前的形勢脫節的。解放後，爲了完成民主革命和社會主義革命而進行的幾個全國性活動，曾經給我們當中不少的人帶來了震動。久居在「鮑魚之肆」的人，一旦從污濁的環境中，走到新鮮的空氣裡去，總會感到有點突然和不自在的。

　　現在，情況是有所不同了。通過長期同黨的接觸，我們更親切地體會到黨的統戰工作是爲了教育我們，使我們認識當前的形勢，共同走社會主義道路。我們也更親切地體會到，黨在思想和生活方面所給我們的，無微不至的關懷和照顧。社會主義教育運動使我們初步地辨明了大是大非，分清了敵我界綫；「神仙會」和風細雨的自我教育方法，又使我們進一步認識了國內外的大好形勢，認識了自我改造的必要性和可能性，從而認識了個人在新環境中應當努力的方向。這樣，我們就逐漸採取了積極、主動的態度，在全民的社會主義建設事業中，樹立主人翁的觀點。

　　在宗教政策方面，我們也有了一些新的認識。我們更深刻地體會到信仰宗教的有自由，不信宗教的也有自由這一句話的意義。我們更深刻地體會到，宗教信仰者也是人民的一部分，也同全體人民一樣，既有應享的權利，也有應盡的義務。人民的一切活動，包括宗教信仰者的宗教活動在內，必須遵守政府的政策法令，必須從社會主義的利益出發，也就是從全體人民的利益出發。這是一個全局的觀點，是一個整體的觀點。看清了全局和整體，就曉得宗教信仰和宗教活動，在全體人民的生活中，應當擺在什麼位置，也就曉得，在尊重全體人民利益的前提下，如何適當地安排宗教活動。

　　解放後，黨在貫徹宗教信仰自由政策方面，作了很大的努力，也取

得了很大的成就。我們可以舉出許多生動的事例來說明這些事實。我們深刻地體會到，只有在黨的領導下，我們才能享受真正的宗教信仰自由。

第二是關於形勢的認識。過去，我們似乎也接受了「東風壓倒西風」，「敵人一天天爛下去，我們一天天好起來」的論斷；我們似乎也看到了大好形勢。但是，這種認識，只是極其初步的，而且是不穩定的。現在，這種對形勢認識的不穩定狀態也有所改變。在參觀和訪問中，我們看到了無數動人的新事物，看到了整個社會主義建設事業的輝煌成就。全國人民戰勝了連續三年的自然災害這一歷史上空前事實，給我們顯示了社會主義制度的無比優越性，顯示了三面紅旗的威力，顯示了我們無限美好的未來，從而使我們更加甘心情願地為這美好的未來而貢獻一切力量。

在國際方面，過去頑強地盤踞着我們的頭腦的恐美思想、和平主義思想的冰塊，也開始解凍。做盡壞事的美帝國主義，它的兇惡，它的偽善，不能不引起每一個能夠分辨是非的人的憤怒和蔑視。全世界爭取民族獨立、民主自由和世界和平的如火如荼的偉大運動，也不能不引起每一個不懷成見者的讚歎和驚奇。

對形勢的進一步認識，同時也是對革命的性質和意義的認識。帝國主義侵略好戰的本質不會改變，帝國主義不會自動退出歷史舞台。因此，要實現我們美好的未來，就必須掃除人類進步事業的障礙，對帝國主義進行不屈不撓的鬥爭，並且將鬥爭進行到底。這樣的鬥爭，必然會得到完全的勝利，因為全世界廣大人民的革命意志是一般巨大的、無窮無盡的、莫之能禦的力量。它所以具有這樣的力量，就是因為它符合歷史發展的客觀規律。

世界形勢是在不斷地變化，但變化的實質不是變壞，而是變好；變化的方向，萬流匯海，最後都在歸結到全人類的解放。

我們不能說我們對世界形勢，對革命的性質和意義，已經有了透徹的認識和堅定的信念。但是，在我們的面前已經呈現出新中國的一幅宏偉美麗的圖畫，這幅圖畫使我們從個人看到整體，從局部看到世界，從現在看到未來。這樣，我們就發現了鼓舞我們前進的力量的源泉，開始

從個人主義和本位主義的狹隘視綫中得到解放。

認清了敵我，看見了全局，看見了遠景，建立了信心，就不能滿足於現狀，就要求自己跟着時代前進，而這就是自覺的自我改造。這樣的自我改造，應當是更深刻、更全面的，也必然是長期的、艱鉅的。

上面所說的對形勢的認識，可以說是我們一年多以來，在學習中一點新的收穫。對我們的思想起了最大的刺激和啓發作用的，是史料研究和毛澤東選集學習。從帝國主義一百多年來利用基督教侵略中國的大量資料中，我們發見了許多驚心動魄、發人深省的事實。這些事實都是帝國主義分子在他們自己的著作中供認出來的。在史料研究中，我們更清楚地認識了帝國主義侵略成性，善於欺騙的本質，也更徹底地挖掘了我們過去親美、崇美、恐美的思想根源。

毛澤東選集的學習更對我們起了發蒙振瞶的作用。過去的革命爲什麼失敗？在共產黨領導下的革命爲什麼成功？什麼是革命勝利的根源？我們今後應當如何努力？這些問題在毛澤東選集中都得到了清楚的、有力的、無可爭辯的解答。毛澤東選集的學習使我們更清楚地認識了帝國主義的本質，更清楚地認識了人民的力量，更清楚地認識了黨的方針政策的正確性。我們對毛澤東選集的學習還是很膚淺的，但幾個月的學習，已經使我們看見一條提高認識、解放思想的康莊大道。

第三是對黨的認識。「沒有共產黨就沒有新中國」，這句話的意義，我們早就懂得了。但是我們過去所能體會到的，只是黨的豐功偉業，至於黨同廣大人民的關係，黨同我們自己的關係，在這些方面，我們還只有模糊的認識。

現在，這種情況也有所改變。對統一戰綫的認識，對形勢的認識，同時也加深了我們對黨的認識。如果黨不是同廣大人民完全一體的，如果黨不是從羣眾中來，到羣眾中去的，黨就不可能領導中國革命，取得偉大的成就。黨的唯一任務，就是爲實現社會主義和共產主義這個崇高理想而奮鬥；實現這個理想，就是廣大人民最高的、最深遠的要求。在這個共同任務中，黨同廣大人民是一個整體；在黨和我們宗教信仰者之間，也並不存在着什麼界綫。在這個共同任務中，固然有領導者和被領

導者的關係，但是，作爲中國人民，爲着共同的目標而奮鬥，我們都是主人。探取旁觀態度是不對的，消極服從也是不夠的。在目前中國歷史和世界歷史這個反對帝國主義，解放全人類，實現世界持久和平的偉大鬥爭中，每一個人都可以，而且應當起積極的作用。

　　帝國主義正作着瘋狂的、垂死的掙扎。帝國主義一天還存在，世界戰爭的可能性就一天存在。帝國主義的侵略，帝國主義發動大小戰爭的陰謀，必須制止，必須粉碎。在這個關係人類命運的鬥爭中，黨所領導的新中國，正起着越來越大的作用；帝國主義所以把新中國看作眼中釘，也正因爲我們起了這樣的作用。因此，我們不但爲了中國革命的成功而感激黨，敬愛黨，在我們曠觀世界大勢，認識到我們的任務的艱鉅性和複雜性的時候，我們就更加感覺到，久經鍛煉的黨，是我們最可靠的領導人。

　　上面這些，就是我所能體會到的，基督教界一年多以來在黨的領導下、在大躍進的鼓舞下，在思想認識上有所提高的情況。由於思想認識的提高，我們也認識了自己所參加的反帝愛國工作在整個社會主義建設中的意義，因此，我們的心情是更舒暢了，我們的積極性也增加了。但是，我們的認識還是極其有限的，而且是不平衡的，有反復性的；在學習和自我改造的長遠途程中，我們還必須不斷地向前努力。

　　帝國主義還希望在新中國找到「裂縫」，還企圖在我們宗教信仰者和廣大人民之間進行挑撥離間。因此，我們還必須對帝國主義的陰謀，繼續提高警惕。但是，帝國主義者的夢想是永遠不會實現的。他們戴着有色眼鏡，從舊框框看新事物，他們已經被歷史的發展，遠遠地拋在後面，他們是注定要失敗的。

4 / U.S. Imperialism's "New Strategy" in the "Missionary Movement"

Originally published in *Peking Review* 22 (June 1962), 10–13. See also *Churches in Asia* (1962) 12, 1–4.

IMPERIALISM has made use of the Christian religion as a tool of aggression and expansion during the last hundred and fifty years. The so-called "missionary movement" was its chosen instrument. U.S. imperialism, a late comer in the imperialist camp but now its most ferocious leader, not only reaps the lion's share of the tainted "benefits" from this "missionary movement," but also dictates its entire policy.

The facts of imperialism's prostitution of the Christian religion for the benefit of the colonialists in so-called backward countries are too numerous to cite in this brief article. In the case of China, in addition to utilizing churches, schools and hospitals to spread imperialist ideas and denationalize Chinese Christians, missionaries also took an active part in politics, impermissibly interfering in China's domestic affairs. Missionaries played an important role in imposing the unequal treaties on the Chinese people, in the brutal suppression of popular movements like the Yi Ho Tuan Uprising and the Taiping Revolution, in espionage and other aggressive activities of the imperialists.

Straight From the Horse's Mouth

A few quotations from prominent spokesmen for the imperialist camp will suffice to remind readers of the nature of this "missionary" tie-up with imperialism throughout the world. K.S. Lattourette, well-known professor of missionary history in Yale Divinity School, wrote in his book *A History of*

Christian Missions in China: "The Church has become a partner in Western imperialism." Another American historian, Paul A. Varg, remarked: "To draw a sharp line between the secular movement of imperialism and the religious movement of the missionary is hazardous, for American imperialism, though economic gain was a basic element in it, owed much to psychological drives." The late John Foster Dulles, U.S. Secretary of State and author of "brink-manship" policy, evaluated the "missionary movement" in the following words: "If our spiritual effort is to supplement adequately our material effort, our Christian people must see the supreme value of Christian missions and rally to their support." John Goette, in an article written at the time of the collapse of Chiang Kai-shek's regime, regarded "Christianity (in China) and its succor-ing complements, philanthropy, education and medicine" as America's "most valuable asset." Finally, Leslie Newbigin, General-Secretary of the International Missionary Council, admitted that "missions" are "a bulwark of democracy, a buttress against communism, and an outpost of capitalism," and that "the colonial atmosphere is still continued in many a mission compound."

At the beginning of this century, schemers of this "missionary movement" put forth the slogan, "the evangelization of the world in this generation." Judging from what has been said above, this can only mean imperialist world domination. In 1922, certain "missionaries" in China coined another slogan, "the Christian occupation of China." The ambition behind this slogan is equally obvious.

What does all this add up to? It means that during the last hundred and fifty years, while the hungry wolves of imperialism grabbed whole nations and continents in Asia, Africa and Latin America, and plundered and enslaved their peoples, the "missionaries" appeared on the scene—in fact preceded it—as "messengers of the good news." They came seemingly as philanthropists and humble servants, but actually played the role of imperialism's subtle and indispensable collaborators. "First came the missionary, then the merchant, and then the men-of-war" is a saying whose truth not even the imperialists themselves could deny. Before these charges, formulators of "mission" policies found themselves tongue-tied. They could not deny them either.

Crisis of "Missionary Movement"

Naturally, such conditions could not last for ever. After World War II, a number of socialist countries were born, among which was the People's Republic of China—once considered the land of greatest "missionary" possibilities. At the same time in Asia, Africa and Latin America, national-liberation movements rose spontaneously and spread in roaring waves. All of them have directed their just blows against imperialism and colonialism and against their age-long sins of exploitation and oppression.

That this new development hit the "missionary movement," and hit it severely, even fatally, goes without saying. In the light of this general awakening, the true nature of the "missionary movement," with its many and varied activities against the revolutionary efforts of the people, gradually revealed itself. A number of countries began to impose restrictions on the "missionary" programme; some even virtually closed their doors to "missionaries." In all the "mission lands," "missionaries" suddenly awakened to the fact that they were *persona non grata* to the broad masses whom they were supposed to serve.

The hardest blow to the "missionary movement" came from New China. With the victory of the revolution and the collapse of the semi-colonial and semi-feudal regime, the Christians and the Christian church in China also freed themselves from the devilish imperialist control. With the starting of the Three-Self Patriotic Movement and the withdrawal of "missionaries," the "missionary movement" in China ended its history of one hundred and forty-three years. "Missionaries" significantly called this "the China debacle."

What is the effect of this onslaught on the entire "missionary" enterprise? So says one "missionary": "The sensitivities of nationalism are strong and limit the useful scope of overseas missionaries' work. Puzzlement and frustration are common." To quote again Leslie Newbigin, General Secretary of the International Missionary Council: "The missionary movement today stands in a critical situation"; "the rise of the younger churches raises for thoughtful Christians the question, are missions still needed?" Newbigin made special reference to the "China debacle," declaring that "the circumstances in which China became closed to Western missions have raised very searching questions in the minds of thoughtful people regarding the relation between foreign missions and the development of truly indigenous churches."

This "critical situation" constituted an unprecedented challenge to the "missionary movement" and had to be squarely faced. Among other things, the International Missionary Council launched a major survey of "missionary enterprise in China," with attention to its historical, cultural and theological aspects, as well as the policies and methods of both Christianity and communism. After years of investigation and discussion, plus much "self-criticism" and "heart-searching," a "new strategy" for the "missionary movement" gradually emerged.

"New Strategy"

But this was not to give up the old, evil ways and turn to the true principles of Christianity and Christian fellowship. The leopard cannot change its spots. No; put in a nutshell, the "new strategy" is simply this: to cover up the true nature of the imperialist "missionary movement," whitewash its designs, and give it a theoretical ("biblical") basis which will not only provide its *raison d'être*, but will also make possible its unlimited expansion and growth in the present turbulent situation.

Let us probe a little more deeply into the way in which this "new strategy" has shaped up. The old clarion call for the "missionary movement" were the words of Jesus: "Go ye into all the world, and preach the Gospel" to every creature; on this basis the West sent "missionaries" to the East. But this is a "one-way" traffic, and it was allied with Western imperialist expansionism. If the "missionary movement" is to be given a "new look," then this stigma must be taken off it.

To do this, the formula of an "ecumenical mission" is put forward. According to this "new conception" of "mission," the "missionary movement" will not just be from West to East, it must also be seen to go from East to West— a "two-way" project. "Older" churches in the West will send "missionaries" to "younger" churches in the East; "younger" churches in the East will also send "missionaries" to "older" churches in the West; similarly, Eastern churches will exchange "missionaries" among themselves. In this way, according to William N. Wysham, "the center of gravity moves from 'foreign missions' to the ecumenical church," and the Christian "mission" becomes a movement for "the united building of the world Christian community."

If this manoeuvring of words is accepted, then "missionary" work will no longer carry with it the old stigma, for the "ecumenical mission"—a worldwide affair embracing both East and West—could not be charged with complicity in

Western expansionism. With one stroke of the pen, the "missionary movement" is thus "freed" from its imperialist associations. And the justification for "mission" work is simple. As one American apologist for the "new strategy" puts it: "As American Christians, we claim the right to serve in other lands, not because we have done so for decades, but because our mission is ecumenical."

It takes a little twisting of the brains and some imagination to follow the intricate and laboured reasoning which goes into the above formula as a defence for the "missionary movement" now in crisis, but its implications are clear.

Naturally, the "new strategy" also calls for organizational readjustment, and these measures are being taken. In November 1961, the International Missionary Council was "integrated" into the World Council of Churches in the Third Assembly of the World Council of Churches in New Delhi. The International Missionary Council thus ended its forty years of existence. Why was this necessary and what is its significance?

A Subterfuge and Camouflage

The official reason given was that "missions" (as represented by the International Missionary Council) and "ecumenism" (as represented by the World Council of Churches) are one and the same. According to Newbigin, "a movement which is not missionary has no right to the use of the word 'ecumenical' "; "a conception of ecumenism which has lost concern for the evangelization of the whole world would be quite contrary to everything which the W.C.C. itself stands for." The old slogan "the evangelization of the world in this generation" is given up in favour of a new slogan, "the whole church with one Gospel for the whole world. On the basis of this explanation, it is claimed that the "integration" of the I.M.C. with the W.C.C. is a "natural and proper response" to the logic of the Gospel, which commands concern "with the mission of the Church and with its unity."

Anyone with common sense can readily see that the explanation offered is but a subterfuge and a camouflage to cover up the real situation—the unpopularity of the "missionary movement." In fact, the "missionary movement" is so unpopular that "the very name 'missionary' is being abandoned in some quarters in favour of the phrase 'fraternal worker,'" says Newbigin.

What do the schemers of the "missionary movement" try to achieve with the "new strategy"? Their goals seem to be the following: (1) to enable the "missionary movement" to be timeless in duration and global in sphere; (2) to unify all "missionary" activities into an "international, interdenominational and interracial" whole; (3) to prop up the tottering "missionary" structure in the "mission lands"; (4) to recapture, if possible, their lost territory, such as that in China.

All the above goals can be reduced to one supreme objective—the shattering of the people's revolutionary movements throughout the world through an all-inclusive programme, practical as well as ideological.

Main Targets: Areas of "Rapid Social Change"

In the application of the "new strategy," the greatest emphasis is put on areas of "rapid social change." By this is meant areas in which movements for national independence and democracy are swiftly marching forward and causing great political and social upheavals. These areas include countries in Asia, Africa and Latin America.

Are the "missionaries" ignorant of what this "rapid social change" really signifies? Evidently not. "Rapid social change is in large part a revolt against the West—the same West from which so much Christian enterprise and missions have come," admitted one of the writers on the subject. Decades ago, "missionaries" already heard Africans saying: "A few years ago we had the land and the white man had the Bible. Now we have the Bible and the white man has the land." These "missionaries" cannot escape the realization that they are now reaping the fruits of their sins.

That does not mean, however, that they are willing to learn the lesson they should. Instead, they seek to cash in on this "rapid social change." They even claim that the social awakening in the "backward" countries is the result of their "missionary" work.

But the deeds of these "social awakeners" betray the hollowness of their words. "Missionary" pronouncements on every vital issue which touches imperialist interests let the cat out of the bag. These "benevolent" strategists coined the phrase "responsible independence" and apply it to countries in revolt against colonialism. To be responsible, according to them, demands "that the transition to independence take place in an orderly and peaceful manner." The

Central Committee of the World Council of Churches "regrets those instances in which violence and apparent irresponsibility, on one side or the other, have jeopardised the transition to independence."

This is naked hypocrisy. These gentlemen never spoke about "order" and "peace" when the colonialists robbed other people's lands; and they say nothing now about their use of force in plundering and oppressing the people. But the oppressed peoples are admonished to use "orderly and peaceful" means to liberate themselves!

Among the areas of "rapid social change," Africa is a focal point in "mission" strategy. John R. Gibson, in the *Wall Street Journal*, put it thus, "From a missionary standpoint, the most important continent of the world now is Africa. According to one estimate, 15,970, or roughly 35 per cent of the world's 42,250 Protestant missionaries, are based in Africa, with well more than half of them coming from the United States."

What is the result of the white man's invasion of Africa in respect to the "missionary movement"? Arthur M. Ramsey, Archbishop of York (now Archbishop of Canterbury) after a tour of Africa in 1960, was astonished at the loss of faith in Christianity on the part of the Africans. He warned: "The time is short." What is true in Africa is of course also true in other areas of "rapid social change."

Dream of "Recapturing" China

While "mission" strategists focus their attention on areas of "rapid social change," they do not for one moment forget their "lost" territory in China which they dream of recapturing some day. They cannot reconcile themselves to regarding New China as a *fait accompli*.

During the reallocation of former China "missionaries," the biggest reinforcements went to countries and strategic centres (Hongkong and Taiwan) in Asia. During the ten years after 1949, in Taiwan alone, the number of Protestant missionaries increased from 12 to 465, and Roman Catholic clergy from 51 to 739.

Many former "missionary" institutions in China not only preserve their titles, but also carry on active work. For example, the United Board for Christian Colleges, reorganized as the United Board for Higher Education in Asia, among other things, established "new universities on the threshold of China (Tunghai in Formosa and Chung Chi in Hongkong)." The Board of Founders of Nanking Theological Seminary and the China Medical Board also continue to function.

The measures thus taken are more than temporary exigencies; they are part of long-term missionary dreams. "The dispersion of Christian resources represents (in one form) the immortality of the missionary enterprise in China," says one writer on the subject.

Among "mission" circles, deliberate misrepresentation of facts and spread of rumours concerning New China clearly reflect imperialist hostility towards the socialist camp, in which China is made the chief target. Batch after batch of "Protestant leaders" from Taiwan, Hongkong and south Korea were invited to the United States to give completely groundless and ridiculous testimonies. One such batch supplied material which was made into a pamphlet entitled *Communist Persecution of Churches in Red China and Northern Korea*.

"Missionaries" and "mission" administrators spare no effort to formulate theories and cook up plans for the promotion of "two Chinas." A rather startling case is that of the Presiding Bishop of the Protestant Episcopal Church of the United States, who announced "the transfer of the Missionary District of Taiwan (Formosa) of the Nippon Seikokai to the Protestant Episcopal Church in the United States of America, as of July 6, 1960." He not only acted on his "two Chinas" premise, he even made Taiwan a United States "colony."

Are these strategists happy with the results of their "missionary" efforts? Certainly not. As one commentator remarked: "Our policy of non-recognition, boycott and containment of Red China has not prevented but has instead aided a course of growth which we had reason profoundly to regret."

The "Non-Political" Sham

The "new strategy" employed by U.S. imperialism in the "missionary movement" is the same strategy which it employs in its overall plan for world domination—an olive branch in one hand and a bundle of arrows in the other.

In the face of facts which even they themselves cannot deny, these "missionaries" still try to cover up the political nature of their work. "The missionary, unlike the Communist, cannot become involved in the political struggles of the state," says a certain Mr. Sly. That this is sham can be testified to not only by what the "missionaries" do in the field, but also by the numerous statements on important international issues put out by the Commission of Churches on International Affairs on behalf of the World Council of Churches—the actual formulator and operator of mission policy. In substance, the political line of the World Council of Churches is the political line of the State Department of the United States. That this is so is admitted even by Sir Kenneth Grubb, Chairman of the C.C.I.A. He said: "The influence of the United States and of the American churches sets the nature and shapes the rules of international ecumenical discussion." It is well known that at least 75 per cent of the budget of the World Council of Churches comes from the United States.

Doomed to Failure

How will the "new strategy" of the "missionary movement" fare? Certainly, its fate can be no better than that of U.S. imperialism's "new strategy" as a whole. Just as those pet devices in Kennedy's political bag of tricks—the "peace corps," the "food for peace" programme and so forth—fell into disrepute as soon as they faced the light of day, so will the "missionary movement" find it difficult to conceal the true nature of its "new strategy" as a political tool of imperialism.

The movements for national liberation are irresistible. With the disintegration and final collapse of the political structure of imperialist and colonial domination in a country, the "missionary" humbug is exposed at the same time.

Even in Western capitalist countries where good and honest Christians have for decades been made to believe that the "missionary movement" is a holy mission, the truth will eventually become known.

As regards Christians in New China, since we are among those who suffered most from the "mission's" alliance with imperialism, we know intimately the ins and outs of "mission" tactics. Just as our suffering was great, so our awakening has been thorough. So whatever the "'new strategy"—"missionary" or otherwise—will do, there will not be the slightest chance that Chinese Christians, who enjoy full religious freedom in New China and ardently love their socialist motherland, will again be bewitched and deceived.

Epilogue

The accusations brought against the so-called "missionary movement" in this article have but one purpose: the purification of the Christian religion from the shams and hypocrisies which poison the minds of its adherents and distort its saving message. It is the duty and privilege of all followers of Christ to spread the Gospel among all people at all times and seek Christian fellowship among themselves, but in the "missionary movement" as described in this article, this holy mission has become a mockery. Good and unsuspecting people, both in the East and in the West, have been deceived long enough by the meretricious shows put on in the name of evangelism. It is time to demand a radical change. This demand reflects the deepest longings of sincere believers in many countries in the face of the present critical world situation. Only when we turn away from and end the subservience of evangelism to imperialist interests, will the splendour of the Christian Gospel again shine forth in glory. Towards this end, Chinese Christians hope to make their humble contribution along with their Christian brothers throughout the world.

5 / 嚴正譴責美帝國主義的戰爭挑釁

原刊於《天風》624 期（1962 年 8 月 25 日），頁 1。

9 月 9 日我人民解放軍空軍部隊擊落了竄擾我華東地區上空的美製蔣匪幫 U-2 型高空偵察機一架。捷報傳來，我們感到極大的振奮。這次美國政府指使蔣匪幫以 U-2 飛機侵犯我國，進行間諜活動，又一次證明美帝國主義是我國人民的死敵。我們全國基督徒一致擁護我國政府就這次事件向美國政府提出的最強烈的抗議。我們英勇的人民解放軍，狠狠地打擊了侵略者，顯示了中國人民捍衛祖國安全和保衛世界和平的強大力量。我們全國基督徒對我國空軍部隊獲得這一輝煌的勝利，表示衷心的祝賀和崇高的敬意。

美國政府一貫敵視新中國。美國的飛機和軍艦長期以來，不斷地侵犯我國領空、領海，自 1958 年以來我國曾提出過二百十幾次嚴重警告。不久以前，美帝國主義唆使蔣匪幫準備竄犯我國大陸的冒險陰謀被揭穿後，美國政府曾一再聲稱沒有以武力侵犯我國的意圖，這是騙人的鬼話。現在，U-2 間諜飛機被我打下，美帝國主義的侵略魔爪，被我當場揪住，證據如山，更無抵賴的餘地。U-2 飛機是美國製造，由美國直接供給蔣匪幫的；飛機使用的燃料、器材等是美國駐台灣的軍事機構直接掌握的；飛機上的駕駛員是美國直接訓練的；進行間諜飛行的使命，是直接為美國國防部收集我國的軍事情報；侵犯我國的時間，又恰恰在美國總統的親信泰勒親自赴台灣進行軍事部署的次日。鐵一般的事實證明，美帝國

主義就是這次事件的元兇。儘管肯尼迪政府慣於擺弄「和平」姿態，妄圖欺騙全世界人民，但是，通過這一事件，美帝國主義瘋狂備戰的猙獰面目，又一次暴露無遺。美帝國主義是披着羊皮的狼，是威脅世界和平的最兇惡的敵人。中國人民和全世界人民必須認清這個兇惡敵人的本質，對它的侵略政策和戰爭政策，進行堅決的鬥爭，這樣，我們對保衛世界和平，才能真正有所貢獻。

美帝國主義對中國的戰爭挑釁，是它蓄意加劇遠東緊張局勢，在全世界範圍內進行戰爭準備的一個組成部分。美國不斷地從英國、西德、日本、菲律賓、土耳其、沖繩、台灣等基地派遣 U-2 飛機侵入蘇聯、中國及其他社會主義國家，以及中近東、北非、東南亞和拉丁美洲許多國家的上空，進行間諜活動。最近肯尼迪政府又執行一項用 U-2 飛機在全球進行間諜活動的計劃。與此同時，美帝國主義還在老撾繼續搗亂，對南越人民進行血腥鎮壓，指使泰國等僕從國家威脅柬埔寨的中立，公然叫囂要對古巴再次發動侵略戰爭，並猖狂地在西柏林製造新的緊張局勢。這一切都表明，美帝國主義戰爭侵略的魔爪，正伸向四面八方，加劇了國際緊張局勢。中國人民，同全世界人民一道，必須加倍提高警惕，堅決粉碎美帝國主義破壞遠東及世界和平的新陰謀。

中國基督徒同全體中國人民一樣，一向熱愛和平，把反對帝國主義侵略，保衛世界和平，當作我們神聖的任務。我們這次打下 U-2 飛機，是對美帝國主義侵略我國陰謀的一個沉重打擊。這是中國人民在保衛祖國，和維護世界和平的鬥爭中的重大勝利。我們中國基督徒要在共產黨和毛主席的英明領導下，同全國各族各界人民，更加緊密團結，更加深入地開展反帝愛國運動，嚴密警惕和不斷揭露美帝國主義利用宗教進行侵略的陰謀活動，在反對美帝國主義侵略，保衛世界和平的正義事業中，作出我們最大的努力。

十三、

1963
年

Return to My Ancestral Province

Originally published in *China Reconstructs*, July 1963, 8–12.

I STILL HAVE vivid memories of my boyhood when, at the Chingming Festival each spring, I went with my father and brothers to our ancestral home in Shunteh county, Kwangtung province. From there we took further journeys to nearby districts to pay our respects at the tombs of our ancestors, as tradition required during this holiday.

Chingming was a great occasion, the only one in the year when all the two or three hundred members of the Wu clan met together. On that day at our ancestral hall, firecrackers were let off and incense was burnt before the ancestral tablets. Each man and boy—but none of the women—received a pound or so of savoury roast pork straight from the oven. In the evening came the peak of the festivities, when all the men of my father's family and my uncles' families met for dinner together. For us boys, the few short days in the village were full of excitement.

That was more than fifty years ago. At the age of sixteen I left my parents' home in Canton, and thereafter returned only occasionally for short visits. I thought little about the old village and never had an opportunity to go back there. But after the liberation my mind turned back to my relatives in the country and I wondered how they were faring. This spring, in the course of a visit to Kwangtung province, I found myself back in my ancestral home for the first time since my boyhood.

Return After Fifty Years

In the old days, the only means of transport from Canton to our village were wooden passenger boats towed in lines behind tiny steamboats. The journey took three or four hours. But this time my wife and I got there in an hour and a half by car, even though we had to make three ferry crossings. When we reached the village a large crowd greeted us and escorted us to a rather fine-looking two-story brick building. In one of the upper rooms there was a long table spread with candy, biscuits, nuts and fruit, the variety and quantity of which presented a scene of affluence quite unknown in this village in the old days. One of our hosts even apologized for the small size of the bananas—due to a recent flood, he explained.

After so many years, the faces of all those present were naturally strange to us, and my nephew had to introduce even our nearest relatives. Women were very much to the fore and accounted for almost half of the more than twenty people there. This, of course, was no surprise to me but it immediately brought to my mind the sharp contrast with my boyhood days when women were so severely discriminated against. In fact, at that time they were looked on with actual abhorrence on social occasions.

We drank tea and chatted informally. I learned that all the able-bodied villagers—men and women—had joined the Tanchow People's Commune. Average earnings were two or three times what they had been in pre-liberation days.

We were ready to take a stroll in the village. The old house where we had stayed when we came with my father was still there, although it was in need of repair. The nearby ancestral hall, in front of which was a spacious threshing floor, was exactly as I had remembered it. The commune now used the empty space in the hall for storing grain. To my delight the huge wooden tablet on which my father, an accomplished calligrapher, had written the characters "The Great Ancestral Hall of the Wu Clan" was still hanging over the entrance. A short distance away I saw the high stone bridge on which we had played as boys. The trees that spread their shade at either end of the bridge and the stream that flowed under it were a poetic setting for the memories that came back to me.

As noon approached we walked through the fields to the headquarters of the commune. Those who accompanied us proudly pointed to a row of poles, saying that in two or three weeks they would have electric light. They took us somewhat out of our way to see the electric installation for irrigation and drainage recently built by the commune.

At the headquarters we were served with the most delicious lunch. Cantonese food is famous, but what we ate on this occasion topped anything we had yet tasted in the province. We had never expected to have a meal of that quality.

As we waved goodbye my heart was filled with many feelings. How quickly the half-century since I had been here had gone! But gone too were the poverty and ignorance, the backwardness which had bound the people to the past. Gone too were the oppression and exploitation which were the source of their misery. Now they were truly free. How happy they seemed! And the village was on the road to modernization. Instead of struggling individually, the people were helping each other, wrestling with nature and compelling her to yield more abundantly her fruits.

Results of the Great Leap

It was a great satisfaction to have revisited our ancestral home, but we were more curious about what the great leap forward had meant to towns and villages in our native province.

We first went to Foshan, a small town an hour's drive along a new road from Canton. Foshan has become nationally famous as the holder of the "Red Flag" for environmental sanitation. Yet it could not claim to be a clean place before the great leap forward. Open sewers then lined the filth-strewn streets, and the people had slovenly habits. But when the national call for cleanliness came, the people of Foshan responded as one person. Men and women, young and old, street by street, house by house, organized a thoroughgoing clean-up campaign. Today, whether you walk on the main streets or in the small lanes, you have to admit that Foshan has done a pretty good job. No more open drains, no more rotting piles of garbage. Inside the houses too, the daily clean-up has become routine. We saw a small boy throw some waste paper on the pavement. An elderly man immediately had him pick it up, warning him not to do it again.

We visited Taliang, the administrative centre of Shunteh county. A small town of some 70,000 people (if the suburbs are included), it was like a miniature replica of Canton as regards the prosperity of its business centre and living standards generally. In the Cultural Garden we saw a zoo almost equal in size to that in Peking. We were also surprised to find an assembly hall capable of seating 5,000 people—slightly larger than the Sun Yat-sen Memorial Hall in Canton. It was a modern structure without supporting pillars, reflecting quite bold construction for such a small place. I learned that the builders were all local people and that practically all the materials used were local products.

Changes at Chankiang

The place that intrigued us most on the trip was the district of Chankiang on the Leichow Peninsula in southwest Kwangtung, where we went from Taliang. The motor roads in this part of the province were the best I have seen anywhere in the country. They were smooth and in perfect repair. On either side were rows of trees—not single rows but two, three, four or five, giving ample shade.

Chankiang district had achieved wonders during the great leap forward. Formerly one of the four poorest districts in the province, its soil of low fertility suffered from chronic drought. Chankiang itself was the centre of the former French-leased territory of Kwangchowwan. The lease had been forced on the Ching government in 1898, but the French fled the area in 1942 during the Second World War. During their 44-year occupation, they had done practically nothing to develop the place. Except for the villas to house French families, the only thing they built was a small wharf. Now Chankiang has one of the finest harbours in the country with facilities for ships of 20,000 tons. The whole city resembles a garden and is served with excellent roads. Gambling, prostitution, opium-smoking, beggary and banditry, which were formerly rife, have disappeared.

In 1956, those struggling with the problem of ridding the region of its chronic poverty proposed the building of a 147-kilometre irrigation canal. Plans were made, forces were mobilized and, in the summer of 1958 when the wave of the great leap forward was at its peak, work was started.

Labour was not a problem, for the farmers—the immediate beneficiaries of the project—readily and enthusiastically threw themselves into the work. Construction, including reservoirs and distribution channels, was completed in fourteen months. The waterway is called the Youth Canal because of the 200,000 workers who built it, 120,000 were young people.

The building of the canal meant that drought and flood in the whole district were eliminated; that 2,500,000 *mu* of land could be irrigated and large areas of uncultivated land opened up. It provided the conditions for the building of a large number of electric power stations and factories and for the mechanization and electrification of the rural areas. Twenty-ton boats can navigate in the canal and its tributary channels greatly, facilitating travel and transport in the peninsula.

Most fascinating was a section called the "Heavenly River"—an elevated waterway joining two plateaus with a natural river running under and at right angles to it. The whole canal, especially this section, symbolized for us the spirit of daring and creativeness, the devotion and vigour of the common people. They had indeed performed a miracle, and they had been able to do it because they could now identify themselves completely with a social cause which was also their own cause. Once the link was established, the energy that flowed from it was tremendous.

I mentioned above the assembly hall and the zoo at Taliang. While I admired them, a slight doubt came into my mind. Did the people there really need a hall and a zoo of that size? Was it not a waste of resources? When I saw the Youth Canal in Chankiang, such doubts were dissipated. I realized the important thing was not whether a certain project was a little bit too big or a little bit too small, although this should be taken into account. What mattered was the upsurge of enthusiasm even though it sometimes surpassed the bounds of careful calculation. This upsurge, during the great leap forward, steadily built up the nationwide determination to speedily remove age-old backwardness.

Hainan's New Life

Forty-five minutes by plane took us from Chankiang to Haikou on Hainan, once a wild area to which people were exiled but now fondly called the "treasure island." A flying visit of four days was hardly long enough to do justice to changes on this big island since the liberation, but it gave us another angle from which to view, the achievements of the great leap forward.

We were much impressed by the Hsinglung State Farm for the resettlement of Chinese from overseas. Here for the first time we saw tropical and subtropical plants—coffee, cacao, pepper, oil palms and many others. The story of the farm greatly moved us. The area was originally infested with the most pernicious malaria-carrying mosquitoes and to settle there meant almost certain death. But nature could be conquered and was conquered. Mosquitoes are few and the farm now embraces vast tracts of land on which thousands of settlers with their families are happily working.

Another place which greatly interested us was the Li-Miao Autonomous *Chou*, which has its capital high up in the heart of the mountains. The minority peoples were treated like outcasts in the old days and suffered double oppression from their own chieftains and the Kuomintang officials. Their diet for the most part consisted of wild fruits and vegetables and they lived in low, damp huts built of logs and thatch. Then liberation came. The autonomous *chou* was formed and, later, people's communes were set up. This meant the dawn of a new life for the minority peoples. We saw rows of new brick houses and one of the old huts nearby, purposely left there as a reminder of the past. We saw cheerful faces—men, women and children busily at work or resting in the sunshine. The capital has grown from a few huts to a small town with shops, schools, restaurants, a hospital, a bank and other modern facilities. An old woman, reflecting on the source of her people's blessings, expressed her deep feelings with these words, "If I hear anyone speak ill of the Communist Party and Chairman Mao, I'll give him a good hiding."

What after all was our impression of the great leap forward in Kwangtung province? The most intimate and authoritative answers came from the many people we met. Whenever we saw something impressive—a school, hospital, factory, reservoir, garden, road or some new way of doing things—and asked how it had come about, the invariable answer was, "It was a result of the great leap forward." It was the great leap forward which changed not only the physical appearance of the country but also the people's morale and tempo in work.

Canton Fair and Tsunghua

While in Canton we visited the Chinese Export Commodities Fair which is held twice a year, in spring and autumn. We were amazed by the rich variety of commodities on display which ranged from large machines to delicate surgical instruments, from household goods to articles for personal use. The arts section was a virtual fairyland. It included exquisite porcelain and lacquer ware, cloisonné vases, carved wooden screens and numerous other art objects, large and small. Among them were thirty carved ivory balls, one inside the other, each one movable, made in Canton. The workmanship of the figures and scenes depicted was superb.

The 20,000 items listed came from all parts of the country and we were told that nearly all were products of the great leap forward. This also applied to the ivory ball mentioned above. For decades this kind of carving had been one of the specialties of Canton but it was not until the great leap forward that the craftsmen managed to carve a piece so intricate.

During our stay in Canton we went for a few days rest to a quiet health resort, the Hot Springs in Tsunghua, two hours drive from the city. The spring bubbles up under the river which winds its way below the building where we stayed. Although the weather was at its coldest, flowers were in full bloom and it seemed we were in a huge garden surrounded by hills. As we strolled along the river bank in the stillness of the evenings, crickets chirped and there was the low buzz of other insects, reminiscent of summer nights in the north.

As we look back over the month we spent in Kwangtung, our hearts are filled with gratitude. We saw how the people with brave, determined and tiredness effort are engaged in socialist construction, how the hard crust of semi-feudal, semi-colonial China has been swept away and how the foundation is being laid for a new edifice which will be so magnificent that it will surpass the boldest imagination of our forefathers. The road may be a winding one; there may be ups and downs; but the wheels of history will roll forward and nothing will stop them.

十四、

1964
年

慶祝中華人民共和國成立十五周年

原刊於《天風》648 期（1964 年 9 月 30 日），頁 1–4。

中華人民共和國成立十五周年了。十五年，從悠長的歷史看來，是一個很短的時間，但是，在這十五年中，新中國不但屹立在大地之上，而且成爲一個堅強的國家，在國際事務中起着愈來愈大的作用，這一事實就具有極其重要的歷史意義。

十五年來，帝國主義和各國反動派痛恨我們，咒罵我們，想盡一切方法來破壞、顛覆我們的國家。但是，他們沒有能夠動我們的一根毫髮。相反的，他們給了我們許多反面教育，使我們提高警惕，對他們進行了針鋒相對的鬥爭，使他們所圖謀的一切壞事都變成了好事。這是帝國主義和各國反動派所夢想不到的。

現代修正主義者對帝國主義抱着幻想，妄想用無原則的「和平共處」來換取帝國主義的諒解，緩和國際緊張局勢，這簡直是痴人作夢。幾年來，美帝國主義在全世界的橫行霸道，已經使現代修正主義者投降主義的宣傳完全破產。

十五年來，新中國進行了艱巨的社會主義改造和社會主義建設。我們的工業、農業、文化工作、思想改造、科學技術和國防力量，都有了很大的發展。許多事業和企業都是從無到有，從小到大，從粗到精。我國已經走上了現代化的道路。在這短短的歲月裏，我們曾經遇到了無數的困難，但我們沒有向困難低頭，相反的，我們本着奮發圖強，自力更

生的精神，越過一切障礙，向着社會主義的大道邁進。

　　十五年來，我們實行了人民民主專政、儘管國內外的反動力量不甘心於他們的失敗，互相勾結，企圖在新中國死灰復燃，但是，在強大的人民壓力之下，他們已成爲甕中之鼈，沒有興風作浪的餘地。相反的，全國各族人民却是心情舒暢，團結一致，同心同德，爲建設社會主義的祖國而共同努力。

　　在這十五年中，新中國的基礎已經建立在磐石之上。我們不再是一個任人宰割，聽人擺佈的半殖民地國家，我們已經掌握了自己的命運，舊中國的一切黑暗和痛苦，都已經一去不復返。這是每一個中國人都應當引以自豪的。

　　十五年來，中國人民過着解放前不可能有的幸福日子。當我在各地旅行，或者打開每天的報紙，看到祖國的欣欣向榮和日新月異的變化的時候，我總禁不住內心的興奮和喜悅。這不僅是我個人的感受，也是廣大中國人民和中國基督徒的共同經歷。

　　在舊中國，大多數基督徒，尤其是勞動人民中的基督徒，他們的遭遇和廣大人民羣眾的遭遇，同樣悲慘。帝國主義、封建主義、官僚資本主義三座大山沉重地壓在他們的頭上，使他們透不過氣來。儘管他們聽見過平安的福音，他們却無法獲得眞正的平安，因爲帝國主義和剝削者吮盡了他們的汗血，甚至剝奪了他們最起碼的生存的權利。可是現在他們都翻了身。十五年來，他們積極參加祖國的社會主義建設，他們的生活水平逐漸提高，在社會主義制度下過着安定愉快的生活，並且享有眞正的民主權利。他們成爲國家的主人，用自己的雙手和勞動建設更美好的明天。帝國主義曾經吹嘘他們的「文明」和「自由」，可是在帝國主義和反動派統治的黑暗歲月裏，人們嘗到的只有野蠻和殘暴；只有在新中國，人民才眞正享受了人的尊嚴。至於基督敎界上層人士，他們過去作了帝國主義的工具，享受了一些帝國主義特權，但是這種洋奴的地位，使他們同廣大人民羣眾對立起來，爲羣眾所鄙視和唾棄。只有在解放後，在黨的領導下，他們才回到人民的隊伍中來，並且得到各方面的照顧，享有一定的政治地位和社會地位。他們通過學習，逐步清除帝國主義的

毒素，逐步擺脫閉塞落後以至反動的思想，眞可以說是撥雲霧而見青天，看到了自己的前途。

十五年來的事實說明了什麼呢？我認爲它們至少說明了下面幾條簡單的却又非常重要的眞理。

第一條眞理是：人心所向，沒有不能夠成功的事。中國人民經歷了一百多年的鬥爭，經過無數次的失敗，三座大山壓在他們的頭上，反動力量非常強大，爲什麼我們還是能夠戰勝一切困難，終於解放了自己呢？這就是因爲廣大中國人民不願作奴隸，不願忍受壓迫，他們要求掙脫枷鎖，作自己的主人。世界上最強有力的東西，不是武器，不是金錢，不是任何人的陰謀詭計，而是人，是人的要求，是人心的趨向。只可能是人主宰物，不可能是物奴役人。正是由於這條眞理的作用，所以災難深重的舊中國能夠獲得解放，貌似強大的敵人，終於被打倒。這條眞理適用於昨天，也適用於今天和明天，懂得這條眞理，我們在進行着正義事業的時候，就不會有自卑感，也不會成爲唯武器論者或拜物教者。我們將充滿着信心，百折不撓地去完成我們的使命。

第二條眞理是：社會是按照不以人的主觀意志爲轉移的客觀規律發展的。萬事萬物都在變，但變不是盲目的變而是有規律的變；變也不是無意義的循環，而是向着更高階段的發展。這個客觀規律是不可抗拒的。儘管社會的發展是迂迴曲折的，但是，它的既定方向是不能移易的；如果有人企圖改變這個方向，扭轉歷史的車輪，他必將碰得頭破血流，最後只有身敗名裂。懂得這條眞理，就懂得我們爲甚麼必須走社會主義的道路，而不可能走資本主義的道路，也沒有第三條道路。懂得這條眞理，就懂得我們生活在社會主義社會裏，爲什麼必須適應社會主義社會本身的規律，而不應當抗拒這些規律。解放前，廣大中國人民的要求，是符合社會發展規律的，所以中國革命能夠成功。解放後，廣大中國人民的努力也是符合社會發展規律的，所以我們的社會主義建設事業，能夠蓬勃地發展。否認這個規律，抗拒這個規律，我們的生活就將處處充滿着矛盾；只有承認這個規律，接受這個規律，我們才能在最大限度內得到自由。

　　第三條眞理是：革命要有正確的領導，人剝削人，人壓迫人的社會是可以改變的，是應當改變的，這是社會發展的規律。按照這個規律去改變舊社會，使它成爲沒有剝削，沒有壓迫的新社會，這就是革命。在進行革命中，人是最重要的因素，是決定一切的因素。但是，革命的人，要有正確的領導，因爲，革命的環境是複雜的，革命的策略也是複雜的，沒有正確的領導，革命就不能成功，或者要遭受很大的挫折。中國所以能得到解放，新中國所以能夠在社會主義的大道上邁進，就是因爲我們有了共產黨，有了我們偉大的領袖毛主席，有了黨的一系列關於社會主義革命和社會主義建設的方針政策。黨所以是光榮的，是因爲它是大公無私的。在舊中國，只有利用人民去推翻舊統治來建立自己新統治的皇朝，而未曾有過領導人民去革命，眞正爲人民的利益服務的力量。只有站在人民的立場，全心全意爲人民服務的中國共產黨才配稱爲光榮的。黨所以是正確的，不但因爲它有了可以改變舊世界，建設新世界的馬列主義，而且因爲它不隱瞞錯誤，勇於改正錯誤，不怕進行批評和自我批評，使主觀世界不斷地適應客觀世界。黨所以是偉大的，是因爲它在短短幾十年中，經歷了千辛萬苦，幹出了轟轟烈烈、驚天動地的偉大事業。「數風流人物，還看今朝」，不是一句誇張的話，而是事實的素描。體會了黨的光榮、正確、偉大，我們就可以體會到「沒有共產黨就沒有新中國」這一句話是人同此心，心同此理的一句話，是內容豐富、意義深刻的一句話：它也是現代中國歷史的總結。在共產黨領導之下，新中國的前途是無限光明的。

　　中華人民共和國在昂首闊步地前進，而敵視我們的，以美國爲首的帝國主義却愈來愈走下坡路。帝國主義陣營內部是分崩離析的，它們之間的利害衝突是無法調和的。帝國主義所以是紙老虎，不是因爲它沒有武器，沒有金錢，而是因爲它不得人心。它的金錢是從剝削得來的；它的武器是用來鎭壓人民的。爲了少數人的利益，帝國主義企圖發動大戰，稱霸世界。爲了擴張它的勢力範圍，消滅人民的反抗，它進行顚覆活動；扶植反動政權，對要求擺脫帝國主義和殖民主義枷鎖的人民進行血腥屠殺。帝國主義這些滔天罪行不只是不得人心的，而且違反了社會發展的

規律。今天，亞非拉的民族解放運動，和美國黑人反對種族歧視的鬥爭，愈來愈高漲，這一股革命巨流，是無法阻擋的。帝國主義自以爲不可一世，唯我獨尊，但實際上，由於它的倒行逆施，它的每一罪惡行爲都給它的脖子加上一條絞索，爲它挖掘墳墓。認識了帝國主義的本性，認識了帝國主義最後的命運，我們就能夠從本質看問題，從全面看問題，從發展看問題，就不會被紙老虎嚇倒，就可以挖掉長期以來在思想上腐蝕我們的親美、崇美、恐美的病根，把打倒萬惡的美帝國主義作爲我們的神聖任務。

上面所說的都是一片大好形勢。在這種非常有利於各國人民的形勢中，我們可以在戰略上窺視帝國主義，在戰術上團結全世界人民的力量，不放過任何一個機會去打擊帝國主義，這樣，不管帝國主義怎樣在死亡中瘋狂掙扎，我們一定可以把它打敗。認識了這個大好形勢，認識了造成這個大好形勢的幾條基本真理，我們就會信心百倍，心情舒暢，態度積極，作事主動，在不斷變化的國際形勢中，堅定不移，奮勇前進。在中華人民共和國建國十五周年的時候，我們有必要重新體會我們曾經多次學習過的這些道理，讓它們在我們的思想認識中，逐漸造成質的變化，使我們成爲更堅強的，能夠經得起風浪的人。

在這個大好形勢中，擺在我們面前的主要任務是：怎樣爲徹底打敗帝國主義和建成社會主義的新中國貢獻我們的力量；怎樣消除在我們頭腦中的帝國主義和資產階級思想毒素；怎樣把我們的自我改造和勞動實踐聯繫起來。

帝國主義永遠不肯承認事實，永遠不肯向真理低頭，永遠不肯從失敗中吸取教訓。帝國主義的規律是：搗亂，失敗；再搗亂，再失敗，直至最後滅亡。因此，我們應當對帝國主義的一切陰謀，繼續提高警惕。這幾年來，美帝國主義不斷地製造緊張局勢，不斷地進行侵略活動。美帝國主義還霸佔着我國的領土台灣。最近它對越南民主共和國的突然襲擊又一次暴露了它的窮兇極惡的本質。美帝國主義一手製造的東京灣事件激起全體中國人民的極大憤怒，受到全世界公正輿論的嚴厲譴責，這是理所當然的。我們基督教界人士同中國人民一道，完全支持越南人民

反抗美帝國主義的正義鬥爭；我們毫不懷疑：美帝國主義這一次冒險行動，將和它的其他侵略活動一樣，遭到可恥的失敗。

美帝國主義在擴軍備戰，進行侵略的同時，還狡猾地玩弄各種「和平」花招，企圖借以欺騙各國人民、麻痺他們的思想，鬆懈他們的鬥志。在美帝國主義的「和平」花招中，它利用基督教的陰謀更爲陰險毒辣。它把作爲侵略工具、不得人心的「傳敎事業」改頭換面，企圖利用所謂「普世意識」、「獨立自主」等僞善口號，重新控制亞非各國的基督教事業。美帝國主義的傳敎士們不甘心於他們在新中國的垮台，在咒罵和污蔑中國基督敎反帝愛國的三自運動的同時，還想向我們使用挑撥離間，利誘分化的詭計，希望使我們脫離廣大人民，重新投入帝國主義的懷抱，我們對此必須百倍提高警惕。

現代修正主義也要利用基督敎來推行它的「和平共處」的錯誤路綫。我們對這些充滿毒素的思想也應當進行嚴格的批判。

十五年來，新中國社會主義革命和社會主義建設事業所取得的巨大成就不但證明了社會主義制度的無比優越性，也證明了黨的方針政策，特別是總路綫、大躍進、人民公社三面紅旗的完全正確。我們應當全心全意地、無保留地服從黨的領導，擁護黨的一切號召，凡是有利於社會主義的事都去做，凡是不利於社會主義的事都不做，在思想上和行動上做一個無愧於新中國的人。

帝國主義不但想用武力征服我們，它也要盡一切方法來腐蝕我們的思想，讓我們的頭腦成爲帝國主義在我國復辟的溫床。因此，自我改造，對我們來說，是非常重要的，也是非常急迫的，不但過去需要，現在需要，將來也還是需要。我們應當把自我改造看作一件沒有止境的事。在自我改造中，我們特別應當培養階級觀點，從階級觀點去辨別是非，分清敵我，認識形勢。這幾年來，各地基督教同工同道都進行了帝國主義利用基督教在中國進行侵略的史料的整理和回憶工作，並且取得了一定的成就。這不但是一項揭發帝國主義罪行的重要工作，它對我們的自我改造也是大有幫助的。

　　一年來，全國同工同道都進行了以反帝愛國守法爲中心的社會主義、愛國主義、國際主義的學習，現在正在逐步深入。這是我國基督敎界的一件大事。在我們爲中華人民共和國建國十五周年而歡呼的時候，我們應當高瞻遠矚，認識形勢，也認識自己，在學習中百尺竿頭，再進一步，把我們在學習和自我改造中所取得的新的成就，作爲對締造新中國的、我們所敬愛的中國共產黨和毛主席的獻禮。

十五、

1979
年

1 / 立場堅定，旗幟鮮明，艱苦樸素，平易近人
——紀念周恩來同志誕辰八十一周年

原刊於《文匯報》，1979 年 3 月 5 日。另見《解放日報》，1979 年 3 月 5 日。
後收入《人民的好總理——周恩來同志永遠活在我們心中》續篇三
（上海：上海人民出版社，1979），頁 274–280。

在紀念敬愛的周總理誕辰八十一周年的日子裏，周總理的音容笑貌彷彿又出現在我的面前。在四屆人大上，他那鏗鏘有力的聲音，爲實現四個現代化而奮鬥的決心，至今仍是鼓舞我們前進的動力。周總理的一生是戰鬥的一生，也是和人民同甘共苦的一生。《天安門詩抄》中的四句詩：「浩然正氣，光明磊落。功高德重，名垂史冊」，表達了全國人民對周總理崇敬的心情，也道出了我的心聲。

從解放前到解放後的幾十年中，我同周總理有過多次接觸。每當國家和民族到了重要的轉折關頭，我都有幸見到周總理，聆聽他對時局的精闢分析。我之所以能數十年跟隨黨，爲人民做一點事，都是和周總理的幫助分不開的。周總理和藹可親，心胸寬廣，艱苦樸素，平易近人，善於團結和爭取各階層群眾，包括不同觀點、信仰和立場的人，爲一個共同目標而奮鬥。他堅定的革命性和靈活性，更給我留下了深刻的印象。

我是一個從舊社會過來的知識分子，又是一個基督教工作者，經歷了從清朝以來各個時期的時局演變，親眼目睹解放前中華民族遭受到三座大山的壓迫。但是，我堅信我們這個偉大的民族一定會覺醒，一定會站起來。正是周總理給我指引了方向。

　　一九三八年，日本帝國主義重兵壓境，節節進逼。每一個有民族氣節的人，無不熱血沸騰，爲保衛祖國的神聖領土和尊嚴出錢出力，流血流汗。那時候周恩來同志是第十八團軍（即我八路軍）駐漢口的代表。那一年我因公去武漢，曾表示想會晤這位久已敬佩的共產黨領袖。通過龔澎同志的聯繫，我的願望很快就實現了。在五月二十日那天上午十時許，周恩來同志親自來我住處見我。同來的還有吳玉章同志。談話的時間雖然只有一個多小時，但涉及的面却很廣。是日，報載徐州已經失守。周恩來同志分析了抗戰形勢，論述了國共合作和中國革命問題，還談到中國共產黨對宗教信仰的態度。他着重指出：馬列主義者是無神論者，但是尊重宗教信仰自由，並願意和宗教界人士合作，共同抗日。他的談話，立場鮮明，觀點明確，對未來充滿信心，給了我很大的啓發。

　　一九四一年夏，我從上海到四川講學。那一年十二月七日，爆發了珍珠港事變及隨之而來的太平洋戰爭。四天之後，我到重慶曾家岩中共辦事處去，再次見到了周恩來同志。那是一座很小的房子：只有一間辦公室和幾間臥室。除了幾張椅子和板凳以外，陳設非常簡樸。辦事處的周圍，國民黨特務崗哨林立，暗中密佈。但是這座簡陋的小樓竟成了黑暗中的燈塔，暗礁群中的航標。革命人民通過這座小樓看到了希望，看到了光明。在這裏，周恩來同志除了同國民黨進行鬥爭外，還要接見群眾代表、新聞記者、各界民主人士、國際友人，揭露反動派的陰謀，宣傳共產黨的正確主張，爲鞏固和發展統一戰綫做了大量的工作。當時，正是民族鬥爭最緊張的時候。蔣介石消極抗日，積極反共。周恩來同志指出，抗戰已經進行了四年多，只要一切抗日的黨派、階級、民族團結起來，就能打敗日本侵略者。在國際上，也同樣要建立廣泛的統一戰綫，反對德日的法西斯統治和侵略。他又詳細闡明了在國共兩黨合作的基礎上，建立這種統一戰綫的重要意義。這次談話使我進一步認識到，中國共產黨是抗日的中流砥柱，是不願做亡國奴的中國人民的希望，是一切愛國人民可以信賴的力量。

　　一九四三年五月二十五日，還是在曾家岩，我第三次見到周恩來同志。那天，在座的還有董必武和其他兩位同志。周恩來同志向我詳細介

紹了當時的形勢，指出蔣介石已經和日本侵略軍及汪僞漢奸政權達成默契，調兵遣將，包圍解放區，積極準備打內戰，妄圖消滅共產黨。說到這裏，他的聲調激昂，兩眼閃閃發光。他以堅定有力的口吻，呼籲一切愛國黨派和愛國人士團結起來，廢除法西斯獨裁統治，爲建設一個獨立、自由、民主的新中國而奮鬥。周恩來同志又重申了上次和我談話時所表示的信心：最後的勝利一定屬於共產黨和中國人民。

到了中午，我們談得還十分熱烈，周恩來同志留我用了便餐。飯後，他說：「我知道你身體不好。你是否願意略事休息，再繼續談下去？」就在會客室裏，臨時搭了一個鋪，讓我休息。這種無微不至的關懷，使我終生難忘。休息後，周恩來同志詳細回顧了黨的歷史。他對我說：「中國共產黨對馬列主義的認識也有個發展的過程。共產黨人也犯過很多錯誤，但能從失敗中汲取教訓，得到進步。但願我們的朋友，不要看到一些問題，就對黨喪失信心。」

那天，我們又談到宗教問題。根據我當時的思想，我對周恩來同志說，馬列主義和基督教有百分之九十九的共同點，儘管在有些根本問題上有分歧，但無關緊要，最後是可以一致的。周恩來同志聽後，坦率地對我說，他不能同意這種看法，並重申了黨的宗教政策，最後說：「不同的世界觀並不妨礙我們爲了爭取和平、民主而共同努力。你多年來爲抗日和民主事業做了不少工作。在目前這樣艱難的條件下，對每個人都是考驗，希望我們能繼續合作，在即將到來的新時期中爲人民做更多的工作。」這是周恩來同志對我最大的鼓勵和鞭策。

那次是周總理和我最長的一次談話，繼續了將近一整天。從此，我更加相信中國共產黨，更加敬佩周恩來同志，對我國的前途也抱有更大的信心。臨別之前，董必武同志還應我的要求，開了一張馬列主義的書單給我，一共五、六本，包括《共產黨宣言》和《列寧傳》。多年來，我一直珍藏着這張書單和這些革命書籍。

抗戰勝利後，蔣介石依靠着美國的經濟和軍事支持，調動了一百多萬軍隊進攻解放區。在國民黨統治區的人民，政治上經濟上都受到殘酷的壓迫和剝削。反對內戰，要求和平民主，已經成爲廣大人民一致的呼

聲，匯成了一股不可抗拒的洪流。一九四六年六月二十三日，上海幾十個人民團體，推舉了一個由十一人組成的代表團到南京請願，呼籲和平，停止內戰。我也是成員之一。我為代表團草擬了一份給馬歇爾的英文《備忘錄》，表示中國人民堅決反對美國支持蔣介石打內戰。到了南京下關車站，代表團就被國民黨特務包圍毆打，許多人被打受傷，送到醫院。周恩來和鄧穎超同志聞訊後，半夜趕來看望我們。鄧穎超同志還送來了食物。第三天又在梅園新村中共辦事處設宴招待我們。「下關事件」清楚地表明：一方面是製造事端，欲置代表於死地而後快；一方面是熱情支持，親切接待。到底誰要和平，誰要內戰，不是最鮮明的對比嗎？回到上海以後，鄧穎超同志在劉少文同志陪同下，代表周恩來同志到我家來表示慰問。她說：黨很重視我給馬歇爾的《備忘錄》。這對我是一個很大的鼓勵。我只做了微不足道的一點事，但是黨却沒有忘記，加以肯定，激勵我繼續前進。

從一九四九年解放後到一九五九年，我參加了十五次世界和平會議。除了亞洲太平洋會議是在北京召開外，其餘都在國外舉行。在每次出國前，周總理都在中南海紫光閣召集我們作重要指示。總理對世界各種複雜問題都有極其廣博的知識和深刻的洞察力。他立場堅定，旗幟鮮明。他的指示是我們在國外活動的指導原則。

周總理很關心宗教政策，更確切地說，他體現了黨的政策和方針。黨的宗教政策，從一九三八年我第一次會見周總理，到新中國成立後，始終如一。一九五〇年五月，宗教界人士到各地傳達第一屆政協會議精神以後，周總理找了我和劉良模、鄧裕志、趙紫宸等一些基督教人士，在中南海作了三次長時間的談話。當我們反映了各地執行宗教政策的一些問題以後，周總理說：中國的基督教長期來曾受帝國主義的利用，廣大的人民不理解，有隔閡，這是很自然的。你們應當行動起來，讓人民理解你們。既然中國人民站起來了，有能力管理自己的國家，中國人難道辦理不了中國人的宗教？

由於周總理的啓發和教育，我們發起了一個「三自革新」運動，成立了一個新機構，發表了「革新宣言」，宣布中國基督教堅決割斷同帝

國主義的關係，揭露帝國主義利用宗教的種種罪行。周總理建議說：「這份宣言可以發表，讓人簽名嘛！」就這樣，《人民日報》以三個版面刊登了第一批一千五百二十七位簽名擁護《宣言》的名單。以後，簽名的人數發展到十幾萬人。

周總理一生爲中國革命和世界革命作出的不可磨滅的貢獻和功績將永垂青史。多少從國外歸來的人一談到他，禁不住流露欽佩之情。他在國際舞台上氣勢磅礴、正氣凜然的講話，正是代表掌握了自己命運的中國人民的意志和願望。他的名字是中國人民尊嚴和自豪的象徵。凡是和他接觸過的人，無不感到一種偉大和平凡渾然溶成一體的魅力。幾十年來，周總理始終保持他革命者的本色。艱苦樸素，平易近人，絕不使人敬而畏之；和藹可親，心胸廣闊，絕不居功自傲，盛氣凌人。在他身上，我看到了能夠代表共產黨人的一切最優秀的品質。

在這春風送暖，黨把工作着重點轉移到社會主義現代化建設上來的日子裏，我們紀念周總理八十一歲誕辰，我好像感覺到周總理依然和我們同在，我彷彿見到當日他和我會晤時那種從容不迫、充滿自信的談吐風度；聽到他循循善誘的教導。我似乎看見四化實現之日，百花爭艷之時，他在叢中笑的情景！

2 / 下關事件日記一頁

原刊於中國人民政治協商會議上海市委員會文史資料工作委員會編：《文史資料選輯》，3 輯（總 24 期）「上海解放三十年專輯」（上海：上海人民出版社，1979），頁 77–78。

南京下關事件發生於 1946 年 6 月 23 日，以馬敘倫、雷潔瓊為首的上海人民和平請願團去南京國民政府和平請願時，在下關火車站被特務襲擊，馬敘倫等均受到嚴重毆傷。吳耀宗亦是代表團成員之一。

　　日本投降後，國共矛盾日益尖銳。蔣介石在美帝支持下，調動了一百六十萬軍隊進攻解放區，內戰隨時有爆發可能。上海人民有鑒於此，奮起反對內戰，要求和平，其呼聲之高，聲勢之大，實為前所未見。

　　上海民主人士經過多次磋商，決定選派代表到南京向國、共和馬歇爾三方呼籲和平。由五十多個人民團體推舉馬敘倫、賈延芳、包達三、胡厥文（遲去一天）、張絅伯、閻寶航、雷潔瓊、盛丕華和我，另有兩位學生代表陳震中、陳立復共十一人，組成和平代表團於六月二十三日到南京請願。我為代表團草擬了一份英文的備忘錄給馬歇爾，嚴正表示中國人民堅決反對美國支持蔣介石打內戰，屠殺中國人民。車到鎮江，就有所謂「蘇北難民」要求代表下車與「群眾」見面，我們拒絕了，為此，火車停了二個小時。當天傍晚，車甫進入下關站，便受到特務的包圍。代表中多人遭到毒打。在危急時，羅叔章把我拉到餐室，那裏有外賓，所以特務沒有進來。包圍數小時後，由國民黨內幾位開明人士馮玉祥等設法替我們解圍，將我們送至中央醫院。剛進醫院不久，周恩來、董必武、王炳南、滕代遠等幾位同志，沈鈞儒、黃炎培和郭沫若等都趕來慰問，

鄧穎超同志還帶了食品來，還有一些民主人士也來了。

　　休息兩天後，去見馬歇爾。我親自將備忘錄交到他手裏，向他表達了廣大中國人民迫切希望和平和希望美國立即停止援蔣的願望。他顯得很不高興。蔣介石拒絕接見我們，只讓賈延芳一人前往，也只談了幾分鐘，把內戰的責任推到共產黨身上。我們又到中共代表團辦事處，由周恩來、滕代遠等同志接待我們並一起吃飯，我將備忘錄副本給了他們一份。他們說，我們住的房子周圍都是國民黨特務，要特別注意。大概在醫院住了一夜，我們就搬到旅館去住了兩天，最後還是由各方面友好人士斡旋，用飛機把我們送回上海。

序

第二部分

我所認識的美國——序（1950）

劉良模著：《我所認識的美國》（上海：青年協會書局，1950），頁 1–4。

　　這裏所收集的是劉良模先生曾經在《光明日報》，《解放日報》和《世界知識》發表過的關於認識美國的九篇文章。我們爲什麼要把這些文章印成小冊，介紹給國內的基督教同道，這是應當說明的。

　　戰後的美國已經成爲世界舞台的主角，它的一舉一動都引起全世界人的注意，也影響到整個國際局面。在抗戰期中，美國同中國的關係是很密切的；在過去的四年中，美國更成爲每一個中國人視線的集中點。現在大多數的中國人，都得了一個印象，下了一個結論：「美國是帝國主義的國家；美帝國主義是中國人民的敵人」。這個印象，這個結論，究竟對不對呢？假如有人不以爲然，我們應當怎樣向他解釋，怎樣拿事實來給他證明呢？

　　在基督教的圈子裏，認識美國的眞面目，更是一件異常重要的事。基督教是從西方傳到中國來的；在西方的宣教運動中，由於美國力量的雄厚，它所佔的位置，是首屈一指的；它對中國人的影響，也是巨大無比的。一般基督徒所藉以認識美國的，是它的「傳統友誼」。這個「傳統友誼」包括了美國過去對中國的門戶開放政策，和庚子賠款的退還，也包括了美國在中國所曾經主持過的某些救濟事業，和美國教會對中國基督教人材經濟的種種援助。美國的經濟，美國的人材，美國在中國所辦的教育文化事業，和中國基督教人士在美國所得到的訓練——這一切

都使中國的基督教和基督徒們深深地受了「美國式的生活」的影響。這個「美國式的生活」，主要的是從資本主義文化所產生的自由主義和個人主義。

現在，時代是轉變了：資本主義是沒落了；跟着資本主義一同沒落的，是自由主義和個人主義。資本主義不但沒落了，它自身的矛盾也逼着它變成帝國主義。很不幸的，基督教同這一切的演變，都是混在一起的；現代的基督教大部分已經失掉超然的立場，變成資本主義的「意識形態」。這個事實，就使全世界的基督教發生一個思想衝突的問題，這個衝突就是受了資本主義文化的影響的基督教，和以唯物論爲出發點，以社會主義爲目標的世界革命運動的衝突。在這個思想衝突的最中心，要把這個衝突變成一個新十字軍的衞道戰爭的，就是美國的統治者和少數追隨着他們的美國基督徒們。

在這一種情況中，中國的基督教和基督徒們便面臨着兩個不能否認的事實：第一，基督教被一般人認爲是與帝國主義有關係的，甚至是帝國主義的工具；第二，許多的基督徒對美國沒有清楚的認識，因而對美國保存着或多或少的幻想。第一個事實就是基督教在解放了的中國所以發生許多困難的主要原因。儘管我們自己主觀上幷不感覺基督教同美帝國主義發生了什麼具體的關係，我們還是沒有法子除掉別人對我們的疑慮。關於第二個事實，我們不能否認，現在還有許多基督徒把美國統治者的所謂民主，所謂自由，看作天經地義，而沒有發見這些名詞背後的欺騙與虛僞。這兩個事實，對基督教的本身是有害的，對新中國的建設，和這建設所需要的統一戰線，也是不利的。因此，我們目前一個重要的任務，就是要把造成這兩個事實的一些因素消滅掉，那就是說，我們應當使國內的基督徒們，認識美帝國主義的眞面目，反對這個帝國主義，破除對這個帝國主義的幻想，一方面促進基督教本身的思想改造，另一方面用事實的表現，來爭取教外的人對基督教本質的認識。必須這樣，基督教才能在新時代中減少它的困難，發揮它的積極作用。

由於上述的原因，我們相信這本小冊的出版，對基督教是有貢獻的，對基督教參加建設新中國的統一戰線，也是有貢獻的。

　　我們還要鄭重地說明，反對美帝國主義，并不等於反對美國這個國家和美國的人民。我們相信，美國絕大多數的人民是良善的；如果美國對中國有一個「傳統友誼」，造成這個傳統友誼的，是美國的人民，而不是利用他們，蒙蔽他們，欺騙他們的美國統治者。我們接觸過不少的個別的美國朋友，我們知道他們對中國的人民是友好的，對中國的解放事業是同情的，他們過去對中國的幫助，尤其是對中國基督敎事業的幫助，是完全出於善意的。我們感謝他們；我們應當使他們更清楚地了解中國革命的意義，世界革命的意義，和美帝國主義在這個革命當中所發生的反動作用。我們應當同他們緊密地携手，爲爭取全世界的民主與持久和平而共同努力。

吳耀宗　一九五〇年一月十九日

第三部分

聯署、聯合發言

1 / 基督徒對細菌戰犯意見（1950）

原刊於《天風》200 期（1950 年 2 月 11 日），頁 12。

〔天風社訊〕自從蘇聯政府照會中、美、英、三國，指出日皇裕仁為細菌戰犯，主張組織國際軍事法庭審判事，在上海的基督教人士發表了下面的意見。「日本軍國主義者滅絕人性的細菌戰爭的滔天罪行，經過伯力濱海軍區去年年底的軍事法庭審判，已經完全暴露出來了。以日皇裕仁為首的這些日本戰犯，是全世界人類的敵人，蘇聯政府主張組織國際軍事法庭去審判他們，我們完全擁護。無論是從國際公法的立場，或人道主義的立場去看，我們都絕對不能寬恕他們。美帝國主義者一貫地用種種藉口去庇護這些戰犯，讓他們逍遙法外，並利用他們，去準備再一次對人類的大屠殺，這就使我們看清了帝國主義者窮凶極惡的面貌。我們應當用全力去反對這個帝國主義，並對他們加以高度的警惕，使他們在任何方面的陰謀詭計，都沒有法子實現。

吳耀宗　鄧裕志　陸幹臣　劉良模

崔憲詳　涂羽卿　吳高梓　陳善祥」

2 / 我國宗教界擁護和大號召（1950）

原刊於《人民日報》，1950 年 4 月 29 日。另以〈中國和大號召展開簽名運動〉為題，刊於《天風》212 期（1950 年 5 月 4 日），頁 9。刊於《天風》時，部分人名後附加英文名字，今以**粗體**標出。

〔新華社北京廿九日電〕我國宗教界人士吳耀宗等，頃發表宣言，擁護世界和平大會的號召，宣言全文如下：

我們熱烈地擁護世界擁護和平大會常設委員會所發出的號召：要求無條件地禁用原子武器，並宣佈首先使用原子武器的政府為戰爭罪犯。

擺在世界人民面前的只有兩條道路：一條是戰爭的道路，一條是和平的道路，除了以美國帝國主義者為首的少數戰爭販子以外，全世界的人民已經決定走和平的大道，這個決定是帝國主義者任何煽動和謠言所不能動搖的。

在全世界反對帝國主義戰爭的澎湃運動中，我們中國佔了一個極其重要的位置。中國受了一百多年的帝國主義侵略；在八年抗日戰爭、四年解放戰爭中，帝國主義所加給中國人民的災難，更是不能以數字來計算的。中國革命迅速的成功，大大地加強了和平的力量，改變了世界的面貌。這就使帝國主義者驚惶失措，無所適從。在這個慌亂失望的情緒中，他們更瘋狂地進行着準備戰爭的種種工作，企圖作最後的掙扎。在這時候，我們爭取和平的努力是不能一刻鬆懈的，我們應當團結廣大的羣眾，使他們認識帝國主義的真面目，使他們成為世界和平陣營有力的支柱。

　　我們若要爭取世界持久和平，就必須與世界和平堡壘蘇聯和一切人民民主國家團結在一起。這個和平的陣營代表全世界三分之一以上的人口。此外，在各個帝國主義國家和被壓迫民族裏面的廣大人民，也一樣堅決地反對戰爭，擁護和平。這個擁護和平的力量是無比強大的。

　　我們不只要反對使用原子武器，我們也要反對細菌戰爭，反對帝國主義者煽動戰爭的宣傳，反對他們將德日戰犯釋放，反對他們對殖民地人民爭取民族獨立與民主和平運動的壓迫，反對他們對他們國內民主正義人士的殘酷行為，反對帝國主義國家內一切法西斯化的措施。

　　作為宗教信徒的我們，尤其要對帝國主義者無孔不入的挑撥離間，和他們在革命陣營裏面培養反動力量的陰謀加以高度的警惕，並予以無情的暴露和有力的打擊，務使他們無法假借宗教及救濟事業的名義，去進行他們的罪惡行為。

　　我們站在宗教信仰和人道主義的立場，號召全中國的基督徒、佛教徒、回教徒以及其他宗教信仰者，用一切實際有效的言論與行動，和全世界愛好和平民主的人民緊緊地團結在一起，為保衛世界和平，爭取民族獨立，實現人民民主而努力。

吳耀宗——中華基督教青年會全國協會編輯部主任（中國人民政治協商會議全國委員會委員）（Y. T. Wu）

劉良模——中華基督教青年會幹事（Liu Liang Moi）

趙紫宸——燕京大學宗教學院院長（T. C. CHAO）

趙樸初——上海佛教會常務理事、上海臨時聯合救濟委員會總幹事（中國人民政治協商會議全國委員會委員）

巨　　贊——浙江佛教會理事、武林佛學院院長。

馬　　堅——回教徒，北京大學東方語文系教授（中國人民政治協商會議全國委員會委員）（Mohammed Ma Kim）

鄧裕志——中華基督教女青年會全國協會總幹事（Cora Deng）

涂羽卿——中華基督教青年會全國協會總幹事（Y. C. Tu）

吳高梓——中華基督教全國協進會總幹事（George K. T. Wu）

崔憲詳——中華基督教全國總會總幹事（H. S. Tsui）

江長川——衛理公會華北區會督（F. T. Kaung）[1]

王梓仲——中華基督教華北區聯合會總幹事

周叔迦——北京佛教居士林林長

陳文潤——北京基督教女青年會總幹事

高尚仁——北京基督教青年會幹事

侯孚允——北京基督教青年會副總幹事

趙復三——北京基督教青年會副總幹事

畢厚田——北京基督教青年會董事

1　江長川的英文名字應為 Z. T. Kaung，《天風》誤植。

3 / 中國人民救濟代表會議
擁護和大號召宣言（1950）

原刊於《人民日報》，1950 年 5 月 5 日。

今天中國人民救濟代表會議在北京勝利的閉幕了。我們的任務既是救災，所以我們深知道災難的來源。我們今日的災難是來自日本的八年侵略，蔣匪的反人民戰爭及現在還進行着的美帝支援下的殘匪的轟炸城市和封鎖海口等暴行毒計。

日本的侵略已置中國人民於水深火熱中，而美帝復於抗日戰爭結束後以六十萬萬金元支持蔣匪，發動反人民戰爭，一任蔣匪倒行逆施，決河縱火，攻城則美製炸彈如雨，野戰則美國坦克衝鋒，戰爭的罪惡，使人民家破人亡，寡婦孤兒流離無靠。地荒人病，水泛糧絕，也是戰爭的烙印。創痛之餘，我們的政府領導全國人民迅速消滅蔣匪殘餘，並發動生產救災運動，以促成建設和平的新中國的偉業。

當我們努力於救濟美帝國主義所製造的今天的災難的時候，我們不能忘記美帝國主義還在積極準備着製造明天的更大規模的災難。

美帝為了實現稱霸全世界的狂妄侵略計劃，正在大量製造原子武器，準備新的世界戰爭。我們全體代表本愛護和平，反對侵略的宗旨，熱烈地擁護世界保衞和平大會常設委員會所發出的保衞和平的號召：要求無條件地禁止原子武器，要求建立嚴格的管制，宣佈首先膽敢使用這武器的政府為戰爭罪犯。

　　我們相信：全世界人民反對新戰爭的奮鬥能夠阻止新戰爭。中蘇兩大盟國都決心為保衛世界和平，反對帝國主義的侵略而奮鬥；這兩大盟邦的七萬萬人民的力量，是世界和平陣營的中堅，這個力量是無可征服的，他們的愛和平反戰爭的精神不是美帝原子武器所能嚇倒的。

中國人民救濟代表會議全體代表

于樹德　方石珊　丑子岡　王建功　王詔賢　王鈞　王敬明
王漢傑　王鵬勛　王覺先　司徒美堂　甘懷傑　任重　伍雲甫
朱早觀　朱端綬　呂少泉　邢毅　沈元暉　沈德均　宋幼準
宋孟林　宋慶齡　宋羅岐　李文杰　李仙　李林　李庚　李筱亭
李國章　李鐵民　李新農　李德全　李華農　李馥清　李學良
孟涵　侯寒江　來鳳瑗　林仲　林棠　姚淑文　姚惠泉　胡中平
胡占波　胡蘭生　吳力踐　吳志淵　吳崇泉　吳耀宗　特木爾巴根
高步青　姜延還　郝人初　徐大可　徐篆　倪之璸　倪斐君　浦化人
浦潔修　馬俊仁　馬豫章　馬儀　紀鋒　梅邨　康克清　章元善
黃長水　曹治陽　曹孟君　陸致翔　陸錦　莊希泉　莊明理　梁茂亭
梁匯泉　張正德　張成綱　張念先　張清蓮　張曉梅　張雲　張敬寬
張錦誠　張毅　陳文仙　陳任一　陳企霞　陳式玉　陳其瑗　陳迪威
陳季昇　陳維博　陳嘉庚　陳籌　孫少華　項克勤　程坦　馮英
舒舍予　崔建培　湯寶桐　葉觀祥　費振東　雷潔瓊　袞祖源　董必武
董汝勤　楊宏銳　楊波　楊素蘭　楊恒昌　楊堅白　楊顯東　肇文周
管興　廖夢醒　趙政一　趙宏　趙范　趙樸初　趙紫宸　賈延芳
蔣懷玉　熊瑾玎　潘琪　潘友誥　鄧裕志　鄧壽雨　鄭仰先　鄭兆良
閻力宣　閻寶航　劉少斌　劉克文　劉良模　劉清揚　劉惠群
劉絳雯　顏惠慶　應炳楚　龍淑賢　謝邦定　謝學連　謝覺哉
邊潔清　韓鍾秀　魏自愚　龐文華　蘇井觀　蟻美厚

一九五零年四月二十九日【新華社三日訊】

4 / 各地基督教青年會總幹事
聯合參加和平簽名（1950）

原刊於《人民日報》，1950 年 6 月 30 日。

　　【新華社上海二十六日電】中國各地基督教青年會總幹事於六月二十一日起在滬舉行會議，討論如何根據新民主主義與共同綱領，改進今後工作。會議預定二十八日結束。在前幾天的會議上，與會者還討論了保衞世界持久和平、反對帝國主義侵略戰爭陰謀等問題。除決定推動各地青年會參加保衞世界和平簽名運動外，各地總幹事並與青年會全國協會各幹事聯合在和平宣言上簽名，並宣佈：全中國基督教青年會的總幹事們熱烈地擁護世界擁護和平大會常設委員會的號召，要求各國政府無條件地禁用原子武器，並宣佈第一個使用原子武器者爲戰爭罪犯。簽名的有全國協會幹事吳耀宗、劉良模、江文漢、陸琪臣、李壽葆、司徒桐、董承先、馬銘剛、黃培永、許由恩、涂羽卿等十一人。各地總幹事簽名的有上海陸幹臣、北京高尚仁、漢口宋如海、廣州王以敦、重慶黃次咸、南昌蔡智傳、雲南王齊興、天津楊肖彭、南京諸培恩，以及成都、蘇州、青島、開封、太原、寧波、西安、寶雞、蘭州、貴陽、武昌、長沙、杭州、濟南、廈門、山東等地總幹事三十人。

5 / 基督教人士王國秀等發表宣言
反對美帝侵略台灣朝鮮
號召美國基督徒採取有效行動
迫使美帝終止這一罪惡的行爲（1950）

原刊於《大光報》，1950 年 8 月 1 日；《光明日報》，1950 年 8 月 4 日。

【本報訊】中國基督教代表人物王國秀（中華基督教女青年會全國協會執行委員會主席）、艾年三（上海中華信義會牧師）、吳高梓（中華基督教衛理公會牧師）、吳耀宗（中華基督教青年會全國協會出版組主任）、涂羽卿（中華基督教青年會全國協會總幹事）、陳善祥（上海基督教女青年會總幹事）、陳和相（中華聖公會上海天恩堂牧師）、楊懷生（上海中華基督教青年會總幹事）、鄧裕志（中華基督教女青年會全國協會總幹事）、黎照寰（上海基督教公誼會主席）、鄭建業（《天風》周刊編輯）、劉良模（中華基督教青年會全國協會事工組主任）、繆秋笙（中華全國基督教協進會幹事）、羅冠宗（上海中華基督教青年會幹事）、戚慶才（懷恩堂牧師）、謝頌三（慕爾堂牧師）、陳已生（救主堂堂董）、竺規身（中華基督教堂牧師）、顧守仁（救主堂義務牧師）、姚賢揚（聖保羅堂牧師）、張德興（耶穌堂牧師）、姚崇恩（虹鎮福音堂牧師）、胡德康（基督教堂牧師）、黃瑞卿（五旬節聖潔會牧師）、江鑒祖（聖彼得堂牧師）、朱淇園（各各他堂牧師）、項秉賢（神召會牧師）、蕭路得（神召會牧師）、宋志成（凱樂堂牧師）、邵子民（凱樂堂牧師）、趙蔚卿（耶穌堂牧師）三十一人八月一日在上海《大公報》聯名發表宣言，反對美

國侵略台灣朝鮮。宣言全文如下：

美帝國主義已經瘋狂地在遠東發動了對台灣朝鮮的侵略戰爭。我們中國基督徒要與全中國，以及全世界的人民，一同堅決地反對美帝這一個破壞世界和平，蔑視國際信義的侵略行動。

我們堅決地擁護毛主席和周外長對美帝侵略行動的嚴正聲明，台灣是中國的領土；美國政府派遣第七艦隊到台灣去，企圖阻止我們解放台灣，這是侵犯了中國的領土與主權，是中國人民所不能容忍的。我們要熱烈地支援人民解放軍解放台灣；我們相信中國人民有充分的力量，去完成這個神聖的任務。

我們對朝鮮人民的英勇鬥爭，和他們已經獲得的輝煌的戰果，表示最崇高的敬意。我們深信，朝鮮的人民，必定能夠取得最後的，完全的勝利，把他們的祖國，從帝國主義者的魔手中解放出來。

我們對美帝飛機濫炸朝鮮和平城市、鄉村，大量屠殺朝鮮無辜人民與婦女兒童的罪惡行動，表示極度的憤怒，和嚴重的抗議。杜魯門爲美帝在朝鮮的侵略，祈求上帝的祝福，這簡直是一個褻瀆的妄想。每一個虔誠的基督教徒所崇奉的公義的慈愛的上帝，是決不會祝福一個滿手血腥的屠夫和他的爪牙工具的。相反的，杜魯門和其他美帝罪行的主謀者，是必定要遭受上帝嚴酷無情的審判的。

6 / 中國基督教在新中國建設中努力的途徑（1950）

原刊於《人民日報》，1950 年 9 月 23 日。另見《天風》233–234 期（1950 年 9 月 30 日），
頁 2。由於〈宣言〉乃基督教三自革新運動的重要文獻，故又稱〈三自宣言〉及〈革新宣言〉。
現時所見的最後公開版，乃〈宣言〉的第八修正稿。關於各版本的情況，
參筆者考證及整理的附記。

　　基督教傳到中國，已經有一百四十多年的歷史，在這一百多年當中，它對中國的社會，曾經有過相當的貢獻。但是，不幸得很，基督教傳到中國不久以後，帝國主義便在中國開始活動，又因爲把基督教傳到中國來的人們，主要地都是從這些帝國主義國家來的，[2] 基督教同帝國主義，便在有意無意、有形無形之中發生了關係。現在中國的革命勝利了，帝國主義對中國歷史這一個空前的事實，是不會甘心的。它們一定要用盡千方百計，企圖破壞這個既成的事實；它們也會利用基督教，去進行它們挑撥離間，企圖在中國製造反動力量的陰謀。爲要提高我們對帝國主義的警惕，爲要表示基督教在新中國中鮮明的政治立場，爲要促成一個爲中國人自己所主持的中國教會，爲要指出全國的基督徒對新中國建設所應當負起的責任，我們發表了下面這個文件。我們願意號召全國的基督徒，爲實現這個文件所提供的原則而努力。

2　刊於《天風》時，「主要地」改爲「主要的」。

總的任務

中國基督教教會及團體徹底擁護《共同綱領》，在政府的領導下，反對帝國主義、封建主義及官僚資本主義，爲建設一個獨立、民主、和平、統一和富強的新中國而奮鬥。

基本方針

（一）中國基督教教會及團體應以最大的努力，及有效的方法，使教會群眾清楚地認識帝國主義在中國所造成的罪惡，認識過去帝國主義利用基督教的事實，肅清基督教內部的帝國主義影響，警惕帝國主義、尤其是美帝國主義利用宗教以培養反動力量的陰謀，同時號召他們參加反對戰爭、擁護和平的運動，並教育他們徹底了解及擁護政府的土地改革政策。

（二）中國基督教教會及團體應用有效的辦法，培養一般信徒愛國民主的精神，和自尊自信的心理。中國基督教過去所倡導的自治、自養、自傳的運動，已有相當成就，今後應在最短期內，完成此項任務，同時提倡自我批評，在各種工作上，實行檢討整理，精簡節約，以達到基督教革新的目標。

具體辦法

（一）中國基督教教會及團體，凡仍仰賴外國人才與經濟之協助者，應擬定具體計劃，在最短期內，實現自力更生的目標。

（二）今後基督教教會及團體，在宗教工作方面，應注重基督教本質的深刻認識，宗派間的團結、領導人才的培養、和教會制度的改進；在一般工作方面，應注重反帝、反封建、反官僚資本主義的教育，及勞動生產、認識時代、文娛活動、識字教育、醫療衛生、兒童保育等爲人們服務的工作。

各版本附記

　　1950 年 4 月下旬，由基督教人士組成的訪問團抵北京。5 月 2 日，周恩來接見吳耀宗、劉良模、鄧裕志、崔憲祥、王梓仲、涂羽卿及江長川等七人。[3] 為了預備下一次與周恩來見面，吳耀宗在 5 月 4 日起草了〈關於處理基督教問題的初步意見〉（**第一稿**），旨在反映解放後基督教面對的困難。〈初步意見〉全文包括五個重點：（一）關於肅清帝國主義力量提高民族自覺精神的辦法；（二）關於基督教團體之登記；（三）關於佔用教會房產之處理辦法；（四）關於宗教信仰自由之各種規定；（五）關於設立中央宗教機構問題。吳指出，當時各人最關心的，是新中國如何明確宗教信仰自由政策，以及相應的管理宗教措施等技術性問題。他們最大的期望，是請求中央政府下一個通令，要各地方人民政府嚴格執行共同綱領中宗教信仰自由的規定，以助解決基督教當前的問題。[4] 當晚，吳與劉良模及鄧裕志在青年會商議修改（**第二修正稿**）。5 月 5 日上午，吳氏又在青年會與二十餘位教會同道商討。[5]

　　5 月 6 日，周恩來在第二次面談後，清楚地陳明了對基督教革新，特別是割斷與帝國主義關係的期望。[6] 吳耀宗按照周氏的要求，於 5 月 7 日及 8 日再與一些教會同道討論〈初步意見〉的修正稿（**第三修正稿**）。8 日又與中央人民政府內務部陳其瑗副部長交換意見。5 月 11 日，吳耀宗又與其他基督教人士討論如何修改〈初步意見〉，再草擬修正稿，易名為〈中國基督教今後努力的途徑〉（**第四修正稿**），打印後送呈周恩來。[7] 5 月 13 日，周恩來再約見十多位基督教人士。[8] 其後，吳耀宗離北京後再

3　沈德溶：《吳耀宗小傳》（上海：中國基督教三自愛國運動委員會，1989），頁 54。

4　吳耀宗：〈展開基督教革新運動的旗幟〉，《天風》期 233–234 期（1950 年 9 月 30 日），頁 15。

5　沈德溶：《吳耀宗小傳》，頁 54。

6　〈關於基督教問題的四次談話（1950 年 5 月 2–20 日）〉，中共中央文獻研究室編：《建國以來重要文獻選編》冊 1（北京：中央文獻出版社，1992），頁 222–223。

7　沈德溶：《吳耀宗小傳》，頁 55。

8　同上；另〈關於基督教問題的四次談話〉，頁 224–226。

將修改稿呈交周恩來（**第五修正稿**）。[9] 5 月 20 日，中共中央、政務院有關部門召開座談會，討論吳耀宗擬定的宣言第五修正稿。周恩來表示，這次修正的宣言，「比過去多了一個序言，把基督教同帝國主義的關係說得很偶然，就讓他那樣吧。一個字不改，照樣發表。宣言裡的話和我們的話不一樣，我們也不需要宣言和我們說的一樣。這樣便於團結群眾」。[10]

5 月下旬，當吳耀宗在西安訪問時，匆匆地把宣言的第五修正稿寄給國內數十位同道，請他們簽名支持。[11] 5 月 29 日，吳耀宗等返抵上海，爭取更多教會人士支持宣言。部分教會人士不滿宣言中關於基督教與帝國主義關係的陳述，吳堅持不變，同時亦作了一些修改（**第六修正稿**）。例如在第五修正稿中，關於基督教本身的問題，仍保留了一條放在最後：「基督教在地方上所發生的問題，如教堂被佔用等，得由有關之基督教團體隨時向地方或中央人民政府報告，由政府處理之」。而在第六修正稿卻將此條刪去。[12] 在**第七修正稿**中，他接納上海基督教領袖的意見，把「基督教團體應以不用外籍人員為原則，其實行辦法應與政府協商規定之」，修改為「中國基督教教會及團體，凡仍仰賴外國人才與經濟之協助者，應立即擬定具體計劃，在最短期內，實現自力更生的目標」。此外，他又取消第六修正稿序言內提及與周總理談話經過一段，改為強調宣言本身的意義的引論。同時，北京教會領袖也把引言中「又因為把基督教傳到中國來的國家，主要的都是這些帝國主義的國家」，改為「又因為把基督教傳到中國來的人們，主要的都是從這些帝國主義國家來的」。[13]

7 月 28 日，吳耀宗把最後稿（**第八修正稿**）定名為〈中國基督教在新中國建設中努力的途徑〉，連同他已取得四十位基督教人士聯署發表，

9　沈德溶：《吳耀宗小傳》，頁 55。

10　〈關於基督問題的四次談話〉，頁 227。

11　吳耀宗：〈展開基督革新運動的旗幟〉，《天風》期 233-234（1950 年 9 月 30 日），頁 16。

12　吳耀宗：〈展開基督革新運動的旗幟〉，頁 16。

13　吳耀宗：〈展開基督革新運動的旗幟〉，頁 16。

寫信給全國一千多位基督教負責人士，徵求其以個人名義簽名支持。在此，他作出最後一次修訂，把具體辦法中第一項「應立即擬定計劃」中「立即」兩個字刪去，避免予人誤解要立即割斷外國的經濟關係。[14]

　　1950 年 6 月 19 日的 *China Bulletin*，已提及基督教領袖與周恩來見面的情況，並把〈基督教今後努力的途徑〉譯成英文全文刊出。編者特別在報告前註明「機密」。 "Report of the Conference of Christian Leaders with Premier Chou En Lai In Peking, May 1950," "A Manifesto on the Direction of the Work of Chinese Christianity From Now On," *China Bulletin* 90 (June 19, 1950), 1–2. 筆者初步考證，此份英文版為宣言的第五修正稿。英譯版全文如下：

A MANIFESTO ON THE DIRECTION OF THE WORK OF CHINESE CHRISTIANITY FROM NOW ON

Originally published in *China Bulletin* 90 (June 19, 1950), 1–2.

　　IN GENERAL: Chinese Christianity is thoroughly in favor of the joint principles promulgated by the People's Political Conference of last year; accepts the guidance of the government; and cooperates fully with the government in the struggle for Chinese independence, democracy, peace, unity and prosperity.

14　吳耀宗：〈展開基督革新運動的旗幟〉，頁 16。

FUNDAMENTAL POLICIES:

1. The Christian religion should make the utmost effort to eliminate the strength and influence of imperialism in the Church; should use effective educational means and propaganda to make the people in the Church see clearly how Christianity in the past was allied with imperialism and what crimes were committed in China by the same. The Church should be on guard against imperialism, especially the American type which utilizes religion to nurture reactionary forces and plots. The Church also should join the peace movement. Besides anti-imperialism, the Church should opposed to feudalism and capitalism and educate her members so that they support whole-heartedly the Government policy of land reform.

2. The Christian Church should use effective means to cultivate the spirit of patriotism and democracy, self-respect, and self-confidence among her members. Within the shortest time she should be self-governing, self-supporting, self-propagating. At the same time she should practice self-criticism, and in all her work there should be a re-examination, simplification, and frugality so that a reformed Christianity will be produced.

PRACTICAL WAYS:

1. In principle Christian bodies should not employ foreigners. How to carry it out is by consultation with the government.

2. In principle Christian bodies should not accept foreign financial aid. To carry this out they have to consult with the government.

3. In religious work the Churches should emphasize henceforth a deeper understanding of the essence of Christianity, a greater fellowship among themselves, the training of leaders, and the reform of Church government. In other phases of work the Churches should emphasize anti-feudalism, anti-imperialism, and anti-capitalism. They should promote production, social games, literacy, political education, medical and health work, child welfare, etc.

4. Local problems of the Churches. When Churches are occupied they should report to the local and Central Government for decision by the Government.

5.　During the period of land reform Church activities should be temporarily suspended except the routine work of Sunday services, prayer meetings, Sunday Schools, Bible classes, and vestry meetings.

(Drafted by Bishop Kiang, Dr. T. C. Chao, Y. T. Wu, Cora Deng, Y. C. Tu, H. H. Tsui, L. M. Liu, N. S. Ai, to be signed by others and to be published in Chinese newspapers in June.)

7 | 曾在美國留學人士
張奚若等二十三人致電賴伊
要求儘速制止美國侵略罪行（1950）

原刊於《人民日報》，9 月 28 日。另以〈曾在美國留學人士張奚若等聯名電聯合國呼籲制止美國侵略行為〉為題，刊於《光明日報》，1950 年 9 月 28 日。

【新華社二十七日訊】曾在美國留學人士張奚若、馬寅初、錢端升、羅隆基、趙紫宸等二十三人於九月二十七日致電聯合國，反對美國侵略，原文如下：

聯合國秘書長賴伊先生：

我們，曾經在美國留過學，目前正在新中國從事各種工作，謹向聯合國呼籲制止美國對於中國、朝鮮和亞洲其他地區的侵略行為。這類侵略行為危害了世界和平與聯合國的生存。

美國使用其武裝部隊侵略中國的台灣，並襲擊中國東北遼東省的和平村莊。它進攻和蹂躪朝鮮，並以各種方式廣泛擴張其侵略行動於亞洲其他地區。這類行為無一不是對於聯合國憲章的明顯的違犯，然而這類行為却無一不是在盜用聯合國名義之下進行的。

所有這些美國侵略行為不但構成對於法紀道德的破壞和世界和平的

威脅，即對於以傑斐遜、林肯和羅斯福所代表的美國優秀傳統，也是一種可悲的背叛。

我們和憤怒的亞洲人民，一致要求聯合國立即採取下列斷然行動：

（一）制止美國在聯合國掩護下擴展其侵略行動。

（二）命令美國武裝部隊立即從台灣撤退，並停止一切侵害中國主權的軍事挑釁行動；

（三）促使美國立即賠償一九五〇年八月二十七、二十九兩日與九月二十二日在遼東省對中國領土無故非法襲擊所造成的一切生命與財產的損失，並充分保證今後此類野蠻行動不致重演。

（四）命令美國侵略部隊立即從朝鮮撤退，並採取有效步驟，防止美國對亞洲其他地區再有干涉和侵略行動。

我們鄭重要求聯合國儘速採行這些步驟。美國在亞洲的行動正使聯合國的聲望陷於國際不義與戰爭的污泥中。聯合國必須爲和平與正義而行動。

簽名者：

張奚若（清華大學教授）　　　　　　馬寅初（浙江大學校長）

錢端升（北京大學法學院長）　　　　羅隆基（中國民主同盟中央政治局委員）

趙紫宸（燕京大學宗教學院院長）　　吳貽芳（女）（金陵女子大學校長）

陳裕光（南京金陵大學校長）　　　　陳序經（廣州嶺南大學校長）

竺可楨（中國科學院副院長）　　　　侯德榜（科學家，永利化學工業公司總經理）

老　舍（作家）　　　　　　　　　　曾昭掄（北京大學教務長）

周培源（清華大學教務長）　　　　　梁思成（建築工程師）

金岳霖（清華大學教授）　　　　　　馮友蘭（清華大學教授）

吳耀宗（基督教政協代表）　　　　　涂羽卿（全國基督教總幹事）

劉王立明（女）（中國婦女節制會會長）　金寶善（公共衛生專家）

沈克非（醫生）　　　　　　　　　　章元善（前華洋義賑會總幹事）

凌其峻（仁立實業公司經理）

8 / 上海宗教界聲明 擁護聯合宣言 警惕美帝利用宗教作陰謀活動（1950）

原刊於《光明日報》，1950 年 11 月 11 日。

【新華社上海十日電】上海宗教界代表人物四十餘人於九日舉行集會，並發表書面聲明，表示堅決擁護全國人民抗美援朝保家衛國的正義要求及各民主黨派的聯合宣言。

聲明說：我們中國人民經過百餘年的艱苦奮鬥，推翻了帝國主義、封建主義、官僚資本主義的統治。在中央人民政府領導之下，一年多以來，我們醫治戰爭創傷，進行和平建設，已經獲得了輝煌的成就。我們重視自己的奮鬥的果實，重視自己的成就，因而更需要和平，更熱愛和平。在目前和平遇到威脅的時候，我們聲明：我們每一個愛好和平的宗教徒，是會不惜一切犧牲來保衛和平的。

聲明說：帝國主義者一貫地利用宗教，歪曲宗教的教義，玩弄善良的教徒，藉以進行其反動的陰謀。美國統治者更變本加厲地組織和指揮其某些宗教中反動分子，對我國進行陰險的間諜活動。我們憤怒地聲明：這是我們每一個維護宗教神聖與純潔的宗教徒所堅決反對到底的，我們必須加倍警惕，及時揭露並消除混入宗教內的任何陰謀活動。

聲明最後號召全市的宗教徒更緊密地團結起來，為打擊美國侵略者，為保衛祖國，保衛和平，保衛宗教的純潔而貢獻我們的一切。

　　在聲明上簽名者有基督教吳耀宗、涂羽卿、謝〔頌〕三、楊懷生、
陳和相、陳善祥、沈德溶、施葆眞，回教宗棣棠、張耀庭、金耀祖、馬
金鵬、劉兆方、馬人斌、金幼雲，佛教趙樸初、方子藩、葦舫、達圓、
紹宗、林子青等四十餘人。

9 / 上海基督教人士發表宣言
擁護政務院關於處理接受美國津貼的文化教育
救濟機關及宗教團體的方針的決定（1951）

原刊於《人民日報》，1951 年 1 月 8 日。另以〈滬渝蓉等地基督教人士一致擁護政務院決定，堅決表示站在愛國主義的立場，爲肅清美帝文化侵略影響奮鬥〉為題，刊於《光明日報》，1951 年 1 月 8 日。

我們在上海的各全國性及地方性的基督教團體的工作者，熱烈地擁護中央人民政府政務院關於處理接受美國津貼的文化教育、救濟機關及宗教團體的方針的決定。我們認爲這個決定完全符合中國人民的利益，並將有力地促進中國基督教革新的任務的完成。

美國政府在去年十二月十六日悍然宣佈凍結中國在美國的財產，並用斷絕匯兌的辦法，來威脅所有接受美國津貼的宗教、文化、救濟團體的事業和它們的工作人員的生活。我們鄭重地宣言，作爲解放了的中國人民的我們，是絕對不會受美帝國主義這樣的威脅的。我們本着愛國的精神和自尊的心理，不但可以完全脫離美帝作爲文化侵略工具的經濟關係，並且能夠用自己的力量，在新中國人民的基礎上，建立更健全的、更能爲新中國社會服務的基督教事業。

美帝一貫地與中國人民爲敵，它遭受了失敗以後，便惱羞成怒，採取更公開露骨的侵略政策。這不但引起了中國人民的反抗與憤怒，也引起了眞正的基督徒與過去對美國存有幻想的人的反抗與憤怒。去年九月我們發表了「中國基督教在新中國建設中努力的途徑」這個宣言。在這

個宣言裡，我們號召全國的基督徒肅清帝國主義一百多年來對基督教的
影響，並提倡自治、自養、自傳的運動，以促成一個完全由中國基督徒
所主持的教會。在過去兩個多月中，由於美帝侵略政策的擴展，全國的
基督徒對這個宣言更加熱烈地擁護。這就使美帝通過基督教活動而進行
的文化侵略受到一個嚴重的打擊。美帝國主義者企圖以斷絕經濟來源的
辦法，使接受美國津貼的基督教事業陷入窘境。美帝這一個愚拙的企圖，
將會得到一個與此完全相反的結果：它將使中國所有的基督徒更清楚地
認識了美帝國主義的面目，更堅決地站在愛國主義的立場，爲新中國的
建設而奮鬥。

　　中央人民政府對於接受美國津貼的文化、救濟、宗教等團體的處理
方針，不但有力地打擊了美帝國主義的陰謀，也充分地照顧了基督教事
業的需要。這些方針使我們更清楚地認識了中央人民政府尊重宗教信仰
自由的誠意。我們非常感激政府對我們這樣的援助與同情。我們必定使
這些援助與同情成爲中國基督教徹底革新的有力支柱。

上海基督教傳道人聯誼會主席尤樹勳

中華基督教青年會全國協會副總幹事江文漢

中華信義會牧師艾年三

基督教兒童福利站朱清和

中華基督教青年會全國協會出版組主任吳耀宗

中華全國基督教協進會主席吳高梓

滬江大學校務委員會主任委員余日宣

《天風》週刊主編沈德溶

廣學會義務總幹事胡祖蔭

中華基督教青年會全國協會總幹事涂羽卿

中華基督教會全國總會總幹事崔憲詳

基督教出版協會執行幹事張伯懷

上海中華聖公會天恩堂牧師陳和相

中華基督教衛理公會華西區會督陳文淵

上海基督教女青年會總幹事陳善祥

中國盲民福利協會總幹事傅若愚

上海基督教青年會總幹事楊懷生

中華麻瘋救濟會總幹事鄔志堅

中華基督教女青年會全國協會總幹事鄧裕志

中華基督教青年會全國協會事工組主任劉良模

基督教公誼會主席黎照寰

聖約翰大學校務委員潘世茲

基督教醫事委員會執行幹事歐陽旭

上海基督教聯合會主席謝頌三

中華基督教宗教教育促進會執行幹事繆秋笙

中華基督教教育協會總幹事顧惠人

10 / 世界和平理事會的宣言
——關於締結和平公約（1951）

原刊於《人民日報》，1951 年 2 月 28 日。

爲了實現全世界億萬人民——不論他們對世界戰爭危險發生的原因的所持的見解如何——所懷抱的希望，爲了鞏固和平與保障國際安全，我們要求五大國——美國、蘇聯、中華人民共和國、英國及法國——締結和平公約。

我們將認爲不論五大國的任何一國政府拒絕舉行會議締結這種公約，就證明該國政府有侵略的圖謀。

我們要求一切愛好和平的民族支持這個締結和平公約的要求，這種公約應當是歡迎所有國家參加的。

我們在這個宣言上簽名，而且邀請所有善良的人民，所有希望和平的團體簽名支持這個宣言。

已在宣言上簽名的人有：世界和平理事會主席約里奧——居里（法），副主席：南尼（意）、達波賽（非洲）、貝爾納（英）、法捷耶夫（蘇）、英費爾德（波蘭）、郭沫若（中）。

執行局委員：愛倫堡（蘇）、法奇（法）、穆卡羅夫斯基（捷克）、斯崔特夫人（澳大利亞）。

執行局秘書長：拉斐德（法）。

秘書：波薩里（巴西）、達爾牧師（美）、德香布蘭（法）、蕭三（中）、芬諾爾塔（意）、顧里亞耶夫（蘇）、蒙塔古（英）。

理事：奧地利：杜布里茲堡教授、費希爾。

阿爾及利亞：布夏馬。

英國：克勞瑟、雷德、尼克遜、約翰遜副主教、勞瑟。

比利時：考森。

保加利亞：斯圖揚諾夫、波波夫、那德熱科夫。

巴西：阿瑪多。

匈牙利：安迪斯夫人、雅諾斯、彼得、魯卡茲。

德國：貝契爾、艾克特、芬克、孟格、安娜·西格斯夫人、何茲、布列赫特、斯威格。

希臘：科卡利斯。

丹麥：尼克索。

埃及：卡麥爾。

印度：阿塔爾。

印尼：蔡錫胤（前譯姚西登）。

伊朗：艾斯堪德里。

西班牙：阿加斯。

意大利：特拉齊尼、亞歷山德利尼夫人、洛第、薩爾法多爾、奎西摩多、巴勒爾摩、雷巴西、杉蒂、維基耶蒂、蒙特盧科伯爵。

加拿大：文幼章教授。

中國：蔡廷鍇、吳耀宗、彭澤民（代表世界和平理事會理事章伯鈞）、陳定民（代表世界和平理事會理事廖承志）、陸璀（代表世界和平理事會理事李德全）、李一氓（代表世界和平理事會理事劉寧一）、李純青（代

表世界和平理事會理事馬寅初）、崔月犁（代表世界和平理事會理事烏蘭夫）。

黎巴嫩：塔伯特。

蒙古：蘇倫。

新西蘭：張德勒。

波蘭：德魯斯基、第姆鮑夫斯基、克魯茨科夫斯基、普特拉曼特。

羅馬尼亞：沙杜維亞努、米辛西斯庫。

敘利亞：塔辛、阿明律師。

蘇聯：考涅楚克、華西列夫斯卡、嘉嘉里娜、奧巴林、索洛維耶夫、科齊馬索夫、尼古拉大主教。

突尼西亞：哲拉德。

烏拉圭：馬塞拉。

芬蘭：麥爾蒂。

法國：高達、布利埃、李克萊克、卡桑諾伐、德布瓦桑、密德朗、香貝朗、維尼耶、卡桑、梅氏、阿勒芒。

錫蘭：庫尼曼。

非洲：杜爾、伊布拉吉姆。

捷克斯洛伐克：荷弟諾娃——斯普爾納、郝拉克、鮑賽克。

南斯拉夫：波皮沃達將軍。

南非聯邦：布克爾。

世界和平理事會特邀代表：英國：瓊斯、史密斯。比利時：布倫姆、卡文尼爾。緬甸：哥騰善。越南：阮文向。西德：海爾默特・漢斯曼、彼特拉・漢斯曼、豪伯特、殷眞、穆克、李諾、湯姆士夫人、奧柏哥甫牧師、奧柏霍甫夫人、巴特姆、韓參、伏斯白魯、衛斯、魏塞堡格、克呂格爾。德意志民主共和國：歇爾、拜克爾、謝佛爾、肖爾茲、衛爾曼。

荷蘭：舒恩、伊文思。希臘：阿希渥狄夫人。丹麥：海伯格、尼克索夫人。
以色列：盧彼齊（代表世界和平理事會理事杜比）。印尼：費爾琴夫人。
西班牙：烏里貝、法爾卡夫人。意大利：巴也塔、魯薩。中國：梅汝璈、
趙忠堯。朝鮮：許貞淑、李貞順。古巴：奧黛佳夫人。黎巴嫩：海羅夫人。
挪威：芬尼。波蘭：楚奇、比薩列克夫人。泰國：圖拉萊克斯、薩波松桑。
芬蘭：鮑克爾夫人。法國：柏爾尼斯、丹尼士、克勞地、古久里夫人、
斯特恩。羅馬尼亞：托馬。捷克斯洛伐克：赫魯瑪德卡。瑞士：凱勒。
瑞典：柏拉美夫人。日本：河村一夫。

11 / 關於聯合國的決議（1951）

原刊於《人民日報》，1951 年 2 月 28 日。

　　世界和平理事會注意到：聯合國未能答覆第二屆世界和平大會的《致聯合國書》，彷彿數億人民的代表所主張的維持和平的建議與它漠不相關一樣。

　　自從世界和平大會通過《致聯合國書》以來，聯合國已更進一步地辜負了人民對它的期望，並且由於通過譴責中國爲「侵略者」的決議而使人民的失望達於頂點。

　　聯合國以它的權威批准和掩護美國軍隊在朝鮮有系統地殺害近一百萬人，其中包括老人、婦女和兒童，並且摧毀和焚燒了朝鮮的城市和鄉村，使之化爲瓦礫。

　　世界和平理事會決議派遣代表團到聯合國，代表團人員爲：南尼（意）、布倫姆（比）、戴維斯夫人（英）、斯崔特夫人（澳大利亞）、魏基利（法）、古洪諾夫（蘇）、吳耀宗（中）、赫魯瑪德卡（捷克）、達波賽（非洲）、尼魯達（智利）、雅拉將軍（墨西哥）、羅伯遜（美）、烏法斯牧師（美）、阿塔爾博士（印度）。

　　該代表團將負責向聯合國要求：（一）考慮世界和平大會《致聯合國書》中的各項建議以及世界和平理事會本屆會議上通過的各項決議，並逐項表示意見。（二）恢復執行聯合國憲章所規定的任務，就是說聯

合國應當作爲各國政府之間取得協議的場所，而不應作爲任何居統治地位的集團的工具。

世界和平理事會這一決定將獲得千百萬人民的支持，他們有權經常警惕地注視，以保證高級的國際機構不致背叛其所負擔的保障和平的使命。

12 / 中國基督教各教會各團體代表聯合宣言
（1951）

原刊於《人民日報》，1951 年 5 月 25 日。另見《光明日報》，1951 年 4 月 26 日；《天風》262–263 期（1951 年 5 月 8 日）。

我們中國基督教各教會各團體的代表，聚集在我們人民中國的首都——北京，出席中央人民政府政務院文化教育委員會召集的處理接受美國津貼的基督教團體會議。茲向全中國與全世界的同道們發表下列宣言：

在世界人民和平力量空前高漲的今天，帝國主義已經走近了末日。美帝國主義對朝鮮台灣的侵略，只是它死亡前的掙扎。美帝國主義正在重新武裝日本和西德，企圖達到它的侵略目的，去做再一次人類大屠殺的準備；然而它是不能成功的。它在朝鮮已經遭受到中朝人民沈重的打擊，它還得遭受到最後的、悲慘的失敗與死亡。我們堅決地反對美帝國主義這一個挑撥戰爭的陰謀；我們堅決地反對使用原子武器，反對單獨對日媾和，反對武裝日本，反對武裝西德！我們要與全世界愛好和平的基督徒團結起來，反對美帝國主義這一切破壞世界和平的企圖！

全世界絕大多數的基督徒是善良的；但是帝國主義却一貫陰險地利用基督教來做它的侵略工具。一九五〇年七月，世界基督教教會協會中央委員會在加拿大開會，通過一個關於朝鮮戰爭的決議，誣指朝鮮民主主義人民共和國爲「攻擊的發動者」，要求聯合國授權給各會員國支持對朝鮮的「警察行動」，並反對世界五萬萬人簽名的、要求禁用原子武

器的斯德哥爾摩和平呼籲書。這個決議是顛倒是非的，是違反全世界愛好和平的人民的意志的。世界基督教教會協會這個決議的口吻是美國國務院的口吻。實際指揮世界基督教教會協會通過這個顛倒是非的決議的，是美國華爾街的工具、策動朝鮮戰爭的杜勒斯。我們對世界基督教教會協會這個決議，提出嚴重的抗議。我們也要揭發美帝國主義在過去一百多年中，利用在中國進行出基督教傳教活動對中國進行文化侵略和間諜工作的陰謀。我們在一九五〇年九月所發表的《中國基督教在新中國建設中努力的途徑》這個宣言，就是主張割斷中國基督教與帝國主義的一切關係，肅清教會內帝國主義的一切影響。我們認為割斷與帝國主義的關係，肅清教會內帝國主義的一切影響，是中國基督徒與全世界基督徒所必須努力的方向。我們必須潔淨上帝的聖殿，保持基督教的純潔。

　　一九五〇年十二月二十九日中央人民政府政務院公布了「關於處理接受美國津貼的文化教育救濟機關及宗教團體的方針的決定」。在這次會議中，我們討論了政府提出的「對於接受美國津貼的基督教團體處理辦法（草案）」，又聽取了政府各位首長的報告並經過詳細討論，我們認為中央人民政府的措施對於基督教的照顧真是審慎周詳，無微不至。共同綱領的第五條保證了人民的宗教信仰自由，而且我們也享受了宗教信仰自由。而這個措施更大大地鼓勵並且加強了我們基督教徒自治、自養、自傳的信心。我們對於政府的這些措施，不但熱烈的擁護，並且要表示我們衷心的感激。美帝國主義要用凍結資金的辦法，使依賴美國津貼的中國基督教事業陷於絕境，但人民政府却幫助我們走向光明的坦途。我們相信，中國的基督徒依靠上帝，並在毛主席英明領導及政府鼓勵協助之下，可以完全用自己的力量，建立起更完善、更純潔、更能服務人民的中國基督教事業。

　　我們號召全國的同道：

　　（一）堅決擁護並執行中央人民政府政務院「處理接受美國津貼的文化教育救濟機關和宗教團體的方針的決定」、「接受外國津貼及外資經營之文化教育救濟機關及宗教團體登記條例」，和此次大會通過並將由政務院批准的「對於接受美國津貼的基督教團體的處理辦法」，要最

後地徹底地永遠地全部地割斷與美國差會及其他差會的一切關係，實現中國基督教的自治、自養、自傳。

（二）熱烈參加抗美援朝運動，堅決擁護世界和平理事會關於締結五大國和平公約的決議，擁護中國人民抗美援朝總會的一切決議，並普遍地簽訂與切實執行愛國公約。每個教堂、每個基督教團體和每個基督教刊物都要進行抗美援朝的宣傳，使這種宣傳普及到每個信徒。

（三）擁護共同綱領，擁護政府的土地改革及鎮壓反革命政策，遵守政府的一切法令，積極響應政府的號召，爲國家建設而努力。我們要提高警惕；堅決拒絕帝國主義的一切誘惑，協助政府檢舉潛伏在基督教中的反革命分子和敗類，堅決揭穿帝國主義和反動派破壞三自運動的陰謀，積極展開各地基督教教會及團體對帝國主義分子和反革命敗類的控訴運動。

（四）加強愛國主義教育，廣泛地展開學習運動，以提高信徒的政治認識。

最後，我們號召全國基督徒，繼續擴大革新宣言簽名運動，以最大的決心，來實現中國基督教三自革新的任務，以最高的熱情，來迎接中華人民共和國無限光明的前途！

吳耀宗（中華基督教青年會全國協會出版組主任、上海）

鄧裕志（女）（中華基督教女青年會全國協會總幹事、上海）

劉良模（中華基督教青年會全國協會事工組主任、上海）

陳見眞（中華聖公會主教院主席主教、上海）

涂羽卿（中華基督教青年會全國協會總幹事、上海）

敬奠瀛（山東大汶口馬莊耶穌家庭）

謝永欽（中華基督教自立會代理理事長、上海）

倪柝聲（基督教徒聚會處、上海）

喻　筠（中國基督教信義會全國總會主席、長沙）

邵鏡三（中華基督會總幹事、南京）

吳高梓（中華全國基督教協進會主席、上海）

崔憲詳（中華基督教會全國總會總幹事、上海）

繆秋笙（中華基督教宗教教育促進會執行幹事、上海）

尤樹勛（中華基督教勉勵會全國協會幹事、上海）

徐　華（基督復臨安息日會中華總會會長、上海）

黎照寰（中國基督教公誼會主席、上海）

周維同（中華聖潔教會牧師、北京）

關彼得（中國神召會副會長、北京）

沙　毅（中國基督教宣道會主席、武昌）

魏文舉（華北公理會總幹事、北京）

魏以撒（眞耶穌教會全國總會會長、北京）

李澤珍（女）（中華基督教女青年會全國協會副主席、上海）

沈德溶（《天風》週刊主編、上海）

張伯懷（中華基督教出版協會執行幹事、上海）

胡祖蔭（廣學會義務總幹事、上海）

周盛康（中國主日學合會、上海）

金炎青（中華浸會書局、上海）

李培恩（中華聖經會、上海）

王梓仲（華北基督教聯合會總幹事、北京）

蕭國貴（中華基督教循道公會湖北教區主教、漢口）

凌賢揚（中華聖公會華北教區主教、北京）

董恆新（山東大汶口馬莊耶穌家庭）

江長川（華北基督教聯合會主席、北京）

邵鳳元（中華基督教會河北協會主席、北京）

曾友山（中華聖公會河南教區主教、開封）

鄭建業（中華聖公會河南教區總幹事、開封）

鄧述堃（中華聖公會浙江教區主教、杭州）

張海松（中華聖公會鄂湘教區主教、漢口）

招觀海（中華基督教會廣東協會幹事、廣州）

譚沃心（中華基督教會廣東協會總幹事、廣州）

孫鵬翁（中華基督教會東北大會理事長、瀋陽）

金玉清（中華基督教會東北大會執行幹事、瀋陽）

王　忱（中華基督教會東北大會理事、瀋陽）

王恆心（中華基督教會江淮大會主席、徐州）

鮑哲慶（中華基督教浙滬浸禮議會總幹事、杭州）

熊眞沛（中華基督教循道公會華南教區主席、廣州）

鄭錫三（中華基督教循道公會華北教區主席、天津）

馬景全（《希望月刊》主編、成都）

陳芝美（中華基督教衛理公會華南區教育委員會總幹事、福州）

胡翼雲（廣東基督教協進會總幹事、廣州）

段大經（信義會東北教區理事長、安東）

胡煥堂（基督教陝甘協同會會長、西安）

沈天然（安息日會華中聯會會長、武漢）

周清澤（廈門市基督教聯合會主席）

馬星閣（保定基督教聯合會主席）

龐之焜（北京市基督教聯合會主席）

趙復三（北京市基督教聯合會總幹事）

陳文潤（女）（北京基督教女青年會總幹事）

張伯清（基督復臨安息日會華北聯合會會長）

謝頌三（上海基督教聯合會主席）

戚慶才（上海浸會懷恩堂牧師）

陳和相（上海中華聖公會天恩堂會長）

陳善祥（女）（上海基督教女青年會總幹事）

艾年三（上海信義會牧師）

韓文藻（南京基督教協進會總幹事）

鄭汝銓（女）（南京基督教女青年會總幹事）

沈邦彥（南京衛理公會華中年議會執行委員會主席）

楊紹誠（南京來復會會長）

鈕志芳（杭州市基督教協進會副會長）

霍培修（天津市基督教聯合會會長、天津基督教革新促進委員會主席）

喬維熊（天津基督教革新推進委員會副主席）

高仰忠（廣州基督教會反美愛國促進三自工作委員會執行幹事）

林錦儒（女）（廣州基督教女青年會總幹事）

唐馬太（廣州東山兩廣浸會幹事）

張化如（廣東老隆崇眞總會）

武　英（河南信陽信義會牧師）

張光旭（薛平西代）（中華聖公會福建教區主教）

游瑞霖（福州中華基督教會）

劉年芬（女）（漢口基督教女青年會總幹事）

王齊興（昆明基督教聯合會會長）

宋傑人（重慶基督教青年會副總幹事）

李牧羣（重慶中華路德會牧師）

王約翰（川北中華聖公會會吏總）

秦石香（川南中華基督教會牧師）

尹保乾（西康雅安中華基督教革新會主席）

王俊賢（成都華西協合神學院教授）

曾淑愼（女）（廈門基督教女青年會幹事）

施中一（蘇州基督教江浙鄉村聯合會）

朱明齋（貴陽中華聖公會牧師）

梁元惠（廣西梧州基督教聯合會）

張寶箴（平原安陽中華基督會）

鄭子修（中華基督教會山東大會、濟南）

李素良（上海《時兆月報》經理）

楊紹唐（上海內地會牧師）

陳蓉生（上海清心堂牧師）

沈緒成（上海安息日會）

竺規身（上海靈工團牧師）

又　生（北京救世軍）

李常樹（長沙基督教團體聯合會主席）

劉均安（長沙眞耶穌教會）

許士琦（南昌市基督教協進會會長）

田景福（西安基督教青年會總幹事）

聶夢九（西安基督教聯合會會長）

王道生（陝西三原福音村中華基督教會牧師）

王存義（女）（西安基督教女青年會總幹事）

孫耀宗（哈爾濱自立會牧師）

賈　義（綏遠基督教牧師）

吳英才（南寧中華聖公會牧師）

萬福林（中華基督教會湖北大會理事長）

劉貽羆（長沙中華聖公會會長）

李雍吾（中華基督教會湖南大會總幹事）

程　光（湖南聖經學院院務委員會主任委員）

吳煥新（青島中華基督教聯合會副會長）

劉堯昌（西安中華聖公會主教）

劉配芳（西安中華基督教循禮會牧師）

李既岸（南京貴格會靈思堂牧師）

趙紫宸（北京燕京宗教學院院長）

陸志韋（北京燕京大學校長）

李湘英（北京燕京神學院學生）

吳貽芳（女）（南京金陵女子文理學院院長）

陳崇桂（重慶神學院院長）

高仁瑛（女）（中華基督教女青年會全國協會城市部主任幹事、上海）

施如璋（女）（中華基督教女青年會全國協會學生部主任幹事、上海）

高毓馨（女）（中華基督教女青年會全國協會鄉村部主任幹事、上海）

江文漢（中華基督教青年會全國協會副總幹事、上海）

陸幹臣（中華基督教青年會全國協會市會組主任幹事、上海）

李壽葆（中華基督教青年會全國協會駐京聯絡員、上海）

李儲文（中華基督教青年會全國協會宗教教育部幹事、上海）

羅冠宗（上海基督教抗美援朝委員會副總幹事）

蔣翼振（南京金陵神學院教授）

韋卓民（華中大學校長、武昌）

艾瑋生（華中大學教授、武昌）

陳建勛（中華基督教信義會信義報主筆、漢口）

劉大作（山東大汶口馬莊耶穌家庭）

俞秀藹（女）（北京基督教女青年會會長）

高尚仁（北京基督教青年會總幹事）

張以藩（長沙基督教青年會總幹事）

劉齡九（前《田家》半月刊編輯）

諸培恩（南京基督教青年會總幹事）

趙浚波（北京中華聖公會會長）

劉仲和（北京中華聖公會會長）

張士充（北京燕京大學基督教團契主席）

王敏華（女）（北京基督教女青年會幹事）

黃　浩（北京基督教青年會副董事長）

賈泰祥（中華基督復臨安息日西北聯合會）

蔡詠春（北京燕京宗教學院教授）

高鳳山（北京匯文中學校長）

楊明葆（太原基督教青年會總幹事）

羅世琦（濟南齊魯神學院教授）

賈玉銘（孫美芝代）（中國基督教長老總會主席）

楊懷生（上海基督教青年會總幹事）

蔡智傳（南昌基督教青年會總幹事）

朱晨聲（中華基督教全國總會公報編輯、上海）

林永俁（中華全國基督教協進會幹事、上海）

一九五一年四月二十一日

13 / 亞洲及太平洋區域和平會議籌備會議宣言
（1952）

原刊於《人民日報》，1952 年 6 月 8 日。

　　我們，出席這次一九五二年六月三日至六日在北京舉行的亞洲及太平洋區域和平會議籌備會議的，來自亞洲、澳洲、南美洲、北美洲二十個國家的四十七位代表，向亞洲及太平洋區域的人民提出一個迫切的呼籲，那就是，亞洲及太平洋區域各國人民團結起來，加強和擴大保衛和平的運動。

　　我們來自不同的國家，說着不同的語言。我們雖然抱着各種不同的政治見解和宗教信仰，然而我們却代表亞洲及太平洋區域各國人民爭取和平的共同意志。我們深切知道人民要求和平而厭恨戰爭；人民反對侵略亦決不侵略別人；人民要求貿易來往而反對禁運和封鎖；人民願意互相了解、互相友好而不願意遭受阻礙和隔絕；人民需要豐衣足食的生活而痛恨原子彈、細菌彈和化學武器。

　　然而在今天，我們亞洲及太平洋區域各國十六億人民的善良願望，却正在遭受着戰爭和備戰的魔影的威脅。

　　一切愛好和平的人民長久以來就迫切地要求在公平合理的基礎上在朝鮮停戰，以便結束朝鮮人民所遭受到的慘重災難，並爲和平解決遠東問題開闢道路。現在這個停戰正在被延遲中。與此同時，極殘酷的濫施屠殺的武器之被使用，使戰爭反而有擴大的危險。此外，在亞洲其他地

方，譬如在越南和馬來亞，現有的軍事衝突也正在使人民的生命財產受到重大損失，並危害及其他地域的和平。

在日本強施單獨對日和約及軍事協定，違反了現有國際協定，違反了日本人民想通過真正對日和約來獲得完全獨立及和平生活的願望。這樣就給日本人民帶來新的苦難。在第二次世界大戰中，侵略性的日本軍國主義，曾使亞洲及太平洋區域的各國人民遭受重大災害。現在這些人民又感受到日本軍國主義復活的威脅。由於有外國軍隊駐在日本領土，日本人民也有被捲入新戰爭中的危險。

在整個亞洲及太平洋區域，許多國家的主權與領土完整受到侵略性的協定的危害。這些協定使人民背負了軍備的重擔，使他們的國境內駐紮着外國軍隊，並剝奪了人民所需要用於自己福利及經濟發展的資源。廣泛的備戰和越南、馬來亞等地現有的軍事衝突使民族解放運動和保衛民族獨立運動受到日甚一日的鎮壓，而這種運動，由於其旨在結束民族壓迫和民族奴役，對於為各國和平共存創造基礎，是有極大貢獻的。在戰略的藉口下，國家相互間自由的經濟和文化交流，日益受到阻撓，而這種交流對於人民的興旺與人民間的相互瞭解是非常必要的。

亞洲及太平洋區域各國人民為了和平而採取一致行動，就能夠改變這種情勢，就能夠結束亞洲一切現存的和潛伏的衝突，並打退戰爭的威脅。如果他們能夠把要求和平的共同意志，變成保衛和平的團結一致的力量，就能夠贏得和平的條件，以保證完全的民族獨立，終止他們現在所正遭受着的由擴軍備戰所帶來的災難；就能夠在各民族平等及各民族有權處理自己的事務而不受外來干涉的基礎上，保證不同政治經濟制度的國家和平共存；就能夠使要求和平解決國際分歧和達成大國協議的聯合國憲章的原則與精神得以實現；就能夠通過國際裁軍和禁止原子武器、細菌武器、化學武器及其他大規模屠殺的武器等方法，來停止浪費財富的擴軍競賽；就能夠摧毀一切阻撓世界貿易及人民間文化交流的障礙。

和平不能坐待，和平需要愛好和平的人民團結起來爭取。

與世界其他地區抱有同樣願望的愛好和平的人民結合在一起，亞洲

及太平洋區域的人民是能夠使和平戰勝戰爭的。

　　爲了達到這個偉大的目的，我們號召亞洲及太平洋區域各國的所有愛好和平的人士和社團，不分政治見解、宗教信仰、民族差別和職業種類，都在各國業已組成和行將組成的籌備委員會的推動之下，更廣泛地團結起來，展開關於上述這些問題的討論，並選出代表來，以便在短期內在北京舉行亞洲及太平洋區域和平會議，來協商並求得鞏固本區域的和平與安全的有效方案。

　　我們要求亞洲及太平洋區域以外的各國愛好和平的人民和社團，給予我們以熱烈的支持和寶貴的意見。

　　亞洲及太平洋區域各國的人民業已在熱烈響應亞洲及太平洋區域和平會議的發起和籌備上，表現出了偉大的團結力量。這力量顯然還在繼續增長和擴大中。亞洲及太平洋區域各國人民已經認識到了自己的這個力量，因而對保衛和平運動的勝利懷有堅定的信心。

　　亞洲及太平洋區域的和平如能確保，那對於世界和平就會有莫大的貢獻。

　　讓我們更廣泛地緊密團結，更堅決地一致行動，更堅强地把保衛和平的崇高事業擔當起來。

　　人類理性和國際正義必定會戰勝侵略的暴力和戰爭。

　　　　　　　　　　　　　　　　　　一九五二年六月六日——北京

郭沫若，瓦丁姆·科熱夫尼科夫，劉寧一，楊白蓮，叻沙願·都拉叻，亞達·布龍漢，范伊爾德，艾·吉策爾特，詹·博爾頓，斯蒂芬·馬金多，吳拉，吳苗密，宇登帕敏，吳埃支，吳昆蒂，德欽盧埃，瑪麗·詹尼遜，撒拉南卡拉，何塞·萬徒勒里，陳叔通，南漢宸，吳耀宗，李德全，高善必，辛格，雅尼克，蘇魯梭，蘇瓦蒂，蘇約尼哥羅，高良富，帆足計，

宮腰喜助，朴正愛，田東赫，曾雪虹，艾里・哥爾達利，拉斐爾・門德斯，巴扎爾・錫林迪布，路易・艾黎，柯特奈・艾啓赫，霞庫爾，吳拉姆・穆汗默德・汗，馬紐爾・柯魯茲，叻巴色・颯順吞，約翰・金斯伯利，賀捷耶夫，伊凡・格魯森科，黎眞芳，約翰・達爾，顧里亞耶夫，桑頓，尤索夫（代表全印工會大會簽名的列席代表）。

14 / 爲抗議美國細菌戰
致約翰遜敎長和夫人書（1952）

原刊於《天風》320 期（1952 年 6 月 28 日），頁 2–3。以〈我國基督敎和天主敎團體致函約翰遜及夫人　抗議美帝國主義進行細菌戰罪行〉爲題，刊於《人民日報》，1952 年 7 月 3 日；以〈中國基督敎三十六團體寫信給約翰遜及夫人〉爲題，刊於《光明日報》，1952 年 7 月 3 日。《人民日報》及《光明日報》在行文方面的改動，見註釋，而新增按語現以**粗體**標出。同時，《人民日報》及《光明日報》在名單上省去不少基督敎會及團體的名單，現以標楷體標出。

【新華社訊】以中國基督敎抗美援朝三自革新運動委員會籌委會主席吳耀宗爲首的各基督敎團體的領導人，聯名寫信給來我國訪問的英國坎特伯雷敎長約翰遜及夫人，抗議美帝國主義進行細菌戰的罪行。原信全文如下：

親愛的約翰遜敎長和夫人：

　　我們熱烈地歡迎你們到新中國來，因爲你們的到來，象徵我們中英兩國的基督徒爲保衛世界和平共同的努力。

　　我們中國基督徒要向你們報告一件美帝國主義最近所做的違反人道、違反基督敎原則 [15] 的滔天罪行，那就是他們向中朝人民所進行的細菌戰爭。我們北京公理會的王梓仲牧師代表我們中國基督徒到了朝鮮與我國

15　《人民日報》及《光明日報》將「基督敎原則」改爲「基督敎義」。

東北，[16] 親眼看見了美軍撒佈的各種帶有細菌的毒蟲，並且搜集了很多美國進行細菌戰的證據。我們有不少基督徒醫生，像沈克菲醫生、顏福慶醫生等都親眼看見了美國侵略軍所撒佈的毒蟲、細菌，並且積極參加了擊敗美國細菌戰的工作。我們中國基督徒認爲美帝國主義進行細菌戰的罪行是千眞萬確，無可否認的。

　　科學要醫好人的疾病，而美帝國主義却用科學來散佈疾病和瘟疫，美帝國主義這樣作惡多端，一定要受到上帝的責罰，與世界人民的制裁。我們要請你們把我們中國基督徒對於美國細菌戰罪行的嚴正抗議，告訴英國、美國和全世界的基督徒。爲了人道，爲了正義，爲了世界和平，我們要呼籲全世界的基督徒都起來抗議並制止美國使用細菌武器屠殺中朝人民的這一滔天罪行。

　　願上帝與你們同在，並祝你們

　　一路平安！

一九五二年六月十四日

中國基督敎抗美援朝三自革新運動委員會籌委會主席　吳耀宗
中華基督敎女青年會全國協會總幹事　鄧裕志
中華聖公會主敎院主席主敎　陳見眞
中國基督敎三自革新運動籌委會書記　劉良模
中華基督敎會全國總會總幹事　崔憲祥
中華聖公會前主席主敎　鄭和甫
中華聖公會總議會常務委員會總幹事　鄭建業
廣學會總幹事　丁光訓
中華基督敎青年會全國協會幹事　李壽葆
中華基督敎女青年會全國協會幹事　施如璋
中華全國基督敎協進會主席　吳高梓

16　《人民日報》及《光明日報》將「代表我們中國基督徒到了朝鮮與我國東北」改為「代表中國宗敎界到了朝鮮與東北各地」。

中國耶穌敎自立會全國總會理事長　謝永欽

中國浸會聯合會大會主席　戚慶才

中國基督敎信義會全國總會副主席　艾年三

中華聖公會江蘇敎區主敎　毛克忠

中華基督敎出版協會　張伯懷

中華基督敎勉勵會全國協會　尤樹勳

中華基督敎衞理公會會督　江長川

基督敎復臨安息日會全國總會副主席　姜從光

中華浸會書局總幹事　任大齡

天風社　主編　沈德溶

中華基督敎會全國總會幹事　蔡志澄

中華聖公會傳道部總幹事　林步基

中華國內佈道會幹事　楊玖源

中華浸會神學院院長　吳繼忠

中華聖公會江蘇敎區上海聖保羅堂　姚賢揚　陳揚威　虞益壽

　救主堂　石文達　林錦心

　聖彼得堂　倪家駿　江鑑祖

　諸聖堂　李文新　沈以藩　劉婉貞

　天恩堂　陳和相　邵靜貞

　復活堂　曾廣燮

　忠主堂　彭聖傭

　江蘇敎區　程學修

中華基督敎會　清心堂　陳蓉生　蔡詠眞

　鴻德堂　曹光祖　鄭瑞芬

　閩南堂　陳之毅

　嶺南堂　蒲貫一

　閘北堂　韋紹曾　黃漁深　許道武　周盛清

　賜恩堂　劉慶長

　三牌樓堂　蔡守道

　重正堂　翁添智　施慕天

謙心堂　張孝基

天恩堂　朱貴農

嶺東堂　楊益惠

中華救世軍上海建國路堂　郭隆海

上海連絡員　白桂芬

中華基督教浸信會廣東浸會堂　黃觀海

第一浸會堂　諸重華

浸會懷爾堂　毛復初

滬北浸會堂　顧溥森

惠中堂　莊叔廉　魯明英

眞神堂　金罕

滬江堂　陳桂芬

國語禮拜堂　臧天保

江蘇浸信會聯會及懷施堂　章長羣

懷本堂　張厚基

會幕堂　沈冠州　翁永禮　張維良

中華基督教衛理公會慕爾堂　謝頌三　楊維新　朱怡初

景林堂　戴仰欽　俞止齋

景文堂　孫彥理

閘北基督教堂　錢潔身

中華基督教自立會上海聯會主恩堂　鴻靈堂　王彼得

純道堂　呂芝茂

救恩福音堂　方彬

閘北基督教堂　蔡和廷

聖靈堂　沈萬良

慕美堂　林道志

耶穌堂　徐慶棠

畢士大　單德馨

中華基督教信義會上海教會　李役

中國基督教上海靈糧堂　徐天民　柯月霞　王亦恩

中國基督徒傳道會　王磯法

中國佈道會上海教會　董鴻恩

中國基督教上海靈工團監督　竺規身

　安提阿全備福音堂　汪兆翔

　西門路耶穌堂　陳兆榮　王以諾　蔡同富

　虹口全備福音堂　竺蒙恩　裴彼得

　滬西福音堂　金道榮

　虹口祈禱會堂　張寬宏　計品棠

　第二會堂　胡人新　管仲文

　第三會堂　屠英光

　第四會堂　陳春田　張達卿

　使徒信道會閘北支堂　華威珍

　中華聖潔教會　姜爲山

　大成里福音堂　李子康

　曹家渡基督教堂　胡德康　胡秀齡

　塘橋福音堂　郭仲康

　中華基督教錫安堂　馮榮光

　安提阿全備福音堂佈道所　王榮羔

　東平路　基督堂　陳鳴揚

　岳州路　耶穌堂　蔣志康

　凱樂堂　胡寶明

　泰興路　耶穌堂　邊仲生　張禮川

　平涼路　神召會　王奎麟

　中國基督教會　耶穌堂　張德興

　許家弄　耶穌堂　徐季永

　昌平路　耶穌堂　趙蔚卿

　禧年堂　謝子光

中國基督教靈工團　蘇正賢

上海伯特利教會　王應聲

上海五旬節聖潔會福音堂　黃瑞卿　馮慕晞

上海神的教會　周廉夫

信恩堂　黃宇納

上海謹記橋耶穌堂　顧士良

中華靈浸會神召堂　沈保羅

上海虹口基督教聚會所　吳稼夫

上海國際禮拜堂　李儲文

上海中華基督教青年會　楊懷生

上海中華基督教女青年會　陳善祥

中國主日學合會　周盛康

華北基督教公理會牧師　王梓仲

中華聖公會華北兼山東教區主教　凌賢揚

北京燕京宗教學院代理院長　蔣翼振

北京市基督教聯合會主席　龐之焜

衛理公會天津教區教區長　王受彤

循道公會華北教區教區長　鄭錫三

等各基督教團體領導人

15 / 我國二十三位宗教界人士聯名發表聲明
抗議艾森豪威爾政府蓄意殺害羅森堡夫婦（1953）

原刊於《人民日報》，1953 年 3 月 18 日。

【新華社上海十七日電】我國二十三位宗教界領袖聯名發表聲明，對於美國艾森豪威爾政府拒絕撤銷對羅森堡夫婦的無理判決、蓄意殺害無辜，提出嚴正的抗議。

聲明說：法律是用來保障人權的，然而美國政府竟公然用它所操縱的司法機構來陷害無辜。這是一種不可饒恕的罪惡行為。我們相信美國人民與基督徒們，也一定不能容忍這種用假見證來陷害人，並公開預謀殺人的罪惡行為。

聲明繼續說：我們對羅森堡這一對善良夫婦的正義要求，要堅決聲援到底，因為這個案件與人類的尊嚴、價值和良心有着密切的關係。

聲明呼籲世界各國基督徒，首先是美國的基督徒共同制止這一謀殺行為的最後實現。同時要求美國政府立即撤銷對於羅森堡夫婦的無理判決，並恢復他們的自由。

在聲明上簽名的是：吳耀宗，中國基督教抗美援朝三自革新運動委員會籌備委員會主席；鄭和甫，中華聖公會主教院前任主席；吳貽芳，中華基督教全國協進會執行委員會委員；陳見真，中華聖公會主教院主席；陳崇桂，重慶神學院院長；黎照寰，公誼會秘書；涂羽卿，中華基督教

青年會全國協會總幹事；鄧裕志，中華基督教女青年會全國協會總幹事；
劉良模，中華基督教抗美援朝三自革新運動委員會籌備委員會書記；鮑
哲慶，中華基督教浙滬浸禮議會總幹事；吳高梓，中華全國基督教協進
會主席；崔憲詳，中華基督教會全國總會總幹事；邵鏡三，中華基督教
會總幹事；江長川，衞理公會會督；毛克忠，中華聖公會江蘇教區主教；
鄭建業，中華聖公會總議會常務委員會總幹事；謝永欽，中國耶穌教自
立會全國總會理事長；丁光訓，金陵協和神學院院長；樊正康，中華浸
信會聯會幹事；江文漢，中華基督教青年會全國協會副總幹事；李儲文，
上海國際禮拜堂牧師；戚慶才，中華浸會聯會主席；施如璋，中華基督
教女青年會全國協會學生部主任幹事。

16 / 我國政治科學研究者和宗教界人士 祝賀美共總書記丹尼斯五十歲生日 並電艾森豪威爾抗議美政府迫害丹尼斯 和其他進步人士 [17]（1954）

原刊於《人民日報》，1954 年 8 月 10 日。另見《光明日報》，1954 年 8 月 10 日。

【新華社九日訊】十四名中國宗敎界人士在八月六日分別致電美國共產黨全國委員會和美國共產黨全國委員會總書記丹尼斯，祝賀丹尼斯五十壽辰，並在同一天致電美國總統艾森豪威爾，抗議美國政府迫害美國要求和平民主的人士，並要求釋放丹尼斯和其他被非法監禁的美國主持正義的人士。

中國宗敎界十四人在給美國共產黨全國委員會的電報中說：當美國共產黨全國委員會總書記尤金‧丹尼斯在監獄中渡過他五十壽辰的時候，我們中國基督徒向他致熱烈的祝賀，並對他無理地被監禁表示無限的憤慨。電文祝賀美國共產黨在爭取美國人民的自由與世界和平的鬥爭中取得新的成就。電文附有致丹尼斯的賀電和致艾森豪威爾的抗議電的全文。

給丹尼斯的電文說：「我們祝賀您的五十壽辰。中國基督徒熱烈支持您爲正義、爲人民幸福的鬥爭，對於您被美國政府橫暴地監禁表示深切的同情與慰問。我們正致電艾森豪威爾總統，抗議美國政府對美國要

---

17 《光明日報》版本的標題：「我國政治科學研究者和宗 界人士　致電祝賀美共總書記丹尼斯五十壽辰　並致電艾森豪威爾抗議迫害丹尼斯」。

求和平民主人士的迫害，要求立卽釋放您和美國其他主持正義的人士。」

致艾森豪威爾的抗議電說：當美國共產黨全國委員會總書記尤金‧丹尼斯被無理地監禁在亞特蘭大監獄、渡過他五十壽辰的時候，我們中國基督徒要嚴正抗議美國政府對美國要求和平民主人士的迫害，我們要請你維護美國的自由傳統，尊重美國人民的人權，並釋放丹尼斯及其他被非法監禁的美國主持正義的人士。

在電報上簽名的有：吳耀宗、吳貽芳、陳見眞、陳崇桂、涂羽卿、江文漢、吳高梓、崔憲詳、鄧裕志、李儲文、邵鏡三、鮑哲慶、韋卓民、劉良模。

17 / 吳耀宗等十九名基督教知名人士
要求美法院撤銷鮑惠爾案
致函鮑惠爾夫婦和舒曼親切慰問（1957）

原刊於《文匯報》，1957 年 3 月 17 日。

親愛的朋友們：

你們爲了眞理，爲了正義，爲了勇敢地主張中美人民的友誼而遭受到迫害，因此，我們要寫這封信向你們致熱烈的慰問和深切的關懷。我們有些是你們的老友，有些是通過了你們所編的《密勒氏評論報》的文字而認識你們的，我們都關心着你們的案子。我們覺得，作爲基督徒，我們有責任對這樣一件嚴重違反人道和人權的事情提出我們嚴正的抗議。我們認爲，你們的法院應該撤銷這個案子，因爲它違反你們國家的法律和優良的傳統。我們希望美國和世界其他各國的基督徒都支持你們爲言論自由所作的鬥爭。

你們一定已經知道，在中國已經組織了一個支援你們的委員會。我們的報刊上發表了不少有關你們案件的文章。武漢和上海的教會和信徒響應了委員會的號召，爲支援你們進行了募捐。我們相信，在世界輿論對這個案件的憤慨日益增漲的面前，誣告你們的惡勢力最後一定要失敗。

讓我們通過這封信向美國人民表示我們的善意和建立中美人民之間的友誼的希望。

你們誠摯的朋友

吳耀宗　吳貽芳　趙紫宸

陳見眞　江長川　陳崇桂

崔憲詳　張光旭　丁光訓

吳高梓　涂羽卿　鄧裕志

李儲文　黎照寰　江文漢

毛克忠　李壽葆　鄭建業

劉良模

18 / 批判陳崇桂牧師在全國政協會議中的發言（1958）

原刊於《天風》544 期（1958 年 1 月 6 日），頁 8–10。本文為吳耀宗、陳見眞、吳貽芳、江長川、丁玉璋、趙紫宸、涂羽卿、劉良模、施如璋的聯合發言。另《公報》30 卷 2 期（1958 年 2 月），頁 5–9。後收入《中國基督教三自愛國運動委員會常務委員會第十次（擴大）會議專輯》（上海：基督教三自愛國運動委員會，1958），頁 36–38。

今年 3 月，在全國政協的會議上，陳崇桂牧師作了一個題為「保護宗教信仰，尊重宗教信仰」的發言。在這次會議中陳崇桂牧師參加在第三組，第三組裏從甘肅、陝西、山西、雲南、四川、河北、北京、上海來的同工在討論中都對陳牧師這篇政協發言非常憤慨，認爲它是以替教會說話爲名，來向黨和社會主義進攻，煽動基督徒與黨、政府以及全國人民對立，誣蔑蘇聯，宣傳崇美，並且詆毀三自愛國運動，挑撥我們各宗派基督徒的愛國大團結。大家認爲陳牧師的這篇發言決不能代表我們基督教界，而是在全國人民面前侮辱愛國的基督徒，並且在各地教會中造成惡劣的後果，成爲基督教內右派分子像劉齡九、馬星格之流向黨進攻的一面旗幟。爲此，我們要在大會上作這個聯合發言，駁斥陳牧師在政協會上的那篇反黨讕言。

陳崇桂牧師的發言中先說，「信宗教不信宗教是人民內部的思想矛盾」，然而他接下去又說：「在你我這樣辯論是非的時候，你不可罵我的母親，更不可挖我的祖墳，侮辱我的祖宗。……在我們辯論有神無神的時候，你若侮辱神，褻瀆神的名，你若强佔禮拜堂，這樣玷污禮拜堂，比挖我們的祖墳給我們的刺激更大。」

　　陳崇桂牧師在這裏把認眞貫徹宗敎政策的共產黨人誣蔑成橫行霸道，爲辯論有神無神，就去強佔禮拜堂。這是對黨、對人民政府、對廣大人民、對我們的憲法和宗敎政策的最大的誣蔑。

　　而陳牧師就這樣的來向黨和政府進行惡毒的攻擊，用「挖祖墳」這樣的字眼來煽動基督徒與黨和人民對立。而右派分子馬星格得着陳牧師的這段話，就居然進一步要煽動基督徒起來對黨和人民進行「流血鬥爭」。請大家看，陳牧師的這番話，起了一個什麼作用？！這是解決人民內部矛盾，加強團結嗎？這是擁護共產黨和人民政府嗎？退一步說，卽使那個禮拜堂眞是被人無端佔用，只要反映到政府，具體情況就能了解清楚，問題也就會得到解決，像中華基督敎會蘇州區會就能作很好的見證，人民政府是怎樣認眞地貫徹宗敎政策。這與辯論有神無神有什麼相干？這只是說明陳牧師在攻擊黨，煽動基督徒與黨、政府、人民對立時是那樣激動，以致語無倫次，連事情的道理邏輯都分辨不清了。

　　陳牧師在這樣誣蔑人民和政府之後，還不罷休，還要把人民和我們的黨、政府更誣蔑成和帝國主義一樣，而自己又裝出一副寬宏大量的樣子。他說：「遇見一點小小的侮辱和困難，難道不能忍受嗎？」「我們能忍受，也能原諒，也不見怪。」又說「我們要知道，現在辱罵我們，捏造各樣壞話毀謗我們的，不是別人，乃是帝國主義的傳敎士，所以應當歡喜快樂。因爲耶穌說，你們在天上的賞賜是大的。」

　　說基督徒受人民的侮辱，這已經是公然惡意的誣蔑和挑撥破壞團結；而說帝國主義毀謗我們，我們不僅應當忍受，還應當「歡喜快樂」，這更是反動透頂的帝國主義口吻。而陳牧師在誣蔑人民，誣蔑黨與政府，把我們的人民、黨與政府，和帝國主義分子排在一起時，自己還裝出一副寬宏大量的樣子，這實在是巧妙地以假冒爲善來掩蓋惡毒的反黨仇恨。

　　對於我們的社會主義建設事業呢？陳牧師把各項政策的執行情況描寫成偏差重重。他說：

　　「我們發現了在執行各種政策如敎育政策、工業政策、商業政策、衛生政策等等都難免有偏差錯誤。比較起來，執行宗敎政策的偏差錯誤

還是很少很少的。」

　　陳牧師這段話叫人聽起來好像是為了愛護社會主義事業，從全面看問題，他表示很能原諒黨和政府所犯的錯誤，然而我們前後連繫起來一想就不對了。如果說「很少很少的」宗教政策偏差，已經嚴重到挖基督徒祖墳的程度，那麼其它工業、商業、教育、衛生工作的錯誤偏差就不知該怎麼嚴重了。如果「很少很少」的宗教政策偏差，已經夠基督徒起來對黨和人民、人民政府進行「流血鬥爭」，那末其它「很多很多」的偏差，人民不是更該造反了嗎？陳牧師的這段話使我們看見，他能夠在擁護社會主義的幌子下來拐彎抹角從根本上攻擊社會主義建設；他能在惡毒誣蔑的同時還裝出寬宏大量的樣子。我們不能不說，陳牧師真是會作文章，真是會講反黨反人民的話，而這些話他都是用我們的名義，說是為我們的好處而講的，想把我們大家和全國基督徒都拉到他一邊去，跟着他誣蔑人民，誣蔑黨和政府。難道這就是陳牧師擁護共產黨、熱愛毛主席，以及對廣大信徒的愛心的表現嗎？

　　在全國政協的莊嚴講台上，陳牧師對我們的偉大盟邦蘇聯是怎麼說呢？他是用肯定的口吻誣蔑蘇聯逼迫宗教，說：

　　「十月革命成功之後，俄國東正教主教通知全國各教會不承認新政府，反對共產黨，所以斯大林才下令逼迫東正教會，沒收禮拜堂。二十年後，第二次世界大戰，蘇聯的東正教徒和主教，政治覺悟了，在衛國的戰爭中，宗教徒表示熱愛祖國，英勇抗戰。斯大林看見了，即刻下令，將禮拜堂和其它房產都退還教會，讓他們恢復禮拜，也停止了一切反對宗教的活動。」陳牧師在講完這段話之後用諷刺的口吻說：「蘇聯的這個先進經驗，中國共產黨沒有原樣照抄。」

　　這段話根本不是事實，蘇聯十月革命之後就頒布了保障宗教信仰自由的法令。而陳牧師硬說，在衛國戰爭中斯大林才下令將禮拜堂和其它房屋都退還教會，讓他們恢復禮拜。試問如果從十月革命到一九四一年這二十多年間，蘇聯的教會被沒收，信徒不能聚會，那信徒在衛國戰爭中的愛國熱忱是從那裏來的呢？這些話根本是帝國主義慣用的反蘇誣蔑。近年來，一些來中國的西方教會反動人士，就是慣用這套誣蔑蘇聯沒有

宗教信仰自由的話來中傷蘇聯，挑撥中蘇人民的團結。而陳牧師呢？却在政協的莊嚴講台上講帝國主義誣蔑蘇聯的話。

在小組討論中，有同工問陳牧師這一段話有什麼事實材料作根據？陳牧師說是根據英國約翰遜教長寫的《戰後蘇聯印象記》。當天下午，第三組同工就把書找來，可是這書中根本沒有陳牧師講的那種事。陳牧師還硬說：「你再找找就會找着了。」明明是無中生有的造謠，還要把約翰遜教長拉上去，而且還尖酸刻薄地說「蘇聯的這個先進經驗。」陳牧師這是什麼用心呢？陳牧師常說一生以祈禱傳道爲事，在政協發言也是傳福音。難道陳牧師把造謠誣蔑，還要尖酸刻薄，都算作基督的福音嗎？造的謠被當場揭穿，還瞪着眼不承認，難道陳牧師看這是爲眞理作見證嗎？

陳牧師在這樣誣蔑蘇聯之後還不罷休，還要接着說：

「中國共產黨在中國革命中的三個法寶之一，就是統一戰綫，這是中國共產黨創造性地馬克思主義（這話文法不通），是蘇聯所沒有的。」

據陳牧師說，他在解放之後一直在研究馬列主義，這一年來還在社會主義學院聽課，在小組上陳牧師還說每天唸十個鐘頭書。陳牧師知不知道國家資本主義是列寧首先提出來的？陳牧師知不知道蘇聯革命後資產階級瘋狂地與國家鬥爭，使得國家資本主義沒有實現的可能？陳牧師在政協發言，主題是宗教問題，而這一番話與主題毫無關聯，純粹是別有用心的反蘇挑撥。陳牧師說他講話只是爲傳福音，難道反蘇反共是陳牧師傳給人的福音嗎？

陳牧師對蘇聯如此毫無根據地造謠誣蔑，我們來看看他對美帝國主義的態度如何呢？陳牧師在他發言中說：

「1948 年我在美國，美國牧師告訴我：『我們在美國，牧師在講台上不敢講和平二字，否則就有共產黨的嫌疑，就要打碎飯碗。』就是那樣，我也只能說是美國執行宗教政策的偏差錯誤，不能、不可作結論說，美國沒有宗教信仰自由。」

像這個例子，清楚說明美國人民在反動統治下連和平的思想言論都

沒有自由，美國基督徒被剝奪了信仰和良心的自由，而陳牧師却說那是執行宗教政策的偏差，彷彿他還等待着美國反動政府會去糾正這個剝奪人民基本自由權利的「偏差」。陳牧師對美國的反動政府是多麼信任它的善良、公正！而且陳牧師引這個例子作根據，來表示「原諒」我們黨和政府，說「美國旣也有偏差錯誤，中國有偏差也就不希奇了。」陳牧師原來是以美帝國主義作標準來衡量我們的人民政府的，那麼他今天站在什麼立場上還不明顯嗎？

在這篇政協發言中，陳牧師又說什麼現代派是批判聖經的，又毫無根據地說馬克思曾是現代派信徒，歪曲馬克思，還說「連我們保守派的基督徒，也歡喜接受他的批評。」這些話旣挑撥各教會基督徒對馬克思主義者的反對情緒，又挑撥基督教內部的宗派矛盾。這是解決矛盾、加強團結，還是製造人民內部矛盾、破壞人民內部團結呢？

對於三自愛國運動，陳牧師說：「我們基督教工人在這幾年推行三自愛國運動的時候，也不知犯了多少錯誤。」然而在今年5月全國三自常委會上，陳崇桂牧師却是一語不發。陳牧師說他愛教會，又看到三自愛國運動不知犯了多少錯誤。他又是全國三自愛國運動委員會的副主席之一，然而他對三自愛國運動採取什麼態度呢？這種一語不發的態度，難道只是一個態度惡劣而已嗎？不是的，他是以這種態度來表明與三自愛國運動的對立，對立到不可調和的程度，以致於不能與大家一塊談問題。

我們大家不禁要問：這些年來黨和政府作了什麼對不起陳牧師的事，使陳牧師要這樣惡毒攻擊黨和政府呢？我們整個三自愛國運動作了什麼對不起陳崇桂牧師的事，使陳牧師對三自愛國運動委員會的同工們誠懇請他提意見，他也一語不發呢？黨和人民推舉陳牧師作全國政協委員，在北京的同工讓出一座花園大洋房給陳牧師住，各方面都給他很好的照顧。今年冬天，北京節約取暖用煤，一般人家一冬天只有半噸煤塊，其他燒煤球，在小組中陳牧師說他一家就要了二十噸硬煤。我們各地教會的同工也是很尊重陳牧師，然而陳牧師却是如此的恩將仇報，這到底是什麼緣故呢？陳牧師為什麼對共產黨、對社會主義、對蘇聯、對三自愛

國運動那樣仇視，以致要惡毒攻擊、造謠誣蔑呢？

在我們這樣百思不解的時候，右派大頭子章伯鈞的話倒給了我們啟發。他說：「你就是給我住花園洋房，坐汽車，還是要鬧革命。」他是說要革人民的命。從這裏使我們聯想到陳崇桂牧師，我們也不得不說，陳崇桂牧師雖然吃着人民的飯，住洋房坐汽車，却還是想砸人民的鍋，其唯一的理由就是他反對共產黨，反對社會主義，同時也反對三自愛國運動。

19／加強反帝愛國工作，
清除殘餘反動分子（1958）

原刊於《天風》565 期（1958 年 11 月 17 日）。本文為吳耀宗、謝永欽、左弗如、黃培永、朱大衛、李壽葆、陳善祥、羅冠宗、陳見真、鄧裕志在上海市第三屆人民代表大會第一次會議上的聯合發言。

主席團，各位代表：

我們熱烈擁護柯慶施書記的政治報告，完全同意許建國副市長關於上海市 1958 年度經濟工作的報告；市人民委員會關於上海市 1957 年決算和 1958 年預算草案的報告，以及上海市高級人民法院的工作報告。

柯慶施書記的報告對當前國內外形勢作了全面和深刻的分析，特別是關於國內大躍進的形勢，使我們得到很大的啓發和鼓舞。我們國家的工農業生產和科學、文教等各方面的工作，都以一天等於二十年速度在飛躍發展；同時我們也已經找到了一條多快好省地建設社會主義的道路。這眞是一件具有偉大歷史意義和世界意義的事情。

隨着大躍進形勢的發展，人民公社在全國普遍建立起來。我們最近參觀了松江東風人民公社，農民們歌頌人民公社說：「共產主義勝天堂，沒有天梯怎能上，人民公社是天梯，好把人間搬天上。」我們深切地感到人民公社眞是一件好事，我們基督徒和全市人民一樣，熱烈擁護在上海建立人民公社。雖然我們中間還有一些人由於舊的思想和生活習慣，

對於人民公社還有一些顧慮，但是我們認識到這是全國人民共同走上幸福生活的唯一道路，也是絕大多數人願意走的道路。我們一定要和全國人民一起走這條道路。

在大躍進的形勢中，反過來看看基督教的情況，我們就感到是落後了。固然大多數基督徒在黨的領導和教育下，對大躍進的形勢有了初步的認識，或感到形勢逼人，不得不趕上去；可是由於基督教過去長期受帝國主義和資產階級的控制和影響，許多教牧人員還沒有徹底破除資本主義立場，樹立社會主義立場。這說明了基督教界的自我改造是極其迫切需要的。

自從去年全民整風以來，在黨和政府的正確領導下，上海基督教工作人員也進行了社會主義教育。通過學習，大多數人的社會主義覺悟都有了提高，分清了敵我，辨明了大是大非，揪出了一些披着宗教外衣的右派分子和壞分子以及帝國主義的代理人。我們深刻地認識到，帝國主義和反動統治階級不但在解放前曾經利用基督教作為侵略和奴役中國人民的工具；解放以後，他們始終沒有放棄繼續利用基督教侵略中國的陰謀。同時，這些混在基督教裏的一些地主、富農、反革命分子、壞分子、右派分子等，他們披着宗教外衣為掩護，並以「信仰」為藉口，利用信仰有神無神的不同來煽動教徒，進行反黨反社會主義的活動。他們利用講道和所謂「自由傳道」，對國家的每一項中心運動都進行污蔑和破壞；而對沒落的剝削階級和運動中的失意分子則假借「祈禱」或「家庭聚會」等辦法百般誘惑，鼓勵他們抗拒改造。有些善良的信徒也曾經受到他們的迷惑和蒙蔽，參與了他們的反動活動。經過社會主義教育，我們大多數人都認識到，我們基督徒應與全國人民團結一致，共同為建設美好的社會主義和共產主義社會而努力。但是帝國主義和一切反動分子却熱中於挑撥信教者與不信之間的矛盾，來掩護他們反黨反社會主義的活動。這幾年來，我們在基督教內已經肅清了一些反革命分子和右派分子，但是我們還必須繼續警惕隱藏在教會內的殘餘反動分子，假借「宗教信仰」來進行破壞社會主義建設的陰謀。

通過社會主義教育的學習，我們上海基督教工作人員進一步認識了

社會主義制度的優越性。正如有一位教牧人員說：「社會主義道路是大家好，大家走幸福生活的道路，而資本主義是少數人剝削多數人，少數資產階級享福，多數勞動人民吃苦的制度。」因此，基督教徒應當和全國人民一樣，衷心擁護黨的領導，堅決走社會主義道路。

在社會主義教育的學習中，我們還明確了一個重要的問題：教牧人員屬於什麼階級？經過擺事實、講道理，特別是許多教牧人員在社會主義覺悟提高以後，聯繫自己過去的生活，一致肯定了教牧人員的剝削階級本質，認識到過去那種為資產階級服務，依附於資產階級，長期以來過着游手好閒，不事生產，不勞而獲的剝削生活和好逸惡勞的資產階級思想是極其醜惡可恥的。因此，大多數教牧人員都開始認識到為了加速進行自我改造，除了繼續加強政治學習外，還必須積極參加勞動生產，逐步改造自己成為自食其力的勞動者。目前已經有一百多教會工作人員參加了勞動生產。許多人開始體驗到過去輕視勞動是錯誤的，在我們這個人人平等的社會主義社會中，人人都應該從事勞動，勞動是最光榮的事情。

在大躍進的形勢中，不但教牧人員需要改造，而且許多基督徒普遍感到基督教本身的組織、制度和工作方式也必須適應社會主義大躍進的形勢，不要成為生產發展的阻礙，使廣大教徒能夠更好地參加社會主義建設。我們的宗教信仰是一貫受到國家保障的，但是我們也認識到宗教信仰乃是一部分人的私事，所以應當首先考慮到國家人民的整體利益，服從整體利益的需要。因此我們必須徹底改變基督教的半殖民地面貌，改革帝國主義遺留下來的不合理組織制度和一切與社會主義不相協調或不利於生產發展的工作方式，使教會日益適應大躍進的形勢。最近我們將上海原來分布極不合理的教堂聯合起來，在二十三處進行聯合禮拜，使教徒更好地過宗教生活，並以多餘的人力物力支援國家的社會主義建設，這個措施得到了廣大教徒的擁護和歡迎。

各位代表，我們基督徒和全國人民一樣，堅決擁護黨的領導。我們相信社會主義一定勝利，共產主義一定到來，為了跟上大躍進的形勢，我們有決心在黨的領導下，進一步加強反帝愛國的工作；在教會內部繼

續揭發和清除那些以「信仰」爲幌子來進行破壞社會主義建設的殘餘反動分子；加强敎牧人員的自我改造，特別是參加勞動生產，改造成爲自食其力的勞動者；繼續改革敎會內不利於社會主義建設和生產發展的組織制度和工作方式，使敎會更適合社會主義發展的要求。我們一定要鼓勵上海基督敎徒和全市人民在一起，在不同的崗位上積極投入社會主義建設，爲完成和超額完成今年的任務和明年更偉大的任務而努力。

20 / 剝去帝國主義的宗教外衣（1959）

原刊於《天風》576 期（1959 年 5 月 11 日），頁 21–23。本文為吳耀宗、涂羽卿、鄧裕志、劉良模、閻迦勒、丁光訓、施如璋在全國政協三屆一次會議上的聯合發言。

中國人民在創造奇跡

在解放後的十年中，尤其在最近一年多當中，我國人民創造了無數的奇跡。這些奇跡，大大地鼓舞了我們，加強了我們對新中國光明前途的信心。

我國人口眾多，在反動統治時期，這總覺得是一個負擔。現在可不同了。今天工廠要人，農村要人，一切生產建設部門都要人。人不是負擔，人是寶貝，是力量。失業已經成了歷史陳跡。全國人民都動起來了；白天在動，黑夜也在動；晴天在動，雨天也在動；他們動手也動腦筋。在動的當中，他們正在迅速地改變舊中國的面貌。

我們的工農業都在大躍進。在一九五八年我們鋼、煤、糧、棉的產量都翻一翻。新的工礦建設單位，不斷地出現；全民煉鋼的熊熊火光照耀着全國每一個角落。糧食增產已經有了史無前例的成績。農田水利修建的速度在有些地方是幾個月等於幾千年。靠天吃飯的觀念已經被打破了。龐大的勘探隊伍踏遍了深山野嶺去尋找資源，使蘊藏在地下的寶物爲建設繁榮富強的新中國服務。交通運輸事業的發展，正在使「行路難」、「蜀道難」成爲憑弔古人的詩句。

隨着物質建設的高潮而來的是文化建設的高潮。文化不再是少數統

治者壓迫欺騙人民的工具，它已經成為廣大勞動人民提高政治認識，普及科學和促進生產的利器。許多普通勞動者所創造的詩歌，正在歌頌着祖國一日千里的大躍進。教育與生產勞動相結合的方針，已經放出了無數美麗芬芳的花朵。全國體育運動健將一次又一次地打破世界紀錄。醫藥衛生事業的發展，中西醫的結合和醫療技術不斷的提高，不但永遠洗掉「東亞病夫」的悔辱，而且將作出世界性的貢獻。

在過去幾個月中，一個奇跡中的奇跡又出現了，這就是已經在全國農村建立起來的人民公社。通過入民公社，有史以來一直壓在人民頭上與衣、食、住、行，生、老、病、死有關的許多問題，都開始得到全面的解決。我們中間有些人到過好幾個農村去視察，農民親口告訴我們：自從成立了人民公社，糧食棉花等莊稼都獲得空前的豐收，窮鄉變成了富鄉。吃飯不要錢更是幾千年來沒有過的好事。人民公社將使我們在建設社會主義的道路上更加大踏步前進，並為將來過渡到共產主義社會創造有利條件，使理想中的繁榮幸福的生活更早實現。

中國人民為甚麼能夠創造這些奇跡？這是由於中國共產黨和毛主席的英明領導，由於工農羣衆夜以繼日的忘我勞動。這些奇跡的產生特別是由於黨的鼓足幹勁，力爭上游，多快好省地建設社會主義的總路綫和兩條腿走路的一整套方針，正確地反映了人民的意志和力量。新中國的基礎已經建立在磐石之上。新中國的威力使日益腐爛的帝國主義發抖，使紙老虎更加顯出它的原形。

基督徒愛國思想的提高

基督教是在一八〇七年從西方傳到中國來的。所謂傳教事業是帝國主義利用基督教在中國進行侵略的一個重要方式。到解放前後，傳教士從中國撤退時為止，作為帝國主義侵略工具的「差會」控制了中國教會將近一百五十年。在這個時期中，帝國主義不但在政治上、經濟上、軍事上在中國進行侵略，它也利用基督教在中國進行文化侵略，在信徒中灌輸奴化和反動的思想毒素。他們「培養」出來的人，大部分投身到官

僚買辦階級裏去，作了帝國主義剝削和壓迫中國人民的工具，作了與帝國主義密切勾結的反動統治的幫凶。

解放後，中國基督徒在一九五〇年發起了三自愛國運動，割斷了與帝國主義的關係，以實現中國教會的自治、自養、自傳。經過八年多的愛國主義教育，特別是經過新中國各個偉大運動的啓發，中國基督徒的思想認識有了提高，一百多年來被帝國主義控制利用的中國教會，開始改變它的面貌。

最近一年多以來，我國基督教工作人員在新形勢鼓舞下，在基督教內展開社會主義教育運動。在運動的過程中，我們揭發了一批隱藏在各地教會裏面的反革命分子、壞分子和右派分子。我們撕破了他們的宗教外衣，揭露了他們反黨、反社會主義、反人民和破壞三自愛國運動的罪行。這些披着宗教外衣的反革命分子、壞分子和右派分子，儘管人數極少，却是帝國主義和反動派的爪牙和代理人，他們是中國人民的敵人。我們基督徒揭發他們，使他們不能繼續欺騙羣衆。這完全符合於全國人民的利益和我國教會的利益。

廣大基督徒心情舒暢

祖國一日千里的形勢不但鼓舞了我們，也使我們感到必須更迅速、更徹底地改造我們自己的思想和立場，更迅速、更徹底地改變我們教會的面貌。

首先，我們看到中國基督教會在剝削階級基礎上，爲剝削階級服務的，在許多城市裏教會擁有大量房地產，本身就是剝削階級的一部分。我們更認識到，我國各地教堂的數量和分佈，根本不是按照宗教生活的需要，而是決定於帝國主義利用宗教侵略我國的需要的。例如過去北京有一條街的兩旁就有分屬於不同宗派的教會八所之多。各教派分門別戶，互相歧視，使中國的基督教會四分五裂、機構臃腫、人浮於事，造成大量人力物力的浪費。在過去一年中，各地基督教工作人員和廣大信徒的認識提高了，經過充分蘊釀協商在教會的分佈方面根據信徒的實際需要

作了比較合理的調整。教會的事工較多地體現了「合而為一」的精神，教會的領導也比較健全了。這就使中國基督教會出現了一個新的面貌。廣大信徒在參加社會主義建設的同時能夠享受正常的宗教生活，心情是舒暢的，精神是愉快的。

其次，無數事實使我們認識到，我們教牧工作人員從階級出身，從思想感情，從所受教育，從生活方式，從日常工作中效勞的對象等方面來看，我們過去的確不是站在工農勞動人民一邊，而是站在帝國主義和資產階級一邊，並且幫助他們剝削和統治勞動人民。今天我們看到，以數億計的勞動人民為建設社會主義怎樣辛勤忘我地勞動着，我們深深感到我們過去依附於帝國主義、剝削階級，好逸惡勞，輕視勞動人民的可恥，我們覺悟到如果不徹底改變自己的政治立場和思想，我們就一定會成為社會主義前進道路上的阻礙。因此，我們基督教工作人員必須加強自我改造，勞動人民所表現的沖天幹勁和創造的奇跡吸引着我們，他們對我們的關懷和熱情，他們對我們自我改造的願望所表露的喜悅和歡迎，都大大鼓舞了我們。使我們深信，只要決心和勞動人民站在一起，向他們學習，政治立場和思想的改造是完全可能的。

在過去一年中，許多基督教工作人員參與了工農業生產勞動。幾乎所有的基督教工作人員都參加了突擊性或經常性的義務勞動。許多地區的基督教工作人員響應了黨「全民煉鋼」的號召，投入了全民煉鋼的熱潮。在勞動中很多教牧人員積極努力，有的還受到了生產領導上的表揚鼓勵。在勞動人民的中間，我們開始體會到社會主義建設事業的偉大，體會到黨的領導的英明正確，更認識到勞動人民的高貴品質。越來越多的人對勞動漸漸改變了輕視的態度，開始對勞動有了親切、光榮和愉快的感覺。

一年來基督教界的新氣象再一次證明了宗教信仰自由政策在正確地貫徹執行。我們基督徒在參加社會主義建設和物質生活逐步改善的同時，由於愉快的勞動和安定的生活，更能心情舒暢地參加教會的各項事工。各地教會的崇拜，信徒的婚姻、殯葬、新信徒受洗加入教會等聖事，信徒的奉獻、牧師的探訪、禮拜堂的修繕，基督教刊物的出版，聖經的印

行等一直在正常地進行。這說明我們正享受着充分的宗教信仰自由。

　　一年來，我們深深體會到：黨對我們基督教界、對每一個基督教工作人員、對每一個基督徒的深刻的真摯的關心。例如我們要求參加勞動鍛煉，黨和政府就幫助我們，按照我們實際條件協助我們妥善地安排。我們正在逐步走向自食其力的途徑中，黨和政府也給我們許多支持和照顧。我們更加認識了黨的領導的正確性與必要性，對黨的那樣細緻的關心和照顧感到無限的溫暖和感激。

反對利用宗教干涉我國內政

　　可惡的是正當我們中國基督徒歡欣鼓舞地在社會主義道路上與全國人民一道前進，心情舒暢地享受宗教信仰以及其他各方面的自由時，美帝國主義御用的一些基督教機構，包括美國全國基督教理事會所謂「海外佈道部」的「中國委員會」，却又玩弄慣技，對我們進行誣蔑。我們知道，美帝國主義者為要拉攏基督教各派系組成一支反對社會主義陣營，反對民族主義國家和反對殖民地人民獨立運動的十字軍，一向打着「教會合一」的幌子。而當我們中國的基督教今天在反帝愛國的基礎上真正本着聖經的教訓更加團結一致時，美帝國主義却造謠說中國教會遭到「沉重打擊」。美帝國主義傳教士在解放前夕曾經積極策劃「應變」，企圖把中國各地教會搞成長期與中國人民為敵的反動據點。為了達到這個目的，他們曾大力提倡教牧人員從事生產。但當今天我們中國基督教工作人員為了自我改造，也為了全國人民與自己的幸福歡歡喜喜地參加社會主義建設的時候，帝國主義却又誣蔑說，這是對教會人士的「奴役勞動」，是教會「遭到打擊」。美帝國主義以為，靠着對中國與中國教會的造謠誣蔑就能夠挽救它垂死的命運，這是夢想。帝國主義的惱恨和污蔑，正說明我們的行動是正義的，是對美帝國主義的一個沉重的打擊。

　　我們知道，新中國一貫執行宗教信仰自由政策，一貫尊重祖國大家庭中各個民族的宗教信仰和風俗習慣。最近我國西藏一小撮反動透頂的農奴主，在帝國主義分子、印度擴張主義分子和蔣介石反動派的唆使下，

劫持達賴喇嘛，公開發動叛亂，企圖破壞祖國的統一，分裂我國各民族的團結，恢復帝國主義對我國西藏的奴役，從而維持這些反動頭目繼續剝削壓迫西藏人民的特權地位。四月十八日，他們又發表了由印度政府的官員分發的內容荒謬絕倫，矛盾百出的所謂「達賴喇嘛的聲明」，這是干涉我國內政的明證。我們感到無比的憤怒。帝國主義和外國反動派為了掩飾他們的陰謀，還把西藏叛亂硬扯到宗教信仰自由問題上去。我們中國基督徒決不允許任何國家干涉我們的內政，我們更要剝去帝國主義的宗教外衣，揭露他們的豺狼面目。帝國主義同宗教信仰沒有絲毫共同之處。他們決不是宗教的「衛道者」，他們只是企圖利用宗教來達到他們剝削人奴役人的目的，他們是宗教真正的敵人。

我們的祖國正處在一個空前大躍進的時代，已經把命運掌握在自己手裏的六億五千萬中國人民正向着社會主義的目標英勇邁進。我們日日夜夜都做着驚天動地的事業。在國際方面，社會主義已經是一個無比強大的力量。帝國主義已經日落西山，它稱霸世界，奴役人類的野心是永遠不會實現的。我們基督徒曾經身受帝國主義精神上的毒害，我們要用事實來揭露帝國主義的罪惡，我們要徹底肅清曾經頑强地佔據我們心靈深處的帝國主義思想毒素。我們要同全中國全世界人民站在一起，對美帝國主義和國外反動派的侵略陰謀進行堅決鬥爭。

大躍進的形勢要求我們基督徒加強自我改造，鼓起更大的幹勁，與全國人民一道為祖國的社會主義建設和世界和平的事業更加積極努力，信心百倍地前進。

21 / 基督徒內心舒暢（1959）

原刊於《解放日報》，1959 年 6 月 7 日。本文為吳耀宗、謝永欽、左弗如、黃培永、朱大衞、陳善祥、羅冠宗、列席、鄧裕志在上海市人大三屆二次會議的聯合發言。

　　十年來，上海基督教的面貌有了很大的變化。解放前，上海基督徒受盡了帝國主義的欺壓和侮辱，但是當時他們對帝國主義利用基督教的毒計是認識不清的。解放後，在黨的關懷下，在全市人民熱烈支持下，上海基督徒的反帝愛國覺悟逐漸有了提高。越來越多的人認識到「傳教士」原是披着羊皮的豺狼，「傳教事業」只是帝國主義侵略我國整個陰謀的一部分。一九五一年六月十日，就在帝國主義以前所辦的大賭窟逸園的廣場上，舉行了有一萬多基督徒參加的控訴大會，有力地揭發了帝國主義利用基督教的種種罪行，狠狠地打擊了帝國主義，信徒們高呼「堅決割斷與帝國主義的關係」，「徹底實現三自革新運動」，「共產黨萬歲」，「毛主席萬歲」等口號。這個大會標誌着上海基督徒的新生，上海基督徒開始和廣大人民在反帝愛國的共同戰綫上携起手來，教會開始割斷與帝國主義的關係，基督教三自愛國運動也從此逐漸深入人心。

　　我們的鬥爭並沒有就此終止，暗藏在上海基督教內的反革命集團仍然極力進行破壞活動。他們用所謂「信與不信」來挑撥和破壞基督徒與廣大人民以及基督徒內部的團結，他們謾罵愛國信徒是「賣主的猶大」，搞得教會內一時烏雲亂翻。肅反運動給上海基督教撥開烏雲見青天，由於黨的正確領導和廣大基督徒的揭發與檢舉，這批披着宗教外衣的豺狼終於現出了原形，他們有的是美蔣的特務間諜，有的是一貫破壞各項運

動和假借「神的僕人」名義欺騙信徒的反革命分子。這個運動大大提高了基督徒的思想覺悟，大大地純潔了教會，基督徒和廣大人民之間的團結也進一步加強了。

帝國主義常常誣蔑我們國家沒有宗教信仰自由，我們不禁要問，難道允許帝國主義和反革命分子所控制的「宗教」繼續存在下去就叫做宗教信仰自由嗎？不！那只是利用宗教進行侵略的自由。我們必須先有真正純潔的宗教，然後才說得上宗教信仰自由。

在過去一年多的社會主義教育運動中，上海基督徒又一次受到極其深刻的教育。我們認識了共產黨的偉大、光榮、正確；認識了社會主義制度的無比優越性。廣大的基督教工作人員和信徒分清了大是大非，明確基督教界應該接受黨的領導走社會主義道路。祖國日新月異的偉大成就，深深感動着我們，教會半殖民地面貌的改變時刻鼓舞着我們，今天教會是真正傳佈宗教的場所，信徒到教堂來，過着愉快的宗教生活，教會工作也全靠信徒自己出錢出力來維持。廣大基督徒都深切地體會到，只有在今天才享受到真正的宗教信仰自由，內心感到十分舒暢。

社會主義教育提高了上海基督徒為社會主義建設服務的覺悟與決心。從去年下半年以來，有一部分基督教工作人員直接參加了工業生產勞動，其中有的人還在技術革新中做出了一些貢獻。在全民煉鋼的時候，許多人都積極投入，在支援郊區秋收秋種勞動大軍中，也有一部分教牧人員和信徒參加。越來越多的基督徒家庭婦女也愉快地參加了里弄工作和社會福利事業。

這幾天，許多基督徒在談起上海解放十周年的時候，想想過去，看看現在，鮮明的對比，萬千的感受。我們深深體會到，是黨解放了上海，也是黨把我們基督徒從帝國主義的泥坑中救拔出來，使我們和廣大人民一起走在無限寬廣、光輝燦爛的社會主義大道上。

我們認識到，雖然我們在政治思想上有了初步的提高，基督教的半殖民地面貌有了一定的改變，但是在躍進再躍進的形勢下，我們還必須在黨的領導下，通過政治學習，勞動鍛煉，參加社會活動，繼續加強自我改造，才能跟上飛躍發展的形勢，更好地為社會主義建設貢獻我們的力量。

22 / 歡呼祖國欣欣向榮，
決心加強自我改造（1960）

原刊於《天風》592 期（1960 年 1 月 11 日），頁 12–13。本文為孫彥理、毛克忠、李儲文、劉良模、羅冠宗、張孝基、戚慶才（以上爲委員）、左弗如、鄧裕志、朱大衛、李壽葆、吳耀宗、陳善祥、施如璋、涂羽卿、黃培永、謝永欽（以上爲列席）在中國人民政治協商會議上海市第二屆委員會第二次全體會議上的發言（摘要）。

我們衷心擁護陳丕顯主席的政治報告，和曹荻秋、魏文伯、石西民等負責同志的報告，我們同意金仲華副主席關於政協工作的報告。這些報告使我們受到極大的鼓舞，並且提高了我們對於國內外大好形勢的認識。

一年來政協在協商討論貫徹總路線的工作任務，開展社會政治活動、進行時事政策學習等方面做了很多的工作，取得了極大的成績，特別是學習方面的活動，如座談討論、講座、參觀、電影等，經常地幫助我們擴大眼界，提高思想認識，因而對我們的自我改造起了很大的促進作用。

在東風進一步壓倒西風的國際形勢下，今年我國人民在黨的領導下繼續實現了工農業生產以及各條戰綫上的大躍進。陳丕顯主席等負責同志所列舉的今年繼續躍進的輝煌事實和數字，生動地反映了我國各族各界人民的衝天幹勁，完全證明了黨中央和毛主席領導的英明與正確。在這次會議期間，本市和全國各條戰綫上紛紛傳來提前與超額完成今年國家計劃的捷報，充分顯示了黨的建設社會主義總路綫、大躍進、人民公社的無限威力。我國人民在總路綫光輝照耀下所取得的巨大成就，嚮亮

地回擊了帝國主義對我國大躍進與人民公社的各種無恥誣蔑。帝國主義的誣蔑不但不能阻擋我國人民的前進，反而激起了我們對帝國主義的憤恨，加深了我們對帝國主義醜惡面貌的認識。

我們中間有許多人，一年多來經常到郊區人民公社參加義務勞動，當我們在田野勞動的時候，看到四圍許多新的工廠和工人住宅建立起來了，高壓輸電綫路架起來了，人民公社化以後公共食堂、幼兒園、托兒所等集體福利事業辦起來，婦女勞動力獲得了解放，農業機械化和半機械化的程度逐步提高了，農村多種經營迅速發展了，田野裏常常傳來有綫廣播的音樂，廣大農民與幹部幹勁十足，愉快地進行着勞動。由於政協經常組織參觀，使我們對祖國大躍進的面貌，有了更深刻的體會，如我們最近參觀了吳涇煉焦製氣廠，親眼看到一座全部自動化的巨大的工廠，竟在 174 個工作日內建立起來，而這在帝國主義國家則要五年才能完成。這一切使我們摸到了祖國大躍進的脈搏，我們要爲祖國萬紫千紅、欣欣向榮的景象而歡呼，爲祖國的日益繁榮富強而感到自豪。中國人民只有在黨的領導下，才能沿着社會主義的光明大道，從勝利走向勝利。

一年以前，上海基督教界進行了社會主義教育運動，取得了重大的勝利。通過這個運動，我們明確了基督教界的政治方向，就是要在黨的領導下，同各界人民團結在一起，走社會主義道路。一年多來，在黨的領導下，在建設社會主義的道路上，我們在繼續深入開展反帝愛國運動和進行社會主義學習與自我改造等方面取得了新的成就。上海基督教界的半殖民地面貌有了進一步的改變，基督教內的非法違法活動受到了應有的打擊；教牧人員在自我改造的道路上前進了一步。

我們知道，美帝國主義一直千方百計地妄想陰謀破壞我們的社會主義事業，所以在誣蔑我們大躍進的同時，還惡毒地造謠說中國基督教在大躍進形勢下受到了「沉重的打擊」。事實是在我們社會主義教育運動中，那些堅持走帝國主義和資本主義道路的右派分子被揭穿了，帝國主義利用基督教的陰謀詭計進一步被揭穿了，帝國主義的思想毒素遭到了比較集中的批判，從而使教會的面貌有了改變，取消了帝國主義強加在中國教會身上的不合理制度；廣大信徒在社會主義教育傳達過程中，根

據親身的經歷，對比了解放前後截然不同的生活，深切地體會到基督徒和全國人民是同命運、共呼吸的，只有共產黨和毛主席才能給全國人民，包括基督徒在內帶來自由和幸福。在黨的領導與教育下，許多基督徒在里弄和工作崗位上發揮了他們的積極性，有些人還作出了一定的成績。由於我們比較妥善地安排了教會的宗教活動，使宗教生活不致影響信徒參加社會主義生產建設，這就滿足了廣大信徒幾年來的願望，使他們由衷地感到在社會主義社會裏才能愉快地享受到真正的宗教信仰自由。例如今年的聖誕節，全市基督徒就都歡欣虔誠地參加了各教堂慶祝聖誕的宗教活動。這些事實，充分說明了在我國大躍進的形勢下，遭受「沉重的打擊」的不是中國基督教，而是帝國主義自己。

一年多來，基督教的教牧人員在繼續大躍進的形勢鼓舞下，加上信徒羣衆的幫助，在政治思想面貌上有了一定的改變。通過經常的政治學習和參加各項社會活動，我們大多數人在反帝愛國和社會主義的覺悟上有了不同程度的提高，進一步堅定了我們接受黨的領導和走社會主義道路的決心。我們參加了力所能及的勞動鍛煉、經常性的義務勞動和加工生產，開始改變我們長期以來輕視勞動生產的惡習，初步體會到勞動人民的高貴品質和沖天幹勁。我們也開始搜集和整理帝國主義利用基督教侵略我國的史料，並逐步深入地批判帝國主義的思想毒素。

但是，隨着社會主義革命的深入發展，我們基督教界感到自己還是遠遠趕不上形勢的要求。百餘年來帝國主義在基督教內根深蒂固的影響和基督教同剝削階級千絲萬縷的關係，畢竟不是在短期內可以徹底清除的，而是需要我們作長期艱苦的努力。一年以來，我們中間有的人雖然有着要求改造的願望，但却又漠視對根本立場的改造，對有利於我們的國內外大好形勢認識不清；我們中間有的人還留戀長期以來不勞而獲的剝削生活，習慣於過去帝國主義與資產階級控制利用教會時一套舊的辦法，因而帝國主義遺留的思想毒素仍然會有意無意的傳播到信徒中去，資產階級反社會主義思想還能在教會內找到它的溫床。

為了適應祖國社會主義革命和社會主義建設的要求，為了調動一切積極因素，特別是為了警惕美帝國主義在假和平的掩蓋下利用宗教進行

滲透與顛覆活動，以及殘餘反革命分子、壞分子利用宗教進行破壞活動的陰謀，我們上海基督教界，必須繼續加強學習，不斷提高我們的社會主義覺悟，在學習和勞動中改造我們的政治思想立場，在教會中不斷開展反帝愛國運動。我們教會的愛國組織應該鼓勵信徒在黨的領導下加強學習，積極投入各項中心運動，在各個工作崗位上積極努力，爲社會主義建設事業貢獻自己一分力量。我們要進一步妥善安排宗教活動，使宗教活動不致妨礙社會主義的生產和建設工作。我們認爲陳丕顯主席所提出的關於明年在各界人士中進行一次系統的、深入的總路綫學習的倡議完全符合當前上海基督教界繼續進行自我改造的需要，我們有決心和各界人民在一起，在黨的領導下，嚴肅認眞，努力學習，我們相信，我們的政治思想立場，一定能夠通過明年的總路綫學習，得到繼續的改造。

（1959 年 12 月 29 日）